贾丽萍◎著

数据立法研究

SHUJULIFAYANJIU

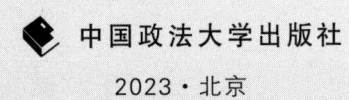

中国政法大学出版社

声　明
1. 版权所有，侵权必究。
2. 如有缺页、倒装问题，由出版社负责退换。

图书在版编目（CIP）数据

数据立法研究/贾丽萍著.—北京：中国政法大学出版社，2023.11
ISBN 978-7-5764-1281-9

Ⅰ.①数… Ⅱ.①贾… Ⅲ.①数据管理－信息法－研究－中国 Ⅳ.①D922.84

中国国家版本馆 CIP 数据核字(2023)第 238192 号

出　版　者	中国政法大学出版社
地　　　址	北京市海淀区西土城路 25 号
邮寄地址	北京 100088 信箱 8034 分箱　邮编 100088
网　　　址	http://www.cuplpress.com（网络实名：中国政法大学出版社）
电　　　话	010-58908586(编辑部) 58908334(邮购部)
编辑邮箱	zhengfadch@126.com
承　　印	保定市中画美凯印刷有限公司
开　　本	720mm×960mm　1/16
印　　张	30.5
字　　数	550 千字
版　　次	2023 年 11 月第 1 版
印　　次	2023 年 11 月第 1 次印刷
定　　价	139.00 元

目 录

■ **第一编　数据立法研究概述** ·· 001

第一章　数据立法研究学术史述评 ······································ 003
　一、主要研究议题 ·· 003
　二、学术研究发展趋势 ·· 016
　本章小结 ··· 019

第二章　各国大数据立法史梳理及述评 ·································· 020
　一、域外大数据立法史梳理与分析评价 ···································· 020
　二、域内大数据立法史梳理及分析评价 ···································· 032
　本章小结 ··· 038

■ **第二编　国家大数据综合试验区立法研究** ···························· 039

第一章　国家大数据综合试验区立法概述 ································ 041
　一、大数据综合试验区设立的背景 ·· 041
　二、大数据综合试验区的定位 ·· 044
　三、大数据综合试验区设立的法律意义 ···································· 052
　本章小结 ··· 055

第二章　大数据综合试验区的立法基础理论 ······························ 057
　一、立法基础 ·· 057
　二、立法要素 ·· 064

三、立法要求 ··· 066
本章小结 ··· 072

第三编 国家数据立法实践 ··································· 073

第一章 国家层面数据立法现状及主要内容 ····················· 075
一、立法概述 ··· 075
二、《民法典》数据相关规定 ··································· 077
三、《数据安全法》 ··· 080
四、《个人信息保护法》 ······································· 086
五、《网络安全法》 ··· 089
六、《电子商务法》 ··· 093
七、《反不正当竞争法》数据相关规定 ··························· 096
八、《反垄断法》数据垄断相关规定 ····························· 100
九、其他法律中关于数据的规定 ································· 103
本章小结 ··· 104

第二章 国家大数据综合试验区立法实践 ······················· 105
一、区域示范类综试区立法现状及内容 ··························· 105
二、跨区域类综试区立法现状 ··································· 166
三、大数据基础设施统筹发展类综试区——内蒙古 ················· 217
本章小结 ··· 231

第三章 其他地区大数据立法现状及主要内容 ··················· 237
一、浙江立法现状 ··· 237
二、福建立法现状 ··· 251
三、山东立法现状 ··· 262
四、湖北立法现状 ··· 269
五、吉林立法现状 ··· 281
六、安徽立法现状 ··· 286

七、海南立法现状 ……………………………………………… 295
八、山西立法现状 ……………………………………………… 308
九、黑龙江立法现状 …………………………………………… 315
十、江西立法现状 ……………………………………………… 326
十一、江苏立法现状 …………………………………………… 332
十二、宁夏立法现状 …………………………………………… 347
本章小结 ………………………………………………………… 352

第四编　数据立法成效、问题及完善 ……………………… 365

第一章　我国数据立法成效及存在问题 …………………… 367
一、数据立法建设的成效 ……………………………………… 367
二、存在的问题 ………………………………………………… 392
本章小结 ………………………………………………………… 409

第二章　我国数据立法完善建议 …………………………… 410
一、科学引领：加强数据立法顶层规划设计 ………………… 410
二、完善制度保障 ……………………………………………… 422
三、补齐短板：健全数字法治制度体系 ……………………… 447
四、消解矛盾：既保持共识又避免趋同 ……………………… 455
本章小结 ………………………………………………………… 461

参考文献 ………………………………………………………… 464

第一编

数据立法研究概述

第一章
数据立法研究学术史述评

一、主要研究议题

随着社会经济与信息技术的飞速发展,数据挖掘、云计算、人工智能等科学技术的兴起与发展,人类社会已然进入数字时代、大数据时代。现代科学技术对数据的开发与运用,使得数据日益展现出巨大的经济价值,数据已经成为促进数字时代经济持续健康发展的关键生产要素以及增强企业市场竞争力、提升国家综合实力的重要资源。

数据与大数据是既有区别又有联系的两个概念。数据因考察视角和学科理解的不同而可能具有不同含义。根据我国《数据安全法》[1]第3条的规定,数据是指"任何以电子或者其他方式对信息的记录"。由此可见,一方面,数据与信息是两个存在差异的概念,数据是信息的载体,而信息则是数据所反映的内容;[2]另一方面,数据可以体现为单个信息的记录,单个数据具有零散性。2011年麦肯锡咨询公司发布的《大数据:下一个创新、竞争和生产力的前沿》分析报告指出,大数据是指数据存储总量超过传统数据库的数据集合。[3]一般认为,大数据具有数据规模海量、数据流转快速、数据类型多样、数据价值巨大的特征,即大数据的4V特征——Volume、Velocity、Variety、Value。[4]

---

[1] 即《中华人民共和国数据安全法》。本书涉及我国法律法规,直接使用简称,省去"中华人民共和国"字样,全书统一,后不赘述。

[2] 冯晓青:《数据财产化及其法律规制的理论阐释与构建》,载《政法论丛》2021年第4期,第81~82页。

[3] 丁春燕:《大数据时代法学研究的新趋势》,载《政法学刊》2015年第6期,第5页。

[4] 温昱:《大数据的法律属性及分类意义》,载《甘肃社会科学》2018年第6期,第90页。

综上，大数据是数据的集合体，数据是大数据的组成要素。相较而言，大数据的数量规模以及经济价值远高于单个数据。[1]

基于数据资源价值实现中的多环节，多元主体及流转性特征，在开发与运用过程中，出现数据权益内涵不明确、多元主体数据资源利益冲突以及数据权益保护不周延等问题，引发了法学界对于数据权法律属性、数据权益内涵、数据权益保护、数据权益归属、数据风险与安全以及个人信息保护等方面的关注与研究。民商法学者主要探究数据权性质、数据权益保护、数据权属判定、个人信息保护等问题；刑法学者主要关注数据运用造成的计算机侵入犯罪、侵害公民个人信息犯罪等问题；诉讼法学者着眼于电子数据的证据效力等问题；经济法学者重点探讨数据运用过程中可能出现的数据垄断、数据杀熟、数据交易应用中的法律问题；宪法与行政法学者关注数据开发利用背后的国家数据主权以及政府数据、公共数据开放等问题；知识产权法学者重点探讨数据权与知识产权、数据知识产权等问题。法理学者则更多关注数据权利、数据知识产权保护的法学理论基础，从法经济学、伦理学等视角考量劳动财产理论、激励理论、功利主义理论等，为数据权益性质及保护提供理论支撑。

（一）数据立法理论基础

1. 法学理论基础——利益均衡

在法学领域，利益主要是指不同法律主体对自身权益的积极主张。然而，对于同一事物，不同利益主体的主张可能会发生矛盾或冲突。利益均衡理论则强调立法者在制定法律过程中应当关注各方利益，比较和分析不同的利益需求，最终通过法律规定实现不同法律主体之间的利益均衡。换言之，利益均衡要求立法者根据社会发展需要和基本国情，在诸多合理、正当的利益主张中进行权衡，认可部分利益主张，协调个人利益与集体利益，[2]进而在不过度损害他方利益的前提下，最大限度地满足不同法律主体的合法利益要求。[3]法的正义价值追求一种公正的体制，即一种能够尽可能满足人们需求，

---

[1] 虽然数据与大数据存在一定差异，但是基于数据是大数据基本构成的现实，学术研究中关于数据立法的争论与探讨实质上也是对大数据立法的探究，故在行文表述未作出特别说明的情况下，两者不做严格区分。

[2] 孙国华：《论法与利益之关系》，载《中国法学》1994 年第 4 期，第 41 页。

[3] 王丽：《著作权利益均衡机制研究》，兰州大学 2006 年硕士学位论文。

使人们更好地生活的体制,坚持利益均衡能够实现法促进分配正义的作用,[1]利益均衡即是法的正义价值的要求。《民法典》第6条规定:"民事主体从事民事活动,应当遵循公平原则,合理确定各方的权利和义务。"民法中公平原则所强调的各方权利义务合理规定正是利益均衡理论所主张的兼顾各方利益、重视不同法律主体之间的利益平衡的体现。

在大数据的开发与运用中,多元主体对数据权益和数据归属持有不同主张,数据安全与数据流转利用、数据开放共享与个人信息保护、社会公共利益与个人私益之间均展现出了不同程度的利益冲突,且不同的利益主张均具有一定的合理性和正当性。此时,大数据立法便需要坚持利益均衡理论,结合我国社会实际,合理确定不同主体的数据权益,寻找数据安全与数据流转、数据开放共享与个人信息保护、社会公益需要与私人利益维护之间的利益平衡。即大数据立法,一方面需要维护不同主体对于各类数据的权益,另一方面也需要考虑到数据利用时对数据流转与开放共享的需求。

利益均衡是知识产权法的基础理论之一,而知识产权与大数据的客体均具有无形性、非消耗性,即二者具有一定的相似性,故利益均衡理论是数据立法的基础理论及制度设计应当遵循的原则,学者在探究各类大数据理论与实际问题时,已然将利益均衡作为大数据立法的重要理论基础。[2]

2. 法经济学理论基础——劳动财产、激励理论、公地悲剧与反公地悲剧理论

从法经济学角度来看,数据立法主要存在洛克的劳动财产理论、激励理论、公地悲剧与反公地悲剧理论三种理论基础。

(1) 劳动财产理论。劳动财产理论来源于英国法学家洛克,该理论强调当某人对于某事物付出劳动时,某事物上便附加了某人的劳动价值,付出劳动者便可以基于自身的劳动获得该事物。[3]洛克的劳动财产理论是现代法学判定财产权归属的重要理论基石。而在大数据领域,劳动财产理论为数据权益归属等数据确权问题提供了理论支持,成了数据开发者以及数据企业主张数据所有权或相关数据收益的理论依据。数据开发者和经营者以自身对数据

---

[1] 张文显主编:《法理学》(第5版),高等教育出版社2018年版,第338~339页。

[2] 冯晓青:《数据财产化及其法律规制的理论阐释与构建》,载《政法论丛》2021年第4期,第94页。

[3] [英]约翰·洛克:《政府论译注》(下篇),杨宇冠、李立译,中国政法大学出版2018年版,第20页。

开发、储存、整合等方面的技术和资金投入为依据，主张数据权益应当归属自身所有或认为自身应当取得数据的相关权益。在学界，诸多学者也将洛克的劳动财产理论作为数据确权的正当性依据以及论证数据权益分配的基础理论，认为应当通过立法赋予数据开发主体相应的数据权益，保障数据开发者的劳动所得。[1]

（2）激励理论。激励理论是指通过给予相关主体一定的利益，促使其在利益的驱动下积极作为，即通过利益给予激励相关行为的理论。激励理论体现了一定的功利主义思想，认为利益是人们追求幸福的基础，故人们会为了幸福而追求利益，进而在利益激励下行动。[2]激励理论被广泛运用于管理学、教育学等领域。在法学研究中，激励理论主要被运用于知识产权法领域，即立法者和学者们认为通过法律规定赋予知识产权主体相应法律权利，便可以激励其继续积极创作或创造，最终实现社会科技和文化的繁荣发展。是否应当将激励理论作为大数据立法的理论基础在学界存在争议。支持将知识产权激励理论应用于大数据立法的学者认为，大数据与知识产权的客体均为无形物，数据符合无形财产的特点，故可以将数据视为知识产品，以知识产权激励理论作为基础理论，促进数据确权和数据流通利用。而反对将知识产权激励理论运用于大数据领域的学者则认为，知识产品与数据并不能等同对待，二者"同形异质"，不同于知识产权客体的专属性和垄断性特点，数据的利益主体多元、复杂且能够通过复制加以流转利用，故不宜将知识产权激励理论当然应用于大数据立法。[3]

（3）公地悲剧与反公地悲剧理论。公地悲剧理论最早由英国学者加勒特·哈丁（Garrett Hardin）提出。1986年，哈丁在研究英国封建主无偿为牧民提供放牧公地的封建土地制度过程中提出了公地悲剧理论（tragedy of the commons）。[4]公地悲剧理论的基本内涵是作为公共资源的公地，由于属于公

---

[1] 杨琴：《数字经济时代数据流通利用的数权激励》，载《政治与法律》2021年第12期，第14页；[英] 约翰·洛克：《政府论译注》（下篇），杨宇冠、李立译，中国政法大学出版社2018年版，第20页。

[2] 王英：《网络知识产权正当性问题研究——以激励论和利益平衡论为视角》，载《情报理论与实践》2010年第11期，第54~55页。

[3] 杨琴：《数字经济时代数据流通利用的数权激励》，载《政治与法律》2021年第12期，第15页。

[4] See Garrett Hardin, "The Tragedy of the Commons", *Science*, 1968, (162): 1243~1248.

共领域且不存在明确的产权归属，每个人均有可能不加节制地滥用公地资源，进而造成资源被过度使用，最终面临枯竭的结局。[1]公地悲剧反映出了明确产权的必要性，该理论也成了大数据立法中强调明晰数据资源的产权的基础理论。鉴于大数据产业的飞速发展，大数据已然显现出巨大的经济价值，然而当前各类数据上均存在着诸多权利主体，可能对数据资源提出各自的利益主张，而由于尚未明确数据归属，使得非法使用和收集数据、侵害个人隐私等现象频发。可见，数据资源正面临着和"公地"一样的困境，即权属不明确造成的资源浪费和权利滥用，出现了"公地悲剧"的现象。故而，学界开始以公地悲剧作为理论基础，论证明确数据权属的必要性，主张通过赋予特定主体数据所有权避免由公地悲剧带来的不利影响。[2]

反公地悲剧理论（tragedy of anti-commons）则是在公地悲剧理论的基础上发展而来的，与公地悲剧理论中产权不明的状况恰好相反，反公地悲剧理论是指在一个"公地"上存在众多权利主体，虽然每个主体均不具有完整的排他权，但为保证各自利益的最大化，均不愿与他方合作，甚至设置各种阻碍阻止他人利用相关资源，最终导致资源整体无法被充分开发利用。对于大数据而言，反公地悲剧主要表现为数据之间无法顺畅流转，使得在后的数据使用者不得不通过支付高昂费用或者让渡一定利益的方式获取在先数据。各个数据主体对数据流转设置的障碍不利于大数据产业的持续健康发展，甚至可能带来数据资源浪费的结果。[3]因此，大数据立法需要通过相关规定科学界定不同权利主体的权利内容及边界，从而在实现权益保护的同时促进数据自由流转，避免出现反公地悲剧的现象。

3. 伦理学理论基础——功利主义、利他主义

（1）功利主义。功利主义是由英国学者边沁（Jeremy Bentham）提出并系统化的，边沁的功利主义理论将"功利"作为道德的唯一基础，将"功利"作为定义善恶和人们幸福与否的标准。简言之，功利主义认为，功利是

---

[1] 彭辉：《数据权属的逻辑结构与赋权边界——基于"公地悲剧"和"反公地悲剧"的视角》，载《比较法研究》2022年第1期，第102页。

[2] 彭辉：《数据权属的逻辑结构与赋权边界——基于"公地悲剧"和"反公地悲剧"的视角》，载《比较法研究》2022年第1期，第103页。

[3] 彭辉：《数据权属的逻辑结构与赋权边界——基于"公地悲剧"和"反公地悲剧"的视角》，载《比较法研究》2022年第1期，第103页。

能够使人们获得幸福快乐的对象，功利主义关注的是大多数人幸福利益的实现，故边沁的功利主义又被称为"最大幸福理论"。[1]数据立法领域，功利主义成为学者们主张赋予企业数据权益的重要理论来源，他们认为，从维护大多数人利益的角度来看，明确企业对数据有相应的权益方能为企业持续开发利用数据资源提供动力。并且，从资金、人才和技术等角度考量，将数据资源交由企业进行开发利用能够更大程度地发挥数据的经济价值和社会价值，实现数据资源的有效利用。[2]

（2）利他主义。利他主义一词最早由孔德（Comte）在19世纪提出，孔德通过利他主义赞扬品德高尚者，由此，利他主义也成了评价人们行为的基本准则之一。[3]利他主义表现为以满足他人利益需求为目的作出一定行为，是一种为他人利益着想的道德准则。利他主义要求人们在社会生活中不仅需要考虑自身利益的维护，也应当兼顾他人的利益需求，甚至有时应当为保护他人利益而作出让步。利他主义是推动大数据流转与共享的重要理论基石，即基于利他主义的精神，能够提高人们共享数据的意愿，促进人们积极作出共享数据的行为。[4]在大数据立法中强调利他主义的理念，能够推进大数据充分流转与开放共享，使得大数据在新时代展现出更大的社会价值与经济价值。

（二）数据立法原则

法律原则是法的要素的本源和综合性原理，是法律的基础性原理。法律原则是法律规则的制定基础，对于我们理解法律规则具有指导意义，是一个法律体系不可缺少的部分。[5]由此可见，法律原则的内容和发展历程对于立法研究有着至关重要的意义。在大数据立法过程中，域外与域内相关法律规定的法律原则存在一定的共通性，如均强调数据的完整保密性以及数据处理利用的合法正当性，但域内与域外的数据立法原则仍然因社会发展需求的差异而有所不同。

---

[1] 李薇：《功利概念之辨：休谟与边沁》，载《学术研究》2019年第3期，第27~30页。

[2] 李扬、李晓宇：《大数据时代企业数据边界的界定与澄清——兼谈不同类型数据之间的分野与勾连》，载《福建论坛（人文社会科学版）》2019年第11期，第39页。

[3] 刘鹤玲、陈净：《利他主义的科学诠释与文化传承》，载《江汉论坛》2008年第6期，第32页。

[4] 龙荣远、杨官华：《数权、数权制度与数权法研究》，载《科技与法律》2018年第5期，第22~23页。

[5] 张文显主编：《法理学》（第5版），高等教育出版社2018年版，第120页。

1. 域外数据立法原则

域外大数据的立法主要集中在个人数据保护方面，较为典型的有《欧盟通用数据保护条例》（GDPR）、《加拿大个人信息保护法》（PIPEDA）、《德国联邦数据保护法》、《美国加利福尼亚州消费者隐私法案》（CCPA）、《法国数字共和国法案》、《新加坡个人数据保护法》、《韩国个人信息保护法》等等。

研究域外大数据立法原则便不得不提及经济合作与发展组织（OECD，以下简称"经合组织"）于1980年在《隐私保护与个人数据资料跨境流通指导原则》（以下简称《指导原则》）中提出的"八大原则"，即限制收集原则、特定目的原则、资料完整正确原则、限制利用原则、安全保护原则、公开原则、个人参与原则及责任原则，[1]这些原则又被称为"制定个人信息保护文件的国际标准"。[2]经合组织的"八大原则"为域外各国制定大数据立法原则提供了重要参考，《欧盟通用数据保护条例》中的立法原则也并未脱离上述原则。由于《欧盟通用数据保护条例》是域外大数据立法的突出代表，对于个人数据保护的规定最为明确，并且在经合组织既有原则基础之上规定了更为细致的法律原则。因此，此部分以《欧盟通用数据保护条例》为主要对象，梳理域外大数据立法的基本原则。

《欧盟通用数据保护条例》于2018年正式实施，其前身是1995年欧盟颁布的《数据保护指令》（Data Protection Directive）。1995年欧盟颁布实施的《数据保护指令》确立了数据内容正确性原则、数据处理合法原则、敏感数据处理原则、告知当事人原则四项个人数据保护的基本原则。[3]2018年的《欧盟通用数据保护条例》在此基础上，在第二章"原则"，特别是第5条"个人数据处理原则"规定了更加严格、具体的基本原则。具体包括：数据处理合法合理透明原则、目的限制原则、数据最小化原则、数据内容准确原则、限期储存原则、数据完整保密原则、数据问责原则、知情同意原则。其中，数据内容准确原则、数据限制收集原则、数据问责原则、数据完整保密原则、知情同

---

[1] 刘红：《大数据时代数据保护法律研究》，中国政法大学出版社2018年版，第90~91页。

[2] 李昱、程德安：《加拿大个人信息保护法对网络信息的保护及启示》，载《今传媒》2019年第9期，第42~43页。

[3] 梁志文：《论个人数据保护之法律原则》，载《电子知识产权》2005年第3期，第12页。

意原则在《加拿大个人信息保护法》、[1]《新加坡个人数据保护法（2012年）》[2]、《韩国个人信息保护法（2011年）》[3]中均得到了体现。此外，数据最小化原则在《美国加利福尼亚州消费者隐私法案》中也有所体现。

综上可见，域外数据立法以个人数据保护为主要规制内容，立法原则主要包括数据处理合法原则、数据内容准确原则、数据目的限制原则、数据最小化原则、数据问责原则、数据完整保密原则、知情同意原则等。具体而言：①数据处理合法原则是指数据处理应当遵循法律规定，符合立法规定和法律精神，不得以非法方式使用数据。②数据内容准确原则要求数据内容应当是准确无误的，数据发生变化时，应当及时更新，并且，应当采取相关措施保证不准确的数据被及时擦除和更正。③数据目的限制原则又被称为数据限制收集原则，是指收集数据时必须具有合法正当、具体明确的目的，并始终以该目的作为数据收集的出发点，在处理数据过程中不得违反最初目的行事。④数据最小化原则，该原则又被称作最少够用原则，即要求在数据处理和收集过程中，所收集和处理的数据应当是必要的、相关的，不得过度收集数据。⑤数据问责原则是指数据控制者有责任遵守上述原则收集和处理数据，并应当为自身遵守原则的行为提供相应证明，否则可以被问责。⑥数据完整保密原则强调数据控制者在收集和处理数据时必须采取合法、必要的安全措施保证数据的完整性和保密性，避免数据毁损灭失或遭受非法处理。⑦知情同意原则要求数据控制者在收集和处理数据前通过有效途径告知数据主体具体的收集目的、收集范围以及使用方向等信息，并需要征得数据主体的同意，否则不得随意收集和处理相关数据。并且，知情同意原则还包含着数据主体拥有在之后撤回该同意的权利。

2. 域内数据立法原则

在数据立法方面，我国通过《民法典》第127条确认了我国民事主体享有数据权益，但该条规定过于笼统、概括，仅具有指导意义，无法被直接适用于司法实践。数据立法更为具体的规定主要体现在《数据安全法》《网络安全法》以及《个人信息保护法》中。三部法律根据立法目的确立了各自的数

---

[1]《加拿大个人信息保护法》第10、11、33条等。
[2]《新加坡个人信息保护法》第13、14、15、18条等。
[3]《韩国个人信息保护法》第15、16、18、23条等。

据立法原则。《个人信息保护法》确立的合法、正当、必要原则,诚信原则,数据最小化原则,公开透明原则,知情同意原则;[1]《数据安全法》规定的数据安全原则;《网络安全法》强调的数据完整保密原则,数据有序流通原则。[2]学界在数据立法原则方面进行了更加纵深的研究,论证确立相关原则的必要性与正当性。有学者认为,大数据信息安全立法应当坚持公共福利原则、合理使用原则、信息安全原则以及过错推定原则。[3]有学者从大数据公共安全治理的视角指出,大数据立法应当遵循安全原则、公平原则、权责统一原则以及审计与透明原则。[4]

梳理国内外关于数据立法实践与学理上关于数据的立法原则,数据完整保密、数据最小化、数据处理合法正当必要、数据处理公开透明等为共同的大数据立法基本原则。前文已对上述内容加以分析介绍,故此部分主要针对诚信原则、数据安全原则、数据有序流通原则这三项我国特有的数据立法原则展开说明。

(1) 诚信原则。《个人信息保护法》《数据安全法》均要求行为人在数据处理过程中遵循诚实守信的原则。[5]诚信原则是我国民法的基本原则,亦被称为我国民法的"帝王原则"。该原则以恪守信用、诚实守信为基本内涵,要求民事主体在民事活动中信守承诺、善意行使权利、履行义务。[6]在数据处理中要求相关主体坚持诚信原则即是要求其根据法律和合同的有关规定,信守承诺、尊重规定,并采取合法、合理、善意的方式行使权利,积极承担相应责任。

(2) 数据安全原则。《数据安全法》第3条第3款规定:"数据安全,是指通过采取必要措施,确保数据处于有效保护和合法利用的状态,以及具备

---

[1]《个人信息保护法》第5、6、7、8、13、14条等。

[2]《网络安全法》第10、40、41、42条。

[3] 高国梁:《大数据信息安全立法应秉持哪些原则》,载《人民论坛》2018年第34期,第104~105页。

[4] 吴才毓:《大数据公共安全治理的法治化路径:算法伦理、数据隐私及大数据证据规则》,载《政法学刊》2020年第5期,第36页。

[5]《个人信息保护法》第5条规定:"处理个人信息应当遵循合法、正当、必要和诚信原则,不得通过误导、欺诈、胁迫等方式处理个人信息。"《数据安全法》第8条规定:"开展数据处理活动,应当遵守法律、法规,尊重社会公德和伦理,遵守商业道德和职业道德,诚实守信,履行数据安全保护义务,承担社会责任,不得危害国家安全、公共利益,不得损害个人、组织的合法权益。"

[6]《民法学》编写组:《民法学》,高等教育出版社2019年版,第29页。

保障持续安全状态的能力。"可见，数据安全原则是指行为人在收集和处理数据时必须采取切实有效的措施保障数据处于安全状态，避免数据遭到非法侵害。该原则与域外数据完整保密原则的要求具有内在的一致性。

（3）数据有序流动原则。数据有序流动原则在我国《数据安全法》和《网络安全法》中均有规定。该原则是对数据流转和交易方面的原则要求，其主要内涵在于我国应当逐步健全和完善数据流通机制，促进我国数据的自由流动。同时，数据流动过程应当遵守一定的秩序，即在法律规定的范围内合理、有序流动。

（三）数据立法基础制度

2022年6月22日，中央全面深化改革委员会第二十六次会议审议通过了《中共中央、国务院关于构建数据基础制度更好发挥数据要素作用的意见》（以下简称《意见》），对数据确权、权益保护、流通交易、收益分配以及安全治理等方面作出了具体的制度安排，提出我国数据基础制度的构建应当包括建立数据产权制度、健全数据权益保护制度、建立数据要素流通和交易制度以及数据要素收益分配制度，并且应当将数据安全治理贯彻其中。

（1）数据产权制度。数据产权制度是针对数据确权问题，强调数据产权的类型化分配，要求积极推动公共数据、个人数据、企业数据等数据类型的分类分级确权机制。数据产权制度的构建有助于明确数据权利归属，避免出现数据资源滥用或浪费的"公地悲剧"现象以及多元主体互相掣肘的"反公地悲剧"现象，促进大数据产业的进一步发展。

（2）数据权益保护制度。数据权益保护制度则侧重于对数据多重权益的区分与保护。《意见》通过列举数据资源上可能存在的数据持有权、数据加工使用权、数据产品经营权等权利内容，指出应当建立多种数据资源权益合理分置的产权运行机制，进而健全数据权益保护制度。数据权益保护制度的构建与完善对于明晰数据资源上的多种权益以及促进数据权益的全面保护有着重要意义。

（3）数据要素流通和交易制度。在数据流通和交易方面，《意见》指出，应当建立合规、高效的数据要素流通和交易制度。在数据流通上，应当推进数据全流程合规和监管规则的完善。在数据交易上，应当积极建设更加规范的数据交易市场，促进数据交易的合法有序运转。数据要素流通和交易制度的构建有助于实现数据资源的有效利用以及推动大数据产业的繁荣发展。

(4) 数据要素收益分配制度。对于数据要素的收益分配规则，《意见》强调了市场在数据要素收益分配中的重要性，并对市场与政府在数据要素收益分配方面的关系作出了指导。一方面，建立数据要素收益分配机制应当完善数据要素的市场化配置机制；另一方面，政府应当在数据要素的收益分配过程中积极发挥调节引导作用。数据要素收益分配制度以体现效率、促进公平为制度构建目标。数据要素收益分配制度的建立与完善是实现数据要素的合理分配以及数据权益公平获取的重要制度基础。

（四）数据法律责任

法律责任是行为人实施违法行为、违反法律义务后所需承担的不利法律后果。[1]立法者通过规定相应的法律责任以保障人们切实遵守法律规定，依法行使权利、履行义务。一般而言，法律责任主要包括民事责任、行政责任和刑事责任，数据法律责任也不例外。

(1) 民事责任。大数据立法中的民事法律责任主要包括违约责任和侵权责任，并且大多集中于侵权责任。数据领域民事法律责任中的违约责任是指在数据主体与数据收集处理者、数据控制者与数据使用者等主体通过合同约定相关权利义务的情况下，一方当事人违反合同约定而需承担的民事违约法律责任，违约责任承担一般以当事双方的合同约定为准。侵权责任是大数据立法中着重规定的民事法律责任，主要规制数据控制者、收集者以及处理者等主体在收集处理数据过程中因未采取必要措施或过度开发数据资源造成的个人数据泄露、侵害个人信息权等情形。具体而言，在数据侵权责任的过错认定上，域内域外大多采用过错推定原则，即要求数据处理者等侵权主体主动证明自身不存在过错，否则应当依法承担相应的法律责任。[2]在数据侵权责任的责任承担方式上，主要表现为停止侵害、消除影响、损害赔偿等。

(2) 行政责任。数据法律责任中的行政责任主要被区分为两大类主体，即国家机关及其工作人员和国家机关之外的其他主体。对于国家机关及其工作人员而言，既需要遵守收集和处理数据的法律规定，又需要承担监管其他社会主体数据保护义务的职责。如果国家机关及其工作人员未能依法收集使用

---

[1] 张文显主编：《法理学》（第5版），高等教育出版社2018年版，第165页。

[2] 高志明：《侵害个人信息权的法律责任：法理融贯与立法比较》，载《大连理工大学学报（社会科学版）》2019年第1期，第68页。

数据造成数据泄露等后果，需要承担损害赔偿责任，此时则可能涉及国家赔偿。而在国家机关及其工作人员未能依法履行数据保护义务或监管义务的情形下，国家机关将由上级机关责令改正，相关工作人员则需接受相应的行政处分。国家机关以外的其他主体主要包括数据企业、网络服务提供者等，对于国家机关以外的其他主体而言，承担行政责任的主要原因包括未能依法履行个人信息保护义务，实施数据垄断行为等，可能受到的行政处罚包括警告、罚款、责令停产停业、吊销营业执照等。

（3）刑事责任。刑事责任即相关主体构成刑事犯罪所需承担的责任。目前，我国《刑法》中与数据相关的罪名主要包括三类，即针对计算机系统的犯罪，如非法侵入、控制、破坏计算机信息系统罪；针对数据的犯罪即非法获取计算机信息系统数据罪；涉及信息的犯罪，如侵犯公民个人信息罪。[1] 不同主体在符合相关犯罪构成要件时，需承担相应的刑事责任，刑法种类主要包括罚金、拘役和有期徒刑。在刑事责任方面，有学者指出，我国《刑法》虽然存在部分规制数据犯罪行为的法律，但对比域外立法，特别是欧洲《网络犯罪公约》的规定，我国在对数据安全的刑法保护方面仍有所欠缺，故应当将非法提供数据、非法利用数据以及非法破坏数据的行为纳入数据犯罪的规制范围，单独予以否定性评价。[2]

（五）立法形式

立法形式是指立法者采用何种方式对法律关系加以调整，主要包括统一立法、分散立法、综合立法等方式。在数据立法上，不同国家根据自身基本国情以及立法理念采取了不同的立法形式，并根据数据在各国的发展状况不断调整和完善立法形式。

1. 域外数据立法形式

在域外，数据立法形式主要表现为数据统一立法、分散立法两种形式，且以欧盟和美国为典型。

（1）统一立法。数据统一立法，又被称为专门立法，以欧盟为典型。1995年，欧盟颁布了《数据保护指令》，对个人数据保护问题进行统一的专

---

[1] 苏青：《数据犯罪的规制困境及其对策完善——基于非法获取计算机信息系统数据罪的展开》，载《法学》2022年第7期，第78~79页。

[2] 苏青：《数据犯罪的规制困境及其对策完善——基于非法获取计算机信息系统数据罪的展开》，载《法学》2022年第7期，第80~81页。

门立法规制。2016 年，欧盟进一步颁布《欧盟通用数据保护条例》，并于 2018 年正式施行，该条例针对新形势下的个人数据保护提出了新要求，对个人数据收集和处理的规定更加符合现实需求，也更为严格、细致，是信息时代下个人数据保护的典型法律规范。欧盟此种专门、统一的数据立法形式，较为全面、系统地规定了数据保护问题，便于实行。但此种立法形式的不足之处在于欠缺对不同数据类型的差异化考量。[1]统一立法的模式是域外大多数国家的选择，如韩国、日本、新加坡等国家在个人数据保护方面均有国家层面的统一立法。[2]

（2）分散立法。数据分散立法以美国为代表，此种分散立法模式又被称为部门立法，是以部门单行法为主并结合司法判例（即有关数据的规定散见于各类成文法）的立法形式。目前，美国数据立法在联邦主要有《美国隐私法》《美国信息自由法》，而地方上则以《美国加利福尼亚州消费者隐私法案》为典型代表。美国关于数据的立法是从保护个人隐私权的司法判例之中发展而来的，而后由各部门制定的单行法逐步完善数据立法体系。此种部门立法的形式相较于欧盟的专门立法，能够顺应信息时代下数据产业的快速发展，并且更具针对性，有助于充分实现不同数据类型的区别保护。但此种立法形式也会带来标准复杂多样、实际适用困难、增加数据保护成本等不利后果。[3]

2. 域内数据立法形式

我国数据立法主要采用统一立法和分散立法相结合的形式。从数据统一立法的角度看：对于个人数据，我国通过制定《个人信息保护法》这一专门法律予以保护，数据安全方面，我国颁布实施了《数据安全法》，网络数据安全方面，出台了《网络安全法》。从数据分散立法的角度看，我国关于数据的相关规定散见于《民法典》《刑法》《电子商务法》《消费者权益保护法》等法律规范的具体法律条款之中。总的来说，我国虽然存在部分数据的专门立

---

[1] 龙荣远、杨官华：《数权、数权制度与数权法研究》，载《科技与法律》2018 年第 5 期，第 26~27 页。

[2] 《韩国个人信息保护法》（2011 年 9 月 30 日生效）；《日本个人信息保护法》（2020 年 3 月最新修订，2021 年正式生效）；《新加坡个人数据保护法》（2012 年 11 月 20 日批准通过）。

[3] 龙荣远、杨官华：《数权、数权制度与数权法研究》，载《科技与法律》2018 年第 5 期，第 26~27 页。

法规定，但是整体数据立法仍较为分散，保护范围较为有限，未能形成系统、完整的数据保护法律体系。

二、学术研究发展趋势

（一）域外大数据立法学术研究发展趋势

大数据产业发展与国家科技水平密切相关，因而科技发展较快的国家，对大数据的开发和运用更为迅速。域外也更早地面临大数据产业发展过程中带来的各类社会问题与安全隐患。因此，早在大数据产业发展的初期，域外便有了数据立法的相关研究与法律规定。域外重视个人自由和信息安全的社会文化和法律理念，使得域外数据立法研究大多集中于个人数据安全问题，各国亦以此为出发点逐步完善与健全自身的数据立法体系。总体而言，域外大数据立法学术研究是基于域外立法现状，围绕社会现实展开的，主要表现为更加关注大数据时代的个人数据安全，立法形式更为多样，并且立法内容愈加丰富。

（1）更加关注个人数据保护问题。在大数据产业发展过程中，个人数据的不当收集、使用使得个人隐私易受侵害，强调维护个人权益和隐私保护的域外各国，大多将个人数据保护立法作为自身大数据立法的基点及起点。域外法学界也十分关注数据产业发展中对个人数据安全和个人隐私的保护。欧盟是域外针对个人数据保护立法的典型主体，从1995年《数据保护指令》的34条规定扩展为2018年《欧盟通用数据保护条例》的99条规定，立法者对个人数据收集与处理原则的细化以及责任规则的强调，均体现出欧盟围绕着个人数据保护规定了更加严格、细化的个人数据收集与处理要求。同时，加拿大、新加坡、日本等国也存在针对个人数据处理的相关立法并积极根据数据产业发展实际修改立法规定，[1] 美国学者也在呼吁联邦政府积极制定符合数字时代要求的保护个人数据隐私的统一法律。[2]

（2）立法形式更为多样。域外各国鉴于自身国情和数据产业发展状况，在大数据立法的形式选择上呈现出多样化、个性化的趋势。除了统一立法这

---

[1] 2000年《加拿大个人信息保护和电子文档法案》、2012年《新加坡个人数据法》、2003年《日本个人信息保护法》（2015年、2020年进行修订，目前为2021年生效的文本）。

[2] Alec Wheatley, "Do-it-Yourself Privacy: The Need for Comprehensive Federal Privacy Legislation With a Private Right of Action", *Golden Gate University Law Review*, 2015, (45): 2.

一传统的立法形式，各国日益探索出了更为多样的立法模式，并且各国在大数据立法的相关立法名称方面也存在较大差异。例如，加拿大通过实施《加拿大隐私法》和《加拿大个人信息保护和电子文档法案》，分别针对联邦政府和私营企业的个人信息使用行为加以规制，并颁布了相关的隐私政策和指令，实现了对个人数据的全面保护。[1]日本则不仅通过专门的《日本个人信息保护法》规范个人数据使用行为，而且在最新修改的《日本反不正当竞争法》中新增了"限定提供数据"条款，将数据作为保护对象，[2]即在其他相关法律中存在对数据问题的分散规定。

（3）立法内容更加丰富。如前所述，域外各国关于大数据的最初立法大多围绕着个人数据安全保护问题展开，而对数据产业发展中存在的其他问题则关注较少。不过，随着大数据产业的不断发展，数据开发应用过程中出现的问题也日益增多，为应对数据发展带来的挑战，域外各国数据学理与立法方面的研究议题不断增加，立法内容也更加丰富。如韩国在大数据立法上的内容丰富性较为明显，韩国不仅制定了《韩国个人信息保护法》《韩国信用信息使用及保护法》等涉及信息使用和数据利用的基本法律，而且还颁布了《韩国公共数据法》《韩国数据产业基本法》。韩国数据立法已经不仅仅涉及个人数据保护，而且还就公共数据、数据产业发展等方面制定了相关法律规则。美国于2015年出台了《美国执法部门获取海外存储数据法案》但未获得通过，于2018年出台了《美国澄清海外合法使用数据法》，进一步细化和明确了跨国数据证据调取规则，[3]即美国数据立法内容逐步扩展到跨国数据使用问题。

（二）域内大数据立法学术研究发展趋势

我国大数据立法较域外各国起步较晚，相关研究主要围绕"立法理念转变、研究方法增加、研究内容更加深入全面、研究领域不断扩展"四个方面。

（1）立法理念转变：由强调个人数据的隐私保护逐渐转变为兼顾个人信

---

[1] 转引自陈美、梁乙凯：《加拿大隐私影响评估政策：历程、内容、分析与启示》，载《图书情报工作》2021年第17期，第143~144页。

[2] 刘影、眭纪刚：《日本大数据立法增设"限定提供数据"条款及其对我国的启示》，载《知识产权》2019年第4期，第93页。

[3] 2018年3月《美国澄清海外合法使用数据法》（Clarifying Lawful Overseas Use of Data Act，以下简称"CLOUD法案"）签署生效。

息保护和数据开发流转需要。与域外学术研究一样，在我国早期的数据立法学术讨论中，大多学者均将关注点放在了数据产业发展对于个人隐私保护的不利影响上，进而围绕个人数据保护以及个人信息权展开了大量研究与论证，[1]我国也已经针对性地出台了《个人信息保护法》。然而，大数据的核心价值在于数据的流通利用，片面强调个人数据保护立法会使数据产业发展陷入困境，因此，不少学者开始思考如何处理二者的关系，已有学者指出应当构建安全与自由并重，兼顾个人信息保护与数据开发流转需求的数据法律体系。[2]

（2）研究内容更加深入、全面：研究议题更加丰富，注重区分不同数据类型的权益。在研究内容上，我国学者在大数据立法研究的讨论主题上更加丰富多样、更为具体全面。学者们不仅关注数据权益性质、数据权属认定、个人信息保护等传统议题，而且开始探寻数据主权、数据安全流通、数据合理开发应用、政府开放数据等问题的立法发展方向。并且，在原有的数据权属划分问题上，越来越多的学者开始将数据类型加以划分，通过分析论证，细化不同利益主体应当获得的数据权益，即在原有研究的基础上进行了更加深入的探究。[3]

（3）研究领域扩展：刑法、行政法等部门法学者关于大数据立法的探讨增多。在诸多部门法中，基于数据应用涉及个人隐私、影响企业商业活动等特点，大数据立法往往与民商事法律密切相关，故早期的大数据立法问题大多是民商法学者在研究探讨。然而，数据犯罪数量的增多、政府数据开放需求的增长、企业数据垄断现象的出现，使得刑法、行政法、经济法等领域的学者也开始探究大数据立法的相关问题。可见，随着大数据产业的飞速发展，大数据立法与其他部门法的联系逐渐显现，由此导致我国刑法、行政法等部

---

[1] 王利明：《数据共享与个人信息保护》，载《现代法学》2019年第1期；贾丽萍：《个人信息处理规则的结构性困境与路径优化》，载《学习与探索》2023年第6期；范为：《大数据时代个人信息保护的路径重构》，载《环球法律评论》2016年第5期。

[2] 韩伟：《安全与自由的平衡——数据安全立法宗旨探析》，载《科技与法律》2019年第6期，第46页。

[3] 洪玮铭、姜战军：《社会系统论视域下的个人信息权及其类型化》，载《江西社会科学》2019年第8期；冉克平：《论〈民法典〉视野下个人隐私信息的保护与利用》，载《社会科学辑刊》2021年第5期；王锡锌、王融：《公共数据概念的扩张及其检讨》，载《华东政法大学学报》2023年第4期。

门法学者关于大数据立法探讨的增加，这些学者从自身部门法特点以及与大数据发展的相关方面提出了我国数据立法仍需完善的方面，有助于我国构建系统、全面的大数据立法体系。

（4）研究方法增加：综合运用法学与经济学、伦理学等研究方法。从研究方法来看，我国在大数据立法方面的理论探究已经不再局限于传统的法学研究方法。学者们开始结合大数据产业发展的特点以及立法需求，将经济学、社会学、伦理学等学科的基础理论与法学理论相结合，以法经济学、法社会学等跨学科理论作为论证基础，探究大数据立法的合理路径。例如，运用洛克劳动财产理论、"公地悲剧"与"反公地悲剧"理论说明数据确权的正当性和必要性，以功利主义、利他主义等为基础论证将数据权益分配给不同利益主体的合理性。[1]

本章小结

大数据时代，数据的开放共享与开发应用在为我们社会生活带来便利、为社会发展提供巨大经济价值的同时也引发了诸多问题，需要通过立法加以规制。纵观大数据立法学术研究的发展历史，域内外在探究大数据立法理论的基础上均不仅从法学理论出发，而且积极探寻大数据立法在法经济学、伦理学方面的理论基础。在立法形式方面，统一立法是域外较为常见的数据立法形式，域内则兼采统一立法和分散立法的立法模式。在立法原则上，域内外存在诸多相似的立法原则，如均强调数据处理的合法正当，对数据收集加以严格限制等。在立法基础制度方面，域内相较于域外有着更为系统的规划，即从数据确权、数据保护、数据流通与交易、数据收益分配等方面作出了相应的制度安排，域外更加关注个人数据安全保护；在数据法律责任上，域内外数据立法均主要从民事、行政、刑事责任三个方面加以规定。

---

〔1〕 冯晓青：《信息产权理论与知识产权制度之正当性》，载《法律科学（西北政法学院学报）》2005年第4期；雷磊：《新兴（新型）权利的证成标准》，载《法学论坛》2019年第3期；高阳：《衍生数据作为新型知识产权客体的学理证成》，载《社会科学》2022年第2期。

第二章

各国大数据立法史梳理及述评

一、域外大数据立法史梳理与分析评价

域外各国数据立法各有特点、各有侧重,本部分结合域外立法实际,从数据立法的立法历程、立法内容、立法特点及立法形式三个方面,对数据立法较为典型且颇具特色的国家及国际组织的立法加以梳理,并在此基础上总结与提炼域外数据立法发展规律与趋势,以期为我国数据立法的完善提供借鉴。

(一) 域外大数据立法史梳理

1. 欧盟

欧盟作为欧洲最为重要的国际组织,在数据立法方面表现出了对大数据立法关注较早、出台具体法案较早、侧重保护个人数据安全等特点。在数字经济以及大数据产业快速发展的社会背景下,欧盟的大数据立法主要经历了间接强调个人隐私数据保护到以隐私权为基础保护个人数据再到明确规定个人数据保护权三个阶段。[1]可见,欧盟的数据立法发展立足于个人数据保护的不断完善,进而实现欧盟数据立法体系的构建与发展。

(1) 立法历程。

如前所述,欧盟大数据立法主要经历了三个阶段,具体表现为欧盟出台的多部代表性法律文件:

---

[1] 项焱、陈曦:《大数据时代欧盟个人数据保护权初探》,载《华东理工大学学报(社会科学版)》2019年第2期,第82页。

第一，间接强调个人隐私数据保护的《欧洲人权公约》。《欧洲人权公约》（以下简称《公约》）缔结于1950年，并于1953年生效实施。虽然《公约》在文本中并未直接提及个人数据，但其提到的"私人生活"以及"通信""住所"等词语实质上蕴含着对个人隐私数据保护的要求，而后续的相关判例也证实了这一点。[1]可见，早在20世纪50年代，欧盟就已经在国际公约中奠定了个人数据保护立法的规范基础。

第二，以隐私权为基础保护个人数据的《第108号个人数据自动化处理之个人保护公约》（以下简称《第108号公约》）和《关于涉及个人数据处理的个人保护以及此类数据自由流动的指令（95/46/EC）》（以下简称《指令》）。上述两个法律文件分别颁布于1981年和1995年，前者是对《公约》中个人数据保护内容的具体化规定且在文本中明确提及了个人数据，后者则是对《第108号公约》的进一步细化与完善，二者均通过更为详细具体的规定，实现了对个人数据保护法律规范的完善，但是均未脱离隐私权这一基础权利，即二者均在隐私权的范畴内强调个人数据的保护。[2]

第三，明确规定个人数据保护权的《欧盟基本权利宪章》和《欧盟一般数据保护条例》（以下简称《条例》）。2000年出台的《欧盟基本权利宪章》首次规定了个人数据保护权，使得个人数据得以独立于隐私权而获得保护。而2018年正式施行的《条例》则是针对个人数据保护权进行全方位规定的立法条例，2018年《条例》既是对2000年《欧盟基本权利宪章》肯定个人数据保护权的继承，也是对1995年《指令》中个人数据保护规定的全面优化。《条例》为个人数据提供了较为全面、细致的法律保护，其中严苛的责任承担要求以及高额的罚款使其被称为"史上最严"数据保护条例。[3]

（2）立法内容。

从欧盟的立法历程中不难看出，欧盟大数据立法的发展基本围绕着个人数据保护展开，因而在立法内容方面，欧盟的大数据立法主要表现为个人数

---

[1] 项焱、陈曦：《大数据时代欧盟个人数据保护权初探》，载《华东理工大学学报（社会科学版）》2019年第2期，第83页。

[2] 项焱、陈曦：《大数据时代欧盟个人数据保护权初探》，载《华东理工大学学报（社会科学版）》2019年第2期，第84页。

[3] 项焱、陈曦：《大数据时代欧盟个人数据保护权初探》，载《华东理工大学学报（社会科学版）》2019年第2期，第84页。

据保护立法。其中，以1995年的《指令》和2018年的《条例》最为典型。1995年《指令》分为7章，共有34条内容，主要从个人数据定义、数据保护范围、数据处理原则、数据主体权利、数据法律救济、个人数据第三国移转、监管机构设置等方面对个人数据保护问题进行规定。但是，《指令》存在仍旧将隐私权作为个人数据保护的基础，并且规定的内容较为原则与粗糙等不足。因而，随着个人数据保护需求的日益增长，欧盟于2016年通过了《条例》，《条例》由11章99条组成，不仅延续了《欧盟基本权利宪章》的规定，将个人数据保护权明确作为一项独立且新兴的权利，而且从多个维度对《指令》涉及的个人数据保护内容进行了细化与修正。首先，《条例》在第一章第1条第2款明确自然人享有个人数据保护的权利，使得个人数据保护不再依附于隐私权。其次，在个人数据处理原则方面，《条例》相较于《指令》简单且概括性的原则规定，有着更为详细、具体的规定，《条例》在第5条明确规定了数据控制者处理个人数据必须遵循合法性、合理性、透明性原则，目的限制原则，数据最小化原则，准确性原则，限期储存原则，诚实与保密原则这六大原则，并在第2款补充规定了可问责性原则。[1]再次，《条例》在数据主体的权利内容方面作出了全面规定。《条例》在第三章规定了数据主体享有知情权、访问权、更正权、删除权（被遗忘权）、限制处理权、数据携带权、反对权。上述不同权利为数据主体保护自身数据安全与维护个人数据相关权益提供了依据，使得数据主体得以较为充分地了解与控制个人数据的使用与处理。最后，《条例》制定了严厉的处罚条款。相较于欧盟此前对于数据保护的处罚规定，《条例》第83条第4款特别规定了违反规定的数据控制者或处理者将面临的巨额行政处罚，即"施加最高10 000 000欧元的行政罚款"，企业则"最高可处相当于其上一年全球总营业额2%的金额的罚款，两者取其高的一项进行罚款"。总而言之，《条例》体现出了欧盟数据保护法的全方位推进，在提升个人数据保护强度的同时，对企业（特别是域外企业）使用数据提出了更高的保护要求。[2]

---

〔1〕 丁晓东：《什么是数据权利？——从欧洲〈一般数据保护条例〉看数据隐私的保护》，载《华东政法大学学报》2018年第4期，第41页。

〔2〕 Craig McAllister, "What About Small Businesses? The Gdpr and Its Consequences for Small, U.S.-Based Companies", *Brooklyn Journal of Corporate, Financial & Commercial Law*, 2017, (12): 193~197.

(3) 立法特点及立法形式。

从欧盟大数据立法的发展历程以及主要内容中可以看出，欧盟的大数据立法具有立法出台时间早、强调个人数据保护、数据保护规定严格等特点。在立法形式方面，欧盟涉及大数据的多部法律规定均呈现出统一立法的特点，即出台专门法律统一对数据保护的各方面内容加以规定。

2. 美国

在大数据立法领域，美国也是起步较早的国家之一。相较于其他国家，美国对于数据产业的规制，早期选择了行业自治的路径，后期受行业自治存在的弊端、各国数据保护需求增长以及国民对数据保护的更高要求等因素的影响，美国开始通过法律对数据产业加以规制。总的来说，美国的大数据立法可以20世纪70年代为界，划分为以隐私法为基础的数据保护立法时期和数据专门领域分散立法时期。并且，美国数据立法还呈现出地方各州立法较联邦统一立法更为全面、更加符合数据立法潮流的特点。[1]

(1) 立法历程。

第一，以隐私法为基础的数据保护立法时期（20世纪70年代及之前）。这一时期的美国数据立法实际上是被包含在隐私权范畴内的，以《美国宪法第四修正案》、1966年《美国信息自由法》和1974年《美国隐私法》为代表。《美国宪法第四修正案》规定了个人对自身财产享有权利，进而得以保护包含于个人财产之中的隐私，即为个人数据保护提供一定的法律依据。而1966年《美国信息自由法》和1974年的《美国隐私法》则主要通过法律限制政府和第三方对个人信息的滥用行为，[2]并且《美国隐私法》还围绕消费者数据问题赋予了消费者部分数据权利，有助于避免消费者数据被滥用。然而，《美国隐私法》对消费者数据的规定大多限制的是美国政府的行为，未能很好地规制私人企业的数据使用行为。上述立法均出台于互联网产业发展初期，均是通过对个人隐私权益的保护而引申出个人数据保护，侧重点仍在于个人隐私。此时的美国数据立法事实上是将个人数据隐私当作一个经济问题处理，并未将数据保护作为主要立法内容。

---

[1] 李丽：《美国数据立法研究》，湖南师范大学2021年硕士学位论文。

[2] Ryan Moshell, "And Then There Was One: The Outlook for a Self-Regulatory United States Amidst a Global Trend Toward Comprehensive Data Protection", *Texas Tech Law Review*, 2005, (37): 376.

第二，数据专门领域分散立法时期（20世纪70年代之后）。这一时期，随着互联网产业的快速发展，公民数据保护要求的增加以及各国数据立法的进行，美国开始针对不同领域制定专门的数据法律。例如，1998年美国针对儿童隐私保护颁布的《儿童在线隐私保护规则》（COPPA）、1999年美国针对金融行业数据颁布的《金融服务现代化法案》（GLBA）、2012年针对互联网隐私保护的《互联网隐私保护法》等。上述立法均体现出，美国尚未出台统一的全国性数据立法，而是主要对数据使用较为敏感的行业作出了相应的立法规定。[1] 换言之，当前的美国数据立法表现为分散式、碎片化的形态，仅针对特定主体收集使用特定数据出台了相应的部门法规。[2]

从上述美国数据立法两个阶段来看，虽然美国数据立法尚未形成体系且似乎表现出滞后于数据产业发展的样态，但是，美国地方各州的数据立法事实上发展迅速，且较美国联邦数据立法更加符合数据产业发展中的数据保护需求，其中，最具代表性的当属2018年颁布的《美国加利福尼亚州消费者隐私法案》，该法案在个人数据定义、数据处理原则、数据主体权利等方面作出了较为具体、全面的规定。[3] 此外，美国爱荷华州就涉及学生的在线服务和移动应用程序制定了相应的立法规范，佛蒙特州则通过了涉及监管数据经纪人的立法，实施了数据安全和隐私法规，亚利桑那州扩大了个人信息的定义，更新了其违规通知方法，并缩短了通知时间。[4]

（2）立法内容。

美国大数据立法以隐私权中的个人数据保护为起点，之后又集中于消费者数据保护方面。目前，美国数据立法已然针对不同领域的数据保护问题制定了相应的法律规定。在涉及隐私的个人数据保护方面，美国主要通过《美国宪法第四修正案》以及《美国隐私法》加以规制；在消费者数据保护方面，主要有联邦政府出台的《美国隐私法》以及2000年的《美国消费者隐私保护法》，地方层面则以《美国加利福尼亚州消费者隐私法案》为代

---

[1] 李丽：《美国数据立法研究》，湖南师范大学2021年硕士学位论文。

[2] Daniel J. Solove, Woodrow Hartzog, "The Ftc and The New Common Law Of Privacy", *Columbia Law Review*, 2014, (114): 587.

[3] 李丽：《美国数据立法研究》，湖南师范大学2021年硕士学位论文。

[4] Erin J. Illman, S. David Smith, "Scope of U.S. Privacy Law Today", *Txcle Advanced Consumer & Commercial Law*, 2018, Ⅱ: 2~3.

表；在维护数据主权方面，有《信息自由法》《信息网络安全研究与发展法》《爱国者法》等；[1]对于医疗健康领域的数据保护，美国出台了《健康保险携带与责任法案》（HIPPA）；在儿童隐私数据方面，则由《儿童在线隐私保护规则》进行保护；在金融服务行业数据使用方面，美国则制定了《金融服务现代化法案》；在互联网数据使用方面，美国出台了《互联网隐私保护法》；[2]针对海外数据使用，美国则颁布了《澄清海外合法使用数据法》。总之，美国多个领域均就数据保护与利用等问题出台了与自身行业相适应的规则。

（3）立法特点及立法形式。

美国大数据的立法形式主要体现为分散立法，未制定统一、专门的数据立法，而是通过不同领域分散立法，地方各州数据立法发展较快，仍旧强调行业自治以及注重对数据自由流通的促进。

3. 加拿大

加拿大的数据立法与美国、欧盟一样，也是从关注个人隐私保护问题上发展而来的。加拿大的数据立法以1983年《加拿大隐私法》以及2000年《加拿大个人信息保护与电子资料法》为代表，两部法律分别对政府与私人企业的信息收集行为加以规制，形成了较为全面的个人数据保护法律体系。[3]根据上述两部代表性法律，我们可将加拿大的大数据立法历程以21世纪为界，分为20世纪80年代至20世纪末以及21世纪至今两个时期。

（1）立法历程。

第一时期：20世纪80年代至20世纪末。这一时期的加拿大数据立法以1983年颁布的《加拿大隐私法》为主，《加拿大隐私法》第3条"立法目的"明确指出："本法是对加拿大现有的保护由政府机构掌握的个人信息中的个人隐私，以及为个人提供获取此种信息的正确方法的法律的补充。"该法对政府收集和使用个人信息的行为进行了较为具体的规定。除了针对个人数据的立法规定，加拿大还于1998年颁布了《加拿大统一电子证据法》。该法是世界范围内首部专门规定电子证据的法律，其在条文中明确了"数据""电子记录"

---

[1] 刘红：《大数据时代数据保护法律研究》，中国政法大学出版社2018年版，第156~158页。
[2] 李丽：《美国数据立法研究》，湖南师范大学2021年硕士学位论文。
[3] 李昱、程德安：《加拿大个人信息保护法对网络信息的保护及启示》，载《今传媒》2019年第9期，第42页。

等相关术语的含义,对世界电子数据乃至电子证据的运用有着重要价值。[1]

第二时期:21世纪至今。进入21世纪后,加拿大的数据立法主要以2000年通过并于2001年、2002年、2004年分别生效的《加拿大个人信息保护与电子资料法》为主,针对其他个人或企业的信息收集利用行为加以规制。此外,这一时期,加拿大政府还运用了PIA,即使用隐私影响评估(privacy impact assessment,PIA),评估数据控制者对数据保护以及隐私的影响,并在2002年颁布了《隐私影响评估政策》。PIA政策发展到目前,最新进展为加拿大于2020年通过的《隐私保护临时政策》以及《隐私惯例暂行指令》。[2]上述政策、指令的施行,使得加拿大政府得以更为清晰地把握当前数据开发运用过程中的安全风险。

(2)立法内容。

加拿大数据立法内容主要包括三个方面:第一,对于政府收集、处理个人信息的行为,加拿大制定了1983年《加拿大隐私法》。该法通过75条的法律规范较为全面地规定了政府的信息使用行为,明确了相关概念的含义,对政府获取、使用、披露、处理个人信息等行为应当遵守的规则以及应当履行的职责均作出了具体要求,该法还规定了发现政府违法行为时可采取的救济措施。第二,针对电子数据及其作为证据在诉讼中的适用,加拿大出台了1998年《加拿大统一电子证据法》。该法在明确电子证据内涵的基础上,实现了本国对"电子数据"这一概念的范围判定,并通过与传统证据规则的对照与结合,实现了电子证据在新时期的合理使用,为世界各国利用电子证据提供了参考与借鉴。[3]第三,为规范个人或企业使用处理个人信息等行为,加拿大在2000年颁布了《加拿大个人信息保护与电子资料法》(简称PEPIDA),PEPIDA为2000年通过,并于2001年1月、2002年1月和2004年1月等三个阶段逐步生效,它规范加拿大私营部门在商业活动过程中收集使用或披露个人信息的行为。

该法详细规定了处理个人信息的十项基本原则,分别为:责任制原则,

---

[1] 韩波:《论加拿大〈统一电子证据法〉的立法价值》,载《政治与法律》2001年第5期,第75页。

[2] 陈美、梁乙凯:《加拿大隐私影响评估政策:历程、内容、分析与启示》,载《图书情报工作》2021年第17期,第142~144页。

[3] 韩波:《论加拿大〈统一电子证据法〉的立法价值》,载《政治与法律》2001年第5期,第75~77页。

确定目的原则，同意原则，限制收集原则，限制使用、披露和保留原则，准确性原则，保障措施原则，开放原则，允许访问原则，提供救济原则，[1]为个人或企业使用个人信息的过程提供了明确且具体的指导准则。并且，该法已于2018年修订，针对企业的用户资料使用行为进行了更加详细的规定，同时还要求相关企业在2年内及时更新自身的网络信息安全保护系统，以确保其具有保障用户资料安全的能力。

(3) 立法特点及立法形式。

加拿大的数据立法和欧盟、美国的数据立法具有相同之处，即均通过对个人隐私的保护逐步发展出对个人数据的立法完善。有所不同的是，加拿大的大数据立法还对电子数据进行了专门规定，将个人信息保护与电子资料均作为立法重点。加拿大在立法过程中较为重视对政府使用数据行为的规制，还采用了评估工具以关注数据使用风险。可见，加拿大政府对于数据立法进程有着重要影响。总而言之，加拿大的数据立法具有立法时间较早、兼顾个人数据与电子数据保护、强调规制政府数据使用行为等特点。

在立法形式方面，加拿大的大数据立法则更多地具有统一立法形式的特点，即通过制定专门、统一的《加拿大个人信息保护与电子资料法》，实现对个人数据和电子数据收集、使用、处理等行为的规制。

4. 日本

日本的大数据立法历程同样需要从其对个人信息保护的法律规范完善过程中归纳。日本的大数据立法相较于欧美等国家，立法时间相对较晚，直至2003年日本才通过了第一部关于个人信息的综合性立法——《日本个人信息保护法》，并在此后多次修订，不断完善和健全日本的个人数据保护体系。日本在大数据产业规制方面还借鉴了美国行业自律的模式，颁布了《日本安全管理系统评估制度》。可见，日本的大数据立法事实上兼采欧盟统一立法与美国分散立法，形成了"统分结合"的立法模式。从日本大数据立法的发展历程来看，主要经过了地方自治探索、行业自律规章出台、《日本个人信息保护法》的制定和修订三个时期。[2]

---

[1] "Office of the Pprivacy Commissioner of Canada Privacy Impact Assessments", http://www.privcom.ge.cn.

[2] 个人信息保护课题组：《个人信息保护国际比较研究》（第2版），中国金融出版社2021年版，第81~83页。

(1) 立法历程。

第一，地方政府自治探索时期。日本关于个人信息的相关立法是从地方自主探索起步的，最早的地方立法是1973年日本德岛市出台的《关于保护电子计算机处理个人信息的条例》。随着地方政府不断出台相应法律，日本中央政府也逐步在《日本电信事业法》《日本邮政法》《日本电子商务法》等可能涉及个人信息使用的法律规范中规定相应的个人信息保护条款。

第二，行业自律规章逐步出台时期。这一时期，基于金融、互联网等产业的快速发展以及对个人信息的利用增多，个人信息泄露问题日益凸显，急需相应的规则对此加以约束。因而，日本商业协会以及相关政府部门逐步出台了限制和规范相关产业的指南、规章。具体包括《关于民间部门个人信息保护的指导方针》《关于民间部门电子计算机处理和保护个人信息的指南》等等。这些指南、规章对指导相关信息产业使用个人信息的行为起到了一定作用。

第三，《日本个人信息保护法》的制定和修订时期。随着世界各国逐步开展个人信息保护的相关立法，加之信息时代下国民个人信息保护需求愈加强烈，而日本地方法规和行业自律规范发挥效用有限。最终，日本于2003年出台了《日本个人信息保护法》，并于2005年开始正式实施。《日本个人信息保护法》是日本首部规范个人信息使用行为的全国统一性立法，对于日本大数据立法具有里程碑意义。随着数字产业的飞速发展，为适应新时期个人信息保护需求，日本于2015年、2020年两次修改《日本个人信息保护法》，通过立法修订实现了促进个人信息匿名化利用、扩大适用范围和个人权利、增强企业责任等多方面改进。

(2) 立法内容。

日本在大数据领域的立法内容主要表现为两个方面：第一，通过《日本个人信息保护法》明确个人数据控制者使用处理个人数据的规则以及个人享有的数据权益。在《日本个人信息保护法》2015年第一次立法修订中，《日本个人信息保护法》在法律文本中明晰了"个人信息"的含义，对个人数据的使用原则作出了具体规定，在立法中规定了"匿名化加工"规则，并明确了设立相关个人信息监管机构作为第三方监督企业个人数据使用行为的规定。[1]而

---

[1] 雷紫雯：《日本个人信息保护与合理使用探索及启示》，载《青年记者》2021年第13期，第93页。

在2020年第二次立法修订后，《日本个人信息保护法》进一步扩展了个人对自身信息享有的权利，并加重了企业的违法责任。[1]此外，日本虽然通过《日本个人信息保护法》实现了全国统一的个人信息利用规则，但仍旧在该法中提及允许个别主体制定针对自身特定领域的专门法。《关于金融机构等保护个人数据的指导方针》《关于电气通信事业保护个人信息的指导方针》等便是日本相关部门针对所管辖行业所制定的专门指导。[2]第二，在《日本反不正当竞争法》中增设"限定提供数据"条款，通过行为规制路径实现对数据安全的保护。日本在最新修订的《日本反不正当竞争法》中将符合限定提供性、电磁管理以及相当数量储存性的信息定义为"限定提供数据"，并将其纳入《日本反不正当竞争法》的保护范畴，以规制针对此类数据的不正当利用行为。[3]

(3) 立法特点及立法形式

通过上述对日本数据立法历程以及内容的分析我们可以看出，日本数据立法呈现出兼采多种路径，兼顾法律规制与行业自治，关注个人信息安全等特点。而日本大数据立法的形式则表现为统一立法与分散立法相结合的形式——"统分结合"模式。具言之，日本对于大数据产业的规制既出台了统一、专门的法律规范，又注重不同行业、不同部门自主出台应对自身产业发展中可能出现的数据安全问题的规章条例。

(二) 域外大数据立法史评析

域外大数据立法的进程既具有相似之处，又反映着各国独具特色的立法选择。换言之，域外各国各地区的大数据立法是相互影响、相互借鉴的，并且不同国家或地区均根据自身实际制定了更加符合本国国情的立法。总结与分析域外大数据立法的发展历史所呈现出的特点以及实际效果有助于我国更好地认识域外大数据发展状况并为我国形成符合自身发展需要的大数据立法体系提供参考。

1. 立法均从对个人隐私保护的关注起步

纵观域外大数据立法的发展初期，无论是立法较早的美国和欧盟，还是

---

[1] 个人信息保护课题组：《个人信息保护国际比较研究》（第2版），中国金融出版社2021年版，第81~83页。

[2] 高荣伟：《海外个人信息保护机制》，载《检察风云》2020年第18期，第53页。

[3] 刘影、眭纪刚：《日本大数据立法增设〈限定提供数据〉条款及其对我国的启示》，载《知识产权》2019年第4期，第92~94页。

立法稍晚的日本和韩国，域外大数据立法均是从对个人隐私保护问题的关注和应对中逐步发展而来，各国首部与规制数据使用相关的法律大多命名为《隐私法》或《个人信息保护法》。可见，各国早期制定大数据相关立法的首要目的都是保障个人隐私或隐私权不受非法侵害。基于保护个人隐私安全这一出发点，域外各国逐步发展出对个人信息、个人数据开发利用的法律规制。随着科学技术以及大数据产业的发展，域外数据立法才开始从不同行业运用数据、规制政府数据使用、规范电子数据的证据效力、限制数据的域外流转等多方面进行相应的立法。各国大数据立法均从对个人隐私保护的关注起步，很大程度上是因为个人数据与个人隐私密切相关，鉴于保护个人隐私是公民的基本权利需求，由此延伸出对个人数据使用的规制是符合立法发展原理的。

2. 立法形式以统一立法为主

在立法形式上，域外数据立法呈现出欧盟统一立法与美国分散立法两种主要立法形式。相较而言，域外各国的数据立法大多采取欧盟统一立法的模式，或者说，即便有些国家的数据立法在某些领域存在分散立法，但这些国家仍有全国统一的数据立法。例如，《加拿大个人信息保护与电子文件法》《英国数据保护法》《韩国个人信息保护法》《日本个人信保护法》《新加坡个人信息保护法》《俄罗斯联邦个人数据法》等等。〔1〕甚至在采用分散立法的美国也有不少学者呼吁出台统一性的美国数据保护法律。〔2〕域外各国大多采用统一立法的数据立法形式，有助于形成较为系统、全面的全国统一的数据保护法律体系，但美国的分散立法形式并非没有优势，此种形式能够更加针对性地解决不同行业面临的数据保护问题。因此，存在一些国家同时采用两种立法形式的情况。其中，日本是兼具两种立法形式的典型代表，日本大数据立法既有全国统一的《日本个人信息保护法》，又允许不同行业根据自身实际制定专门立法。不过，即便如此，日本仍旧是以统一的专门立法作为主要的数据法律规范。

3. 注重发挥行业的自律功能

域外数据立法还存在一个明显的特点，即诸多国家在立法过程中较为注

---

〔1〕 高志明：《域外个人信息保护立法进路分析》，载《西安电子科技大学学报（社会科学版）》2016年第2期，第89~92页。

〔2〕 Jana N. Sloane, "Raising Data Privacy Standards: The United States' Need for a Uniform Data Protection Regulation", *John Marshall Law Journal*, 2018-2019, (12): 49.

重发挥不同行业的自律功能。强调行业自律在规范大数据使用过程中的重要性，能够使得国家更加合理、准确地解决不同领域存在的数据法律问题。在此方面，美国数据立法无疑是突出代表，其一开始是依靠行业自律机制实现的，即由行业通过发挥自律功能，运用市场机制，实现大数据的合理开发运用。虽然美国数据立法发展到后期也开始制定法律规范，但仍旧是根据不同领域出台相应规范，并未形成统一的立法。尽管美国后期立法是由于原有的行业自治难以充分实现规制大数据产业发展过程出现的问题而产生的，但我们并不能否认行业自律对于规范大数据产业发展的重要意义。毕竟，如能较好地发挥不同行业的自律功能，便能从内部实现大数据产业的良性发展。

4. 立法与科学技术的发展密切相关

事实上，域外各国大数据立法的出台与演变均与信息技术产业的发展紧密联系。随着各国科技水平的不断提高，大数据产业日益兴盛，能够更加便捷地获取数据并能够从数据开发利用过程中获得更高的利益，由此对于大数据产业规制的需求逐渐增加。欧盟 2016 年《指令》、加拿大于 2018 年新修订的《加拿大个人信息保护与电子文件法》、日本于 2020 年新修改的《日本个人信息保护法》等均是各国应对高速发展的科技而对大数据立法作出的完善与改进。由此可见，科学技术发展是大数据产业发展的基础，只有时刻关注科学技术发展进程才能制定出更加科学、符合社会需求的大数据法律规范。

5. 立法选择符合基本国情

虽然域外数据立法主要以统一立法作为立法形式，并从个人隐私保护问题起步，但在具体的立法内容以及立法特点方面，域外各国大多基于自身情况作出了符合基本国情的立法选择。例如，欧盟基于人权保障理念赋予公民个人信息保护权，通过赋权模式实现对个人数据的保护；美国基于实用主义理念更多地从财产权角度规范个人数据的使用，强调数据流通与个人隐私保护的平衡；[1]加拿大不仅注重个人数据立法还根据本国需要制定了电子证据适用的法律规范；等等。各国基于自身国情制定的大数据立法，能够促进各国形成符合自身社会实际需求、满足大数据产业发展要求的法律体系。

---

〔1〕 高志明：《域外个人信息保护立法进路分析》，载《西安电子科技大学学报（社会科学版）》2016 年第 2 期，第 92 页。

二、域内大数据立法史梳理及分析评价

为更好地建设和完善我国的数据立法体系，促进我国大数据综合试验区的建设，有必要梳理我国大数据立法的发展历史以及现状，综合分析我国数据立法发展的特点与趋势。

（一）域内数据立法史梳理

相较于域外大数据立法发展进程，我国数据立法虽起步较晚但发展较快。目前，我国的数据立法呈现出地方立法领先于全国立法，全国性立法滞后于我国科技发展水平的特点。2016年，我国出台《网络安全法》，开启了我国数据专门立法时期，并于同年在全国范围内分2批设立了8个国家大数据综合试验区，[1]通过地方试点的方式，逐步推进我国数据立法，促进我国大数据产业持续、健康发展。总体而言，我国大数据立法大致可分为两个阶段：基于国家信息安全考量的数据立法时期（2000年至2015年）；数据专门立法时期（2016年至今）。

1. 立法历程

第一，基于国家信息安全考量的数据立法时期（2000年至2015年）。我国早期制定大数据立法是基于维护国家信息安全的考量，为避免信息产业发展以及信息系统问题危害国家安全、损害国家利益，我国开始陆续出台保护公民网络信息、维护公民互联网信息安全的相关规范。[2]如2000年国务院出台的《互联网信息服务管理办法》，2011年国务院修订的《计算机信息系统安全保护条例》《计算机信息网络国际联网安全保护管理办法》，2012年颁布的《全国人民代表大会常务委员会关于加强网络信息保护的决定》，2014年国家互联网信息办公室发布的《即时通信工具公众信息服务发展管理暂行规定》。[3]这些规定也是我国早期为保护公民个人信息制定的规范，为我国后来出台专门性的《个人信息保护法》提供了立法基础。而这一时期的地方立法则较少直接涉及数据立法内容，相关立法主要集中在政府信息公开立法方面，

---

〔1〕 贵州省、上海市、河南省、重庆市、沈阳市、内蒙古、京津冀、珠江三角洲八个国家大数据综合试验区。

〔2〕 白牧蓉、李其贺：《地方数据立法的现状与进路》，载《人大研究》2022年第4期，第41页。

〔3〕 杨震、徐雷：《大数据时代我国个人信息保护立法研究》，载《南京邮电大学学报（自然科学版）》2016年第2期，第5页。

如2004年《吉林省政务信息公开管理办法》《湖北省政府信息公开规定》，2006年《深圳市政府信息公开规定》，2008年《陕西省政府信息公开规定》等。因此，整体而言，无论是在国家层面还是地方层面，我国在这一时期的数据立法均大多基于维护国家信息安全的需要，并未进入针对数据开展专门性立法的阶段。

第二，数据专门立法时期（2016年至今）。这一时期，我国在国家层面和地方层面均出台了一系列数据专门立法，我国数据立法进入专门立法时期。国家层面，我国开始制定专门规范数据产业的法律规范，出台了一系列涉及数据安全和数据流转等方面的专门法律，并且还在相关法律中增设与数据开发利用相关的条款（详见表1）。以2016年《网络安全法》，2018年《电子商务法》，2020年《民法典》，2021年《数据安全法》《个人信息保护法》等为代表性法律。除上述直接涉及数据的立法以外，《消费者权益保护法》《刑法》等法律中也存在涉及数据安全保护和开发利用要求的相关法律条款。地方层面，我国首先在2016年2月将贵州省设为全国首个国家大数据综合试验区，又于2016年10月，将上海市、河南省、重庆市、沈阳市、内蒙古、京津冀、珠江三角洲七个地区作为第二批国家大数据综合试验区。至此，我国目前已有八个国家大数据综合试验区，八个试验区为推进地区数据产业发展积极开展数据专门立法。其中，较具代表性的地方立法有：2016年《贵州省大数据发展应用促进条例》，2019年《上海市公共数据开放暂行办法》，2021年《深圳经济特区数据条例》《上海市数据条例》等（详见表2）。此外，浙江省、福建省等数字经济发展较快的地方也出台了相应的专门性地方数据立法，如2021年《福建省大数据发展条例》、2022年《浙江省公共数据条例》等（详见表2）。相较于全国性数据专门立法，地方数据立法涉及的内容更加丰富，政务数据开放、公共数据管理、促进数字经济发展、数据安全管理等方面均是地方数据立法涉及的内容。并且，地方数据立法呈现出从数据某个方面的专门立法转为数据综合立法的趋势。

表 1　国家数据专门立法

立法名称	制定主体	公布日期	数据立法内容
《网络安全法》	全国人民代表大会常务委员会	2016年11月7日	数据安全
《电子商务法》	全国人民代表大会常务委员会	2018年8月31日	电子商务数据
《民法典》	全国人民代表大会	2020年5月28日	数据权益、个人信息保护
《数据安全法》	全国人民代表大会常务委员会	2021年6月10日	数据安全
《个人信息保护法》	全国人民代表大会常务委员会	2021年8月20日	个人信息保护
《数据出境安全评估办法》	国家互联网信息办公室	2022年7月7日	数据出境安全
《刑法修正案（十一）》	全国人民代表大会	2020年10月26日	数据犯罪
《消费者权益保护法》	全国人民代表大会常务委员会	2013年10月25日	消费者数据保护

表 2　部分地方数据专门立法[1]

省份/城市	立法名称	效力级别	公布日期	立法内容
贵州省	《贵州省大数据发展应用促进条例》	地方性法规	2016年1月15日	数据综合立法
	《贵州省大数据安全保障条例》	地方性法规	2019年8月1日	数据安全
	《贵州省政府数据共享开放条例》	地方性法规	2020年9月25日	政府数据开放
上海市	《上海市公共数据开放暂行办法》	地方政府规章	2019年8月29日	公共数据开放
	《上海市数据条例》	地方性法规	2021年11月25日	数据综合立法
河南省	《河南省数字经济促进条例》	地方性法规	2021年12月28日	促进数字经济

---

〔1〕 表2以8个国家大数据综合试验区以及3个数字经济发展较快的地方为代表，对我国地方数据立法进行了梳理和汇总。

续表

省份/城市	立法名称	效力级别	公布日期	立法内容
重庆市	《重庆市政务数据资源管理暂行办法》	地方政府规章	2019年7月31日	政务数据管理
	《重庆市公共数据开放管理暂行办法》	地方政府规章	2020年9月11日	公共数据开放
	《重庆市数据条例》	地方性法规	2022年3月30日	数据综合立法
内蒙古	《内蒙古自治区政务数据资源管理办法》	地方规范性文件	2021年9月11日	政务数据管理
沈阳市	《沈阳市政务数据资源共享开放条例》	地方性法规	2020年8月14日	政务数据开放
珠江三角洲（广东省、深圳市）	《广东省公共数据管理办法》	地方政府规章	2021年10月18日	公共数据管理
	《广东省数字经济促进条例》	地方性法规	2021年7月30日	数字经济促进
	《广东省政务数据资源共享管理办法（试行）》	地方规范性文件	2018年11月29日	政务数据管理
	《深圳经济特区数据条例》	地方性法规（经济特区法规）	2021年7月6日	数据综合立法
京津冀	《北京市公共数据管理办法》	地方规范性文件	2021年1月28日	公共数据管理
	《天津市促进大数据发展应用条例》	地方性法规	2018年12月14日	数据综合立法
	《天津市数据安全管理办法（暂行）》	地方性法规	2019年6月26日	数据安全
	《天津市公共数据资源开放管理暂行办法》	地方规范性文件	2020年7月21日	公共数据管理
	《河北省数字经济促进条例》	地方性法规	2022年5月27日	促进数字经济

续表

省份/城市	立法名称	效力级别	公布日期	立法内容
浙江省	《浙江省公共数据开放与安全管理暂行办法》	地方政府规章	2020年6月12日	公共数据管理
浙江省	《浙江省数字经济促进条例》	地方性法规	2020年12月24日	促进数字经济
浙江省	《浙江省公共数据条例》	地方性法规	2022年1月21日	公共数据管理
福建省	《福建省政务数据管理办法》	地方政府规章	2016年10月15日	政务数据管理
福建省	《福建省大数据发展条例》	地方性法规	2021年12月15日	数据综合立法
福建省	《福建省公共数据资源开放开发管理办法（试行）》	地方性法规	2022年7月20日	公共数据管理
江苏省	《江苏省公共数据管理办法》	地方性法规	2021年12月18日	公共数据管理
江苏省	《江苏省数字经济促进条例》	地方性法规	2022年5月31日	促进数字经济

2. 立法内容

我国大数据的立法内容可以从国家和地方两个层面来看：

从全国性立法的角度看，大数据立法主要集中于数据安全、个人隐私保护、数据流转利用等方面。首先，在数据安全方面，我国在2016年通过了《网络安全法》，明确了我国处理个人信息应当遵循"合理、正当、必要"原则，对网络信息安全问题加以全面规范。之后，我国于2021年通过了《数据安全法》，以专门立法的形式规范数据活动、保障数据安全。此外，针对数据出境问题，我国互联网信息办公室基于《数据安全法》的规定，于2022年颁布了《数据出境安全评估办法》，以确保数据跨境安全。其次，在个人信息保护方面，我国于2021年正式实施《个人信息保护法》，明确公民对个人信息享有的权利以及个人信息处理者应当承担的义务，即通过出台专门法对我国个人信息保护问题作出了具体规定。最后，在数据流转与开发利用方面，我国 2021 年正式施行的《民法典》通过概括性规定承认了民事主体对数据享有权益，为数据开发利用提供了相应的法律依据。并且，我国还在 2021 年通过的《数据安全法》中针对政府开放应用数据的行为提出了具体要求。

从地方性立法角度来看，我国地方立法探索早于全国立法，且立法内容相较全国立法涉及方面更加多样，主要包括政务数据开放、公共数据管理、促进数字经济发展等多个方面，并且不少地方政府已经出台针对大数据的综合性地方性法规。具体而言，在政务数据开放方面，有《贵州省政府数据共享开放条例》《湖北省政务数据资源应用与管理办法》《安徽省政务数据资源管理办法》《重庆市政务数据资源管理暂行办法》等；在公共数据管理方面有《浙江省公共数据条例》《江西省公共数据管理办法》《江苏省公共数据管理办法》《上海市公共数据开放暂行办法》《广东省公共数据管理办法》等；在促进数字经济发展方面有《河北省数字经济促进条例》《河南省数字经济促进条例》《浙江省数字经济促进条例》；地方大数据综合立法则包括《深圳经济特区数据条例》《福建省大数据发展条例》《上海市数据条例》《辽宁省大数据发展条例》等。〔1〕

3. 立法特点及立法形式

我国数据立法具有立法时间较晚、兼顾数据安全与数据流转、地方数据立法发展较快、尚未形成完整体系等特点。从立法形式上看，我国大数据立法应是统一立法和分散立法相结合的形式，既存在针对个人信息和数据安全的统一性立法，又存在大量分散于不同法律之中的数据规制条款。

（二）域内大数据立法史评析

我国的数据立法，既注意吸收借鉴域外大数据立法的先进经验，又结合自身发展特点制定了符合我国现实需求的数据法律规范，但我国全国性大数据立法涉及内容较少，且我国尚未形成完整的数据立法体系，有待今后进一步完善。

1. 统一立法与分散立法相结合的立法形式

当前，我国的数据立法形式呈现出统一立法与分散立法相结合的特点。

---

〔1〕 有些省综合性数据立法正在制定之中，如 2023 年 7 月 21 日广州市政务服务数据管理局在官网发布《广州市数据条例（征求意见稿）》，内容提及"推动数据要素纳入国民经济和社会发展的统计核算体系"，这在全国尚属首次。参见广州市政务服务数据管理局：http://zsj.gz.gov.cn/hdjlpt/yjzj/answer/29851，2023 年 7 月 21 日访问。

但是，我国此种统一立法与分散立法相结合的模式与前文提及的日本"统分结合"立法模式有所差异，我国的分散立法并非日本数据立法或者美国数据立法那般根据不同领域和行业进行专门立法的模式，而是指在可能涉及数据使用的法律中分散规定了相关条款。换言之，我国的大数据立法既有针对数据安全的全国统一性立法，又在相关法律中分散规定了规范数据使用的条款。我国此种立法模式与我国的立法习惯有关，即我国通过法律规范某个领域时，既会出台专门的统一法律，也会在相关法律中补充一定的适应性条款，如此立法有助于我国形成全面、系统的法律体系。

2. 地方立法内容较为多样，全国立法内容较少且有所滞后

从我国数据立法涉及的内容以及数量上看，地方层面的数据立法不仅在数量上远远多于全国性立法，而且所涉及的方面也较全国性立法更为多样和详细。相较于全国层面立法仅针对数据安全和个人信息保护两方面出台统一法律，地方立法则细分公共数据、政务数据、个人数据等多方面，并且多个省份已然出台地方性综合数据立法。由此可见，我国全国数据立法内容较少，且略滞后于社会需求。虽然针对各个方面进行全国立法存在一定难度且需要一定时间，但我国仍应当参考各地就大数据开展的多样立法，从中吸取经验，适时出台适用全国的数据交易、数据跨境传输等方面的法律。

本章小结

梳理各国大数据立法史，有助于在总结各国大数据立法经验的基础上，促进世界数据立法的完善、推动全球数据产业的健康发展。本章首先以欧盟、美国、加拿大、日本为代表，介绍了域外大数据立法的发展历程、立法内容、立法特点及立法形式。进而，总结出域外大数据立法具有的五大表现，即立法均从对个人隐私保护的关注起步，立法形式以统一立法为主，强调行业自律功能，立法发展与科技水平密切相关以及立法选择符合各自国情。而从我国的大数据立法发展来看，虽然我国大数据立法采用统一立法与分散立法相结合的立法形式，有助于我国大数据立法融入我国整体的法律体系，但是相较于域外大数据立法来说，我国大数据立法起步较晚，并且全国层面的数据立法存在数量较少和涉及方面较为狭窄等情况，我国仍需要进一步完善数据法律规范，为大数据综合试验区的发展以及大数据立法的完善提供方向指引与权威指导。

第二编
国家大数据综合试验区立法研究

第一章

国家大数据综合试验区立法概述

一、大数据综合试验区设立的背景

(一) 国家大数据综合试验区设立的现实条件与社会需求

大数据作为国家基础性战略资源，对经济运行机制、社会生活方式和国家治理能力具有重要影响。当前，我国经济正处于"三期叠加"的特殊状态，需要调整产业结构，转变经济发展方式，通过实施大数据战略行动推动经济转型升级。加快在国家层面对大数据发展进行顶层设计，既是顺应世界科技发展趋势的战略选择，也是我国应对新挑战、迎接新机遇的重要举措。建设国家大数据综合试验区是引领经济社会发展全局的战略引擎，也是数字中国建设的重大制度探索。

1. 建设大数据综合试验区的迫切性

2017年10月，习近平总书记在党的十九大报告中指出，中国特色社会主义进入新时代，我国社会主要矛盾已经转化为人民日益增长的美好生活需要和不平衡不充分的发展之间的矛盾。实施大数据战略行动、推动数字经济发展、提供更好的数字化服务是满足人民美好生活需要的重要途径。数字化方式正有效打破时空阻隔，提高有限资源的普惠化水平，极大地方便群众生活，让广大群众享受到看得见、摸得着的实惠，满足人民多样化、个性化的需要。

目前，全球信息产业处于加速变革期，大数据发展水平成为国家竞争力的重要体现，各国纷纷将大数据作为国家发展战略，国家之间关于大数据的竞争日趋激烈。大数据技术和应用处于创新突破期，国内市场需求处于爆发期，我国大数据产业面临重要的发展机遇。我国必须抢抓机遇，为经济转型发展提供新动力，重塑国家竞争优势。推动大数据产业发展，对于提升政府治理能力、优化民生公共服务、促进经济转型和创新发展具有重大意义。[1]

党中央、国务院高度重视大数据在经济社会发展中的作用，党的十八届五中全会提出"实施国家大数据战略"。2015年8月，国务院印发《促进大数据发展行动纲要》，全面推进大数据发展，加快建设数据强国。《促进大数据发展行动纲要》提出，开展国家大数据综合试验区建设，明确"支持贵州等综合试验区建设"。[2]

可以说，国家大数据综合试验区的建设是践行国家大数据战略的重大举措，试验区在数据共享开放、数据资源流通与交易、产业集聚融合、创新应用与技术、数据中心整合、大数据制度创新、国际交流合作等领域先行先试，为国家实施大数据战略探索可借鉴、可复制、可推广的经验。[3]深化大数据产业改革、立足新发展阶段，将制度创新和新发展理念贯穿立法活动的始终，健全数字法治体系，完善政治、经济体系，构建新发展格局，推动大数据产业的高质量发展。

2. 建设大数据综合试验区的必要性

我国数字经济蓬勃发展，对构建现代化经济体系、实现高质量发展的支撑作用不断凸显。随着各行业数字化转型升级进度加快，特别是5G等新技术的快速普及应用，全社会数据总量呈爆发式增长，数据资源存储、计算和应用需求大幅提升。[4]然而，承载数据的基础设施建设的可靠性、安全性、可持续供应性还存在诸多问题与挑战，需要更加重视，国家级大数据综合试验区是大数据基础设施建设的一部分，通过试验区的建设完善相关基础设施，对目前已有基础设施进行整合，实现集约绿色发展，为我国抢占数字经济机遇。

此外，目前我国数据开放共享的水平仍然较低，之所以出现这样的状况是由于数据交易生态安全不完善，数据类型复杂、标准不一，因此导致了数

---

[1] 工业和信息化部于2016年12月18日印发《大数据产业发展规划（2016-2020年）》。
[2] 国务院于2015年8月31日发布《促进大数据发展行动纲要》。
[3] 《国家大数据（贵州）综合试验区发展研究》，载贵州省社会科学院：http://sky.guizhou.gov.cn/xwzx/mtjj/201801/t20180129_25117866.html，2023年3月13日访问。
[4] 《四部门：布局全国算力网络国家枢纽节点 实施〈东数西算〉工程》，载人民资讯：https://baijiahao.baidu.com/s?id=1700804198256608431&wfr=spider&for=pc，2023年3月13日访问。

据拥有方不敢给、不愿给等情况。基于此，我国要尽快完善数据安全相关法律法规，以及设定数据分级分类的技术标准。通过建设国家大数据综合试验区，可以在一定的区域范围内先行先试，将改革风险和试错成本控制在一定的区域内，平稳、有序推进改革进程。

国家选取特定城市开展大数据综合试验区建设，有利于全国范围内大数据试验区的合理布局、有序发展，避免一哄而上、供需失衡，出现数据中心区域过剩、全国数据中心发展效益分散等问题。各大数据综合试验区不走同质化的道路，可以彰显各自的地区优势，进行差别化、特色化的实践探索，实现制度创新。

建设大数据综合试验区有利于优化数据资源配置效力，释放并扩大数据红利，实现数据增值；有利于集中优势资源，突破大数据核心技术，构建自主可控的大数据产业链、价值链和生态系统，推动大数据产业加快发展；有利于加速传统产业数字化转型，促进传统产业优化升级；有利于促进互联网、大数据、人工智能和实体经济深度融合，培育发展新产业、新业态、新模式；有利于提升政府治理精准化、民生服务便利化、社会治理现代化水平，对主动适应和引领经济发展新常态、形成经济发展新动能、提高全要素生产率、推动经济高质量发展具有重要意义。

（二）大数据综合试验区设立的政策依据

自2014年3月"大数据"首次写入《政府工作报告》后，"大数据"便闯入了我们的视野，国家层面高度重视大数据及其未来发展。国家、各省市地方政府也频频接力出台相关政策扶持大数据产业发展。国务院于2015年公开发布的《促进大数据发展行动纲要》（以下简称《纲要》）从国家大数据发展战略全局的高度提出了我国大数据发展的顶层设计。《纲要》明确提出了"开展区域试点，推进贵州等大数据综合试验区建设"，贵州成了其中唯一明确提到的省份。2016年3月正式发布的《中华人民共和国国民经济和社会发展第十三个五年规划纲要》（以下简称《"十三五"规划纲要》）也多处提及大数据，并在第六篇拓展网络经济空间第二十七章专门提出了实施国家大数据战略，把大数据作为基础性战略资源。[1] 2016年3月，中国首个国家级大

---

〔1〕 全国人民代表大会于2016年3月16日发布《中华人民共和国国民经济和社会发展第十三个五年规划纲要》（2016年3月16日第十二届全国人民代表大会第四次会议批准）。

数据综合试验区获得了国家发展和改革委员会、工业和信息化部、中央网络安全和信息化委员会办公室发函批复，国家大数据（贵州）综合试验区在中国数据资源管理与共享开放、数据中心整合、数据资源应用等方面开展系统性试验。2016年10月8日，国家发展和改革委员会、工业和信息化部、中央网络安全和信息化委员会办公室联合发函批复，同意在京津冀等7个区域推进国家大数据综合试验区建设，这是继贵州之后第二批获批建设的国家级大数据综合试验区。此次批复的国家大数据综合试验区包括两个跨区域类综合试验区（京津冀、珠江三角洲），4个区域示范类综合试验区（上海市、河南省、重庆市、沈阳市），一个大数据基础设施统筹发展类综合试验区（内蒙古），定位是积极引领东部、中部、西部、东北等"四大板块"发展。

国家大数据综合试验区的建设是在党中央、国务院的统一部署下，在全国范围内形成布局合理、循序渐进、绿色集约的基础设施一体化格局，各试验区在适应当地条件的基础上，大胆探索地方特色优势，积极实践。

二、大数据综合试验区的定位

（一）建设大数据综合试验区的价值取向

国家高度重视大数据及其未来发展，国家、各省、市地方政府也频频接力出台相关政策扶持大数据产业发展。大数据政策文件中彰显的价值取向是国家大数据综合试验区建设的关键定位。

国家大数据综合试验区的价值取向是创新发展与安全保障并重。发展与安全如同"车之两轮、鸟之两翼"，二者不可偏废，要在监管与立法理念层面实现从管制思维向审慎包容思维的转变，实现安全保障与开放发展的平衡。既要考虑维护公平自由的市场竞争秩序，提供数字经济发展的机制动力，促进数字经济创新发展，又要强化制度规范，保障市场的安全、高效、有序运行。注重加强"五位一体"建设，走创新、协调、绿色、开放、共享的大数据发展道路。具体而言，以习近平新时代中国特色社会主义思想为指导，全面贯彻党的十九大和十九届二中、三中、四中、五中全会精神，深入落实习近平总书记关于建设全国一体化大数据中心的重要讲话精神，坚持新发展理念，坚持改革创新、先行先试，推动数据中心、云服务、数据流通与治理、数据应用、数据安全等统筹协调、一体设计，加快打造一批算力高质量供给、数据高效率流通的大数据发展高地。[1]

(二) 建设大数据综合试验区的目标

1. 大数据综合试验区的阶段性目标与最终目标

(1) 阶段性目标。

在国家大数据综合试验区的建设数量上，目前我国共批复建设了 8 个国家级大数据综合试验区，分别包括贵州国家大数据综合试验区；京津冀、珠江三角洲 2 个跨区域类大数据综合试验区；上海、河南、重庆、沈阳等 4 个区域示范类综合试验区；内蒙古大数据基础设施统筹发展类综合试验区。到 2020 年，我国将建设 10 个~15 个大数据综合试验区，创建一批大数据产业集聚区，形成若干大数据新型工业化产业示范基地。[2]

在国家大数据综合试验区规划内容上，要在大数据制度创新、公共数据开放共享、大数据创新应用、大数据产业集聚、数据要素流通、数据中心整合、大数据国际交流合作等方面开展系统性探索试验，为全国大数据发展和应用积累经验。在数据要素流通方面《"十四五"大数据产业发展规划》中提及 2025 年要基本形成大数据产业体系；初步建立数据要素价值评估体系；夯实产业基础，使得基础设施达到国际先进水平；形成稳定高效产业链；实现产业生态良性发展。[3]《"十四五"数字经济发展规划》提出，到 2025 年，要初步建立数据要素市场体系。基本建成数据资源体系，利用数据资源推动研发、生产、流通、服务、消费全价值链协同。数据要素市场化建设成效显现，数据确权、定价、交易有序开展，探索建立与数据要素价值和贡献相适应的收入分配机制，激发市场主体创新活力。[4]

建设国家大数据综合试验区的城市选点要合理定位，科学谋划，统筹大数据跨区域布局，利用大数据推动信息共享、信息消费、资源对接、优势互补，促进区域经济社会协调发展。选择在大数据产业特色优势明显的地区建设大数据综合试验区，引导地方结合自身条件，突出区域特色优势，明确重点发展方向，深化大数据应用，合理定位、科学谋划，形成科学有序的产业

---

[1] 国家发展和改革委员会、中央网络安全和信息化委员会办公室、工业和信息化部、国家能源局于 2021 年 5 月 24 日印发《全国一体化大数据中心协同创新体系算力枢纽实施方案》。

[2] 工业和信息化部于 2016 年 12 月 18 日印发《大数据产业发展规划（2016-2020 年）》。

[3] 工业和信息化部于 2021 年 11 月 15 日印发《"十四五"大数据产业发展规划》。

[4] 国务院于 2021 年 12 月 12 日印发《"十四五"数字经济发展规划》。

分工和区域布局,以点带面,引领全国大数据发展。

(2)最终目标。

国务院发布的《纲要》,立足我国国情和现实需要,提出要推动大数据发展和应用在未来 5 年~10 年逐步实现以下目标:①将大数据作为提升政府治理能力的重要手段;②充分运用大数据,不断提升信用财政、金融、税收、农业、统计、进出口、资源环境产品质量、企业登记监管等领域数据资源的获取和利用能力;③围绕服务型政府建设,在公用事业、市政管理、城乡环境、农村生活、健康医疗、减灾救灾、社会救助、养老服务、劳动就业、社会保障、文化教育、交通旅游、质量安全、消费维权、社区服务等领域全面推广大数据应用;④形成公共数据资源合理适度开放共享的法规制度和政策体系,2018 年底前建成国家政府数据统一开放平台;⑤推动大数据与云计算、物联网、移动互联网等新一代信息技术融合发展。《大数据综合试验区建设实施方案》提出到"十三五"末,在大数据基础设施建设,社会治理、公共服务、重点行业、重点产业、要素流通等领域大数据应用,以及技术创新和支撑体系等各方面取得明显成效,打造数字经济发展高地、大数据创新应用高地、工业互联网高地、软件产业高地、人才培养高地,为数字经济高质量发展提供新动能、打造新引擎。

2. 大数据综合试验区的地区性目标与整体性目标

对于不同地区大数据综合试验区的布局建设,对其定位不同、发挥的作用也有所不同。在京津冀、长三角、粤港澳大湾区、成渝等用户规模较大、应用需求强烈的东部节点,重点统筹好城市内部和周边区域的数据中心布局,实现大规模算力部署与土地、用能、水、电等资源的协调可持续,优化数据中心供给结构,扩展算力增长空间,满足重大区域发展战略实施需要。在贵州、内蒙古、甘肃、宁夏等可再生能源丰富、气候适宜、数据中心绿色发展潜力较大的西部节点,重点提升算力服务品质和利用效率,充分发挥资源优势,夯实网络等基础保障,积极承接全国范围需后台加工、离线分析、存储备份等非实时算力需求,打造面向全国的非实时性算力保障基地。[1]对于国家枢纽节点以外的地区,重点推动面向本地区业务需求的数据中心建设,加

---

〔1〕 国家发展和改革委员会、中央网络安全和信息化委员会办公室、工业和信息化部、国家能源局于 2021 年 5 月 24 日印发《全国一体化大数据中心协同创新体系算力枢纽实施方案》。

强对数据中心的绿色化、集约化管理，打造具有地方特色、服务本地、规模适度的算力服务。加强与邻近国家枢纽节点的网络联通，后续根据发展需要适时增加国家枢纽节点。

（1）京津冀大数据综合试验区。《京津冀大数据综合试验区建设方案》提出，要将京津冀地区打造成为国家大数据产业创新中心、国家大数据应用先行区、国家大数据创新改革综合试验区、全国大数据产业创新高地。到2017年底初步建立数据开放共享机制体制，到2018年底初步形成集群特色鲜明、协同效应显著、资源配置优化的发展格局，到2020年底建立以人为本、惠及民生的大数据服务新体系。

（2）珠江三角洲国家大数据综合试验区。珠江三角洲国家大数据综合试验区通过3年左右的探索实践，汇聚海量数据资源，数据基础设施高度集约，数据资源高度共享开放，数据资源权益得到有效保障；形成一批大数据创新应用示范；基本建成辐射带动效应强、示范引领作用显著、具备国际竞争力的跨区域类大数据综合试验区。[1]

（3）贵州国家大数据综合试验区。贵州计划通过5年左右努力，建成全国大数据内容中心、全国大数据服务中心、全国大数据金融中心、全国大数据创新中心、大数据产业集聚发展示范区、政府治理大数据应用示范区、大数据惠民便民示范区、大数据体制机制示范区。

《国家大数据（贵州）综合试验区"十四五"建设规划》提出了"三区一枢纽"建设目标，建成大数据制度创新引领区、大数据产业发展先行区、大数据融合应用标杆区、建设全国一体化大数据中心国家枢纽节点。[2]

（4）上海国家大数据综合试验区。《上海市大数据发展实施意见》提出到2020年，基本形成数据观念意识强、数据采集汇聚能力大、共享开放程度高、分析挖掘应用广的大数据发展格局。丰富数据资源、创新活跃行业应用、科学高效地进行政府治理、实现产业发展能级跃升、规范发展环境。[3]

（5）河南国家大数据综合试验区。《河南省推进国家大数据综合试验区建

---

[1] 广东省人民政府办公厅于2017年4月6日印发《珠江三角洲国家大数据综合试验区建设实施方案》。

[2] 贵州省大数据发展领导小组办公室于2021年12月29日印发《国家大数据（贵州）综合试验区"十四五"建设规划》。

[3] 上海市人民政府于2016年9月15日印发《上海市大数据发展实施意见》。

设实施方案》提出力争经过3年~5年的努力，试验区建设取得显著成效，实现数据资源统筹能力强、产业集聚发展态势明显、辐射带动效应突出、示范引领作用显著，大数据创新应用和产业发展水平走在全国前列。到2018年，初步建立有利于大数据发展的地方规章制度体系、体制机制创新取得重要突破、重点领域示范应用取得明显实效、产业集聚发展态势初步形成。到2020年，基本建立有利于大数据发展的体制机制，大数据在各行业的深度应用全面展开，政府科学决策和社会精准治理能力显著增强。[1]

（6）重庆国家大数据综合试验区。到2020年，全面建成健康医疗大数据平台体系与支撑体系，形成健康医疗大数据共享与开放机制，实现与自然人、法人、空间地理等基础数据资源的跨部门、跨区域共享，推动健康医疗大数据融合应用、创新发展，建立健康医疗大数据相关规章制度、应用标准体系、安全保障机制，形成健康医疗大数据产业体系，催生健康医疗新业态、新模式，建成国内领先的健康医疗大数据应用示范城市。

（7）沈阳国家大数据综合试验区。沈阳市国家大数据综合试验区于2017年重点建设1个区域云中心，壮大浑南、和平、铁西3个产业集聚区，各项大数据应用建设取得新成效，基础设施建设水平大幅提升，数据资源实现充分共享和有序开放。[2]于2018年国家大数据综合试验区建设取得显著成效，以基础设施统筹、打破信息资源壁垒、发挥数据资源价值为主攻方向，形成若干可复制、能推广的标志性成果，实现全市数据资源全面统筹共享、城市治理能力现代化、产业聚集发展态势明显。到2020年，5G移动通信网络和窄带物联网感知设施完成布局，基本建成"宽带、融合、安全、泛在"的下一代信息基础设施，跨部门协同管理与服务能力显著提升，政府各部门行政审批和公共服务事项100%实现网上办理；大数据及相关产业规模突破1000亿元，实现数据流通与交易，培育大数据行业示范企业及园区10家，大数据及相关产业从业企业500家以上；初步建成低时延、高可靠、广覆盖的工业

---

[1] 河南省人民政府于2017年4月8日印发《河南省推进国家大数据综合试验区建设实施方案》。

[2] 沈阳市人民政府办公厅于2017年7月7日印发《沈阳市2017年建设国家大数据综合试验区实施方案》。

互联网网络基础设施，形成涵盖工业互联网关键核心环节的较完整的产业链。[1]

到2025年，建成具有较强辐射带动作用的云计算和大数据产业集聚地。完善全市统一的数据资源整合共享机制，建设大数据交易中心，促进大数据创业创新、行业应用和产业发展，释放数据资源价值。加快推进东北区域能源大数据中心、移动联通电信等运营商数据中心建设，积极布局大中型数据中心，提升人工智能、区块链等应用场景支撑能力。建设输配电、能源、生产要素等领域大数据平台，培育一批"数据工厂"，促进数据应用。鼓励互联网企业开展数据采集、存储、分析、可视化、安全等服务，发展大规模分布式计算和智能数据分析等公共云计算服务。[2]

（8）内蒙古国家大数据综合试验区。《内蒙古国家大数据综合试验区建设实施方案》提出，经过3年~5年的努力，建设成为"中国北方大数据中心、丝绸之路数据港、数据政府先行区、产业融合发展引导区、世界级大数据产业基地"，到2020年，大数据产业产值突破1000亿元。提出以下发展目标：一是统筹推进新一代信息基础设施建设；二是建立数据资源共享开放机制；三是深化大数据在各领域的创新应用；四是健全大数据产业发展机制；五是建立完善大数据制度体系。《内蒙古自治区大数据发展总体规划（2017—2020年）》提出到2020年，形成技术先进、共享开放、应用广泛、产业繁荣、保障有力的大数据发展格局，大数据及其相关产业产值超过1000亿元，年均复合增长率超过25%。全面升级基础设施；基本实现开放共享；显著增强应用能力；繁荣发展生态体系；保障数据安全。[3]

国家大数据综合试验区的发展目标是：①实现数据资源的汇聚共享；②进行产业转型，升级新业态；③重点领域示范大数据应用取得明显实效；④完善大数据基础设施建设；⑤建立健全大数据体制机制；⑥利用大数据工具，提升政府治理能力；⑦实现大数据惠民便民。

---

[1] 沈阳市人民政府办公厅于2018年5月20日印发《沈阳市国家大数据综合试验区建设三年行动计划（2018-2020年）》。

[2] 沈阳市人民政府于2021年4月16日印发《沈阳市国民经济和社会发展第十四个五年规划和二〇三五年远景目标纲要》。

[3] 内蒙古自治区人民政府办公厅于2017年12月28日印发《内蒙古自治区大数据发展总体规划（2017-2020年）》。

（三）大数据综合试验区的战略定位及功能

1. 大数据综合试验区的战略定位

数字经济治理体系的完善需要发展大数据应用，构建以人为本、惠及全民的民生服务新体系、培育产业发展新业态，与实体业融合发展实现数字化转型、要大幅提升数字化创新发展能力、建立数据要素市场体系。据此，国家大数据综合试验区的战略定位有五个：数字经济治理体系的示范区、惠民服务新体系的先锋区、产业融合发展的聚集区、大数据产业技术的创新区、数据要素市场化建设的实践区。

（1）数字经济治理体系的示范区。大数据综合试验区要建立协调统一的数字经济治理框架和规则体系，健全跨部门、跨地区的协同监管机制。共享开放政府数据资源，大力推动大数据在宏观决策、市场监管、政务管理、民生服务等领域的应用，增强政府的数字化监管能力，提升电子政务服务水平。着力打造用数据分析、用数据决策、用数据管理、用数据服务的数据政府。探索形成实时分析、精准决策的政府治理新模式，提升政府治理能力和公共服务水平。完善与数字经济发展相适应的法律法规制度体系，形成政府主导、多元参与、法治保障的数字经济治理格局。

（2）惠民服务新体系的先锋区。在农村生活、养老服务、社会保障、劳动就业、健康医疗等领域全面推广大数据应用，利用大数据洞察民生需求，优化资源配置，丰富服务内容，提高服务质量，扩大服务范围，推动公共服务向基层延伸，缩小城乡、区域差距，促成公平普惠、便捷高效的民生服务体系，满足人民群众日益增长的个性化、多样化需求。推进精准扶贫、智慧医疗、智慧教育等一批民生领域大数据应用，实现省市县乡政府行政事务"一张网"，建立全省"一号一网一窗口"公共服务新模式，打造民生全覆盖、全连通、全方位、全天候、全过程公共服务升级版，构建惠民服务新体系的先锋区。

（3）产业融合发展的聚集区。大数据综合试验区在社会治理、公共服务等领域形成一大批大数据创新应用示范，建设一批大数据应用服务平台，推动社会治理精准化、公共服务均等化，带动传统行业商业模式创新，形成数据驱动创新发展的新模式。推动大数据与云计算、物联网、移动互联网等新一代信息技术的融合发展，探索大数据与传统产业协同发展的新业态、新模式，促进传统产业转型升级和新兴产业发展，利用大数据聚集优势特色产业发展要素、催生产业发展新业态，形成大数据协同发展的产业生态，助推产业转型升级，着力打造产业融合发展聚集区。

（4）大数据产业技术的创新区。营造大数据创业创新良好环境，打造一批大数据创新平台，集聚一批大数据创新人才，培育一批创新型企业，突破一批大数据、云计算关键技术，创新一批商业模式，建成国家大数据产业技术创新试验区。

（5）数据要素市场化建设的实践区。汇聚政务、社会、行业和企业海量数据资源，数据基础设施高度集约，数据资源高度共享开放，数据资源权益得到有效保障，基本建成数据资源体系，利用数据资源推动研发、生产、流通、服务、消费全价值链协同。培育一批数据资源流通服务机构，完善数据资源流通、交易结算和投融资机制，探索推进数据资产化、证券化。通过综合试验区，培育大数据交易等新做法，开展面向应用的数据交易市场试点，鼓励产业链上下游之间进行数据交换，探索数据资源的定价机制，规范数据资源交易行为。数据要素市场化建设成效显现，数据确权、定价、交易有序开展，探索建立与数据要素价值和贡献相适应的收入分配机制，激发市场主体的创新活力。

（6）大数据体制机制示范区。持续推进政策制度突破、体制机制探索和服务模式创新，率先制定一批大数据地方法规、关键共性标准和政策措施，构建统筹联动的工作推进新机制，制定大数据业态统计监测指标体系，发布大数据发展指数，打造大数据体制机制示范区。

2. 大数据综合试验区的功能作用

国家大数据综合试验区主要有五大功能：

第一，统筹布局、合理规划。国家发展和改革委员会高技术产业司信息化处处长王娜说："通过综合试验区布局建设来强化大数据中心的国家统筹布局，可以有效控制新建中心，盘活存量资源，促进聚集发展。"[1]强化大数据中心的国家统筹布局，依托这些试验区，承接中央部门、其他地方的数据中心应用需求，既可以有效控制新建数据中心，又可以通过整合调度基础建设资源，推动老旧基础建设转型升级，盘活存量资源，还可以促进集聚发展。

---

[1]《我国启动首个大数据综合试验区建设》，载中国政府网：http://www.gov.cn/xinwen/2015-09/18/content_ 2934999.htm，2022年7月25日访问。

加强大数据试验区统筹规划和规范管理，促进全国范围内大数据试验区合理布局、有序发展，避免一哄而上、供需失衡。

第二，完善制度、有效约束。大数据综合试验区完善数据要素产权制度、建立数据资源分级分类标准，建立数据交易市场、统一数据交易标准，建成大数据交易制度，完善大数据法律法规制度。通过市场化、制度化、法治化，逐步实现大数据建设各方面的发展、完善，形成激励与约束的良好机制。从源头上全面防范、严格管理、落实责任，对各种市场实体形成有效约束。

第三，示范引领、先行先试。国家大数据综合试验区的设立，也是我国探索大数据立法的一大重要实践，将为大数据制度创新做出贡献和示范。目前已经设立的8个国家大数据综合试验区在数据资源共享开放、大数据产业发展支撑、数据应用创新和数据安全保障等方面具有较好的基础，通过试验区建设，可以进一步发挥示范带动效应。试验区建设还能发挥先行先试作用，通过综合试验区，汇聚各方数据资源，开展面向应用的数据交易市场试点，鼓励产业链上下游之间进行数据交换，探索数据资源的定价机制，规范数据资源交易行为，建立大数据投融资体系，激活数据资源潜在价值，促进形成新业态，为区域经济社会加速发展、加快转型、推动跨越提供有力支撑。每个国家大数据综合试验区都应循序渐进，根据当地情况探索、试验。

第四，攻坚创新、引导发展。以应用研究带动基础研究，加强对大数据关键软硬件产品的研发支持和大规模应用推广，尽快突破关键核心技术，提升大数据全产业链的自主创新能力。改革创新、完善生态。正确处理政府和市场关系，破除制约大数据中心协同创新体系发展的政策瓶颈，着力营造适应大数据发展的创新生态，发挥企业主体作用，引导市场有序发展。

第五，超前布局、引领发展。以市场实际需求决定数据中心和服务资源供给。着眼引领全球云计算、大数据、人工智能、区块链发展的长远目标，适度超前布局，预留发展空间。

三、大数据综合试验区设立的法律意义

党的十八大以来，习近平总书记多次强调要"加快建设数字中国"。近年来，我国高度重视数字经济发展问题，不断加强数字中国建设的顶层设计，实施大数据战略，颁布了一系列政策法规，为数字中国提供了强大的支撑。面对数字经济发展带来的新趋势、新变化对法治的需求，我国国家层面出台

了《个人信息保护法》《数据安全法》《网络安全法》《电子商务法》《反垄断法》《网络数据安全管理条例》《数据出境安全评估办法》等法律法规,地方层面也陆续出台了《贵州省大数据发展应用促进条例》《福建省大数据发展条例》等多部地方性法规,对个人信息保护、数据安全、大数据应用发展、数据垄断规制的问题进行调整。但我国幅员辽阔,各地区经济发展水平、资源禀赋优势等有很大差别。同时,数字技术发展日新月异、数据具有多主体性、流动性,数据形态千变万化,因此通过设立大数据试验区作为试点为数据经济发展提供法制保障制度建设的试验空间,检验制度建设的科学性与成效,为国家数据法律制度建设及数字经济时代的全国性立法做好制度探索与经验积累。

(一)为我国数字经济建设提供制度依据

国家数字经济建设的顶层设计需要法律依据和政策规范,为数字经济建设进一步发展提供法治指引与保障。例如,在数据交易领域,首先要完善数据确权制度建设,其次要规范数据的生成与交易,数据需要经过"采集、提取、清洗、聚合、分析"等技术处理流程才能成为具有经济价值的数据信息,最后建立统一的数据交易标准,规范数据交易,上述过程均需要法律制度的规范指引。

2016年2月设立国家大数据综合试验区前后,各地方陆续出台了相关的促进数据经济发展的法规规章,如《广东省数字经济促进条例》《贵州省大数据发展应用促进条例》《山东省大数据发展促进条例》《海南省大数据开发应用条例》《福建省大数据发展条例》《天津市促进大数据发展应用条例》等等,为各地数据开发应用、促进数据流转等提供政策支持与法律依据。尤其是国家大数据综合试验区设立以后,国家层面的政策支持指明了地方数据经济发展方向,进一步激发地方关于数据权属认定、数据流转、数据安全、数据合规等立法探索的热情,产出了一批相关的立法成果,为我国国家层面的数据法律制度建设提供制度设计基础。

(二)为我国数字经济建设提供法治框架

国家大数据综合试验区立法为我国大数据建设、数字经济发展提供了法律依据,同时在制度层面为我国构建数字经济法治框架奠定了坚实基础。

其一,全面清理现行法律法规,提升适应数据经济发展立法的针对性与先进性。建立规范的国家大数据综合试验区,有必要清理现行法律法规中与数字经济建设不相适应的内容，加强法律法规的实操性和先进性。目前，相关地方立法体系化建设存在碎片化和滞后性，缺乏针对数字经济和技术发展迭代特点的法律法规动态评估、修改和废止机制，导致相关法律法规供给的前瞻性、实用性、有效性相对不足。

其二，完善数字经济建设中行政系统的配合。行政部门要根据大数据综合试验区的相关需要来统筹规划、健全制度。例如，司法行政部门应当完善智慧法务体系建设，提升法律服务智能化水平。行政部门应当建立网络交易监测平台，对网络交易违法行为实施在线监测，实现网络交易的风险预警、协同监管、电子存证。完善数据资源流通法规制度和标准、技术规范，统一规划，开展数据标准化体系建设，建立数据基础性标准和规范。建立数据资产评估制度，制定反映数据要素资产价值的评估指标体系。加强法律监督和行政监督，对各类数据垄断和数据不正当竞争等违法行为实施"零容忍"，加大查处制度，严厉打击违法违规行为。借助大数据实现政府负面清单、权力清单和责任清单的透明化管理，完善大数据监督和技术反腐体系，促进政府简政放权、依法行政。建立大数据安全评估体系。切实加强关键信息基础设施安全防护，做好大数据平台及服务商的可靠性及安全性评测、应用安全评测、监测预警和风险评估。明确数据采集、传输、存储、使用、开放等各环节保障网络安全的范围边界、责任主体和具体要求，建立健全区域大数据监督管理体系，落实数据安全保护责任。

其三，建立健全地方各级责任分配框架体系。省级层面重点加强顶层设计和总体规划，统筹大数据基础设施建设和大数据产业发展布局，推动信息互联互通和政务数据汇聚共享开放。市级层面着力建设数据汇聚节点，积极开展大数据创新应用，依托中心城区、城乡一体化示范区、产业集聚区、服务业集聚区布局建设大数据产业园，加快推动大数据产业集聚发展。加强中央与地方协调，引导地方各级政府结合自身条件合理定位、科学谋划，将大数据发展纳入本地区经济社会和城镇化发展规划，制定出台促进大数据产业发展的政策措施，突出区域特色和分工，抓好措施落实，实现科学有序发展。

其四，在国家大数据综合试验区建设中协调和完善司法制度。一是建立和完善个人信息保护集体诉讼制度。二是建设公共法律服务数字化平台，推行视频会见、法律援助、司法鉴定、公证业务网上办理、电子法律文书等制度，开发智能法律咨询、智能公司合规审查等公共法律服务产品。三是诉讼综合服务数字化平台,推广应用区块链智能合约、电子送达等数字技术。四是推动建设矛盾纠纷多元化解信息化平台,运用数字技术在线进行诉前分流、调解、司法确认、仲裁等事务。

(三)为后续的数字相关立法提供法制建设示范

国务院于2015年发布的《纲要》明确提出"开展区域试点,推进贵州等大数据综合试验区建设"。试验区建设规范各类试点示范、探索路径,积累经验,完善数字经济体系。建设国家大数据综合试验区,对于聚力改革,探索数字经济法制建设的有效模式具有重要意义。

从类型上划分,国家大数据综合试验区的相关立法更多地属于地方创制性法规而非地方实施性法规。大数据综合试验区的立法原则是在不违反现行宪法和法律、行政法规的情况下,实施地方性的探索性立法。这种立法对于现有法律未规定的事项进行立法创新,具备较强的创新性。目前,我国大数据综合试验区建设选择在不同发展水平、不同特色资源和不同功能要求的地区。总结不同地区的有效实践成果,创新数字经济法制建设的方式方法,探索数字经济法制建设的实践经验,进一步归纳总结,以便推广到全国。通过建设大数据综合试验区,可以研究建设过程中不同发展阶段、不同资源和不同功能区域的数字经济建设的不同模式。研究制约不同地区数字经济建设的"瓶颈",找到因地制宜的办法,同时总结共通的成功经验,形成全国有效的模式,努力在数字经济体制创新的积极实践中取得重大突破。这一政策机制和战略部署是以"试验-总结-推广"的模式促进数字经济法制建设。

本章小结

本章主要是对国家大数据综合试验区的立法进行概述,从三个方面展开论述,先概述了国家大数据综合实验区的建设背景,其次针对大数据试验区的战略功能与定位进行分析,最后分析大数据综合试验区设立的法律意义。

近年来,各国纷纷将大数据上升为国家战略,大数据已经成为国家竞争力的体现,因此目前中央政策文件要求实施大数据发展战略,推动大数据产业的发展。建立国家大数据综合试验区就是在这样的要求下应运而生的,国务院于2015年发布《纲要》提出要开展区域试点工作,贵州作为首个国家大数据综合试验区。通过国家大数据综合试验区的先行先试作用,为大数据创新发展提供内驱动力,突破产业瓶颈。同时也能够发挥试验区的统筹规划功能，整合已有数据中心的资源，实现集聚效应，带动周边地区发展。2016年，又审批通过了7个国家大数据综合试验区。此后，这些大数据综合试验区在大数据产业发展、数据交易市场探索、大数据技术创新、提升政府治理能力和治理水平等方面进行了探索和试验。

  国家大数据综合试验区的价值取向是创新发展与安全保障并举，战略定位是数字经济治理体系的示范区、惠民服务新体系的先锋区、产业融合发展的聚集区、大数据产业技术的创新区、数据要素市场化建设的实践区。试验区针对数据权属、数据知识产权登记、数据交易、数据跨境监管等立法薄弱及空白领域展开积极深入探索，为数字经济建设的实践提供制度依据，完善了数字经济法治框架，同时为后续的数字相关立法提供法制建设示范。

第二章

大数据综合试验区的立法基础理论

一、立法基础

(一) 宪法依据

《宪法》序言提及:"发展社会主义市场经济,发展社会主义民主,健全社会主义法治,贯彻新发展理念,自力更生,艰苦奋斗,逐步实现工业、农业、国防和科学技术的现代化,推动物质文明、政治文明、精神文明、社会文明、生态文明协调发展,把我国建设成为富强民主文明和谐美丽的社会主义现代化强国,实现中华民族伟大复兴。"《宪法》是我国的根本大法,是所有法律基本原则的指南。大数据综合试验区的建设,是在基本法的指导下,探索体制机制创新和制度建设的实践,建立数据经济法治体系,走上现代化法治之路。宪法强调贯彻新发展理念,推动科学技术的现代化,体现了当下人民对于美好、高质量生活的追求,为国家大数据综合试验区的建设提供了根本保障。

(二) 地方立法固有权限

从理论上分析,大数据综合试验区立法来源有二:一是作为地方立法机关基于《宪法》和《立法法》,依职权本身就享有的立法权限;二是基于特定授权,就本应由全国统一立法的事项进行创新性立法,或基于特定授权对某些事项有权作出与统一立法不同的规定。

1. 省级地方立法固有权限的分析

关于省级地方立法权限,有正反两方面规定,三个要求。这三个要求是不抵触上位法、满足三种立法需求情况和排除11项专属立法权限。

从正面规定来看，对省级地方立法权提出最低要求——不违背宪法、法律、行政法规，概括为不抵触上位法原则。《宪法》第 100 条和《立法法》第 80 条同时规定：省、自治区、直辖市的人民代表大会及其常务委员会根据本行政区域的具体情况和实际需要，在不同宪法、法律、行政法规相抵触的前提下，可以制定地方性法规。《立法法》明确了根据本行政区域的具体情况和实际需要，可以行使地方立法权的情况。即省级和设区的市人民代表大会及其常务委员会可以在下列三种情况下制定地方性法规：一是在有上位法的情况下，根据本地实际情况和需要制定实施性的规定；二是根据需要对本地区的地方性事务进行立法；三是对全国人民代表大会及其常务委员会专属立法权之外的事项，国家没有制定法律或者行政法规的，根据本地区实际需要可以先行立法。此为三种立法需求情况。

从反面排除权限来看，地方立法权被排除了 11 项专属立法权限。根据修改后的《立法法》，这 11 类只能由全国人民代表大会及其常务委员会享有立法权限的事项为国家主权事项；各级人民代表大会、人民政府、人民法院和人民检察院的产生、组织和职权；民族区域自治制度、特别行政区制度、基层群众自治制度；犯罪和刑罚；对公民政治权利的剥夺，限制人身自由的强制措施和处罚；税种的设立、税率的确定和税收征收管理等税收基本制度；对非国有财产的征收、征用；民事基本制度；基本经济制度以及财政、海关、金融和外贸的基本制度；诉讼和仲裁制度；必须由全国人民代表大会及其常务委员会制定法律的其他事项。

综上所述，省级地方立法机关需要同时满足三个要求（即不抵触上位法、满足三种立法需求情况和排除 11 项专属立法权）才可以依职权立法。

2. 设区的市级立法权限

设区的市级立法权限，在符合省级地方立法机关立法权限设置的同时，需要满足更多的限制性要求。

限制性要求之一，限制了立法事项，范围缩小。《立法法》第 81 条和《地方各级人民代表大会和地方各级人民政府组织法》（以下简称《地方组织法》）同时规定："设区的市的人民代表大会及其常务委员会根据本市的具体情况和实际需要，在不同宪法、法律、行政法规和本省、自治区的地方性法规相抵触的前提下，可以对城乡建设与管理、环境保护、历史文化保护等方面的事项制定地方性法规，法律对设区的市制定地方性法规的事项另有规定的，从其规定。"

限制性要求之二，增加了立法程序和流程，需要向上级人民代表大会常务委员会报批。《地方组织法》规定：在不同上位法相抵触的前提下，较大的市级人民代表大会及其常务委员会可以制定地方性法规，报省级人民代表大会及其常务委员会批准后施行。

(三) 特别授权

1. 授权的可能性

自2015年以来，国务院印发《纲要》提出开展国家大数据综合试验区建设，明确"支持贵州等综合试验区建设"，全面推进大数据发展，加快建设数据强国。但大数据综合试验区的授权立法的内容，从中央到地方的认知均不是十分明确，然而这又是极其重要的基础性工作。国家政策的支持明确了贵州省、河南省、内蒙古等省份作为先行先试的大数据综合试验区，就是为其提供机会和空间，让这些省份在允许变通的情况下进行探索试点，突破以往，创建大数据发展建设的新制度和新方向。大数据综合试验区的建设，难点在于突破，重点也在于突破，而授权立法就是为大数据制度突破提供先行立法保障的。

我国之前有经济特区为发展需要对现行法律进行暂停适用和变通，且最后获得成功的先例。[1]由于大数据综合试验区是全新的大胆尝试，各个层面均是探索，因此我们可以借鉴之前经济特区授权立法的成功经验。

建设大数据综合试验区，依据的是《立法法》第7条第1款和第16条第1款的规定，全国人民代表大会及其常务委员会可以根据实际情况，在部分地方制定调整性、临时性的法律，进行适当的立、改、废，以适应经济社会发展和全面深化改革的要求。[2]

特别需要说明的是，2015年《立法法（修正案）》颁布实施之后，早期的经济特区授权立法方式已由"一揽子"授权方式转变为专项授权或称为一

---

[1]《立法法》第84条规定："经济特区所在地的省、市的人民代表大会及其常务委员会根据全国人民代表大会的授权决定，制定法规，在经济特区范围内实施。"第101条第2款规定："经济特区法规根据授权对法律、行政法规、地方性法规作变通规定的，在本经济特区适用经济特区法规的规定。"

[2]《立法法》第7条规定："立法应当从实际出发，适应经济社会发展和全面深化改革的要求，科学合理地规定公民、法人和其他组织的权利与义务、国家机关的权力与责任。"第16条第1款规定："全国人民代表大会及其常务委员会可以根据改革发展的需要，决定就特定事项授权在规定期限和范围内暂时调整或者暂时停止适用法律的部分规定。"

事一授权，且受 5 年授权时间的限制。故大数据综合试验区的授权立法方式不能采用早期经济特区的"一揽子"授权方式，必须采用"一事一授权"的形式具体进行，但具体的操作模式还未有可以借鉴的实践经验，还有待去创新和探究。

2. 授权的必要性

（1）授权立法的驱动力——大数据综合试验区具有特殊性。

首先，大数据综合试验区是在贵州等 8 个省份设立的，在此基础上总结实施经验、创新实施模式，构建科学的实施制度。在转变经济发展方式的时代大背景下，大数据综合试验区有异于现存的经济特区以及自由贸易区，其是兼具经济体制改革使命和大数据体制探索创新使命的国家级试点，授权立法是大数据综合试验区健康发展的法制保障。

其次，《纲要》《大数据产业发展规划（2016-2020 年）》均确定了大数据综合试验区先行先试的功能，而先行先试作用的有效发挥除了政策的支撑外，更需要法律的保障。

目前，大数据综合试验区建设主要由中央、省的政策支持，法律制度相对欠缺，而随着大数据综合试验区建设的不断展开，迫切需要法律制度的保驾护航，迫切要求地方立法主体不再拘泥于僵化的职责权限，而应该有所突破和创新，出路就是得到中央的授权立法。

（2）授权立法的需求性——地方职权立法具有固有局限性。

地方性法规是在遵守宪法、法律、行政法规的情况下结合本行政区域的特点将其加以落实，但大数据综合试验区具有的经济性与政治性导致地方立法权无法满足其开发建设中的法律需求。现行的地方立法权根本无法为国家级试点的制度创新和法制需求提供有效的立法资源，而要保护这些立法空白地带所涉及的利益，关键是通过授权立法方式满足大数据综合试验区建设的法制需求。

（3）授权立法的供给性——授权立法具有天然适应性。

大数据综合试验区自从设立以来，各省在生态建设、绿色经济、环境保护、旅游、数据资源汇聚开发、文化、教育等各方面发生了巨大变化，面对如此迅速的变化，政策必须跟上，并及时将成熟的政策上升为法律。只有将易变的政策固化为法律才有利于形成全民知法、守法、信法的良好社会氛围。

因为授权立法，尤其是特别授权立法，天然具有高度的便捷性、高效性、适应性和灵活性，在遵循宪法的规定以及法律和行政法规的基本原则的前提下，可以根据实际需要对已有相关立法的具体规定作出变通和补充，即在已有立法基础上进行超越的"突破性创新"。因此，充分运用先行先试立法权除了丰富和充实职权立法之外，还应积极争取授权立法，将"突破性创新"与一般性创新紧密结合在一起，共同促进大数据综合试验区的先行先试深入开展。

3. 授权的规范性

（1）授权立法主体。

全国人民代表大会是国家最高权力机关，全国人民代表大会常务委员会是其常设机关，由两者行使国家立法权。虽然在《宪法》并没有关于授权立法的规定，但规定了全国人民代表大会及其常务委员会享有的最高位阶的国家立法权。

基于中央政策明确了贵州、上海、重庆等 8 个省份作为先行先试的大数据综合试验区，关于授权立法主体的研究，我们可以借鉴经济特区的授权立法的规定，探究大数据综合试验区授权立法主体问题。

授权立法主体的规定主要体现在《立法法》第 12 条、第 16 条、第 84 条的规定中。其中，第 12 条是授权国务院，对还未制定法律的，可以根据实际需要，对其中部分事项先制定行政法规的权限；第 16 条是对行政领域的特定事项授权在一定期限内在部分暂时调整或暂时停止适用法律的部分规定；第 84 条是经济特区根据全国人民代表大会及其常务委员会授权，制定法规的规定。

从权力源头性来看，大数据综合试验区是国家层面的制度探索，这个授权来自中央，这点毋庸置疑。作为国家最高权力机关，全国人民代表大会及其常务委员会作为大数据综合试验区的授权立法主体，也是毫无争议的。

虽然目前全国人民代表大会及其常务委员会并没有出台相关法律来明确赋权大数据综合试验区进行突破性立法。我们目前建设大数据综合试验区所依据的文件是中央政策和国务院出台的行政法规、国务院部属出台的部门规章等。在我国，政策往往是立法的先行储备。由于法律天然自带保守性、严谨性和稳健性的要求，因此立法工作并不能像政策出台那样，可以及时发现问题、进行调整和灵活变动。在国家大数据综合试验区立法上，也是同样道理。国务院出台的相关政策文件，是为立法奠定基础、为地方具体实践提供指引和方向；后续的立法工作，应当在总结实践经验的基础上，及时跟进，最终以法律的形式予以确认和制度化保证。综上分析，根据《宪法》及《立法法》的规定，在我国授权立法主体为全国人民代表大会及其常务委员会。

（2）被授权立法主体。

根据《宪法》第100条的规定，省、直辖市的人民代表大会及其常务委员会，在不与宪法、法律、行政法规相抵触的前提下，可以制定地方性法规，并报全国人民代表大会常务委员会备案。此条规定了省、直辖市人民代表大会及其常务委员会立法的权限。

对于地方人民代表大会及其常务委员会立法权的规定主要体现在《立法法》第80条规定的省、自治区、直辖市的人民代表大会及其常务委员会根据本行政区域的具体情况和实际需要，在不同宪法、法律、行政法规相抵触的前提下，可以制定地方性法规上。

同时，《立法法》对于地方立法权进一步下放，取消了"较大的市"这一限制，规定了设区的市的人民代表大会及其常务委员会也享有就城乡建设与管理、环境保护、历史文化保护等方面的事项制定地方性法规的权限。由于大数据综合试验区的区域划分与我国的行政区域划分完全重合，那么被授权主体从理论上讲就是珠江三角洲国家大数据综合试验区所覆盖的广州、深圳、佛山、东莞、中山、惠州、珠海、江门、肇庆珠三角9市；京津冀大数据试验区所覆盖的北京、天津、河北三市；贵州、上海、河南、重庆、沈阳、内蒙古的省人民代表大会及其常务委员会，以及贵州、上海、河南、重庆、沈阳等各省中设区的市的人民代表大会及其常务委员会。

为了适应大数据综合试验区改革创新的工作需要，更有效地发挥大数据综合试验区作用，应该授予大数据综合试验区较大、较为灵活广泛的立法权，因此可以参照经济特区的授权立法的模式，以保障大数据综合试验区建设先行先试的实际需要。

（3）授权立法事项范围。

对于地方人民代表大会及其常务委员会立法权的事项范围及其相关要求，《宪法》并没有进行详细规定，其具体要求被规定在《立法法》第11条、第80条及第82条，第82条规定了地方性法规可以作出规定的事项，主要有"（一）为执行法律、行政法规的规定，需要根据本行政区域的实际情况作出具体规定的事项；（二）属于地方性事务需要制定地方性法规的事项"。同时，其第2款规定"除本法第十一条规定的事项外，其他事项国家尚未制定法律或者行政法规的，省、自治区、直辖市和设区的市、自治州根据本地方的具体情况和实际需要，可以先制定地方性法规"，明确赋予了省、自治区、直辖市和设区的市、自治州根据地方发展需要的先行立法权力。

根据有关授权决定和《立法法》的规定，理论上大数据综合试验区不享有立法变通权的事项如下：①《宪法》的规定及法律和行政法规的基本原则；②只能制定法律的事项，主要指《立法法》第11条规定的，涉及国家主权、民族区域自治制度、犯罪与刑罚等涉及基本制度的事项；③没有明确授权的目的、事项、范围、期限以及授权原则的事项，也即通常所说的"一揽子"授权。[1]综上分析，可以得出大数据综合试验区除此三项外，可以根据具体实践的要求，授权对法律、行政法规及地方性法规作出变通规定，在大数据综合试验区范围内适用。

根据以上地方立法事项及范围的分析及《立法法》第16条"全国人民代表大会及其常务委员会可以根据改革发展的需要，决定就特定事项授权在规定期限和范围内暂时调整或者暂时停止适用法律的部分规定"及第7条"立法应当从实际出发，适应经济社会发展和全面深化改革的要求""法律规范应当明确、具体，具有针对性和可执行性"的规定，结合国务院对大数据综合试验区建设的相关政策意见，大数据综合试验区作为大数据开发建设的先行试点区域，应该允许在相关方面给予立法授权，制定符合大数据综合试验区先试先行的法律法规。《纲要》对于完善相关法律法规和进行制度创新试点作了初步规划，主要包括以下三个方面：①关于数据资源权益的立法；②数据开放、保护方面的制度；③加强数据安全保护立法。[2]

（4）授权立法方式。

《立法法》明文规定了立法授权必须明确授权的期限、事项、最长期限

---

[1]《立法法》第13条规定："授权决定应当明确授权的目的、事项、范围、期限以及被授权机关实施授权决定应当遵循的原则等。"修改这条规定就是为了明确规范授权行为，由原来的"一揽子"授权改为"一事一授权"。

[2]《纲要》指出："加快法规制度建设，修订政府信息公开条例。积极研究数据开放、保护等方面制度，实现对数据资源采集、传输、存储、利用、开放的规范管理，促进政府数据在风险可控原则下最大程度开放，明确政府统筹利用市场主体大数据的权限及范围。制定政府信息资源管理办法，建立政府部门数据资源统筹管理和共享复用制度。研究推动网上个人信息保护立法工作，界定个人信息采集应用的范围和方式，明确相关主体的权利、责任和义务，加强对数据滥用、侵犯个人隐私等行为的管理和惩戒。推动出台相关法律法规，加强对基础信息网络和关键行业领域重要信息系统的安全保护，保障网络数据安全。研究推动数据资源权益相关立法工作。"

等,"一事一授权"以清单式批量申请授权的方式是较为妥当的做法,且在实践中可行性也较高。[1]

二、立法要素

(一)立法目的

根据《宪法》以及相关政策文件的精神,并结合法律政策的规定,国家大数据综合试验区立法的目的是进一步发挥大数据综合试验区的优势,深入开展大数据改革综合实验,为我国数字经济建设提供立法和实践经验,建设国家大数据综合试验区,以促进经济高质量发展。

(二)立法类型

目前,我国的两种重要的地方立法可以大致分为地方创制性立法和地方实施性立法。地方创制性立法与地方实施性立法的异同主要体现在以下几个方面:

第一,相同点都是坚持贯彻宪法和法律、行政法规的精神。地方实施性立法在宪法和法律、行政法规的范围内进行具体、细化。地方创制性立法是在与宪法和法律、行政法规不抵触的情况下进行地方立法。

第二,不同点主要体现在地方性法规的条款设置和内容方面。地方实施性法规主要是对已有的法律、行政法规进行具体和细化,因此地方实施性法规多数以实施细则或是条例的形式出现在人们面前,条款设置相对较为简单。而地方创制性法规主要是对上位法尚无规定的事项进行立法创新,因此在条款设置方面必须全面。在内容方面,地方创制性法规是对于中央尚未立法但同时属于地方事务的事项进行立法,内容比较全面、创新性较强。国家大数据综合试验区的立法是在国家无相应上位法规定的情况下进行的制度性创新实践。

(二)立法形式

法律法规的建立、改革和废除是保障数字经济法律制度统一的重要立法活动和重要手段。为了增强大数据综合试验区立法的针对性、时效性和可操作性,就必须加强立法评估,坚持立、改、废同时并举的手段。大数据综合

---

[1] 此份文件中有提及:"以清单式批量申请授权方式,依法依规赋予贵州更大改革自主权。"《国务院关于支持贵州在新时代西部大开发上闯新路的意见》,载中国政府网: http://www.gov.cn/gongbao/content/2022/content_ 5674301.htm,2023年4月20日访问。

试验区的立法工作必须始终坚持"立、改、废、释"并举的原则。目前，我国的数字经济建设已经进入全面纵深的攻坚阶段，开始触碰到体制机制转变、利益格局调整等一系列层面，它越来越多地涉及经济等社会中更加困难和热门的问题。地方立法要保证数字经济建设的合法性，还要防止过时的法规束缚实践过程。这就要求试验区顺应新的改革，进行新的探索，把地方性法规评估、创设、修改和废止摆在目前立法工作的重要位置。

1. 大数据综合试验区立法的修改、废止和解释

清理、解释、修改、废止地方法规是社会发展的内在要求，符合社会主义法治建设的需要。地方人民代表大会应坚持地方立法"立改废释"并举原则，建立相应机制，及时清理。对不符合地方经济社会发展要求，与上位法相抵触、不一致，或者相互之间不协调的法规，要及时修改或者废止。对针对性不强、适应性差的法规进行解释，使其适应社会实际。对已实施的法规，当地人民代表大会、执行机构或牵头执行机构应当定期实施评估，并将评估意见作为修改和废除的重要依据。在清理条例之后，有必要向公众宣布继续有效、废除和失效的当地法律。未列入继续有效目录的地方法规，不得作为其进行行政管理的依据。8个大数据综合试验区有责任根据不断变化的环境形势和上位法情况，对已不适应实践需要的法规、规章适时予以修改或者废止。行政法律规范的修改和废除也是政府立法的重要活动。大数据综合试验区的立法，同样需要做到及时制定、及时修改、及时废除和及时解释。

总之，大数据综合试验区要通过地方性法规"立、改、废、释"的并举，全面清理和修订地方性法规中不符合新发展理念，完善数字经济建设的内容；要适时以立法形成巩固探索的成果，即在更高层次上形成共识。这样才能为顶层设计提供标靶，担负起数字经济建设国家样本之责，形成严密、严谨、严格的法律法规体系。

2. 大数据综合试验区立法的解释

地方性法规的解释主体为地方性法规的制定者，即相应的地方人民代表大会；而地方性规章的解释主体则为相应的地方政府，即谁制定谁解释。根据《立法法》的规定，对地方性法规的解释，分为两种情况：①凡属于地方性法规条文本身需要进一步明确界限或做补充规定的，由制定法规的省、自治区、直辖市的人民代表大会常务委员会进行解释或作出规定。②凡属于地方性法规如何具体应用的问题，由省、自治区、直辖市人民政府主管部门进

行解释。对于地方规章的立法解释，目前并没有详细规定。为了解决实际中的立法解释的需要，我们在此可以参照地方性法规的立法解释，认定地方规章的立法主体可以对地方规章进行解释。

大数据综合试验区的地方立法主体，可以在条文本身需要进一步明确界限或做补充规定和须确定应如何具体应用这两种情况下，对自身制定的地方性法规或规章进行立法解释，阐明原意，用以指导实践。

三、立法要求

"问题引导立法，立法解决问题"的立法工作思想旨在提高立法质量，突出立法特色，提高立法可操作性，使地方立法符合当地具体条件和实际需要，为了更好地推进大数据综合试验区建设，迫切需要推进法治力量建设。大数据综合试验区的立法应当符合科学性、创新性、可推广性、系统性与地方性相统一的要求。

（一）科学性

党的十九大报告阐述了立法科学性的要求，明确提出要推进科学立法、民主立法、依法立法，大力推进良法善治。其中首先提到的就是科学立法。科学性是数字经济立法的首要要求。

相比于其他生产要素，数据的生产力更大、传播性更快、渗透性更强、覆盖面更广，但一旦出现负面影响，杀伤力也会更大，因此大数据综合试验区立法要秉持一种审慎的态度，依托严谨的立法准备工作来面对一些复杂艰深的专业问题，立法者需要采用预测、技术评估、愿景评价等技术或方法，对数字技术的发展进行动态监控，密切关注并客观评价数字技术应用、数字经济新业态新模式可能带来的社会影响，以应对新时期数字经济建设中的重大立法任务，对大数据综合试验区立法的科学性提出了很高的要求。

1. 树立正确的立法指导观念

改变"过度追求数据安全而不敢创新发展""只顾发展不顾数据安全"的落伍观念，科学立法首先需要正确的立法思想、立法观念的指引。目前，数字经济的发展势不可挡，虽然需要有防范风险的意识和理念，但应当是"相对安全"而不是"绝对安全"。过于强调安全而不敢创新发展，过于畏首畏尾只会阻碍市场的发展。因此，我们应当树立"发展与安全并举"的理念，保证数字经济建设的正确方向。要在监管与立法理念层面实现从管制思维向审慎包容思维的转变，实现安全保障与开放发展的平衡。既要考虑维护公平自由的市场竞争秩序，提供数字经济发展的机制动力，促进数字经济创新发展，又要强化制度规范，保障市场的安全、高效、有序运行。

2. 完善立法机制，促进公众参与

创新公众参与立法的方式、方法，扩大立法的透明度和公众参与度，立法的民主化是地方立法质量的保证。公众参与是地方立法正当性的基础，同时只有获得民意的普遍接受才能使大数据综合试验区的立法得到更好的理解与支持。立法具有民意基础，大数据综合试验区的立法作为开路先锋才会具有向全国推广普及的可能性。然而，由于制度保障不完善，公众参与立法的路径、方法和程序相当模糊。当前，民众自身参与积极性不高、参与能力低、参与效果差，对大数据综合试验区的立法影响有限。

提高公众参与大数据综合试验区立法的积极性需要各方努力。第一，建立健全公众参与地方立法的制度，从立项提议、论证、法规起草、听证、审议到立法后评估建立完整的参与链条，明确公众参与的方式、程序、结果。第二，培养公众的主体意识和责任意识。通过宣传、培训等方式有效地增强民众的权利意识、自主参与意识和参与能力，积极参与地方立法，维护自身合法权益。第三，提高公众参与的组织程度。与纯粹的个人参与相比，大规模的组织参与更加理性，有针对性，具有广泛的社会影响，更有利于维护个人利益，实现群体价值。公众参与立法作为一种重要的制度工具，它发挥着收集民意和指导立法决策的作用。

3. 运用市场规律，减少行政干涉

大数据综合试验区立法要始终遵循健全市场机制原则，尽量避免政府机关运用行政力量强制干预，引导市场进行有效配置，建立健全大数据发展应用市场机制。《纲要》提出"发挥市场在资源配置中的决定性作用"；《关于运用大数据加强对市场主体服务和监管的若干意见》提出"充分发挥市场机构在信息基础设施建设、信息技术、信息资源整合开发和服务等方面的优势"；《贵州省大数据发展应用促进条例》明确"大数据发展应用应当坚持统筹规划、创新引领，政府引导、市场主导，共享开放、保障安全的原则"，都传达出了在大数据发展应用领域应当坚持"政府引导、市场主导"原则，政府引导建立大数据发展协同推进机制，发挥市场对数据资源配置的决定性作用，推动全社会共同构建数据全生命周期的良性发展生态，加快实现产业数字化和数字产业化。

（1）数据开发应用、交易领域以市场机制为主。在对专业能力需求极强、创新能力要求更高且需要更加灵活机动决策的大数据发展应用、交易领域，应充分引入市场机制。例如，在数据开发利用方面，由企业来开展基于大数据的第三方数据分析发掘、技术外包等专业要求极强、创新能力要求更高、决策机制更快捷的服务，可以更好、更快、更低的成本对共享开放的政府数据进行加工、创新和利用，设计出更多创新型服务和产品。如果由政府进行开发，可能缓慢且效力低下，无法迅速应对市场、公众和技术变迁。由政府鼓励引导重点行业创新数据开发利用模式，可以在确保数据安全、保障用户隐私的前提下，调动行业协会、科研院所、企业等多方参与数据价值开发。对于数据交易模式、数据资产定价机制和数据要素收入分配制度等这类数据要素市场规则的探索，需要更多地发挥市场主体的自身能动性来规范数据资源交易活动，而政府仅起到积极引导作用。鼓励企业、研究机构等主体基于区块链等数字技术，探索数据授权使用、数据溯源等应用，提升数据交易流通效率。

（2）制度顶层设计与基础设施建设方面发挥政府引导作用。其一，政府进行基础性的大框架制度规定，例如明确市场主体在数据采集、加工、使用、交易等基本权益方面的保障性规定；对数据交易和竞争行为以"负面清单"的方式划定禁区，对违法交易、侵害其他市场主体合法权益等行为增设处罚条款。其二，对于大数据基础设施建设、数据安全治理等资金周转率低、回收成本时间长的领域，可以采取政府政策扶持、多方共同协作的模式。例如，对交通、能源、市政等传统设施进行数字化改造可采取政府引导、提供政策资金扶持等措施，更多地发挥市场主导作用，打通多元化的投资渠道，构建新型基础设施标准体系。鼓励建立受益人支付机制，确保第三方参与企业和社会服务组织的合法利益。其三，政府鼓励各类所有制企业参与数据要素交易平台建设，探索多种形式的数据交易模式，引导数据交易主体在依法设立的数据平台进行交易，促进数据资源的统一交易和信息共享。

（3）建设数据资产保险制度。数据作为企业核心竞争力、持续发展的生产要素可能会引来更多的攻击者，客户的隐私安全、数据的泄露风险等数据安全问题越来越得到重视，因此需要尽快建立数据资产保险制度，为数据资产保驾护航。政府可以安排资金用于保险服务的风险补偿。

(4) 健全多元共治的数据安全监管机制。数字安全治理要构建政府、企业、社会多方协同的治理模式,强化分行业监管和跨行业协同监管,守住安全底线,明确监管红线,压实企业数据安全责任。

(二) 创新性

从目前来看,大数据综合试验区立法的创新在改革中具有越来越重要的地位。一方面,中国是一个大国,需要照顾方方面面的需求,考虑各方不同的利益,因而全国性的立法难免滞后。另一方面,这样的大国如果没有地方试验即进行全局改革往往面临巨大的风险。地方立法的创新试验一方面能够让地方摆脱滞后立法的束缚,为地方发展提供新动力,另一方面又能为全国改革提供样本和经验,因而具有重要的实践效能和正当性。

大数据综合试验区立法领域是一个亟须制度创新的领域,8省目前正在推动大数据综合试验区的地方立法,立法改革的重要价值是不言而喻的,制度创新不可或缺。大数据综合试验区的立法可以进行大胆创新,根据中央政策的核心点向外发散,进行探索拓展。以健康医疗行业为例。大数据综合试验区立法在充分保障个人隐私的前提下可以积极推进健康医疗数据互联互通与数据共享,鼓励健康医疗大数据、人工智能技术应用于互联网诊疗,通过数据分析、基因技术等手段,构建数字化疾病预防控制体系。

大数据综合试验区在人工智能、区块链等高新技术领域可以进行创新性立法,如天津市发布的《天津市促进智能制造发展条例》提出,要加强智能制造供给,加快发展智能装备、软件和系统解决方案,提升智能制造供给体系适配性。政府部门采取措施,为智能制造提供专项资金,鼓励企业在制造环节深度应用人工智能、新一代通信技术、大数据、区块链等新技术,探索形成智能场景。

进行数字金融改革和创新,促进数字经济健康有序发展。县级以上人民政府应当推动金融业数字化转型升级,发展数字普惠金融、供应链金融等金融新业态;应当建立数字经济核心产业企业贷款担保风险补偿机制,鼓励金融机构加强和改进金融服务,支持大数据发展应用。政府鼓励和引导金融机构对符合国家数字经济产业政策的项目、企业,在贷款、政策性融资担保以及其他金融服务方面予以支持;鼓励银行等金融机构创新开发信息科技融资、知识产权质押融资、数据资产质押贷款等符合数字经济相关产业投融资特点的产品与服务。政府支持保险机构为符合政策的数字经济企业和项目贷款提供保证保险和信用保险，鼓励保险机构开发适应数字经济发展特点的新型保险产品。通过政府、金融机构、保险机构的多方合作完善数字金融服务体系和风险保障机制。

（三）可推广性

自 2015 国务院印发《纲要》提出开展国家大数据综合试验区建设以来，我国鼓励试验区各省份进行数字经济建设立法实践，积累了制度建设成果，形成了示范效应。大数据综合试验区立法工作不仅是为自身进行指路和规范，更要最后形成在全国可推广、可复制的典型经验。因此，大数据综合试验区立法必须同时具备可推广性。

8 省发挥地方的主动性，进行了有效的改革并总结出了成功的经验，找出了一般规律，根据其经验做法的成熟度，进行分类和推广，即"成熟一条、推广一条"。如个人信息泄露报告制度、数据流通交易规则、数据安全管理机制、数据跨境流动管理制度、数字金融制度、数据资产保险制度等。这几项制度在三个试验区均有所体现，然而各地在开展建设实践时，必然是各有侧重点与各县特色的。这就要求 8 省在国家大数据综合试验区对各地实施方案中规定的指导思想、战略定位、主要目标、重点任务、保障措施进行认真学习与解读，确定基本路线不偏离，整体基调仍然是以大数据综合试验区的高度统一性为主。

8 个大数据综合试验区建立以来，既要各地大胆尝试，不断完善地方立法、创新特色制度，也要坚持贯彻数字经济建设的顶层设计，注重立法的整体性与系统性。大数据综合试验区可有针对性地成立检查和评估工作组，对已制定法规的执行情况、实施效果、存在的问题等进行评估、总结可推广的经验。并根据数字经济建设发展的形势和论证评价报告及时进行修改和完善，必要时可及时废止不符合数字经济建设总体发展需要的法规。从这个角度来看，8 个大数据综合试验区的立法工作可谓任重而道远。

（四）系统性和地方性有机统一

1. 大数据综合试验区的立法应当具备系统性

党的十九大把"着力增强改革系统性、整体性、协同性"作为全面深化改革取得重大突破的一项重要经验，把"更加注重改革的系统性、整体性、协同性"写入党章，这就提出了大数据综合试验区立法系统性的要求。

大数据综合试验区立法系统性有两层含义：一是目前 8 个确立的大数据

综合试验区之间的立法应当具备整体性、系统性和联动统一性，共同为我国数字经济建设发挥标杆式的示范作用。二是各个大数据综合试验区内部各自的地方立法应该根据各自的地方特色，形成一个逻辑严密、体系清晰、权责明确的立法体系，省级、市级乃至最基层的立法工作都应该配套调整。

在建设国家级大数据综合试验区的实践中，各地域、各方面的改革都不可偏离共同建设数字经济社会这一总目标，构建系统完备、科学规范、运行有效的制度体系，进一步激发发展活力，是大数据综合试验区立法的一大任务，形成一个全覆盖、多元化、多层次、完整高效的数字经济治理体系；在治理主体上，应坚持党的领导，充分发挥各级政府、人民代表大会、中国人民政治协商会议、民主党派、社会团体、企事业单位的作用，调动广大群众参与国家治理的积极性，形成治理合力；在治理手段上，应广泛运用信息网络和智能化平台，建立统一指挥、监测预警系统，提高信息反馈和对突发事件的应变能力。

2. 大数据综合试验区的立法应当具备地方性特色

地方性是地方立法的核心内容，大数据综合试验区的经济状况、历史发展、资源储备、社会发展等差异是其作为独特的地方立法存在必要之所在。大数据综合试验区需要在遵循立法基本原则、制度和程序的基础上适当突出数字经济建设的地方性特色，通过完善的配套立法，更好地执行数字经济建设相关法规、规章和政策。

对比 8 个省份的方案，我们能明显发现 8 省的定位是存在差异化的试验区模式，这要求试验区找准各自定位，总结好地方大数据建设的最佳实践经验，通过立法创新实践彰显地域特色、突出区域建设重点。立足试验区的不同定位，结合区域定位和区域特色资源，针对各个地方存在的薄弱环节和不足之处，可以有针对性地进行地方性立法制定、修正和改进，从而进一步激发立法的创造活力。例如，国家统筹大数据跨区域规划，设立了京津冀、珠江三角洲两个跨区域类大数据综合试验区，此类用户规模较大、应用需求强烈的枢纽节点，建设重点是要统筹好城市内部和周边区域的数据中心布局，实现大规模算力部署与土地、用能、水、电等资源的协调可持续，优化数据中心供给结构，扩展算力增长空间，满足重大区域发展战略实施需要。而对于内蒙古这样可再生资源丰富、数据中心绿色发展潜力较大的地区，重点是发挥资源优势，夯实网络等基础保障，建设大数据基础设施统筹发展类综合试验区。不同类型区域具备不一样的地方性优势，国家对试验区的选点有其不同的定位要求，是为了建成全国一体化数据中心而作出的布局。因而8省应根据各自的地方特色来进行大数据综合试验区立法探索。

本章小结

本章从立法基础、立法要素、立法要求这三个角度阐述了大数据综合试验区立法的理论基础。现行的大数据综合试验区立法是遵循着宪法的"健全社会主义法治，贯彻新发展理念，实现科学技术的现代化"指导理念。从理论上分析，大数据综合试验区的立法权限来源有二：一是作为地方立法机关基于《宪法》和《立法法》，依职权本身就享有的立法权限；二是基于特定授权，就本应由全国统一立法的事项进行创新性立法；或基于特定授权，对某些事项有权作出与统一立法不同的规定。

国家大数据综合试验区立法的目的是进一步发挥大数据综合试验区的优势，深入开展大数据改革综合实验，为我国数字经济建设提供立法和实践经验。大数据综合试验区的立法应当符合科学性、创新性、可推广性、系统性与地方性相统一的要求。科学性是指要树立正确的立法指导理念，促进公众参与，减少行政干涉；创新性是指通过试验区的创新性立法来为全国性的立法提供试验样本及经验，同时通过创新性的立法来为改革提供新动力；可推广性是指大数据综合试验区立法工作不仅是为自身进行指路和规范，更要最后形成在全国可推广、可复制的典型经验；最后要做到系统性与地方性的有机统一，系统性要做到不但要求8个试验区之间的立法具备整体性，而且各试验区内部也应当形成逻辑严密、体系清晰的立法体系。地方性要求各试验区应找准各自定位，总结好地方大数据建设的最佳实践，通过立法创新实践彰显地域特色、突出区域建设重点。

第三编 >>>>>>>>>>
国家数据立法实践

第一章
国家层面数据立法现状及主要内容

一、立法概述

为"全面推进我国大数据发展和应用,加快建设数据强国",我国于2015年发布《纲要》,在国家层面肯定了大数据是"推动经济转型发展的新动力",大数据产业"正在成为新的经济增长点",这一行动纲要的出台意味着发展大数据上升为国家战略。2020年3月,中共中央、国务院发布《关于构建更加完善的要素市场化配置体制机制的意见》,首次明确了数据的生产要素地位,提出为构建更加完善的要素市场化配置体制机制,应当"加快培育数据要素市场"。2021年11月,工业和信息化部发布《"十四五"大数据产业发展规划》,提出充分激发数据要素价值潜能,打造数据经济发展新优势。2022年12月2日,中共中央、国务院发布《意见》,提出了20条政策举措,涵盖建立保障权益、合规使用的数据产权制度,建立合规高效、场内外结合的数据要素流通和交易制度,建立体现效率、促进公平的数据要素收益分配制度,建立安全可控、弹性包容的数据要素治理制度等。当前,我国进入了大数据产业发展的黄金时期,大数据的经济价值得到了市场的普遍认可和重视。数据已然成为现代社会一种重要的生产要素,在促进市场经济发展、增强国际竞争力、增进人类福祉等方面发挥着日益重要的作用。

现在人们生活的多个领域都充斥着海量的数据,大数据的应用范围愈加广泛,也呈现出了与日俱增的复杂性。大数据的应用在给人们生活带来便利的同时,也伴随着数据隐私、数据安全等事关民生权益甚至国家利益的问题。数据包括公共数据、企业数据及个人数据,这些数据在利用与流通过程中产生的诸如数据泄露、跨境数据流动等安全问题，要求国家在立法层面作出规制和保障。近年来，国家层面加快了对数据安全与利用问题的立法回应，逐步构建起了由《民法典》《数据安全法》《网络安全法》《个人信息保护法》等组成的数据领域规则体系。一方面，鼓励数据的利用与流通，最大限度地发挥数据的经济价值；另一方面，确保数据权益不受侵害，国家安全得到维护，从而有助于推动大数据产业的持续健康发展。

　　梳理国家层面数据立法的脉络，大体总结如下：2017年6月1日实施的《网络安全法》是全面规范网络安全管理的基础性法律，将数据安全纳入网络安全的重要组成部分，为数据安全的落实提供了重要的制度支撑，确立了国家对网络数据安全的全面监管体制。2018年1月1日实施的《反不正当竞争法》针对企业数据提供了竞争法保护路径，确立了兼顾三元利益的价值取向，数据作为企业把握市场竞争优势的核心，改变了传统的竞争格局，数据的获取与利用行为是否扭曲市场竞争秩序是其规制涉大数据竞争行为的落脚点。2019年1月1日实施的《电子商务法》是对电子商务活动作出全面规定的综合性立法，对网络交易中的消费者数据保护问题给予了高度的关注，强调了电子商务经营者在数据保护方面的义务，确立了电子商务数据开发应用和自由流动的双重价值目标。2021年1月1日实施的《民法典》继续沿用《民法总则》有关数据的原条文，并且设专章在人格权编用8个具体条文确立了个人信息的民法保护规则。2021年9月1日实施的《数据安全法》填补了我国数据领域的立法空白，成为我国数据领域的基本法，对数据分级分类，规制数据的处理活动，确立了我国坚持数据安全保护与发展并举的原则。2021年11月1日实施的《个人信息保护法》是针对自然人个人信息保护的单行法，丰富、发展了《民法典》中相关个人信息保护的内容，确立了个人信息保护与利用的协调机制。2022年8月1日实施的《反垄断法》针对数字平台利用数据优势实施的垄断行为作出了规制，确立了鼓励数据创新和保护公平市场竞争秩序的双重目标。

　　上述法律已基本确立我国数据保护和利用的原则，值得注意的是，各领域法律法规之间形成相互衔接补充的关系，以构建科学合理、符合我国国情的数据领域规则体系，形成覆盖各行各业的数据保护网，最终实现保护数据权益和促进数据共享利用的目标。

二、《民法典》数据相关规定

（一）立法定位与原则

数据与信息属于形式与内容的关系，数据是以电子方式或其他方式对信息的记录。《民法典》在总则部分就规定了对数据及个人信息权益的保护。民法调整的是平等主体自然人、法人与非法人组织之间的人身关系和财产关系，其私法属性决定了个人信息保护制度调整的是平等主体自然人、法人与非法人之间的个人信息处理关系，而不包括不平等主体之间的个人信息处理关系，如国家为履行法定职责而处理自然人的个人信息。《民法典》对个人信息及数据权益保护作的原则性规定，为数据权益保护专门立法提供了立法依据，预留了立法空间。

《民法典》作为一部"固根本、稳预期、利长远的基础性法律"，其关于数据权益的原则性规定，回应了大数据时代数据法律规范供给的需求，将对之后数据立法产生重要的导向作用。换言之，《民法典》的出台为构建统合数据保护与利用行为，兼顾各类数据主体多元利益动态平衡的法治系统奠定了基本法基础。

（二）主要制度内容

《民法典》在总则部分用两个条文确定了数据保护总纲。《民法典》第111条规定："自然人的个人信息受法律保护。任何组织或者个人需要获取他人个人信息的，应当依法取得并确保信息安全，不得非法收集、使用、加工、传输他人个人信息，不得非法买卖、提供或者公开他人个人信息。"该条款将个人数据以个人信息的方式进行明确，对个人信息的处理过程提出了明确的行为规范。其明确了个人信息是受法律保护的民事权益，没有直接使用个人信息权的概念，而是采用个人信息保护的表述，旨在对信息主体的个人信息利益给予保护的同时，适当协调其与信息数据共享利用之间的关系，避免赋予个人过度支配其个人信息的权利。[1]这也为未来个人信息如何在利益上兼顾财产化以及与数据经济的发展的关系配合预留了一定的解释空间。[2]同时，《民法典》第127条规定："法律对数据、网络虚拟财产的保护有规定的，依

---

[1] 王利明：《论数据权益：以〈权利束〉为视角》，载《政治与法律》2022年第7期，第112页。
[2] 龙卫球、刘保玉主编：《中华人民共和国民法总则释义与适用指导》，中国法制出版社2017年版，第403~404页。

照其规定。"该条款明确宣示了数据权益应受到法律的保护，而没有明确界定数据的权利属性，并以引致的方式，将数据权益的具体保护规则交由其他法律法规予以规范，为之后《数据安全法》《个人信息保护法》等特别法的制定提供了立法依据。

《民法典》人格权编第六章"隐私权和个人信息保护"通过强化公民隐私权和个人信息保护的内容侧重对与个人信息有关的数据相关行为作出了更进一步的详细规定。该章以8个条文分别对隐私的含义、侵害隐私权的禁止行为、个人信息的含义、处理个人信息应当遵循的原则和条件、处理个人信息的免责事由、个人在信息处理活动中享有的信息权益以及信息处理者的义务等内容予以规定，[1]确定了个人信息的"可识别性"、个人信息处理的"告知同意"制度、个人信息权益制度以及个人信息处理者责任制度等主要制度。

第一，确立了个人信息的"可识别性"。《民法典》第1034条[2]采取了"概括加列举"的立法模式，以"可识别性"标准对个人信息进行界定，逐一列举了个人信息的类型，并将个人信息区分为个人私密信息与个人私密信息以外的其他信息。在司法实践中，个人信息的判断标准是法院判定是否存在侵权行为的重要前提。以"庞某鹏诉中国东方航空股份有限公司、北京趣拿信息技术有限公司隐私权纠纷案"为例，在本案中，法院认为姓名、电话号码及行程安排等事项首先属于个人信息，原告被泄露的行程安排无疑属于私人活动信息，应当属于隐私信息，即使原告的姓名和手机号不构成隐私信息，但当姓名、手机号和原告的行程信息结合在一起时，结合之后的整体信息也因包含隐私信息而整体上成了隐私信息，因此原告可以通过隐私权纠纷而寻求救济。[3]由此可见，该案件基于被泄露的整体信息可以与特定的自然人相匹配，并且因包含隐私而整体上成为隐私信息，认定被告存在过错，应承担侵权责任，进而对个人信息给予了充分的保护。

---

[1]《民法典》第1034～1039条。

[2]《民法典》第1034条规定："自然人的个人信息受法律保护。个人信息是以电子或者其他方式记录的能够单独或者与其他信息结合识别特定自然人的各种信息，包括自然人的姓名、出生日期、身份证件号码、生物识别信息、住址、电话号码、电子邮箱、健康信息、行踪信息等。个人信息中的私密信息，适用有关隐私权的规定；没有规定的，适用有关个人信息保护的规定。"

[3] 北京市第一中级人民法院民事判决书［2017］京01民终第509号。

第二，确立了个人信息处理的"告知同意"制度。《民法典》第1035条[1]规定了处理个人信息应当遵循的原则和条件，确立了个人信息数据处理的"告知同意"规则，即"征得自然人或者其监护人的同意"。与此相呼应，《民法典》第1036条[2]第1项的规定将"告知同意"规则作为个人信息数据处理例外性的违法阻却事由。[3]该两条规定分别从正面和反面的角度强调了"告知同意"规则为个人信息处理的合法性基础，贯穿于个人信息处理全过程。《民法典》第1036条第2项的规定则是将个人信息进一步区分为公开信息和非公开信息，两者对应着不同的个人信息处理要求。对于公开信息，除非处理行为侵犯了该自然人的重大利益或者违背该自然人的明确意思，否则原则上可以不受到"告知同意"规则的约束，体现了个人信息保护与促进信息公开流动的兼容。

第三，确立了个人信息权益制度。《民法典》第1037条[4]明确了个人信息主体享有的信息权益，包括查阅复制权、异议更正请求权及删除请求权。查阅权的行使，不仅保证个人信息处理的基本原则（即"公开透明原则"）的落地，也为后续继续行使其他权利创造了条件。复制权的行使使得个人有可能获得和移转自身信息，实现个人对自己相关信息的直接控制和利用。更正权赋予了信息主体请求信息处理主体对不正确、不全面的个人信息进行改正与补充的权利，避免信息错误有损个人人格尊严。[5]删除权在个人信息主

---

[1]《民法典》第1035条规定："处理个人信息的，应当遵循合法、正当、必要原则，不得过度处理，并符合下列条件：（一）征得该自然人或者其监护人同意，但是法律、行政法规另有规定的除外；（二）公开处理信息的规则；（三）明示处理信息的目的、方式和范围；（四）不违反法律、行政法规的规定和双方的约定。个人信息的处理包括个人信息的收集、存储、使用、加工、传输、提供、公开等。"

[2]《民法典》第1036条规定："处理个人信息，有下列情形之一的，行为人不承担民事责任：（一）在该自然人或者其监护人同意的范围内合理实施的行为；（二）合理处理该自然人自行公开的或者其他已经合法公开的信息，但是该自然人明确拒绝或者处理该信息侵害其重大利益的除外；（三）为维护公共利益或者该自然人合法权益，合理实施的其他行为。"

[3] 刘宇：《〈民法典〉视野下的大数据交易：过程控制、性质认定与法律适用》，载《甘肃政法大学学报》2022年第3期，第99页。

[4]《民法典》第1037条规定："自然人可以依法向信息处理者查阅或者复制其个人信息；发现信息有错误的，有权提出异议并请求及时采取更正等必要措施。自然人发现信息处理者违反法律、行政法规的规定或者双方的约定处理其个人信息，有权请求信息处理者及时删除。"

[5] 王洪亮：《〈民法典〉与信息社会——以个人信息为例》，载《政法论丛》2020年第4期，第9页。

体发现信息处理者违反法律、行政法规的规定或者双方的约定处理其个人信息时得以行使，体现了个人信息处理的"合法原则"和"目的限制原则"，更好地保障了个人对其个人信息的决定权。

第四，确立了个人信息处理者责任制度。与个人信息主体享有的信息权益相对应的是信息处理者负担的义务，《民法典》第 1038 条〔1〕从正反两面明确了信息处理者对个人信息的保护责任要求。一方面，明确信息处理者之"不可为"，包括不得泄露或篡改其收集、存储的个人信息，未经自然人同意不得向他人非法提供未经匿名化处理的个人信息；另一方面，明确信息处理者之"应为"，包括采取确保个人信息安全的必要措施，在发生个人信息安全事故时应及时采取补救措施。〔2〕

《民法典》虽然仅以寥寥数个条文对个人信息或数据作出规定，但对于数字社会中个人信息数据的私法保护和维护个人人格尊严的意义重大性不言而喻，为其他专门规定个人信息或数据的特别法制定奠定了前提和基础。

三、《数据安全法》

（一）立法定位与原则

《数据安全法》是我国第一部专门规范数据安全的法律，为我国数据领域立法的重大进步，为我国数据安全治理体系构建了立法基础及制度框架。《数据安全法（草案）》的说明将《数据安全法》定位为"数据安全领域的基础性法律"，这一立法定位决定了其以下特点：

第一，该法是安全保障法。该法以公权力介入数据安全保护，为处理数据安全威胁和风险提供法律路线。具体来说，以其对数据、数据活动、数据安全的界定为出发点，厘清不同面向的数据安全风险，构建数据安全保护管理全面、系统的制度框架，以战略原则、制度设计、措施等来加强国家预防、

---

〔1〕《民法典》第 1038 条规定："信息处理者不得泄露或者篡改其收集、存储的个人信息；未经自然人同意，不得向他人非法提供其个人信息，但是经过加工无法识别特定个人且不能复原的除外。信息处理者应当采取技术措施和其他必要措施，确保其收集、存储的个人信息安全，防止信息泄露、篡改、丢失；发生或者可能发生个人信息泄露、篡改、丢失的，应当及时采取补救措施，按照规定告知自然人并向有关主管部门报告。"

〔2〕陈际红、薛泽涵、王梦迪：《〈民法典〉构建数字时代个人信息和隐私保护的民法基础》，载微信公众号"中伦视界"：https://mp.weixin.qq.com/s/fJGeuLoPiqECsStXJKc6Mg，2023 年 5 月 9 日访问。

控制和消除数据安全威胁和风险的能力，提升国家整体数据安全保障能力。[1]

第二，该法是基础性法律。基础性立法的功能更多注重的不是解决问题，而是为问题的解决提供具体指导思路，问题的解决要依靠相配套的法律法规。这也决定了其法律表述上的原则性和大量宣示性条款。但与此同时，应当注意的是预设好与《网络安全法》《个人信息保护法》等法律法规有效衔接的相关接口。[2]

第三，该法是数据安全管理与数据产业发展并重的法律。数据安全与网络安全同为国家安全的重要组成部分。在数据安全管理方面，《数据安全法》既要与《网络安全法》《国家安全法》互相区别，又要充分契合协调，明确立法重点为数据安全管理与数据产业发展，避免立法重点模糊导致制度设计交叉与重复，避免立法资源浪费以及监管重复或真空。

《数据安全法》确立了一项非常重要的原则——数据安全保护与发展并举原则，诸多法条都彰显了该原则。《数据安全法》第 1 条[3]明确其立法目的在于：规范数据处理活动，保障数据安全，促进数据开发利用，保护个人、组织的合法权益，维护国家主权、安全和发展利益，兼顾了保障数据安全与促进数据开发利用的双重利益。《数据安全法》第 13 条[4]规定"国家统筹发展和安全，坚持以数据开发利用和产业发展促进数据安全，以数据安全保障数据开发利用和产业发展"，将数据产业的发展置于与数据安全同等的地位。保障数据安全与促进数据开发利用和产业发展是相辅相成的，数据的开发利用为数据安全提供技术支持和概念革新，数据安全为数据的开发利用提供基础的保障和稳固的底盘。

在数据安全保护方面，以维护国家安全为基本点，将国家数据安全、企业数据安全、个人数据安全等相关领域的数据安全统摄于国家安全之中，强调数据安全与国家安全之间的紧密联系。数据安全为落实国家安全的重要举

---

[1] 黄道丽、原浩、胡文华：《〈数据安全法（草案）〉的立法背景、立法定位与制度设计》，载《信息安全与通信保密》2020 年第 8 期，第 11 页。

[2] 黄道丽、原浩、胡文华：《〈数据安全法（草案）〉的立法背景、立法定位与制度设计》，载《信息安全与通信保密》2020 年第 8 期，第 11 页。

[3] 《数据安全法》第 1 条规定："为了规范数据处理活动，保障数据安全，促进数据开发利用，保护个人、组织的合法权益，维护国家主权、安全和发展利益，制定本法。"

[4] 《数据安全法》第 13 条规定："国家统筹发展和安全，坚持以数据开发利用和产业发展促进数据安全，以数据安全保障数据开发利用和产业发展。"

措,明确了国家统筹指导数据安全的重要事项和重要工作,确立了各行业监管机构对数据安全的监管地位,提出了开展数据处理活动的主体应当履行的数据安全保护义务。

在数据产业发展方面,从实施战略和发展规划、鼓励技术研究和推广、推进标准体系建设、促进评估认证发展和协作、培育数据交易市场和支持教育培训、培养人才等维度为对数据的开发利用提供了重要举措,强调了数据开发利用不因数据安全保障而受到阻碍,提升运用数据服务经济社会发展的能力。

《数据安全法》的出台适应了当前数字经济发展对安全的关键需求,标志着数据安全立法拥有了具有统领性质的上位法,为数据安全领域的后续立法工作提供重要法律依据,为我国数据安全的发展之路指明了方向。

(二) 主要制度内容

《数据安全法》共55条,分7章,规定了数据安全与发展、数据安全制度、数据安全保护义务、政务数据安全与开放等内容。主要亮点包括以下八点:

第一,该法被赋予了一定的域外效力。根据《数据安全法》第2条[1]的规定,除了在中国境内开展的数据处理活动,对于在中华人民共和国境外开展的,损害中华人民共和国国家安全、公共利益或者公民、组织合法权益的数据处理活动,也受到《数据安全法》的规制,我国依法追究其法律责任。这顺应了当前数据竞争背景下通过国内立法扩大数据安全方面的管辖权的国际潮流,有利于提高我国在国际数据竞争中对数据活动的话语权,维护我国的数据主权完整和数据利益。

第二,该法明确了数据安全监管的工作协调与统筹机制。根据《数据安全法》第5条[2]和第6条[3]的规定,由中央国家安全领导机构负责数据安

---

[1]《数据安全法》第2条规定:"在中华人民共和国境内开展数据处理活动及其安全监管,适用本法。在中华人民共和国境外开展数据处理活动,损害中华人民共和国国家安全、公共利益或公民、组织合法权益的,依法追究法律责任。"

[2]《数据安全法》第5条规定:"中央国家安全领导机构负责国家数据安全工作的决策和议事协调,研究制定、指导实施国家数据安全战略和有关重大方针政策,统筹协调国家数据安全的重大事项和重要工作,建立国家数据安全工作协调机制。"

[3]《数据安全法》第6条规定:"各地区、各部门对本地区、本部门工作中收集和产生的数据及数据安全负责。工业、电信、交通、金融、自然资源、卫生健康、教育、科技等主管部门承担本行业、本领域数据安全监管职责。公安机关、国家安全机关等依照本法和有关法律、行政法规的规定,在各自职责范围内承担数据安全监管职责。国家网信部门依照本法和有关法律、行政法规的规定,负责统筹协调网络数据安全和相关监管工作。"

全工作的决策和协调，国家网信部门统筹网络数据安全监管工作，工业、交通等主管部门承担本行业、本领域的数据安全监管职责，公安机关、国家安全机关等在各自职责范围内承担数据安全监管职责。这种监管分工既强调了数据安全监管工作的统一性，也兼顾了各地区、各部门和各行业的差异性，有利于避免各部门间的"争相管辖"或"互相推诿"，提高数据安全管理效率。

第三，该法确立了"数据分级分类保护制度"。《数据安全法》第21条[1]的规定，一方面明确了由国家数据安全工作协调机制统筹、协调重要数据目录的制定工作，另一方面在国家制定重要数据目录的基础上，由各地区、各部门在其职权范围内确定各自地区、行业或领域的具体目录。这种对数据进行的分类分级，有利于最大限度地平衡数据安全和数据利用，最大限度地释放数据价值，实现重要数据保护工作的有序开展。

第四，该法明确了重要数据的监管要求。《数据安全法》从明确数据安全负责人和管理机构（第27条）、定期开展风险评估并报送风险评估报告（第30条）、实施出境安全管理（第31条）等方面对重要数据提出了具体的保护要求。加大了对重要数据的保护力度，意在有效维护国家安全及社会公共利益。

第五，该法建立健全了数据交易管理制度。《数据安全法》第19条[2]明确了国家建立健全数据交易管理制度的要求，第33条[3]对从事数据交易中介服务的机构提出了具体的管理要求，体现了国家对合法数据交易的支持，促进数据交易发展的决心，有利于推动数据的挖掘和利用，使得数据在合法交易中实现商业价值的最大化。

---

[1]《数据安全法》第21条规定："国家建立数据分类分级保护制度，根据数据在经济社会发展中的重要程度，以及一旦遭到篡改、破坏、泄露或者非法获取、非法利用，对国家安全、公共利益或者个人、组织合法权益造成的危害程度，对数据实行分类分级保护。国家数据安全工作协调机制统筹协调有关部门制定重要数据目录，加强对重要数据的保护。关系国家安全、国民经济命脉、重要民生、重大公共利益等数据属于国家核心数据，实行更加严格的管理制度。各地区、各部门应当按照数据分类分级保护制度，确定本地区、本部门以及相关行业、领域的重要数据具体目录，对列入目录的数据进行重点保护。"

[2]《数据安全法》第19条规定："国家建立健全数据交易管理制度，规范数据交易行为，培育数据交易市场。"

[3]《数据安全法》第33条规定："从事数据交易中介服务的机构提供服务，应当要求数据提供方说明数据来源，审核交易双方的身份，并留存审核、交易记录。"

第六，该法规定了跨境数据流动的监管要求。《数据安全法》第11条[1]和第24条[2]等规定在鼓励跨境数据流动的基础上规定了数据安全审查、数据出口管制、重要数据出境管理、对等反制措施的要求，并明确了针对向境外司法或者执法机构提供数据的监管要求，充分体现了我国维护数据主权和国家安全的决心。[3]

第七，该法总体规定了政务数据的安全监管。《数据安全法》第37条[4]对政务数据质量提出了科学性、准确性和时效性要求；第38条[5]对政务数据的采集和使用作出了合规性规定；第39条[6]对建立政务数据安全管理制度作出了强调；第40条[7]提出了对政务数据加工、存储等外包服务要制定严格的审批流程；第41条[8]和第42条[9]提出了政务数据开放的规范性要求。政务数据是国家的重要乃至核心数据，关系到国计民生，强调在确保政务数据安全的情况下，要推动政务数据的公开。

第八，该法强化了违法行为的处罚力度。《数据安全法》第六章规定了法律责任以及行政处罚标准，最高罚款可达1000万元，处罚力度被大大加强，

---

[1]《数据安全法》第11条规定："国家积极开展数据安全治理、数据开发利用等领域的国际交流与合作，参与数据安全相关国际规则和标准的制定，促进数据跨境安全、自由流动。"

[2]《数据安全法》第24条："国家建立数据安全审查制度，对影响或者可能影响国家安全的数据处理活动进行国家安全审查。依法作出的安全审查决定为最终决定。"

[3] 参见许可：《自由与安全：数据跨境流动的中国方案》，载《环球法律评论》2021年第1期，第22页。

[4]《数据安全法》第37条规定："国家大力推进电子政务建设，提高政务数据的科学性、准确性、时效性，提升运用数据服务经济社会发展的能力。"

[5]《数据安全法》第38条规定："国家机关为履行法定职责的需要收集、使用数据，应当在其履行法定职责的范围内依照法律、行政法规规定的条件和程序进行；对在履行职责中知悉的个人隐私、个人信息、商业秘密、保密商务信息等数据应当依法予以保密，不得泄露或者非法向他人提供。"

[6]《数据安全法》第39条规定："国家机关应当依照法律、行政法规的规定，建立健全数据安全管理制度，落实数据安全保护责任，保障政务数据安全。"

[7]《数据安全法》第40条规定："国家机关委托他人建设、维护电子政务系统，存储、加工政务数据，应当经过严格的批准程序，并应当监督受托方履行相应的数据安全保护义务。受托方应当依照法律、法规的规定和合同约定履行数据安全保护义务，不得擅自留存、使用、泄露或者向他人提供政务数据。"

[8]《数据安全法》第41条规定："国家机关应当遵循公正、公平、便民的原则，按照规定及时、准确地公开政务数据。依法不予公开的除外。"

[9]《数据安全法》第42条规定："国家制定政务数据开放目录，构建统一规范、互联互通、安全可控的政务数据开放平台，推动政务数据开放利用。"

相关责任主体的违规成本显著提高。这体现了国家在立法层面对数据安全问题的重视，也有利于对各数据处理主体形成相应的威慑。

2022年7月21日，国家互联网信息办公室依据《网络安全法》《数据安全法》《个人信息保护法》《行政处罚法》等法律法规，对滴滴全球股份有限公司处以人民币80.26亿元罚款，对滴滴全球股份有限公司董事长兼CEO程某、总裁柳某各处人民币100万元罚款。[1]经查明，滴滴公司共存在16项违法事实，归纳起来主要是八个方面：一是违法收集用户手机相册中的截图信息1196.39万条；二是过度收集用户剪切板信息、应用列表信息83.23亿条；三是过度收集乘客人脸识别信息1.07亿条、年龄段信息5350.92万条、职业信息1633.56万条、亲情关系信息138.29万条、"家"和"公司"打车地址信息1.53亿条；四是过度收集乘客评价代驾服务时、App后台运行时、手机连接桔视记录仪设备时的精准位置（经纬度）信息1.67亿条；五是过度收集司机学历信息14.29万条，以明文形式存储司机身份证号信息5780.26万条；六是在未明确告知乘客的情况下分析乘客出行意图信息539.76亿条、常驻城市信息15.38亿条、异地商务/异地旅游信息3.04亿条；七是在乘客使用顺风车服务时频繁索取无关的"电话权限"；八是未准确、清晰说明用户设备信息等19项个人信息处理目的。网络安全审查还发现，滴滴公司存在严重影响国家安全的数据处理活动，以及拒不履行监管部门的明确要求，阳奉阴违、恶意逃避监管等其他违法违规问题。滴滴公司的违法违规运营行为给国家关键信息基础设施安全和数据安全带来了严重的安全风险隐患。

根据《数据安全法》《网络安全法》等相关规定，滴滴公司属于国家公路水路运输行业的关键信息基础设施相关运营者，其掌握着"关系国家安全、国民经济命脉、重要民生、重大公共利益等数据"，这些数据对应的风险不仅仅是用户信息泄露的风险，更是触碰了国家安全的底线。对滴滴公司的处罚，彰显出了国家治理信息安全、数据安全现存问题的决心和态度。

---

[1] 陈舞阳：《国家互联网信息办公室对滴滴全球股份有限公司依法作出网络安全审查相关行政处罚的决定》，载微信公众号"网信中国"，https://mp.weixin.qq.com/s/JvME41TaNixTLQXC2mYMqg，2023年5月9日访问。

四、《个人信息保护法》

（一）立法定位与原则

不同于《民法典》笼统表达为"个人信息保护"，"个人信息权益"概念首次在《个人信息保护法》中被明确提出。《个人信息保护法》第1条规定："为了保护个人信息权益，规范个人信息处理活动，促进个人信息合理利用，根据宪法，制定本法。"该条明确以"保护个人信息权益，实现个人信息的保护与利用的协调"为立法目的，凸显了《个人信息保护法》在个人信息权益保护方面的专门性基本法的立法定位。[1]

一方面，该法是个人信息领域的专门法。随着大数据背景下信息化、数字化的不断发展，个人信息保护等问题作为需要规制的新型问题显示出了越来越迫切而重大的独立立法需求。[2]尽管《宪法》《民法典》等法律法规中都有针对个人信息保护的规定，但条文大多零散分布，并未对个人信息保护进行完整、全面、系统性规范描述。《个人信息保护法》则是在这些规范的基础上形成了具备系统性、针对性、可操作性的完备的专门规范体系，积极回应了对个人信息保护这一新型领域进行独立立法的需求。

另一方面，该法是个人信息领域的基本法。全国人民代表大会宪法和法律委员在《关于〈个人信息保护法（草案）〉审议结果报告》中做了说明，指出《个人信息保护法》直接依据于《宪法》所确立的保障公民的人格尊严和其他权益的要求，即国家尊重和保障人权、公民的人格尊严不受侵犯、公民的通信自由和通信秘密受法律保护三项规定。该法是根据《宪法》制定的，效力及于全国的法律规范，是与刑法、民法等基本法具有并存地位的基本法。而《网络安全法》和《数据安全法》均没有获得根据《宪法》制定的法律地位，可见个人信息保护得到了前所未有的重视。

《个人信息保护法》的颁布为个人信息处理活动提供了明确的法律依据，为维护个人信息权益提供了充分保障，为企业合规处理个人信息提供了操作

---

[1] 参见龙卫球：《〈个人信息保护法〉的基本法定位与保护功能——基于新法体系形成及其展开的分析》，载《现代法学》2021年第5期，第87页。

[2] 参见龙卫球：《〈个人信息保护法〉的基本法定位与保护功能——基于新法体系形成及其展开的分析》，载《现代法学》2021年第5期，第88页。

指引,〔1〕进一步加强了对个人信息保护法制保障的客观要求,维护了网络空间良好生态,是促进数据经济健康发展的重要举措。

《个人信息保护法》在"总则"一章对个人信息保护的基本原则作出了规定,明确了在个人信息处理活动中应当遵循合法、正当、必要、诚信、目的限制、公开透明、质量、安全八项原则,并将它们贯穿于个人信息处理的全过程、各环节。〔2〕

(二) 主要制度内容

《个人信息保护法》共 8 章 74 条,围绕个人信息处理规则、个人信息跨境提供的规则,个人在个人信息处理活动中的权利,个人信息处理者的义务,履行个人信息保护职责的部门、法律责任等不同角度确立了相应的具体规则。〔3〕

第一,健全个人信息处理规则。具体而言:①紧扣"告知-同意"确立处理个人信息一系列规则,要求处理个人信息以个人信息处理者告知处理目的、处理方式等事项,个人在充分知情相关事项的前提下自愿、明确作出的同意为前提,并赋予个人撤回同意的权利,但考虑到特殊情况,也明确列举了告知同意原则的例外情形。②针对个人信息的共同处理、委托处理、向第三人提供、用于自动化决策、公共场所安装监控设备收集个人信息、处理已公开的信息等情形提出了特别要求,其中"不得对个人信息在交易价格等交易条件上实行不合理的差别待遇"的规定回应了广为关注的"大数据杀熟"问题。③区分敏感个人信息和非敏感个人信息,界定了"敏感个人信息"的内涵,对处理敏感个人信息作出了更严格的限制,体现为处理敏感个人信息需要获得单独同意或书面同意,需要具有特定的目的和充分的必要性,并采取严格保护措施。④设专节特别强调国家机关处理个人活动应当依照法律、行政法规规定的权限和程序进行,不得超出履行法定职责所必需的范围和限度。

第二,确立个人信息跨境提供规则。明确个人信息处理者向境外提供个

---

〔1〕 参见王利明、丁晓东:《论〈个人信息保护法〉的亮点、特色与适用》,载《法学家》2021年第 6 期,第 11 页。

〔2〕 程啸:《论我国个人信息保护法的基本原则》,载《国家检察官学院学报》2021 年第 5 期,第 3 页。

〔3〕 马忠法、胡玲:《论我国数据安全保护法律制度的完善》,载《科技与法律(中英文)》2021年第 2 期,第 3 页。

人信息应当具备的基本条件，如关键信息基础设施运营者和处理个人信息达到国家网信部门规定数量的处理者，确需向境外提供个人信息，应当通过国家网信部门组织的安全评估。同时，就个人信息处理者跨境提供个人信息的告知事项与单独同意作出了严格的要求。此外，对于从事损害我国公民个人信息权益或者危害我国国家安全、公共利益等活动的境外组织、个人，以及在个人信息保护方面对我国采取不合理措施的国家和地区规定了相应的限制或禁止措施。

第三，扩展个人信息权益制度。具体包括知情权、决定权、查阅权、复制权、可携带权、更正权、补充权、删除权和解释说明权。知情权是最基本的内容。在个人信息处理中，要取得信息主体的同意，前提是信息主体对个人信息处理活动涉及的事项有所了解，其有权知道个人信息处理者的名称或者姓名和联系方式，个人信息处理目的、处理方式、处理的个人信息种类、保存期限，个人行使权利的方式和程序等其他应当被告知的事项，以此为前提才能作出不损害自身合法权益的决定。决定权是指个人享有对自己的个人信息是否利用、以何种方式利用、利用深度和范围等事项的决定自由。可携带权是指当个人请求将个人信息转移至其指定的个人信息处理者，符合国家网信部门规定条件时，个人信息处理者应当提供转移的途径，以满足日益增长的跨平台转移个人信息需求。

第四，完善个人信息处理者责任制度。与个人权利相对应的是个人信息处理者的义务，明确个人信息处理者应当根据具体的处理情形采取必要的措施，并在涉及敏感个人信息、自动化决策等情形时在事前进行个人信息保护影响评估，如果处理个人信息数量达到国家网信部门规定数量，还应当指定个人信息保护负责人。在发生或可能发生个人信息泄露、篡改、丢失时，个人信息处理者应当立即采取补救措施，并将相关情况通知履行个人信息保护职责的部门和个人。同时，提供重要互联网平台服务、用户数量巨大、业务类型复杂的个人信息处理者还应履行更高水平的保护义务。[1]

第五，明确履行个人信息保护职责部门职责制度。由国家网信部门负责统筹协调个人信息保护工作和相关监督管理工作，国务院有关部门依照本法

---

[1] 丁晓东：《个人信息保护法系列专家解读》，载微信公众号"网信中国"：https://mp.weixin.qq.com/s/8-CTTz2Iv4bOlCbPbvNl5w，2023年5月9日访问。

和有关法律、行政法规的规定,在各自职责范围内负责个人信息保护和监督管理工作。

五、《网络安全法》

(一) 立法定位与原则

全国人民代表大会发布的《关于〈中华人民共和国网络安全法(草案)〉的说明》提出,"本法是网络安全管理方面的基础性法律,主要针对实践中存在的突出问题,将近年来一些成熟的好做法作为制度确定下来,为网络安全工作提供切实法律保障"。可见,《网络安全法》的立法定位为网络安全管理的基础性"保障法"。

第一,该法是网络安全管理的法律。《网络安全法》与《国家安全法》《全国人民代表大会常务委员会关于加强网络信息保护的决定》《关于维护互联网安全的决定》《计算机信息系统安全保护条例》《互联网信息服务管理办法》等法律法规共同组成了我国网络安全管理的法律体系。因此,需要做好不同法律之间的衔接,尽量减少立法交叉与重复。[1]

第二,该法是基础性法律。《网络安全法》确立了网络安全的基本制度,将数据安全作为网络安全的重要组成部分,从网络安全等级保护制度、关键信息基础设施保护制度、个人信息保护制度等方面为数据安全的落实提供重要的制度支撑,改变了我国信息网络领域长期以来缺少基本法律支撑的状况。[2]

第三,该法是安全保障法。面对网络空间安全的综合复杂性,特别是国家关键信息基础设施面临日益严重的传统安全与非传统安全的"极端"威胁,网络空间安全风险"不可逆"的特征进一步凸显。《网络安全法》以网络的运行安全为主,强调了关键信息技术设施的运行安全,兼顾个人信息保护、网络信息内容管理,为推动、促进网络安全产业发展提供了制度保障。[3]

---

[1] 黄道丽:《〈网络安全法〉的立法定位、立法框架和制度设计》,载微信公众号"公安三所网络安全法律研究中心",载 https://mp.weixin.qq.com/s/cWhp0p-cLgZOe5zH1qCB2A, 2023 年 5 月 9 日访问。

[2] 黄道丽:《〈网络安全法〉的立法定位、立法框架和制度设计》,载微信公众号"公安三所网络安全法律研究中心":https://mp.weixin.qq.com/s/cWhp0p-cLgZOe5zH1qCB2A, 2023 年 5 月 9 日访问。

[3] 黄道丽:《〈网络安全法〉的立法定位、立法框架和制度设计》,载微信公众号"公安三所网络安全法律研究中心":https://mp.weixin.qq.com/s/cWhp0p-cLgZOe5zH1qCB2A, 2023 年 5 月 9 日访问。

我国《网络安全法》的基本原则包括网络空间主权原则、网络安全与发展并重原则和共同治理原则。立法原则的确立对于《网络安全法》的创制和实施具有最高的指导意义，体现了网络安全的立法宗旨和基本精神，贯穿于网络安全法律。[1]

第一，网络空间主权原则。网络空间主权是一国国家主权在网络空间中的自然延伸和表现。习近平总书记指出："《联合国宪章》确立的主权平等原则也应该适用于网络空间，推进全球互联网治理体系变革要坚持尊重网络主权原则。"《网络安全法》第 1 条[2]在其立法目的中明确指出要维护我国网络空间主权。第 2 条[3]明确规定该法适用于我国境内网络以及网络安全的监督管理，体现了我国网络空间主权对内最高管辖权。

第二，网络安全与信息化发展并重原则。习近平总书记指出："网络安全和信息化是相辅相成的。安全是发展的前提，发展是安全的保障，安全和发展要同步推进。"这要求网络立法兼顾网络安全与发展，既要鼓励、维护网络的创新与发展，又要兼顾网络的安全保障。《网络安全法》第 3 条[4]明确规定，国家坚持网络安全与信息化并重，遵循积极利用、科学发展、依法管理、确保安全的方针；既要推进网络基础设施建设，鼓励网络技术创新和应用，又要建立健全网络安全保障体系，提高网络安全保护能力，做到"双轮驱动、两翼齐飞"。

第三，共同治理原则。网络空间安全仅仅依靠政府是无法实现的，需要政府、企业、社会团体和公众等网络利益相关者的共同参与。《网络安全法》对各类主体在网络治理中的角色和责任进行了规范，要求政府部门、网络建设者、网络运营者、网络服务提供者、网络行业相关组织、高等院校、职业学校、社会公众等都根据各自的角色参与网络安全治理工作，动员全社会力

---

[1] 谢永江：《论网络安全法的基本原则》，载《暨南学报（哲学社会科学版）》2018 年第 6 期，第 41 页。

[2] 《网络安全法》第 1 条规定："为了保障网络安全，维护网络空间主权和国家安全、社会公共利益，保护公民、法人和其他组织的合法权益，促进经济社会信息化健康发展，制定本法。"

[3] 《网络安全法》第 2 条规定："在中华人民共和国境内建设、运营、维护和使用网络，以及网络安全的监督管理，适用本法。"

[4] 《网络安全法》第 3 条规定："国家坚持网络安全与信息化发展并重，遵循积极利用、科学发展、依法管理、确保安全的方针，推进网络基础设施建设和互联互通，鼓励网络技术创新和应用，支持培养网络安全人才，建立健全网络安全保障体系，提高网络安全保护能力。"

量共同参与网络安全治理。

《网络安全法》是我国第一部网络空间方面的综合性法律，标志着我国网络空间法治化进程实质性展开，为我国有效应对网络安全威胁和风险、全方位保障网络安全提供了基本法律支撑。《网络安全法》的出台是维护国家广大人民群众切身利益的需要，是维护网络安全的客观需要，是落实总体国家安全观的重要举措。

（二）主要制度内容

《网络安全法》共7章79条，包括总则、网络安全支持与促进、网络运行安全、网络信息安全、监测预警与应急处置以及法律责任。在国家层面，《网络安全法》涵盖了网络空间主权、关键信息基础设施的保护条例，有效维护了国家网络空间主权和安全。在社会层面，《网络安全法》对企业强化网络安全管理、提高网络产品和服务的安全可控水平等提出了明确的要求，指导着网络产业的安全、有序运行。在个人层面，《网络安全法》明确加强了对个人信息的保护，打击网络诈骗，保障广大人民群众在网络空间的利益。其主要涵盖以下六大制度内容。

第一，网络安全监管体制。《网络安全法》第8条[1]明确了网信部门与其他相关网络监管部门的职责分工，由国家网信部门负责统筹协调网络安全工作和相关监督管理工作，国务院电信主管部门、公安部门和其他有关机关依法在各自的职责范围内负责网络安全保护和监督管理工作。同时在第9条至第12条分别对网络运营者、网络服务提供者、网络相关行业组织、社会公众维护网络安全提出了要求，充分体现了共同治理原则。

第二，网络安全和网络产品的标准化制度。《网络安全法》第15条[2]规定，国家建立和完善网络安全标准体系，国家标准化管理委员会和其他有关部门组织制定并适时修订有关网络安全管理以及网络产品、服务和运行安全

---

[1]《网络安全法》第8条规定："国家网信部门负责统筹协调网络安全工作和相关监督管理工作。国务院电信主管部门、公安部门和其他有关机关依照本法和有关法律、行政法规的规定，在各自职责范围内负责网络安全保护和监督管理工作。县级以上地方人民政府有关部门的网络安全保护和监督管理职责，按照国家有关规定确定。"

[2]《网络安全法》第15条规定："国家建立和完善网络安全标准体系。国务院标准化行政主管部门和国务院其他有关部门根据各自的职责，组织制定并适时修订有关网络安全管理以及网络产品、服务和运行安全的国家标准、行业标准。国家支持企业、研究机构、高等学校、网络相关行业组织参与网络安全国家标准、行业标准的制定。"

的国家标准、行业标准；第22条〔1〕规定，网络产品应当符合国家标准的强制性要求；第23条〔2〕规定，网络关键设备和网络安全专用产品应当符合相关国家标准的强制性要求。

第三，网络运行安全保障制度。《网络安全法》第三章用大篇幅规范了网络运行安全，特别强调要保障关键信息基础设施的运行安全。关键信息基础设施是指那些一旦遭到破坏、丧失功能或者数据泄露，可能严重危害国家安全、国计民生、公共利益的系统和设施。网络运行安全是网络安全的中心，关键信息基础设施安全则是重中之重，与国家安全和社会公共利益息息相关。为此，《网络安全法》强调在网络安全等级保护制度的基础上，明确关键信息设施的运营者负有更多的安全保护义务，并配以国家安全审查、重要数据强制本地存储等法律措施，确保关键信息基础设施的运行安全。

第四，网络信息安全保护制度。《网络安全法》第四章就个人信息保护作了专章规定。明确提出要建立健全用户信息保护制度，对网络运营者收集、使用个人信息强调了行为规范，要求网络运营者承担个人信息安全保密义务，个人对其个人信息享有不被泄露、篡改、毁损、非法获取、非法出售和非法提供的权利，享有删除信息、更正信息的权利。在"滴滴被罚案"中，以《网络安全法》为依据，国家互联网信息办公室认为，"滴滴出行"APP存在严重违法违规收集使用个人信息问题，通知应用商店下架"滴滴出行"APP，要求滴滴公司严格按照法律要求，参照国家有关标准，认真整改存在的问题，切实保障广大用户的个人信息安全。

第五，网络安全监测预警和信息通报制度。《网络安全法》第五章将监测预警与应急处置工作制度化、法治化，明确国家建立网络安全监测预警和信

---

〔1〕《网络安全法》第22条规定："网络产品、服务应当符合相关国家标准的强制性要求。网络产品、服务的提供者不得设置恶意程序；发现其网络产品、服务存在安全缺陷、漏洞等风险时，应当立即采取补救措施，按照规定及时告知用户并向有关主管部门报告。网络产品、服务的提供者应当为其产品、服务持续提供安全维护；在规定或者当事人约定的期限内，不得终止提供安全维护。网络产品、服务具有收集用户信息功能的，其提供者应当向用户明示并取得同意；涉及用户个人信息的，还应当遵守本法和有关法律、行政法规关于个人信息保护的规定。"

〔2〕《网络安全法》第23条规定："网络关键设备和网络安全专用产品应当按照相关国家标准的强制性要求，由具备资格的机构安全认证合格或者安全检测符合要求后，方可销售或者提供。国家网信部门会同国务院有关部门制定、公布网络关键设备和网络安全专用产品目录，并推动安全认证和安全检测结果互认，避免重复认证、检测。"

息通报制度，建立网络安全风险评估和应急工作机制，制定网络安全事件应急预案并定期演练。这为建立统一高效的网络安全风险报告机制、情报共享机制、研判处置机制提供了法律依据，为深化网络安全防护体系，实现全天候、全方位感知网络安全态势提供了法律保障。

第六，网络信息安全法律责任制度。《网络安全法》第六章"法律责任"提高了违法行为的处罚标准，加大了处罚力度，有利于保障《网络安全法》的实施。

六、《电子商务法》

（一）立法定位与原则

电子商务是数字经济的新兴业态之一，《电子商务法》全面贯彻"平衡各方主体权益，促进电子商务的可持续健康发展，维护市场秩序"的立法宗旨，以促进发展、规范秩序、保障权益为主线，对规范电子商务行为和保障消费者合法权益起到了重要的积极作用。

《电子商务法》强调数据信息开发利用和保护均衡、社会共治、线上线下一致等原则充分体现了数字经济新时代的法律原则，树立了新时代立法的标杆，具有突出的创新价值。[1]

在数据信息开发利用和保护均衡方面：一方面，鼓励电子商务数据开发应用，建立公共数据共享机制，促进电子商务经营者依法利用公共数据。另一方面，鉴于消费者在电子商务活动处于弱势地位，适当加强了对电子商务消费者的保护力度，适当加重了电子商务经营者的责任义务，以均衡地保障电子商务各方主体的合法权益。

在社会共治方面，电子商务立法运用互联网的思维，充分发挥市场在配置资源方面的决定性作用，鼓励支持电子商务各方共同参与电子商务市场治理，充分发挥电子商务交易平台经营者、电子商务经营者所形成的一些内生机制，以推动形成企业自治、行业自律、社会监督、政府监管的社会共治模式。

在线上线下平等对待方面，电子商务立法明确规定，国家平等对待线上线下的商务活动，促进线上线下融合发展，在各个方面逐渐统一做到对线上线下适用无差别、无歧视原则，推动电子商务的公平竞争市场秩序。

---

[1] 杨东、黄尹旭：《里程碑式的电子商务法》，载微信公众号"社会科学报社"：https://mp.weixin.qq.com/s/xEI_-2meEH42wKllGb5roQ，2023年5月9日访问。

《电子商务法》作为电子商务领域的一部基础性法律,针对电子领域特有的、突出的矛盾作出了回应,为电子商务未来的发展奠定了体制框架。《电子商务法》针对电子商务数据信息作出了相对完整和全面的规定,将有助于我国法律体系中数据保护法律制度的进一步完善。

(二)主要制度内容

《电子商务法》在涉及大数据应用方面的规范,主要集中体现在第 18 条[1]和第 69 条[2],分别对电子商务经营者个性化推荐规制制度和电子商务数据的自由流动作出了规定。

第一,电子商务经营者个性化推荐规制制度。目前,大量电子商务经营者通过大数据分析、用户画像等方法实现了精准营销和个性化商品及服务推动,甚至出现了"大数据杀熟"等现象,侵犯了消费者的合法权益。针对此现象,《电子商务法》第 18 条第 1 款要求电子商务经营者在通过大数据分析消费者的兴趣爱好、消费习惯等特征并进行个性化推荐的同时,必须提供另外一个选项,该选项所展示的结果是不针对个人特征的自然搜索结果,从而使得消费者的合法权益得到尊重和平等保护。该条款强调了对消费者知情权和选择权的保护,以对抗大数据的信息之幕,要求经营者一视同仁,不得利用大数据算法歧视带来的信息不对称损害消费者利益。[3]

第二,电子商务数据的自由流动。《电子商务法》第 69 条规定:"国家维护电子商务交易安全,保护电子商务用户信息,鼓励电子商务数据开发应用,保障电子商务数据依法有序自由流动。国家采取措施推动建立公共数据共享机制,促进电子商务经营者依法利用公共数据。"该条款一方面指出,电子商务中的用户信息受法律保护;另一方面强调,国家鼓励电子商务数据的开发、应用和保护,并推动电子商务数据的自由流动和共享,确立了我国个人信息

---

[1]《电子商务法》第 18 条规定:"电子商务经营者根据消费者的兴趣爱好、消费习惯等特征向其提供商品或者服务的搜索结果的,应当同时向该消费者提供不针对其个人特征的选项,尊重和平等保护消费者合法权益。电子商务经营者向消费者发送广告的,应当遵守《中华人民共和国广告法》的有关规定。"

[2]《电子商务法》第 69 条规定:"国家维护电子商务交易安全,保护电子商务用户信息,鼓励电子商务数据开发应用,保障电子商务数据依法有序自由流动。国家采取措施推动建立公共数据共享机制,促进电子商务经营者依法利用公共数据。"

[3] 王潺:《〈大数据杀熟〉该如何规制?——以新制度经济学和博弈论为视角的分析》,载《社会科学文摘》2021 年第 8 期,第 16 页。

保护与电子商务数据利用的双重架构。[1]

《电子商务法》关于个人信息保护的规定，主要集中体现在第 23 条[2]、第 24 条[3]和第 25 条[4]，对电子商务经营者的个人信息管理义务、电子商务用户对个人信息的积极权能以及有关主管部门的信息保护义务作出了规定。

第一，电子商务经营者的个人信息管理义务。《电子商务法》第 23 条仅对个人信息作出宣示性的保护要求，将电子商务经营者的个人信息管理义务链接至其他法律法规，承继了《网络安全法》对个人信息保护的原则，也衔接了之后出台的《个人信息保护法》的相关规定。电子商务经营者的个人信息管理义务主要包括：收集、使用个人信息，应当遵循合法、正当、必要的原则，公开收集、使用规则，明示收集、使用信息的目的、方式和范围，并经被收集者同意；对其收集的用户信息进行严格保密，未经被收集者同意，不得向他人提供，不得泄露、篡改、毁损其收集的信息。

第二，电子商务用户对个人信息的积极权能。《电子商务法》第 24 条从规范电子商业经营者行为的角度规定了电子商务经营者要明确指出处理个人信息的方式和程序，不得设置不合理条件，赋予了用户查询、更正、删除个人信息和用户注销的权利。

第三，有关主管部门的信息保护义务。《电子商务法》第 25 条明确了电子商务经营者向相关政府履行数据提供的义务，这种对电子商务数据的公权力介入监管，对于电子商务经营者履行电子商务数据信息保护义务有着重大的推动作用，间接实现了对个人信息的保护。不过，要求数据提供的前提是基于法律和行政法规的规定，避免过度监管给电子商务产业发展造成伤害。

---

〔1〕 袁泉：《电子商务法视野下的个人信息保护》，载《人民司法》2019 年第 1 期，第 15 页。

〔2〕 《电子商务法》第 23 条规定："电子商务经营者收集、使用其用户的个人信息，应当遵守法律、行政法规有关个人信息保护的规定。"

〔3〕 《电子商务法》第 24 条规定："电子商务经营者应当明示用户信息查询、更正、删除以及用户注销的方式、程序，不得对用户信息查询、更正、删除以及用户注销设置不合理条件。电子商务经营者收到用户信息查询或者更正、删除的申请的，应当在核实身份后及时提供查询或者更正、删除用户信息。用户注销的，电子商务经营者应当立即删除该用户的信息；依照法律、行政法规的规定或者双方约定保存的，依照其规定。"

〔4〕 《电子商务法》第 25 条规定："有关主管部门依照法律、行政法规的规定要求电子商务经营者提供有关电子商务数据信息的，电子商务经营者应当提供。有关主管部门应当采取必要措施保护电子商务经营者提供的数据信息的安全，并对其中的个人信息、隐私和商业秘密严格保密，不得泄露、出售或者非法向他人提供。"

同时，有关主管部门对于电子商务经营者提供的数据信息，应当采取必要措施保障数据信息的安全，可谓直接承担了信息保护义务。

《电子商务法》一方面强化了用户对个人信息的控制权能；另一方面鼓励企业对电子商业数据的开发应用，促进电子商务数据依法自由流动，在用户信息保护与电子商务数据利用之间构建起了一个相对平衡的支点。

七、《反不正当竞争法》数据相关规定

(一) 立法定位与原则

《反不正当竞争法》第 1 条[1]明确规定，其立法目的在于保障社会主义市场经济健康发展，鼓励和保护公平竞争，制止不正当竞争行为，保护经营者和消费者的合法权益。据此可知，经营者的利益、消费者的利益，以及不被破坏的公平竞争秩序产生的社会公共利益为反不正当竞争法的三大保护目标，并驾齐驱。因此，在对互联网领域涉大数据竞争行为进行规制时必须立足于此，除了考量经营者权益外，还要兼顾消费者利益和社会公共利益，充分衡量竞争行为可能对多方主体权益产生的实际影响。

《反不正当竞争法》并非触及所有的数据权益保护，而是仅针对具有商业价值或者市场竞争意义的商业数据提供保护，是保护企业数据权益的重要法律部门。[2]《反不正当竞争法》行为法的属性决定了其并非通过赋予数据一项法定权利的形式对数据进行保护，而是通过评价数据获取和利用行为正当性来保护企业数据权益，构建一种既赋一定排他性，又兼具数据共享利用的企业数据权益保护机制。

(二) 主要制度内容

近年来，企业之间数据不正当抓取或利用的侵权案件频频发生，囿于目前尚未有法律对数据权益的保护作专门性规定，数据未被赋予一项专门的法定权利，对于这类侵权案件，司法实践中主要通过《反不正当竞争法》对企业享有的数据权益提供一定的保护。在涉数据保护不正当竞争裁判中，除个

---

[1] 《反不正当竞争法》第 1 条规定："为了促进社会主义市场经济健康发展，鼓励和保护公平竞争，制止不正当竞争行为，保护经营者和消费者的合法权益，制定本法。"

[2] 孔祥俊：《论反不正当竞争法"商业数据专条"的建构——落实中央关于数据产权制度顶层设计的一种方案》，载《东方法学》2022 年第 5 期，第 17 页。

别裁判援引《反不正当竞争法》第 12 条[1]互联网专条兜底条款外，大多数裁判均援引第 2 条[2]一般条款对数据侵权行为予以规制，在个案中对企业获取和使用数据的行为进行正当性评价，平衡各相关方的利益。

《反不正当竞争法》第 2 条被称为一般条款，其作为基本原则，确定了不正当竞争行为的内涵，即经营者在生产经营活动中违反本法规定，扰乱市场竞争秩序，损害其他经营者或者消费者的合法权益的行为。同时也提供了竞争行为不正当性的基本判定标准，即违背自愿、平等、公平、诚信的原则，违反法律和商业道德。该条款在法院审理互联网涉大数据不正当竞争纠纷案时得到了广泛的适用，例如"淘宝诉美景案"[3]、"微博诉脉脉案"[4]、"抖音诉刷宝案"[5]等。通过梳理法院依据一般条款认定涉大数据不正当竞争行为的裁判思路，我们可以总结出法院主要遵循以下思路进行认定：首先，原告是否对涉案数据享有合法的权益，这涉及数据产生的合法性基础、原告对于数据形成的投入以及数据具有的商业价值带给原告的竞争利益；其次是被告对原告数据的获取和利用是否具有不正当性，这需要根据特定案件进行分析，主要通过数据从获取到使用的过程中是否遵守诚实信用原则以及公认的商业道德予以评价；最后是原告的合法权益和市场竞争秩序是否因为被告的行为而受到损害，如被告抓取并使用原告数据的行为构成了对原告的实质性代替，从而损害原告的竞争性权益，不利于行业创新和促进市场竞争。

以"淘宝诉美景案件"为例。首先，就原告收集并使用网络用户信息的行为是否正当，法院认为，相关隐私政策所宣示的用户信息收集、使用规则

---

[1]《反不正当竞争法》第 12 条规定："经营者利用网络从事生产经营活动，应当遵守本法的各项规定。经营者不得利用技术手段，通过影响用户选择或者其他方式，实施下列妨碍、破坏其他经营者合法提供的网络产品或者服务正常运行的行为：（一）未经其他经营者同意，在其合法提供的网络产品或者服务中，插入链接、强制进行目标跳转；（二）误导、欺骗、强迫用户修改、关闭、卸载其他经营者合法提供的网络产品或者服务；（三）恶意对其他经营者合法提供的网络产品或者服务实施不兼容；（四）其他妨碍、破坏其他经营者合法提供的网络产品或者服务正常运行的行为。"

[2]《反不正当竞争法》第 2 条规定："经营者在生产经营活动中，应当遵循自愿、平等、公平、诚信的原则，遵守法律和商业道德。本法所称的不正当竞争行为，是指经营者在生产经营活动中，违反本法规定，扰乱市场竞争秩序，损害其他经营者或者消费者的合法权益的行为。本法所称的经营者，是指从事商品生产、经营或者提供服务（以下所称商品包括服务）的自然人、法人和非法人组织。"

[3] 浙江省杭州市中级人民法院民事判决书［2018］浙 01 民终 7312 号。

[4] 北京知识产权法院民事判决书［2016］京 73 民终 588 号。

[5] 北京市海淀区人民法院民事判决书［2019］京 0108 民初 35902 号。

在形式上符合"合法、正当、必要"的原则要求，涉案数据产品中可能涉及的用户信息种类均在隐私权政策已宣示的信息收集、使用范围之内，故原告收集、使用网络用户信息，开发涉案数据产品的行为符合网络用户信息安全保护的要求，具有正当性。其次，分析原告对于涉案数据产品是否享有法定权益，鉴于网络数据产品的内容是经过网络运营者大量的智力劳动成果投入，通过深度开发与系统整合，最终呈现给消费者的，独立于网络用户信息和网络原始数据，可以为运营者所实际控制和使用，并带来经济利益，故原告对于其开发的数据产品享有独立的财产性权益。最后，关于被诉行为是否构成不正当竞争，法院认为，被告未经授权亦未付出新的劳动创造，直接将涉案数据产品作为自己获取商业利益的工具，明显有悖于公认的商业道德，如不加禁止将挫伤数据产品开发者的创造积极性，阻碍数据产业的发展，进而影响到广大消费者福祉的改善，故被诉行为实质性代替涉案数据产品，破坏了原告的商业模式与竞争优势，已构成不正当竞争。

《反不正当竞争法》第 12 条系专门针对互联网领域涉大数据不正当竞争行为的类型化条款，被称为互联网专条，可谓是互联网市场竞争行为变化的产物，在一定程度上改变了之前仅通过适用一般条款判定竞争行为正当性的情况。该条由"概括性条款+类型化条款+兜底条款"组成，主要规制经营者利用技术手段，实施产生妨碍、破坏其他经营者经营活动或商业模式的行为，明确列举了三类不正当竞争行为，第 4 款作为兜底条款进行补充，以灵活应对由互联网领域出现的新型不正当竞争行为带来的挑战。[1]例如，在"微博诉鹰击系统案"[2]、"微信诉极致了案"[3]、"抖音诉小葫芦案"[4]等案件中，法院均以《反不正当竞争法》第 12 条第 2 款第 4 项"其他妨碍、破坏其他经营者合法提供的网络产品或者服务正常运行的行为"为依据，认定不正当竞争行为的存在。以"微信诉极致了案"为例，法院认为，被告通过爬虫技术抓取原告微信平台公众号的账号信息、数据内容、用户与公众号的互动信息，在数据爬取过程中，被告通过技术手段绕过微信客户端，获得等同于

---

[1] 陈兵：《互联网新型不正当竞争行为法律适用疑难问题及完善》，载《法治研究》2021 年第 6 期，第 103 页。
[2] 北京知识产权法院民事判决书 [2019] 京 73 民终 3789 号。
[3] 杭州铁路运输法院民事判决书 [2021] 浙 8601 民初 309 号。
[4] 浙江省杭州市余杭区人民法院民事判决书 [2021] 浙 0110 民初 2914 号。

用户访问的权限，以及使用自动化脚本不间断地、高量级地爬取微信账号数据，损害了微信对涉案公众号数据享有的竞争性权益，增加了微信服务器负荷，对微信提供的公众号服务产生了实质性替代，其行为属于违反《反不正当竞争法》第12条规定的妨碍、破坏其他经营者合法提供的产品或者服务正常运行的行为，构成不正当竞争行为。

从实践情况来看，在2019年《反不正当竞争法》互联网专条正式实施以来，大多数法院在审理涉及互联网新型竞争行为案件时，仍然倾向于直接适用一般条款，使得新增互联网专条及其兜底条款的立法目的陷入落空的困境。[1]因此，若要让互联网专条发挥其应有的作用，避免向一般条款"逃逸"，则需要进一步规范互联网专条与一般条款的顺序。由于互联网专条是针对利用网络技术手段实施不正当竞争行为的具体类型化条款，因此应当优先适用，兜底条款是类型化条款的补充和扩展，次之适用。只有当行为不满足互联网专条的适用条件时，才转向一般条款的适用。

除了以上诉诸《反不正当竞争法》第2条或第12条对企业数据权益予以保障外，如果企业数据符合商业秘密的构成要件，即数据不为公众所知、具有商业价值，并经权利人采取相应保密措施，企业还可以根据《反不正当竞争法》第9条[2]关于商业秘密的规定维护自身权益。《最高人民法院关于审理侵犯商业秘密民事案件适用法律若干问题的规定》第1条规定，与技术有关的算法、数据、计算机程序及其有关文档等信息以及与经营活动有关的数据可被认定为《反不正当竞争法》第9条第4款所称的"技术信息""经营信息"，使得企业数据被纳入商业秘密范畴，落入商业秘密保护的范围。目前我国司法实务中，就有法院提出了从商业秘密的角度保护数据的新思路，积

---

[1] 陈兵：《互联网新型不正当竞争行为法律适用疑难问题及完善》，载《法治研究》2021年第6期，第103页。

[2] 《反不正当竞争法》第9条规定："经营者不得实施下列侵犯商业秘密的行为：（一）以盗窃、贿赂、欺诈、胁迫、电子侵入或者其他不正当手段获取权利人的商业秘密；（二）披露、使用或者允许他人使用以前项手段获取的权利人的商业秘密；（三）违反保密义务或者违反权利人有关保守商业秘密的要求，披露、使用或者允许他人使用其所掌握的商业秘密；（四）教唆、引诱、帮助他人违反保密义务或者违反权利人有关保守商业秘密的要求，获取、披露、使用或者允许他人使用权利人的商业秘密。经营者以外的其他自然人、法人和非法人组织实施前款所列违法行为的，视为侵犯商业秘密。第三人明知或者应知商业秘密权利人的员工、前员工或者其他单位、个人实施本条第一款所列违法行为，仍获取、披露、使用或者允许他人使用该商业秘密的，视为侵犯商业秘密。本法所称的商业秘密，是指不为公众所知悉、具有商业价值并经权利人采取相应保密措施的技术信息、经营信息等商业信息。"

极探索数据作为商业秘密保护的司法审查标准，并确立了以商业秘密路径保护数据类经营信息的认定思路。例如，在"杭州某科技公司与汪某商业秘密纠纷案"[1]中，法院认为，涉案直播打赏实时数据构成商业秘密。涉案数据需登录平台管理人员账户查看，并无证据显示其属于通过公开渠道可获得，符合秘密性。原告对相关账户设置查看权限，限制能够接触或获取后台不同数据的人员范围，且两平台账号不可通用，与员工签订保密协议，及时注销离职员工账号，对访问、使用数据采取必要措施，符合保密性。涉案数据系原告通过设定中奖算法，由程序分配中奖索引，结合用户打赏实时产生，同时通过跟踪程序的运作和数据的变化，可了解用户的打赏情况和消费水平，及时调整中奖机制，优化经营资源，提高用户的黏性，获取流量，为企业带来经济收益和相应竞争优势。据此，法院认定，涉案数据具备秘密性、保密性、商业价值，构成商业秘密，被告在职期间的"使用"行为和离职后的"获取"行为违反了《反不正当竞争法》第9条的规定，构成侵犯原告商业秘密。毫无疑问，商业秘密路径对企业数据权益的保护力度更大，但商业秘密的要求与大数据流动性、共享性与公开性的特性相悖，应当严格限制商业秘密认定门槛，防止企业利用自身数据优势进行数据垄断。

八、《反垄断法》数据垄断相关规定

（一）立法定位与原则

2021年2月7日，国务院反垄断委员会印发了《关于平台经济领域的反垄断指南》，专门针对平台经济领域提出了一些反垄断规则。2021年10月29日，国家市场监督管理总局发布了《互联网平台分类分级指南（征求意见稿）》和《互联网平台落实主体责任指南（征求意见稿）》公开征求意见的公告，前者依据一定的标准对互联网平台进行分类分级，以实现更加科学地管理互联网平台，增强监管的针对性和有效性；后者对互联网平台企业提出了内容管理、用户管理、知识产权保护和隐私保护等方面的要求，尤其强调大型平台企业负担更重的法律责任。与这些部门规章或者规范性文件相衔接，于2022年8月1日正式实施的修订后的《反垄断法》以更高位阶的法律层面对数字经济平台反垄断的规制问题作出了回应，成为破除平台企业数据垄断

---

[1] 浙江省杭州市中级人民法院民事判决书［2021］浙01民终11274号。

的重要法律依据。《反垄断法》的修订是我国推进数字平台经济领域的反垄断监管体系建设和完善的重大举措,表明了平台经济领域反垄断将继续成为我国反垄断执法的重要监管对象。

《反垄断法》第1条[1]明确其立法目的在于:预防和制止垄断行为,保护市场公平竞争,鼓励创新,提高经济运行效率,维护消费者利益和社会公共利益,促进社会主义市场经济健康发展。其中增加了"鼓励创新"这一立法目的,体现了在打击垄断行为维护中小企业利益的同时,也要重视创新鼓励的价值理念,平衡二者之间的关系,以保护公平的市场竞争秩序。将"鼓励创新"引入反垄断法的立法宗旨顺应了数字经济时代下,以技术、产品等方面的创新作为数字经济发展和平台发展的重要驱动力,保障以创新为内容的良性竞争经济秩序的构建的发展趋势。通过维护竞争秩序塑造有利于创新的内部条件和外部环境,通过保护创新提高竞争层次和促进自由开放竞争,实现竞争和创新的良性互动。

为了与时俱进地回应以互联网产业为代表的数字平台经济的反垄断监管要求,《反垄断法》在总则与第三章滥用市场支配地位分别增加了一条针对互联网和数字经济的反垄断条款,进一步明晰了数据经济反垄断的适用规则,为反垄断执法机构进一步加强查处平台企业利用算法、技术等平台优势实施的垄断行为提供了法律依据。这将更有力地打击数字经济龙头企业"二选一"、利用技术和市场优势实施"大数据杀熟"等垄断行为,从而构建公平竞争和有效竞争的数字经济秩序。

(二) 主要制度内容

数据、算法是数字经济时代竞争的核心要素,数字平台经营者依托数据的收集、分析和大数据的算法能力不断积累自身竞争优势,从而实施的"扼杀并购""自我优待"和"大数据杀熟"等垄断行为都涉及数据分析和算法应用。正是考虑到了数字经济时代这种竞争方式的特殊性,《反垄断法》第9条规定:"经营者不得利用数据和算法、技术、资本优势以及平台规则等从事本法禁止的垄断行为。"该条款针对数字经济领域平台经营者利用数据、算法等新手段的行为明确提出了相应的合规要求,也是对数字经济平台进行反垄

---

[1]《反垄断法》第1条规定:"为了预防和制止垄断行为,保护市场公平竞争,鼓励创新,提高经济运行效率,维护消费者利益和社会公共利益,促进社会主义市场经济健康发展,制定本法。"

断监管的总体要求。同时，针对具有市场支配地位的经营者，《反垄断法》第22条[1]专门强调：不得利用数据和算法、技术以及平台规则等从事滥用市场支配地位的行为。与第9条规定的内容相呼应，该条款进一步强调对数字平台经营者"滥用市场支配地位"的垄断行为的规制。另外，在经营者集中方面，根据平台经济特点，考虑到一些市场份额不到申报标准的初创企业在相关市场中的并购行为也有可能影响到公平竞争，《反垄断法》第26条[2]增加了未达到申报标准的经营者集中的调查、处理程序：对于未达到申报标准但有证据证明具有或者可能具有排除、限制竞争效果的经营者集中，国务院反垄断执法机构可以要求经营者申报，经营者不申报的，反垄断执法机构应当依法进行调查。此外，《反垄断法》第49条[3]在原有规定的基础上增加了反垄断执法机构及其工作人员对执法过程中知悉的个人隐私和个人信息的保密义务的内容，体现了《反垄断法》对数字经济时代个人隐私和信息保护问题的关注。

数字平台作为数字经济时代的新组织，以数据生产要素为核心，通过各类算法设计与操作创造多元动态的市场价值，驱动了平台、数据、算法三维结构的市场竞争新格局。亚马逊、苹果公司、脸书、谷歌等大型数字平台正在持续接受世界主要国家的反垄断调查和处罚。与此同时，"今日头条与腾讯大战""阿里巴巴实施二选一行为""斗鱼虎牙合并""携程大数据杀熟"等热

---

[1]《反垄断法》第22条规定："禁止具有市场支配地位的经营者从事下列滥用市场支配地位的行为：（一）以不公平的高价销售商品或者以不公平的低价购买商品；（二）没有正当理由，以低于成本的价格销售商品；（三）没有正当理由，拒绝与交易相对人进行交易；（四）没有正当理由，限定交易相对人只能与其进行交易或者只能与其指定的经营者进行交易；（五）没有正当理由搭售商品，或者在交易时附加其他不合理的交易条件；（六）没有正当理由，对条件相同的交易相对人在交易价格等交易条件上实行差别待遇；（七）国务院反垄断执法机构认定的其他滥用市场支配地位的行为。具有市场支配地位的经营者不得利用数据和算法、技术以及平台规则等从事前款规定的滥用市场支配地位的行为。本法所称市场支配地位，是指经营者在相关市场内具有能够控制商品价格、数量或者其他交易条件，或者能够阻碍、影响其他经营者进入相关市场能力的市场地位。"

[2]《反垄断法》第26条规定："经营者集中达到国务院规定的申报标准的，经营者应当事先向国务院反垄断执法机构申报，未申报的不得实施集中。经营者集中未达到国务院规定的申报标准，但有证据证明该经营者集中具有或者可能具有排除、限制竞争效果的，国务院反垄断执法机构可以要求经营者申报。经营者未依照前两款规定进行申报的，国务院反垄断执法机构应当依法进行调查。"

[3]《反垄断法》第49条规定："反垄断执法机构及其工作人员对执法过程中知悉的商业秘密、个人隐私和个人信息依法负有保密义务。"

点案件均昭示着，我国正在加强反垄断对数据市场的执法力度。[1] 2020年12月，市场监管总局依据《反垄断法》对阿里巴巴集团在中国境内网络零售平台服务市场滥用市场支配地位的行为立案调查。经查，自2015年以来，阿里巴巴集团滥用该市场支配地位，对平台内商家提出"二选一"要求，禁止平台内商家在其他竞争性平台开店或参加促销活动，并借助市场力量、平台规则和数据、算法等技术手段，采取多种奖惩措施保障"二选一"要求执行，维持、增强自身市场力量，获取不正当竞争优势。阿里巴巴集团实施"二选一"行为排除、限制了中国境内网络零售平台服务市场的竞争，妨碍了商品服务和资源要素自由流通，影响了平台经济创新发展，侵害了平台内商家的合法权益，损害了消费者利益，构成《反垄断法》第22条第1款第4项禁止"没有正当理由，限定交易相对人只能与其进行交易"的滥用市场支配地位行为。

九、其他法律中关于数据的规定

除了上述针对相关法律，大数据相关法律内容的条文还散落分布在《刑法》《消费者权益保护法》《治安管理处罚法》等法律法规中。

我国《刑法》对于一般数据安全犯罪的规制主要涉及计算机系统安全和网络安全犯罪方面的规制，包括非法侵入计算机信息系统罪（第285条第1款），非法获取计算机信息系统数据、非法控制计算机信息系统罪（第285条第2款），提供侵入、非法控制计算机信息系统程序、工具罪（第285条第3款），破坏计算机信息系统罪（第286条之一）等。由于数据的存储、处理等都依赖于计算机信息系统，刑法规定的这些犯罪，可以用来惩罚破坏数据安全的手段行为，通过保护计算机系统安全间接实现对数据安全的保护。同时，针对个人数据信息，《刑法》围绕侵犯公民个人信息罪逐渐建构起专门保护模式。2005年《刑法修正案（五）》增设的"窃取、收买、非法提供信用卡信息罪"（第177条之一第2款）是我国法律上第一个关于侵害公民个人信息犯罪的法律规定。2009年《刑法修正案（七）》第253条之一，将窃取或以其他方式非法获取公民个人信息、出售或非法提供公民个人信息的行为，情节严重的，规定为犯罪行为，纳入刑事打击的范围。为加强个人信息的保护，2015年《刑法修正案（九）》对侵犯个人信息类犯罪进行了重新整合，将过

---

[1] 杨东、臧俊恒：《数字平台的反垄断规制》，载《武汉大学学报（哲学社会科学版）》2021年第2期，第161页。

去的出售、非法提供公民个人信息罪和非法获取公民个人信息罪合并为统一的侵犯公民个人信息罪。

2014年实施的《消费者权益保护法》，对个人信息的保护作出了相应规定。当时，我国在个人信息保护方面尚无专门法律，《消费者权益保护法》首次将个人信息保护作为消费者权益确认下来，针对消费者个人信息被随意泄露或买卖的情况，规定了经营者收集、使用消费者个人信息的原则，对所收集个人信息的保密义务，商业信息的发送限制等，对于保护消费者权益具有积极意义，是消费者权益保护领域的一项重大突破。《消费者权益保护法》第14条规定："消费者在购买、使用商品和接受服务时，享有人格尊严、民族风俗习惯得到尊重的权利，享有个人信息依法得到保护的权利。"第29条规定："经营者收集、使用消费者个人信息，应当遵循合法、正当、必要的原则，明示收集、使用信息的目的、方式和范围，并经消费者同意。经营者收集、使用消费者个人信息，应当公开其收集、使用规则，不得违反法律、法规的规定和双方的约定收集、使用信息。经营者及其工作人员对收集的消费者个人信息必须严格保密，不得泄露、出售或者非法向他人提供。经营者应当采取技术措施和其他必要措施，确保信息安全，防止消费者个人信息泄露、丢失。在发生或者可能发生信息泄露、丢失的情况时，应当立即采取补救措施。经营者未经消费者同意或者请求，或者消费者明确表示拒绝的，不得向其发送商业性信息。"

本章小结

在大数据时代下，数据成为新型重要的生产要素，数据在社会的应用覆盖程度愈发提高，经济价值也日益凸显。从《网络安全法》到《个人信息保护法》的出台，数据立法始终紧扣"以规范促发展、以保护促利用"的立法主线，聚焦数据权益保障、数据流通利用、数据安全管理三大环节，在满足数据安全要求的前提下，最大限度地促进数据流通和开发利用，最大激发数据经济价值潜能。为适应数字化发展带来的社会现实，我国未来将会继续加大数据立法的力度，尤其是针对重点领域、重点行业的立法。在大数据立法的过程中，尤其要注意明确《民法典》《数据安全法》《个人信息保护法》《网络安全法》等数据法律的立法定位、立法功能，注意法各部法律制度的衔接，形成各有侧重、协同配合的多层次的、全方位的、高质量的数据保护利用的法律体系。

第二章

国家大数据综合试验区立法实践

根据国家所设立大数据综合试验区的经济社会发展、资源禀赋的不同，将其分为区域示范类综试区、跨区域类综试区以及大数据基础设施统筹发展类综试区三类。

一、区域示范类综试区立法现状及内容

区域示范类综试区主要包括贵州、上海、河南、重庆以及沈阳。

（一）贵州立法现状：立法概述、立法定位，主要制度设计

1. 立法概述

贵州省是全国首个建立大数据综合试验区的省份，同时也是全面开启大数据应用和产业发展最早的省份之一。贵州率先布局大数据产业发展，聚集大数据技术成果，形成了大数据企业集群，促进了大数据资源聚集、融通和应用，提高了大数据共享和开放的效率，发展了以大数据为核心的核心生态、关联生态和衍生生态，重点建设了全国大数据内容中心、服务中心、金融中心和创新中心。得益于大数据的广泛应用，贵州省近年来的经济增长速度位列全国前列，大数据产业的发展带动了贵州省经济社会的快速发展，为贵州省经济的繁荣做出了巨大贡献。国家大数据综合试验区在贵州省的发展情况基本可以分为以下几个阶段：

2013 年是全球大数据发展的开端之年，也是贵州大数据产业奠定基础和发展的开端之年。2014 年贵州省政府发布了《关于加快大数据产业发展应用若干政策的意见》《贵州省大数据产业发展应用规划纲要（2014—2020 年）》《贵州省信息基础设施条例》《贵阳大数据产业行动计划》《关于加快大数据

产业发展的实施意见》《贵州省信息基础设施建设三年会战实施方案》，相关文件的颁布意味着贵州省将投身于国家大数据综合试验区的建设，同时也意味着贵州省委、贵州省政府正式将大数据产业作为贵州省的一项战略决策。

2015年，工业和信息化部正式批复在贵阳市贵安新区建设海量数据产业发展集聚区，这意味着全国第一个国家级大数据试点示范区正式建立。同时，2015年先后公布了《关于加快大数据产业人才队伍建设的实施建议》《贵安新区推进大数据产业发展三年计划（2015-2017）》《贵阳市政府数据交换共享平台推进工作方案》《贵阳市大数据综合治税推进工作方案》等相关政策，为贵州省顺利推进大数据综合试验区试点工作奠定了制度基础。

2016年，经过我国发展和改革委员会、工业和信息化部、中央网络安全和信息化委员会办公室批示，正式确定在贵州建设国家海量数据综合试验区，这意味着全国第一个大数据综合试验区正式在贵阳建立。贵州作为中国大数据发展的"试验田"，于大数据立法方面先行先试，在2016年颁布了《贵州省大数据发展应用促进条例》，开创了中国大数据立法先河。[1]同时也公布了《黔东南州大数据产业发展三年行动计划（2016-2018）》《贵阳市大数据"十百千万"人才培养计划实施方法》《贵阳市大数据产业人才专业技术职务评审办法（试行）》《贵州省卫生计生委关于加快医疗卫生事业与大数据融合发展的指导意见》《关于实施2016年第一批大数据发展项目工程包的通知》《中共贵阳市委关于以大数据为引领加快打造创新型中心城市的意见》《贵州省大数据产业发展引导目录（试行）》《贵州省大数据产业统计报表制度（试行）》《云岩区大数据人才培养计划实施方案》《关于贵安新区建设五大发展新理念先行示范区加快大数据战略行动的实施意见》《贵安新区大数据港三年会战方案》《贵州省应急平台体系数据管理暂行办法》《贵州省政务数据资源管理暂行办法》《关于贵阳国家高新区大数据"十百千万"培育工程的实施意见》《黔西南州支持大数据产业发展应用相关政策的意见》《贵安云谷三年会战实施方案》和《贵阳市十三五"互联网+"行动计划》等相关政策，为贵州省大数据综合试验区试点工作的顺利进行提供了制度基础。其中，《贵州省大数据发展应用促进条例》是我国第一部大数据地方法规。人才是大

---

〔1〕《贵州省大数据发展应用促进条例出台系中国首部大数据地方法规》，载中国法院网：https://www.chinacourt.org/article/detail/2016/01/id/1792295.shtml，2022年11月1日访问。

数据产业发展的核心,《贵州省大数据人才支撑行动计划（2017—2020）》《贵阳市大数据"十百千万"人才培养计划实施方案》等政策的出台为培养和保障大数据人才提供了制度保障。依托与高校共建大数据学院,与IBM、阿里巴巴等企业共同创办的大数据专业人才培养基地,积极培养大数据人才和大数据人才队伍。除了鼓励大数据人才和人才队伍培养,大数据综合试验区还为实现大数据安全保障成立了贵州省大数据安全领导小组,以贵阳国家大数据安全靶场建设为载体,推动"大数据安全产业示范区"建设。

2017年,在政府战略、法律、技术、实践等多方因素的联合作用下,跨部门的数据共享共用格局已经基本形成,随后大数据研究与发展计划在全国各地陆续出台,大数据资源整理重组推进了区域数据中心资源汇集和融合工作进程。2017年2月,贵阳市向首批16个具有引领性和标志性的大数据产业集聚区和示范基地进行授牌,以作为国家大数据综合试验区核心区。2017年发布了《数字贵阳地利空间框架建设与使用管理办法》《贵州省大数据发展管理局主要职责内设机构和人员编制规定》《贵州省数字经济发展规划（2017-2020年）》《贵阳市大数据标准建设实施方案》《中共贵州省委、贵州省人民政府关于推动数字经济加快发展的意见》《关于发布贵州省大数据领域技术榜单的通知》和《贵阳市政府数据共享开放条例》等相关政策法规,为贵州省大数据综合试验区的顺利建设提供了制度保障。

2019年,大数据产业在贵州落地生根,带动全省信息经济发展,呈现快速稳健增长趋势,发展势态良好,日益深入地应用整合,不断提高城市数字治理能力,持续释放数字红利优势。2019年10月1日起施行的《贵州省大数据安全保障条例》是中国大数据安全保护省级层面首部地方性法规。

2020年12月1日起施行的《贵州省政府数据共享开放条例》也是中国首部省级层面政府数据共享开放地方性法规。[1]贵州累计主导、参与研制大数据国际标准、国家标准、地方标准达237项,并建设了中国首个"大数据安全综合靶场""大数据及网络安全示范试点城市",大数据安全产业体系初步形成。贵州作为全国首个大数据综合试验区,通过探索建立法规标准和创新体系,强力推进大数据制度创新试验,大数据发展体制机制创新形成示范引

---

[1]《〈贵州省政府数据共享开放条例〉正式施行》,载贵州省人民政府网: http://www.guizhou.gov.cn/home/gzyw/202109/t20210913_70368036.html, 2022年11月1日访问。

领全国。

2. 立法定位

为了深入贯彻以习近平同志为核心的党中央关于网络强国、数字中国等战略部署，认真落实习近平总书记对贵州工作的一系列重要指示精神特别是视察贵州重要讲话精神，在实施数字经济战略上抢新机，深入实施大数据战略行动，高质量建设国家大数据（贵州）综合试验区，为了实现政府数据公平有序地开放共享，保障大数据安全和个人信息安全，加强大数据安全管理，明确大数据安全责任，全面实施大数据战略行动，提高行政效率和服务水平，推动政府数据创新应用，维护国家安全、社会公共利益，保护公民、法人和其他组织的合法权益，加快政府数据汇聚、融通、应用，培育发展数据要素市场，提高政府社会治理能力和公共服务水平，促进经济发展，改善民生，完善社会治理，培育壮大战略性新兴产业，贵州省人民代表大会常务委员会、贵阳市人民代表大会常务委员会先后制定了《贵州省政府数据共享开放条例》《贵州省大数据安全保障条例》《贵州省大数据发展应用促进条例》《国家大数据（贵州）综合试验区"十四五"建设规划》《贵阳市大数据安全管理条例》《贵阳市政府数据共享开放实施办法》《贵阳市政府数据共享开放条例》《贵阳市大数据安全管理条例》和《贵阳市政府数据资源管理办法》等法规规章。

《贵州省政府数据共享开放条例》的立法定位是推动政府数据共享开放，加快政府数据汇聚、融通、应用，培育发展数据要素市场，提升政府社会治理能力和公共服务水平，促进经济社会发展。[1]《贵州省大数据安全保障条例》的立法定位是保障大数据安全和个人信息安全，明确大数据安全责任，促进大数据发展应用。[2]《贵州省大数据发展应用促进条例》的立法定位是为推动大数据发展应用，运用大数据促进经济发展、完善社会治理、提升政府服务管理能力、服务改善民生，培育壮大战略性新兴产业。[3]《贵阳市大数据安全管理条例》的立法定位是加强大数据安全管理，维护国家安全、社会公共利益，保护公民、法人和其他组织的合法权益，促进大数据发展应用，

---

[1]《贵州省政府数据共享开放条例》。
[2]《贵州省大数据安全保障条例》。
[3]《贵州省大数据发展应用促进条例》。

推动实施大数据战略。[1]《贵阳市政府数据共享开放实施办法》的立法定位是实现政府数据公平、有序地共享开放,提高行政效率和服务水平,推动政府数据创新应用,全面推进大数据战略行动。[2]《贵阳市政府数据共享开放条例》的立法定位是全面实施大数据战略行动,加快建设国家大数据(贵州)综合试验区,推动政府数据共享开放和开发应用,促进数字经济健康发展,提高政府治理能力和服务水平,激发市场活力和社会创造力。[3]《贵阳市大数据安全管理条例》的立法定位是加强大数据安全管理,维护国家安全、社会公共利益,保护公民、法人和其他组织的合法权益,促进大数据发展应用,推动实施大数据战略。[4]《贵阳市政府数据资源管理办法》的立法定位是加强和规范政府数据资源管理,推进政府数据共享开放和开发应用,提高行政效率和服务水平。[5]贵州省作为全国首个国家大数据综合试验区,立法内容涵盖"政府数据、社会数据、数据开放共享、开发应用、数据安全管理、数据安全保障"等方面,立法层级体现出省市各方面立法呈现对应体系化的特点,从数据立法内容的横向铺开到纵向层级配套的网格化、全覆盖的立法方式,对中国国家大数据综合试验区的法治建设具有示范和引领作用。

在制度保障不断完善的环境下,贵州在大数据中心整合利用、数据资源共享开放、大数据创新应用、大数据产业集聚发展、大数据资源流通与交易、大数据交流合作等方面开展系统性试验、先行先试、改革创新,全省大数据各项产业事业大踏步前进,在全国范围内形成了辐射带动和示范引领效应,大数据成了新时代贵州经济社会高质量发展的新动能和世界认识贵州的新名片。

3. 立法原则

立法原则是立法活动的指引,贵州省对于大数据综合试验区的立法大致上围绕"大数据的共享和开放、大数据的安全管理和保障、大数据的发展与应用、大数据的流通"四个方面形成相应的立法原则。

(1) 遵循合法、正当、必要、适度的原则。大数据从采集、汇聚、共享、

---

[1]《贵阳市大数据安全管理条例》。
[2]《贵阳市政府数据共享开放实施办法》。
[3]《贵阳市政府数据共享开放条例》。
[4]《贵阳市大数据安全管理条例》。
[5]《贵阳市大数据安全管理条例》。

开放、流通、利用都应当遵循合法原则，依法进行相关的活动。《贵州省政府数据共享开放条例》第 4 条和第 30 条、《贵州省大数据安全保障条例》第 16 条提出大数据的相关活动应当遵守合法、正当、必要、适度的原则。大数据的相关活动包括大数据的收集、汇聚、共享、开放、使用、交换、流通、销毁等过程应当具有合法目的。大数据属于社会的公共资源集合，是整个社会各个主体的信息总和，数据应用的合法目的要求是对全社会主体的保护。大数据的相关活动应当遵守正当、必要和适度的原则，大数据与社会主体息息相关，法律授权相关主体使用大数据实质上是集体权利的让渡，因此相关活动应当受到必要的限制，正当、必要且适度地使用相关数据可以保障社会主体的权益免受损害，禁止过度采集，保障社会主体的合法权益。

（2）大数据共享和开放方面应坚持的原则。第一，大数据共享和开放应当遵循依法维护国家安全、公共安全、经济安全、社会稳定，保守国家秘密，保护商业秘密、个人信息和隐私，不得损害国家利益、社会公共利益和第三方合法权益的原则。《贵州省政府数据共享开放条例》第 4 条、《贵州省大数据发展应用促进条例》第 25 条提出大数据共享和开放应当遵循依法维护国家安全、公共安全、经济安全、社会稳定，保守国家秘密，保护商业秘密、个人信息和隐私，不得损害国家利益、社会公共利益和第三方合法权益的原则。大数据是各个社会主体个人信息、法人信息、非法人信息等的信息集合体，大数据的开放和共享是对个人信息的利用，是社会各个主体对其个人信息权的一定程度的让渡，因此大数据的开放和共享应当保护商业秘密、个人信息和隐私。另外，大数据属于社会公共资源，因此大数据的共享和开放还应当维护国家安全、公共安全、社会稳定，不得损害国家经济利益、社会公共利益以及第三人的合法权益。第二，大数据共享和开放应当坚持需求和问题导向、统筹规划、全面推进、统一标准、有序开放、平等利用、确保安全、便捷高效、主动提供、依法管理、安全可控的原则。[1]大数据产业发展首先应当明确市场、社会对大数据的需求，以市场和社会需求为导向制定相关的大数据开放和共享政策、大数据安全保护政策等大数据相关政策。大数据产业应当在人民政府的统筹规划下全面推进，制定相关的大数据安全保障体制，以此确保大数据产业发展的安全。相关机构或者部门还应当制定相关制度为

---

[1]《贵州省政府数据共享开放条例》第 21 条、《贵阳市政府数据共享开放条例》第 3 条。

大数据开放共享提供更加高效和有效的渠道，提高大数据开放共享的效率。对于政府数据等公共数据，有关部门或者机关应当按照社会和市场的需求主动提供相关数据，数据开放共享管理平台依法对收集、汇聚的数据进行管理，并且制定相关的大数据安全保障措施保障大数据的安全运行。

（3）大数据的安全管理和保障方面的原则。大数据安全管理应当坚持正确的网络安全观原则。[1]而大数据保障工作的进行应当坚持总体国家安全观，数据提供者、数据使用者、数据管理平台以及有关机构应当树立正确的网络安全观，在人民政府的统一领导下统筹规划，坚持行业自律，自觉接受社会监督，保障大数据运行的安全。

（4）大数据的发展与应用方面的原则。大数据发展应用和开发利用应当坚持统筹规划、创新引领、政府引导、市场主导、共享开放、保障安全的原则。[2]大数据的开发应用与大数据的开放共享一样都需要在人民政府的统一领导下进行，坚持人民政府的统筹规划，人民政府在市场需求的指导下引领大数据产业的发展，坚持制度创新，在保障大数据开放和共享工作顺利推进的同时推进大数据开发和利用，推动大数据产业的快速发展。

（5）大数据的流通方面的原则。大数据流通应当遵循自愿、公平和诚实信用的原则。[3]大数据的流通需要培育交易市场，规范交易行为，数据流通发生在数据提供者和数据使用者之间，数据交换以自愿为原则，坚持数据流通公平，秉持诚实信用的原则，在遵守法律法规的前提下进行相关数据的流通行为。促进数据流通可以提高数据的利用率，实现数据时代大数据汇聚、分析与应用的真正价值。

4. 主要制度内容

（1）建立数据议事协调机制。《贵州省政府数据共享开放条例》第5条提出建立议事协调机制，由省级人民政府领导和指挥全省境内的大数据共享、开放工作以及协调与大数据开放、共享相关的其他重大事项，同时省级人民政府还负责部署各市、州和县级人民政府的工作，由各市、州和县级人民政

---

[1]《贵州省大数据安全保障条例》第4条、《贵阳市大数据安全管理条例》第3条、《贵阳市政府数据共享开放条例》第3条提出，大数据安全管理应当坚持正确的网络安全观的原则。

[2]《贵州省大数据发展应用促进条例》第3条。

[3]《贵州省大数据发展应用促进条例》第18条提出，大数据流通应当遵循自愿、公平和诚实信用的原则。

府负责各自行政区域大数据共享开放工作的具体实施。

（2）建立全省统一的大数据共享和开放平台制度。《贵州省政府数据共享开放条例》第8条、《贵州省大数据发展应用促进条例》第26条、《贵阳市政府数据共享开放条例》第9条均提出建立全省统一的大数据共享和开放平台制度。平台的主要任务是大数据资源的汇集、存储、共享和开放，其由人民政府作为中枢指挥，由人民政府大数据主管部门负责建设和运行维护，这有利于更好地统筹各方资源，及时解决平台出现的问题。

大数据资源统一的共享和开放平台的建设给数据用户和数据提供者提供了共享和开放大数据的便捷途径，有利于加快大数据在整个社会的传播速度，提高大数据的利用率，更大程度地开发大数据资源收集的价值和意义。大数据的价值在于对大数据资源的分析和利用，数据资源用户可以通过大数据资源的共享和开放平台的检索功能快速地查询与自身需求有关的数据内容，对查询结果进行整合汇聚，再对查询到的大数据信息进行整合分析，从而得出可用于自身项目参考的分析结果，也可被称为决策的参考因素，使得自身项目结果或者决策更具科学性。

（3）建立大数据目录管理和清单管理制度。《贵州省政府数据共享开放条例》第9条、《贵州省大数据发展应用促进条例》第27条、《贵阳市政府数据资源管理办法》第8条、《贵阳市政府数据共享开放条例》第11条、《贵阳市政府数据资源管理办法》第9条提出，大数据采用目录管理和清单管理，建立大数据目录管理和清单管理制度。贵州省主要针对公共数据和政府数据进行相关立法，由省级人民政府大数据主管部门负责制定全省政府大数据共享目录和开放目录编制指南，并且根据社会的发展趋势定期更新编制指南。各个行政机构应当按照编制指南的要求，对照本岗位职能编制、维护各自的政府数据、公共数据等相关大数据共享目录和开放目录。同时，行政机构在编制目录时应当听取其他行政机关和社会公众的意见和建议，并且报同级人民政府大数据主管部门进行审核。省级人民政府大数据主管部门还需要负责将各个行政机关的共享目录和开放目录汇总后，在全省统一的大数据共享、开放平台进行发布。行政机构应当对本单位的共享目录和开放目录按照社会的发展趋势定期进行更新和维护，保障大数据信息的时效性和准确性，从而确保用户或者其他行政机构可以及时在平台上查找到相关的大数据信息。对大数据实行目录制度，主要分为大数据资源管理目录、共享目录、开放目录、需求目录、责任目录以及负面清单。其中，大数据资源管理目录是指：省级人民政府对各个行政机构能够共享、开放的目录提交后汇总的大数据资源的总和性目录。共享目录，是指各个行政机构列明可以进行共享的数据目录总和。开放目录是指各个行政机构列明可以进行开放的数据目录总和。责任目录是指根据编制指南的要求，各个行政机构负有必须公开责任的数据目录总和。负面清单是指行政机构按照编制指南的要求以及自身行政机构的特点将无法公开的数据名目进行列明。对大数据实行负面清单制度可以最大限度地公开大数据，有利于社会对大数据的获取。对大数据实行分级、分类的目录管理，细分数据的类别和级别，更有利于用户查找数据，提高数据的查询效力，促进大数据的利用和发展。

（4）建立基础数据库和主题数据库。《贵州省政府数据共享开放条例》第10条提出，针对大数据的内容建立基础式数据库和主题式数据库，例如对于人口信息、法人单位信息、自然资源和空间地理信息、电子证照等基础大数据信息，由政府汇集后通过统一的大数据共享和开放平台在部门之间进行无条件的共享和开放。这样可以大大提高政府的工作效率，降低公民、法人办事时重复收取数据资料的复杂程度，简化程序、提高工作效率。例如，对电子证件照这类数据进行共享后，公民在一处行政机构办理相关业务时提供了电子证件照，在下一个行政机构办理其他业务时如果遇到需要提供电子证件照的情形，该行政机构可以直接从基础数据库中获取，公民、法人或者其他主体无需提供，这样不仅大大提高了行政机构的行政效率，同时也便利了公民、法人或者其他主体。除去基础数据库以外，还可以针对大数据内容制定主体数据库，例如形成精准扶贫、卫生健康、社会救助、社会信用、生态环保、气象水文、食品安全、应急管理、城乡建设等主题数据，不仅便于用户在平台查询大数据，而且对数据进行分类归纳，使得数据更加完整且有规划。

（5）建立大数据使用反馈机制。《贵州省政府数据共享开放条例》第37条提出了数据使用反馈机制，用户通过统一的大数据开放和共享平台获取有利于自身的大数据资料后，对所获取的大数据进行汇总、分析、使用后，应当及时就大数据内容向平台进行有效反馈。反馈包括用户的使用情况、大数据的内容是否存在错误和遗漏等问题，平台收到用户对数据使用的反馈后及时向相关数据的提供方反馈，数据提供方应当在合理时间内针对用户的反馈及时补充、校对、更正或者回应。大数据使用反馈机制可以帮助平台及时更新数据内容，有效地提高大数据的准确性。

（6）建立大数据管理、共享、开放工作的考核评价、评估制度。《贵州省政府数据共享开放条例》第38条、《贵阳市政府数据共享开放实施办法》第37条、《贵阳市政府数据共享开放条例》第28条、《贵阳市政府数据资源管理办法》第28条提出建立大数据管理、共享、开放工作的考核评价、评估制度，大数据管理、共享、开放工作的考核评价、评估制度由省级人民政府的大数据主管部门制定，县级以上人民政府应当根据考核评价标准，每年对本级行政机关、下级人民政府数据共享目录和开放目录的维护管理、数据采集与更新、数据共享开放、数据使用、数据开放利用效果等情况进行考核评价，定期通报评价结束并纳入年度目标考核，也可以委托第三方对数据共享开放的程度和效果进行评估、评价，评估、评价结果向社会公开、公示。大数据管理、开放、共享工作的考核评价、评估结果还将作为各级人民政府年度目标绩效考核的重要内容。建立大数据管理、共享、开放工作的考核评价、评估制度可以有效监督人民政府大数据相关工作的开展情况，促进了大数据的开放和共享。

（7）建立大数据采集、存储、传输、处理、使用、交换、销毁的标准化流程机制。《贵州省大数据安全保障条例》第16条到第23条、《贵州省大数据发展应用促进条例》第16条、《贵阳市大数据安全管理条例》第15条对大数据的采集、存储、传输、处理、使用、交换、销毁的过程进行了详细的规定，建立大数据采集、存储、传输、处理、使用、交换、销毁的标准化流程制度可以为大数据产业的发展提供标准的制度化保障，使得大数据产业的发展更加标准化。该标准化流程机制内容包括对于数据的采集应当具有合法目的和用途，根据数据的类型、规模、用途、安全等级、重要程度等因素存储数据，建立公共数据平台、企业数据中心等集中式大数据存储中心；对于数据的传输选择合理的传输渠道，采取必要的安全措施，防止数据被窃取、泄漏、篡改；对于数据的处理应当坚持保护原始数据的原则，不得随意更改、伪造数据，不得通过恶意处理导致数据出现毁灭性更改和永久性丢失；对于数据交换应当维护数据的完整性和可用性，合法进行数据交换，不得以欺骗的方式进行数据交换；对于数据使用，不得将数据用于非法目的和用途，不得过度使用数据，不得干扰被采集人正常的生产生活，不得损害被采集人以及他人的合法权益；对于数据的销毁，应当合理确定销毁的方式和销毁的要求，销毁公共数据、涉及商业秘密和个人信息等重要数据的，应当进行安全风险评估。另外，针对大数据的采集还可以建立健全公共数据采集制度，针对大数据的流通交换还可以制定数据交易规则、数据交易备案登记等管理制度，为大数据的流通交换提供法律依据，促进大数据产业的进一步发展。

（8）建立大数据人才队伍培养制度。《贵州省大数据发展应用促进条例》第9条、《贵州省大数据安全保障条例》第45条、《贵阳市大数据安全管理条例》第20条主要针对大数据产业发展中的人才培养进行相关的规定。大数据产业的快速发展离不开人才的帮助，人民政府除了出台各种各样支持大数据产业发展的政策措施，各级人民政府还应当结合本行政区域大数据发展应用重点领域，制定大数据人才引进培养计划，积极引进领军人才和高层次人才，加强本土人才培养，为大数据人才开展教学科研和创新创业等活动创造条件。同时，人民政府还可以鼓励高校、科研机构、企事业单位等以设立研发中心、技术持股、股权激励、学术交流、服务外包、产业合作等方式，积极利用国内外大数据人才资源。鼓励高校、科研机构、企事业单位等开展合作，开展大数据发展应用技术研究，建立大数据教育实践、创新创业和培训基地，支持高等院校大数据学科建设，开设大数据相关课程，创新教育培养模式，加强人才交流，多形式培养、引进和使用大数据人才，为大数据产业的发展提供人才支持。

（9）建立大数据风险、安全评估制度。《贵州省大数据发展应用促进条例》第29条、《贵州省大数据安全保障条例》第9条提出，建立大数据风险、安全评估制度。数据提供者应当按照有关规定对其提供的数据进行风险、安全评估并且将其评估结果提交给统一的大数据平台，由大数据平台进行风险审核，如果发现存在风险应当及时告知数据提供单位，由数据提供单位及时处理并给予反馈。大数据风险、安全评估制度包括对大数据的安全技术、数据提供方、数据内容等方面进行风险、安全评估，有效地为大数据安全提供保障。

（10）建立大数据安全审计制度。《贵州省大数据安全保障条例》第15条、《贵阳市大数据安全管理条例》第14条提出建立大数据安全审计制度，大数据安全审计制度属于大数据安全管理和保障制度的内容之一。大数据安全审计制度的主要内容包括审计工作流程，记录并保存数据分类、采集、清洗、转换、加载、传输、存储、复制、备份、恢复、查询和销毁等操作过程，定期进行大数据安全审计分析等内容。大数据安全审计制度有效地监督了大数据安全，为大数据产业的快速安全发展提供了制度性保障。

（11）建立大数据安全事件预警通报和应急预案制度。《贵州省大数据安全保障条例》第15条、《贵阳市大数据安全管理条例》第25条至第27条、《贵阳市政府数据共享开放条例》第25条提出建立大数据安全事件预警通报和应急预案制度。大数据安全事件预警通报和应急预案制度由人民政府的大数据主管部门会同有关行政机构依法制定，建立和实施安全事件预警、舆情监控、风险评估和应急响应的策略、规程，保持与有关主管部门、设备设施及软件服务提供商、安全机构、新闻媒体和用户的联络、协作。制定大数据安全事件预警通报和应急预案制度需要明确应急处置机构及其职责、事件分级、响应程序、保障手段和处置措施，定期开展安全测评、风险评估和应急演练。当发生大数据安全事件时，应急处置的机构应当依法按程序启动应急预案，采取相应措施防止危害扩大，保存相关记录，告知可能受到影响的用户，按照规定向有关主管部门报告。大数据安全事件预警通报和应急预案制度为大数据安全事件的发生提供有效、可行的处理措施，防止危害的进一步扩大，有效地保障了大数据的安全运行。

（12）建立统一的安全监测预警、监管平台。《贵州省大数据安全保障条例》第25条、《贵州省大数据安全保障条例》第32条提出建立统一的安全监测预警、监管平台，主要负责大数据安全信息收集、分析评估和通报，监测大数据安全状况，发布大数据安全监测预警信息，统筹协调大数据安全事件处置，有效保障了大数据在运行过程中的安全性。

（13）建立数据接触、访问审查制度。《贵州省大数据安全保障条例》第27条、《贵阳市大数据安全管理条例》第13条提出建立数据接触和访问审查制度，数据提供单位应当加强内部管理，明确用户数据提供、调用、分析、处理的权限，对数据访问者采取授权访问、身份认证等技术措施，防止未经授权查询、复制、修改或者传输数据，有效保护大数据的安全运行。

（14）建立大数据安全管理诚信档案制度。《贵州省大数据安全保障条例》第41条、《贵阳市大数据安全管理条例》第33条提出建立大数据安全管理诚信档案制度，诚信档案主要负责记录大数据安全责任人数据采集、管理、使用等信用信息，并且按照有关内容纳入社会信用体系，同时大数据安全管理诚信档案还可以记录相关的违法信息并且纳入信用共享平台进行统一管理。

大数据安全管理诚信档案还可用于数据提供者和数据使用者的授权评估，根据其各自的信用值进行评估，决定其是否授权其访问、使用数据。

（15）建立联席会议制度。《贵阳市大数据安全管理条例》第18条提出建立联席会议制度，联席会议主要研究、解决大数据安全工作的重大事项、重点工作和重要问题。联席会议将各个部门联合召集在一起，通过召开联席会议的形式，加强联系与沟通，相互学习借鉴经验，研究探索新经验、新方法，对于重点领域的工作联动、会商、约谈、通报、巡查和决策咨询等事项进行讨论，有效且高效地解决重点领域存在的问题，提高大数据传播速度，保障大数据运行的安全。通过联席会议还可以协调和指导本行政区域内大数据相关事项，按照网络安全等级保护要求，会同有关部门制定大数据风险测评、应急防范等制度，有效提升各部门之间的合作效率，促进大数据的快速发展。

（16）建立大数据安全投诉、举报制度。《贵阳市大数据安全管理条例》第21条提出建立大数据安全投诉、举报制度，明确规定公安机关负责大数据安全投诉举报平台的运行、维护和管理工作，对外公布投诉和举报的方式等信息，使投诉和举报方式透明化，即时受理投诉和举报，按照规定的时效回复。大数据安全投诉、举报制度是一项有效的社会监督方式，拓宽监督渠道，发挥人民群众的监督作用，能够不断提高大数据内容的可信度，促进大数据的利用率和发展。

（17）建立大数据动态管理制度。《贵阳市政府数据共享开放条例》第13条提出建立大数据动态管理制度。大数据来源于社会，因此大数据会跟随社会的发展而发生变化，数据提供者应当对所提供的数据进行动态管理，确保数据真实、准确、完整。大数据具有预测价值，如若大数据不完整、不准确、不真实将无法发挥大数据的真正作用。对因法律法规修改等涉及目录调整的，数据提供者应当及时与大数据平台进行有效的沟通，对因经济、文化、政治、社会和生态文明等情况发生变化的，数据提供者也应该及时更新提交新的数据，交予大数据平台审核，平台审核后及时向大数据提供者反馈，如若发现疑义或者错误，及时校对、核对。

（二）上海立法现状：立法概述、立法定位，主要制度设计

1. 立法概述

上海作为我国经济第一城市，GDP一直位于全国各大城市的首位，上海除具有良好的经济基础以外，其同时具有扎实的信息化基础，在"十三五"

期间，上海率先建成5G，成为光网"双千兆"宽带城市。与此同时，创新多项举措保障5G网络发展，例如构建上海"1+16+X"的5G基站布局规划体系、发布一系列行业应用白皮书，为5G技术解决具体问题提供实践经验、引导本地企业参与"绽放杯"5G应用征集大赛，鼓励市场主体创新应用带动基础网络建设等举措保障5G网络发展。"十三五"期间，上海市加快了国际信息枢纽及重要互联网设施建设，促进了互联网数据中心的有序建设。上海市良好的信息化基础为上海市大数据综合试验区的试点工作提供了坚实条件。2021年12月27日，上海市经济和信息化委员会发布《上海市新一代信息基础设施发展"十四五"规划》，为加快推进上海市新一代信息基础设施科学部署，完善数字城市底座建设，支撑城市数字化转型，促进上海经济社会高质量发展提供了指导和规划。[1]上海市作为8个国家大数据综合试验区之一，在立法方面也积极跟进，制定相关的大数据立法与国家大数据综合试验区的试点工作相配套，布局大数据产业发展，聚集大数据技术成果，提高大数据共享和开放的效率，以此保障国家大数据综合试验区的试点工作顺利进行。国家大数据综合试验区在上海市的发展情况基本可以分为以下几个阶段：

2016年，上海市人民政府印发《上海市大数据发展实施意见》[2]，旨在全面推进本市大数据应用和产业发展，助力精准施策、供给侧结构性改革和经济发展方式转变，提出了"市场主导、政府带头，开放共享、融合创新，安全规范、繁荣有序"的发展原则，重点实现"3351"大数据发展目标，即政府数据服务网站开放数据集超过3000项，建成3家大数据基地，引进和培育50家大数据重点企业，大数据核心产业产值达到千亿级别。上海围绕"资源、技术、产业、应用、安全"融合联动这一条主线，聚焦"政府治理和公共服务能力提升、经济发展方式转变"两个方面，创新"交易机构+创新基地+产业基金+发展联盟+研究中心"五位一体的大数据产业链生态发展布局，力争打造国家数据科学中心、亚太数据交换中心和全球"数据经济"中心，使上海率先成为国内领先的集数据贸易、应用服务、先进产业于一体的战略高地。该实施意见规划了政务数据共享开放工程、社会数据交易流通工程、政府治理大数据工程、民生服务大数据工程、产业大数据工程、关键技术突破

---

[1]《上海市新一代信息基础设施发展"十四五"规划》。
[2]《上海市大数据发展实施意见》。

工程、产业发展支撑工程、数据资源开放创新工程、基础设施布局发展工程、网络和大数据安全保障工程共十大专项工程，推动大数据全面展开，扎实落地。

2018年，上海市人民政府发布《上海市公共数据和一网通办管理办法》。上海市立足于建设卓越的全球城市，率先实现政府治理能力现代化的目标，在公共数据管理应用和互联网政务服务方面采取了一系列改革举措，取得了一定的成效，通过发布《上海市公共数据和一网通办管理办法》并且启动"一网通办"总门户上线运行，标志着"一网通办"建设迈出了关键性一步，进入了全面打响高效政务服务金字招牌的阶段。[1]

2019年，上海市人民政府发布《上海市公共数据开放暂行办法》，作为中国第一部专门针对公共数据开放的地方政府规章，开启了上海市大数据发展新阶段。《上海市公共数据开放暂行办法》在国内首次提出分级分类开放模式，对开放数据进行标准化、精细化管理，提升开放数据质量，不断满足社会公众对公共数据的需求。公共数据开放是促进数字经济发展、保障社会民生的重要推动力，也是推进政务公开、提升政府管理理念、实现政府治理能力现代化的内在要求。[2]

2020年，上海市普陀区人民政府发布了《上海市普陀区公共数据管理办法》、闵行区人民政府发布了《闵行区公共数据管理办法》，这两部文件是由多个部门联合制定的，从制度层面明确了普陀区和闵行区公共数据开放的工作机制和组织保障。[3]

2021年，上海市人民代表大会常务委员会通过并公告了《上海市数据条例》、上海市闵行区人民政府发布了《闵行区公共数据安全管理办法》、长宁区人民政府发布了《长宁区公共数据管理办法》。2021年，全国人民代表大会常务委员会相继出台了《数据安全法》和《个人信息保护法》，对数据安全、个人信息保护作出了规范。《上海市数据条例》的出台，是对上位法和中央政策的贯彻落实，也是加快实现超大城市治理体系和治理能力现代化的有力举措，标志着上海迈入了数据驱动创新发展的新阶段，驶向了全面推进城市数字化转型的"快车道"。

---

[1]《上海市公共数据和一网通办管理办法》。

[2]《上海市公共数据开放暂行办法》。

[3]《上海市普陀区公共数据管理办法》。

2022年，中国（上海）自由贸易试验区临港新片区管理委员会正式发布《中国（上海）自由贸易区临港新片区公共数据管理办法（试行）》。其主要内容包括七个部分：一是关于公共数据的定义；二是关于数据收集与归集；三是关于数据治理；四是关于数据共享；五是关于数据开放；六是关于安全管理；七是关于监督检查。该管理办法力求促进临港新片区公共数据的整合应用，不断提升政府治理能力和公共服务水平，促进大数据产业的发展。[1]

从2014年开始上海连续8年制定并发布《上海市公共数据资源开放年度工作计划》，以年度为单位科学合理地安排全年数据产业发展的方向和进程，全面促进大数据的开放和共享。

2. 立法定位

2016年10月国家发展和改革委员会、工业和信息化部和中央网络安全和信息化委员会办公室发函批复，同意上海作为区域示范类综合试验区推进国家大数据综合试验区建设。上海也是继贵州之后第二批获批建设的国家级大数据综合试验区，其布局也从西部向中部和东部延伸。上海作为4个区域示范类综合试验区之一，总体定位是积极引领东部、中部、西部、东北"四大板块"发展，更加注重数据资源统筹，加强大数据产业集聚，发挥辐射带动作用，促进区域协同发展，实现经济提质增效。为了进一步推动我国国家大数据综合试验区的试点工作，深入贯彻以习近平同志为核心的党中央关于网络强国、数字中国等战略部署，推动公共治理大数据的应用、推动大数据的科技创新和基础性治理的工作和研究、推动大数据与公共服务基层社会治理相结合，在大数据方面进一步加强与长三角地区和长江经济带城市的合作。进一步健全数据治理体系，提升数据治理能力，加强人才队伍建设，推动形成全市数据治理一体化格局。全面畅通公共数据开放渠道，全面激活社会用数活力，全面赋能城市数字化转型，推动公共数据开放机制巩固深化，制定公共数据开放细则，优化完善清单开放、分级分类、协议开放等工作机制。上海市人民代表大会常务委员会、上海市人民政府以及上海市各区人民政府前后制定并公示了《上海市数据条例》《上海市公共数据开放暂行办法》《上海市公共数据开放分级分类指南（试行）》《上海市公共数据资源开放2018年度工作计划》《上海市公共数据资源开放2019年度工作计划》《上海市公共

---

[1]《中国（上海）自由贸易试验区临港新片区公共数据管理办法（试行）》。

数据资源开放 2020 年度工作计划》《2021 年上海市公共数据治理与应用重点工作计划》《2022 年上海市公共数据开放重点工作安排》《上海市公共数据和一网通办管理办法》《上海市大数据发展实施意见》《中国（上海）自由贸易试验区临港新片区公共数据管理办法（试行）》《闵行区公共数据管理办法》《闵行区公共数据安全管理办法》《上海市普陀区公共数据管理办法》《长宁区公共数据管理办法》相关法规规章等规范性文件。

《上海市数据条例》的立法定位是保护自然人、法人和非法人组织与数据有关的权益，规范数据处理活动，促进数据依法有序自由流动，保障数据安全，加快数据要素市场培育，推动数字经济更好服务和融入新发展格局。[1]《上海市公共数据开放暂行办法》的立法定位是促进和规范本市公共数据的开放和利用，提升政府治理能力和公共服务水平，推动数字经济发展。[2]《中国（上海）自由贸易试验区临港新片区公共数据管理办法（试行）》的立法定位是为提升中国（上海）自由贸易试验区临港新片区（以下简称临港新片区）公共数据管理水平，充分发挥公共数据在深化改革、转变职能、创新管理中的重要作用，提升政府治理能力和公共服务水平。[3]《闵行区公共数据管理办法》的立法定位是为规范我区大数据资源平台公共数据管理，推进公共数据共享开放和创新应用，更好地服务"一网通办""一网统管"等城市管理、城市服务、城市发展需要，为全区经济工作统筹发展提供数据支撑和数据赋能。《闵行区公共数据安全管理办法》的立法定位是加强公共数据安全管理，维护国家安全、社会公共利益，保护公民、法人和其他组织的合法权益，促进大数据发展应用和数字城市建设，提升政府治理能力和公共服务水平，服务经济社会发展和民生改善。《上海市普陀区公共数据管理办法》的立法定位是加强公共数据管理，规范和促进公共数据整合共享应用，提升政府治理能力和公共服务水平，支撑"一网通办"和"一网统管"，促进"智联普陀"应用场景建设，助力区域"数字经济"发展。[4]《长宁区公共数据管理办法》的立法定位是进一步规范和促进长宁区公共数据共享、开放与应用，推动政务服务"一网通办"、城市运行"一网统管"建设，促进政府部门间的业务

---

[1]《上海市数据条例》。
[2]《上海市公共数据开放暂行办法》。
[3]《中国（上海）自由贸易区临港新片区公共数据管理办法（试行）》。
[4]《上海市普陀区公共数据管理办法》。

协同，加快数字社会建设步伐，提高政府公共管理服务水平，助推长宁国际精品城区建设。[1]以上相关立法明确了上海市作为区域示范类综合试验区的立法定位，为保护自然人、法人和非法人组织与数据有关的合法权益，规范数据处理活动，促进数据依法有序自由流动，保障数据安全，加快数据要素市场培育，推动数字经济更好地服务和融入新发展格局，促进和规范公共数据开放和利用，提升政府治理能力和公共服务水平，推动数字经济发展提供了制度保障和实施依据。

3. 立法原则

立法原则贯穿立法始终，上海市对大数据的相关立法大致上可以被分为大数据的共享和开放、大数据的安全保障、大数据的发展和应用、大数据交易和流通四个方面，每个方面基于立法定位及目的不同，遵循不同的立法原则。

（1）在大数据的开放与共享方面：

第一，公共数据的共享和开放以开放、共享为原则，以不开放、不共享为例外。[2]规定公共管理和服务机构根据履职需要向其他机构或者个人提出数据需求清单，同时也根据法定职责，明确本单位可以向其他机构和个人共享和开放的数据责任清单，对于法律、法规明确规定不能共享和开放的数据，经审核后，机构可将其列入负面清单。公共数据属于社会共同财产，具有社会属性，公共数据原则上应该属于社会共有，但是一些特殊数据本身即带有一定的私密性或者不可公开性，因而对于公共数据以开放、共享为原则，以不开放、不共享为例外。

第二，公共数据开放和共享以需求导向、分级分类、公平公开、安全可控、统一标准、便捷高效为原则。[3]公共数据共享和开放以社会需求为导向，

---

[1]《长宁区公共数据管理办法》。

[2]《上海市数据条例》第38条、《上海市公共数据和一网通办管理办法》第26条、《中国（上海）自由贸易试验区临港新片区公共数据管理办法（试行）》第14条、《闵行区公共数据管理办法》第26条、《上海市普陀区公共数据管理办法》第21条、《长宁区公共数据管理办法》第4条对此进行了规定，公共管理和服务机构之间共享公共数据，应当以共享为原则，以不共享为例外。

[3]《上海市数据条例》第41条、《上海市公共数据资源开放2019年度工作计划》、《上海市公共数据资源开放2020年度工作计划》、《上海市公共数据和一网通办管理办法》第29条和《中国（上海）自由贸易试验区临港新片区公共数据管理办法（试行）》第19条、《闵行区公共数据管理办法》第29条、《上海市普陀区公共数据管理办法》第24条、《长宁区公共数据管理办法》第4条和第19条对此进行了相关的规定。

根据各个机构、企业提出的数据需求清单以及个人提出的数据需求申请，有目的、有方向地向其他机构、企业、个人开放和共享公共数据。公共数据开放和共享还应当遵守公平公开和统一标准，对于数据用户应当采用统一的审核标准，对所有数据用户公平公开。对数据开放和共享的标准进行透明化处理，统一公共数据开放和共享的标准。还应当坚持便捷高效的原则，制定公共数据开放和共享的标准化流程和机制，进一步提高公共数据开放和共享的效率和便捷性。

第三，公共数据开放和共享应当遵循分级分类管理的原则。公共数据开放和共享还应该按照分级分类的原则进行管理，公共数据繁多，需要按照一定的方式进行管理和分类，不仅方便数据用户进行查找，也方便数据管理平台的日常管理和审查。《上海市公共数据开放分级分类指南（试行）》对公共数据开放和共享的分级分类管理原则进行了详细规定，指出公共数据开放和共享的分级分类管理原则具有兼容性、安全性、科学性、需求导向、可操作性、可扩展性六个属性。兼容性要求大数据开放和共享的分级分类管理应遵循国家、地方、部门法律法规、相关规定的要求，与其他立法相协调统一，避免产生立法冲突，提高大数据立法的兼容性；安全性要求大数据开放和共享的分级分类管理应以公共数据安全可控为基础，制定相关立法和制度保障大数据在开放和共享过程中的安全；科学性要求大数据开放和共享的分级分类标准应当科学合理，根据数据用户的实际需求进行分级分类，使得大数据开放和共享的分级分类管理更加科学可靠；需求导向要求大数据开放和共享的分级分类管理应充分考虑社会公众对开放和共享数据的实际需求，按照数据用户的实际数据需求，有针对性地开放和共享数据；可操作性要求数据开放和共享平台应当能够快速且有效地制定开放和共享的具体流程和操作方式，使得数据开放和共享更具可操作性；可扩展性要求大数据开放和共享的分级分类管理应当充分考虑国际国内发展趋势，定期征询相关专家咨询组织，完善和调整分级分类规则，使得大数据开放和共享的分级分类管理与社会发展情况相衔接。

（2）在大数据安全保障方面坚持安全规范、繁荣有序的原则。大数据产业顺利发展要求有安全的数据发展环境，完善的数据安全保障法规和规章、健全的数据安全保障机制和数据安全监督机制都有助于大数据产业的安全发展环境的形成。《上海市大数据发展实施意见》明确要求完善大数据标准规范和法规制度,增强安全意识,强化安全管理和防护,保障数据安全,加强数据资产和个人隐私保护,维护大数据市场的有效性和公平性。

(3) 在大数据发展方面坚持市场主导、政府带头的原则。《上海市大数据发展实施意见》指出,大数据产业的发展应当以市场对数据需求为导向,有方向性地发展大数据产业,发挥市场主导作用,支持大数据关键技术研发突破和应用模式创新。同时,政府在其中起到领导和带头的作用,政府有责任为大数据产业发展营造开放、包容的发展环境,充分发挥市场在资源配置中的决定性作用和更好地发挥政府的作用。推动政务大数据应用,加强公共数据采集,优化大数据产业发展指导和安全监管,探索政府向社会购买数据资源和技术服务。

(4) 在大数据管理方面:

第一,公共数据质量管理遵循"谁采集、谁负责""谁校核、谁负责"的原则。《上海市公共数据和一网通办管理办法》第24条、《中国(上海)自由贸易试验区临港新片区公共数据管理办法(试行)》第11条和第20条、《闵行区公共数据管理办法》第21条、《闵行区公共数据安全管理办法》第11条、《上海市普陀区公共数据管理办法》第20条、《长宁区公共数据管理办法》第13条和第21条明确了公共数据质量管理的归责原则和责任主体,坚持"谁采集、谁负责""谁校核、谁负责"的归责原则和以公共管理和服务机构、市级责任部门为责任主体。对于公共数据的质量进行监管,由市级大数据中心负责,责任主体需要定期对公共数据的数量、质量以及更新的情况进行实时监测和全面评价,对外公开数据的实时状态,落实数据使用的追溯,以此保障大数据的质量和安全。

第二,公共数据管理应当遵循统筹管理、汇聚整合、联合共享、有效应用、保障安全的原则。[1]公共数据是个人、企业、机构等社会信息的汇聚,在政府的主导下统筹管理,由数据管理机构进行汇聚和整合,同时数据管理机构还需要联合其他领域的机构进行联合数据共享,提高数据共享的范围和便捷性。大数据的价值在于应用,数据管理机构将数据汇聚整合和联合共享

---

[1] 《中国(上海)自由贸易试验区临港新片区公共数据管理办法(试行)》《上海市普陀区公共数据管理办法》第4条、《闵行区公共数据管理办法》第4条都明确了公共数据管理应、汇聚整合、联通共享、有效应用、保障安全的原则。

后,数据用户将数据进行有效的实施和应用,发挥数据的实质性价值。同时数据管理机构有责任保障数据全程的安全,制定相应的规章制度保障数据安全。

第三,大数据采集应当遵守"一数一源、一源多用"的原则。[1]各个数据管理机构根据法律的有关规定和法定职责,采集公共数据,采集数据的过程中不得重复采集,可以通过共享方式获取公共数据资源,避免数据的重复采集,减少数据采集的工作量,提高采集数据的效率,实现全范围内的公共数据一次采集、共享使用。

(5) 其他方面。

第一,大数据收集、利用应当遵循合法、正当、必要、诚信的原则。大数据中个人信息的比例较高,个人信息收集、利用属于大数据使用中的一种形式,因此数据收集、利用首先应当符合法律的规定即合法原则,其次大数据收集、利用涉及个人信息、法人信息等,存在损害个人、法人等主体权益的风险和隐患,例如私主体的隐私权等权益,因此对于大数据的收集、利用应当具有正当理由,并且具有必要性,合理地对大数据进行收集、利用。对大数据的收集、利用应当秉持诚信原则,在不损害他人利益和社会公益的前提下,对大数据进行收集、利用。[2]

第二,大数据的相关活动不得损害国家利益、社会公共利益和第三方合法权益。法律赋予数据用户从事相关大数据活动的权利和自由,但是数据用户不得滥用权利,数据活动应当遵守尊重社会公德,不得损害社会公共利益,扰乱社会经济秩序的准则。数据用户有行使自己权利的自由,但为了避免因此对国家利益、社会公共利益或其他主体合法权益造成损害,法律又要对权利的自由行使进行合理限制。《上海市公共数据开放暂行办法》第23条就对此进行了相关的规定,明确规定数据利用主体应当遵循合法、正当的原则利用公共数据,不得损害国家利益、社会公共利益和第三方合法权益。

---

[1]《长宁区公共数据管理办法》第11条、《上海市公共数据和一网通办管理办法》第18条、《上海市普陀区公共数据管理办法》第16条对此项原则进行了规定。

[2]《上海市数据条例》第24条、《上海市公共数据开放暂行办法》第4条、《上海市公共数据和一网通办管理办法》第18条、《中国(上海)自由贸易试验区临港新片区公共数据管理办法(试行)》第7条、《闵行区公共数据管理办法》第16条、《闵行区公共数据安全管理办法》第18条、《上海市普陀区公共数据管理办法》第16条、《长宁区公共数据管理办法》第4条指出,对于个人信息收集、利用应当遵循合法、正当、必要、诚信的原则,

4. 主要制度内容

（1）组建数据专家委员会。《上海市数据条例》第7条、《上海市公共数据开放暂行办法》第8条、《上海市公共数据资源开放2019年度工作计划》提出，组建数据专家委员会，大数据产业发展应当坚持科学发展的发展理念，在政府有关部门的主导下设立由高校、科研机构、企业、有关部门的专家组成的数据专家委员会。数据专家委员会积极在政府的主导下开展数据权益保护、数据流通利用、数据安全管理等方面的研究、评估，其主要任务是为大数据产业的发展提供领域内的专业意见，组织大数据产业发展的研究课题，积极探讨大数据产业发展过程中出现的问题并且为政府或者其他机构提供解决方案，供其参考。数据专业委员会的组建为大数据产业的发展提供了科学的方向指导，专家委员会为相关法律法规的制定、相关政策的实施提供了科学的意见，有助于大数据产业的发展和进步。

（2）健全数据人才培养制度。《上海市数据条例》第9条对数据人才培养制度进行了规定，大数据产业的发展离不开人才的培养，政府有关部门应当将培养大数据领域高层次、高学历、高技能以及紧缺人才纳入大数据产业发展的计划，完善大数据领域高层次、高学历、高技能以及紧缺人才的人才支持、人才扶植和人才培养体系，完善专业技术职称体系，创新大数据人才评价和激励机制，健全大数据人才服务和保障机制。在全领域加强大数据人才培养制度的宣传，提高社会对大数据人才培养的重视。有关政府部门积极与高校、职校合作，开办相关的大数据人才培养课程，为大数据产业发展储备大数据人才，加强数据领域相关知识和技术的宣传、教育、培训，提升公众数字素养和数字技能，将数字化能力培养纳入公共管理和服务机构教育培训体系

（3）建立和完善数据标准化体系。《上海市数据条例》第10条、《上海市公共数据开放暂行办法》第32条、《上海市公共数据资源开放2019年度工作计划》和《上海市大数据发展实施意见》提出建立数据标准化体系。建立和完善数据标准化体系，有助于大数据产业发展走向系统化和标准化。标准化行政管理部门应当会同其他部门加强数据标准化体系的统筹建设和管理，数据标准化技术组织应当推动建立和完善数据基础性、通用性的地方标准，使得数据标准化落到实处。相关政府部门应当支持数据相关行业协会和组织的发展，行业协会和组织应当依法制定并推动实施相关团体标准和行业规范，

反映协会或者组织会员合理的诉求和建议，进一步加强数据行业的自律性，提供信息、技术、培训等服务，引导协会或者组织会员依法开展数据处理活动，配合有关部门开展行业监管，促进行业健康发展。

（4）健全公共数据资源体系。《上海市数据条例》第25条提出健全公共数据资源体系，公共数据资源体系是大数据产业发展的基础，健全公共数据资源体系要求加强公共数据治理，提高公共数据共享效率。以市场需求为导向，扩大公共数据有序开放，致力于构建统一协调的公共数据运营机制，推进公共数据和其他数据融合应用，积极将数据应用到生产和生活中，充分发挥公共数据在推动城市数字化转型和促进经济社会发展过程中的驱动作用。

（5）建立统一的数据目录管理体系。[1]在全领域建立统一的数据目录管理体系，数据管理机构和数据服务机构在依法履行管理和服务职责的过程中收集和产生的数据，以及依法委托第三方收集和产生的数据，按照统一的目录编制规范纳入数据目录。有关政府部门负责制定目录编制规范，目录编制规范是有序编制目录的指向标。有关责任部门应当按照数据与业务对应的原则，编制本系统、行业公共数据目录，明确公共数据的来源、更新频率、安全等级、共享开放属性等要素。数据主管部门还可以根据市场的实际需要，就还未纳入数据目录的数据编制区域补充目录。建立统一的数据目录管理体系，这是对收集和产生数据进行的有序管理，有助于数据用户查找数据，提高数据利用的便捷性，促进数据的市场应用率。

（6）建立健全数据分级分类管理制度。[2]建立健全数据分级分类管理制度，对数据实行分级分类管理，数据管理机构首先应当根据数据的通用性、基础性、数据来源、数据属性、数据对象、数据秘密登记、数据重要性等特征制定数据分级分类标准和规则，明确不同类别大数据的管理要求，数据管理机构根据数据分级分类标准对数据进行分级分类管理。数据分级分类管理制度使得繁杂的数据更加整齐且有规律，有助于数据管理平台对数据进行有

---

〔1〕《上海市数据条例》第28条和第80条、《上海市公共数据资源开放2018年度工作计划》、《上海市公共数据和一网通办管理办法》第17条、《上海市大数据发展实施意见》、《中国（上海）自由贸易试验区临港新片区公共数据管理办法（试行）》第9条、《闵行区公共数据管理办法》第9条、《上海市普陀区公共数据管理办法》第15条提出建立健全数据分级分类管理制度。

〔2〕《上海市数据条例》第29条和第80条、《上海市公共数据开放暂行办法》第11条、《上海市公共数据开放分级分类指南（试行）》、《上海市公共数据资源开放2018年度工作计划》、《上海市公共数据资源开放2019年度工作计划》、《上海市公共数据资源开放2020年度工作计划》。

效的管理和监督。数据会随着社会变化而发生变动,数据分级分类管理制度有利于数据管理机构对数据进行动态管理和监测,及时核对数据的变化,保障数据的真实性、及时性和完整性。

(7) 建立健全数据质量管理体系。[1] 建立健全数据质量管理体系,数据管理机构应当按照有关法律、法规的规定,明确数据监督管理职责和数据监督管理规则,定期组织开展数据的质量监督,加强数据质量管控,对数据质量进行实时监测和定期评估,并且建立异议与更正管理制度,及时处理数据用户、数据提供者或者其他主体对数据质量的反馈和异议,若存在数据更新、遗漏、错误等情况,数据管理机构应当及时对数据库进行处理,保障数据库的真实性、及时性和完整性。数据来源于社会,社会在不断发生变化,因此数据也会随之发生变化,及时对数据质量进行监测,保持数据的及时性和完整性也有助于数据产业发展。同时,针对数据质量建立日常监督检查机制,对管理和服务机构的数据目录编制工作、质量管理、共享、开放等情况开展监督检查。

(8) 建立数据工作考评、考核机制。[2] 建立数据工作的考评、考核机制,有关行政部门定期对负责数据开放、共享、管理等工作的责任机构开展数据工作的成效情况考核、考评,数据工作考核、考评机制有助于督促有关责任机构积极推进数据产业发展,同时对有关责任机构起到了监督作用。数据工作考核、考评的结果还将被纳入年度考核。

(9) 建立数据管理清单制度。[3] 机关、企业、个人等主体根据自身对数据的需求和根据履职的需求向数据管理机构提出数据需求清单;机关、企业、个人等主体根据法定职责需要明确本单位可以向其他机关、企业、个人等主

---

〔1〕《上海市数据条例》第35条和第36条、《上海市公共数据资源开放2019年度工作计划》、《上海市公共数据和一网通办管理办法》第24条提出。

〔2〕《上海市数据条例》第36条、《上海市公共数据开放暂行办法》第41条、《上海市公共数据资源开放2019年度工作计划》、《2021年上海市公共数据治理与应用重点工作计划》、《上海市公共数据和一网通办管理办法》第50条、《闵行区公共数据管理办法》第39条和第40条、《上海市普陀区公共数据管理办法》第27条。

〔3〕《上海市数据条例》第38、39、74条、《上海市公共数据开放暂行办法》第12条、《上海市公共数据资源开放2019年度工作计划》、《上海市公共数据资源开放2020年度工作计划》、《上海市公共数据和一网通办管理办法》第31条、《闵行区公共数据管理办法》第12条、《上海市普陀区公共数据管理办法》第21条和第26条提出建立数据管理清单制度。

体共享、开放的数据责任清单；对法律、法规明确规定不能共享的数据，经有关数据管理部门审核评定后，列入数据负面清单。任何机关、企业、个人等主体若对数据清单有异议和疑问的，可以向人民政府数据管理部门及时提出异议，相关部门应当在收到异议后及时处理，并将处理结果及时告知。数据管理清单由数据需求清单、数据责任清单、数据负面清单组成，人民政府的数据管理部门应当建立以数据需求清单、数据责任清单和数据负面清单为基础的数据共享、开放机制。

（10）建立数据授权运营机制。[1]建立数据授权运营机制，提高数据社会化开发利用水平，人民政府数据管理部门应当组织制定数据授权运营管理办法，明确授权主体、授权条件、程序、数据范围、运营平台的服务和使用机制，运营行为规范以及运营评价和退出情形等内容。数据管理部门还应当根据公共数据授权运营管理办法对被授权运营主体实施日常监督管理。被授权运营主体应当在授权范围内，依托统一规划的公共数据运营平台提供的安全可信环境，实施数据开发利用，并提供数据产品和服务。数据管理部门会同其他部门和数据专家委员会对被授权运营的主体进行安全风险评估，以此保障数据产业顺利发展。

（11）建立健全数据交易管理制度。[2]建立健全数据交易管理制度，制定数据服务管理规范和规范服务人员的执业行为。数据交易管理制度要求建立规范透明、安全可控、可追溯的数据交易服务环境，制定数据交易流程、内部管理制度，并采取有效措施保护数据安全，保护个人隐私、个人信息、商业秘密、保密商务信息。建立健全数据交易管理制度有助于数据交易服务机构的有序发展，为数据交易提供了数据资产、数据合规性、数据质量等第三方评估以及交易撮合、交易代理、专业咨询、数据经纪、数据交易等专业服务。另外，制定数据交易规则，对数据交易进行合规性审查、登记清算、信息披露，确保数据交易公平有序、安全可控、全程可追溯，数据交易管理制度有效保障了数据交易的安全。

（12）建立健全集中统一的数据安全风险评估、监测预警和应急处置机

---

［1］《上海市数据条例》第44条至第46条。
［2］《上海市数据条例》第53、54、67条。

制。[1]建立健全集中统一的数据安全风险评估、监测预警和应急处置机制，重要数据处理者应当明确数据安全责任人和管理机构，按照规定定期对其数据处理活动开展风险评估，并依法向有关主管部门报送风险评估报告。处理重要数据应当按照法律、行政法规及国家有关规定执行。另外，有关主管部门还应当根据法律、法规的规定在其管理范围内加强数据全风险信息的获取、分析、研判、预警工作。建立健全数据安全应急处置机制，制定数据安全应急预案，当发生数据安全事件时，有关主管部门应当会同公安机关依照相关应急预案，采取紧急处置措施，防止危害扩大，消除安全隐患，并及时向社会发布与公众有关的警示信息。

（13）建立健全异议核实和处理机制。[2]建立健全异议核实和处理机制，异议核实和处理机制的设立目的主要是为数据被采集者和数据用户提供反馈数据问题的渠道，被采集人认为公共管理和服务机构采集、开放的数据存在错误、遗漏等情形，或者侵犯其个人隐私、商业秘密等合法权益的，可以向数据管理机构或者大数据中心提出异议，数据管理机构或者大数据中心应当在收到异议材料后及时审查处理，并且向申请者反馈审查结果和处理结果。建立健全异议核实和处理机制，可以畅通开放数据的异议核实处理渠道，确保后台数据同步更新，做好数据更正后的反馈与通知。

（三）河南立法现状：立法概述、立法定位，主要制度设计

1. 立法概述

2016 年，河南省获批建设国家大数据综合试验区，成为继贵州之后第二批获批建设国家级大数据综合试验区的省份之一。[3]河南省属于 4 个区域示范类综合试验区之一。[4]2016 年河南省正处于工业化、城镇化加快发展阶

---

[1]《上海市数据条例》第 81、83、84 条，《上海市公共数据开放暂行办法》第 37、38 条，《上海市公共数据资源开放 2018 年度工作计划》，《上海市公共数据资源开放 2019 年度工作计划》，《上海市公共数据和一网通办管理办法》第 42、43、44、45 条，《闵行区公共数据管理办法》第 33、34 条，《闵行区公共数据安全管理办法》第 42 条，《上海市普陀区公共数据管理办法》第 33 条。

[2]《上海市公共数据和一网通办管理办法》第 48 条，《中国（上海）自由贸易试验区临港新片区公共数据管理办法（试行）》第 12 条，《2022 年上海市公共数据开放重点工作安排》。

[3]《河南获批国家大数据综合试验区》，载河南省人民政府网：https://www.henan.gov.cn/2016/11-11/366722.html，2022 年 11 月 5 日访问。

[4] 四个区域示范类综合试验区分别为上海、河南、重庆、沈阳，区域示范类综合试验区的定位是积极引领东部、中部、西部、东北"四大板块"发展，更加注重数据资源统筹，加强大数据产业集聚，发挥辐射带动作用，促进区域协同发展，实现经济提质增效。

段，郑州航空港经济综合实验区、郑洛新国家自主创新示范区、中国（河南）自由贸易试验区等一系列国家战略的相继获批，无一不彰显出河南抢抓新业态、新模式发展机遇，确保补短板、强支撑、稳增长、保态势的重大任务，为经济社会快速发展提供新动能的决心。新兴产业大数据恰逢其时地出现，给了河南又一个"弯道超车"的机遇。观念创新的河南一边进行大数据产业规划布局，一边设计制定相关支撑政策。中国联通、中国移动、中国电信在河南布局建设大型数据中心；河南在信息惠民、智慧城市、电子商务、物联网、下一代互联网、宽带中国等领域积极开展探索实践，成效明显；国务院批复设立中国（郑州）跨境电子商务综合试验区，跨境贸易业务量数据全国领先；河南国家物联网重大应用示范试点工作进展顺利，已形成较为完整的产业链，拥有一批在全国具有较强竞争力的行业骨干企业；河南在全国率先制定实施了《河南省人民政府关于推进云计算大数据开放合作的指导意见》和《河南省"互联网+"行动实施方案》，系统性地提出了一系列政策措施，形成了良好的社会氛围和发展环境。大数据产业布局规划与系列政策相继出台，明确河南大数据产业发展方向，使河南在大数据发展顶层设计方面走到了全国前列，为创新理念转化成实践提供了保障。

2017年河南省政府公布《河南省推进国家大数据综合试验区建设实施方案》，建设河南国家大数据综合试验区，是实施国家大数据战略的重要支撑，是建设网络经济强省的重大战略平台，是引领全省经济社会发展的战略引擎。国家大数据综合试验区的建设将加快发展新经济，培育发展新动能，为打造发展新引擎提供引领和示范，对实施创新驱动发展战略和加快产业转型升级起到积极的促进作用。[1]

2020年郑州市人民政府发布了《郑州市政务数据安全管理暂行办法》，对加快构建数据安全保障体系，推动郑州市各级各部门形成责任明晰、安全可靠、能力完备、合作共享的数据安全保障机制提出了明确要求。[2]

2021年，河南省人民代表大会常务委员会通过《河南省数字经济促进条例》、南阳市人民政府通过《南阳市政务数据共享管理暂行办法》、信阳市人民政府通过《信阳市政务数据资源共享开放管理办法》。《河南省数字经济促

---

[1]《河南省推进国家大数据综合试验区建设实施方案和若干意见》。
[2]《郑州市人民政府关于印发〈郑州市政务数据安全管理暂行办法〉的通知》。

进条例》明确了农业、工业、服务业数字化转型的要求，鼓励中小微企业平台、产业互联网平台、产业数字化转型服务机构与中小微企业建立对接机制，针对不同行业的中小微企业需求场景提供数字化解决方案，加强对产业数字化转型的技术、资金支撑保障；提升各类开发区的数字化管理服务功能，加强数字技术融合应用，支持企业数字化转型发展。[1]《南阳市政务数据共享管理暂行办法》和《信阳市政务数据资源共享开放管理办法》两部地方性规章的颁布也为河南省国家大数据综合试验区的建设工作提供了更具操作性的制度保障。

2022年河南省人民政府颁布了《河南省政务数据安全管理暂行办法》，进一步明确了政务数据主管部门的责任，要求政务数据主管部门负责组织、指导和协调本级数据安全保障工作，建立政务数据安全监测预警、信息通报和应急处置机制。[2]该办法对政务信息系统建设、运维运营单位提出了具体要求，将建设、运维运营单位纳入管理体系，对政务信息化合作的企业人员提出要求，从具体执行层面规范了数据处理活动，更好地保障了数据安全。

2. 立法定位

《河南省数字经济促进条例》的立法定位是促进数字经济发展，全面建设数字经济强省，推动经济社会高质量发展。《河南省政务数据安全管理暂行办法》的立法定位是建立健全政务数据安全防护体系，保障政务数据安全。《郑州市政务数据安全管理暂行办法》的立法定位是加强政务数据安全管理，建立健全政务数据安全保障体系，预防政务数据安全事件发生。《南阳市政务数据共享管理暂行办法》的立法定位是规范和加强政务数据管理，实现政务数据汇聚、融通、应用，提高行政效率，提升政务服务水平，推进数字政府、新型智慧城市建设。[3]《信阳市政务数据资源共享开放管理办法》的立法定位是加快推进全市政务数据优化配置和有效利用，打破信息壁垒，消除数据孤岛，全面提升政府治理能力和公共服务水平。[4]河南省国家大数据综合试

---

[1]《〈河南省数字经济促进条例〉政策解读》，载河南省人民政府网：https://www.henan.gov.cn/2022/01-04/2376653.html，2022年11月10日访问。

[2]《〈河南省政务数据安全管理暂行办法〉政策解读》，载河南省人民政府网：https://www.henan.gov.cn/2022/07-15/2488118.html，2022年11月10日访问。

[3]《南阳市人民政府关于印发〈南阳市政务数据共享管理暂行办法〉的通知》。

[4]《信阳市人民政府关于印发〈信阳市政务数据资源共享开放管理办法〉的通知》。

验区是国家确定的首批区域示范类综合试验区,是国家实施大数据战略的重要载体,承担着系统性、整体性、协同性开展大数据综合试验探索的重大使命。建设河南国家大数据综合试验区是实施国家大数据战略的重要支撑,是建设网络经济强省的重大战略平台,是引领全省经济社会发展的战略引擎。加快大数据综合试验区建设,开展系统性、整体性、协同性大数据综合试验探索有利于充分发挥河南省数据资源丰富和应用市场巨大的优势,推动数据资源开放共享和创新应用,为国家大数据战略创造可借鉴、可复制、可推广的成功经验;有利于以数据流引领技术流、物质流、资金流、人才流汇聚流通,加快形成试点示范和辐射带动效应,发挥河南在中部崛起和服务"一带一路"建设中的核心支撑作用;有利于发展新技术新产业新业态新模式,推动产业向中高端迈进,加快实现由经济大省向经济强省的跨越。[1]

3. 立法原则

(1) 在大数据的发展与应用方面:

第一,数字经济发展应当遵循统筹规划、市场主导、创新引领、共建共享、包容审慎、数据安全的原则。《河南省数字经济促进条例》第3条规定,数字经济发展应当在政府的统一安排与规划下进行,政府以市场的需求为引导对数字经济发展作出合理且科学的部署安排。数据经济发展坚持创新引领,共建共享是数字经济时代的主旋律。数字经济的发展需要共建信息基础设施,解决数字鸿沟发展;需要共建数字经济治理体系,解决数字经济面临的安全问题;需要共建数字经济法律制度体系,解决知识产权和隐私权等保护问题,在数字经济时代,只有坚持合作发展的道路,才能实现各国的共享发展。

第二,大数据资源开发利用应当遵循依法规范、促进流通、合理使用、保障安全的原则。《河南省数字经济促进条例》第20条规定大数据资源开发与利用需要严格依据法律法规的相关规定,依法进行相关的数据开发工作。相关机构应该在促进大数据资源流通的同时保障大数据资源开发利用的安全,大数据用户应当对大数据资源进行合理使用。

第三,大数据发展应当坚持以需求为牵引、以示范为引领的原则。[2] 大

----

[1]《河南省推进国家大数据综合试验区建设实施方案和若干意见》。
[2] 河南省人民政府2017年4月8日:《河南省推进国家大数据综合试验区建设实施方案》对大数据发展提出了坚持"以需求为牵引,以示范为引领"的原则。

数据发展应当以市场的需求为指引,围绕民生服务、产业发展、政府治理等领域的最紧迫需求,针对市场的需求进行有针对性的数据发展与应用,以大数据示范应用为突破口,推动数据资源汇聚和共享开放,破解制约大数据创新发展的突出矛盾和问题,探索大数据发展的有效途径,实现"应用、数据、产业"三位一体协同发展,推动形成以大数据应用为基本业态的产业发展模式。

第四,大数据发展应当坚持重点突破、整体提升的原则。[1]大数据发展要求在统筹规划之下进行,把服务国家战略和推进网络经济强省建设紧密结合起来,从"河南有优势、全国有影响、工作有基础"的行业、领域入手,找准关键环节和关键节点,组织开展大数据创新应用试点,远近结合,通过实现"点"的突破带动"面"的提升。

第五,大数据发展应当坚持省市联动,协同建设的原则。[2]《河南省推进国家大数据综合试验区建设实施方案》提出,大数据发展要求遵循省市联动、协同建设的原则。大数据发展应当在科学的规划下进行,有序地进行建设,注重实效,统筹推进。省级层面重点加强顶层设计和总体规划,统筹大数据基础设施建设和大数据产业发展布局,推动信息互联互通和政务数据汇聚共享开放。市级层面着力建设数据汇聚节点,积极开展大数据创新应用,依托中心城区、城乡一体化示范区、产业集聚区、服务业集聚区布局建设大数据产业园,加快推动大数据产业集聚发展。省级层面和市级层面联动发展,协同推进大数据产业发展。

(2)在大数据的开放与共享方面。

第一,大数据共享与开放应当遵循需求导向、分类分级、统一标准、安全可控、便捷高效的原则,逐步扩大大数据共享与开放的范围。[3]大数据开放与共享应当以市场需求为导向,针对市场对于大数据的需求进行有针对性的开放与共享,提高大数据开放与共享的效率。相关数据管理机构按照规定的统一标准对大数据进行分级分类管理,同时相关数据管理机构应当保障大数据开放与共享的安全,制定相关大数据开放与共享制度,提高大数据开放与共享的效率。

---

[1] 河南省人民政府2017年4月8日:《河南省推进国家大数据综合试验区建设实施方案》提出,大数据发展还应当坚持重点突破、整体提升的原则。

[2] 河南省人民政府2017年4月8日:《河南省推进国家大数据综合试验区建设实施方案》提出,大数据发展要求遵循省市联动、协同建设的原则。

[3] 《河南省数字经济促进条例》第23条。

第二，大数据共享坚持"共享、开放为原则，不共享、不开放为例外"的原则，采用加密、脱敏、备份、审计等措施妥善保护大数据安全。[1]大数据共享应当坚持"以共享为原则，以不共享为例外"的原则。大数据的价值在于利用数据反映出来的信息对决策进行指引和参考，大数据具有公共性的特点，但某些特殊数据又具有特殊性和私密性的特点，因此大数据具有双重属性。大数据的公共属性决定了大数据原则上为社会所共有，所以原则上应当共享与开放，但由于某些大数据又具有特殊性和私密性的特点，因此又决定了对于某些数据的私密性，应当不予共享开放或者批准性共享开放。

第三，大数据共享与开放应当坚持以政府为主导，以企业为主体的原则。[2]由政府对大数据共享与开放工作进行带头规划与引导，加快大数据共享与开放，构建大数据产业发展生态，激发市场主体活力。鼓励和支持社会力量参加大数据基础设施建设，开展大数据创新与应用，汇聚各类数据，围绕市场需求开展大数据挖掘和创新应用，促进大数据专业化、市场化发展。

（3）在大数据的安全保障方面。第一，大数据安全实行数据安全责任制，坚持"谁主管谁负责、谁运行谁负责、谁使用谁负责"的原则。[3]大数据安全保障实行大数据安全责任制，按照"谁主管谁负责，谁运行谁负责，谁使用谁负责的原则"，保障大数据全生命周期安全，负责、流通、交换等同时存在多个政务数据安全责任人的，分别承担各自的安全责任。第二，大数据安全采取积极防御、综合防范、统一协调、统筹规划、分级管理、分工负责的方针，坚持保障数据安全与促进信息化发展相协调，管理与技术统筹兼顾的原则。《郑州市政务数据安全管理暂行办法》第3条提出，大数据安全应当坚持保障数据安全与促进信息化协调发展相协调，管理与技术统筹兼顾的原则。大数据的价值需要通过数据信息交流来实现，数据信息的交流必然会影响大数据的安全，因此需要协调大数据发展与安全保障之间的关系。另外，大数据的管理需要相关技术的支持，大数据管理需要与技术相互统筹兼顾，从而促进大数据的快速发展。

---

[1]《河南省政务数据安全管理暂行办法》第15条、《郑州市政务数据安全管理暂行办法》第16条、《南阳市政务数据共享管理暂行办法》第37条。

[2] 河南省人民政府2017年4月8日：《河南省推进国家大数据综合试验区建设实施方案》提出，大数据开放与共享应当坚持"以政府为主导，以企业为主体"的原则。

[3]《河南省政务数据安全管理暂行办法》第5条。

(4)在大数据管理方面。第一,大数据管理方面应当遵循统筹管理、统一标准、互联互通、充分利用、安全可控的原则。[1]大数据管理应当遵循统筹管理、统一标准、互联互通、充分利用、安全可控的原则。大数据管理应当在数据管理平台的统一领导下统筹管理,数据管理平台采用统一标准对大数据进行管理,数据管理平台应当与其他平台互联互通,扩大数据库的内容,提高数据的丰富度,数据用户应当充分利用已有的大数据资源,促进大数据产业的发展。第二,大数据收集与汇聚坚持应汇尽汇、完整准确的原则。[2]数据管理平台根据各机关、机构、企业、个人等主体出具的数据需求清单、数据责任清单、负面清单进行数据的收集与汇聚,将能够汇聚的数据尽可能地收集与汇聚,完全数据库的内容,提高数据库的丰富度,为大数据产业的快速发展奠定基础。

4. 主要制度内容

(1)加快数字基础设施建设。[3]数字基础设施是指以信息技术为支撑、以信息网络为基础,为经济社会发展提供感知、传输、存储、计算及融合应用等基础性信息服务的公共设施体系,主要包括通信网络基础设施、算力基础设施、新技术基础设施、融合基础设施和信息安全基础设施等。数字基础设施包括数据中心、智能计算中心、超级计算中心等等,相关部门应当支持数据中心优化建设和升级改造,提高资源利用水平和运行效率,推动云计算、边缘计算等多元计算协同发展,构建高效、协同的数据处理体系。

(2)构建和完善云网数端一体化协同安全保障体系。[4]云网数端一体化协同安全保障体系运用可信的身份认证、数字签名、接口鉴权、数据溯源等数据保护措施和区块链等技术,对数据用户进行身份认证,强化对数据资源和算力资源的安全防护。相关行政机关及其部门应当积极推动企业和第三方机构与政府之间的协同创新,构建云安全服务模式,强化数据安全技术服务能力。数字基础设施以及网络平台的管理者、运营者也可通过云网数端一体

---

[1]《南阳市政务数据共享管理暂行办法》第4条,《信阳市政务数据资源共享开放管理办法》第4条。

[2]《南阳市政务数据共享管理暂行办法》第29条。

[3]《河南省数字经济促进条例》第11、14、16、17条提出建立数字基础设施并对数字基础设施的相关具体内容进行规定。

[4]《河南省数字经济促进条例》第17条。

化协同安全保障体系，加强对关键信息基础设施和数据资源的安全保护。

（3）建立领先的新技术能力支撑体系。[1]县级以上人民政府及有关部门应当统筹推进新技术能力支撑体系的建立，相关部门在行政机构的统一部署和统筹之下协同其他主体积极推进人工智能、区块链等新技术基础设施建设，支持建设底层技术平台、算法平台、开源社区等基础平台，建立领先的新技术能力支撑体系。相关行政机关还应当鼓励社会力量积极参与数字经济新技术基础设施建设，政府通过购买服务等方式，发挥基础平台作用，提供公共服务。大数据产业的发展离不开技术的支撑，针对大数据产业发展过程中遇到的问题进行有针对性的技术突破，不断在技术层面进行技术突破，为大数据产业的发展提供有力的技术保障。

（4）构建和完善数据交易体系。[2]首先，要求在人民政府的统筹下建立数据价值评估和定价模式，人民政府及其相关行政部门应当支持数据资源开发市场化发展，创新数据交易模式，拓宽数据交易渠道，促进数据高效流通，数据的价格应遵循价格与价值之间的变化定理，即价格根据市场的需求围绕价值上下波动，相关行政机关及其部门根据市场对数据的需求程度，同时结合数据的价值评估进行科学定价。其次，相关行政机关及其部门应当鼓励高等院校、科研机构及数据运营单位研究建立数据价值评估和定价模式，为政府进行数据价值评估和定价提供科学的指导和帮助。再次，支持有条件的地区依法建立数据交易中心，在人民政府的领导下协调各行政部门协同共建数据交易中心，数据交易中心主要是为数据交易提供平台，制定数据交易的统一规则，促进数据交易，鼓励和引导数据供需双方依法进行数据产品交易。最后，人民政府及其相关部门应当对数据交易的过程进行监督，规范数据交易行为，监督数据流转的动态管理，按照包容、审慎的原则建立和完善数据资源交易监管体制。

（5）完善数据安全保障体系。[3]首先，要求人民政府及相关部门履行数

---

[1]《河南省数字经济促进条例》第15条、《河南省推进国家大数据综合试验区建设实施方案》。

[2]《河南省数字经济促进条例》第25条、《河南省推进国家大数据综合试验区建设实施方案》对构建和完善数据交易体系进行了详细阐述。

[3]《河南省数字经济促进条例》第66、67、68、69、70、71条，《河南省推进国家大数据综合试验区建设实施方案》，《郑州市政务数据安全管理暂行办法》第10、11、12、13、40条，《南阳市政务数据共享管理暂行办法》第51、52、53、54、55条，《信阳市政务数据资源共享开放管理办法》第30、31、32、33条对数据安全保障体系进行了详细的规定。

字经济安全保障职责,健全安全风险评估和安全保障制度,制定数据安全风险评估标准,定期对数据安全进行风险评估。其次,数据从收集到销毁全过程都受到法律的保护,任何单位和个人收集、存储、使用、加工、传输、提供、公开、销毁数据资源都应当坚持合法、正当、必要、精准和诚信的原则,严格遵守网络安全、数据安全、密码安全、电子商务、个人信息保护等有关法律、法规以及国家标准的强制性要求,相关行政机关及部门应当加强对个人信息数据采集和流通环节的监督和管理,对其间发生的违法行为予以严厉查处。最后,建立网络建议监测平台,相关部门通过网络交易监测平台对数据交易进行实时监测、保障数据交易安全。

(6)建立健全数据安全应急处置机制和安全事件应急预案。[1]省人民政府应当按照国家有关规定建立网络安全应急处置机制,相关行政机关及部门按照本级大数据管理机构和上级业务主管部门的要求,建立数据安全应急处置机制,机制需要明确应急工作机构、事件上报流程以及应急处置措施。相关部门定期组织数据安全事件应急演练并且对演练的结果进行评估,根据演练的评估结果对数据安全应急处置机制和安全事件应急预案进行完善和修改。当发生数据安全事件时,有关主管部门应当依法启动应急预案,采取相应的应急处置措施,防止危害扩大,消除安全隐患,并且及时向社会发布和公布相关的警示信息。

(7)建立数据目录管理制度。[2]数据目录是数据管理的基础,也是数据汇集、共享、开放、应用的依据,建立数据统一目录管理制度。人民政府的数据主管部门应当制定数据目录编制规范,数据管理机构根据数据目录编制规范,对其收集、汇聚的数据进行编制。数据目录管理有利于数据用户根据分类快速检索其所需的数据,也有利于数据管理平台定期对数据进行检查,及时更新新数据内容。

(8)建立数据清单制度。[3]数据清单包括数据需求清单、数据责任清

---

[1]《河南省数字经济促进条例》第72条,《河南省政务数据安全管理暂行办法》第20、21、22条,《河南省推进国家大数据综合试验区建设实施方案》,《郑州市政务数据安全管理暂行办法》第27、28条,《南阳市政务数据共享管理暂行办法》第56、57条。
[2]《南阳市政务数据共享管理暂行办法》第16~23条,《河南省推进国家大数据综合试验区建设实施方案》。
[3]《南阳市政务数据共享管理暂行办法》第18~23条,《河南省推进国家大数据综合试验区建设实施方案》,《信阳市政务数据资源共享开放管理办法》第27、28、29条。

单、数据负面清单。相关主体根据各自工作的需要制定数据需求清单并向数据所有方提出需求，数据责任主体根据其数据的性质制定数据责任清单和数据负面清单并向社会公示。数据需求清单所需的数据若在数据责任清单以外，数据需求方可以向数据提供方提出申请，数据提供方在收到申请后应当及时处理，对可以授予的及时授予查看数据的权限，对不可授予数据查看权限的也应及时告知申请者不予查看数据的理由。数据负面清单是数据提供方不予向社会公开的数据名目，数据提供方理应对不予公开的理由进行合理说明。

（9）建立和完善基础数据库和主题数据库。《河南省推进国家大数据综合试验区建设实施方案》提出根据数据的内容分别建立基础数据库和主题数据库。对自然人信息、法人信息、自然资源、电子证件照等基础性社会信息，由政府统一汇聚后形成基础数据库，提供给各行政机关、各部门、各组织等主体，这样便减少了对公民、法人等基础信息的重复采集，大大提高了行政和办公效率。另外，还可根据数据资源的内容建设主题式数据库，例如社会信用信息数据库、天文气象数据库、食品安全数据库、应急管理数据库、城乡建设数据库等主题性数据库。主题性数据库的建立便利了专项数据用户的查找，例如若某机构研究与社会征信相关的课题，可以快速地在数据库中找到所有与社会征信有关的数据资源，减少数据用户的查找时间，提高数据用户收集和汇聚所需数据的效率，同时对数据资源按照一定的标准进行有效归纳和分类，使得数据库更加整齐且有规律。

（10）建立数据交流合作机制。《河南省推进国家大数据综合试验区建设实施方案》提出，推动大数据交流合作，建立和完善大数据交流合作平台。方案提出要深化与国内外互联网领军企业的战略合作，发挥河南省数据资源优势，加强国家科研与技术交流，开展大数据关键技术、产品研发合作，鼓励企业参与国际大数据产业链分工。

（11）加大数据人才引进培养与引进力度。[1]依托"中原学者""百人计划"等人才工程，培养和引进一批数据科学家、创新领军人才和团队，鼓励和支持大数据高端人才来河南省创业创新。坚持"走出去"和"引进来"相结合，探索"人才+项目+基地"培养新模式，培养人才、成就人才、留住人才。同时，鼓励高校设置数据科学与大数据技术相关专业，重点培养具有数

---

[1]《河南省数字经济促进条例》第56条。

理统计、数据挖掘、大数据管理与分析等知识和技能的复合型人才。

（四）重庆立法现状：立法概述、立法定位，主要制度设计

1. 立法概述

重庆市作为大数据区域示范类综合试验区之一，在党的十八大、十九大精神的指导下，贯彻落实党中央、国务院的决策部署，全面开展数据工作，加快落实大数据战略，加快数据产业发展。

2013年，重庆市为抢抓数据资源，加快产业调整，出台了《重庆市大数据行动计划》。该计划指出重庆市截止到2017年所需完成的任务目标，以及为实现该目标应做的保障措施。该计划虽已废止，但不可否认，其出台为重庆市数据产业的发展提供了目标指引，为后来大数据产业基地的建设提供了政策导向。2014年，重庆市面对大数据产业的蓬勃发展，规划建设了仙桃数据谷。该数据谷被授予"2021年全国版权示范园区（基地）"称号。2016年，国家发展和改革委员会、工业和信息化部、中央网络安全和信息化委员会办公室发函批复同意在重庆推进国家大数据综合试验区建设，这为重庆市大数据发展提供了国家支撑。

2017年，重庆市出台《重庆市"十三五"信息化规划》。[1]该规划明确指出重庆市以建立统一开放的大数据体系为重大任务和重点工程，以数据资源共享开放行动为优先行动中的一项，要求加强数据资源共享、开放，切实保障数据安全，提高数据安全性、准确性及可用性。2018年，重庆市政府颁布了《重庆市政务信息资源共享开放管理办法》。[2]其对政务数据资源的共享开放作了详细规定，目前该办法已被废止。[3]2019年，重庆市政府审议通过《重庆市政务数据资源管理暂行办法》。该暂行办法规定了政务数据资源的汇集、共享、开放等相关行为，有利于规范政务数据资源的管理，提升政务服务水平。2020年，重庆市出台《重庆市公共数据开放管理暂行办法》及

---

[1] 重庆市人民政府于2017年8月15日印发《重庆市"十三五"信息化规划》。参见重庆市人民政府：http://www.cq.gov.cn/zwgk/zfxxgkml/szfwj/qtgw/201708/t20170820_8614061.html，2022年9月8日访问。

[2] 重庆市人民政府于2018年5月5日印发《重庆市政务信息资源共享开放管理办法》。参见重庆市人民政府：http://www.cq.gov.cn/zwgk/zfxxgkml/szfwj/fzhsxgz/fzhsxfgz/201805/t20180510_8836605.html，2022年9月8日访问。

[3] 2018年5月5日重庆市政府公布实施的《重庆市政务信息资源共享开放管理办法》因2019年《重庆市政务数据资源管理暂行办法》的出台而失效。

《重庆市大数据标准化建设实施方案（2020-2022年）》，研究起草《重庆市大数据发展管理条例》，强化数据资源管理工作，切实保障数据安全。

2021年是"十四五"的开局之年，重庆市大数据应用发展管理局在习近平法治思想的指导下，制定出台了《重庆市数据治理"十四五"规划（2021-2025年）》《重庆市数字产业发展"十四五"规划（2021-2025年）》《重庆市公共数据分类分级指南（试行）》，起草论证了《重庆市数据条例》，坚持"依法治数"。同年，重庆市还与中国信通院联合发布了《数字规则蓝皮书（2021年）》[1]，该蓝皮书首次提出了数字规则，是我国第一部关于数字规则的蓝皮书。2022年，重庆市出台《重庆市数据条例》[2]，该条例作为全国第三部在数据领域出台的综合性地方法规，既是对上位法（如《数据安全法》《个人信息保护法》）的贯彻，亦是结合重庆市实际情况，推动重庆市大数据产业发展的有效举措。

2. 立法定位

作为区域示范类综合试验区之一，重庆市大数据综合试验区的定位是积极引领东部、中部、西部、东北等"四大板块"发展，更加注重数据资源统筹，加强大数据产业集聚，发挥辐射带动作用，促进区域协同发展，实现经济提质增效。这是由重庆市的地理位置及大数据发展渊源决定的。[3]一方面，重庆市作为我国中西部地区唯一一个直辖市，以西部大开发的重要战略支点、"一带一路"和长江经济带的连接点为定位，是重要的交通和交流枢纽。另一方面，重庆市自2013年出台《重庆市大数据行动计划》起，率先建成了"国家-市-区县"三级数据共享体系，实现了多部门政务数据资源共享；大数据产业蓬勃发展，仙桃数据谷、重庆云谷、永川大数据产业园等蓬勃发展，吸引了众多企业入驻产业园；建立重庆市大数据产业人才联盟、重庆市大数据

---

[1]《国内首部数字规则蓝皮书在渝发布 首次提出数字规则的概念内涵》。参见重庆市人民政府：http://www.cq.gov.cn/ywdt/jrcq/202110/t20211026_9888797.html，2022年9月8日访问。

[2]《重庆市数据条例》作为重庆市数据领域的基础性法规，将于同年7月1日起施行。参见重庆市大数据应用发展管理局：http://dsjj.cq.gov.cn/sy_533/mtbd/202204/t20220402_10585237.html，2022年9月8日访问。

[3] 内蒙古新闻网于2016年11月发布的《建设国家大数据综合试验区打造世界级大数据产业基地》指出国家发展和改革委员会、工业和信息化部、中央网络安全和信息化委员会办公室下发《关于同意在部分区域推进国家大数据综合试验区建设的函》的内容。参见内蒙古新闻网：http://inews.nmgnews.com.cn/system/2016/11/08/012180878.shtml，2022年9月8日访问。

标准化技术委员会等，为重庆市大数据发展提供人才、法律等支撑。

为了对包括政务数据资源在内的公共数据进行规范管理，促进公共数据共享、开放和利用，保障数据流转使用的全过程安全，保护国家利益、公共利益和个人的合法权益，提升政府治理能力和公共服务水平，促进数据应用的便利，推动数字经济和大数据智能化产业的发展，重庆市先后出台了《重庆市大数据行动计划》《重庆市"十三五"信息化规划》《重庆市政务信息资源共享开放管理办法》《重庆市政务数据资源管理暂行办法》《重庆市公共数据开放管理暂行办法》《重庆市数据条例》等。每部法律的出台都有其相应的时代背景与立法定位。《重庆市数据条例》的立法定位从数据处理和安全、数据资源、数据要素、市场发展应用、区域协同等多方面着手，规范重庆市数据处理行为，切实保障数据安全使用与流转，培育数据要素市场，促进数据发展应用，各区域协同发展，共同推进数字经济健康发展。《重庆市政务数据资源管理暂行办法》的立法定位是规范对政务数据资源汇集、共享、开放、应用的管理活动，利用大数据加快智能化发展，提高政府社会治理能力和公共服务水平。《重庆市公共数据开放管理暂行办法》的立法定位是促进和规范重庆市公共数据开放和利用活动，提升政府政务服务水平，推动数字经济高质量发展。

3. 立法原则

法律的基本原则对于法律制定实施具有指引作用，立法活动须在基本原则的指引下完成，重庆市作为区域示范类综合试验区之一，其立法活动也离不开基本原则的指引。

（1）大数据立法通用原则。大数据通用原则是在大数据开发利用全过程中都应遵循的基本原则，重庆市立法文件以保障数据安全、促进大数据发展为切入点，规定了合法、正当、必要原则，遵循公序良俗原则、遵守公平公正原则。

其一，合法、正当原则。《重庆市数据条例》第9条规定对于个人信息的处理以及《重庆市公共数据开放管理暂行办法》第29条第2款规定对于公共数据的利用都应遵循合法、正当原则。合法原则与正当原则均属于合法性的范畴，合法原则是对数据收集、处理、利用等方面的形式要求，即程序上要符合法律规定，正当原则则是对数据使用等方面的实质要求，即手段目的要求是正当的。数据资源不仅包括个人数据，也包括政务数据等公共数据，对于这些数据必须按照法律规定的程序收集，处理、利用数据要履行法律规定的义务，不得损害国家利益、社会公共利益和个人合法权益。

其二，必要、最小原则。《重庆市数据条例》第 9 条规定处理个人信息应遵循必要原则，《重庆市公共数据开放管理暂行办法》第 27 条第 2 款规定对于个人信息收集必须遵循最小范围原则。该基本原则是充分考虑到对个人信息的安全保护，要求收集个人信息是为了实现目的所必需的。2021 年 8 月通过的《个人信息保护法》第 34 条规定："国家机关为履行法定职责处理个人信息，……不得超出履行法定职责所必需的范围和限度。"《常见类型移动互联网应用程序必要个人信息范围规定》[1]中的必要个人信息是保障 App 基本功能服务正常运行所必需的个人信息，缺少该信息 App 即无法实现基本功能服务。

其三，公序良俗原则。《重庆市数据条例》第 7 条规定数据处理活动的开展要遵守公序良俗原则，不得实施损害国家利益、社会公共利益和他人合法权益的行为。公序良俗原则，顾名思义是指要遵守公共秩序，符合善良风俗。该原则要求取得数据的过程需要符合社会规范；为他人提供数据的方式亦要符合秩序规则；对于包含违法信息的数据不制作、不传播等。大数据的处理利用不是随意而为的，就算是个人数据的使用也应该注意数据使用后的社会公共影响，不得损害到他人的名誉权荣誉权等合法权益。

其四，公正公平原则。[2]数据收集使用过程中应遵循公正公平原则。该原则不仅约束政府等数据收集者，对于数据使用者也同样适用。公共数据既包括政务数据，亦包括公共服务数据，是指政务部门或公共服务机构在依法履行职责或提供公共服务过程中收集制作的数据。公共数据作为一种公共资源，就应当是以公平公正的方式提供给自然人、法人，不因自然人、法人身份地位等的高低而有所差别。在数据使用过程中，市场主体不能滥用市场支配地位，破坏数据使用的公平。在数据交易过程中，数据使用者应公平地进行交易，维护市场秩序。

（2）大数据共享开放原则。一方面，大数据共享应"以共享为原则，以

---

[1] 国家互联网信息办公室秘书局、工业和信息化部办公厅、公安部办公厅、国家市场监督管理总局办公厅联合制定了《常见类型移动互联网应用程序必要个人信息范围规定》。该规定第 3 条对必要个人信息的含义作了界定，是指保障 App 基本功能服务正常运行所必需的个人信息，缺少该信息 App 即无法实现基本功能服务。具体是指消费侧用户个人信息，不包括服务供给侧用户个人信息。参见中央网络安全和信息化委员会办公室网站：http://www.cac.gov.cn/2021-03/22/c_1617990997054277.htm，2022 年 9 月 4 日访问。

[2] 《重庆市数据条例》第 27、34、36 条。

不共享为例外"。[1]现实中，数据孤岛现象不仅存在在企业中，在政府工作中也会出现。因此，需要通过数据资源共享来减少数据孤岛现象导致的工作不顺畅，彼此之间信息交流缺乏问题。同时，数据共享的过程是对数据重新收集使用的过程，在这个过程中，对数据的二次收集使用可能会对数据相关当事人隐私权等合法权益造成损害，因此应对数据资源进行分类。对于可以与其他部门共享的数据，应当予以共享；对于不可以共享的数据，应当不予共享并说明理由。重庆已经在全国率先建成了"国家-市-区县"三级数据共享交换体系，以推进数据资源上传下沉和融合应用。[2]

另一方面，关于大数据开放相关原则。《重庆市数据条例》第27条以及《重庆市政务数据资源管理暂行办法》第4条均规定了公共数据开放所应遵循的原则，除前文所述的公平公正原则外，还包含如下几点原则：①无偿便民原则。政府部门、公共服务机构以服务人民为职责，申请数据的程序不应繁琐冗余，而应简单方便。②以需求为导向，充分应用原则。公共数据开放应当以公众需求为导向，这是因为公共数据资源庞大，需要公开的数据优先考虑到公众最关心的事项，才能更好地"取之于民，用之于民"。③统筹部署，统一标准原则。公共数据资源由主管部门统筹安排，不同类型的公共数据开放程度有所不同，需要制定统一分类管理标准，便于数据管理与使用。

（3）大数据安全管理原则。大数据安全极其重要，重庆市从数据采集开始至数据利用全周期规范管理，切实保障数据安全，统筹管理。

大数据采集过程应遵循"一数一源、一源多用"原则。[3]"一数一源、一源多用"原则是对数据资源节约使用的体现，避免出现数据重复收集使用造成的数据资源的浪费。"一数一源"原则是指一个数据有一个明确的来源，这样做是因为实践中数据多头收集，其质量和安全难以确定。"一源多用"原则是对数据收集后的使用程序的规定，一个数据来源用作多个用途。该原则可以有效遏制数据资源的浪费：一方面，不需要对数据拥有者进行反复收集，节约数据收集的时间成本；另一方面，也能保证数据收集后的统一性和准确性。

---

[1]《重庆市数据条例》第25条、《重庆市政务数据资源管理暂行办法》第25条。

[2] 据重庆大数据应用发展管理局副局长李斌介绍，重庆率先建成三级数据共享交换体系。参见上游新闻信息：https://baijiahao.baidu.com/s?id=1737135322994873970&wfr=spider&for=pc，2022年9月5日访问。

[3]《重庆市公共数据开放管理暂行办法》第16、21条阐述了"一数一源、一源多用"原则。

确保大数据生命全周期处于安全可控原则。[1]习近平总书记指出"没有网络安全就没有国家安全""要切实保障国家数据安全"。在大数据时代，信息泄露、被滥用问题屡见不鲜，易给数据所有者的人身安全、财产安全以及人格权益等造成损害。因此，如何保护数据安全成了各政府部门、企业等收集处理公共数据的难题。政府部门等数据收集者在收集数据过程中要注重保护个人隐私，尤其是在对数据进行二次流转时要严格依照法定程序进行数据共享，完善数据安全预警与应急机制，切实维护国家安全、社会公共安全以及个人安全。

4. 主要制度内容

基本原则需要通过具体制度得到贯彻落实。重庆市作为区域示范类综合试验区，沿袭了上位法《数据安全法》《个人信息保护法》的相关规定，又立足于重庆的实际情况，创新推出了"云长制"等制度，保障数据工作的顺利开展，维护数据资源安全，促进数据产业发展。

（1）建立健全大数据管理制度。建立健全组织体系是进行大数据管理的重要前提，完善的组织体系对大数据进行统筹管理有助于充分挖掘大数据潜能、规范大数据行为。

建立推行"云长制"。在以数据汇聚治理为核心的指导思想引领下，重庆市通过"云长制"等方式协同处理数据资源，统一推动数据安全、应用等协同发展。2019年6月，重庆市印发《重庆市全面推行"云长制"实施方案》，创新推出"云长制"，力图解决数据孤岛、数据壁垒等问题。由总云长、系统云长、各单位"云长"等组成的"云长制"工作体系，其工作任务是管"云"、管"数"、管"用"。为切实发挥"云长制"的作用，重庆市建立"云长制"会议制度，定期召开相关会议。重庆市潼南区为贯彻落实《重庆市全面推行"云长制"实施方案》于同年8月发布了《潼南区全面推进"云长制"实施方案（试行）》。[2]该实施方案细化了工作任务，将工作任务分为管"上云"、管"治数"、管"应用"、管"门户"、管"运营"、管"生态"六

---

〔1〕《重庆市数据条例》第36条、《重庆市政务数据资源管理暂行办法》第4、9条均提及数据安全原则。

〔2〕重庆市印发《潼南区全面推进"云长制"实施方案（试行）》，载重庆市潼南区人民政府：http://www.cqtn.gov.cn/zwgk_184/zcjd/wzjd_tnqzf/201908/t20190827_5868042_wap.html，2022年9月6日访问。

个方面，以实现数据共享、协同发展等工作目标。重庆市巫山县加强统一协调领导，建立"云长制"领导小组，定期召开"云长制"会议，以"上云为原则，不上云为例外"，全县非涉密信息上云率达100%。〔1〕通过"云长制"，截至2021年重庆市全市政务信息系统上云率已达99%，〔2〕推进数据协同处理。

建立工作协调机制。除了"云长制"制度，2022年2月通过的《重庆市数据条例》第4条〔3〕规定建立协调机制，《重庆市公共数据开放管理暂行办法》第5条以及《重庆市政务数据资源管理暂行办法》第5条对建立健全工作协调机制作了进一步规定。建立健全工作协调机制是因为数据资源数量庞大、范围广泛、更新速度迅速，而各个政府部门或公共服务机构职责的单一性、范围有限性导致难以处理运用如此庞大的信息资源。因此需要各个政府部门或公共服务机构之间加强沟通协调，及时共享数据资源，推进跨层级、跨地域、跨系统、跨部门、跨业务协同管理，切实保障数据流转安全。

建立统一目录、分类管理制度。重庆市对于包括政务数据在内的公共数据实行一个目录管到底的方式。〔4〕实行统一目录管理制度是数据资源收集、共享、开放、运用的依据。目录如果不统一，就没有一个统一标准，数据无法得到汇集，各个政府部门、公共服务机构都会拥有重复数据，数据共享会变得复杂，公众在查阅开放数据时会得到多重数据，致使数据资源浪费。与由各个部门分别编制不同，重庆市公共数据资源目录的建设，是由重庆市大数据应用发展管理局统筹建设，制定统一的目录编制规范，组织各个部门根据国家和本市的规范编制公共数据目录并适时更新相应目录。《重庆市政务数据资源管理暂行办法》加强了对政务数据资源目录制定的管理，市大数据发

---

〔1〕《巫山县始终以"云联数算用"为着力点，推进实施"云长制"等》，载重庆市大数据应用发展管理局：http://dsjj.cq.gov.cn/sy_533/bmdt/qx/202202/t20220210_10381452.html，2022年9月6日访问。

〔2〕根据重庆市人民政府信息，2021年8月13日，重庆日报记者从市大数据发展局获悉，截至目前，全市政务信息系统上云率已达99%。参见重庆市人民政府网：http://www.cq.gov.cn/ywdt/jrcq/202108/t20210819_9597199.html，2022年9月6日访问。

〔3〕《重庆市数据条例》第4条规定："市、区县（自治县）人民政府应当加强对数据工作的领导，将数据开发利用、数字经济等纳入国民经济和社会发展规划，建立协调机制统筹推进数据安全、数据要素市场、数据应用和区域协同等工作，发挥数据促进经济发展、服务改善民生、完善社会治理的作用。"

〔4〕《重庆市数据条例》第22条，《重庆市公共数据开放管理暂行办法》第11、14条，《重庆市政务数据资源管理暂行办法》第10条均规定了统一目录管理制度。

展局要将政务数据资源目录分解成各政务部门的政务数据资源采集责任清单，并以该责任清单的落实情况作为工作考核评价内容。公共数据开放目录的制定，是由各个部门分别编制后汇总至市大数据发展局，由重庆市大数据应用发展管理局会同其他部门，根据公众对公共数据开放需求的建议，编制公共数据开放需求清单，从而形成重庆市公共数据开放目录。

根据《数据安全法》第21条的规定"国家建立数据分类分级保护制度"，该制度在《重庆市数据条例》《重庆市政务数据资源管理暂行办法》中均有所体现。对数据分级分类的管理是根据数据重要程度进行划分，包括政务数据资源在内的公共数据共享、开放是以共享、开放是否有条件为区分的，分为无条件共享开放、有条件共享开放及不予共享开放三类，并根据共享开放的不同程度作出了相应的规定。为加强分类分级管理，重庆市大数据应用发展管理局于2021年10月1出台《重庆市公共数据分类分级指南（试行）》，[1]对公共数据分类分级原则、要求等进一步进行细化。

(2) 建立健全大数据监督管理制度。大数据管理体制机制效用的发挥需要相应监督管理制度保障，重庆市正不断完善大数据监督管理制度。

第一，建立健全数据质量管控体系。数据质量是关乎数据使用的先决条件，因此需要通过建立健全数据质量管控体系提升数据质量。对于科学的数据质量控制体系构成，重庆市政府将其概括为数据分析、数据评估、数据清洗、数据监控、错误预警等内容。[2]通过对数据质量进行全过程的分析监控，可以及时发现数据存在的质量问题，及时更正保证数据运行的完整性和准确性。对数据质量的管理，重庆市沙坪坝区、[3]江津区[4]等地参照《重庆市统计局统计数据质量监控办法》，制定了各地统计数据质量的监控办法，

---

[1] 2021年10月11日公布施行：重庆市大数据应用发展管理局发布《重庆市公共数据分类分级指南（试行）》。

[2] 重庆市人民政府办公厅于2019年1月7日印发《关于贯彻落实科学数据管理办法的通知》。参见重庆市人民政府网：http://www.cq.gov.cn/zwgk/zfxxgkml/szfwj/qtgw/201901/t20190107_8614156.html，2022年9月8日访问。

[3] 沙坪坝区统计局印发《重庆市沙坪坝区统计局统计数据质量监控办法》。参见重庆市沙坪坝区统计局：http://www.cqspb.gov.cn/bm/qtjj_64050/zwgk_64054/fdzdgknr_64056/lzyj0909/zcwj0909/202012/t20201224_8691770.html，2022年9月8日访问。

[4] 江津区统计局印发《重庆市江津区统计局统计数据质量监控办法》。参见重庆市江津区人民政府、重庆市江津区统计局：http://www.jiangjin.gov.cn/bm/qtjj_69023/zwgk_81474/zfxxgkml/zcwj/qtgw/202008/t20200810_8709132.html，2022年9月8日访问。

详细规定监控的主体、流程、保障机制等。

第二，建立数据安全监督检查协作机制。数据安全的监督检查需要多个部门共同协调配合，全方位保障数据安全。对数据安全的监督检查，重庆市规定由数据主管部门与网信、公安、国家安全部门等相互合作，共同依法处理违法数据事件。

第三，实行包容审慎监管制度。所谓的包容审慎监管制度，是出于对新兴行业的保护而设立的一种制度。李克强认为，该制度的"包容"是指对新兴行业采取不触碰安全底线的包容态度。"审慎"包含两种含义：一方面要给新兴行业一个观察期，不能马上"管死"；另一方面要严守安全底线，坚决打击严重侵权违法犯罪行为。[1]大数据行业作为新时代的产物，正处于摸索发展阶段，对其不能按照传统行业的模式进行严格管理，应适当给予其生存发展空间，促进数字经济的健康发展。

第四，疑义、错误快速校核机制。疑义、错误快速校核机制的设置是为了保障数据的准确性、统一性等。通过对数据展开校核的方式，政务部门或公共服务机构检查所共享、开放的数据信息是否存在错误或疏漏之处，及时进行更正。数据使用者如果对数据存在疑义或者认为其有错误，应通过共享、开放平台向数据提供部门申请校核，数据提供部门在法律规定的期限内及时予以校核并更正，从而维护数据的准确性。

（3）大数据安全保障制度。为落实大数据安全保障工作，重庆市从数据处理着手，对公共数据采取清洗、脱敏等措施保护个人信息安全，对于在使用过程中获取的数据实行保密制度，并建立起安全管理制度，多角度、多方面地保障数据安全有序运行。

第一，实施数据处理制度。《重庆市公共数据开放管理暂行办法》第12条第3款规定了非涉密但是涉及敏感信息的公共数据的开放程序，第21条第2款规定对公共数据须进行清洗、脱敏、格式转换等处理。《重庆市政务数据资源管理暂行办法》第31条第2款对非涉密但是涉及敏感信息的政务数据资源的开放作出了类似规定。《个人信息保护法》第28条对敏感个人信息下了

---

〔1〕 根据中华人民共和国中央人民政府信息，李克强总理于2018年9月11日考察市场监管总局并主持召开座谈会时谈及了"包容审慎"的监管方式。参见中国政府网：http://www.gov.cn/premier/2018-09/12/content_ 5321209.htm，2022年9月8日访问。

定义："敏感个人信息是一旦泄露或者非法使用，容易导致自然人的人格尊严受到侵害或者人身、财产安全受到危害的个人信息，……"根据《重庆市政务数据资源管理暂行办法》第51条第2项的规定[1]，政务数据或公共数据中的敏感信息是涉及国家秘密等重要敏感内容的信息。因此，对敏感数据进行处理是数据公开的必经程序，一方面可以保障自然人的合法权益，另一方面可以保障国家安全、维护社会公共利益。

数据清洗是指对于数据中的冗余部分进行筛选、剔除，从而加强数据利用效率，提升数据隐私安全。[2]数据清洗是对数据安全的进一步保护，也是提升数据质量的重要举措。例如，重庆市开州区为提升扶贫数据质量，全面开展录入后数据排查清洗以及定期开展动态数据对比清洗，根据所制定的数据规则对数据进行查重查漏等数据清洗，及时更新和完善数据资源，提升数据质量。[3]由于卫生服务调查数据涉及面广、体系庞大、数据繁多，重庆市卫生健康信息统计中心对数据开展了集中清洗工作，数据质量得到了进一步提升。[4]数据脱敏是指对数据中的敏感信息通过去标识化等方式降低数据敏感程度，从而减少由数据的二次流转或公开给原数据所有者的隐私权等合法权益造成的侵害。重庆银行凭借数据动态脱敏技术实时监测数据安全。[5]数

---

[1]《重庆市政务数据资源管理暂行办法》（重庆市人民政府令第328号）第51条规定："在政务数据资源汇聚、共享、开放、应用中，任何单位和个人不得有下列行为：……（二）以获取的政务数据资源汇聚形成可能涉及国家秘密或者重要敏感内容的信息……"

[2] 2016全球大数据应用研究论坛上于青岛召开。大数据应用于生活，信息的甄别和提取是第一步。大数据清洗，就是用电脑把不规则的数据制作成规则的数据，让它们发挥价值。参见中国政府网：http://www.gov.cn/xinwen/2016-11/17/content_5133759.htm，2022年9月5日访问。

[3] 重庆市开州区全面开展录入后数据排查清洗。在把好录入关的同时，对录入后数据，制定了《数据排查抽检工作方案》，再次搭建问题数据防火墙。并定期开展动态数据比对清洗。针对低保、就学、医疗等动态数据，每周由区扶贫办开展常规合理性排查，对异常变动数据反馈给相关单位信息员落实入户核查。参见重庆市乡村振兴局：http://fpb.cq.gov.cn/zxgz_231/xxfp/202101/t20210112_8757186.html，2022年9月6日访问。

[4] 为顺利开展全市卫生服务调查分析报告撰写工作，统发部近期组织部门全体人员针对重庆市第六次卫生服务调查数据质量开展了集中清洗工作。参见重庆市卫生健康统计中心：http://www.cqyxzz.com/Html/1/fzyjcg/2019-01-25/9069.html，2022年9月6日访问。

[5] 重庆银行"大数据智能分析平台项目"凭借在数据模型和智能创新方面的独创性贡献，荣获"2022 IDC中国金融行业技术应用场景FinTech突破奖"。重庆银行的大数据智能分析平台以全栈信创为底座，将大数据技术、人工智能算法与多维分析模型有机融合，实现了数据分析全流程一体化、智能化和敏捷化，凭借精细权限管控设计和数据动态脱敏技术有效地保障了数据安全。参见新浪财经：https://finance.sina.com.cn/stock/relnews/cn/2022-08-19/doc-imizirav8814568.shtml，2022年9月6日访问。

据的格式转换是对数据进行整理的过程，便于数据以易于获取或公开的方式让公众知晓。重庆市审计局运用软件完成多格式转换，以确保格式的统一性和数据的完整性，有利于提高数据处理的效率。

第二，实行保密制度。数据安全离不开数据的保密制度。重庆市深度贯彻《网络安全法》《保守国家秘密法》的规定，通过建立数据资源保密管理制度，明确数据管理者、使用者的义务。《重庆市公共数据开放管理暂行办法》第35条、《重庆市政务数据资源管理暂行办法》第41条第2款等规定了对于公共数据开放及政务数据资源建立本部门公共数据、政务数据资源保密管理制度。以政务数据资源保密管理制度为例，政务大数据安全保密管理体系是由隐私或敏感信息安全、数据安全、平台安全三个层次构成，通过技术措施、管理措施等建立健全政务数据安全保密管理体系。[1]重庆市的各个政务部门建立起了本部门的政务数据资源保密管理制度，对隐私或敏感信息进行保密审查，配合国家安全机关等对政务数据资源进行国家安全检查、保密检查等，以及对政务数据资源共享平台等进行建设与维护。

在建立健全数据资源保密管理制度的同时，要明确相关行为人的责任义务。各政府部门以及公共服务机构对于在提供政务服务或公共服务过程中获得的个人隐私、商业秘密等数据信息应当保密，不得将其泄露或非法提供给他人。其次，数据使用者对于所获取的信息应当遵守相关保密法规，严格按照规定使用。

第三，实行数据安全管理制度。根据《数据安全法》的规定，数据安全为通过采取必要措施，使数据处于有效保护和合法利用的状态以及具备保障持续安全状态的能力。数据安全作为网络安全的基础，保障数据安全就是在保障网络安全。数据安全关乎国家安全、社会公共利益以及个人信息安全保护等多个方面，因此需要高度重视数据安全，建立健全数据安全管理体系。

首先，建立数据资源安全体系。根据重庆市的相关规定，市大数据应用发展管理主管部门牵头建立本市公共数据开放的安全管理体系，市政务数据资源主管部门统筹推进本市政务数据资源安全体系建设，网信部门负责建立

---

〔1〕 政务大数据在数据全生命周期的各个环节都存在一定的安全保密风险，如果不加以管控，数据泄露的可能性会很大。参见国家保密局：http://www.gjbmj.gov.cn/n1/2020/0115/c411145-31550135.html，2022年9月7日访问。

公共数据网络安全管理制度,其他政府部门等要在职责范围内采取安全防护措施,如对数据进行加密处理,对开放数据的访问须经过认证等方式切实保障数据资源安全。

其次,采取安全保障措施。《重庆市公共数据开放管理暂行办法》第19条规定建立可记录、可审计、可追溯的全过程管理机制,该管理机制有利于明确数据共享、开放过程中数据使用者的行为规范和安全责任,使得数据流转过程清晰、职责明确。数据安全仅凭政府等数据提供者来保障是远远不够的,数据申请者、使用者也应尽到数据安全保障义务。《重庆市数据条例》第29条第3款规定数据申请者在使用所申请的数据时,应按照约定范围使用数据,并将数据使用情况及时汇报给市数据主管部门,不得对数据进行篡改、泄露以损害国家安全、公共安全和个人隐私安全。

再次,建立健全应急预案及其演练机制。应急预案制度是对可能发生的紧急情况预先制定相应的措施,以免在情况发生时因为慌乱而不能很好地处理事件。《重庆市数据条例》《重庆市公共数据开放管理暂行办法》及《重庆市政务数据资源管理暂行办法》等法律[1]都规定了数据面临被攻击、被泄露等紧急情况时的应急预案制度。通过建立应急预案演练制度,相关主管部门可以及时发现问题,记录并报告给上级部门,并采取相应的安全保障措施,弥补数据漏洞,防止数据被破坏等事件的发生。

最后,落实数据安全责任制。《重庆市数据条例》第8条规定重庆市实行数据安全责任制。根据"谁主管,谁提供,谁负责"原则,数据处理者即为数据安全责任主体,对所提供的数据负责。如果存在多个数据安全责任主体,则分别承担自己的数据安全责任。譬如,在数据流转过程中,数据提供者及中间的数据流转者都要承担与之相关的数据安全责任。根据《重庆市数据条例》第17条的规定,若是将建设维护政务信息系统或存储加工政务数据的工作委托给他人,其数据安全管理责任等不得转移给受托方。

第四,做好个人信息保护工作。个人信息保护是保护数据安全的核心内容,国家出台的《数据安全法》《个人信息保护法》对个人信息保护均做了详细规定。重庆市根据上位法相关规定,结合本地市实际情况对个人信息保

---

[1]《重庆市数据条例》第14条、《重庆市公共数据开放管理暂行办法》第34条、《重庆市政务数据资源管理暂行办法》第39条。

护规定及义务进行了进一步明确和细化。

一方面,建立健全个人信息保护的投诉、举报制度。《个人信息保护法》规定个人信息保护的投诉举报接收主管部门为国家网信部门,国家网信部门应依照相关规定作出处理。[1]《重庆市数据条例》也作出了相应规定:[2]网信部门统筹协调有关部门建立健全个人信息保护的投诉、举报制度,对于情况属实的事项,要依法依规处理。个人信息投诉举报制度作为个人信息保护的一种渠道,对于个人信息的保护发挥着重要作用。当信息所有者发现自己的信息被泄露、被滥用或者合法权益被侵犯时,可收集相关证据材料向主管部门投诉举报违法行为,主管部门在法律规定的时间内依法依规作出处理。

另一方面,实行个人信息安全评估制度。《个人信息保护法》规定个人信息保护影响评估的具体情形及内容,对于个人信息保护影响评估的结果要出具处理情况记录并至少保存3年时间。[3]《重庆市数据条例》规定,在向境外提供个人信息中的数据或重要信息时,应当按照规定开展安全评估。[4]通过开展数据安全评估,可以对该数据可能发生的风险采取一定的预防措施,有效防范风险发生。在内外部条件不断发展变化的过程中,主管部门可通过安全评估记录有效追踪到个人信息的情况并及时变更相应措施。因而对出境的个人信息展开安全评估是出于对维护国家安全、公共安全以及个人安全的充分考虑,能够有效规范数据出境活动,保护个人信息权益。[5]

(4)大数据应用发展制度。习近平总书记多次强调"知识是力量,人才就是未来"。大数据作为新时代的产物,其发展过程离不开大数据人才队伍的建设。《重庆市数据条例》规定建立激励机制,支持培育协同共生的数字产业生态。[6]强调加强本市数字化发展人才队伍建设,重庆市高度重视数字化发

---

[1]《个人信息保护法》第61、62、65条。
[2]《重庆市数据条例》第15条。
[3]《个人信息保护法》第55、56条。
[4]《重庆市数据条例》第10条。
[5]《数据出境安全评估办法》已经2022年5月19日国家互联网信息办公室2022年第10次室务会议审议通过,自2022年9月1日起施行。《数据出境安全评估办法》第1条规定为了规范数据出境活动,保护个人信息权益,维护国家安全和社会公共利益,促进数据跨境安全、自由流动……参见中华人民共和国国家互联网信息办公室:http://www.cac.gov.cn/2022-07/07/c_1658811536396503.htm,2022年9月5日访问。
[6]《重庆市数据条例》第40条第2款。

展人才队伍的建设，完善人才引进、培育、评价、激励机制。[1]2019年12月，重庆市永川区人民政府牵头成立了重庆市大数据产业人才联盟，这是国内首个大数据产业人才联盟，该联盟的发展壮大为重庆市大数据产业的发展输入了人才动力。经人社部批复的"中国重庆数字经济人才市场"于2022年1月22日在重庆正式挂牌成立。由此可见，重庆市对于数字人才极为重视。

其一，出台人才标准目录。2019年12月，重庆市大数据发展局发布《重庆市大数据智能化人才分类评价实施方案》，在该方案中，智能化人才被分为4类，并制定了相应的评价标准与评价方式，有助于建设智能化人才评价机制，推动智能化产业发展。2020年8月，重庆市人力资源和社会保障局等五部门发布的《重庆市支持大数据智能化产业人才发展若干政策措施》指出要适时发布人才需求目录，明确所需求的产业人才。[2]2020年10月，重庆市大数据产业人才联盟与中关村智酷产教融合创新发展中心联合发起制定出台了"面向成渝地区双城经济圈的新基建之大数据应用人才职业技能标准"，这是国内首个大数据应用人才职业技能标准。[3]该标准从大数据开发、大数据分析以及大数据运维等三个方面对人才等级及要求制定了相应的标准，力图打破川渝地区人才供给不足、人才发展不协调等局面。2021年7月，重庆市大数据发展局指导召开了大数据智能化人才建设专题座谈会，该会议涉及人才需求与人才培养等内容，为《重庆市大数据智能化产业人才需求目录》发布提供了数据支撑。[4]人才标准目录的制定与重庆市发展规划相适应，是对

---

[1] 《重庆市数据条例》第49条。

[2] 重庆市人力资源和社会保障局、重庆市教育委员会、重庆市经济和信息化委员会、重庆市财政局、重庆市大数据应用发展管理局印发《重庆市支持大数据智能化产业人才发展若干政策措施》。参见重庆市人民政府网：http://www.cq.gov.cn/zjcq/yshj/ycjz/202009/t20200909_8653113.html，2022年9月6日访问。

[3] 由重庆市大数据产业人才联盟与中关村智酷产教融合创新发展中心联合发起制定的"面向成渝地区双城经济圈的新基建之大数据应用人才职业技能标准"正式出台，这也是国内首个大数据产业人才职业技能标准。参见重庆市人民政府网：http://www.cq.gov.cn/zjcq/yshj/ycjz/202010/t20201019_8653132.html，2022年9月6日访问。

[4] 在重庆市大数据应用发展管理局指导下，重庆市大数据人才培训认证中心、西南数据治理联盟主办，重庆科技服务大市场有限公司、易智网科学城中心具体承办的大数据智能化人才建设专题座谈会于2021年7月30日在重庆科技服务大市场路演中心成功举办。参见重庆市九龙坡科学技术局：http://cqjlp.gov.cn/bmjz/qzfbm_97119/qkjj_97714/zwxx_97121/dt/202108/t20210809_9561666.html，2022年9月6日访问。

重庆市当前大数据发展阶段所需人才种类、该类人才需具备哪些素质的详细解读。

其二，培养数字化发展技能人才。《重庆市数据条例》规定培养数字化发展创新型、应用型、融合型人才，[1]不仅可以通过学校层面增加与数字化相关的专业，亦可以开展数字技能类职业技能竞赛，以"以赛代训"等方式促进数字化技能人才的培育。2021年11月人社部批复同意重庆市建立"智能+技能"数字技能人才培养试验区，截止到2022年第二季度，重庆市数字技能人才已有65万人。[2]数字技能人才的培育对于重庆市加快数字步伐具有重要意义。

（五）沈阳立法现状：立法概述、立法定位，主要制度设计

1. 立法概述

2015年12月30日，沈阳市人民政府印发了《沈阳市智慧城市总体规划（2016-2020）》，以国家"互联网+"行动和大数据发展战略为依据，以深化改革、创新发展、市场主导、政府推动、统筹规划、重点突破、协同发展、开放共赢、加强管理，安全可控为工作原则，深度挖掘大数据资源，加强基础设施建设，加快促进信息资源的共享，推动建设智慧沈阳。2016年10月8日，国家发展和改革委员会、工业和信息化部、中央网络安全和信息化委员会办公室发函批复建设沈阳市国家大数据综合试验区。11月11日，沈阳国家大数据综合试验区正式启动建设。

2017年沈阳市人民政府为加快建设国家大数据综合试验区，发布了《沈阳市2017年建设国家大数据综合试验区实施方案》。该实施方案从建设国家大数据综合试验区的总体思路、工作原则、发展目标、主要任务、保障措施五个方面着手，推动大数据基础设施建设，提升大数据共享开放水平，加快培育大数据产业，助推大数据应用与发展，并依托大数据促进传统产业的转型升级，从而提升沈阳市的政务服务水平，带动东北地区乃至全国的协同发展。

2018年5月20日，为贯彻落实《国务院关于印发〈促进大数据发展行动

---

[1]《重庆市数据条例》第49条第2款。

[2] 2021年11月18日，人力资源社会保障部批复同意我市建立"智能+技能"数字技能人才培养试验区，重庆挺立在"数智时代"的潮头浪尖。参见重庆人社公众号：https://mp.weixin.qq.com/s/dgX_SbhydGp_eIMam6Qlxg，2022年9月6日访问。

纲要〉的通知》，加快推进国家大数据综合试验区的建设工作，沈阳市人民政府印发了《沈阳市国家大数据综合试验区建设三年行动计划（2018－2020年）》。该方案以国家大数据综合试验区建设取得显著成效等为总体目标，要求加快对数据资源的采集，推动政务数据资源共享开放，规范大数据交易行为，发挥大数据服务民生的作用，推动传统产业转型升级。2018年9月17日，沈阳市经济和信息化委印发《沈阳市引导企业上云实施方案》，[1]围绕"中国制造2025"战略，对企业上云规定了工作原则、主要任务、补贴政策及保障措施等，以提升企业信息化水平，加快信息资源共享开放。工业企业、科技企业上云作为其中的主要任务，对促进传统产业改造升级和发展智能制造具有重要意义，有利于提升企业创新水平。

2019年10月16日，沈阳市人民政府印发《沈阳市加快数字经济发展行动计划（2019-2021年）》规定了8个主要行动、10个重点工程、5个组织实施措施以加快沈阳市数字经济的发展，构建良好数字生态，实现建设东北数字经济第一城的目标，到2021年底，基本建立起沈阳市数字经济体系。[2]2020年6月14日，沈阳市人民政府发布了《沈阳市构建行权治理体系推进数字政府建设实施方案（2020-2022年）》，以采用"1+5+N+1"架构、实行"七全七化五联"标准、推进"行权业务（行权服务）+治理+监督"建设模式为总体框架，以加强组织领导、健全制度体系、强化督查考核为保障措施，推进行权治理体系建设，促进政务信息共通共享和业务流程协同再造，推进沈阳市治理体系和治理能力现代化。[3]同年6月28日，沈阳市第十六届人大常委会第二十次会议通过《沈阳市政务数据资源共享开放条例》，经省第十三届人大常委会第二十次会议批准于10月1日正式施行。《沈阳市政务数据资

---

[1] 沈阳市人民政府办公厅于2018年9月17日转发《沈阳市引导企业上云实施方案》，目的是加快沈阳市企业向"云端"时代迈进，提升"沈阳智造"水平。参见中共沈阳市委、沈阳市人民政府网：http://www.shenyang.gov.cn/zwgk/zcwj/zfwj/szfbgtwj1/202112/t20211201_1700058.html，2022年9月25日访问。

[2] 为加快发展我市数字经济，沈阳市人民政府办公室于2019年10月16日印发了《沈阳市加快数字经济发展行动计划（2019-2021年）》。参见中共沈阳市委、沈阳市人民政府网：http://www.shenyang.gov.cn/zwgk/zcwj/zfwj/szfbgtwj1/202201/t20220128_2704863.html，2022年9月25日访问。

[3] 为加快我市数字政府建设，构建行权治理体系，推进政务数据资源有序共享开放，沈阳市人民政府于2020年6月14日印发了《沈阳市构建行权治理体系 推进数字政府建设实施方案（2020-2022年）》。参见中共沈阳市委、沈阳市人民政府网：http://www.shenyang.gov.cn/zwgk/zcwj/zfwj/szfwj/202112/t20211201_1700606.html，2022年9月25日访问。

源共享开放条例》是打破数据资源整合壁垒，消除"数据烟囱"，促进沈阳市政务数据资源共享开放的有力举措。2013年，沈阳市建立了政务信息交换平台，随后又建设了智慧沈阳统一平台，对数据资源共享开放具有一定作用，但也存在着不愿共享、共享不足等问题，《沈阳市政务数据资源共享开放条例》正是从制度层面规定了共享开放的内容、程序等，解决这类问题。2020年12月3日，沈阳市通过了《中共沈阳市委关于制定国民经济和社会发展第十四个五年规划和二〇三五年远景目标的建议》，省委常委、市委书记张雷就《中共沈阳市委关于制定沈阳市国民经济和社会发展第十四个五年规划和二〇三五年远景目标的建议》的起草作了相关说明。[1]其中，为建设国家中心城市，要打造"一枢纽，四中心"。一枢纽，指国家现代综合枢纽，通过利用沈阳市交通优势及建设大数据综合试验区的信息优势等建设国家现代流通体系。2022年5月31日，辽宁省第十三届人大常委会第三十四次会表决通过了《辽宁省大数据发展条例》，以推动辽宁省大数据高质量发展。

2. 立法定位

为加快推进大数据综合试验区的建设，沈阳市发布了《沈阳市2017年建设国家大数据综合试验区实施方案》《沈阳市国家大数据综合试验区建设三年行动计划（2018-2020年）》等。为推动政务数据资源的有效利用，规范政务数据资源的归集、共享、使用、管理及安全保障等行为，提高沈阳市人民政府治理能力和服务水平，沈阳市人民政府发布了《沈阳市政务数据资源共享开放条例》。

作为区域示范类综合试验区之一，[2]沈阳市地处我国东北地区，这里也是我国重要的工业基地。为贯彻落实中共中央、国务院发布的《关于全面振兴东北地区等老工业基地的若干意见》，要在新常态、新形势下助推东北地区等老工业基地的振兴，结合十八届五中全会提出的实施"国家大数据战略"，沈阳市将大数据发展与智慧城市建设工作作为振兴沈阳市老工业基地发展的

---

[1] 根据中共沈阳市委、沈阳市人民政府网信息，张雷对《中共沈阳市委关于制定沈阳市国民经济和社会发展第十四个五年规划和二〇三五年远景目标的建议》起草的有关情况作了说明。参见中共沈阳市委、沈阳市人民政府网：http://www.shenyang.gov.cn/zwgk/zwdt/zwyw/202201/t20220122_2576300.html，2022年9月25日访问。

[2] 沈阳市的定位与其他区域示范类综合试验区一样，要积极引领东部、中部、西部、东北"四大板块"发展，更加注重数据资源统筹，加强大数据产业集聚，发挥辐射带动作用，促进区域协同发展，实现经济提质增效。

重要举措。在《沈阳市2017年建设国家大数据综合试验区实施方案》总体思路中就提出要积极探索建设以数据驱动的智慧城市群，并积极打造各具特色的大数据产业聚集区。一方面，要积极探索建设以数据驱动的智慧城市群。沈阳市以"互联网+"为背景，融合政务服务、公共服务、城市管理等方面的内容，推动智慧沈阳的建设。以工业互联网为例，2019年工业互联网全球峰会选择在沈阳召开，[1]此次峰会突出展示了沈阳元素，工业互联网是传统工业与新信息技术融合的产物，沈阳市作为东北地区老工业基地之一，工业互联网的发展有利于沈阳工业进行数字化、网络化、智能化的发展，助推沈阳市传统工业的转型升级。另一方面，要积极打造各具特色的大数据产业集聚区。沈阳市为促进大数据产业发展，发布了《沈阳市促进大数据产业发展若干政策措施（试行）》，[2]以加大对大数据产业的扶持力度。其包含适用范围、支持方向以及土地、产业、科技创新、投资融资、人才方面的政策扶持措施，有效营造了大数据产业发展氛围。

3. 立法原则

沈阳市大数据发展主要是以《沈阳市2017年建设国家大数据综合试验区实施方案》《沈阳市政务数据资源共享开放条例》为指导，总结概括相关立法规定，沈阳市大数据的立法原则可从大数据通用原则与大数据共享、开放原则两方面进行阐述。

（1）大数据通用原则。《沈阳市2017年建设国家大数据综合试验区实施方案》围绕沈阳市实际情况及发展国家大数据综合试验区的总体思路，制定了创新驱动、协同发展，统筹协调、重点突破，以人为本、务求实效，应用引领、全面融合，共享开放、安全规范五项基本原则。

其一，创新驱动、协同发展原则。习近平总书记在二十国集团领导人第十五次峰会发表重要讲话时强调，要以科技创新和数字化变革催生新的发展动能。创新的重要性不言而喻，以5G基础设施建设为例，5G与我国网络竞

---

〔1〕2019工业互联网全球峰会将于10月18日在沈阳开幕。2019年10月12日沈阳市大数据局局长李莹在接受记者采访中表示今年，峰会选址沈阳，将对沈阳经济提振士气、培育新动能和高质量发展带来重要意义。参见中共沈阳市委、沈阳市人民政府网：http://www.shenyang.gov.cn/zwgk/zwdt/bmdt/202112/t20211202_1785111.html，2022年9月25日访问。

〔2〕虽然《沈阳市促进大数据产业发展若干政策措施（试行）》已于2017年12月31日废止，但其对沈阳市大数据产业的发展及后续研究具有重要意义。

争力息息相关,沈阳市作为东北地区最大的网络通信枢纽,5G 基站开通数量位列辽宁省首位。沈阳市大数据管理局统计:截止到 2020 年底,沈阳累计建成 5G 基站 7278 个,实现 406 个重点区域 5G 网络全覆盖。[1]在大数据发展过程中,创新对于区域发展很重要,同时,合作发展也很关键。沈阳作为东北地区唯一一个获批国家大数据综合试验区的城市,要充分发挥其带动示范作用,协同东北地区共同发展,而非单打独斗。

其二,统筹协调,重点突破原则。对数据资源进行统筹整合有利于进一步优化对数据资源的合理使用,最大限度地发挥数据资源的作用。《沈阳市政务数据资源共享开放条例》第 4 条规定由沈阳市人民政府统筹协调沈阳市政务数据资源共享开放工作中的重大事项。大数据的发展既要注重全面、统筹处理,也要抓住重点项目,发挥带动作用。《沈阳市 2017 年建设国家大数据综合试验区实施方案》发展目标中指出,要将大数据与服务民生等重点领域结合,即构建智慧交通、智慧教育、智慧社区、智慧卫生、智慧食品药品监管、智慧城管、智慧旅游、多规合一等重点建设项目。这 12 个重点建设项目与民众生活息息相关,涵盖范围广泛,能够发挥带动其他行业发展的作用。

其三,以人为本,务求实效原则。党和政府的宗旨是全心全意为人民服务,因此在大数据发展过程中也要充分考虑人民群众的需求,坚持以人民群众的满意度和获得感作为工作的出发点,运用大数据技术提升政府公共服务水平,切实做到为人民服务,干出实绩。高龄老人跟不上发展迅速的时代,而现在很多政务信息均通过互联网方式传递,对高龄老人的关注是必要且重要的。2021 年,沈阳市运用大数据建立起了高龄老人补贴监督模型。对辖区内应享有补贴的高龄老人与已领取补贴的高龄老人进行比对,筛选出应领未领的高龄老人,向他们补发高龄补贴。该模型的应用从以前的"人找政策"

---

[1] 在《关于加快"城市大脑-城市操作系统"建设的提案(第 302 号)的答复》中,沈阳市大数据管理局表示沈阳市数据基础设施逐渐完善,沈阳是东北地区最大的网络通信枢纽、"宽带中国"示范城市、国家级互联网骨干直联点、首批 5G 实验组网示范城市、5G 通信网络首发建设城市。全市互联网出口带宽已达到 7800G,城区光纤网络和 4G 无线网络实现全覆盖,城区具备 100M 光纤接入能力,行政村全部具备 50M 光纤宽带接入能力。二是 5G 基站建设不断推进。截至 2020 年底,累计建成 5G 基站 7278 个,实现 406 个重点区域 5G 网络全覆盖,我市 5G 基站开通数量位列全省首位。参见沈阳市大数据管理局: http://dsjj.shenyang.gov.cn/zwgk/fdzdgknr/jyta/202208/t20220822_4066179.html,2022 年 9 月 25 日访问。

转变为"政策找人",将惠民政策落到实处,让高龄老人也能感受到大数据时代带来的便利和幸福感。[1]

其四,应用引领,全面融合原则。沈阳市人大财政经济委员会主任委员李长斌表示:数据是资源,应用是核心。[2]该原则目标是运用大数据技术,推动新型产业发展及传统产业的转型升级,为沈阳市经济发展培育新的增长点。大数据是新时代的产物,其催化着时代变迁。沈阳市是新中国成立初期重点建设的重工业基地之一,重点是将大数据与沈阳市传统产业融合发展,重工业数字化转型对推动国家工业能力的提升具有重要意义。以"应用引领,全面融合"原则为指引。2016 年,铁西区运用工业大数据,研究建立中国装备制造业大数据中心,助力东北地区工业产业的振兴。[3] 2018 年,由沈阳东网科技有限公司投资建立的东北工业大数据中心项目开工建设。东北工业大数据中心以"研究院+数据中心+工业云平台"三驾马车并行的形式[4]推动沈阳以及东北地区工业与大数据的融合创新,促进东北地区工业的转型升级。

其五,共享开放,安全规范原则。该原则的提出是因为"数据孤岛""信

---

[1]《沈阳日报》报道了《皇姑区纪委监委巧用大数据实现"政策找人""高龄补贴"让老人应享尽享》。区纪委监委将疑似问题转交区民政局,由区民政局进行逐一排查后,对应享未享高龄老人补贴的老人进行了补发。区民政局社会救助科科长张婷介绍,经核查,全区共有应享受高龄老人补贴而未领取到的老人 12 人,涉及金额 2.5 万元,目前已全部完成补发。参见中共沈阳市委、沈阳市人民政府网:http://www.shenyang.gov.cn/dwgk/gzdt/202201/t20220122_2569204.html,2022 年 9 月 25 日访问。

[2] 2020 年 6 月 28 日,市十六届人大常委会第二十次会议审议通过了《沈阳市政务数据资源共享开放条例》,于同年 10 月 1 日起正式施行,填补了我市政务数据资源共享开放领域的立法空白,对于推动政务数据资源优化配置和有效利用、提高政府社会治理能力和服务水平具有重大意义。参见中共沈阳市委、沈阳市人民政府网:http://www.shenyang.gov.cn/zwgk/zwdt/bmdt/202112/t20211201_1705808.html,2022 年 9 月 25 日访问。

[3] 2016 年 11 月 12 日,"工业大数据助力东北老工业基地振兴高峰论坛"召开。记者了解到,铁西区以中德高端装备制造产业园为平台,研究建立中国装备制造业大数据中心,以推进智能制造和数字工厂建设。参见中共沈阳市委、沈阳市人民政府网:http://www.shenyang.gov.cn/zwgk/zwdt/qxdt/202112/t20211202_1827552.html,2022 年 9 月 25 日访问。

[4]《沈阳日报》记者了解到,东北工业大数据中心将采用"研究院+数据中心+工业云平台"三驾马车的建设形式,研究院负责工业大数据系统和应用技术的研发和产业化,数据中心复用东网科技的高性能数据中心,提供覆盖工业领域计算、网络、存储、安全等 IT 基础设施,工业云平台提供满足广大的中小企业的各类工业微服务组件和工业应用。参见中共沈阳市委、沈阳市人民政府网:http://www.shenyang.gov.cn/zwgk/zwdt/qxdt/202112/t20211202_1846848.html,2022 年 9 月 22 日访问。

息壁垒"等现象的存在，而数据通过共享开放才能得以使用，从而发挥其最大的价值。为保障数据的正常安全使用，保障其不损害国家利益、社会公共利益及个人合法权益，应当规范数据的使用，运用数据安全措施，加强建设网络和信息安全保障体系，保证数据生命全周期处于安全可控的状态之下。沈阳市为充分发挥政务数据资源的价值，于2020年审议通过了《沈阳市政务数据资源共享开放条例》，该条例规范了沈阳市政务数据资源共享开放行为。沈阳市加快建设数据共享开放平台，截止到2022年9月22日，该平台已开放44个部门，涵盖市教育局、市统计局等，共有1020个数据目录、211万条数据、3条数据接口、45个创新应用。[1]

（2）大数据共享开放原则。沈阳市大数据共享开放行为以《沈阳市政务数据资源共享开放条例》为立法指引，该条例规定，以需求为导向，遵循统一标准、统筹建设、便捷高效、无偿提供、依法管理、安全可控的原则。

第一，需求导向原则。早在2011年，沈阳市数字林业核心平台各个子系统的建设就体现出了需求导向原则。平台建设者调研了项目各系统的需求，以及调研市林业局各处室站的需求，最终以《沈阳市数字林业核心平台需求分析报告》的内容为蓝本，建立了沈阳市数字林业核心平台的各个子系统。[2]《沈阳市2017年建设国家大数据综合试验区实施方案》第三点原则中提到了要以人为本，充分考虑到群众的需求。要充分发挥大数据的功能，满足"一网通办"的政务数据共享需求，即群众、企业通过一个数据平台就可以办理不同领域的业务、节省时间成本。近期以来，沈阳市大数据局积极推动数据的收集、共享、开放。沈阳市在国家、省级和市级层面均作出了努力，目前已建立起共享平台跨部门信息化通道，完善基础数据库数据资源及主题数据库，

---

[1] 沈阳市现已开放44个部门，1020个数据目录、211万条数据、3条数据接口、45个创新应用。参见沈阳市政务数据开放平台：http://data.shenyang.gov.cn/oportal/index，2022年9月22日访问。

[2] 2011年11月10日至12月2日，软件开发方再次进行了项目各系统的需求调研，并以此为依据开发设计出各子系统框架。经过和各个处室站所的充分沟通交流，开发方利用10天的时间，设计完成了沈阳数字林业核心平台子系统的开发框架，随后，就该框架再次与市林业局各处室站所进行了更加详细的需求分析。最终将敲定《沈阳市数字林业核心平台需求分析报告》内容，并以此为蓝本，开发设计沈阳市数字林业核心平台的各个子系统。参见中共沈阳市委、沈阳市人民政府网：http://www.shenyang.gov.cn/zwgk/zwdt/bmdt/202112/t20211202_1846522.html，2022年9月22日访问。

提升数据使用价值。[1]

第二，统一标准，统筹建设原则。该原则与《沈阳市政务数据资源共享开放条例》"政务数据共享"章节的第19条"整合共建原则"异曲同工。《沈阳市构建行权治理体系推进数字政府建设实施方案（2020-2022年）》也提及要制定统一的数据标准。统一标准、统筹建设原则，包含以统一标准收集、处理政务数据资源，由相关主管部门统筹建设共享、开放平台等内容。一方面，沈阳市政务部门在采集和处理政务数据资源时，要遵循统一的标准规范，禁止超范围或重复采集，避免侵犯他人合法权益或造成数据资源浪费。另一方面，沈阳市人民政府负责沈阳市政务数据资源共享、开放平台的建设，相关政务部门要及时上传、更新数据资源。

第三，便捷高效，无偿提供原则。便捷高效原则是为了保障数据使用者或数据申请者的合法权益，对于需要申请方可共享、开放的数据资源，相关部门要在规定时限内及时作出回复并说明理由。对于申请事项，如果相关政务部门能够通过共享平台获取，无需要求重复提交，除法律法规另有规定的事项外可直接使用，节省时间、提高效率。遵循无偿提供原则，是因为数据资源取之于民而、用之于民，作为公共资源，数据资源应当无偿提供给群众、企业等使用。

第四，依法管理，安全可控原则。依法管理原则是指主管部门即市人民政府依照相关法律规定对数据共享、开放全过程进行统筹管理，对违反《沈阳市政务数据资源共享开放条例》相关规定的，依法予以处罚处理，切实保障数据使用依法进行。安全可控原则，是指由相关部门通过建立政务数据资源共享、开放的安全管理体系，制定相关安全管理制度，对数据资源的发展状况从预防监测到应急预案的制定、演练等全方位对数据资源进行管理，切实保障数据资源的安全性。

---

[1] 2021年9月16日沈阳日报报道，沈阳市一体化政务数据资源共享服务体系。在市级层面，62家单位的125个业务系统已建立了共享平台跨部门信息化通道；在国家和省级层面，分别代理国家级疫情防控、人口等接口17个，省级婚姻登记、出生医学证明等接口116个；人口、法人、空间地理、社会信用、电子证照5个基础数据库数据资源，以及教育科技、交通、生态环境保护等24个主题数据库。随着数据资源不断完善，共归集可共享政务数据资源目录8824条，汇聚政务数据47.6亿余条。参见中共沈阳市委、沈阳市人民政府网：http://www.shenyang.gov.cn/zwgk/zwdt/bmdt/202112/t20211201_1766000.html，2022年9月22日访问。

第五，以共享、开放为原则，以不共享、开放为例外。数据资源不是绝对的共享、开放，因部分数据涉及国家利益、社会公共利益及个人隐私问题，共享、开放后会对数据相关权利人的合法权益造成损害，因此大多数省份对数据共享开放都以共享、开放为原则，以不共享、开放为例外。沈阳市也是如此，《沈阳市政务数据资源共享开放条例》第18条及第24条以是否可以共享、开放为条件，将政务数据资源分为了无条件共享、开放的政务数据资源、有条件共享、开放的政务数据资源以及不予共享、开放的政务数据资源，并对这三类政务数据资源的共享、开放流程作出了相应的规定。数据共享、开放不仅要保障数据权利人的合法权益，也要关注数据申请者的需求。因此，《沈阳市政务数据资源共享开放条例》第20条及第27条规定，如果政务数据资源属于不予共享、开放或是有条件共享、开放的，相关部门要向群众说明理由或依据。

4. 主要制度内容

沈阳市为推动建设智慧沈阳，建设完善大数据综合试验区，发挥其示范带动作用，从大数据共享开放环节、安全保障环节及应用发展环节，结合沈阳市实际情况进行相关的制度设计。

（1）大数据共享开放相关制度。沈阳市以《沈阳市政务数据资源共享开放条例》等积极推进政务数据资源共享、开放，其相关制度可概括为数据共享、开放的内容，争议协调处理制度，目录管理制度，数据使用许可制度四个方面的制度内容。

第一，建立数据共享开放内容制度。《沈阳市政务数据资源共享开放条例》以共享、开放为原则，以不共享、开放为例外，以数据是否可以共享、开放为条件，可将政务数据资源分为三种类型。其一，无条件共享、开放的政务数据资源。对该类型的政务数据资源，其他政务部门在履职需要的情况下可通过数据平台无条件获取，社会公众无需申请即可在数据平台申请取得。其二，有条件共享、开放的政务数据资源。该类型是指非涉密但敏感的政务数据资源等。一方面，数据需求方要提出共享的申请，数据提供方要及时答复，授予共享权限或提供不同意共享的依据；另一方面，社会公众提交数据开放申请后，相关部门能当场答复的应该当场答复，无法当场答复的，要在法律规定权限内作出同意开放或不同意开放的答复，若为不同意开放，还需说明理由。其三，不予共享、开放的政务数据资源。这类政务数据资源因涉密等原因公开会损害他人利益而不予公开，政务部门应将这类政务数据资源不予共享、开放的原因、依据向其他政务部门或社会公众表明，保障其知情权。对于开放的政务数据资源，还可以根据数据是否优先开放，将政务数据资源分为优先开放的数据资源及一般政务数据资源。该分类贯彻"以人为本"原则，由于涉及民生保障服务相关领域（如医疗、就业、社保、教育等方面）的政务数据资源与人民生活息息相关，因此该类数据应当优先向社会公众开放。

第二，建立争议协调处理制度。《沈阳市政务数据资源共享开放条例》第21条规定，若数据提供部门与数据需求部门对数据资源共享事项存在争议，由市大数据局协调处理该争议。由于各政务部门之间对共享内容有各自的职责权限考虑，为打破数据壁垒，需要由第三方（即市大数据局）出面协调处理，建设起一体化政务数据资源统筹协调体系，做到重点需求事项随时协调、一般需求事项每周协调。2021年上半年，沈阳市已召开二十余场数据共享需求分歧协调会，处理数据共享争议案件771件。[1]

第三，实行目录管理制度。各政务部门在对本部门的政务数据资源进行整合梳理后，编制各政务部门的政务数据资源目录。沈阳市政务数据资源共享、开放由市大数据管理局负责编制、审核及更新。以沈阳市教育局的数据开放目录为例，沈阳市教育局在政务数据开放平台发布教育资源——网络教育电视，包含45 126条数据集，所有数据均为无条件开放，并且每年都要对其数据目录进行更新。

第四，实行数据使用许可制度。为保证开放的政务数据能够被合法、正当应用，数据利用主体要遵守法律法规及《沈阳市政务数据开放平台数据使用许可》规定依法处理数据，配合相关部门的数据跟踪管理规定。《沈阳市政务数据开放平台数据使用许可》[2]对数据责任主体以及数据利用主体的权利义

---

[1] 2021年9月16日沈阳日报报道，沈阳市一体化政务数据资源统筹协调体系。为解决"落实难"的问题，沈阳市市大数据局推动建立数据共享需求分歧协调处理机制，做到重点需求事项随时协调、一般需求事项每周协调。今年以来，已召开数据共享需求分歧协调会20余场次，专题协调解决数据需求部门和提供部门数据共享需求771件。参见中共沈阳市委、沈阳市人民政府网：http://www.shenyang.gov.cn/zwgk/zwdt/bmdt/202112/t20211201_1766000.html，2022年9月23日访问。

[2] 数据利用主体通过沈阳市政务数据开放平台获取和利用开放数据服务，数据利用主体应根据法律、法规和《沈阳市政务数据开放平台数据使用许可》的规定，对公共开放数据进行开发利用，并配合数据责任主体进行跟踪管理。参见沈阳市政务数据开放平台：http://data.shenyang.gov.cn/oportal/catalog/68de1cd779d34fd39ef3f248b8673da5，2022年9月23日访问。

务、违约条款等内容进行规定。数据责任主体要承担保障开放的政务数据资源的质量性和时效性，及时校核、更正、反馈数据清单及数据本身的疑义和错误等责任。数据利用主体要依法依规使用公共数据，一般来说，数据利用主体是可以自由利用、传播与分享的，但对于有条件开放的数据，要遵循其使用条件。

（2）大数据安全保障相关制度。数据安全运转是发挥数据价值的前提，沈阳市高度重视大数据安全，不断建立健全大数据安全保障机制。

首先，建设政务数据资源安全管理体系。《沈阳市2017年建设国家大数据综合试验区实施方案》保障措施、《沈阳市国家大数据综合试验区建设三年行动计划（2018-2020年）》主要任务以及《沈阳市政务数据资源共享开放条例》第30条、第31条均对数据安全管理体系建设作出了规定。其一，要按照"智慧沈阳"信息安全保障体系总体规划，由具有网络安全管理职能的部门（如市公安等）负责建立政务数据资源共享、开放的安全管理体系，并统筹制定、完善相关安全管理制度。其二，各相关政务部门应当建立起本部门政务数据资源安全管理制度，并明确安全管理负责人。其三，市大数据局等要构建起全市安全大数据分析数据库，对数据的共享、开放、利用等过程进行分析，对重要政务网站加强监控防护。

其次，实行数据安全管理的防范机制。加强对数据安全的防范，采取数据安全预防的措施。[1]一方面，实施监测和预警机制。政务部门应建立起安全预警机制，对涉密数据、敏感信息等数据信息泄露情况时及时进行监测与预警，以减少信息泄露带来的损失。2016年，沈阳市与360公司合作建设了全国首个大数据互联网安全预警平台——"智慧沈阳网络安全监控预警平台"。该平台可以实时监控网络安全状态，切实保障数据资源、平台运转的安全可控。[2]另一方面，实施应急预案机制。政务部门应提前制定与数据泄露等异常情况相关的应急措施，并开展数据应急演练，在演练中发现问题。在发生重大政务数据资源安全事故时，政务部门要及时响应，启动应急预案并

---

〔1〕《沈阳市政务数据资源共享开放条例》第32、33条。

〔2〕 根据中共沈阳市委、沈阳市人民政府网信息，2016年3月16日，沈阳市政府与360公司在北京签署战略合作协议，双方将在智慧城市安全、大数据等领域开展全面合作，为智慧沈阳建设提供安全、数据、技术及商业模式等支撑。根据协议，市政府将与360公司在构建智慧沈阳安全防御体系和开展安全预警方面进行合作，携手建设全国首个大数据互联网安全预警平台——"智慧沈阳网络安全监控预警平台"。参见中共沈阳市委、沈阳市人民政府网：http://www.shenyang.gov.cn/zwgk/zwdt/zwyw/202201/t20220123_2690956.html，2022年9月24日访问。

及时将情况报告给有关主管部门。

最后，推动试行首席数据官制度。首席数据官制度最先在企业中得到应用和发展，由首席数据官负责对数据资源与企业发展状况进行比对、分析，对企业发展方向及内容提出建议。沈阳市率先在辽宁省推行了首席数据官制度，制定发布了《沈阳市推行首席数据官制度工作方案》。[1]沈阳市目前设立了市首席数据官和市首席数据执行官，准备逐步在市区两区全面展开首席数据官制度。同时，沈阳市首席数据官制度的试点范围不仅包括政务部门，还扩大到了公共企事业单位，涵盖民生等领域。首席数据官的职责包含以下几个方面的内容：第一，在建设数字沈阳方面，首席数据官负责组织制定数字政府发展规划、法律法规等；第二，在数据资源汇聚、共享及安全保障方面，建立完善政务数据资源目录制度，加强各政务部门之间的政务数据资源共享，以消除数据共享壁垒。另外，要切实保障数据安全，组织建立大数据安全专家队伍，制定、完善应急处置机制。第三，在数据指导监督方面，首席数据官负责协调信息化项目建设中的重大问题，并展开常态化的督导工作。第四，在促进数字产业发展方面，首席数据官需要加强培养人才队伍，探索大数据交易机制，积极培育大数据产业，推动数据资源化，提升数据的价值。

（3）大数据发展应用相关制度。在数字经济发展的浪潮下，沈阳市完善了人才政策，积极培养数据人才，并加大了数据发展应用的宣传力度，以吸引更多的社会资本参与大数据建设，推动数字沈阳的建设与发展。

一方面，加强大数据产业发展保障人才制度。《沈阳市促进大数据产业发展若干政策措施（试行）》《沈阳市2017年建设国家大数据综合试验区实施方案》《沈阳市国家大数据综合试验区建设三年行动计划（2018-2020年）》等均规定了对人才的保障机制。在"盛京人才"战略的指引下，大数据产业、数字经济等的发展需要引进数字领域的专业技能人才、管理人才、领军人才，政府、社会要营造出良好的人才队伍建设环境，鼓励支持人才落户。同时，

---

[1] 2022年6月1日，在《沈阳市推行首席数据官制度工作方案》新闻发布会上，沈阳市大数据管理局副局长洪伟对外发布，沈阳市将要推行首席数据官制度，为完整准确全面落实新发展理念，深化数据要素市场化配置，全力打造"东北数字第一城"，建立跨部门、跨层级、跨领域、跨业务的数字政府协同管理体系，沈阳市制发了《沈阳市推行首席数据官制度工作方案》。参见中共沈阳市委、沈阳市人民政府网：http://www.shenyang.gov.cn/zwgk/zwdt/bmdt/202206/t20220602_3063944.html，2022年9月24日访问。

本土也需要培养专业人才，鼓励高校、科研院所与企事业单位培养或联合培养专业人才。另一方面，加强宣传力度。实现数据多跑腿、群众少跑腿的关键是让群众认识、了解大数据平台的建设、功能等，从而充分发挥大数据的价值、作用。沈阳市以开展中国沈阳·数据开放与应用创新大赛、举办大数据智慧论坛等方式积极开展了大数据宣传工作，提升了大数据服务群众的功效。

二、跨区域类综试区立法现状

为贯彻落实2015年国务院印发的《纲要》，2016年10月，国家设立的第二批国家级大数据综试区中包括京津冀、珠江三角洲2个跨区域类综试区。

（一）京津冀立法现状：立法概述、立法定位，主要制度设计

京津冀地区将推动数据资源对接、数据企业合作、数据园区共建，打造以北京为新核心，天津为综合支撑，河北张家口、廊坊、承德、秦皇岛、石家庄为应用拓展的大数据产业一体化格局。

1. 立法概述

京津冀大综合试验区的建设是为了充分发挥京津冀各地区大数据产业、市场、技术等资源密集的优势，带动京津冀地区的协同发展。自2015年大数据被列为国家重要战略之一后，京津冀相继出台了大数据方面的法律法规政策文件，对京津冀地区大数据的发展起到了指引、促进作用。

2015年4月30日，中央政治局审议通过的《京津冀协同发展规划纲要》明确指出京津冀地区协同发展是重大国家战略之一，核心目的是疏解北京非首都功能，有序进行产业转移和升级，促进京津冀地区的协调发展。2016年5月24日，廊坊市人民政府办公室印发了《廊坊大数据产业发展规划纲要》，[1]其在分析廊坊市发展大数据产业的基础和优势条件方面后指出了廊坊市发展大数据产业所应遵循的指导思想和基本原则、所需完成的主要任务、所需打造的重点工程以及廊坊市政府支持措施，对抢抓发展机遇，加快发展廊坊市大数据产业具有积极意义。在2016年8月，北京市经济和信息化委员会出台《北京市"十三五"时期软件和信息服务业发展规划》，提及由于京津冀各地区的资源等特色优势的不同，按照北京强化创新和引导、天津强化带动和支

---

〔1〕 廊坊市人民政府办公室于2016年5月24日印发《廊坊市大数据产业发展规划纲要》。参见中国大数据产业观察网：http://www.cbdio.com/BigData/2017-01/06/content_5424515.htm，2022年9月19日访问。

撑、河北强化承接和转化的总体思路,共建大数据综合试验区。[1]同期,北京市还发布了《北京市大数据和云计算发展行动计划(2016-2020年)》,由市发展和改革委员会、市经济和信息化委员会等部门为责任单位,推动数据资源整合利用,探索建立京津冀大数据综合试验区,深化京津冀大数据产业的对外开放,增加大数据的国际交流与合作。2016年9月,石家庄为了规范政务数据资源的管理,提升政务数据资源的使用价值,出台《石家庄市政务数据资源管理规定》。[2]2016年10月,国家发展和改革委员会、工业和信息化部、中央网络安全和信息化委员会办公室批复同意京津冀地区为国家大数据跨区域类综合试验区。京津冀地区作为北方的经济中心,被称为"首都经济圈",该地区的协同发展对于北方地区乃至中国都有深远意义。2016年12月22日,京津冀大数据综合试验区建设启动大会在北京召开,在该会议上还发布了三地共同设立京津冀大数据产业协同发展投资基金、建设京津冀大数据协同处理中心及京津冀大数据综合试验区应用感知体验中心等重大计划,充分发挥各地市场等要素,共同建设京津冀地区的美好未来。[3]

2017年5月,2017年京津冀大数据创新应用论坛在廊坊举行,[4]北京市经济和信息化委员会时任委员姜广智在会议致辞时提到京津冀地区大数据协

---

[1] 北京市经济和信息化委员会于2016年8月12日印发《北京市"十三五"时期软件和信息服务业发展规划》。参见北京市经济和信息化局:http://jxj.beijing.gov.cn/zwgk/zcwj/bjszc/201911/t2019 1113_ 511274. html,2022年9月19日访问。

[2] 石家庄市人民政府办公厅于2016年9月12日印发《石家庄市政务数据资源管理规定》。参见石家庄市人民政府网:http://www.sjz.gov.cn/col/1490952424710/2017/06/01/1496305796667.html,2022年9月19日访问。

[3] 2016年12月22日,由国家发展和改革委员会、工业和信息化部、中央网络安全和信息化委员会办公室指导,北京市发展和改革委员会、北京市经济和信息化委员会、北京市互联网信息办公室、天津市发展和改革委员会、天津市工业和信息化委员会、天津市互联网信息办公室、河北省发展和改革委员会、河北省工业和信息化厅、河北省互联网信息办公室共同主办的京津冀大数据综合试验区建设启动大会在北京亦创国际会展中心隆重召开。参见北京市经济和信息化局:http://jxj.beijing.gov.cn/jxdt/zwyw/201911/t20191113_ 504267.html,2022年9月18日访问。

[4] 姜广智委员在2017京津冀大数据创新应用论坛致辞中指出,北京市大数据产业从谋划开始就将京津冀协同作为考虑问题、谋划未来的出发点。京津冀大数据综合试验区自2016年12月22日启动建设以来,积极打造以北京为创新核心,天津为综合支撑,河北张家口、廊坊、承德、秦皇岛、石家庄为应用拓展的大数据产业一体化格局,切实提升大数据"强治理""惠民生""调结构"和"促协同"的应用水平。目前京津冀大数据综合试验区建设已经取得了一系列进展,三地已建立联席会议制度,共同组织谋划了一批重大建设项目和重点工程。参见北京市经济和信息化局:http://jxj.beijing.gov.cn/jxdt/tpxw/201912/t20191216_ 1238869.html,2022年9月18日访问。

同处理中心正在顺利推进,京津冀大数据应用感知体验中心即将投入使用。由此可见,京津冀地区已初步形成了三地的合作链条。同时,该地区也已建立起联席会议制度,共同筹划组织了一批重大建设项目和重点工程,京津冀大数据协同处理发展能力得到了很大提升。

2018年3月,在深入贯彻党的十九大精神下,张家口市政府正式印发《张家口市大数据产业发展规划(2018-2020年)》和《张家口市关于推进大数据产业发展的实施意见》[1],为打造"中国数坝"、建设"京津冀大数据新能源示范区"起到了积极示范作用。2018年10月19日,全国首家大数据教育区块链试验区及全国第一个大数据区块链研究中心在廊坊正式落户[2],京津冀地区将在此基础上建立起大数据教育平台,通过大数据手段促进京津冀地区教育事业的发展。2018年12月24日,天津市为最大限度地发挥大数据的作用,培育壮大战略性新兴产业,发布了《天津市促进大数据发展应用条例》,其成了天津市后续制定大数据相关法律的基础。

2019年4月,为加强对数据的管理,破除数据"孤岛"现象,北京市经济和信息化局发布《北京市公共数据管理办法(征求意见稿)》[3]。该部门制定该办法是基于贯彻落实国家和北京市大数据工作部署的需要、确保本市大数据工作在法治轨道上运行的需要、解决北京市公共数据管理工作中存在诸多问题的需要。2021年1月28日,北京市经济和信息化局以北京市大数据工作推进小组名义正式印发实施《北京市公共数据管理办法》,规范了公共数据管理,促进了公共数据共享开放,有助于提升政府治理能力和公共服务水平。2019年6月,张家口出台《中国数坝·张家口市大数据产业发展规划(2019-2025年)》,从发展基础、总体要求、重点工程和保障措施四方面入

---

[1] 2018年3月,张家口市政府正式印发《张家口市大数据产业发展规划》(以下统称《规划》)和《张家口市关于推进大数据产业发展的实施意见》,全面吹响打造数据汇聚新高地、建设"中国数坝"的号角。参见铜陵市人民政府网:https://www.tl.gov.cn/zxzx/294/339/343/201805/t20180507_441324.html, 2022年9月19日访问。

[2] 2018年10月19日,以京津冀大数据教育区块链试验区启动仪式为标志,全国首家大数据教育区块链试验区及全国第一个大数据区块链研究中心正式落户廊坊。参见廊坊市人民政府网:http://www.lf.gov.cn/Item/83057.aspx, 2022年9月19日访问。

[3] 北京市经济和信息化局发布关于对《北京市公共数据管理办法(征求意见稿)》征求意见的函。参见北京市经济和信息化局:http://jxj.beijing.gov.cn/zmhd/yjzj/201911/t20191113_507135.html, 2022年9月19日访问。

手，结合张家口市大数据发展现状、面临的挑战等，实现张家口市大数据产业的发展。[1]

6月底，天津市互联网信息办公室印发了《天津市数据安全管理办法（暂行）》，其有效期延至2023年底。该办法规定了信息备案制度，是充分维护国家安全、公共利益安全以及个人信息安全的有力措施，为"数字天津"的建设筑起了强有力的"数据安全护城河"。[2]

2019年10月，《京津冀大数据与实体经济深度融合发展白皮书》发布于国家大数据（京津冀）综合试验区建设成果交流会，从顶层设计、产业集聚、产业协同等方面对京津冀地区近年来大数据共享、开放、建设等方面取得的成就作了介绍，并分析了未来打造京津冀地区与实体经济融合发展的设想和展望。

2020年，北京市经济和信息化局发布《北京市金融公共数据专区管理办法（征求意见稿）》。《北京市金融公共数据专区管理办法》的制定是为了完善金融领域的公共数据管理，促进金融大数据的发展。[3] 2020年7月，为打赢脱贫攻坚战，秦皇岛市成立了防贫中心，出台了《秦皇岛市防贫监测和帮扶工作实施办法》，通过运用大数据等手段，建立起市县（区）两级统一的大数据监测平台，实施数据信息共享和实时动态监测管理等方式，构建起有效防贫机制[4]。2020年8月，张家口工业和信息化局出台了《张家口市数字经济发展规划（2020—2025年）》，并在其基础上起草了《张家口数字经济

---

[1] 根据张家口市人民政府网信息，张家口市工业和信息化局发布对《中国数坝·张家口市大数据产业发展规划（2019-2025年）》政策解读。参见张家口市人民政府网：https://www.zjk.gov.cn/zjkgxj/xxgk/content.thtml?contentId=52129，2022年9月19日访问。

[2] 根据天津市人民政府网信息，天津市互联网信息办公室印发了《天津市数据安全管理办法（暂行）》，加强对全市数据安全管理，建立健全数据安全保障体系，促进国家大数据战略实施和"数字天津"建设。参见天津市人民政府网：https://www.tj.gov.cn/sy/tjxw/202005/t20200520_2556856.html，2022年9月19日访问。

[3] 根据北京市经济和信息化局信息，北京市经济和信息化局会同市金融监管局在研究借鉴上海、天津等省市先进经验做法的基础上，结合本市实际情况，组织起草了《北京市金融公共数据专区管理办法（征求意见稿）》。参见北京市人民政府网：http://jxj.beijing.gov.cn/jxdt/tzgg/202003/t20200324_1731518.html，2022年9月19日访问。

[4] 秦皇岛市成立了防贫中心，出台《秦皇岛市防贫监测和帮扶工作实施办法》，运用互联网、大数据、人工智能等现代科技，融合相关领域数据资源，建立市县（区）两级统一的大数据监测平台，对建档立卡脱贫监测户和收入略高于贫困户的非建档立卡边缘户，实现信息共享和实时动态监测管理。参见秦皇岛市人民政府网：http://www.qhd.gov.cn/front_pcthi.do?uuid=235617D1F46C0198A1BE7805E26F0E8C，2022年9月19日访问。

发展实施方案》〔1〕。该规划从数字经济发展形势、张家口数字经济发展情况、总体要求、主要任务、重点工程和保障体系五个部分对张家口市数字经济发展作了介绍，并明确了张家口市数字经济发展的措施。同期，天津市互联网信息办公室印发了《天津市公共数据资源开放管理暂行办法》，从公共数据开放机制、开放平台、开发应用等方面进一步规范和促进了天津市公共数据资源开放。2020年9月，石家庄市人民政府出台《石家庄市政务数据资源共享管理规定》，以进一步规范政务数据资源的管理，增强石家庄政府的公信力和透明度。

2021年4月，北京市经济和信息化局印发《北京市数据中心统筹发展实施方案（2021-2023年）》，分总体要求、基本原则、工作目标、区域划分、重点任务、保障措施六部分对北京市数据中心的建设发展制定了方案。数据中心是数字化发展的基础设施，北京市出台相关实施方案是推进北京市数据中心绿色化、智能化、集约化发展，推动大数据发展的重要手段。2021年8月，北京作为我国的首都，在全球范围内具有极大影响力，在深度贯彻习近平新时代中国特色社会主义思想下，为打造中国数字经济发展"北京样板"、全球数字经济发展"北京标杆"，经过一段时间的努力，打造引领全球数字经济发展的"六个高地"，中共北京市委办公厅、北京市人民政府办公厅印发《北京市关于加快建设全球数字经济标杆城市的实施方案》。〔2〕

2021年9月27日，全国首部省级促进智能制造发展的地方性法规《天津市促进智能制造发展条例》出台，〔3〕助推天津市从"天津制造"转为"天津智造"。《天津市促进智能制造发展条例》对标国家出台的《"十四五"智能制造发展规划》的重点任务，对智能制造供给、智能制造应用、智能制造支

---

〔1〕 张家口市工业和信息化局 在调研的基础上，编制起草了《张家口市数字经济发展规划（2020-2025年）》及其《张家口市数字经济发展实施方案》《张家口市数字经济发展三年行动计划（2020-2022年）》和《关于加快发展数字乡村的实施方案》。参见张家口市人民政府网：https://www.zjk.gov.cn/content/zcjd/52108.html，2022年9月19日访问。

〔2〕 中共北京市委办公厅、北京市人民政府办公厅印发《北京市关于加快建设全球数字经济标杆城市的实施方案》。参见北京市人民政府网：http://www.beijing.gov.cn/zhengce/zhengcefagui/202108/t20210803_2454581.html，2022年9月19日访问。

〔3〕 2021年11月26日，天津市政府新闻办举行《天津市促进智能制造发展条例》新闻发布会。参见天津市人民政府网：https://www.tj.gov.cn/sy/xwfbh/xwfbh_210907/202111/t20211128_5735073.html，2022年9月19日访问。

撑等方面作了详细规定，推动天津市智能制造业的发展。2021年12月，大数据产业作为张家口市六大产业之一，为推动大数据产业全链条发展，张家口市印发《张家口市推进大数据全产业链发展实施方案》。〔1〕其中阐述了张家口市推动大数据全产业链发展的主要目标、发展格局、下一步任务等。该实施方案的制定为张家口市构建全产业链的发展指明了方向。

2022年1月25日，天津市互联网信息办公室为规范数据交易行为，印发《天津市数据交易管理暂行办法》。〔2〕该办法通过交易主体、交易对象、交易行为、交易平台、交易安全、监督管理等方面对数据交易行为作出了规定，是推动天津市数字化发展的有效措施。2022年，承德市发布养老服务体系、〔3〕生态环境保护〔4〕等"十四五"规划，对养老服务领域、生态环境领域的数据资源的共享开放作出了相应的规定，促进京津冀地区民政事业及生态环境的优化改善。同年，承德市大贵口村运用大数据分析等手段，率先开展数字乡村建设工作，通过建设数字乡村平台等方式促进了当地农业的发展，该村成了承德市首个建设数字乡村的村庄。〔5〕2022年5月7日，北京市经济和信息化局为促进数字经济发展，打造全球数字经济标杆城市和新型智慧城市，发布了《北京市数字经济促进条例（征求意见稿）》。〔6〕该条例于2022年11月25日北京市第十五届人民代表大会常务委员会第四十五次会议通过，2023

---

〔1〕 张家口市印发了《张家口市推进大数据全产业链发展实施方案》。为进一步推动大数据全产业链发展，构建全产业链生态体系奠定了坚实的基础。参见张家口市人民政府网：https://www.zjk.gov.cn/content/tzgg/151942.html，2022年9月19日访问。

〔2〕 2022年1月25日，天津市互联网信息办公室印发了《天津市数据交易管理暂行办法》。参见天津网信：http://www.tjcac.gov.cn/wxdt/tjs/202201/t20220130_5795524.html，2022年9月19日访问。

〔3〕 2022年6月22日，承德市人民政府印发了《承德市养老服务体系建设"十四五"规划》。参见承德市人民政府网：https://www.chengde.gov.cn/art/2022/6/30/art_10609_861485.html，2022年9月19日访问。

〔4〕 2022年5月27日，承德市人民政府印发了《承德市生态环境保护"十四五"规划》。参见承德市人民政府网：https://www.chengde.gov.cn/art/2022/5/30/art_10609_861480.html，2022年9月19日访问。

〔5〕 承德市乡村振兴局发布《双滦区：科技感满满，大贵口村建设全市首个数字乡村》。参见承德市人民政府网：https://www.chengde.gov.cn/art/2022/4/22/art_9944_853170.html，2022年9月19日访问。

〔6〕 北京市经济和信息化局于2022年5月7日发布了关于对《北京市数字经济促进条例（征求意见稿）》公开征集意见的公告。参见北京市人民政府网：http://www.beijing.gov.cn/hudong/yonghu/static/jxj/zhengji/detail.html?id=62762f1bff77be78169b5906，2022年9月19日访问。

年1月1日起施行,涵盖"数字基础设施建设、数据资源、数字产业化、产业数字化、数字化治理、数字经济安全以及相应保障措施"等内容,为北京市数字经济发展提供了方向指引与制度保障。同月,河北省第十三届人民代表大会常务委员会第三十次会议通过《河北省数字经济促进条例》,在创新引领、融合发展,应用牵引、数据赋能,公平竞争、安全有序,系统推进、协同高效原则的指引下发展河北省数字经济。

2. 立法定位及原则

(1) 立法定位。

为规范对促进数据资源共享、开放、应用、交易的管理,维护国家安全、社会公共安全及个人信息安全,促进数字经济发展,京津冀各地区相继出台了《石家庄市政务数据资源管理规定》《天津市促进大数据发展应用条例》《北京市公共数据管理办法》《北京市数字经济促进条例》《天津市数据安全管理办法(暂行)》《天津市公共数据资源开放管理暂行办法》《天津市促进智能制造发展条例》《天津市数据交易管理暂行办法》等相关法规规章,每部法规规章都有其相应的立法定位。

《北京市公共数据管理办法》的立法定位是规范北京市公共数据管理,促进公共数据共享开放,运用大数据推动完善服务型政府建设。《北京市数字经济促进条例》的立法定位是促进数字经济发展,加快数据要素市场培育,推进数字产业化和产业数字化,助力打造全球数字经济标杆城市和新型智慧城市,建设现代化经济体系。《天津市促进大数据发展应用条例》规范了天津市的大数据发展应用及相关活动,其立法定位是发挥大数据在经济发展、改善民生、社会治理等方面的作用,加快培育战略性新兴产业,加快打造数字经济和智慧城市。数据安全是数据管理中的重要环节,基于此,天津市出台了《天津市数据安全管理办法(暂行)》,这是有关数据安全的第一部省级专门立法,其立法定位是从安全保障措施、应急措施、监督管理及责任落实等层面细化数据安全管理部门的职责分工,落实数据安全责任,切实维护国家安全、社会公共利益以及公民、法人和其他组织的合法权益,建立健全数据安全保障体系,提升数据安全防护能力,保障大数据发展应用等活动在安全有序的环境下顺利开展。《天津市公共数据资源开放管理暂行办法》的立法定位是规范和促进天津市公共数据资源开放,发挥公共数据资源在提高社会治理能力、提升公共服务水平、优化营商环境等方面的作用,加快数据要素有效流动，推动数字经济发展。数据在交易过程中，其价值得到最大化实现与运用，《天津市数据交易管理暂行办法》的立法定位是引导培育天津市的大数据交易市场，以交易的主体、行为及过程为切入点，激发数据交易主体活力，规范数据交易行为，促进数据资源流通。《天津市促进智能制造发展条例》的立法定位是促进智能制造发展、落实制造业立市战略、增强全国先进制造研发基地核心竞争力、推动高质量发展。

《石家庄市政务数据资源管理规定》是为了规范和促进石家庄市政务数据资源的共享、开放等管理活动，推动政务数据资源的高效、便捷流转，提升政务数据资源价值，提高政府公共管理和政务服务水平，以此促进大数据产业的良性发展。《河北省数字经济促进条例》的立法定位是促进河北省数字经济高质量、健康发展，规范数字经济发展相关活动，培育数字经济等经济增长新动能，加快建立现代化经济体系，带动河北省经济社会高质量发展。

《京津冀大数据综合试验区建设方案》指出，要将京津冀区域打造成国家大数据产业创新中心、国家大数据应用先行区、国家大数据创新改革综合试验区、全球大数据产业创新高地。结合京津冀地区的整体定位，《京津冀大数据综合试验区建设方案》详细规定了京津冀各地区的定位。

第一，将北京打造为京津冀大数据核心示范区。《2022年中国大数据产业发展指数报告》指出，北京市大数据产业发展指数排名第一，这已经是北京市第三年蝉联榜首。究其发展历程，有如下几点原因：其一，政策优势。作为首都，北京市地理位置优越，是我国的政治中心，出台了众多与大数据相关政策文件，助力北京市大数据的发展。其二，人才优势。北京市有九十几所高校，其中包含清华大学、北京大学等重点院校。另外，北京市通过一系列优惠政策（如人才落户政策等）吸引了众多人才前往北京发展。其三，创新优势。《2022年中国大数据产业发展指数报告》对北京市产业创新能力进行了分析，北京市企业软件著作权数量、专利数量、商标数量均排第一。此外，北京市还拥有中关村国家自主创新示范区等众多产业园以及科研院所，对大数据关键技术、产品研发等起到了推动促进作用，是京津冀地区的"创新中心"。

第二，将天津地区打造为京津冀大数据综合示范区。西青经济技术开发区、武清开发区、滨海新区等为天津大数据的发展夯实了基础。西青区国家级经济开发区综合优势明显，入驻了大数据、人工智能等战略性新兴产业，对做好承接北京非首都功能疏解工作，打造落实京津冀协同发展重大国家战略重要支点具有重要意义。〔1〕武清开发区发挥龙头带动作用，以高村科技创新园为承接疏解北京非首都功能的新平台，对京滨工业园、汽车产业园、电商产业园、京津科技谷四个示范工业园的发展水平提升具有推动作用。〔2〕高村科技创新园创新拓展大数据产业发展模式，引进企业，发掘重点项目，提升大数据产业发展质量。滨海新区作为东部滨海发展区的核心区，其产业发展具有重要价值。滨海新区对大数据的技术和平台建设等内容高度重视，加大对企业的创新创业帮扶力度、鼓励支持创新、推动大数据产业的发展。天津市颁布实施了《天津市建设北方国际航运核心区实施方案》，不断深化推进国际航运核心区的建设，除此之外天津市还拥有金融创新运营示范区的"金字招牌"，对航运、金融、跨境电子商务大数据的创新应用具有重要战略价值。

第三，将张家口打造为京津冀大数据新能源示范区。张家口具有独特的资源条件和优越的区位优势，环境优美、空气质量好、气温低等有利于对数据中心服务器等高耗能设备采用自然方式冷却，节省耗能，〔3〕有助于将张家口打造成"国家绿色数据中心示范基地"。同时，张家口是国务院批复的可再生能源示范区，依托于风能、太阳能等独特的资源优势，可再生能源发电企业已有一百多家，依据张家口市首创的"政府+电网+发电企业+用户侧"四方协作机制，张家口清洁电力以优惠价格进行交易，除了张家口市自我消纳外，北京市和雄安新区通过"智能电网"享受到了张家口清洁电力的福利。据统计：张家口市每年为北京输送绿电140亿度，约相当于北京市年用电量

---

〔1〕 天津日报发布《张工赴西青区调研 发挥综合禀赋优势 打造重要战略支点》。参见天津市人民政府网：https://www.tj.gov.cn/sy/tjxw/202207/t20220705_5925662.html，2022年9月20日访问。

〔2〕 从武清区推进京津冀协同发展的新闻发布会上了解到，按照国家《京津冀协同发展规划纲要》和天津市《实施方案》，武清区提出了"京津卫星城、美丽新武清"的总体目标，并进一步明确了建设"京津双城协同发展枢纽节点、高端制造研发和现代服务业聚集区、国家生态文明先行示范区"的发展定位。参见天津市人民政府网：https://www.tj.gov.cn/sy/xwfbh/202005/t20200519_2385975.html，2022年9月20日访问。

〔3〕 张家口市工业和信息化局发布对《张家口市数字经济发展规划（2020—2025年）》的解读。参见张家口市人民政府网：https://www.zjk.gov.cn/content/gzbs/26866.html，2022年9月20日访问。

的1/10。[1]因此，京津冀地区的大数据发展要依托张家口市，探索出一条大数据与新能源、智能制造联动发展的新路径，将张家口市打造成京津冀大数据综合试验区的"特色功能区"。

第四，将廊坊打造为京津冀物流金融大数据示范区。得益于京津地区金融业发展的优势，廊坊市要重点发展金融大数据应用、创新，打造为"金融大数据应用示范区"。物流业是当前一项重要的产业，廊坊市根据《廊坊市物流业发展"十四五"规划》，[2]在充分发挥紧邻京津地区的区位优势基础上，完善本市物流发展格局，推动大数据在物流业的运用，力图将廊坊市打造成京津冀区域型物流枢纽城市、京津冀区域型供应链资源配置中心、京津冀区域智慧物流新高地。廊坊市是距离北京最近的跨境电子商务进口试点城市，要发挥好承接北京市物流产业转移的功能。因此，廊坊市要立足于自己的区位优势，抓住物流、金融等发展重点，努力成为京津冀大数据试验区的"数据集散中心"。

第五，将承德打造成京津冀旅游大数据示范区。承德市旅游资源丰富，截止到2020年底，承德市拥有五十多处正式开放的A级旅游景区，[3]这些旅游资源涵盖多项世界之最，其中包括被誉为世界上最大的皇家园林的承德避暑山庄，被称为世界上最大的金漆木雕的普宁寺内的千手千眼观世音等。因此，承德市要依托自身丰富的旅游资源及生态资源优势，加快建设旅游大数据，建立健全旅游大数据平台，通过数据共享等方式提升旅游业发展质量。截止到2021年底，承德市拥有3个旅游大数据中心或旅游应急指挥平台[4]，从旅游大数据运营、监督管理等方面进行全方位监测，着力打造京津冀旅游大数据产业中心和综合应用示范区。

---

〔1〕 投运张北±500千伏柔性直流工程，创造12项世界第一，每年为北京输送绿电140亿度，约相当于北京市年用电量的1/10。参见张家口新闻网：http://www.zjknews.com/news/2022/08/378358.html，2022年9月20日访问。

〔2〕 廊坊市发改委发布《廊坊市物流业发展"十四五"规划》。参见廊坊市人民政府网：http://www.lf.gov.cn/Item/117538.aspx，2022年9月20日访问。

〔3〕 2021年，承德市A级旅游景区由年初的39家，增至51家，增长率达30.8%。参见承德晚报公众号：https://mp.weixin.qq.com/s/LDGGPJxo8szqMl7dgoWHZA，2022年9月20日访问。

〔4〕 2021年11月24日，廊坊市旅游和文化广电局对人大承德市第十四届人大六次会议建议的答复中提及全市旅游大数据中心或旅游应急指挥平台3个。参见廊坊市人民政府网：https://www.chengde.gov.cn/art/2021/11/24/art_9949_836803.html，2022年9月20日访问。

第六，将秦皇岛打造成京津冀健康大数据示范区。为深入贯彻学习习近平总书记提出的"健康中国"重要讲话，贯彻实施"健康中国"战略，秦皇岛市结合自身特色、优势条件等，将生命健康产业作为秦皇岛市重点培育的支撑性产业，助推生命健康产业的高质量发展。2016年，秦皇岛市获批设立第一个国家级生命健康产业创新示范区，即北戴河生命健康产业创新示范区，其拥有发展健康大数据的政策优势。2017年，秦皇岛北戴河新区管理委员会印发《北戴河生命健康产业创新示范区产业发展扶持政策》，规定了三甲医院的落户、高端健康医学展览和高端医学论坛（会议）的举办、产业紧缺人才的吸引力度等内容。[1] 2022年河北自贸试验区办公室印发《关于充分发挥自贸试验区政策优势推动北戴河生命健康产业创新示范区开放发展的若干措施的通知》，涵盖28条政策，围绕数字医疗产业创新发展、生物医学产业开放发展等方面，提出了推进医疗大数据和线上应用的建设，推动健康大数据商业化运用和开发，建设健康大数据库的内容。[2] 得益于政策支持，助力将秦皇岛打造为拥有大健康产业的健康大数据示范区。

第七，将石家庄打造成京津冀大数据应用示范区。由石家庄市金融工作办公室等部门按职责分工探索建立金融服务大数据平台，提升金融机构选择投资石家庄市产业的可能性；[3] 在全面贯彻健康中国战略下，石家庄市以推进健康医疗大数据应用发展为目标，维护居民身心健康；[4] 为规范管理教育信息，石家庄市开展了统一教育数据管理工作，成立了教育局大数据领导小组，对教育信息的收集、上报、协调、审核等全过程进行管理；[5] 石家庄市

---

〔1〕 2017年12月29日，秦皇岛北戴河新区管理委员会印发《北戴河生命健康产业创新示范区产业发展扶持政策》。参见北戴河新区：http://www.bdhxq.gov.cn/home/details5? id =12889，2022年9月20日访问。

〔2〕 河北省自贸办印发《关于充分发挥自贸试验区政策优势推动北戴河生命健康产业创新示范区开放发展的若干措施的通知》。参见北戴河新区公众号：https://mp.weixin.qq.com/s/Addm137lyIPx277_3fyZEQ，2022年9月20日访问。

〔3〕 石家庄市人民政府办公厅发布《关于进一步激发民间投资有效活力促进全市经济高质量发展的实施意见》。参见石家庄人民政府网：http://www.sjz.gov.cn/col/1516346161987/2018/04/03/1522737979121.html，2022年9月20日访问。

〔4〕 石家庄市人民政府办公厅发布《关于进一步推动"大健康、新医疗"产业发展实施意见》。参见石家庄人民政府网：http://www.sjz.gov.cn/col/1516346198323/2018/08/10/1533885651703.html，2022年9月20日访问。

〔5〕 2020年9月21日，藁城区教育局召开统一数据管理工作暨培训会。参见石家庄市人民政府网：http://www.sjz.gov.cn/col/1490232969635/2020/09/28/1601253434631.html，2022年9月20日访问。

鼓励运用大数据等技术，运行石家庄跨境电商综试区综合公共服务平台，推动电子商务稳步健康发展。[1]除发展大数据相关领域外，石家庄市还着手建立大数据应用开发中心，如正定高新区的常山云数据中心，以促进数字经济发展。

（2）立法原则。

法律活动的全过程离不开法律原则的指引，大数据包含共享、开放、流通交易、安全管理、监督保障等过程，京津冀地区的立法原则也围绕这几个方面展开论述。

第一，大数据立法的通用原则。首先，突出创新驱动原则。[2]创新驱动原则是驱动数据发展的有效保障，是深度贯彻习近平总书记创新发展驱动战略的具体体现。创新驱动原则在京津冀地区的具体体现：

其一，技术创新。科学技术是第一生产力，技术创新对于创新驱动原则来说至关重要。京津冀示范区相关立法建立健全技术创新规范。[3]首先，基础设施完善与否对于后续数据的共享、开放等过程起着重要作用。因此，通过技术创新依托"创新平台、建设完善新型研发机构、建设产学研用一体化平台"等措施来完善公共服务平台及其他基础设施建设。其次，通过激励机制鼓励企业等进行技术创新。一方面要鼓励产业发展，如天津市为促进智能制造，鼓励国家制造业创新中心等创新机构为企业实施智能制造提供技术创新服务。另一方面鼓励数据保护和数据安全监管支撑等技术创新。河北省以发放科技创新券等方式鼓励企业、团队等进行数据科技创新。

其二，坚持数据融合创新原则。数据融合是数据价值得以充分发挥的重要内容之一，京津冀大数据试验区相关立法明确提出坚持融合创新原则。[4]数据融合创新包括公共数据与公共数据、公共数据与非公共数据等不同类型

---

[1] 参见石家庄市人民政府网：http://www.sjz.gov.cn/col/1577843045360/2020/08/14/1597367557916.html，2022年9月20日访问。

[2]《北京市数字经济促进条例》第3条、《北京市公共数据管理办法》第3条、《天津市公共数据资源开放管理暂行办法》第3条均规定了创新驱动原则。

[3]《北京市数字经济促进条例》第8条、《北京市关于加快建设全球数字经济标杆城市的实施方案》、《天津市促进智能制造发展条例》第26条第2款、《天津市促进大数据发展应用条例》第51条、《河北省数字经济促进条例》第36、62、69条构成了京津冀地区的技术创新规范。

[4]《北京市数字经济促进条例》第8、18、19条第3款，《天津市促进智能制造发展条例》第10、12条，《河北省数字经济促进条例》第51条。

数据之间的融合，也包括了不同地区之间的数据资源融合发展。对于前者，北京市鼓励自然人、法人等通过市场化等方式公开非公共数据，以实现公共数据与非公共数据之间的融合发展；对于后者，在创新驱动原则指引下，要推动京津冀地区实现跨学科、跨领域融合创新，协同推进京津冀地区数字经济融合发展。

其三，坚持数据经济业态创新原则。支持数字经济的发展是经济社会得以发展的重要战略。就如何促进数字经济业态创新，京津冀地区采取了如下举措：①探索建立数据生产要素会计核算制度。数据作为新型生产要素，是推动数字时代高速发展的重要因素，对于推动新业务、新产业等具有重要意义。[1]通过对数据生产要素进行会计核算，促使企业对数字经济领域进行投资。②以建立数据资产的登记和评估制度带动数据入股、数据信贷等数字经济业态创新。③建立完善数字经济核心产业集群。北京市以资金、项目、算力等方式，鼓励支持高端芯片、人工智能等数字经济核心产业群做大做强。④支持共享经济业态创新，共享理念作为重要发展战略理念在数字经济发展中也不例外。天津市2022年出台《天津市构建高标准市场体系若干措施》，对共享经济等新业态领域的竞争等状况予以关注。⑤鼓励数字经济领域的产品和服务创新。北京市支持远程办公等在线服务和产品的优化升级。《北京市数字经济促进条例》第52条及《天津市促进智能制造发展条例》第17条第2款规定，相关部门要统筹运用财政资金和基金，鼓励企业进行数字经济领域核心技术的研发，加大社会力量投资力度。

其四，突出服务民生原则。在坚持以人民为中心思想的指引下，民生问题关乎发展，保障民生是促进经济发展、维护经济稳定的重要内容。大数据的发展也要以服务民生为原则导向，充分发挥大数据服务改善民生的作用。为建立健全"以人为本、惠及民生"的大数据服务新体系，京津冀地区采取以下举措：首先，在数据共享开放层面，《天津市促进大数据发展应用条例》第24条规定，关乎社保、教育等民生保障服务相关领域的政务数据要依法向社会开放。天津市信息资源统一开放平台开放的主题就涵盖了社保就业、医疗

---

[1] 在这种新的经济形态下，数据成了驱动经济运行的关键性生产要素。在数字经济的发展过程中，数据起着核心和关键作用，对土地、劳动力、资本、技术等这些传统生产要素也产生了深刻影响，展现出了巨大价值和潜能。参见清华大学互联网产业研究院公众号：https://mp.weixin.qq.com/s/E6wnsXBCm2GKpcDEdQUY9g，2022年9月16日访问。

卫生、生活服务等与社会公众息息相关的民生领域的数据内容。《河北省数字经济促进条例》第 22 条鼓励优先开放对民生服务等具有重要价值的数据。其次，在政务服务水平上，《天津市促进大数据发展应用条例》第 35 条要求相关部门提升运用大数据服务民生的水平，在民生领域开展大数据运用，开发公共服务产品。同时，要推动建设大数据民生保障融合工程，优化大数据发展环境，推动大数据为服务民生做出贡献。

其五，坚持联动协同原则。京津冀各地区拥有自己的特色和比较优势，充分运用各地数字资源，通过数据共享、开放、交易等环节，联动发展，构建京津冀地区大数据产业一体化格局。北京强化创新和引导、天津强化带动和支撑、河北强化承接和转化。[1]京津冀各地区协同发展是我国重要战略之一。京津冀各地区优劣势分析：首先，北京地区常住外来人口波动递增，高新技术产业发展迅速，然而北京最基础的功能是政治功能，自然资源等匮乏，因此疏解北京非首都功能是京津冀地区协同发展的"牛鼻子"；其次，天津市作为直辖市，地理位置优越，建设了不少数据中心，如西青大数据中心、逸仙园云计算数据中心等，而天津市存在大数据产业发展水平偏弱、大数据人才供应不足等问题；最后，河北省土地、风能等自然资源丰富，有能力承接北京市产业等需求转移，但是河北省有关大数据的教育资源不足，欠缺对人才的吸引力。因此，要搭建京津冀联动协同发展的平台，加强京津冀地区政府部门或其他公共服务机构之间的沟通交流，充分发挥各地优势，协同推进京津冀地区大数据的发展。如北京市电力资源紧张，而张家口风电、光伏等新能源资源丰富。《中国数坝·张家口市大数据产业发展规划（2019-2025年）》指出，张家口地区要强化电网等基础设施建设，以点带面，促进大数据的协同发展。

其六，坚持产业融合原则。在京津冀地区探索大数据与传统产业协同发展的新业态、新模式，突出表现之一就是运用大数据等技术手段，与生态产业融合发展，维护改善生态环境问题。"金山银山不如绿水青山"，十八大以

---

〔1〕 京津冀作为国家首批区域类大数据综合试验区，将立足京津冀三地各自特色和比较优势，推动数据资源对接、数据企业合作、数据园区共建，打造以北京为创新核心，天津为综合支撑，河北张家口、廊坊、承德、秦皇岛、石家庄为应用拓展的大数据产业一体化格局。也就是说，北京强化创新和引导，天津强化带动和支撑，河北强化承接和转化。参见北京市发展和改革委员会：http://fgw.beijing.gov.cn/gzdt/fgzs/mtbdx/bzwlxw/201912/t20191221_1393736.htm，2022 年 9 月 17 日访问。

来，我国在新发展理念指引下高度重视对生态环境的保护，大数据背景下也应坚持绿色理念。《京津冀大数据综合试验区建设方案》提出要在京津冀地区展开绿色数据中心试点，《北京市数据中心统筹发展实施方案（2021-2023年）》予以承继，要求推进绿色数据中心建设。为贯彻绿色发展原则，京津冀地区通过出台法律、政策等方式促进绿色发展。2016年，京津冀地区建设了京津冀林业数据资源协同共享平台，该平台服务于生态领域，将大数据信息技术融会贯通，实现生态信息化；[1]2017年，中关村科技园区管理委员会、天津市科学技术委员会和河北省科技厅联合发布了《发挥中关村节能环保技术优势推进京津冀传统产业转型升级工作方案》，该方案的重点任务之一即推进京津冀地区环保数据共享平台的建立。[2]得益于京津冀地区生态信息的共享开放，通过联防联治，京津冀环境质量得到了很大程度的改善，绿色发展指标波动上升，生态建设从数量变化转为数量与质量共同发展，区域耗能逐年减少，2020年京津冀PM2.5与2014年相比下降了51%。[3]另外，产业融合发展要以需求为导向，优化发展结构，开发相关产品。如《天津市促进智能制造发展条例》第29条规定，天津市以智能制造产业链、创新链的重大需求和关键环节为导向，充分运用专项资金重点支持与智能制造相关项目。以需求为导向，能更好地抓重点，发展重点以带动产业的发展。

第二，大数据共享、开放、交易原则。《北京市数字经济促进条例》提出按照需求导向、分类分级、安全可控、高效便捷的原则促进公共数据开放。《石家庄市政务数据资源管理规定》对数据资源共享、开放、应用环节规定了集中存储原则、统筹管理原则、共享开放原则、依法使用原则、安全可控原则。《天津市促进大数据发展应用条例》第15条及第21条规定政务数据以共

---

[1] 《促进林业数据协同共享 构筑京津冀生态共同体》，载中国林业网：http://yllhj.beijing.gov.cn/sdlh/jjjlylhxtfz/201610/t20161028_531521.shtml，2022年9月17日访问。

[2] 2017年7月11日上午，中关村管委会、天津市科委和河北省科技厅在北京中关村展示中心会议中心联合发布了《发挥中关村节能环保技术优势推进京津冀传统产业转型升级工作方案》（以下简称《方案》），三地将通过发挥中关村节能环保企业技术优势，推进京津冀传统产业转型升级。参见天津市人民政府网：https://www.tj.gov.cn/sy/ztzl/ztlbtwo/jjjyth/yw/202005/t20200520_2454224.html，2022年9月14日访问。

[3] 2020年京津冀地区PM2.5平均浓度为44微克/立方米，比2014年下降51%。参见北京市人民政府网：http://www.beijing.gov.cn/ywdt/yaowen/202110/t20211020_2516120.html，2022年9月14日访问。

享、开放为原则,以不共享、开放为例外。《天津市数据交易管理暂行办法》第 3 条规定,天津市进行数据交易应坚持依法合规、安全可控、公平自愿、诚实守信的原则,遵守商业道德和公序良俗。

其一,坚持需求导向原则。[1]关于需求导向原则:①就共享而言,数据需求单位根据需要向数据提供单位提出专用数据的申请,数据资源提供单位要及时响应并审核其他单位提出的共享需求。②在数据开放方面,资源利用主体可以提出所需要开放的公共数据资源并反馈使用需求,市大数据管理中心等相关部门根据资源利用主体提出的需求优化开放平台,提升平台服务能力。③在数据交易领域,《天津市数据交易管理暂行办法》对天津市的大数据交易原则、流程等作了详细介绍,其中涉及数据交易需求的内容有两个方面:一是对数据需方的要求,在数据交易过程中,数据需方应当披露数据需求内容、用途等,支持其将需求内容予以发布;二是支持数据供方对需求信息进行检索,有利于数据交易的达成和顺利开展。

其二,政务数据坚持"以共享开放为原则,以不共享开放为例外"原则。天津市将政务数据资源分为无条件共享开放数据资源、有条件共享开放数据资源及不予共享开放数据资源。这是由于部分数据因涉及国家安全、个人隐私等而不方便予以共享开放,若进行共享开放会对国家利益、个人利益造成不必要的损失。

其三,坚持合法原则。大数据共享、开放、交易的全过程都应遵循合法原则。《天津市促进大数据发展应用条例》第 20 条规定,开放政务数据应当遵守法律法规的相关规定。第 29 条第 2 款规定,数据资源进行交易交换的过程也应遵守法律法规和社会公德,不得损害国家、公共利益及他人的合法权益。

其四,坚持公平自愿、诚实信用原则。大数据交易与一般商事交易行为并无大异,都应遵循商法对于诚信原则的规定,有助于保障商事交易活动的安全,维护正常的交易秩序。

第三,大数据安全管理和保障原则。《北京市公共数据管理办法》《北京市

---

[1] 在共享开放领域,《北京市数字经济促进条例》第 18 条,《天津市公共数据资源开放管理暂行办法》第 4、12、15、17 条,《河北省数字经济促进条例》第 21、22 条,《石家庄市政务数据资源管理规定》第 4、8 条对数据共享开放需求作了详细规定。

数字经济促进条例》《天津市公共数据资源开放管理暂行办法》《天津市促进大数据发展应用条例》等均规定了大数据运用全过程应保障数据的安全可控。〔1〕

其一，采取安全措施保障数据安全。数据的发展离不开对数据采取安全保障措施，以保障其生命全周期的正常运作。根据京津冀地区相关法规规章及政策的规定，在数据共享、开放、运用促进数字经济的发展过程中，应遵循安全可控原则，确保数据使用的安全可靠，采取相应应急管理措施，保障数据出现问题时的可控性。为保障数据安全可控，各政府部门或其他公共服务机构应按照工作职责分工承担责任，加强对数据安全的宣传，加强对数据安全的监测、管理等；数据处理者应当作出数据安全承诺，在法律规定的界限内使用数据，履行保障数据安全义务，加大数据安全保障技术的研发力度，确保数据在安全范围内被合法合理使用。2022年，北京市经济技术开发区举办了数据安全技术大会，该大会以"以全新的技术推动数据安全治理体系技术落地"为主题，研究探讨数据安全等问题。〔2〕

其二，加大数据人才培养力度。大数据发展离不开人才的发展，而人才类型多种多样。因此，相关部门、企业等要根据产业发展需求引进培养相关人才。如天津市为促进智能制造产业的发展，当地人力资源社会保障部门等要将智能制造类岗位列入高层次和紧缺人才需求，加大引进和培养符合智能制造发展需求的人才的力度。

3. 主要制度内容

在《京津冀大数据综合试验区建设方案》的指引下，京津冀地区主要围绕大数据发展运用的全过程联动协同，规范数据共享、开放、交易行为，保障数据安全，推动大数据产业发展。

（1）建立大数据共享、开放、交易制度。《京津冀大数据综合试验区建设方案》要求推进公共基础信息共建共享，建立完善的公共数据共享清单和开

---

〔1〕《北京市公共数据管理办法》第4条、《北京市数字经济促进条例》第18条、《天津市公共数据资源开放管理暂行办法》第4条、《天津市促进大数据发展应用条例》第3条等均规定了大数据运用全过程应保障数据的安全可控。

〔2〕2022年9月6日至7日，2022数据安全技术大会暨中国信息协会信息安全专业委员会年会围绕"以全新的技术推动数据安全治理体系技术落地"主题，以数据安全治理体系技术落地为内容，以智能化、体系化的数据安全技术推广为目标，就数据安全技术、行业方案、法律法规等话题进行探讨。参见北京经济技术开发区：http://kfqgw.beijing.gov.cn/zwgkkfq/yzxwkfq/202209/t20220908_2811058.html，2022年9月17日访问。

放清单，建立统一的公共数据共享和开放平台，建立政府和社会互动的大数据采集、共享、应用平台，便于数据的统筹利用，同时探索大数据交易流通，规范京津冀地区数据交易行为。

第一，数据共享机制。数据共享不仅是各政府部门等的纵向共享，也包括推动京津冀区域数据共享对接实现京津冀各地区之间的跨区域数据共享。如通过各部门之间的数据共享，北京市创新实施了农民工工资支付数据共享精准监管机制。北京市人力资源和社会保障局与北京银保监局共同建立了数据资源共建共享长效机制和稳定的数据交换维护动态更新机制，由北京市人力资源和社会保障局提供信息，北京银保监局负责组织排查，保障农民工工资支付到位，从源头上加大对拖欠农民工工资违法行为的监督管理。[1]北京市通州区还建立了"目录区块链"系统，以便实现政务数据资源的统一管理、利用。[2]除了纵向共享之外，京津冀各地区之间还存在横向数据共享。在2019年度京津冀治超联席会议上，三地准备建立京津冀运政共享数据库，对于超速超载等违法行为实施"一地失信，三处受限"的信用管理制度。[3] 2021年京津冀地区打造了全国首个基于互联网的涉企信用信息征信链平台，京津冀地区企业相关的数据信息通过该平台依法共享、开放，有助于在京津冀地区实现互通的征信服务体系。[4]

第二，建立健全数据开放机制。数据开放是政务部门或公共服务机构将可公开的数据依法提供给公众的制度。2022年，在北京"两区"建设专场新

---

〔1〕 为加大拖欠农民工工资源头治理力度，毫不松抓好常态化疫情防控形势下保障农民工工资支付工作，北京市人力资源和社会保障局与北京银保监局联合签署《关于做好农民工工资支付监测预警和政务数据共享的合作备忘录》，创新实施农民工工资支付监测预警和联动监管机制。参见北京市人民政府网：http://www.beijing.gov.cn/ywdt/gzdt/202206/t20220608_2732295.html，2022年9月14日访问。

〔2〕 "目录区块链"系统：是指利用区块链的公开、分权、不可篡改等特性，建立以"职责"为根的三级目录体系。其核心是建立了套基于职责的政务数据共享和考核的新模式，实现政务数据的统一调度、管理和控制。参见北京市通州区人民政府网：http://www.bjtzh.gov.cn/bjtz/c110354/202207/1605298.shtml，2022年9月14日访问。

〔3〕 2018年第九次京津冀治超联席会议在石家庄召开。会上，三地在治超数据信息系统对接、深化京津冀高速公路省界治超执法合作对接等方面进行了深入探讨并取得了系列成果。参见河北新闻网：http://hebei.hebnews.cn/2018-12/27/content_7159166.htm，2022年9月17日访问。

〔4〕 京津冀联合打造全国首个基于互联网的涉企信用信息征信链平台。参见北京市人民政府国有资产监督管理委员会：http://gzw.beijing.gov.cn/yggq/qydt/202107/t20210709_2433320.html，2022年9月17日访问。

闻发布会上提及"两区"建设的任务之一是打造京津冀产业合作、统一数据开放两大合作平台，以促进京津冀地区政务服务等协同发展。如针对天津市公共数据开放，《天津市公共数据资源开放管理暂行办法》明确了大数据开放制度的职责分工。全市公共数据资源开放工作由市政府领导；各行政区域内的公共数据资源开放工作由各区人民政府负责；天津市互联网信息办公室负责组织、指导、协调、监督；市级政务部门和区人民政府作为公共数据资源开放的责任主体，要做好相应的公共数据资源开放工作；天津市大数据管理中心负责建设、运行、管理、维护天津市信息资源统一开放平台。

第三，建立大数据开放内容。2020年出台的《天津市公共数据资源开放管理暂行办法》将公共数据开放内容分为三种类型，分别为无条件开放、有条件开放和不予开放。根据开放类型的不同制定了相应的开放规则。如果开放内容为无条件共享的公共数据资源，则资源利用主体无需通过申请就可以获取、使用相关公共数据。若是该数据为有条件开放的公共数据资源，则资源利用主体要通过提交开放申请的方式向数据资源提供单位申请，数据资源提供单位要及时受理，作出同意或不同意的答复，如果不同意提供还应当说明理由并提供相应的依据。2021年，天津市委网络安全和信息化委员会办公室、天津市大数据管理中心印发了《天津市加快公共数据资源开放利用实施方案》。该方案对扩大数据开放范围等作出了相应规定，进一步规范和推动天津市公共数据资源开放工作。[1]2022年，天津市委网络安全和信息化委员会办公室、天津市大数据管理中心联合发布了《2022年度天津市公共数据资源开放计划清单》。该清单涉及交通、医疗、就业等民生保障服务领域的数据资源开放内容，推动充分释放公共数据价值。[2]

第四，数据交易制度。《京津冀大数据综合试验区建设方案》对京津冀地区建设大数据综合试验区提出的主要任务之一即对大数据交易流通进行试验探索，通过建立健全大数据交易制度、建立大数据交易平台、制定完善的交易

---

[1] 天津市委网信办、天津市大数据管理中心印发《天津市加快公共数据资源开放利用实施方案》。参见天津市大数据管理中心：https://tjdsj.tjcac.gov.cn/YWGZ0/SJKF137465/202109/t20210923_5608945.html，2022年9月14日访问。

[2] 天津市委网信办、天津市大数据管理中心联合发布《2022年度天津市公共数据资源开放计划清单》。参见天津市大数据管理中心：https://tjdsj.tjcac.gov.cn/YWGZ0/SJKF137465/202201/t20220105_5771484.html，2022年9月14日访问。

规则等方式完善大数据交易流程，推动京津冀地区数据资源资产化。

其一，明确可交易数据范围。对于交易数据，一般分为可交易数据与禁止交易数据。《天津市数据交易管理暂行办法》第13条、《河北省数字经济促进条例》第25条对可交易的数据作出了规定。可见，能够依法交易的数据，需要同时满足以下条件：一是通过合法渠道获取的数据；二是经过合法处理的数据，数据需经过处理无法识别出特定数据提供者且不能复原才可以进行交易。

《天津市数据交易管理暂行办法》第17条规定，五种情形下的数据不得进行交易。一是出于对国家利益、社会公共利益、个人利益等的保护，对于涉及国家安全、公共安全、个人隐私的数据不得交易。二是由于对商业秘密的界定是不为公众所知悉的、具有价值且权利人对其采取保密措施的信息，因此未经合法权利人授权同意，涉及其商业秘密的数据不得进行交易。三是对于涉及个人信息的数据，因其与自然人的隐私权等合法权益密切相关，因此未经个人信息主体明示同意不得交易。对于未成年人的信息，以14周岁为分界线，涉及14周岁以上的未成年人的个人信息的数据，未经年满14周岁未成年人或其监护人明示同意；涉及未满14周岁的未成年人的个人信息数据，未经不满14周岁未成年人的监护人明示同意，不得以此从事交易活动。四是可交易数据的条件之一是通过合法渠道取得的数据，因此以欺诈、诱骗、误导等方式或从非法、违规渠道获取的数据不得交易。五是对禁止交易数据做了兜底规定，根据其他法律法规或合法约定明确禁止交易的数据也不得交易。

其二，建立大数据交易平台。作为《京津冀大数据综合试验区建设方案》的主要任务之一，北京市于2014年上线了北京大数据交易服务平台，[1] 2015年河北大数据交易中心在北京成立，该中心是华北地区第一家数据资产交易平台。[2] 2021年北方大数据交易中心获批在天津生态城设立，该中心将服务京津冀地区，辐射全国，带动数据交易良性发展。通过建立完善大数据交

---

〔1〕 2014年12月10日，北京大数据交易服务平台正式发布上线。参见北京市经济和信息化局：http://jxj.beijing.gov.cn/jxdt/zwyw/201911/t20191113_504076.html，2022年9月15日访问。

〔2〕 2015年12月3日，中国首家开展数据资产证券化的服务机构、华北地区第一家数据资产交易平台——河北大数据交易中心在北京宣布成立。参见中国财经网：https://finance.china.com.cn/roll/20151203/3477165.shtml，2022年9月15日访问。

平台，规范数据交易行为，便于数据使用者进行数据检索与使用。天津市公共资源交易平台暨全国公共资源交易平台（天津市）统计每日交易信息数量，对所交易信息进行分门别类，涵盖了知识产权、政府采购等数据交易的内容，为数据使用者快速锁定所需信息提供便利。

（2）大数据安全监督制度。京津冀地区的大数据安全监督制度大致包括了数据安全保障制度与数据监督管理制度。

第一，建立数据安全保障制度。根据《京津冀大数据综合试验区建设方案》，在京津冀地区建设大数据综合试验区的安全保障机制，通过建立健全大数据产业安全保障体系、大数据安全评估体系、完善大数据平台、采取必要的安全保障措施等提高数据安全保障能力，引导大数据安全可控发展。

其一，建立安全风险联防联控机制。《北京市数字经济促进条例》第47条指出要构建跨领域、跨部门、政企合作的安全风险联防联控机制，该机制是工作协同发展原则在安全保障领域的具体体现。各领域、各部门、各企业对数据的掌握程度及防范程度有所不同，对数据安全风险进行联防联控管理有利于保障数据生命全周期的数据安全，有利于构建起严密的数据安全保护网。

其二，建立安全信息备案制度。北京市于2011年出台了《信息安全等级保护管理办法》，该办法对信息系统安全等级保护备案制度作了详细介绍。2020年北京市海淀区信息安全等级保护办公室详细规定了信息安全等级保护备案系统所需材料，[1]北京市建设了"北京市安全监督备案信息"平台。

其三，建立数据安全信息通报制度。通过数据安全信息通报制度，确保数据安全保障工作的顺利开展。天津市和平区政府开展诚信工作建设时，运用监测数据通报制度，以保证诚信工作任务落到实处。[2]北京通州区应急管理局运用数据通报制度，对未完成任务的企业人员进行通报，有效带动了学习培训氛围，培训颇见成效。[3]

其四，建立多元化资金投入和保障机制。《河北省数字经济促进条例》第

---

〔1〕 北京市海淀区信息安全等级保护办公室发布《信息安全等级保护备案系统材料》。参见北京市海淀区人民政府网：https://zyk.bjhd.gov.cn/zwdt/xxgk/tzgg/202011/t20201112_4433229.shtml，2022年9月13日访问。

〔2〕 和平区多措并举助力全市诚信建设工作。参见天津市人民政府网：https://www.tj.gov.cn/sy/zwdt/gqdt/202006/t20200624_2721980.html，2022年9月13日访问。

〔3〕 通州区应急管理局进一步加强危险化学品企业从业人员安全生产培训教育工作。参见北京市应急管理局：http://yjglj.beijing.gov.cn/art/2021/8/27/art_4566_682874.html，2022年9月13日访问。

67条对该制度有所规定。一是通过对财政资金的统筹规划，充分发挥专项基金的作用；二是鼓励、激发社会主体资本对数据产业发展的贡献力量，建立健全大数据平台、信息制造平台等。

其五，落实主体责任制度。落实主体责任制度，是对在数据的汇集产生到数据共享开放等全过程、各个环节，数据责任主体应承担何种责任、如何承担责任的规定。《京津冀大数据综合试验区建设方案》指出，要建设数据安全保障体系就得明确相关主体的责任。以天津市为例，《天津市公共数据资源开放管理暂行办法》第5条第3款、《天津市促进大数据发展应用条例》第8条第3款均点明，包括政务数据资源在内的公共数据资源共享、开放的责任主体为市级政务部门和区人民政府，由这些部门负责数据资源的交流与联通。《天津市数据安全管理办法（暂行）》第7条、第14条，《天津市促进智能制造发展条例》第25条第2款对数据运营过程中的责任主体作了规定，数据运营者应履行保护数据安全的义务，建立数据安全管理责任，保障网络数据安全。单位数据安全的第一责任人则是各数据运营单位的法定代表人或主要负责人。

第二，建立数据监督管理制度。

其一，完善动态监督管理制度。《河北省数字经济促进条例》第41条第2款都对动态监测等作了规定。对于数据的动态监测是源于数据更新速度快等特性，因此为了保障数据安全，要建立起数据全过程动态监督管理制度。引导工业企业应用新一代信息技术开展资源能源和污染物全过程动态监测、精准控制和优化管理，尤其是要加强对造成环境污染的工业企业的监测，避免污染物指标超过法律规定要求，推动碳减排，助力实现碳达峰、碳中和。

其二，建立数据安全应急机制。数据安全应急机制是对数据进行安全保障的预防机制，以便政府部门或其他公共服务机构在面临数据被泄露等问题时可以灵活处理，以最快速度恢复保障措施。京津冀各地区对该工作机制均有所规定，以天津市对公共数据的应急管理措施为例，由天津市互联网信息办公室统筹协调相关部门展开应急处置工作，市级相关部门和区人民政府要建立起数据安全应急工作机制，制定应急预案，开展应急演练，并根据演练中存在的问题及时修改相应的应急预案。在发生安全事件后，天津市互联网信息办公室要协调相关部门及时确定响应级别并采取相应的应急预案。对于数据安全的保障，不仅要靠政府部门，数据运营者亦要制定数据安全事件应急预案，保障数据安全运行。

（3）大数据开发应用制度。大数据的开发应用离不开对数据的规范管理、各地区之间的协同合作、共同发展以及对人才的培养。

第一，建立协同发展制度。2015年，中央在分析北京、天津、河北等地区的经济形势、政治情况等多方面要素后出台了《京津冀协同发展规划纲要》。该纲要指出，北京地区面临的种种问题的根本原因是北京承载了许多非首都功能，因此京津冀地区协同发展战略的核心是有效疏解北京的非首都功能。该纲要为科学推动京津冀地区协同发展作出了规划，并要落实重点领域的率先突破。[1]

首先，要打造协同发展功能格局。《北京市数据中心统筹发展实施方案（2021-2023年）》对京津冀地区进行了功能划分，其中就包括协同发展区域，这片区域包括河北、天津等地，鼓励引导建设数字中心布局，为京津冀地区数字经济协同发展提供了有力支撑。《京津冀大数据综合试验区建设方案》指出，要在京津冀地区打造协同发展功能格局，疏解北京数据中心的功能，加快大数据成果转化，推动京津冀地区交通、航运、环保、旅游、健康、教育等大数据协同发展。因此，需要通过建设相关大数据应用平台，实现跨部门服务协同，推动数据资源共享及信息的互联互通，运用大数据技术对共享获得的数据资源进行科学决策和分析，从而提升相关部门的数据管理、运用能力。并且，要通过创新促进相关领域的发展，如加快环境保护领域的应用创新，发展污染源全景展示技术，提升对环境的预测分析能力；在大数据健康领域，通过服务模式的创新促进健康医疗产品的创新等。

其次，要建立协同推进体制机制。《京津冀大数据综合试验区建设方案》《北京市数据中心统筹发展实施方案（2021-2023年）》《北京市数字经济促进条例》第4条，《河北省数字经济促进条例》第七章等均提及了"协同发展"的工作机制。一方面，要建立京津冀三地促进大数据发展协同工作机制，推进京津冀数据中心协同建设，建立健全多方联动、协同发展的工作体制机

---

[1]《京津冀协同发展规划纲要》对京津冀三省市的定位分别为：北京市——"全国政治中心、文化中心、国际交往中心、科技创新中心"；天津市——"全国先进制造研发基地、北方国际航运核心区、金融创新运营示范区、改革开放先行区"；河北省——"全国现代商贸物流重要基地、产业转型升级试验区、新型城镇化与城乡统筹示范区、京津冀生态环境支撑区"。参见北京市昌平区人民政府网：http://www.bjchp.gov.cn/cpqzf/315734/tzgg27/1277896/index.html，2022年9月11日访问。

制。在京津冀各地区的地理位置、产业布局等因素的影响下,京津冀地区实现协同发展是有必要的。各个责任主体要按照工作分工履行好自己的职责,加强协调沟通,做好各部门数据资源的共享、开放工作,整合数据资源,实现数据的互联互通。另一方面,京津冀地区协同发展制度不仅是为了整合京津冀地区的资源,解决北京非首都功能繁多的问题,也是为了带动周边地区的经济、教育、生态等方面的发展。因此,可以通过建设基础设施、实行统一的技术规范、转移相关产业成果、推动服务领域资源通过数字渠道等方式在该地区的广泛运用等措施来推动京津冀地区数字经济的协同发展。

第二,建立数据管理制度。对数据资源进行管理是数据资源共享、开放的前提。总结京津冀各地区的相关法规政策文件,从数据目录、分级分类、平台建设等方面构建完整的数据管理制度。

首先,实行目录管理制度。[1]《京津冀大数据综合试验区建设方案》有关加强数据资源管理的内容就包括了建立京津冀政府数据资源目录体系、建立数据资源管理体系。对目录实行统一管理既规范了各政务部门、公共服务机构对目录的编制,也方便了相关部门对数据资源及时进行更新、更正等。譬如,北京市相关主管部门就公共数据资源目录编制制定了相关规范,相关公共机构依照目录编制规范编制本机构公共数据目录后汇总至相关主管部门。天津市政务数据由市级政务部门和区人民政府负责采集、确认、形成政务数据目录,并建立目录更新机制。

其次,规范数据分类分级制度。[2]对不同数据资源进行分类分级管理,即对不同层级的数据采取不同的共享、开放等规则,对数据的全生命周期采取差异化管理措施,有利于节约时间、人力等成本,能够对保密数据等重要数据资源投入更多的精力,高效保障数据资源。

最后,建立健全平台管理制度规则。《北京市数字经济促进条例》第49条要求建立健全平台管理制度,因为数据信息量庞杂,因此需要通过数据平

---

[1]《北京市公共数据管理办法》第10条、《天津市公共数据资源开放管理暂行办法》第14条、《天津市促进大数据发展应用条例》第10条、《河北省数字经济促进条例》第18条、《石家庄市政务数据资源管理规定》均规定了实行统一目录管理制度。

[2]《天津市公共数据资源开放管理暂行办法》第9条、《天津市数据安全管理办法(暂行)》第16条、《北京市关于加快建设全球数字经济标杆城市的实施方案》、《河北省数字经济促进条例》第17条第2款对数据资源实行分类分级制度作出了相关规定。

台的建设,对数据资源进行汇集、筛选、共享、开放、使用。数据资源须通过数据平台得以利用,并能够随着外部条件的变化及时得到更新更正。京津冀地区目前已拥有"北京市公共数据开放平台""河北省公共数据开放网""天津市信息资源统一开放平台"等数据平台,通过这些数据平台的建设,整合了主题数据(如医疗健康、交通服务等)、市级数据、区级数据、企业数据等,进行了分类别、分部门、分层级的数据资源管理,便于数据使用者快速锁定所需数据。截止到2022年9月11日,北京市公共数据开放平台有115个单位对公共数据进行开放,开放数据包括了15 026个数据集、575 444个数据项、71.86亿条数据量、12 296个数据接口。〔1〕天津市信息资源统一开放平台现已开放数据涵盖21个主题、61个市级部门、16个区、2474个数据集、805个数据接口。〔2〕

第三,建立数据人才培养机制。各行各业的竞争,归根结底是人才的竞争。数字产业欲得到发展,就必须大力培养相关人才。《京津冀大数据综合试验区建设方案》"保障措施"、《北京市数字经济促进条例》第51条、《河北省数字经济促进条例》第70条规定了京津冀地区的人才培养制度。要根据地区的实际需要,引进、培养相关人才。完善人才引进、培养机制,对所引进、培养的人才要支持、鼓励、奖励,加强人才协同发展。

一方面,建立健全引进人才机制。数据人才引进有两种方式:其一,主动出击,抓准数字经济领域人才。石家庄市坚持人才强市,深化"人才绿卡制度",对于数字经济领域的人才,通过住房、子女教育等方面的支持,帮助数字经济领域人才在石家庄落地发展。其二,依托重大人才工程。《河北省数字经济促进条例》指出,政府及其相关部门应当依托重大人才工程,引进数字经济领域高水平专家人才和创新团队。对于引进后的人才,要建立健全人才流动机制,使其在京津冀地区自由流动。这是因为京津冀地区虽地理位置优越、资源丰富,但各地区之间的人才培养程度有所失衡。北京地区作为政治文化中心,聚集了众多数字企业,截至2022年,北京市数字经济人才居全国首

---

〔1〕 现已开放单位数115个、数据集15 026个、数据项575 444个、数据接口12 296个、数据量71.86亿条。参见北京市公共数据开放平台网:https://data.beijing.gov.cn,2022年9月11日访问。

〔2〕 现已开放数据:21个主题、61个市级部门、16个区、2474个数据集、805个数据接口。参见天津市信息资源统一开放平台:https://data.tj.gov.cn,2022年9月11日访问。

第二章　国家大数据综合试验区立法实践

位。[1]但是,对于河北省承德等市,大数据产业的人才培养经验较少,本地人才资源动力不足,需要通过加强人才交流和人才环境建设吸引人才落户发展。

另一方面,完善培养人才机制。除了引进外地人才外,本地人才培养也尤为重要。对于本地人才的培养需要通过多方努力。首先,政府要优化人才服务保障机制,完善人才评价机制,支持企业、部门等基于人才培养所开展的工作。北京市朝阳区与鲲鹏联合创新中心深度合作,建设了数字经济人才培养基地,通过基地的培训学习,为朝阳区的数字产业发展积累了一定的人才储备。[2]其次,教育部门、高等院校、职业学校、科研院所等以多层次、多方向、多形式的数字课程教育,优化师资结构与专业设置,加强数字经济领域学科专业和专业课程建设。对人才的培养离不开教育,通过校企合作、建立实训基地等方式既充实了基础知识储备,又积累了实训经验。最后,与数字经济产业相关的社会组织要承担社会责任,加强行业服务,依法开展人才培训、咨询评估等工作。

(4) 其他制度。

第一,建立健全知识产权保护制度。对知识产权的保护是激发创造创新活力的重要条件。《北京市公共数据管理办法》《河北省数字经济促进条例》等均要求构建知识产权保护规则,保障知识产权权利人的合法权益,推动获取自主知识产权。为贯彻落实《京津冀协同发展规划纲要》,北京、天津、河北等地的知识产权局共同制定了《知识产权促进京津冀协同发展合作会商议定书》,建立了"一局三地"知识产权促进京津冀协同发展合作会商机制。[3]京津冀地区多次通过论坛等方式共同签署《京津冀知识产权信息公共服务合作

---

[1] 北京市人工智能、区块链高新技术企业数量全国第一,人工智能企业获得融资比重达21.9%,区块链企业获得融资比重达34.3%,城市算力服务网指数、数字经济人才占比均居全国首位。参见北京市人民政府网:http://www.beijing.gov.cn/ywdt/gzdt/202207/t20220728_2780718.html,2022年9月12日访问。

[2] 北京鲲鹏联合创新中心与朝阳区深度合作,共同建设数字经济人才培养基地,为区域经济转型发展提供人才储备。截至2021年9月26日,已完成鲲鹏专业技术人才培养2万余名。参见北京市人民政府网:http://www.beijing.gov.cn/ywdt/gqrd/202109/t20210926_2502108.html,2022年9月12日访问。

[3] 自《京津冀协同发展规划纲要》颁布实施以来,在国家知识产权局和三地政府的指导下,北京、天津、河北三地知识产权局共同制定了《知识产权促进京津冀协同发展合作会商议定书》,建立了"一局三地"知识产权促进京津冀协同发展合作会商机制。参见天津市人民政府网:https://www.tj.gov.cn/sy/tjxw/202005/t20200520_2553248.html,2022年9月12日访问。

计划》，进一步加深了京津冀地区知识产权领域的交流与合作。[1]

其一，北京市的数字知识产权保护制度。北京市高度重视对大数据等领域的知识产权的保护。2020年，经批复印发的《关于深化北京市新一轮服务业扩大开放综合试点建设国家服务业扩大开放综合示范区工作方案》的主要任务之一"推进数字经济和数字贸易发展"指出，要研究建立完善数字贸易知识产权相关制度，强化对知识产权的保护和运用。[2]同年，国务院出台《中国（北京）自由贸易试验区总体方案》。[3]该方案对建立中国（北京）自由贸易试验区提出了要探索国际数字产品专利、版权、商业秘密等知识产权保护制度建设，北京市为此制定出台了《"两区"国际数字产品知识产权保护指引（试行）》，[4]以及要建设数字版权交易平台，带动知识产权保护、知识产权融资业务发展等要求。2021年11月，北京市知识产权公共服务中心组织编写出版了《数字经济知识产权保护指南》。该指南为数字企业知识产权保护等提供了全面、便捷、专业的参考和指导。[5]2022年7月1日，《北京市知识产权保护条例》正式施行，该条例对数字知识产权作了相关规定，版权、文化和旅游部门负责制定适应网络环境和数字经济形态的著作权保护措

---

〔1〕为深入贯彻落实《京津冀协同发展规划纲要》以及《知识产权促进京津冀合作会商议定书》精神，进一步深化京津冀知识产权领域交流与合作，在2018年8月24日的京津冀知识产权协同发展高层论坛上，京津冀三地知识产权信息中心负责人在论坛上共同签署了《京津冀知识产权信息公共服务合作计划》。参见天津市知识产权局：https://zscq.tj.gov.cn/zwxx/gzdt/202011/t20201106_4041245.html，2022年9月12日访问。

〔2〕国务院关于深化北京市新一轮服务业扩大开放综合试点建设国家服务业扩大开放综合示范区工作方案的批复。参见北京市人民政府网：http://www.beijing.gov.cn/zhengce/zhengcefagui/202009/t20200908_1999520.html，2022年9月12日访问。

〔3〕2020年8月30日，国务院印发《中国（北京）自由贸易试验区总体方案》《中国（湖南）自由贸易试验区总体方案》《中国（安徽）自由贸易试验区总体方案》《中国（浙江）自由贸易试验区扩展区域方案》。参见北京市人民政府网：http://www.beijing.gov.cn/zhengce/zhengcefagui/202009/t20200921_2074433.html，2022年9月12日访问。

〔4〕北京探索国际数字产品专利、版权、商业秘密等知识产权保护制度建设，制定出台了《"两区"国际数字产品知识产权保护指引（试行）》和《"两区"国际数字产品知识产权保护指引（试行）》。参见中国宣传教育处：http://zscqj.beijing.gov.cn/zscqj/sjd/mtfb21/21224933/index.html，2022年9月12日访问。

〔5〕为加快推进北京市"两区"及全球数字经济标杆城市建设，北京市知识产权公共服务中心（简称"公共服务中心"）组织编写的指导书籍《数字经济知识产权保护指南》，于今年11月正式出版。参见北京市知识产权局：http://zscqj.beijing.gov.cn/zscqj/ztzl/zscqggfwzl/twxx/11189246/index.html，2022年9月12日访问。

施，市知识产权部门负责制定数字贸易知识产权保护指引，对标国际通行知识产权保护规则，要做好对数字产品制造、销售等全产业链知识产权侵权风险的甄别和应对工作。

其二，天津市的数字知识产权保护制度。2017年，出于对《国务院关于印发"十三五"国家知识产权保护和运用规划的通知》的贯彻落实，天津市人民政府出台《天津市人民政府办公厅关于贯彻落实"十三五"国家知识产权保护和运用规划的实施意见》。该实施意见提出要提升宽带移动互联网、云计算、物联网、大数据、高性能计算、移动智能终端等新领域、新业态的知识产权保护力度。[1]2018年，天津市出台《严格知识产权保护实施方案（2018—2020年）》，力图实施最严格的知识产权保护制度。同年出台了《天津市知识产权局关于支持智能科技产业发展的实施细则》，鼓励智能科技产业发挥产业优势、提升创新力度。2019年，天津市人民代表大会常务委员会通过的《天津市知识产权保护条例》、2022年出台的《天津市贯彻落实"十四五"市场监管现代化规划实施方案》对知识产权制度都作了详细规定。

其三，河北省的数字知识产权保护制度。2016年，河北省欲加快知识产权强省的建设，出台了《河北省人民政府关于加快知识产权强省建设的实施意见》，指出要完善对数据库等新业态领域的知识产权保护。[2]运用大数据等手段提升知识产权保护预警预防的能力。在河北省知识产权强省建设的指导下，石家庄市出台的《石家庄市人民政府关于加快知识产权强市建设的意见》亦提及加强新业态领域的知识产权保护规定。2020年，河北省政府印发《关于支持数字经济加快发展的若干政策》，规定由省市场监管局、省财政厅，各市政府，雄安新区管理委员会负责运用省级知识产权保护资金对数字经济领域新认定的专利权人、发明人等给予奖励，以此加强知识产权领域的创新发展。

第二，建立健全弱势群体保障制度。时代高速发展，数字鸿沟随之出现，

---

〔1〕《天津市人民政府办公厅关于贯彻落实"十三五"国家知识产权保护和运用规划的实施意见》。

〔2〕为贯彻落实《国务院关于新形势下加快知识产权强国建设的若干意见》（国发〔2015〕71号）精神，深化知识产权领域改革，加快知识产权强省建设，结合河北省实际，河北省人民政府提出了关于加快知识产权强省建设的实施意见。参见河北省人民政府网：http://info.hebei.gov.cn/hbszfxxgk/6898876/7026469/7026511/7026505/7032451/index.html，2022年9月12日访问。

老年人、残障人士数量并不少，这类人群不能被时代抛弃，成为"数字难民"。因此，政府或公共服务机构在制定相关政策规定时，要充分为老年群体、残障人士群体考虑。《北京市数字经济促进条例》第54条指出，各相关服务部门要推进数字无障碍化建设，方便老年人、残障人士享受智能化产品和服务。《北京市关于加快建设全球数字经济标杆城市的实施方案》提及要建设数字社区中心。该中心的建立要帮助老年人适应数字化时代的发展，根据老年人的需求与实际情况开展培训工作，使老年人对智能产品的使用有所了解。《河北省数字经济促进条例》第58条规定，政府及相关部门要制定完善老年群体、残障人士群体等在出行、就医等方面的服务保障措施，鼓励推进智能产品适老化改造，关怀老年人、残障人士的服务需求和体验。

除了要加强对老年群体、残障人士的保障外，对未成年人的关怀和保护也尤为重要。随着智能时代、数字时代的到来，对数字设备的使用也逐渐低龄化。《北京市数字经济促进条例》第36条指出，要健全完善对未成年人的网络保护机制。这是因为未成年人对互联网上的部分信息难以作出自己的判断，因此对未成年人网络使用的引导是很有必要的。《天津市数据交易管理暂行办法》对涉及未成年人个人信息数据的交易作出了相关特殊保护的规定。

（二）珠江三角洲立法现状：立法概述、立法定位、主要制度设计

1. 立法概述

2016年10月国家发展和改革委员会、工业和信息化部、中央网络安全和信息化委员会办公室联合发文，正式批准成立珠江三角洲国家大数据综合试验区。珠江三角洲综试区覆盖广州、深圳、佛山、东莞、中山、惠州、珠海、江门、肇庆等珠三角九市，实施范围达到5.6万平方公里，拥有良好的大数据发展环境，具备发展大数据产业的良好条件，在功能上形成了"一区两核三带"的总体布局。"一区"即珠三角国家大数据综合试验区。"两核"是指以广州、深圳为核心区。"三带"是指重点打造佛山、珠海、中山、肇庆、江门等珠江西岸大数据产业带，惠州、东莞等珠江东岸大数据产业带，并辐射全省，打造汕头、汕尾、阳江、湛江等沿海大数据产业带。"一区两核三带"的总体布局具体来看将广州、深圳作为大数据驱动双核，依托广州和深圳两个核心城市在政治、经济及科技发展等方面的优势，形成核心突出、支撑力强、辐射面广的大数据发展中心区域。广州作为省级行政单位，将发挥区位优势，重点发展社会治理、民生服务等领域的大数据创新应用，着力培育互

联网金融等数据新兴业态,发展大数据软件产品以及信息技术核心软件产品,建设特色鲜明的大数据创新应用示范基地。深圳则充分基于科技综合实力和区域创新能力全国领先的优势,着力突破大数据发展的关键核心技术,积极开展基于大数据的商业模式创新,培育大数据新兴业态,建设具备较强国际竞争力的大数据创业创新孵化基地。同时,珠江西岸和珠江东岸将结合各自的区位优势和产业基础,运用大数据促进制造业转型升级。珠江西岸大数据产业带的发展核心在于大数据与先进装备制造业的融合,重点发展工业机器人、自动机床等"工作母机"类设备制造,开展设备数据挖掘、分析和应用,拓展基于设备的大数据增值服务和创新服务,打造大数据促进先进装备制造业转型升级示范区。而在电子信息产业发达的珠江东岸,则要重点发展大数据软硬件产品,以及以大数据应用为牵引的信息技术核心基础产品,积极培育基于大数据的信息消费等领域新兴业态,打造大数据促进电子信息制造业转型升级示范区,建设全国领先的大数据产品制造基地。珠三角作为全国重要的大数据资源汇集地,将重点推动大数据在社会治理、民生服务以及制造业转型升级等领域的应用,力争形成一批引领全国的大数据创新应用示范,努力构建形成精准治理、多方协作的政府治理新模式,以人为本、惠及全民的民生服务新体系,打造大数据综合应用引领区。

2012年,广东省提出《广东省实施大数据战略工作方案》,拉开了广东省内大数据产业的序幕。2013年,《广东省信息化发展规划纲要(2013-2020年)》出台,提出要将广东省发展成为大数据应用先行区。同年,成立了广东省实施大数据战略专家委员会。2014年2月,广东省政府批准在省经济和信息化委员会设立广东省大数据管理局。2014年5月,广东省十二届人大常委会第九次会议表决通过了《广东省信息化促进条例》,使大数据技术获得了立法支持。

2016年,《广东省促进大数据发展行动计划(2016-2020年)》正式出台。2017年4月,广东省人民政府办公厅印发了《珠江三角洲国家大数据综合试验区建设实施方案》。[1]该方案对外系统性地披露了在大数据应用与产业发展方面的探索思路,指出到2020年,珠三角地区将被打造成为全国大数据综合应用引领区、大数据创业创新生态区、大数据产业发展集聚区,抢占数

---

〔1〕《广东省人民政府办公厅关于印发珠江三角洲国家大数据综合试验区建设实施方案的通知》。

据产业发展高地，建成具有国际竞争力的国家大数据综合试验区。该方案明确了加强政务数据统筹整合、推进数据资源开放利用、开展社会治理大数据应用、开展公共服务大数据应用、开展行业大数据应用、开展制造业大数据应用、开展创业创新大数据应用、促进大数据产业发展及促进大数据要素流通九项重点任务。2017年10月，珠海市科技与工业信息化局印发《珠海市创建珠江三角洲国家大数据综合试验区实施方案》。该方案指出将推进珠海市大数据中心建设，打造珠海政务大数据基地、产业大数据基地、民生大数据基地，实现珠海智慧城市产业孵化器、智能制造公共技术平台、智慧城市体验馆等多项功能。2020年底前，珠海市大数据中心全部建成投入使用。

2018年，惠州市人民政府印发了《惠州市贯彻落实珠江三角洲国家大数据综合试验区建设实施方案》。该方案从加强大数据顶层设计、优化政务基础设施建设、推动数据资源开放共享、开展社会治理大数据应用、推动公共服务大数据应用、推动工业大数据发展、促进大数据产业发展、健全大数据安全保障体系等八个方面提出了惠州未来3年大数据试验区的重点建设任务，要求全面提升惠州大数据的资源掌控能力、技术支撑能力和价值挖掘能力，以潼湖生态智慧区大数据产业园为载体，大力发展新技术、新产业、新业态和新模式，培育新经济增长点。该方案指出，随着大数据产业的进一步健全以及大数据产业集聚发展的态势，到2020年，惠州将引进和培育3家以上大数据龙头企业或骨干企业，形成1个~2个大数据产业基地或大数据创新孵化基地，努力推动惠州建成全省领先的大数据应用先行区和产业集聚地。2018年11月，广东省人民政府印发《广东省政务数据资源共享管理办法（试行）》，提出对政务数据资源共享实行"以共享为原则，以不共享为例外"，实现跨区域、跨地区、跨层级的数据共享。

2020年5月，中山市人民政府通过并公布了《中山市政务数据管理办法》。该办法主要从政务数据采集汇聚、共享开放、开发利用、更新维护，以及政务数据和政务信息化系统的安全保障活动等方面对我市政务数据进行了全面规范。其中明确了市政务数据主管部门负责统筹建设中山市政务大数据中心，作为广东省政务大数据中心的分节点，是全市政务数据的存储备份、目录管理、共享开放、应用服务以及与省级政务数据对接共享的信息技术平台。该办法明确规定政务部门应当遵循合法、必要、适度原则，按照法定范围和程序，采集公民、法人和其他组织的有关数据。政务部门在采集政务数据过程中应当依法履行告知义务。在办理政务服务事项时，对通过政务大数据中心可以获取的政务数据，不得要求行政相对人另行提供相关材料。该办法明确了政务数据共享的需求导向原则，只有在相关部门因履行职责需要，明确了使用需求和数据用途后才可获取履职所需的最少够用的政务数据和具备完成职责所需最少的数据操作权限。该规定在实现了推进政务数据共享的同时，还加强了数据安全防护、避免了数据被滥用。2020 年 8 月东莞市人民政府印发了《东莞市政务数据资源共享管理办法（试行）》。该办法明确了政务数据大脑是本地化管理的平台载体，建立一体化政务数据资源目录及动态管理机制，统一全市"一盘棋"的归集标准和运行机制，根据不同情况制定不同数据共享更新要求，以数据提供和使用协议明确相关主体责任和义务，落实数据负面清单制度规范促进数据共享，明确基础库、主题库建设与数据共享要求，建立有条件共享政务数据资源的审核机制，强化落实财政投资建设信息系统的数据汇聚，推动购买服务数据一次采购多处共享应用，强化监督考核，促进数据共享管理工作以及从技术和制度层面加强数据安全管理等十三个方面的内容。

2021 年 7 月，广东省人民代表大会常务委员会通过并公布《广东省数字经济促进条例》。该条例明确指出，数字产业化和产业数字化是数字经济发展的"两大核心"，在数字产业化方面主要抓好三项工作：一是深入实施"广东强芯"工程；二是打造世界级数字产业集群；三是建设高质量发展载体。在产业数字化方面，重点推进制造业加快数字化转型。该条例立足广东实际，聚焦"数字产业化、产业数字化"两大核心，突出制造业数字化转型，做好数据资源开发利用保护和技术创新，加强粤港澳大湾区数字经济规则衔接、机制对接。在该条例的推动下，进一步推动广东数字技术与实体经济深度融合，打造具有国际竞争力的数字产业集群，全面建设数字经济强省。2021 年 7 月深圳市人民代表大会常务委员会公布《深圳经济特区数据条例》。该条例是目前国内数据领域首部基础性、综合性立法，率先提出"数据权益"，并着重强化个人信息数据保护，坚持个人信息保护与促进数字经济发展并重，同时也是在地方立法中首次建立数据领域公益诉讼制度，规定人民检察院和法律、法规规定的组织可以就违反规定处理数据致使国家利益或者公共利益受到损害的行为，依法提出民事公益诉讼。该条例也是国内首次确立数据公平竞争相关规定的立法，针对当前出现的"数据杀熟"等现象进行规制。2022

年9月深圳市人民代表大会常务委员会公布《深圳经济特区人工智能产业促进条例》。该条例首次明确了人工智能的概念和产业边界，[1]具有深远的社会和行业意义。人工智能是当今社会生产力发展的重要驱动力，与技术层面的突破相比，人工智能技术和应用在治理层面遇到的挑战和困难日益加剧。该条例的出台目的在于为促进深圳人工智能产业发展提供法治保障，只有先从立法层面破解人工智能的发展障碍才能使得人工智能真正落地发展。因此，该条例为深圳人工智能发展提供法治保障的重要性不言而喻，不仅有助于建立人工智能发展高地，而且破解了人工智能治理难题。2021年10月，广东省人民政府印发了《广东省公共数据管理办法》。该办法在国内首次明确将公共服务供给方纳入公共数据范畴，指出公共数据是指公共管理和服务机构在依法履行职责、提供公共服务过程中制作或者获取的，以电子或者非电子形式对信息的记录，例如在提供水电煤气、交通等公共服务过程中制作或获取的信息记录等信息。该办法首次在省级立法层面真正落实了"一数一源"，提出了公共管理和服务机构应当根据本机构的职责分工编制公共数据采集清单，按照一项数据有且只有一个法定数源部门的要求，并依据全省统一的技术标准和规范在法定职权范围内采集、核准与提供公共数据。例如，户籍登记数据由公安机关负责提供，出生和死亡登记数据由民政部门、乡镇人民政府责任提供，等等。该办法首次明确了数据交易标的，鼓励市场主体和个人利用依法开放的公共数据开展科学研究、产品研发、咨询服务、数据加工、数据分析等创新创业活动，相关活动产生的数据产品或者数据服务可以依法进行交易，法律法规另有规定或者当事人之间另有约定的除外。《广东省公共数据管理办法》的颁布为珠江三角洲大数据综合试验区试点工作的顺利进行提供了制度支持。

2022年4月，广州市人民代表大会常务委员会公布了《广州市数字经济促进条例》。该条例以推动数字产业化和产业数字化发展为核心，加强数字基础设施建设、数据资源价值化、提升城市治理数字化水平，为将广州建设成具有全球影响力的数字经济引领型城市提供了法治保障。该条例针对首席数

---

[1] 2022年11月1日实施的《深圳经济特区人工智能产业促进条例》第2条规定："本条例所称人工智能，是指利用计算机或者其控制的设备，通过感知环境、获取知识、推导演绎等方法，对人类智能的模拟、延伸或者扩展。"

据官、数据经纪人等创新试点提供了法律保障，明确提出"建立健全部门协同、市区联动、政企合作的数据治理体制机制，探索推行首席数据官等数据管理创新制度"，"探索建立数据交易平台、场所以及数据入场规范、数据经纪人管理等配套制度"。2022 年 7 月，广东省工业和信息化厅印发了《广东省数字经济发展指引 1.0》。该指引是全国省级层面首个推动数字经济发展的指引性文件，是落实《广东省数字经济促进条例》的施工图，是地市统筹推动数字经济发展的操作册，是各地数字经济发展优秀经验的案例库，是数字经济及数字化相关政策的总览表，旨在为全省数字经济发展提供指导性建议和典型案例参考，鼓励探索适用性强、特色化程度高的数字经济发展模式和路径，引导社会各界共同参与数字经济建设，形成"凝聚共识，竞相发展"的良好局面。该指引以国务院《"十四五"数字经济规划》为引领，以《广东省数字经济促进条例》为基础，结合建设数字经济强省相关工作部署，系统提出了广东数字经济发展的"2221"总体框架，引导各方主攻"数字产业化"和"产业数字化"两大核心；激活"数据资源"和"数字技术"两大要素；筑牢"核心基础数字产品"和"数字基础设施"两大基石；持续完善数字政府改革及服务支撑体系。数字经济发展是一项复杂的系统工程，其概念内涵在持续扩展和延伸，新模式、新业态不断涌现。该指引根据工作发展在探索实践中不断迭代更新，更好地引领广东数字经济发展。2022 年 8 月，深圳市人民代表大会常务委员会通过并公布了《深圳经济特区数字经济产业促进条例》。该条例提出建立数据交易平台，探索开展数据跨境交易，数据资产证券化等交易模式创新。该条例提出推动粤港澳大湾区数字经济协同发展，建设大湾区数据中心，推动大湾区数据标准化体系建设。

2. 立法定位及原则

（1）立法定位。

珠江三角洲是全国首批确定的跨区域类综合试验区之一，为实现将珠江三角洲地区打造成全国大数据综合应用引领区、大数据创业创新生态区、大数据产业发展聚集区，抢占数据产业发展高地，建成具有国际竞争力的国家大数据综合试验区的目标，进一步落实《珠江三角洲国家大数据综合试验区建设实施方案》，珠江三角洲地区各市先后出台了《广东省公共数据管理办法》《广东省数字经济促进条例》《广东省政务数据资源共享管理办法（试行）》《深圳经济特区数字经济产业促进条例》《广州市数字经济促进条例》

《深圳经济特区人工智能产业促进条例》《深圳经济特区数据条例》《东莞市政务数据资源共享管理办法（试行）》等相关法规规章。

《广东省公共数据管理办法》的立法定位是规范公共数据的采集、使用、管理，保障公共数据安全，促进公共数据共享、开放和利用，释放公共数据价值，提升政府治理能力和公共服务水平。《广东省数字经济促进条例》的立法定位是促进数字经济发展，推动数字技术同实体经济深度融合，加快城市数字化转型，实现经济社会高质量发展，建设具有全球影响力的数字经济引领型城市。《广东省政务数据资源共享管理办法（试行）》的立法定位是按照广东省"数字政府"改革建设工作部署，为解决当前政务数据资源条块分割、标准不一、"信息孤岛"突出、开发利用水平低等问题，进一步规范政务数据资源编目、采集、共享、应用和安全管理，促进政务数据资源深度开发利用，为优化营商环境、便利企业和群众办事、激发市场活力和社会创造力、建设人民满意的服务型政府提供有力支撑。《广州市数字经济促进条例》的立法定位是促进数字经济发展，推动数字技术同实体经济深度融合，加快城市数字化转型，实现经济社会高质量发展，建设具有全球影响力的数字经济引领型城市。《深圳经济特区数字经济产业促进条例》的立法定位是优化数字经济产业发展环境，促进数字经济产业高质量发展。《深圳经济特区数据条例》的立法定位是规范数据处理活动，保护自然人、法人和非法人组织的合法权益，促进将数据作为生产要素开放流动和开发利用，加快建设数字经济、数字社会、数字政府。《深圳经济特区人工智能产业促进条例》的立法定位是促进深圳经济特区人工智能产业高质量发展，推进人工智能在经济社会领域的深度融合应用。《东莞市政务数据资源共享管理办法（试行）》的立法定位是进一步规范政务数据资源编目、采集、共享、应用和安全管理，促进政务数据资源深度开发利用，为优化营商环境、便利企业和群众办事、激发市场活力和社会创造力、建设人民满意的服务型政府提供有力支撑。《中山市政务数据管理办法》的立法定位是加强和规范政务数据管理，促进政务数据共享利用，全面提高行政效率和政务服务水平。以上立法深入贯彻实施国家大数据战略，坚持以市场需求、创新驱动发展力和示范引领为导向，统一汇聚数据资源，促进大数据流通，为珠江三角洲的国家大数据综合试验区试点工作的顺利进行，打造具有全球竞争优势的跨区域类综合试验区提供了制度保障。

（2）立法原则。

※在数据管理方面

第一，数据管理应当遵循统筹规划、集约建设、统一标准、分类分级、汇聚整合、需求导向、共享开放、有效应用、安全可控的原则。[1]数据管理应当在有关机关或者部门的统筹规划下进行，相关机关或者部门首先应当制定数据管理的相关法规，为数据管理提供制度保障，其次应当负责组建数据管理中心或者数据管理平台，由数据管理中心或者数据管理平台在相关机关或者部门的监督下按照数据管理法规等规定对数据进行管理，相关机关或者部门应当对数据管理中心或者平台的行为进行实时监督。数据管理中心或者平台应当坚持集约建设，对数据进行集约化管理。集约化管理是现代企业集团提高效率与效益的基本取向。集约化的"集"就是指集中，集合人力、物力、财力、管理等生产要素，进行统一配置，集约化的"约"是指在集中、统一配置生产要素的过程中，以节俭、约束、高效为价值取向，从而实现降低成本、高效管理，进而使企业集中核心力量，获得可持续竞争的优势。数据管理平台或者中心坚持集约建设，将数据管理所需的人力、物力、财力、管理等要素，由平台或者中心进行统一配置，实现数据管理一体化建设。数据管理中心或者平台应该建立数据管理的统一标准，统一标准是规范数据管理的第一步，只有实现制度上的统一才能使得行为统一有实施的依据。统一数据管理标准对数据进行分类分级管理，分级分类管理数据形成具有顺畅逻辑体系的数据体系，不仅有利于数据管理平台或者中心对数据进行日常管理、检查和监测，而且有利于数据用户根据自身的需求在数据库中检索和查找自身所需的数据。数据管理平台或者中心应当将可汇聚的数据尽可能地汇聚整合，对数据库进行实时检查，对新增数据及时更新，及时完善数据库，保证数据的时效性和完整性。数据管理应当坚持以市场需求为导向，但不仅限于市场需求。根据市场对数据的需求，有针对性地收集、汇聚、共享和开放数据，有利于提高数据的使用率，同时也便利了数据用户，推动了数据产业的发展。数据的开放、共享是数据流通的形式之一，数据管理中心或者平台应

---

[1]《广东省公共数据管理办法》第4条、《广东省政务数据资源共享管理办法（试行）》第3条、《东莞市政务数据资源共享管理办法（试行）》第3条、《中山市政务数据管理办法》第4条、《深圳经济特区数据条例》第5条。

当制定数据开放和共享的相关规则，对开放和共享的原则、方式、权利义务、监督等方面进行规定，为数据共享和开放提供制度保障和实施依据，数据用户可以利用开放和共享的数据进行数据应用，将数据实实在在地应用到生产生活之中，发挥数据的真正价值。数据从收集、汇聚、开放、共享、流通、应用、交换、销毁等过程都需要时刻监督数据安全，数据管理平台或数据管理中心应当制定相关的数据安全保障措施，建立数据安全管理制度，落实数据安全保护责任，依法保护国家秘密、商业秘密、个人信息和隐私。

第二，数据管理应当坚持"谁主管，谁提供，谁负责"的原则。[1]数据管理应当坚持"谁主管，谁提供，谁负责"的原则，明确了数据管理的责任主体。在"一数一源"的原则下，虽然可以实现数据来源的主体唯一化，但是由于数据具有海量性，而且根据目前的技术手段和技术水平，有时还是会出现重复采集、汇聚数据的情形，那么在数据管理方面出现问题时，确认责任承担主体便成了一个很大的问题，因此在数据管理方面应当坚持"谁主管，谁提供，谁负责"的原则。当数据来源并不唯一时，在数据管理上出现问题，此时根据数据收集时登记的信息查找到数据的提供者，由提供者负责，同时数据的主管单位也应当与数据提供者一起承担责任。

第三，数据收集应当坚持"一数一源"的原则。[2]2021年《广东省公共数据管理办法》首次在省级立法层面真正落实了"一数一源"原则。其认为每一条基础数据均有且只有一个法定采集机关。数据具有海量性和庞杂性的特点，海量数据无法明确数据的来源，无法落实数据错误的责任，也无法保障数据的完整性和真实性，这将直接影响到数据的利用和应用。"一数一源"原则可以有效避免这样的问题出现，严格遵循"一数一源"原则，可以加强源头治理，疏通数据脉络，保障数据流转顺畅，从根源上对症下药，有效保障数据的时效性、真实性、可靠性、完整性和可用性，从而解决数据资源管理及使用所存在的关键问题。"一数一源"应贯穿于整个数据管理生命周期过程，该原则的落实对于各级政务数据资源管理工作而言至关重要。"一数一源"是国家对行政机关共享基础数据的基本原则，目的是保障每一

---

[1]《广东省政务数据资源共享管理办法（试行）》。

[2]《广东省公共数据管理办法》第14~16条、《广州市数字经济促进条例》第64条、《中山市政务数据管理办法》第17条提出数据收集应当坚持"一数一源"的原则。

条基础数据有且只有一个法定采集机关，由该机关对数据的真实性和准确性负责。"一数一源"原则不仅明确了数据责任主体，也有利于避免数据的重复收集，提高数据收集的工作效率，便利数据管理中心或者数据管理平台在对数据资源进行采集、存储、交换、开放、共享和应用时进行有效的校对和核实，有利于保障数据资源的时效性、真实性、可靠性、完整性和可用性。

第四，数据使用应当坚持"谁经手，谁使用，谁管理，谁负责"的原则。[1]数据在使用过程中会经手多个主体，此时如果数据出现问题也就会产生多个责任主体，为了避免出现互相推诿的情况，当数据在使用的过程中出现问题时，应当坚持"谁经手，谁使用，谁管理，谁负责"的原则。由数据使用过程中的所有经手人、数据的使用者以及所使用数据的管理者对数据问题共同承担责任。数据使用过程内部是繁杂的，出现问题时不容易查清出现问题的根本原因，也难以查清真正的责任主体，坚持"谁经手，谁使用，谁管理，谁负责"的原则可以妥当地解决这个问题，对各主体承担责任之后内部根据各方的职责进行追责。

※在数据发展方面

第一，数字经济发展应当遵循创新驱动、数据赋能、系统协调、开放融合、绿色低碳、普惠共享、聚焦产业、应用先导、包容审慎、安全发展的原则。[2]数字经济代表着新的生产力和新的生产方向，是全球技术创新的新高地。数字经济发展需要以技术的创新作为驱动力，积极攻克数字技术困境，加快布局数字经济发展，以具有前瞻引领性的数字技术驱动数字经济高质量发展。数据赋能是高质量发展经济的需要，可以加快数据共享、开放和应用，持续深化数据赋能，将数据融入生产、生活，推动传统管理模式改革。数字经济发展应当在系统的协调下进行，2022年国务院同意建立数字经济发展部际联席会议，联席会议由国家发展和改革委员会、中央网络安全和信息化委员会办公室、教育部、科技部、工业和信息化部、公安部、民政部、财政部、人力资源社会保障部、住房和城乡建设部、交通运输部、农业农村部、商务

---

〔1〕《广东省政务数据资源共享管理办法（试行）》。
〔2〕《广东省数字经济促进条例》第3条。

部、国家卫生健康委员会、人民银行、国务院国有资产监督管理委员会、税务总局、国家市场监督管理总局、国家金融监督管理总局等 20 个部门组成，国家发展和改革委员会为牵头单位。联席会议的主要职责分别是：第一，贯彻落实党中央、国务院决策部署，推进实施数字经济发展战略，统筹数字经济发展工作，研究和协调数字经济领域重大问题，指导落实数字经济发展重大任务并开展推进情况评估，研究提出相关政策建议。第二，协调制定数字化转型、促进大数据发展、"互联网+"行动等数字经济重点领域规划和政策，组织提出并督促落实数字经济发展年度重点工作，推进数字经济领域制度、机制、标准规范等建设。第三，统筹推动数字经济重大工程和试点示范，加强与有关地方、行业数字经济协调推进工作机制的沟通联系，强化与各类示范区、试验区协同联动，协调推进数字经济领域重大政策实施，组织探索适应数字经济发展的改革举措。第四，完成党中央、国务院交办的其他事项。联席会议制度的建立，标志着我国数字经济进入了顶层设计的全新阶段，有利于加强我国发展战略实施的统筹协调，完善政策的整体布局，加快构建具有中国特色的数字经济发展体系。联席会议制度的建立统筹了数字经济发展工作，更有效地协调了各行业、各部门之间的合作和冲突，对数字经济发展起到了系统协调的实质性作用。数字经济发展应当遵循开放融合的理念，习近平总书记指出，要推动数字经济和实体经济融合发展，把握数字化、网络化、智能化方向，推动制造业、服务业、农业等产业数字化，利用互联网新技术对传统产业进行全方位、全链条的改造，提高全要素生产率，发挥数字技术对经济发展的放大、叠加、倍增作用。数字经济发展是全新一轮的机遇挑战，面对全新的机遇与挑战，应当牢牢抓住变革的重要时机，全方位推动数字经济与实体经济融合发展，着力打造数字经济发展的全新趋势，为我国经济高质量发展注入全新动力。数字经济发展应当遵守绿色低碳的原则，与传统的产业发展模式相比，数字经济可以通过大数据模型精准推算出消费者的消费倾向，利用大数据推算结果对生产进行指导，促进生产者与消费者之间的精准对接，快速且精准地匹配市场的供需，对生产者而言可以有效地降低库存积压和过剩生产的情况，对消费者而言可以降低查找的时间成本和交易成本，提高效率，降低资源的投入和消耗，实现数字经济和绿色经济协同发展的目的。数字经济发展应当遵循普惠共享的原则，"十四五"时期数字经济发展正转向普惠共享新阶段。目前，数字经济已经在人们的日常生活得到大面积应用,例如每日上班族扫码乘地铁和乘公交、扫码支付、在线开视频会议、手机一键购物等等,这些都是数字经济市场应用的表现。随着新一轮的技术革新,数字经济已经成为全世界各国争先抢占的新发展机遇,我国的数字经济发展也应当转向深化应用、规范发展、普惠共享的全新阶段,使全民享受到数字经济的发展红利。数字经济发展应当遵守聚焦产业和应用先导的原则,聚焦数字产业化和产业数字化,以利用数字经济的实际应用为导向促进数字经济的进一步发展。数字经济发展还应当遵循包容审慎和安全发展的原则,统筹协调好发展与安全之间的关系,发展是安全的前提、安全是发展的保障,要正确处理发展和安全之间的关系,在明确底线和审慎监督的前提下,推动数字经济进一步发展。

第二,大数据产业发展应当遵守合法、正当、必要、适度的原则。[1] 合法原则是对数据收集、汇聚、处理和利用等方面的形式上的要求,要求数据从采集到销毁都应当符合法律的规定,按照法律规定的范围、程序和方式采集公民、法人和其他组织的数据信息。正当原则和合法原则均属于合法性的范畴,合法原则是形式上的要求和程序上的要求,而正当原则则是对数据从采集、汇聚、处理和应用等方面的实质上的要求,要求相关手段的目的要求是正当的。数据处理还应当遵守必要原则和适度原则,必要原则即"不得过度处理",数据从采集到销毁的全过程都应当采用侵害最小的方式进行,实现处理目的最小化,对与目的无关的信息不得进行收集、汇聚等行为。根据数据利用的目的,适度性对数据进行处理,避免过度处理。

※在数据安全方面

第一,坚持"谁主管谁负责,谁使用谁负责"的原则。[2] 数据从采集、汇聚、共享、开放、使用、流通、交换和销毁的全过程都应当保障数据的安全,数据来源于公众,保障数据安全等同于保障公众的安全,若数据出现泄漏则会直接危害到公众的利益。对于数据安全,首先相关机关或者部门、数据管理平台或者中心等相关主体应当制定数据安全保障规则,从立法层面给

---

[1]《广东省政务数据资源共享管理办法(试行)》第13条、《东莞市政务数据资源共享管理办法(试行)》第15条、《中山市政务数据管理办法》第15条、《深圳经济特区数据条例》第3条。

[2]《广东省政务数据资源共享管理办法(试行)》第27条、《东莞市政务数据资源共享管理办法(试行)》第32条。

予数据安全制度保障。其次是数据管理者应当严格遵守数据安全保障制度，在数据管理和使用的过程中，若出现危害数据安全的事件应当及时按照数据安全保障制度规定的应急措施对数据进行保护，防止损失的进一步扩大。"谁主管谁负责，谁使用谁负责"的原则为数据安全事件发生后明确责任主体提供了依据，便于事后追责，避免出现主体之间的责任推诿。

第二，坚持政府监管、责任主体负责、积极防御、综合防范、安全可控的原则。[1]数据安全是数据产业发展过程中的重要环节，数据来源于公众，保障数据安全便等同于保障社会公众的安全。在数据安全方面，数据安全应当坚持在政府监督下进行，数据资源具有公共属性，保障数据资源的安全对社会而言具有重要的意义。在政府的监督和监管下对数据资源安全进行保护，可以保证数据资源管理者不滥用权力、不懈怠对数据资源的安全保障，有利于落实数据资源安全保障工作。数据安全还需要坚持责任主体负责制，相关机关或者部门应当制定相应的数据资源安全保障制度，在制度中明确数据资源安全保障的责任主体以及数据资源安全保障工作的责任追责制。当发生数据资源安全事件时，要求责任主体及时依法采取应急措施，防止损失进一步扩大，事后对责任主体的责任进行追责。明确责任主体也可以防止主体之间发生互相推诿，实现责任的顺利追究。数据安全保障还应当坚持积极防御原则，相关机关或者部门、数据管理中心或者数据管理平台应当事先制定有关的数据资源安全保障工作的防御措施和应急措施，根据规定，相关责任主体应当对数据资源安全进行防御部署，采用恰当的方式对数据资源安全进行防御。例如，可以制定数据资源访入审核制，对数据资源的访问者进行身份核查，对不符合规定的数据资源访问者不授予访问数据资源的权限，从而对数据资源安全保障加以提前预防。除对数据资源安全采取事先的预防措施以外，当数据资源发生安全事件时，相关责任主体还应当根据相关的数据资源安全保障制度及时采取应急措施，防止损失的进一步扩大。对数据资源安全采用事先防御和事后应急的综合防范，可以对数据资源进行最大限度的安全保障。

---

[1]《深圳经济特区数据条例》第71条、《广州市数字经济促进条例》第67条。

第三，坚持安全和发展并重的原则。[1]发展和安全是一体之两翼、驱动之双轮，安全和发展要同步推进。实现高质量发展和高水平安全相互支撑、相互促进是贯彻新发展理念的具体体现，是推进国家治理体系和治理能力现代化的重要方面，这要求既要善于运用发展成果夯实国家安全的实力基础，又要善于塑造有利于经济社会发展的安全环境。发展是安全的基础和目的，发展是硬道理，是解决大数据产业一切问题的关键。目前，我国已经从高速发展转向了高质量发展，高质量发展不只是一个单纯的经济要求，而是对经济社会发展方方面面的总要求，体现的是综合国力。安全是发展的条件和保障，数据资源安全能为大数据产业的高质量发展提供发展的基本条件和强有力的保障。要努力实现发展和安全的动态平衡，坚持发展和安全并重，全面提高统筹发展和安全的能力和水平，善于把握发展和安全各自的内在规律，以科学的思维理念和创新举措促进二者的协同发展，做到稳中求进、系统筹划、合力推动、动态平衡，提高统筹发展和安全的能力和水平。

※在数据共享与开放方面

第一，遵守"以共享为原则，以不共享为例外，以开放为原则，以不开放为例外"的原则。[2]数据资源共享按照共享类型可被分为"无条件共享、有条件共享和不予共享"三类，可提供给所有部门共享使用的数据资源属于无条件共享类。可提供给相关部门共享使用或仅能够部分提供给所有部门共享使用的数据资源属于有条件共享类。不宜提供给其他部门共享使用的数据资源属于不予共享类。对于不予共享的数据资源，除了由法律、行政法规、政策等文件进行明文规定以外，也可以根据数据提供方的数据负面清单进行确定。有条件共享的数据资源一般是通过申请审核的形式获取，具体的获取条件由相关的法规进行规定。另外，对于不符合规定的申请者也应当设置申诉程序，便于数据用户维护权益。数据资源开放按照开放类型也可以分为"无条件开放、有条件开放和不予开放"三种形式，可提供给所有部门开放使用的数据资源属于无条件开放类，可提供给相关部门开放使用或仅能够部分

---

[1]《深圳经济特区数据条例》第71条、《深圳经济特区数字经济产业促进条例》第22条、《广东省数字经济促进条例》第65条。

[2]《广东省政务数据资源共享管理办法（试行）》第18条、《深圳经济特区数据条例》第41条、《东莞市政务数据资源共享管理办法（试行）》第19条、《中山市政务数据管理办法》第19条。

提供给所有部门开放使用的数据资源属于有条件开放类，不宜提供给其他部门开放使用的数据资源属于不予开放类。数据资源来源于社会，具有社会属性和公共属性，因此在原则上社会公众对于集合性的数据资源本身具有查看、使用等权限，但是数据资源的公共属性又要求个人对数据的使用和利用不得损害社会公共利益，因此对于数据的开放和共享应坚持"以开放和共享为原则，以不开放和不共享为例外"。针对不可开放和不可共享的情形进行单独列举，尽可能使数据用户查看和使用数据的权限最大化，同时对敏感信息和特殊信息又起到保护作用。

第二，数据资源开放应当遵循分类分级、需求导向、安全可控的原则。[1]公共数据开放应当遵循分类分级、需求导向、安全可控的原则，在法律、法规允许范围内最大限度地开放。数据开放在坚持"以开放为原则，以不开放为例外"原则的基础上还应当坚持分级分类开放，按照数据管理中心或者数据管理平台制定的分级分类标准对数字资源进行分级分类，针对不同等级不同类别的数据资源划分开放权限，例如根据敏感度高低给予数据资源不同程度的开放权限，对高度敏感数据资源可规定不予开放或者有条件开放，对敏感度中等的数据资源可规定有条件开放或者无条件开放，对于敏感度低的数据资源可规定无条件开放。除了根据敏感度高低给予数据资源不同程度的开放权限以外，还可以根据数据资源的类型给予不同程度的开放权限。例如，对于与人身关联度较高的信息，可以规定不予开放或者有条件开放。除遵循分级分类原则以外，数据资源开放还应当坚持以需求为导向，根据市场对数据资源的需求情况，有针对性地向公众开放数据资源。数据资源开放坚持以需求为导向，可以提高数据资源的利用效率。数据资源开放还需要保障数据安全，数据资源来源于公众，保障数据资源安全等同于保障公众的安全。

3. 主要制度内容

（1）建设和完善大数据基础资源库和大数据主题资源库。[2]建设和完善大数据基础资源库和大数据主题资源库，对大数据实行分类管理制度。根据规定以数据资源的内容为依据，将大数据库中的数据分为基础数据和主题数

---

[1]《深圳经济特区数据条例》第 46 条。
[2]《深圳经济特区数据条例》第 35 条、《广东省政务数据资源共享管理办法（试行）》第 10 条。

据，例如自然人信息、法人信息、自然资源、电子证件照等属于基础性的社会信息，由政府统一汇聚后形成基础数据库，再统一提供给各行政机关、各部门、各组织等主体。根据数据内容建设主题数据库，例如社会信用信息数据库、天文气象数据库、应急管理数据库等主题性数据库。除了基础数据库和主题数据库以外，行业部门可以按照本行业数据资源体系整体规划、行业专项规划和相关制度规范要求，建设、管理本行业业务数据库。

（2）建立大数据资源统一共享与开放平台。[1] 大数据资源统一共享与开放平台应当由人民政府大数据主管部门负责建设和运行维护，大数据资源统一共享与开放平台的建设需要完善的制度保障和领先的电子技术支持，因此由人民政府作为中枢指挥，负责平台的建设和运行维护，有利于更好地统筹各方资源，及时解决平台出现的问题。平台的主要任务是汇集、存储、共享和开放数据资源，平台的建设给数据用户和数据提供者提供了共享和开放大数据的便捷途径，有利于加快大数据在整个社会的传播速度，提高大数据的利用率，更大程度地开发大数据资源收集的价值和意义。大数据的价值在于对大数据资源的分析和利用，数据资源用户可以通过大数据资源共享和开放平台的检索功能快速地查询与自身需求有关的数据内容，对查询结果进行整合汇聚，再对查询到的大数据信息进行整合分析，从而得出可用于自身项目参考的分析结果，也可称为决策的参考因素，使得自身项目结果或者决策更具科学性。

（3）构建大数据统一管理平台制度。[2] 大数据来源具有庞杂性的特点，因此大数据资源收集和汇聚后应当制定相应的管理标准，便于对大数据资源进行有效管理。人民政府应当建立统一的大数据资源管理平台，实现对其管理范围内数据资源统一、集约、安全、高效的管理。例如，统一的大数据资源管理平台可以由市一级的人民政府主导在全市范围建设统一的大数据资源管理平台，实现对全市数据资源的统一、集约、安全、高效管理，各区人民政府应当按照全市统一规划在市政府的监督和指导下建设各区大数据资源管理平台，将数据资源纳入大数据平台统一管理。

---

[1]《广东省政务数据资源共享管理办法（试行）》第15条、《东莞市政务数据资源共享管理办法（试行）》第4条、《中山市政务数据管理办法》第5条。

[2]《广州市数字经济促进条例》第64条。

(4) 建立大数据目录管理制度。[1] 大数据资源实行统一的目录管理，相关机关或者数据主管部门、大数据资源管理平台或者中心应当事先制定统一的大数据资源目录编制指南，明确具体编制标准规范，明确数据目录涵盖的各项要素。统一的大数据资源目录编制指南是建立大数据资源目录管理制度的核心要素，数据管理者应当根据指南编制本机构的数据资源目录，报相关数据主管部门审定。对目录实行统一管理既规范了各政务部门、公共服务机构对目录的编制，也方便了相关部门对数据资源及时进行更新、更正等。譬如，广东省相关主管部门对公共数据资源目录编制制定相关规范，相关公共机构依照目录编制规范编制本机构公共数据目录后汇总至相关主管部门。深圳市政务数据由市级政务部门和区人民政府负责采集、确认、形成政务数据目录，并建立目录更新机制。数据资源目录应当包括数据的形式、共享内容、共享类型、共享条件、共享范围、开放属性、更新频率和公共数据的采集、核准、提供部门等内容。除了构建统一的大数据资源目录以外，制定统一的大数据资源开放目录和大数据资源共享目录，便利大数据资源的开放和共享。

(5) 建立健全数据安全应急处置机制。[2] 数据安全应急处置机制的内容包括建设应急管理综合平台，建设具备风险感知、监测预警、响应处置等功能的安全生产数字化体系，构建覆盖应急管理事前、事中、事后全链条业务的数字化管理体系，建设突发公共卫生事件应急处置系统，制定数据安全应急预案，建立数据安全事件通报预警与应急响应机制，建立同城和远程异地备份机制，建立灾难恢复机制，等等。数据安全应急处置机制要求相关行政机关及部门按照本级大数据管理机构和上级业务主管部门的要求，明确应急工作机构、事件上报流程以及应急处置措施。相关部门定期组织数据安全事件应急演练并且对演练的结果进行评估，根据演练的评估结果对数据安全应急处置机制和安全事件应急预案进行完善和修改。当发生数据安全事件时，有关主管部门应当依法启动应急预案，采取相应的应急处置措施，防止危害扩大，消除安全隐患，并且及时向社会发布和公布相关的警示信息。数据安

---

[1]《广东省公共数据管理办法》第10条、《深圳经济特区数据条例》第36条、《广东省政务数据资源共享管理办法（试行）》第8条、《东莞市政务数据资源共享管理办法（试行）》第9条和第10条、《中山市政务数据管理办法》第8条。

[2]《广东省政务数据资源共享管理办法（试行）》第27、28条，《深圳经济特区数据条例》第85、86条，《中山市政务数据管理办法》第32条。

第二章 国家大数据综合试验区立法实践

全应急处置机制,从预防到事后对数据安全的全过程进行安全防护,有效保障了数据安全。

(6)建立大数据安全保障机制。[1] 大数据安全保障机制内容包括制定数据安全等级保护措施、建立健全监测预警和风险评估体系、建立数据分类分级安全保护制度、建立数据安全日常监控制度、健全数据共享和开放的保密审查制度、设置并明确数据安全管理机构、确定安全管理责任人、建立安全日志留存和溯源制度、建立健全数据安全教育制度、建立重要系统和核心数据的容灾备份制度、建立数据销毁规程、建立健全数据安全监督制度等等。数据安全等级保护制度首先要求对大数据按照一定的标准进行安全系数划定,对危险系数高的数据采取较为严格的保护措施,对安全系数较低的数据采取较为宽松的保护措施,数据的危险系数与保护措施的严格程度成正比关系。按照数据危险等级采取相应的数据保护措施,不仅有效地保护了数据安全,而且可以节约数据安全保护的成本。建立健全监测预警和风险评估体系要求相关责任部门建立专门的数据安全监测小组和专门的数据安全风险评估小组。数据安全监测小组需要对数据安全进行实时监测,发现数据错误、遗漏等问题要及时上报。数据安全风险评估小组负责定期开展数据风险评估和安全审查工作,如发现数据存在风险高的情形时应当及时将情况向上级组织进行汇报。建立安全日志留存和溯源制度,定期上报数据安全风险分析报告,对发现的重大数据安全风险问题,第一时间报告并提出整改意见。建立重要系统和核心数据的容灾备份制度,定期备份本机构采集、管理和使用的数据。建立数据销毁规程,对过期数据、隐藏数据等不宜再公开的数据按照数据销毁规程进行相应的销毁。建立大数据安全评估体系,明确大数据采集、传输、使用、开放等环节,保障信息安全的范围、要求和责任,形成记录并归档,确保相关数据在统一的安全规范框架下运行,切实保障数据安全。

(7)建立大数据领域人才培养机制。[2] 建立大数据领域人才培养机制,

---

[1]《广东省公共数据管理办法》第45、46条,《广东省政务数据资源共享管理办法(试行)》第27、28、29条,《广州市数字经济促进条例》第67、83条,《深圳经济特区数字经济产业促进条例》第22条,《深圳经济特区数据条例》第五章,《东莞市政务数据资源共享管理办法(试行)》第32、33、34条,《中山市政务数据管理办法》第32条。

[2]《广东省数字经济促进条例》第62条、《广州市数字经济促进条例》第79条、《深圳经济特区数字经济产业促进条例》第66条、《深圳经济特区人工智能产业促进条例》第51~54条。

培养大数据领域专业型人才和跨界复合型人才。人民政府及有关部门应当加强对大数据领域领军人才及团队、高端人才、急需紧缺人才的培养和引进力度。第一，人民政府及相关部门可以鼓励高等院校、科研机构和职业学校设置大数据领域相关专业，开设与大数据产业发展有关的课题或者研究项目，推动高校、机构和企业之间合作培养人才。第二，人民政府及相关部门应当在入户、住房、医疗、子女教育等方面给予政策支持，完善人才引进后的生活保障机制。第三，人民政府及相关部门应当支持建立数字技能公共实训基地，制定系统的数字技能培训体系，加强在职培训。人才引入后应当为其提供必要的技能培训，安排人才外出学习，组织人才交流活动，加强人才的相关技能培养和培训。第四，人民政府及相关部门应当制定人才评价规范，制定与数字经济产业发展需求相匹配的人才评估机制，定期对人才进行评估，根据评估结果定期筛选人才队伍，支持数据领域的高层次人才申报国家政府特殊津贴及国家和省其他重点人才工程，对符合条件的高端人才给予奖励或者项目资金支持。第四，人力资源社会保障部门应当推进人才管理和人力资源服务业数字化转型，支持开展人才数据资源开发利用，探索人才资源规划、招聘引进、使用开发、培养考核等产业链数字化。第五，人民政府及相关部门应当支持社会资本设立数字经济产业培训机构，培养符合数字经济产业发展需求的相关人才。第六，人民政府及相关部门应当支持本地高等院校开设大数据相关学科和交叉学科，储备大数据领域人才队伍。第七，人民政府及相关部门应当鼓励企业创办研究机构、与学校联合建设实验室。第八，人民政府及相关部门应当建立产学研合作复合型人才培养模式，储备大数据领域人才队伍。

（8）建立大数据分类分级管理制度。[1]大数据主管部门应当会同有关部门，根据国家有关公共数据分类分级要求，制定公共数据分类分级规则。地级以上市大数据主管部门应当根据国家和省级的数据分类分级相关规定，增补本地大数据的分类分级规则。行业大数据主管部门应当根据国家、省、地级以上市大数据分类分级相关规定，加强对本部门大数据的管理。根据分级分类管理制度，确定本地区、本部门以及相关行业、领域的重要数据具体目

---

〔1〕《广东省公共数据管理办法》第9条、《广州市数字经济促进条例》第64条第3款、《东莞市政务数据资源共享管理办法（试行）》第11条、《中山市政务数据管理办法》第33条。

录，对列入目录的数据进行重点保护。另外，大数据主管部门应当制定分级分类标准，针对不同领域的数据可以按照不同的标准进行分类，也就是制定不同的分级分类标准。例如，针对政务数据资源，可以按照行政等级进行分类，分为国家级、省级、市级、部门级和科室级政务数据资源。针对公共领域的数据，可以按照数据的内容进行分类，分为社保、就业、医疗、农业、气象、扶贫、教育、文化、交通、旅游、住房、城市建设等等。分级分类管理数据形成具有顺畅逻辑体系的数据体系，不仅有利于数据管理平台或者中心对数据进行日常的管理、检查和监测，而且有利于数据用户根据自身的需求在数据库中检索和查找自身所需的数据。

(9) 建立大数据共享和开放机制。[1] 对大数据资源实行共享，大数据资源按照共享类型可以被分为无条件共享、有条件共享和不予共享三种类型。可以提供给所有公共管理、服务机构、企业、个人共享使用的大数据属于无条件共享类数据；仅能够提供给部分公共管理、服务机构、企业、个人共享使用或者仅能够部分提供给相关公共管理、服务机构、企业、个人共享使用的大数据属于有条件共享类数据；不宜提供给其他公共管理、服务机构、企业、个人共享使用的大数据属于不予共享类数据。大数据主管部门或者大数据管理中心若将数据列为有条件共享类型，应当明确相关共享依据和共享条件。数据用户若想获取有条件共享类型数据，可以通过申请方式获取，数据用户根据大数据主管部门或者大数据管理中心明确相关的共享依据和共享条件向大数据主管部门或者大数据管理中心对数据使用权限进行申请，大数据主管部门或者大数据管理中心收到申请后应当及时对申请进行审核，对不予通过的申请及时告知并说明理由，允许数据用户对申请审核结果进行申诉。大数据主管部门或者大数据管理中心若将公共数据列为不予共享类型，应当提供法律法规依据或者国家相关规定，并报同级相关部门备案。对大数据资源实行开放，大数据资源按照开放类型可以被分为无条件开放、有条件开放和不予开放三种类型。可以提供给所有公共管理、服务机构、企业、个人开放使用的大数据，属于无条件开放类数据；仅能够提供给部分公共管理、服

---

[1]《广东省公共数据管理办法》第13、23、32条，《广州市数字经济促进条例》第65条，《深圳经济特区数据条例》第41~50条，《广东省政务数据资源共享管理办法（试行）》第18、19条，《东莞市政务数据资源共享管理办法（试行）》第19、20条，《中山市政务数据管理办法》第10、19、20、21、22、27条。

务机构、企业、个人开放使用或者仅能够部分提供给相关公共管理、服务机构、企业、个人开放使用的大数据，属于有条件开放类数据；不宜提供给其他公共管理、服务机构、企业、个人开放使用的大数据，属于不予开放类数据。另外，将大数据共享和开放制度与大数据清单管理制度相结合，大数据主管部门或者大数据管理中心依照相关规定将数据分为无条件共享、有条件共享和不予共享三种类型，同时应当依法建立与其相匹配的三种数据共享责任清单。大数据具有来源繁多、庞杂且实时变化的特点，因此大数据主管部门或者大数据管理中心还应当建立公共数据开放清单和动态调整机制，对数据进行实时监控，随时提出调整，实现数据的真实性、准确性、完整性、时效性和可用性。大数据开放与共享依托于大数据开放与共享平台的建立，大数据资源统一的共享和开放平台的建设给数据用户和数据提供者提供了共享和开放大数据的便捷途径，有利于加快大数据在整个社会的传播速度，提高大数据的利用率，更大程度地开发大数据资源收集的价值和意义。

（10）建立大数据清单管理制度。[1]建立大数据清单管理制度，对数据实行清单制管理。数据清单包括数据需求清单、数据责任清单、数据负面清单。数据需求清单列出了政务需求部门为了履行本部门职责需要其他部门共享的政务数据资源。机关、企业、个人等主体根据自身对数据的需求和根据履职的需求向数据管理机构提出数据需求清单。数据责任清单是指政务数据资源提供部门在自己的法定职责范围内可以与其他部门共享的政务数据资源清单。机关、企业、个人等主体根据法定职责需要明确本单位可以向其他机关、企业、个人等主体共享、开放的数据责任清单。数据负面清单涵盖依照相关规定明确不予共享、开放或者有条件开放的政务数据资源。对法律、法规明确规定不能共享的数据，经有关数据管理部门审核评定后，列入数据负面清单。数据需求清单所需的数据若在数据责任清单以外，数据需求方可以向数据提供方提出申请，数据提供方在收到申请后应当及时处理，对可以授予的及时授予查看数据的权限，对不可授予数据查看权限的也应及时告知申请者不予查看数据的理由。数据负面清单是数据提供方不予向社会公开的数据明目，数据提供方理应对不予公开的理由进行合理说明。任何机关、企业、个人等主体若对数据清单有异议和疑问，可以向人民政府数据管理部门及时

---

[1]《广东省公共数据管理办法》第14条、《广州市数字经济促进条例》第64条。

提出异议，相关部门应当在收到异议后及时处理，并将处理结果及时告知。对大数据实行清单管理制度可以最大限度地公开大数据，有利于公众对于大数据的获取。对大数据实行分级、分类的目录管理，细分数据的类别和级别，更有利于用户查找数据，提高数据的查询效率，促进大数据的利用和发展。

（11）建立统一的数据共享开放申请机制、审批机制和反馈机制。[1]大数据主管部门应当负责建立统一的大数据共享开放申请机制、审批机制和反馈机制，政务部门、服务机构、企业、个人对无条件共享和开放的数据可以直接获取，但是政务部门、服务机构、企业、个人对有条件共享开放的数据可以通过申请的方式获取。大数据主管部门或者大数据管理中心对于有条件开放与共享的数据应当对外明确开放依据和共享依据。政务部门、服务机构、企业、个人根据大数据主管部门或者大数据管理中心明确相关的共享依据和共享条件向大数据主管部门或者大数据管理中心对数据使用权限进行申请，大数据主管部门或者大数据管理中心收到申请后应当及时对申请进行审核审批，对不予通过的申请及时告知并说明理由，向申请者进行及时的反馈，允许申请者对申请审核结果进行申诉。

（12）建立大数据交易平台。[2]人民政府应当负责推动建立数据交易平台，引导市场主体通过数据交易平台进行数据交易，数据交易平台的开办者应当建立安全可信、管理可控、可追溯的数据交易环境，制定数据交易、信息披露、自律监管等规则，自觉接受公共数据主管部门的监督检查。数据交易平台应当采取有效措施，依法保护商业秘密、个人信息和隐私以及其他重要数据。人民政府及有关部门还应当建立数据交易平台入场规范，明确数据交易的主体、交易方式等内容，对交易主体的资产和征信进行审核，对不符合要求的交易主体不予加入数据交易平台。人民政府及有关部门还需制定数据交易规则，数据产品和服务供需双方通过数据交易平台进行交易撮合、签订合同、业务结算等活动，若数据产品和服务供需双方通过其他途径签订合同，可以在数据交易平台备案。人民政府及有关部门鼓励数据交易平台与各类金融、中介等服务机构合作，形成包括权益确认、信息披露、资产评估、

---

[1]《广东省公共数据管理办法》第22条。
[2]《广东省公共数据管理办法》第38条，《广州市数字经济促进条例》第66条，《深圳经济特区数字经济产业促进条例》第25、28条，《深圳经济特区数据条例》第65、66条。

交易清结算、担保、争议解决等业务的综合数据交易服务体系。人民政府及有关部门鼓励建设和发展数据登记、数据价值评估、数据合规认证、交易主体信用评价等第三方服务机构，构建和完善数据要素市场服务体系。

（13）建立数据采集、编目、汇聚、共享、开放工作的评估机制。[1]大数据主管部门应当会同有关部门建立公共数据采集、编目、汇聚、共享、开放工作的评估机制，监督本行政区域内公共数据管理工作，定期开展公共数据采集、使用和管理情况评估，并通报评估结果。大数据主管部门还应当组织制定年度数据管理评估方案，对数据管理工作开展年度评估，并将评估结果作为年度工作考核的重要参考依据并纳入年度绩效考核内容。大数据主管部门也可以委托第三方机构对大数据管理中心或者平台的工作进行年度审核，监督第三方机构的审核工作。第三方机构围绕数据资源质量、共享交换程度、应用支撑能力等方面开展评估并公开结果。数据采集、编目、汇聚、共享、开放工作的评估机制有助于督促有关责任机构积极推进数据产业发展，同时对有关责任机构起到了监督的作用。

（14）建立领导统筹协调机制。[2]数据资源具有数量庞杂、范围广泛、更新速度迅速、种类繁多的特点。各数据管理机构、各政务数据管理中心或者各公共服务机构之间难以做到协调统一，缺少一个对各方进行协调统一的领导主体，因此建立健全领导统筹协调机制可以有效地加强各方之间的交流，协调各方工作，及时更新共享数据资源，推进跨层级、跨地域、跨系统、跨部门、跨业务协同管理，切实保障数据流转安全。领导统筹协调的主体规定为人民政府及有关部门较为合适，政府作为社会管理机构本身具有管理社会的职能，协调各部门之间的工作，实现数据资源的充分利用，切实保障数据资源的顺利流转。

（15）建立疑义、错误信息快速校核机制。[3]建立疑义、错误信息快速校核机制，数据使用部门、机构、企业、个人对获取的共享和开放数据信息有疑义或发现有明显错误的，应及时将情况反馈数据信息提供部门予以校核。

---

〔1〕《广东省公共数据管理办法》第48条、《东莞市政务数据资源共享管理办法（试行）》第36条。

〔2〕《广州市数字经济促进条例》第5条。

〔3〕《广东省政务数据资源共享管理办法（试行）》第21条、《东莞市政务数据资源共享管理办法（试行）》第28条。

校核期间，办理业务涉及自然人、法人或其他组织的，如已提供合法有效证明材料，受理单位应照常办理，不得拒绝、推诿或要求办事人办理信息更正手续。疑义、错误信息快速校核机制的设置是为了保障数据的准确性、统一性等。通过对数据展开校核的方式，政务部门或公共服务机构检查所共享、开放的数据信息是否存在错误或疏漏之处，及时进行更正。数据使用者如果对数据存在疑义或者认为其有错误，应通过共享、开放平台向数据提供部门申请校核，数据提供部门在法律规定的期限内及时予以校核并更正，从而维护数据的准确性。

（16）建立数据资产价值评估机制和数据资产定价指标体系。[1] 人民政府及相关部门应当组织开展数据资产的基础理论、管理模式研究，推动建立数据资产价值评估机制，构建数据资产定价指标体系，制定数据价值评估准则，鼓励第三方建立数据价值评估机构，从实时性、时间跨度、样本覆盖面、完整性、数据种类级别和数据挖掘潜能等方面深入探索数据资产评估机制和数据资产定价指标体系。数据资产具有无形性、可复制性、可理解性、可加工性、增值性等特点。随着贵阳、山西、北部湾、北京和上海等地大数据交易的成立，作为数字经济发展核心要素的数据资源已经成为企业竞争及国家发展的重要战略资源。数据资源的流通需要有相应价值评估机制和定价指标体系的加持，将数据资产化是数据流通的关键。

三、大数据基础设施统筹发展类综试区——内蒙古

（一）数据立法概述

内蒙古是国内首个大数据基础设施统筹发展类综合试验区，自获批建设国家大数据综合试验区以来，内蒙古自治区结合自身独特的自然条件、区位条件等优势，以习近平新时代中国特色社会主义思想为指导，贯彻落实大数据发展的国家战略，出台了数部与大数据相关的法规规章政策，全面推进大数据体制机制、管理制度、产业等方面的发展。

2016年年初，内蒙古自治区向国家申报列入国家大数据综合试验区。2016年10月8日，国家发展和改革委员会、工业和信息化部、中央网络安全和信息化委员会办公室批复同意内蒙古建设国家大数据综合试验区。自此，

---

[1]《深圳经济特区数字经济产业促进条例》第24条、《深圳经济特区数据条例》第63条。

内蒙古在国家政策支持下，在国务院印发的《纲要》的指引下，加快推进大数据基础设施建设，积极推动大数据产业发展。2016年11月，内蒙古以建设国家大数据综合试验区为目标，相继出台《内蒙古国家大数据综合试验区建设实施方案》《内蒙古自治区促进大数据发展应用的若干政策》。《内蒙古国家大数据综合试验区建设实施方案》包括总体发展要求、发展目标和发展定位、重点行动和主要任务、组织领导和制度保障四个方面的内容，充分考虑到内蒙古自治区实际情况，有助于加快推进内蒙古大数据产业融合发展、研发应用等。《内蒙古自治区促进大数据发展应用的若干政策》从基础设施建设政策、数据中心开放政策、资源开发应用政策、企业落地鼓励政策、企业运营扶持政策、科技研发支持政策、企业融资扶持政策、人才引进培养政策八个方面出发，制定了31条政策，是鼓励大数据发展，推进内蒙古国家大数据综合试验区建设的重要举措。随后，呼和浩特市为落实《内蒙古自治区促进大数据发展应用的若干政策》，结合呼和浩特市实际情况，出台了《呼和浩特市促进大数据发展应用若干政策》，为大数据基础设施建设、人才培养、研究补助、发展基金等方面提供政策支持，从而培育大数据发展新业态，促进产业转型升级。

2017年，内蒙古自治区印发《2017年自治区大数据发展工作要点》，作为2017年内蒙古自治区大数据发展的工作指南，从大数据基础设施建设、数据资源整合、共享和开放、大数据应用、大数据产业发展、政策保障机制五个方面作出了详细的规定。《2017年自治区大数据发展工作要点》以2017年，全区大数据产业产值增长25%以上为工作目标，以建设国家大数据综合试验区为抓手，加快推进大数据发展。同年，内蒙古自治区为落实《内蒙古自治区国民经济和社会发展第十三个五年规划纲要》《内蒙古国家大数据综合试验区建设实施方案》制定了《内蒙古自治区大数据发展总体规划（2017—2020年）》。《内蒙古自治区大数据发展总体规划（2017—2020年）》涵盖发展基础、发展形势、总体要求、主要任务、重大工程、保障措施六个方面的内容，营造良好的大数据发展生态，优化大数据发展格局，促进大数据与其他产业的融合，运用大数据技术实现产业的提质增效。

2018年，为深入贯彻落实党的十九大精神，全面贯彻落实国家大数据发展战略，内蒙古自治区出台了《大数据与产业深度融合行动计划（2018-2020年）》。《大数据与产业深度融合行动计划（2018-2020年）》以推进大数据与农牧业、工业、能源产业、服务业等的深度融合，推进多方数据融合创新为重点工作，通过完成实施大数据与产业深度融合示范、搭建大数据平台等主要任务，推动大数据与产业的融合发展，培育新发展模式。同年，内蒙古自治区党委办公厅、自治区人民政府办公室联合印发了《内蒙古国家大数据综合试验区改革实施方案》。《内蒙古国家大数据综合试验区改革实施方案》明确了"四个坚持"基本原则，明确了5个方面、26项重点改革任务，明确了改革的时间表、路线图，并制定了《内蒙古大数据综合试验区改革重点任务台账》，以全面推进大数据综合试验区建设，加快大数据发展和应用。

2019年2月14日，内蒙古自治区先后发布了《内蒙古自治区大数据发展管理局2018年工作总结》《内蒙古自治区大数据发展管理局2019年工作计划》，对2018年大数据工作进行总结，并对2019年大数据工作作了相应的计划安排。2018年，大数据发展取得成就。其一，信息基础设施建设统筹推进。信息通信网络建设逐步完善，推动数据中心建设并吸引知名企业数据中心落户内蒙古。其二，政务数据资源共享开放以及大数据创新应用得以良好发展。加快建设大数据平台及"云上北疆"大数据云平台建设，积极推进重点领域大数据的创新应用，以提升政务服务水平，发挥大数据保障民生、服务民生的功能。其三，数字经济发展势头足。技术产业创新发展，数字产业化及产业数字化稳步发展。其四，推动对外交流合作。内蒙古自治区加大招商引资力度，加大重点项目建设，吸引知名企业赴内蒙古发展。其五，组织体系、人才培养、数据安全等保障措施落实到位。其六，内蒙古自治区不断加强自身建设，为发展大数据产业汇集自身智慧。《内蒙古自治区大数据发展管理局2019年工作计划》从基础设施、数字经济、数字政府、智慧社会、保障体系等方面着手安排了内蒙古自治区2019年发展方向。11月9日，鄂尔多斯市为贯彻落实《内蒙古国家大数据综合试验区改革实施方案》，结合鄂尔多斯市大数据发展现状，出台了《鄂尔多斯市推进内蒙古国家大数据综合试验区改革实施方案》并附上了重点任务台账，通过加强组织宣传，提升人才培养等力度建立健全鄂尔多斯市大数据发展体系，提升该市大数据基础设施水平，推动大数据发展应用深化，建设数字鄂尔多斯。同年，12月31日内蒙古自治区为推动该区数字经济发展，出台了《内蒙古自治区人民政府关于推进数字经济发展的意见》，其以实现数字基础设施完善，数字化治理能力提升等为目标，从六个方面的重点任务和六点保障措施着手促进数字经济实现高质量发展。

2021年作为"十四五"的开局之年，内蒙古自治区相继印发《内蒙古自治区人民政府办公厅关于印发自治区"十四五"服务业发展规划的通知》[1]、《内蒙古自治区人民政府办公厅关于印发自治区"十四五"数字经济发展规划的通知》[2]等，内蒙古自治区以构建国家算力网络枢纽节点、北方数字经济发展高地和数字丝绸之路战略枢纽为发展定位，统筹全区数字经济发展，根据辖区内各市的实际情况，将呼、包、鄂、乌建设为数字经济一体化发展引领区，将和林格尔建设为数字经济创新发展核心区等，推动全区数字经济一体化发展。同年8月11日，内蒙古自治区大数据中心研制了《内蒙古自治区大数据安全标准化白皮书》，从大数据安全法规政策和标准化现状、内蒙古自治区大数据安全现状分析，内蒙古大数据安全标准体系规范及内蒙古自治区大数据安全标准化工作重点四部分入手，加强对大数据的安全管理。[3]9月11日，内蒙古为规范政务数据资源管理，印发了《内蒙古自治区政务数据资源管理办法》，通过政务数据资源的采集、共享开放、开发利用、安全管理、监督考核等方面，全方位规范了政务数据资源行为，有利于推动运用政务数据资源发挥提升政务服务水平等方面的作用。10月1日，呼和浩特市人民政府印发《数字呼和浩特"十四五"专项规划》，其总结了"十三五"期间取得的成效，但仍存在一些问题，结合"十四五"发展形势，提出了基础设施建设、数据共享开放、数字经济发展等方面的发展目标，为建设数字呼和浩特打下了坚实基础。

（二）立法定位及原则

1. 立法定位

作为国内首个大数据基础设施统筹发展类综合试验区，内蒙古自治区出

---

[1] 2021年9月，内蒙古自治区人民政府办公厅印发了《内蒙古自治区"十四五"服务业发展规划》。参见内蒙古自治区人民政府网：https://www.nmg.gov.cn/zwgk/zfgb/2021n/202119/202111/t20211102_1921434.html，2022年9月27日访问。

[2] 2021年10月，内蒙古自治区人民政府办公厅印发了《内蒙古自治区"十四五"数字经济发展规划》。参见内蒙古自治区人民政府网：https://www.nmg.gov.cn/zwgk/zdxxgk/ghjh/fzgh/202111/t20211103_1922207.html，2022年9月27日访问。

[3] 2021年8月11日，内蒙古自治区大数据中心研制了《内蒙古自治区大数据安全标准化白皮书》。参见"云上北疆"公众号：https://mp.weixin.qq.com/s/ky_aj1ZMowwr3HlecA7qow，2022年10月22日访问。

台了《内蒙古自治区政务数据资源管理办法》《内蒙古自治区"十四五"数字经济发展规划》《鄂尔多斯市推进内蒙古国家大数据综合试验区改革实施方案》《数字呼和浩特"十四五"专项规划》等相关法规规章及规范性文件。《内蒙古自治区政务数据资源管理办法》的立法定位是规范全区政务数据资源管理，加快推进政务数据采集归集、共享开放和开发利用，充分发挥政务数据资源在推动数字经济发展、提升政府治理现代化水平、促进保障和改善民生等方面的重要作用。《内蒙古自治区"十四五"数字经济发展规划》《数字呼和浩特"十四五"专项规划》的法律定位是结合内蒙古自治区的特色产业及特色优势，培育数字经济发展新要素，促进数字经济发展。《鄂尔多斯市推进内蒙古国家大数据综合试验区改革实施方案》的定位是贯彻落实《内蒙古国家大数据综合试验区改革实施方案》，加快推进鄂尔多斯市大数据发展应用，助推内蒙古国家大数据综合试验区建设。

为贯彻落实大数据发展的国家战略，以《纲要》为指引，《内蒙古国家大数据综合试验区建设实施方案》结合内蒙古自治区自身优势，力图将内蒙古自治区建设为中国北方大数据中心、丝绸之路数据港、数据政府先行区、产业融合发展引导区、世界级大数据产业基地。《内蒙古自治区"十四五"数字经济发展规划》分析自治区数字经济发展现状及面临挑战等提出将自治区打造成国家算力网络枢纽节点、北方数字经济发展高地、数字丝绸之路的战略枢纽。

其一，将内蒙古打造成中国北方大数据中心。内蒙古地理位置优越，地处我国北疆，横跨东北、华北、西北三个地区，区域辽阔，相邻省份众多，在发展大数据协同合作方面具有巨大优势。《内蒙古自治区大数据发展总体规划（2017—2020年）》要求建设以和林格尔新区为核心、东中西合理布局的绿色数据中心基地。和林格尔新区以《内蒙古和林格尔新区产业发展规划》[1]为指引，力图以大数据产业为引领，贯彻绿色原则，推动传统产业转型升级。另外，内蒙古政务云大数据灾备中心作为国内最大的自主可控大数据灾备中

---

[1] 中国·内蒙古（和林格尔新区）智慧产业北京论坛发布的《内蒙古和林格尔新区产业发展规划》作为新区未来产业发展的纲领性文件和制定政策的重要依据，为新区未来产业发展绘制了美好蓝图。参见内蒙古自治区人民政府网：https://www.nmg.gov.cn/zwyw/gzdt/msdt/201810/t20181029_217230.html，2022年9月27日访问。

心，存储容量极大，能够为全国大数据提供存储、灾备等服务。[1]

其二，将内蒙古打造成丝绸之路数据港。草原丝绸之路是蒙古大草原与欧亚区域等进行商贸沟通的重要道路，内蒙古呼和浩特市是草原丝绸之路的起点城市，同时，内蒙古位处"一带一路"的重要节点，是我国向欧亚开放的重要窗口。《内蒙古自治区大数据发展总体规划（2017—2020年）》将"丝绸之路"数据港建设工程列为重点工程之一，计划从建设数字服务中心、加强交流合作、项目投融资等方面建设"丝绸之路"数据港。具体而言，是通过面向"丝绸之路"沿线国家提供数据清洗、翻译等服务，与沿线国家开展大数据领域的技术交流合作，吸引国外人才来内蒙古发展，以满足内蒙古人才需求。同时，向沿线国家输出内蒙古特色产品，吸引沿线国家融资投资内蒙古产业，助推内蒙古特色产业以及大数据新型产业建设发展。

其三，将内蒙古打造成数据政府先行区。数字政府是数字中国的重要组成部分，推动政务数据资源共享开放，强化大数据在政务管理、民生服务等领域的应用，有助于提升政府数字化水平及治理能力。赤峰市红山区建立精准扶贫、弱势群体救助等"互联网+政务"服务平台，提高了行政办事效率，贯彻落实为人民服务精神。[2]通辽市税务局通过大数据对税务管理进行数字化升级，运用大数据整合纳税人、缴费人与税收政策的关系，加强与其他政务部门的协同合作，确保税务工作的顺利、便捷开展，并对纳税人信用进行精准监管，不仅提高了行政效率，也方便了纳税人等享受纳税服务。[3]

其四，将内蒙古打造成产业融合发展区。内蒙古自治区高度重视产业的融合发展，出台了《内蒙古自治区大数据与产业深度融合行动计划（2018—2020年）》等政策法规，促进传统产业转型升级，推动新型产业向前发展。

---

[1] 2021年11月11日，内蒙古政务云大数据灾备中心投产运营大会在集宁召开，标志着国内最大的自主可控大数据灾备中心正式运营。参见内蒙古自治区人民政府网：https://www.nmg.gov.cn/zwgk/zdxxgk/zdjsxm/zdxmjsqk/Ulanqab/202012/t20201210_366052.html，2022年9月27日访问。

[2] 赤峰市红山区实施了网上行政审批、"互联网+党建"、法律监督、依法治区、弱势群体救助、重大项目管理及精准扶贫大数据等一系列"互联网+政务"服务平台，全区49个部门已运用大数据思维和手段开放数据资源，实现数据交换共享，大大提升了行政效能和协同办公能力。参见内蒙古自治区人民政府网：https://www.nmg.gov.cn/zwgk/zdxxgk/zdjsxm/zdxmjsqk/Chifeng/201811/t20181120_284199.html，2022年9月27日访问。

[3] 通辽市税务局运用大数据推进办税服务精准管理。参见通辽市人民政府网：https://www.tongliao.gov.cn/tlzfwz150500/ssgl/2021-08/20/content_391373012cf843abb56d19fa312801e4.shtml，2022年9月27日访问。

自治区通过政策、资金扶持等方式鼓励、支持大数据企业进行大数据技术的创新升级，建立大数据与产业深度融合的专家服务队，对企业的产业合作等进行指导、帮助等，以促进大数据与产业的融合发展，深入挖掘自治区特色产业的潜在价值，将内蒙古自治区建设为产业融合发展区。

其五，将内蒙古打造成世界级大数据产业基地。内蒙古对外可通过丝绸之路、"一带一路"等加强与外国的沟通交流，对内因横跨三个地区而便于与各相邻省份协同发展。因此，自治区要充分利用本地区的地理位置及资源丰富等优势，加强国内外交流合作。2018年，华为、中国电信等国企于内蒙古自治区建设数据中心。同时，统筹布局内蒙古自治区各区域集约化、一体化发展，根据《内蒙古自治区"十四五"数字经济发展规划》将呼和浩特市建成自治区数字技术创新中心和全国数据服务交易中心；包头市重点发展工业及智能产业，建设为自治区智能制造业基地；鄂尔多斯市利用本地资源优势，打造为自治区特色产业数字化应用先导区；乌兰察布市产业发展生态环境良好，着力建成自治区大数据产业集聚区；和林格尔新区具有政策扶持等优势，重点建设为数字经济创新发展核心区。各区域运用各地优势与特色，以和林格尔新区为核心，协同发展，共同助力内蒙古自治区数据产业高质量发展，从而建设起世界级大数据产业基地。

2. 立法原则

（1）大数据立法通用原则。《内蒙古自治区大数据发展总体规划（2017—2020年）》针对内蒙古自治区大数据发展规定了市场主导、政府引导原则，创新发展、突出特色原则，巩固基础、强化应用原则，完善制度、保障安全四原则。《鄂尔多斯市推进内蒙古国家大数据综合试验区改革实施方案》以坚持问题导向、试点示范、创新驱动、安全保障为原则加快鄂尔多斯市大数据发展应用。

其一，市场主导、政府引导原则。一方面，尊重市场发展的客观规律，充分发挥市场在资源配置中的决定性作用。促进大数据的发展单靠政府搭建数据平台等方式是远远不够的，需要企业运用资源、人力等进行技术创新，加快转化科技创新成果的运用。另一方面，政府发挥鼓励、支持、引导企业发展的作用，《2017年自治区大数据发展工作要点》《内蒙古自治区大数据发展管理局2019年工作计划》等均要求政府统筹协调，进行政策引导。如举办企业间交流大会、开展座谈会、加强企业间的交流合作，引导企业互补短板，为地区大数据协同发展贡献力量。

其二，创新发展、突出特色原则。数据应用的发展离不开创新，唯有实现技术创新才可以跟上时代更迭之速度。《内蒙古自治区大数据与产业深度融合行动计划（2018—2020年）》《内蒙古自治区大数据发展总体规划（2017—2020年）》等在内蒙古大数据发展前景展望及主要任务中无一不提及创新应用。首先，要深入推动大数据技术研发。要以应用为导向，以用户需求为指引，企业之间深度合作，共同开展技术研究，加快研发硬软件产品和云计算应用技术产品研发。其次，推动大数据产业创新。既要推动人工智能等新兴产业发展，又要运用大数据技术促进传统行业转型发展。以农牧业为例，运用大数据技术建立起自治区农牧业大数据共享平台，可对自然灾害进行预测预警等，促进农牧业智能化、现代化发展。最后，推进大数据模式创新。呼和浩特市人民政府关于印发《数字呼和浩特"十四五"专项规划》的通知，培育工业新业态、新模式的内容之一就是开展商业模式创新。商业模式创新，即企业对自身服务模式等进行创新，以更好地为用户提供服务，为自身创造价值。另外，内蒙古地理位置优越、自然资源丰富，发展大数据具有独特优势，因此要结合自身实际，发展特色大数据产业。

其三，巩固基础、强化应用原则。基础设施完善与否会直接影响到后续产业发展应用。信息基础设施建设涵盖网络基础设施、空间信息基础设施、物联网基础设施建设、绿色数据中心建设等。2022年，内蒙古自治区乌兰察布市启动建设位于察右后旗的源荷互动绿色数据中心示范项目。[1]该项目是促成大数据产业和可再生能源产业融合发展的有效手段，这是因为该项目利用挖掘需求侧从而调节效益的方式，能很好地满足大数据中心绿色用电的需求，增强地区电力电网尖峰负荷保障能力。另外，该项目建成后也有助于节能减排。为推动大数据与各行各业的融合发展，内蒙古出台了《内蒙古自治区大数据与产业深度融合行动计划（2018—2020年）》《内蒙古自治区"十四五"数字经济发展规划》等，切实运用大数据服务民生，促进产业结构化

---

〔1〕源荷互动绿色数据中心示范项目通过挖掘需求侧调节效益，满足大数据中心绿色用电需求，增强地区电力电网尖峰负荷保障能力，促进大数据和可再生能源两大产业的融合与快速发展。建成并网后，年发电量约3.2亿千瓦时，每年可节约标准煤9.75万吨，减排二氧化碳26.62万吨。参见内蒙古自治区人民政府网：https://www.nmg.gov.cn/zwgk/zdxxgk/zdjsxm/zdxmjsqk/Ulanqab/202206/t20220630_2080588.html，2022年9月26日访问。

调整。兴安盟突泉县利用大数据精准扶贫正是大数据应用的体现。突泉县建设了突泉县大数据平台，依托该数据平台，突泉县扶贫人员可以快速锁定人员信息、家庭情况等，极大地方便扶贫工作的展开，提高扶贫工作效率。2019年，得益于大数据平台，突泉县贫困人员大幅减少，脱贫工作取得重大进展。[1]

其四，完善制度、保障安全原则。保障数据安全可控是大数据发展的重要前提。一方面，要建立健全大数据安全保障体系。内蒙古国家大数据综合试验区建设领导小组统筹全区大数据发展工作，内蒙古自治区大数据发展管理局负责组织实施大数据发展规划。各市县区域结合自身实际情况，建立健全大数据安全管理机制，明确安全保障内容、责任主体以及责任后果等，切实保障国家安全、社会公共安全以及个人信息安全。另一方面，要强化大数据安全的技术支撑。政府部门为企业大数据技术提升、创新提供资金、人才支持等，加强对企业的监督管理。同时，政府部门要建立完善安全防护体系，对信息泄露、窃取等行为及时进行预警和监测，并做好预防保障措施，及时应对突发情况，以保障数据安全的有序流动与利用。

其五，问题导向、试点示范原则。内蒙古自治区在大数据发展上有得天独厚的优势，但其在发展大数据方面也存在弱项。例如，内蒙古地区较其他七大国家大数据综合试验区而言，对大数据人才的吸引力薄弱，大数据方面的研究不够深入，大数据应用尚未充分释放政策红利，信息孤岛等现象仍然存在。因此，要抓住大数据发展中的重难点问题，坚持以问题为导向，逐一破解。同时，发挥试点示范作用，在特色产业领域展开试点示范，推动大数据产业的发展。

(2) 大数据管理原则。大数据管理工作，是指数据资源管理者依照法律法规的相关规定，对数据资源进行合理管理、依法采集、共享开放、合法利用等活动。内蒙古自治区对大数据管理工作高度重视，出台相关立法规范大数据管理行为。

首先，大数据开发建设方面的原则。《内蒙古自治区政务数据资源管理办

---

[1] 2016年，突泉县抢抓机遇，开发了突泉县大数据平台。2017年，成立了全区首家旗县级大数据管理局，在全国率先开展县级部门数据的互联互通试验。目前，突泉县依托大数据平台，具备了"解困、创新、实用、融合"等强大功能。在大数据平台的助推下，突泉县贫困人口由最初的23357人减少到2018年底的6216人，年内将再脱贫5300人以上，贫困发生率降到0.38%。参见兴安盟行政公署网：http://www.xam.gov.cn/xam/tgxx/2876396/index.html，2022年9月26日访问。

法》第6条对政务数据资源管理机构建设政务数据资源体系规定了物理分散、逻辑集中、资源共享、政企互联、安全可控的原则。第一，物理分散，逻辑集中。中国人民银行科技司时任司长李伟在第四届中国新金融高峰论坛2019上对该原则作了介绍，要构建起"一个数据交换管理平台+N个数据中心（数据源）"的数据架构格局。[1]各政务数据资源管理机构遵循统一的标准体系，依法收集、采集政务数据资源，上传至统一的大数据平台。第二，资源共享、政企互联原则。政务数据资源应当通过统一的政务数据资源共享平台对采集数据进行共享，供水等公用事业运营企业在履行公共职责时采集的公共数据也适用《内蒙古自治区政务数据资源管理办法》进行管理。第三，安全可控原则。政务数据资源管理机构应确保数据采集、使用过程中数据资源不被泄露、篡改等，切实保障数据资源的安全性、可控性。

其次，数据资源采集方面的原则。[2]政务部门采集数据应当遵循以下原则：第一，要遵循合法、必要、适度原则。合法不仅是指采集的过程手段的形式合法，也包括采集目的的实质合法。政务部门所采集的数据应当是出于履行职责的需要而不得不采集的数据，所采集的数据范围要在合理范围内，不得超限度采集数据，以免损害数据拥有者的合法权益。第二，遵循一数一源，一源多用的要求。基于节约资源、提高效率，政务部门对数据应当一次性采集到位，节省数据拥有者的时间成本。采集好的数据通过数据共享平台在各政务部门之间共享使用，对于可通过共享获得的数据资源，其他政务部门不得进行重复采集，以免数据重复收集造成资源浪费。

再次，数据共享开放方面的原则。数据资源通过共享开放得以发挥价值，内蒙古政务数据资源同其他大数据综合试验区共享开放原则一致，以共享、开放为原则，以不共享、开放为例外，并对予以共享开放的政务数据资源、有条件共享开放的政务数据资源和不予共享开放的政务数据资源分别作出规定，以保障数据的分类管理及其安全。[3]

---

[1] 2019年12月26日，第四届中国新金融高峰论坛上李伟指出应在保持现有数据中心职能不变的前提下，维持当前数据物理存放位置和运行主体不变，充分利用各数据中心IT设施和人才资源，构建"1个数据交换管理平台+N个数据中心（数据源）"的数据架构格局。在此基础上，制定实施统一的数据管理规则，实现数据的集中管理。参见 https://finance.sina.com.cn/money/bank/yhpl/2019-12-03/doc-iihnzhfz3269951.shtml，2022年9月27日访问。

[2]《内蒙古自治区政务数据资源管理办法》第13、14条。

[3]《内蒙古自治区政务数据资源管理办法》第21、27条。

最后，数据利用方面的原则。分别对政务数据资源管理机构和政务部门利用政务数据资源和政务数据资源以外的社会数据资源的行为进行规范。一方面，对于政务数据资源，政务部门及政务数据资源管理机构应遵循充分利用原则，挖掘数据资源的潜能，使其与社会数据资源相互融合，发挥数据资源的最大价值。另一方面，对于社会数据资源，政务部门应当遵循统筹管理、集中治理、共享共用、节约资金的原则，充分释放社会数据资源的经济价值和社会价值。[1]

(三) 主要制度内容

内蒙古国家大数据综合试验区立法主要围绕"大数据目录管理、共享开放、开发利用、安全保障"等方面进行相关的制度设计。

(1) 建立大数据目录管理制度。[2]对数据资源实行目录管理制度是各个省市均会采用的制度，有利于对收集数据进行整合管理，便于检索与使用。内蒙古自治区的政务信息资源目录编制工作是由自治区政务数据资源管理机构负责，各政务部门负责本部门职能范围内的政务信息资源目录的编制、更新以及维护，由各政务数据资源管理机构汇总至本级政务信息资源目录。

(2) 建立大数据共享开放制度。数据资源共享开放是大数据时代竞争的先决条件，掌握信息主动权对发展大数据产业具有重要意义，因此大数据共享开放制度至关重要。《内蒙古自治区政务数据资源管理办法》第4章"共享开放"涵盖12条法条，规范内蒙古自治区政务数据资源共享开放行为。

其一，统一平台管理。内蒙古政务数据资源应通过统一的政务数据共享交换平台、公共数据开放平台等进行共享开放。统一的大数据共享开放平台有助于对包含政务数据资源在内的公共服务数据进行管理，将数据共享开放的全过程置于政务部门的监督管理之下。2020年，为打破自治区法院之间的数据信息壁垒，实现审执数据的有机统一，自治区正式运行内蒙古法院大数据平台，[3]为各级法院之间信息共享开放提供平台支撑。截至2021年，云上北疆大数据云平台信息库数据接入总数3.67亿条，其中政务支撑信息库数据

---

[1] 《内蒙古自治区政务数据资源管理办法》第31、32条。
[2] 《内蒙古自治区政务数据资源管理办法》第9~12条。
[3] 2020年11月11日，内蒙古法院大数据平台正式上线运行。参见"内蒙古高院"公众号：https://mp.weixin.qq.com/s/Ud7kr1hdLDfYASh_fmOoqg，2022年9月27日访问。

2.21亿条。[1]

其二，分类管理制度。以"共享、开放为原则，不共享、开放为例外"为指引，内蒙古自治区依据共享、开放的程度不同分别作了规定。根据共享程度不同，自治区将政务数据资源分为无条件共享、有条件共享和不予共享三类。

其三，制定清单制度。[2]清单制度包括数据责任清单、数据需求清单、数据负面清单、政务数据供需对接清单以及数据开放清单的内容。数据责任清单是指，政务数据资源提供部门在自己的法定职责范围内可以与其他部门共享的政务数据资源清单。数据需求清单列出了政务需求部门为了履行本部门职责需要其他部门共享的政务数据资源。数据负面清单涵盖依照相关规定明确不予共享、开放或者有条件开放的政务数据资源。数据开放清单由政务数据提供部门在政务数据资源目录范围内制定本部门可开放的政务数据资源，对于涉及民生等重点领域的政务数据资源应优先开放。对于上述这类清单，政务数据资源管理机构要根据实际情况进行动态更新，以跟上使用需求。

其四，动态可追溯机制。《内蒙古自治区政务数据资源管理办法》第25条规定要确保获取、使用政务数据资源的过程全程可追溯，第26条规定政务数据资源管理机构要对相关数据及时进行更新。总而言之，就是在共享开放数据的过程中要确保数据动态可追溯：一方面，为贯彻"安全可控"原则，政务数据资源的共享开放均通过大数据平台进行，对数据从何而来以及如何使用要充分了解，数据使用者要依据法律法规等相关规定合法使用所获取的政务数据资源，不得侵犯国家利益、社会公共利益以及他人合法权益。另一方面，数据更新迭代之快，要求政务部门要及时更新本部门相应的数据资源，这是确保共享数据完整性和准确性的重要手段，避免因信息误差而造成数据处理失误。

（3）建立大数据应用制度。2018年，内蒙古自治区为推动大数据产业发展，出台《内蒙古自治区大数据与产业深度融合行动计划（2018—2020年）》，并由内蒙古自治区大数据发展管理局建设内蒙古自治区大数据与产业深度融合服务平台，推动大数据与传统产业之间的融合发展，助力企业之间

---

[1] 截至2021年3月22日，平台信息库数据接入总数3.67亿条，总量99GB。政务支撑信息库数据2.21亿条，行业主题库数据5097万条、互联网素材库数据9488.8万条。参见"云上北疆"公众号：https://mp.weixin.qq.com/s/bUTszPwanGsRYWB-RZ9ryQ，2022年9月27日访问。

[2] 《内蒙古自治区政务数据资源管理办法》第22、23、30条。

深度合作，协同发展，提升运用大数据技术的水平。

一方面，大数据与各传统产业之间的融合发展。《内蒙古自治区大数据与产业深度融合行动计划（2018—2020年）》"重点工作"指示：推进大数据与农牧业、工业、能源产业、服务业等深度融合，《内蒙古自治区大数据发展总体规划（2017—2020年）》的重点任务之一即加大大数据与产业的融合应用。2020年，国内最大的自主可控大数据灾备中心——内蒙古政务云大数据灾备中心——在内蒙古正式运营。[1]该项目有助于为各行业各领域提供便捷、安全、绿色的数据长期存储和容灾备份服务。2022年，中国科学院智能农业机械装备工程实验室农机作业监测与大数据应用测试基地项目在呼伦贝尔牙克石市开工建设，该项目建成后将为当地传统农业发展注入现代智能化服务，以数据支撑助力当地农业的发展。[2]

另一方面，推动企业之间的协同发展。企业之间的合作共赢与否直接关乎产业的发展。内蒙古自治区大数据与产业深度融合服务平台提供"企业需求"与"企业能力"调查服务，需求方企业可通过该平台"企业需求"界面发布自己的需求，对于自己有意向对接的项目，在查看项目具体情况后，可通过"企业能力"页面申请对接，项目发布企业可根据需要选择是否同意与需求企业完成对接，共同完成项目。该平台为企业搭建合作桥梁，方便企业选择项目合作方，集聚多方资源资金等优势，有利于形成良性的产业发展生态，企业间合作发展助推产业提质增效。

（4）建立大数据安全保障制度。大数据安全作为国家战略，内蒙古自治区在大数据开发利用过程中充分重视对数据的安全保障，贯彻落实国家规定的数据安全保障法律法规，实施安全保障体系、强化人才培养等举措，提升内蒙古自治区大数据安全保障能力。

首先，建立健全安全保障体系。《内蒙古自治区政务数据资源管理办法》第6章以3条法条规范了政务数据资源安全管理行为。《内蒙古自治区"十四

---

[1] 2020年11月11日，内蒙古政务云大数据灾备中心投产运营大会在集宁召开，标志着国内最大的自主可控大数据灾备中心正式运营。参见内蒙古自治区人民政府网：https://www.nmg.gov.cn/zwgk/zdxxgk/zdjsxm/zdxmjsqk/HulunBuir/202207/t20220708_ 2085240.html，2022年9月27日访问。

[2] 2022年7月2日，中国科学院智能农业机械装备工程实验室农机作业监测与大数据应用测试基地项目在呼伦贝尔牙克石市开工建设。参见内蒙古自治区人民政府网：https://www.nmg.gov.cn/zwgk/zdxxgk/zdjsxm/zdxmjsqk/HulunBuir/202207/t20220708_ 2085240.html，2022年9月27日访问。

五"数字经济发展规划》为给数字经济营造良好的发展环境,从信息安全管理规范体系的完善以及网络安全监管与保护两个方面着手保障数字经济发展过程的安全。其一,政务数据资源安全管理工作由各区域的网络安全主管、监管部门统筹负责,对数据采集、共享开放至开发利用全过程的数据安全保障工作进行指导督促,并结合当地的现实情况,制定相应的安全管理制度规范,完善制度体系,明确责任主体及责任后果,切实保障数据全周期的安全。其二,政务数据资源管理机构及政务部门要制定相应的数据安全应急制度以及实施技术防护措施,对突发的数据危险及时采取措施,防止损失的扩大。其三,提升数据安全保障的技术手段,依托数据技术,建设相应的网络安全预警、防护、监管平台,为数据安全保障提供基础保障。

其次,实行包容审慎制度。内蒙古自治区人民政府结合本区实际情况,发布了《内蒙古自治区人民政府关于推进数字经济发展的意见》。该意见在"保障措施"中提及要建立与新业态发展相适应的、包容创新的审慎监管方式。[1]数字经济是一种新经济业态,数字经济的深入发展关乎内蒙古自治区的高质量发展。数字经济时代的创新速度与立法滞后形成了鲜明对比,包容审慎监管制度不仅能够充分发挥市场在资源配置中的决定性作用,也能够更好地发挥政府的作用,从而促进数字经济的高质量发展。

最后,加强大数据人才的培养。《内蒙古自治区"十四五"数字经济发展规划》《2017年自治区大数据发展工作要点》等规定的保障措施均涉及人才的培养。如前文所述,与其他七大国家大数据综合试验区相比,内蒙古自治区数据人才吸引力薄弱,大数据教育能力不足。因此,要加大对大数据人才的培养,为自治区大数据发展注入新鲜力量。一方面,以需求为导向,建立数字人才需求目录和数据库,并依托人才工程,以资金、政策等吸引数字人才落户内蒙古,为人才落户内蒙古缓解后顾之忧。乌兰察布市通过大数据产业人才引育工程,吸引数据人才为该市大数据发展贡献力量。[2]另一方面,

---

[1] 参见内蒙古自治区人民政府网: https://www.nmg.gov.cn/zwgk/zfxxgk/zfxxgkml/gzxzgfxwj/xzgfxwj/202012/t20201208_313696.html,2022年10月22日访问。

[2] 乌兰察布市成功申报大数据产业人才引育工程,连续四年召开大数据云计算专场招聘会,举办"乌兰察布市大数据专题培训",合作第三方人才培训机构专业培养信息技术人才、网络安全人才,通过"订单"合作、顶岗实习、工学交替、在校兼职的模式推进校企合作活动。参见内蒙古自治区人民政府网: https://www.nmg.gov.cn/ztzl/yhyshj/jcsj/202109/t20210906_1875156.html,2022年9月27日访问。

加快数据教育发展。通过企业与学校合作培养数据人才，加大人才培养的资金投入与鼓励，组织创新创业大赛等，培养大数据方面的人才。

本章小结

（一）国家大数据综合试验区立法现状综述

2013年系全球大数据的开端之年，我国抓住发展机遇，企业大数据发展颇见成效。数据作为国家基础性战略资源，正日益对全球生产生活等产生重要影响。2015年国务院印发《纲要》，在分析我国发展大数据的形势与重要意义后，具体规定了指导思想、总体目标、主要任务以及政策机制。2016年2月与6月，国家发展和改革委员会、工业和信息化部、中央网络安全和信息化委员会办公室批复贵州、京津冀、珠三角、上海、河南、重庆、沈阳、内蒙古共八个区域推进国家大数据综合试验区建设。

贵州省作为首个大数据综合试验区，率先出台了《贵州省大数据发展应用促进条例》，开启了大数据立法的先河。随后又相继出台了《贵州省大数据安全保障条例》《贵阳市政府数据资源管理办法（2020年修订）》《贵阳市政府数据共享开放条例（2021年修正）》等法规规章。其中，贵州省颁布了全国首部大数据安全保护省级层面的地方性法规，即《贵州省大数据安全保障条例》。同时，贵州省又配套出台了《国家大数据（贵州）综合试验区"十四五"建设规划》《贵州省国民经济和社会发展第十四个五年规划和二〇三五年远景目标纲要》等政策文件，成为全国首个发布省级数字经济发展专项规划、大数据与实体经济深度融合实施指南的省份。贵州省政策法规体系逐步完善，大数据发展取得显著成效。

上海市于2016年印发了《上海市大数据发展实施意见》，随后又发布了《上海市公共数据和一网通办管理办法》《上海市公共数据开放暂行办法》《上海市普陀区公共数据管理办法》《闵行区公共数据管理办法》《上海市数据条例》等规章政策，为大数据产业发展营造了良好环境，为数据资源管理与安全等提供了保障。

河南省于2017年发布《河南省推进国家大数据综合试验区建设实施方案》，随后发布《郑州市政务数据安全管理暂行办法》《南阳市政务数据共享管理暂行办法》《信阳市政务数据资源共享开放管理办法》《河南省政务数据安全管理暂行办法》法规规章等文件。2021年，颁布《河南省数字经济促进条例》，为数字资源的开发利用、数字经济高质量发展提供综合性制度保障。

重庆市于2013年出台《重庆市大数据行动计划》，为重庆市大数据发展制定了目标。随后相继出台了《重庆市"十三五"信息化规划》《重庆市政务信息资源共享开放管理办法》《重庆市公共数据开放管理暂行办法》《重庆市大数据标准化建设实施方案（2020-2022年）》《重庆市数据治理"十四五"规划（2021-2025年）》《重庆市数字产业发展"十四五"规划（2021-2025年）》《重庆市公共数据分类分级指南（试行）》《重庆市数据条例》等法规政策文件。

沈阳市于2017年发布《沈阳市2017年建设国家大数据综合试验区实施方案》。在其指引下，沈阳市公布实施了《沈阳市国家大数据综合试验区建设三年行动计划（2018-2020年）》《沈阳市引导企业上云实施方案》《沈阳市加快数字经济发展行动计划（2019-2021年）》《沈阳市构建行权治理体系推进数字政府建设实施方案（2020-2022年）》《沈阳市政务数据资源共享开放条例》《中共沈阳市委关于制定沈阳市国民经济和社会发展第十四个五年规划和二〇三五年远景目标的建议》等文件，推动沈阳市数字经济发展，营造良好数字生态。

京津冀作为国家大数据跨区域类综合试验区，在地区协同发展这一重大国家战略的指引下，各地区印发了《张家口市大数据产业发展规划（2018-2020年）》《张家口市关于推进大数据产业发展的实施意见》《天津市促进大数据发展应用条例》《北京市公共数据管理办法》《中国数坝·张家口市大数据产业发展规划（2019-2025年）》《天津市数据安全管理办法（暂行）》《天津市公共数据资源开放管理暂行办法》《北京市数据中心统筹发展实施方案（2021-2023年）》《天津市数据交易管理暂行办法》《河北省数字经济促进条例》等文件，利用京津冀地区的市场、产业等优势，逐步形成了完整的大数据产业链。

珠三角国家大数据跨区域类综合试验区自2016年设立以来，相继发布了《广东省实施大数据战略工作方案》《广东省信息化发展规划纲要（2013-2020年）》《广东省信息化促进条例》《广东省促进大数据发展行动计划（2016-2020年）》等规范性文件，营造了良好的大数据发展环境。2017年，《珠江三角洲国家大数据综合试验区建设实施方案》正式出台，明确了各部门发展大数据产业的重点任务。各地市出台《珠海市创建珠江三角洲国家大数据综合试验区实施方案》《惠州市贯彻落实珠江三角洲国家大数据综合试验区建设实施方案》《广东省政务数据资源共享管理办法（试行）》《中山市政务数据管理办法》《东莞市政务数据资源共享管理办法（试行）》《广东省数字经济促进条例》《广州市数字经济促进条例》《深圳经济特区数据条例》《深圳经济特区人工智能产业促进条例》《深圳经济特区数字经济产业促进条例》等文件。广东省还印发了全国省级层面首个推动数字经济发展的指引性文件《广东省数字经济发展指引1.0》。

内蒙古于2016年获批建设我国首个大数据基础设施统筹发展类综合试验区，先后出台了《内蒙古国家大数据综合试验区建设实施方案》《内蒙古自治区促进大数据发展应用的若干政策》《呼和浩特市促进大数据发展应用若干政策》《2017年自治区大数据发展工作要点》《内蒙古自治区大数据发展总体规划（2017—2020年）》《大数据与产业深度融合行动计划（2018-2020年）》《内蒙古国家大数据综合试验区改革实施方案》《内蒙古大数据综合试验区改革重点任务台账》《内蒙古自治区大数据发展管理局2018年工作总结》《内蒙古自治区大数据发展管理局2019年工作计划》《鄂尔多斯市推进内蒙古国家大数据综合试验区改革实施方案》《内蒙古自治区人民政府关于推进数字经济发展的意见》《内蒙古自治区人民政府办公厅关于印发自治区"十四五"服务业发展规划的通知》《内蒙古自治区人民政府办公厅关于印发自治区"十四五"数字经济发展规划的通知》《内蒙古自治区大数据安全标准化白皮书》《内蒙古自治区政务数据资源管理办法》《数字呼和浩特"十四五"专项规划》等规范性文件，为数据基础设施建设、数据资源共享开放、大数据产业发展等保驾护航。

（二）国家大数据综合试验区共性立法

纵观八大国家大数据综合试验区的法律规范可知，各地区对数据资源的共享开放及安全保障均作出了详细规定。

首先，就数据共享开放立法。公共数据的共享开放是提升数据资源价值的关键，公共组织将其所获取的数据资源与其他组织共享，从而促进各方数据使用者对数据的有效利用，最大限度地发挥数据的价值，避免"信息孤岛"等现象的发生，各试验区高度重视数据资源共享的立法。贵州省出台了《贵州省政府数据共享开放条例》《贵阳市政府数据共享开放实施办法（2021年修改）》《贵阳市政府数据共享开放条例（2021年修正）》。上海市发布了

《上海市公共数据开放暂行办法》《上海市数据条例》《长宁区公共数据管理办法》《上海市普陀区公共数据管理办法》。河南省印发了《南阳市政务数据共享管理暂行办法》《信阳市政务数据资源共享开放管理办法》。重庆市通过了《重庆市政务数据资源管理暂行办法》《重庆市公共数据开放管理暂行办法》。沈阳市的相关规定体现在了《沈阳市政务数据资源共享开放条例》。京津冀地区对数据共享开放的规定体现在《北京市公共数据管理办法》《石家庄市政务数据资源管理规定》之内。珠三角地区规定在了《广东省政务数据资源共享管理办法（试行）》《东莞市政务数据资源共享管理办法（试行）》《中山市政务数据管理办法》之中。另外，内蒙古自治区颁布的《内蒙古自治区政务数据资源管理办法》对数据共享开放作了详细规定。

其次，就数据安全保障立法。部分数据关乎个人隐私、企业安全及国家安全，数据泄露、毁损等会严重危及个人安全、企业甚至国家安全，因此数据价值得以发挥，以对大数据的安全保障为前提，各试验区均高度重视对数据资源安全保障的立法。出台《贵州省大数据安全保障条例》《郑州市政务数据安全管理暂行办法》，《天津市数据安全管理办法（暂行）》等数据安全专门性法规，同时《上海市数据条例》《深圳经济特区数据条例》《重庆市数据条例》《辽宁省大数据发展条例》以及《闵行区公共数据安全管理办法》《河南省政务数据安全管理暂行办法》《广东省公共数据管理办法》《内蒙古自治区政务数据资源管理办法》等数据综合性立法以及专项立法都有关于数据安全保障制度的规定。

（三）国家大数据综合试验区特色立法

1. 区域示范类综试区特色立法

设置区域示范类国家大数据综合试验区的目的是利用上海市、重庆市、沈阳市、河南省的地理位置，积极引领东部、中部、西部发展，通过数据资源的统筹协调，最大限度地发挥协同发展的优势。

其一，推行云长制立法。早在2014年，贵州省第二十六次常务会议便指出要启动电子政务云、工业云、电子商务云等"七朵云"工程，推动实行"云长负责制"，由省政府办公厅、省经济和信息化委员会、省商务厅、省交通运输厅、省发展和改革委员会等部门主要负责同志分别担任"云长"，统筹推进大数据发展。在借鉴贵州省云工程建设经验的基础上，为打破数据壁垒，消除"信息孤岛"现象，重庆市于2019年发布了《重庆市全面推行"云长制"实施方案》，构建公共信息基础设施这一"云"，运用"云长制"对数据上云这一过程进行管理。将全市数据交由担任"总云长"的市政府主要领导统筹管理，在政法、交通等6个系统设"系统云长"，各区县政府、市级各部门主要负责人为各单位"云长"，分级、分部门对数据资源进行管理。在"管云""管数""管用"三管齐下，使"云长制"的作用得到极大突显，重庆市大数据管理具备较为完备的支撑体系。

其二，推动"一网通办"立法。所谓"一网通办"是通过线上的一体化在线政务服务平台与线下窗办事口相结合，对政务数据资源进行整合，提升各部门协同办理水平，节约群众办事时间，便捷群众生活。《上海市公共数据和一网通办管理办法》从管理原则、职责分工、规划和建设、公共数据的采集和治理、公共数据的共享和开放、一网通办、安全管理和权益保护以及监督考核等多方面对公共数据及一网通办进行管理，以有效提升社会治理能力和治理水平。

2. 跨区域类综试区特色立法

京津冀与珠三角国家大数据综合试验区地理位置优越，基础设施完善，作为两个重要的产业集群，数据中心等新型基础设施的建设完善至关重要。

一方面，重视数据中心建设。数据中心系为数据共享、开放、应用提供支撑的一种新型基础设施，京津冀地区强调协同发展以疏解北京数据中心的功能，在《京津冀大数据综合试验区建设方案》中对各地区的发展作了定位，同时展开数据中心整合利用探索，优化数据中心布局结构，探索数据中心与能源、产业等的结合。另一方面，注重人工智能等产业发展。国内传统制造业发展依赖于人口基数，但伴随着互联网行业的发展，社会需求发展转变，廉价劳动力数量逐渐减少，并且在国际上智能制造发展逐渐成为新的趋势。智能制造是推动高质量发展，提升地区制造业核心竞争力的有效手段。为此，天津市于2020年发布了《天津市促进智能制造发展条例》，在创新驱动、市场主导等原则下深入推进制造业数字化等转型，以多举措激励企事业组织等引进人才，促进智能制造高质量发展。深圳市产业基础良好，市场面广阔，在发展人工智能方面具有得天独厚的优势，深圳市颁布《深圳经济特区人工智能产业促进条例》，进一步促进人工智能技术发展，推动人工智能产业与其他行业的交融发展。

3. 大数据基础设施统筹发展类综试区特色立法

内蒙古地区占地面积广阔,在结合自身发展优势的前提下,打造特色农牧业集群。由于内蒙古拥有丰富的矿产资源与旅游资源,具备发展工业和服务业的坚实基础。为推动大数据与内蒙古传统产业的融合发展,内蒙古国家大数据综合试验区于2018年发布了《内蒙古自治区大数据与产业深度融合行动计划(2018—2020年)》,大力推进大数据与农牧业、工业以及服务业等传统行业的深度融合。例如,在农牧业发展过程中,推动运用大数据对农牧产品的生产、销售等全过程进行监测,发挥大数据平台在促进产品销售等方面的作用。

第三章

其他地区大数据立法现状及主要内容

除国家设立的"区域示范类综试区、跨区域类综试区、大数据基础设施统筹发展类综试区"三类大数据试验区数据外,浙江、福建、山东、湖北、吉林、安徽、海南、山西、江西、江苏以及宁夏等其他省市为保护数据权益及促进数字经济的发展,也在积极进行数据立法探索与尝试。

一、浙江立法现状

(一)立法概述

浙江省数字经济发展领导小组办公室印发的《浙江省高质量推进数字经济发展2022年工作要点》明确指出,坚持以习近平新时代中国特色社会主义思想为指导,深入贯彻党的十九大、十九届历次全会精神,全面贯彻落实习近平总书记推动数字经济健康发展的重要论述精神,完整、准确、全面贯彻新发展理念,加快构建新发展格局,忠实践行"八八战略"、奋力打造"重要窗口",深刻把握数字经济发展趋势规律,以数字化改革为引领,深入实施数字经济"一号工程"2.0,加快数字产业化、产业数字化、治理数字化和数据价值化协同发展,高水平推进国家数字经济创新发展试验区和数字经济系统建设,全力构建数字经济引领的现代产业体系,奋力打造引领发展、面向未来的全球数字变革高地,高质量发展建设共同富裕示范区,以优异成绩迎接党的二十大胜利召开。[1]

---

[1]《浙江省数字经济发展领导小组办公室关于印发〈浙江省高质量推进数字经济发展2022年工作要点〉的通知》。

浙江自 2003 年启动"数字浙江"建设以来，一以贯之、一脉相承，先后实施"四张清单一张网"建设、深化"最多跑一次"改革、持续推进政府数字化转型，并于 2021 年全面开启数字化改革。在此过程中，为充分发挥公共数据的重要支撑作用，浙江围绕公共数据陆续出台了《浙江省公共数据和电子政务管理办法》(《浙江省公共数据条例》施行后同期废止)《浙江省公共数据条例》《浙江省公共数据开放与安全管理暂行办法》《数字化改革公共数据目录编制规范》和《数字化改革公共数据分类分级指南》等一系列地方法规与地方标准，取得了良好成效。[1]

2003 年，时任浙江省委书记的习近平同志就作出了建设"数字浙江"的重要决策，2014 年浙江率先提出大力发展以互联网为核心的信息经济，2016 年创建全国唯一的国家信息经济示范区；2017 年浙江省委提出实施数字经济"一号工程"，加快构建以数字经济为核心、以新经济为引领的现代化经济体系，将其作为实现高质量发展的新引擎；2018 年制定实施国家数字经济示范省建设方案和五年倍增计划，谋划了数字经济发展"3386"体系；2019 年获批建设全国首批国家数字经济创新发展试验区；2020 年提出深入实施数字经济"一号工程"2.0 版，努力抢抓全球治理体系变革和产业链重构下数字经济创新发展的战略机遇。

浙江发展数字经济起步早、探索早，经历了从数字浙江起步到信息经济，从数字经济 1.0 版到数字经济 2.0 版，不断探索、迭代升级和总结提炼，逐步明晰数字经济的基本定义、主要内涵和基本特征。[2] 十多年来，浙江坚持一张蓝图绘到底、一任接着一任干，推动数字经济不断发展壮大，形成了一系列可复制、可推广的浙江经验和浙江样本。从创新探索到立法规范，浙江探索出一条行之有效的公共数据发展之路，为实现省域治理体系和治理能力现代化提供了有效支撑。

党的十九届五中全会关于"十四五"规划和 2035 年远景目标的建议明确提出要加快数字化发展，数字经济在我国有着扎实的发展基础，在未来的高质量发展中占据重要地位。浙江省出台了《浙江省数字经济促进条例》，目的

---

[1] 陈鹏宇：《从创新探索到立法规范——浙江公共数据发展实践解析》，载《中国信息化》2022 年第 4 期，第 32~35 页。

[2] 《从浙江数字经济实践洞见立法探索》，载《信息化建设》2021 年第 4 期，第 17~20 页。

就是在省内持续培育和促进数字经济发展的关键要素环节,加速布局数字经济发展所需的必要条件。浙江省出台相关法规、规范性文件进一步规范大数据的采集引用,培育壮大大数据产业,促进数字经济的健康发展。其中,省一级的立法文件有4件:2022年的《浙江省公共数据条例》,2020年的《浙江省数字经济条例》,2020年的《浙江省公共数据开放与安全管理暂行办法》以及2017的《浙江省公共数据和电子政务管理办法》,它们涉及公共数据和数字经济发展的多维度方面,内容包括数据资源、基础设施、数字经济、数据安全、保障措施和法律责任等方面。

(二)立法定位及原则

1.《浙江省公共数据和电子政务管理办法》

2017年5月1日起施行的《浙江省公共数据和电子政务管理办法》植根于浙江的实践,"四张清单一张网"改革尤其是浙江政务服务网建设,为该办法的出台奠定了坚实基础,"最多跑一次"改革大力度推进公共数据和电子政务领域的创新,为国家实施大数据和电子政务战略提供了浙江方案。

立法定位:规范与促进浙江省公共数据和电子政务发展,推动公共数据和电子政务统筹建设与资源整合,提升政府信息化治理能力和公共服务水平。[1]

该办法规定公共数据和电子政务管理遵循统筹规划、集约建设、汇聚整合、共享开放、有效应用、保障安全的原则。[2]另外,公共管理和服务机构应当遵循合法、必要、适度原则,按照法定范围和程序,采集公民、法人和其他组织的数据信息;被采集对象应当配合。

2.《浙江省数字经济促进条例》

党的十九届五中全会关于"十四五"规划和2035年远景目标的建议,明确提出加快数字化发展、发展数字经济。"推进数字产业化和产业数字化,推动数字经济和实体经济深度融合,打造具有国际竞争力的数字产业集群。加强数字社会、数字政府建设,提升公共服务、社会治理等数字化智能化水平","提升全民数字技能,实现信息服务全覆盖"。在省内持续培育和促进数字经济发展的关键要素环节,加速布局数字经济发展,[3]浙江省出台《浙江

---

[1]《浙江省公共数据和电子政务管理办法》(2017年5月1日起施行)第1条。

[2]《浙江省公共数据和电子政务管理办法》(2017年5月1日起施行)第3条。

[3] 唐韬:《"十四五"规划指引数字经济发展——以浙江省数字经济促进条例为例》,载《中国市场》2022年第12期,第191~193页。

省数字经济促进条例》并于2021年3月1日起施行。

该条例的审议通过是历年来浙江高质量推进数字经济发展的智慧结晶，也将从法律制度层面保障数字经济2.0版深入发展，是再创浙江数字经济发展新优势、推动数字经济成为"重要窗口"重大标志性成果的现实需要，也是将浙江省相关实践经验上升为法律制度的客观要求。[1]

该条例第1条明确了立法定位：为了促进数字经济发展，加快建设现代化经济体系，提升核心竞争力，推动高质量发展，推进省域治理现代化。[2]

同时规定了相应原则：发展数字经济是浙江省经济社会发展的重要战略，应当遵循优先发展、应用先导、数据驱动、创新引领、人才支撑、包容审慎以及保障数据安全、保护个人信息的原则；在数据资源管理方面，应当遵循依法规范、促进流通、合理使用、保障安全的原则，加强数据资源全生命周期管理，提升数据要素质量，培育发展数据要素市场，促进大数据开发利用和产业发展，推进治理工作数字化；任何单位和个人收集、存储、使用、加工、传输、提供、公开数据资源，应当遵循合法、正当、必要的原则，遵守网络安全、数据安全、电子商务、个人信息保护等有关法律法规以及国家标准的强制性要求，不得损害国家利益、社会公共利益或者他人合法权益；公共管理和服务机构则应当按照需求导向、分类分级、统一标准、安全可控、便捷高效的原则向社会开放公共数据；县级以上人民政府及其有关部门应当坚持保障安全与发展数字经济并重的原则，建立健全网络安全、数据安全保障体系，完善协调机制以及安全预警、安全处置机制。在治理数字化方面，县级以上人民政府及其有关部门应当按照优化传统服务与创新数字服务并行的原则，制定和完善老年人等运用智能技术困难群体在出行、就医、消费、文娱、办事等方面的服务保障措施，保障和改善运用智能技术困难群体的基本服务需求和服务体验。

3.《浙江省公共数据开放与安全管理暂行办法》

2020年8月1日施行的《浙江省公共数据开放与安全管理暂行办法》为国内首部省域公共数据开放与安全管理立法。

推进公共数据开放是党中央、国务院和省委、省政府部署的重要改革任

---

[1]《从浙江数字经济实践洞见立法探索》，载《信息化建设》2021年第4期，第17~20页。

[2]《浙江省数字经济促进条例》第1条。

务，是推进省域治理现代化、推动政府数字化转型、促进经济转型升级的重要举措，对于浙江建设法治政府、创新政府、廉洁政府和服务型政府以及发展壮大数字经济、共享经济具有重要意义。浙江省是政府数字化转型和公共数据开放的先发之地，也是2018年中央网络安全和信息化委员会办公室等部门确定的开展公共数据开放5个试点省市之一。近年来，浙江省大力推进数据开放工作，建设完善省市两级数据开放平台和开放网站，推动已归集数据实现"能开尽开"，取得较好成效。同时，浙江省在数据开放工作上面临一些困难和问题，如管理体制有待进一步理顺、数据开放范围较小、部分领域数据质量有待提升、数据开放中的个人信息保护有待强化、部门担心数据开放产生风险后被追责等，需要通过立法的制度设计逐步加以解决。

该办法的立法定位为：规范和促进本省公共数据开放、利用和安全管理，加快政府数字化转型，推动数字经济、数字社会发展。[1]

该办法规定了诸多原则，如在第二章"数据开放"中规定公共数据开放应当遵循依法开放的原则，法律、法规、规章以及国家规定要求开放或者规定可以开放的，应当开放；未明确开放的，应当安全、有序开放；禁止开放的，不得开放。第四章"数据安全"规定，公共管理和服务机构应当遵循合法、必要、正当的原则，采集各类数据；没有法律、法规依据，不得采集公民、法人和其他组织的相关数据；采集公共数据应当被限定在必要范围内，不得超出公共管理和服务需要采集数据。[2]

4.《浙江省公共数据条例》

2022年3月1日起施行的《浙江省公共数据条例》是全国首部以公共数据为主题的地方性法规，也是保障浙江省数字化改革的基础性法规。该条例对公共数据平台、收集与归集、共享、开放与利用等作出系统规定，为充分激发公共数据新型生产要素价值释放及推动治理能力现代化提供了浙江样本。

该条例的立法定位：加强公共数据管理，促进公共数据应用创新，保护自然人、法人和非法人组织的合法权益，保障数字化改革，深化数字浙江建

---

[1]《浙江省公共数据开放与安全管理暂行办法》（2020年8月1日施行）第1条。
[2]《浙江省公共数据开放与安全管理暂行办法》（2020年8月1日施行）第6、12、31条。

设，推进省域治理体系和治理能力现代化。[1]

数据发展和管理工作将会始终坚持中国共产党的领导，遵循统筹规划、依法有序、分类分级、安全可控的原则。另外，各部门各地区应遵循互联互通、共建共享的原则。对于公共数据的安全则规定公共数据安全管理应当坚持统筹协调、分类分级、权责统一、预防为主、防治结合的原则。[2]

（三）主要制度内容

1.《浙江省公共数据和电子政务管理办法》（2017年5月1日施行）

（1）明确公共数据与电子政务管理的基本范围。本办法所称公共数据是指各级行政机关以及具有公共管理和服务职能的事业单位（以下统称"公共管理和服务机构"），在依法履行职责过程中获得的各类数据资源。本办法所称电子政务是指各级行政机关运用信息技术与网络技术，优化内部管理，并向社会提供优质、高效、透明的公共管理和服务的活动。[3]

（2）构建统筹管理体制机制。公共数据和电子政务管理涉及的部门多、链条长，长期以来形成了多头管理、各自为政的体制，带来了数据壁垒、服务碎片、安全脆弱等弊病。为此，该办法规定：县级以上政府应当加强对公共数据和电子政务工作的领导和协调，由省政府办公厅负责指导、监督全省的公共数据和电子政务管理工作。切实强化规划约束，要求信息化发展、智慧城市建设等相关专项规划，加强与公共数据和电子政务规划的衔接；各级行政机关部署电子政务应用时，应当与本地区公共数据和电子政务发展规划相衔接。加强电子政务建设项目的管理，明确由公共数据和电子政务主管部门统一对电子政务项目建设实施初审，作为审批立项、预算批复的条件，从源头上把好项目准入关。[4]该办法还以专章形式规范了各方关于信息安全与保障的责任和义务。[5]这些规定将有力地促进全省形成上下连贯、分工明确、协同有效的公共数据和电子政务管理运行体系。

（3）破除电子材料法律效力障碍。该办法此次专门就电子申请、电子签名、电子证照、电子归档等作了一系列规定，用规章为电子政务的技术应用

---

[1]《浙江省公共数据条例》（2022年3月1日起施行）第1条。
[2]《浙江省公共数据条例》（2022年3月1日起施行）第4、37条。
[3]《浙江省公共数据和电子政务管理办法》（2017年5月1日施行）第2条。
[4]《浙江省公共数据和电子政务管理办法》（2017年5月1日施行）第3、5、7条。
[5]《浙江省公共数据和电子政务管理办法》（2017年5月1日施行）第四章。

撑腰。比如，除有法律、法规明确规定的之外，各级行政机关都应当接受能够识别身份的以电子方式提出的申请，且不得同时要求公民、法人和其他组织履行纸质或者其他形式的双重义务；按照安全规范要求生成的电子签名，与本人到场签名具有同等效力，可以作为法定办事依据和归档材料；各级行政机关使用电子印章系统，向公民、法人和其他组织发放电子证照的，电子证照与纸质证照具有同等法律效力；各级行政机关可以单独采用电子文件归档形式。针对办事过程中"证明多、证明难"的问题，规定可以通过公共数据平台提取、确认证明材料的，行政机关不再另行要求申请人提供内容相同的证明文件。[1]这些规定将积极推动用电子流转的政务服务取代纸质流转，以"互联网+"来减材料、减环节，让人们办事更方便、更省心。

（4）着眼于破除信息孤岛，加强数据共享。该办法对公共数据获取、归集、共享、开放、应用等各个环节的管理作了规范。一是明确公共数据采集遵循合法、必要、知情原则，做到"一数一源"，可以通过共享方式获得数据的，不得违规通过其他方式重复采集。二是明确公共数据统一编目、逐级归集的要求，形成公共数据资源目录，并将目录中的数据归集到公共数据平台，实施人口、法人单位、公共信用等综合数据信息资源库建设。三是明确公共数据共享为原则，不共享为例外，按无条件共享、受限共享和非共享三类情况，分别确定数据属性及共享实现方式。四是明确公共数据开放实行目录管理，数据开放应采用公民、法人和其他组织易于获取和加工的方式。这些规定将有效地促进数据资源的共享应用，支撑跨部门、跨层级、跨地区协同办事和综合监管，充分地挖掘公共数据的价值。[2]

（5）节约经济，全面推进电子政务集约化。电子政务重复投资、分散建设是一大通病，会严重影响政府信息化建设的绩效。为此，该办法立足于实现互联互通、资源整合，要求对电子政务网络、政务云平台、公共数据平台和容灾备份中心等建设实行统一规划；明确各级行政机关不得新建业务专网，已有业务专网经合理分类后并入电子政务网络；公共数据平台由县级以上政府建立，其他各级行政机关不得新建、扩建、改建独立的数据中心。同时，强调统筹建设一体化网上政务服务平台，各级政府按照浙江政务服务网的规

---

〔1〕《浙江省公共数据和电子政务管理办法》（2017年5月1日施行）第30~33条。
〔2〕《浙江省公共数据和电子政务管理办法》（2017年5月1日施行）第16、18、22、24条。

范要求建立网上政务服务体系,并延伸至乡镇(街道办事处)、行政村(社区)。这些规定将进一步提升电子政务基础设施和公共平台的集约化水平。[1]

2.《浙江省数字经济促进条例》(2021年3月1日起施行)

(1)明确了数字经济的定义。该条例在《G20数字经济发展与合作倡议》和中共中央、国务院关于数字经济发展战略部署相关表述的基础上,结合浙江的实践探索,并根据立法规范要求,首次在法律制度层面对数字经济作出了明确界定。数字经济是继农业经济、工业经济之后的主要经济形态,是指以数据资源为关键生产要素,以现代信息网络为主要载体,以信息通信技术融合应用、全要素数字化转型为重要推动力,促进效率提升和经济结构优化的新经济形态。[2]其构成是数字经济核心产业和信息技术融合应用,其核心要义是推进以数字产业化、产业数字化、治理数字化为标志的"三化"创新发展,并呈现出新关键要素(数据资源)、新基础设施(云网端)、新主导产业(信息技术产业)、新业态模式(电子商务、移动支付等)、新组织形态(平台化组织)和新治理方式(多元协同共治)等一系列新的特征。

(2)规定了数字基础设施规划和建设的有关要求。针对当前数字基础设施建设缺乏规划引领、低水平重复建设、共建共享程度不高等突出问题,该条例主要作了以下规定:一是要求按照技术先进、共建共享、避免重复等原则组织编制数字基础设施发展规划、建设专项规划,并对发展规划、建设专项规划的编制程序和重点内容予以明确。二是要求国土空间详细规划对数字基础设施建设专项规划确定的设施位置、空间布局等作出安排。三是明确规定新建、扩建建筑物应当按照标准配套建设移动通信基础设施,与主体建筑物同步设计、同步施工、同步验收,并对配套建设的程序机制作出具体规定。同时,针对通信基础设施在一些老旧小区落地难的问题,规定老旧小区改造应当配套建设通信基础设施。[3]

(3)规定了促进数据资源开放共享的相关举措。为了解决实践中公共数据共享开放程度不够、数据质量不高等问题,该条例主要作了以下规定:一是明确行政机关和其他国家机关的数据,以及法律、法规规定纳入公共数据

---

[1]《〈浙江省公共数据和电子政务管理办法〉政策解读》,载 http://www.huzhou.gov.cn/hzgov/front/s38/xxgk/zcwj/bmwj/20181129/i1260234.html,2022年7月19日访问。

[2]《浙江省数字经济促进条例》(2021年3月1日起施行)第2条第2款。

[3]《浙江省数字经济促进条例》(2021年3月1日起施行)第11~17条。

管理的其他数据属于公共数据，应当按照公共数据管理要求进行共享和开放。二是建立公共数据的核实和更正制度，规定采集单位对所采集公共数据的准确性负责，并应当根据公共数据主管部门的要求及时核实、更正数据。三是引导企业、社会组织等单位和个人开放自有数据资源。[1]

（4）规定了推动浙江省数字产业化发展的具体措施。针对浙江省数字产业发展中存在的规模体量不够大、创新质量不够高、创新平台引领作用不够强等问题，该条例主要作了以下规定：一是规定省政府应当统筹全省数字产业发展，并明确浙江省重点支持和发展的数字产业，要求各地结合实际确定发展重点。二是规定省政府及其有关部门应当加强科技创新平台和大型科技基础设施建设，推动大型科学仪器开放共享。三是规定政府及其有关部门应当培育形成大中小微企业协同共生的数字经济产业生态，支持企业创建数字经济领域创新创业平台，鼓励第三方机构为数字产业发展提供相关服务。[2]

（5）规定了促进浙江省产业数字化转型的具体措施。针对浙江省传统企业数字化转型速度不够快、质量不够高、基础支撑薄弱以及中小企业不愿、不敢、不会转型等问题，该条例对政府及有关部门促进产业数字化转型的职责和措施作了以下规定和要求：一是通过服务指导、试点示范、政策支持等方式支持工业互联网普及应用，推动企业发展智能型制造。二是通过培育转型试点等方式推动数字技术与生活性服务业、生产性服务业深度融合，通过建设数字文化创意产业试验区等方式发展文创产业。三是通过示范带动、技术指导、政策支持等方式推广农业物联网应用，加强农业生产、农产品加工、农产品流通领域数字基础设施建设。四是引导和支持发展电子商务新业态新模式，推进数字生活新服务。五是完善各类园区数字基础设施，为园区企业数字化转型和数字产业集聚发展提供支撑。[3]

（6）规定了提升浙江省治理数字化水平的具体措施。为了深入贯彻习近平总书记考察浙江时对数字化治理的重要指示精神，落实国家数字经济创新发展试验区实施方案赋予浙江省的试验任务，该条例主要作了以下规定：一是规定政府及有关部门应当按照整体智治要求推进政务服务、政府办公全流

---

[1]《浙江省数字经济促进条例》（2021年3月1日起施行）第20、21条。
[2]《浙江省数字经济促进条例》（2021年3月1日起施行）第25~27条。
[3]《浙江省数字经济促进条例》（2021年3月1日起施行）第29~38条。

程网上办理、掌上办理,并规定行政执法掌上办理等政府数字化转型的具体手段。二是要求加强"城市大脑"和智慧城市建设,促进现代信息技术在乡村治理中的应用。三是规定加强数字教育、智慧医疗健康、智慧养老体系建设的基本路径和目标。四是要求加强综治工作平台等基层治理"四平台"建设运营,并明确未来社区示范建设的基本要求。五是关注老年人数字鸿沟问题,要求按照优化传统服务与创新数字服务并行的原则保障老年人等群体基本服务需求,改善服务体验。[1]

(7)规定了激励和保障数字经济发展的综合性措施。该条例将浙江省实践中行之有效的扶持政策和激励措施予以固化提升,规定应当通过设立产业投资基金、财政资金支持、首台套产品采购、科技创新券等方式加大数字经济发展支持力度。明确在土地供应、电力接引、能耗指标、频谱资源等方面优先保障数字经济发展,支持举办数字经济领域相关展览、赛事、论坛等,帮助企业开拓市场。规定政府应当加强产业链协同创新统筹协调,引导支持高校、企业等协同攻关数字经济领域关键共性技术,通过开设数字经济专业、课程以及共建实习实训基地等方式培养数字经济人才。[2]

3.《浙江省公共数据开放与安全管理暂行办法》(2020年8月1日施行)

(1)明确公共数据开放与安全管理体制。该办法对县级以上人民政府的公共数据开放与安全管理职责作了规定;明确了大数据局的主管部门地位,并规定了相应的责任;对公共数据开放主体作了具体要求;对有关单位数据安全方面的责任作了规定。由于公共数据开放涉及较多专业技术问题,为此特别规定了专家委员会制度,并在具体条文中充分发挥了专家委员会的作用。[3]

(2)建立健全公共数据有序开放机制。围绕扩大公共数据开放量、提高数据含金量展开,力求为社会提供多元选择,推动和规范公共数据有序开放。

第一,明确界定公共数据开放的定义。该办法从两个方面界定了公共数据:一是从技术上说,公共数据开放是指向社会提供具备原始性、可机器读取、可供社会化利用的数据集。将其界定为数据集,以区别于政府信息。二

---

[1]《浙江省数字经济促进条例》(2021年3月1日起施行)第37、40、41条。
[2]《浙江省数字经济促进条例》有关情况介绍。参见 https://jxt.zj.gov.cn/art/2020/12/25/art_1657975_58925625.html,2022年7月19日访问。
[3]《浙江省公共数据开放与安全管理暂行办法》(2020年8月1日施行)第3~5条。

是从性质上说，公共数据开放是公共管理和服务机构提供的一项公共服务，从性质上将其与政府信息公开等具体行政行为区分开来。[1]

第二，实行重点开放制度。该办法要求优先和重点开放对本地经济社会发展具有重要价值的公共数据，在确定开放重点时要广泛听取社会意见，提高数据开放的精准度。同时，还针对此次疫情防控过程中的数据开放问题，要求各级政府及其部门及时、准确地开放疫情相关数据，并根据公众需要动态更新调整，保障公众知情权。[2]

第三，推行开放目录管理。要求将拟开放的公共数据全部纳入开放目录，目录应当向社会公开；有关单位应当对现行目录进行定期评估，不断扩大数据开放量，细化数据开放颗粒度；明确数据编目评估、审查机制等内容。[3]

第四，实行分类开放。根据数据开放的风险程度，将数据分为无条件开放、受限开放、禁止开放三类，针对不同风险类别设置有差别的开放方式。列举了禁止开放、受限开放的具体情形，为各地开放提供明确指引。[4]

第五，实现平台统一开放。明确公共数据以省市平台统一开放为原则，要求所有数据均通过公共数据平台开放；因客观条件限制不能纳入平台统一开放的，应当事先向公共数据主管部门备案。（第18条）

第六，提高开放数据质量。对公共数据开放格式以及数据清洗、脱敏、格式转换作了规定，着重强调动态更新，推动数据"活"起来。（第19条）

第七，完善数据开放权利保护制度。通过立法保护公民、法人和其他组织的合法权益，规定了单位和个人可以对数据开放的类型、质量等提出意见建议；确立了数据更正制度，保护数据主体的合法权益；规定单位和个人可以提出现有目录外的数据开放需求，公共数据开放主体应当处理。[5]

（3）规范公共数据合法正当利用。数据利用是实现数据价值的最终途径，该办法通过各项措施推动数据开放，以此撬动经济社会发展，提升政府治理水平。一是明确公共数据是重要生产要素。要求发展和完善数据要素市场，以开放公共数据培育数字经济新产业、新业态和新模式。二是明确公共数据

---

[1]《浙江省公共数据开放与安全管理暂行办法》（2020年8月1日施行）第2条。
[2]《浙江省公共数据开放与安全管理暂行办法》（2020年8月1日施行）第7、8条。
[3]《浙江省公共数据开放与安全管理暂行办法》（2020年8月1日施行）第10、11、13条。
[4]《浙江省公共数据开放与安全管理暂行办法》（2020年8月1日施行）第9、12、14、15条。
[5]《浙江省公共数据开放与安全管理暂行办法》（2020年8月1日施行）第21、22条。

利用的一般原则。要求单位、个人利用公共数据应当合法、正当，不得损害国家、社会以及第三人的利益。三是明确数据权益保护制度。明确通过公共数据开发利用依法获得的各类数据权益受法律保护。四是鼓励社会广泛利用数据。采取多种措施鼓励单位和个人通过利用已开放公共数据，开发各类数据产品，推动政府治理迭代升级。五是鼓励多元主体参与。鼓励单位、个人依法开放自有非公数据，促进政企数据融合，形成内容有别、各具特色、各有侧重的数据开放格局。六是推动行业规范发展，促进数据地方标准体系形成，推动建立行业协会组织，实施行业自律管理。[1]

(4) 加强公共数据安全保护。针对社会各界关心的个人信息保护、数据安全等问题，该办法以"安全是1，其他是0"作为制度设计理念，系统规定了公共数据全流程安全管理制度，守牢公共数据安全底线。主要规定：一是为公共数据采集安全设定规则，再次重申数据采集的合法、必要、正当三原则；对强制采集生物信息等内容作了规范。二是结合疫情防控的相关经验做法，该办法对突发事件下的数据规则作了规定，明确了有关单位和个人在突发事件应对过程中，有提供处置突发事件相关数据的责任；要求突发事件应对结束后，应当采取封存或销毁数据等安全措施，保障数据安全。三是要求公共数据开放主体按照国家和省有关规定完善公共数据开放安全措施，并明确其数据安全管理职责。四是针对公共数据开放过程中的数据安全风险处置作了规定。[2]

(5) 强化监管职责和法律责任。该办法赋予了公共数据开放主体相应的监督管理职权；要求对公共数据开放进行评价考核，培训有关工作人员，推动全省公共数据开放工作；明确数据利用主体存在相关违法、违约行为时，公共数据开放主体应当采取相应的处置措施。[3]该办法还对数据开放主体、数据利用主体有关违法行为的法律责任作了规定；考虑到公共数据开放是一项探索性工作，为了更好地推动各地的开放工作，该办法规定了容错免责制度，明确具备相关条件的，对有关单位和个人不作负面评价，依法不承担或者免予承担相关责任。[4]

---

[1]《浙江省公共数据开放与安全管理暂行办法》（2020年8月1日施行）第23~29条。
[2]《浙江省公共数据开放与安全管理暂行办法》（2020年8月1日施行）第30~36条。
[3]《浙江省公共数据开放与安全管理暂行办法》（2020年8月1日施行）第37~40条。
[4]《浙江省公共数据开放与安全管理暂行办法》（2020年8月1日施行）第41~45条。

4. 《浙江省公共数据条例》（2022年3月1日施行）

（1）拓展公共数据范围，为党政机关整体智治提供基础资源支撑。该条例按照党政机关整体智治的要求，明确了浙江省国家机关、法律法规规章授权的具有管理公共事务职能的组织，以及供水、供电、供气、公共交通等公共服务运营单位，在依法履行职责或者提供公共服务过程中收集、产生的数据属于公共数据。同时规定，根据浙江省应用需求，税务、海关、金融监督管理等国家有关部门派驻浙江管理机构提供的数据，属于条例所称公共数据。〔1〕

（2）明确公共数据平台建设规范，夯实数字化改革底座。根据公共数据平台一体化、智能化的定位，该条例提出了六个方面的一体化建设要求：一是建设一体化数字基础设施。要求按照"四横四纵"架构体系，统筹建设一体化智能化公共数据平台。按照"一地创新、全省受益"的精神，对数字化项目的统筹整合制度作出规定。二是建设一体化共享开放通道。规定公共管理和服务机构应当通过统一通道共享开放数据，不得新建通道。三是构建一体化数字资源系统。要求统筹建设全省一体化数字资源系统，推动公共数据、应用、组件、算力等集约管理，实现数据"多跨"流通。四是建设一体化数据资源体系。要求建设全省统一的基础数据库和省、市、县三级专题数据库。五是建立一体化数据目录体系。要求省公共数据主管部门统一目录编制标准，组织编制全省公共数据目录，市、县按照统一标准编制公共数据子目录。六是建设一体化数据标准体系。要求制定统一的公共数据平台建设标准以及公共数据处理和安全管理等标准。〔2〕

（3）完善公共数据收集归集规则，提高公共数据质量。为了保证公共数据准确性、完整性和及时性，该条例规定：一是建立数据校核更正机制，规定当事人提出数据准确性、完整性校核申请以及有关部门发现数据不准确、不完整或者不同部门之间数据不一致的，相关主管部门应当在规定期限内校核完毕。二是要求建立健全数据全流程质量管控体系，及时更新失效或已变更的数据，实现问题数据可追溯、可定责。三是为了充分发挥数据在精准应对突发事件中的作用，规定为了应对突发事件，相关部门可以要求自然人、

---

〔1〕《浙江省公共数据条例》（2022年3月1日施行）第3条。
〔2〕《浙江省公共数据条例》（2022年3月1日施行）第9~14条。

法人或者非法人组织提供应对突发事件所必需的数据。[1]

（4）建立公共数据充分共享机制，助力省域治理高效协同。该条例将公共数据分为无条件共享、受限共享和不共享数据三类，明确公共数据以共享为原则、不共享为例外，并进一步规定了保障该原则落实的具体制度：一是规范共享属性的确定程序，规定列入受限共享数据的，应当说明理由，列入不共享数据的，应当提供法律依据。二是建立共享属性争议解决机制，规定公共数据主管部门对公共管理和服务机构确定的共享属性有异议，经协商不能达成一致意见的，报本级政府决定。三是为了提高数据共享及时性，明确共享数据的审核时限和审核程序。四是限定共享数据的使用范围，规定通过共享获取的数据仅用于本机构履行职责需要。[2]

（5）构建公共数据有序开放制度，激活数据要素市场。为了在保障数据安全的前提下推动公共数据有序开放，该条例主要规定了以下制度：一是要求分类开放。根据风险程度将公共数据分为无条件开放、受限开放、禁止开放数据三类，并列举禁止开放、受限开放的具体情形。二是明确开放范围和重点。要求制定开放目录和年度开放重点清单，优先开放与民生紧密相关、社会迫切需要等方面的数据。三是规定开放属性确定机制。要求公共管理和服务机构对收集、产生的数据进行评估，科学确定开放属性，并明确争议解决机制。四是明确受限开放条件和要求。规定申请获取受限开放数据应当具备数据存储、处理和安全防护能力等条件，并要求签订安全承诺书和开放利用协议，落实安全保障措施。[3]

（6）设立公共数据授权运营制度，更好地推动数据创造价值。为了充分释放数据红利，更好地培育大数据相关产业，该条例建立了公共数据授权运营制度，规定政府可以授权符合安全条件的单位运营公共数据，明确运营单位对利用公共数据加工形成的数据产品和服务可以获取合理收益。同时，为了保障授权运营过程中的数据安全，该条例规定，授权运营协议应当明确数据安全要求，授权运营单位应当依托公共数据平台加工数据，不得向第三方提供授权运营的原始数据，并要求省有关部门制定授权运营具体办法，明确

---

[1]《浙江省公共数据条例》（2022 年 3 月 1 日施行）第 19~21 条。
[2]《浙江省公共数据条例》（2022 年 3 月 1 日施行）第 22~26 条。
[3]《浙江省公共数据条例》（2022 年 3 月 1 日施行）第 27~33 条。

授权运营单位的安全条件和运营行为规范等内容。[1]

（7）健全公共数据安全管理规范，确保公共数据全生命周期安全。数据安全事关国家安全与经济社会发展。该条例在上位法基础上补充规定了以下内容：一是落实数据安全主体责任，确立谁收集谁负责、谁使用谁负责、谁运行谁负责的数据安全责任制，明确相关部门的主要负责人是本单位数据安全工作第一责任人，并对数据安全监管职责分工作了规定。二是建立数据处理安全评估制度，规定因数据汇聚、关联分析等原因，可能产生涉密、敏感数据的，应当进行安全评估，并根据评估意见采取相应的安全措施。三是强化对第三方服务机构的监管，要求进行安全审查，签订服务安全保护及保密协议，并规定第三方服务机构的相应法律责任。四是强化数据开放过程中的安全风险防控，规定了中止开放等风险处置措施。[2]

二、福建立法现状

（一）立法概述

福建省大数据立法与数字福建相融合，把数字福建建设作为基础性先导性工程，全力加快大数据信息化发展，引领全省发展提高效率、提升效能、提增效益。地理信息数据方面，2003年开始就逐步加强了浙江省国家基础地理信息数据开发利用管理，遵循国家基础地理信息数据的统一标准和规范制定相关制度。政府信息数据方面，省统计局出台了《福建省分布式统计信息基础数据库管理办法（试行）》，省审计厅出台了《福建省审计厅审计业务电子数据管理办法》，[3]保障了统计基础数据库的安全和合法使用，加强数据库的更新、维护工作，确保数据质量，提高共享水平；为了进一步明确政府信息公开主管部门和工作机构，于2014年出台了《福建省政府信息公开办法》，进一步建立健全政府信息公开长效工作机制，依法及时、准确公开，着力提升政府公信力；[4]后续又出台了《福建省公共信用信息管理暂行办法》，规范了公共信用信息的征集、披露和使用，加强了对公共信用信息的管理，

---

[1]《浙江省公共数据条例》（2022年3月1日施行）第35条。
[2]《全国首部！浙江省为公共数据立法》，载《中国建设信息化》2022年第5期，第18~21页；浙江省公共数据条例》（2022年3月1日施行）第37~45条。
[3]《福建省审计厅审计业务电子数据管理办法》。
[4]《〈依法及时准确公开 着力提升政府公信力——（福建省政府信息公开办法）〉解读》，载http://www.fuding.gov.cn/bmzfxxgk/sfj/zfxxgkgd/201503/t20150324_644088.htm，2023年2月10日访问。

全面推进社会信用体系建设。[1]在民生信息数据方面，为充分发挥省储备粮油管理信息系统对粮食库存的动态管理和监控作用，于2010年出台了《福建省储备粮油管理信息系统数据更新通报办法》确保系统数据及时、准确、真实，为粮食库存管理提供切实可行的现代化手段，提高业务管理工作效率；[2]于2014年制定了《福建语言资源有声数据库建设工作规范（试行）》和《福建语言资源有声数据库建设调查工作技术规范（试行）》，为福建语言资源有声数据库建设提供立法保障，它对于保存福建省的方言和地方文化，促进闽台语言文化交流具有特殊意义；福建渔业产业发达，省海洋与渔业厅出台了《福建省海洋与渔业厅海洋环境和资源基础数据管理与使用规定（试行）》，以加快项目用海前期工作的时效，依法依规妥善解决用海立项和环评工作中存在的梗阻问题。[3]

近几年，随着大数据的不断发展，福建省大数据立法工作也处于增长态势。于2016年出台了《福建省政务数据管理办法》，就促进大数据发展作了部署，创新政务数据管理制度，鼓励数据开发利用，提升政府治理和服务能力，推动大数据产业发展；于2021年出台了《福建省大数据发展条例》，创设了省级公共数据资源开发的主体制度，加强数字信息基础设施一体化建设，加快数字经济发展；于2022年出台了《福建省公共数据资源开放开发管理办法（试行）》，建立健全公共数据资源开放开发机制，进一步推进公共数据资源开放开发向制度化、规范化方向发展。在地方性法规保障的同时，政府也结合福建省的实际情况制定了每年度的数字福建工作要点以及规划，力争为数字经济发展提供强有力的制度保障。

福建省作为数字中国建设的实践起点，积极出台相关法规、规范性文件，立法内容涉及大数据的多维度、多方面，包括数据资源、基础设施、发展应用、数据安全、保障措施和法律责任等方面，进一步规范大数据采集应用，培育壮大大数据产业，促进数字经济健康有序发展。

（二）立法定位及原则

1.《福建省政务数据管理办法》

2016年10月15日，福建省人民政府第七十一次常务会议通过了《福建

---

[1]《福建省公共信用信息管理暂行办法》。
[2]《福建省储备粮油管理信息系统数据更新通报办法》。
[3]《福建省海洋与渔业厅海洋环境和资源基础数据管理与使用规定（试行）》。

省政务数据管理办法》。[1]该办法在第1条明确立法目的为加强政务数据管理，推进政务数据汇聚共享和开放开发，加快"数字福建"建设，增强政府公信力和透明度，提高行政效率，提升服务水平。随着"数字福建"的发展，福建省电子政务建设和应用体系基本建成，但"信息孤岛"和"数据烟囱"现象依然存在，政务数据分散管理的体制导致数据规模偏小、利用不充分、创新应用不足、共享积极性不高，群众办事重复提交数据、材料，政府办事效率和服务水平有待提升。数据管理工作的滞后严重制约了电子政务深化建设应用，需要一部规范政务数据管理的地方政府规章，在政务数据采集、共享、应用、开放和开发方面作出有利探索。这是一项打破"信息孤岛"，创新数据管理制度，释放数据资源价值的改革新举措。

该办法第3条明确规定："政务数据资源属于国家所有，纳入资产管理，并遵循统筹管理、充分利用、鼓励开发、安全可控的原则。"落实统筹管理原则，推动小数据向大数据汇聚，借助大数据开展社会治理，提升公共服务。落实充分利用原则，加快大数据形成机制，为大数据产业发展提供数据支撑。落实鼓励开发原则，开放政务数据资源，增强政府公信力和透明度，构建服务型政府。

2.《福建省大数据发展条例》

为深入贯彻落实习近平总书记关于网络强国的重要思想和数字福建重要指示批示精神，紧紧围绕服务区域发展战略，突出立法对推进数字产业化和产业数字化，加快经济社会各领域数字化、网络化、智能化的引领推动作用，紧扣福建省大数据发展应用现状和需求，总结数字福建建设成功经验，不断推进新时代数字福建建设。由福建省第十三届人民代表大会常务委员会第三十次会议于2021年12月15日通过《福建省大数据发展条例》，2022年2月1日起施行。[2]

该条例总则明确了立法目的、适用范围、发展原则、职能划分、大数据发展的优先地位，明确了立法定位为促进大数据有序健康发展，发挥数据生产要素作用，推进数字福建建设。法的基本原则是法的灵魂，该条例第3条规定了大数据发展应当遵循"统筹规划、创新引领、开放开发、保障安全"

---

[1]《福建省政务数据管理办法》。
[2]《福建省大数据发展条例》。

原则，在各分章当中也有相应的原则为指引。〔1〕

（1）坚持统筹规划原则。该条例规定：县级以上地方人民政府应当加强对本行政区域大数据发展工作的领导，将大数据发展纳入国民经济和社会发展规划，建立工作协调机制，解决大数据发展和安全工作中的重大问题。县级以上地方人民政府大数据主管部门负责本行政区域内的大数据统筹管理、开发利用和监督检查等工作，定期开展综合评估。发展和改革、工业和信息化等主管部门按照各自职责，做好大数据发展促进工作。网信部门负责统筹协调网络数据和相关安全监管工作，公安、国家安全机关和相关部门按照各自职责，做好数据安全监管工作。〔2〕

（2）坚持创新引领原则。深化数据资源创新应用，要以数字化转型驱动生产方式、生活方式和治理方式创新，运用大数据推动经济发展，促进民生改善，完善社会治理，提升政府服务和管理能力。〔3〕该条例：一是促进数字产业化，要推进通信设备、核心电子元器件等关键技术的研发和产业化，推动人工智能、物联网、区块链、云计算、网络安全等新兴数字产业的发展，形成创新协同、布局合理的产业生态体系；二是促进产业数字化，推动信息通信技术在农业生产、农村电子商务、制造业等方面的应用；三是发挥大数据优化公共资源配置的作用，推动数字化服务普惠应用，完善城市信息运行管理服务平台，构建城市数据资源体系，分级分类推进新型智慧城市建设；四是建立健全数字化社会治理和大数据辅助决策机制，在社会态势感知、综合分析、预警预测、公众参与等方面，加强大数据创新应用，提升政府的科学决策和社会治理能力；五是统筹建设全省电子政务网络，推动一体化在线政务服务和协同办公。〔4〕

（3）遵循保障安全原则。数据安全是数据治理的重要组成部分，应确保将安全贯穿到数据治理的全生命周期，从根本上推动大数据健康发展。为提高数据安全法治水平，该条例提出：一是要建立健全数据分类分级保护和安全审查制度，明确各环节中数据安全的范围边界、责任主体和具体要求；二

---

〔1〕杨一帆：《立法推进数字福建建设——〈福建省大数据发展条例〉解读》，载《人民政坛》2021年第12期，第30~31页。

〔2〕《福建省大数据发展条例》（2022年2月1日起施行）第4、5条。

〔3〕《福建拟出台法规进一步规范大数据采集应用》，载https://mp.weixin.qq.com/s/jozrxf4BVe6wuG8L3j3IdQ，2023年2月11日访问。

〔4〕《福建省大数据发展条例》（2022年2月1日起施行）第25~29条。

是开展数据采集、使用等活动应当遵守有关数据安全管理的法律、行政法规，维护国家安全和社会公共安全，保守国家秘密，保护商业秘密和个人信息；三是明确对所采集的个人信息进行去标识化或者匿名化处理，记录数据处理全流程，不得泄露或者篡改采集的个人信息；四是在处理和使用公共数据的过程中，因数据汇聚、关联分析等原因，可能产生涉密、涉敏数据的，应当进行安全评估，根据评估意见采取相应的安全措施。[1]

（4）坚持开放开发原则。对于大数据的开放开发需要加快数字信息基础设施建设。习近平总书记在关于"数字经济发展"的重要讲话精神中提出构建"高速泛在、天地一体、云网融合、智能敏捷、绿色低碳、安全可控的数字信息基础设施体系，打通经济社会发展的信息大动脉"。数字经济的快速发展，需要高质量推进新型数字信息基础设施，为大数据发展提供支撑保障。[2]为此，该条例提出：一是要组建省、设区的市公共数据资源汇聚共享、统一开放、开发服务的基础平台，推动数据创新运用；二是统筹推进全省通信、算力、融合、信息安全基础设施建设，推动传统基础设施数字化改造和智能化升级。[3]

（5）促进产业发展原则。福建省大数据发展水平和各地区经济存在着差异，为了保障促进大数据产业的有序发展，该条例从以下五个方面作出了规定：一是优先支持大数据关键核心技术攻关、大数据基础设施和公共平台建设、数字园区建设和龙头企业培育；二是根据条件，建立数字园区，促进大数据产业集聚发展；三是培育数据交易市场，鼓励和支持数据交易活动，促进数据资源有效流动；四是培养和引进领军人才、高层次人才和急需紧缺人才，为大数据人才开展教学科研和创业创新等活动创造条件，开展产学研合作，实现人才培养、技术创新、产业发展的深度融合；五是积极推进信息无障碍建设，保障运用智能技术困难的群体在出行、就医、办事、消费等方面的基本服务需求。[4]

---

[1]《福建省大数据发展条例》（2022年2月1日起施行）第30~36条。

[2] 董凌峰、李永忠：《基于云计算的政务数据信息共享平台构建研究——以"数字福建"为例》，载《现代情报》2015年第10期，第76~81页。

[3]《福建省大数据发展条例》（2022年2月1日起施行）第19~21条。

[4]《福建省大数据发展条例》（2022年2月1日起施行）第38、41、43条；陈绍林：《推动大数据在数字政府建设中的应用——以数字福建建设为例》，载《海峡科学》2021年第10期，第77~81页。

3. 《福建省公共数据资源开放开发管理办法（试行）》（2022年7月20日施行）

福建省在公共数据资源开放开发方面进行了积极探索并取得了一定的成效，福建省数字福建建设领导小组办公室于2022年7月20日经省政府同意，印发《福建省公共数据资源开放开发管理办法（试行）》。该办法第1条即指出立法定位为：促进和规范本省公共数据资源安全有序开放和开发利用，完善数据要素市场化配置，做大、做强、做优数字经济。在公共数据资源开放开发工作当中，坚持数据安全和数据发展并重，应当遵循统一标准、分类分级、安全有序、便捷高效的原则，维护国家安全和社会公共安全，保守国家秘密、商业秘密，保障数据安全，保护个人信息。

（三）主要制度内容

1. 《福建省政务数据管理办法》（2016年10月15日施行）

该办法坚持政务数据资源属于国家所有，纳入资产管理的理念，在"筹管理、充分利用、鼓励开发、安全可控"原则的指导下进行相关的制度设计。[1]

（1）政务数据管理的职责与分工制度。政务数据管理涉及部门众多，难度较大，为推进数据管理工作，县级以上人民政府有必要建立工作协调机制。政务数据管理的责任主体是省和设区市人民政府，将数据开放的权力也赋予省和设区市，既可以充分调动各地市开放数据的积极性，也符合党中央、国务院简政放权的方针。省、设区市设立统一的数据管理机构，强化了数据集中统筹管理机制。同时，数据采集、汇聚、共享、开放等工作需要技术服务单位提供支撑和保障。[2]

（2）政务数据登记汇聚制度。各级数据管理机构将按照统一标准在各地建设部署、分布运行政务数据汇聚共享平台，该平台是政务数据汇聚和共享应用的载体，数据生产应用单位应当将本部门业务信息系统接入本地区政务数据汇聚共享平台，并按照采集目录、登记信息以及标准规范，在规定期限内向政务数据汇聚共享平台汇聚数据，实现互联互通。汇聚后的数据管理方

---

〔1〕《〈福建省政务数据管理办法〉解读》，载 http://rfb.fujian.gov.cn/xxgk/zcjd/szfzcwjjd/201611/t20161101_479418.htm，2023年2月12日访问。

〔2〕《福建省政务数据管理办法》（2016年10月15日施行）第4~7条。

式将有效降低各单位的数据管理成本，充分提升数据管理和利用效能。[1]

(3) 政务数据共享服务制度。将共享数据分为无条件共享类和有条件共享类，属于无条件共享类的，可以直接从政务数据汇聚共享平台获取；属于有条件共享类的，应当向数据管理机构提出申请。并且，数据生产应用单位应当在行政审批、市场监管、城乡治理时采用比对验证、检索查询、接口访问、数据交换等方式，实时共享政务数据。[2]该办法作出以上规定是由于现有数据共享存在数据获取难度大、共享积极性不高等问题，各部门仍停留在小数据应用时代。为了打破长期以来的"数据壁垒"，应当通过创新数据共享服务模式来强化推动数据共享应用，充分利用共享数据来实现群众办事的方便、快捷。

(4) 政务数据社会开放和服务制度。政务数据按照开放类型分为普遍开放类和授权开放类。属于普遍开放类的，当事人可以直接从政务数据开放平台获取；属于授权开放类的，当事人可以向省或者设区市数据管理机构申请。在数据共享的服务过程中，数据管理机构应当会同数据生产应用单位制定政务数据共享应用和公共服务标准，实行主动推送，推广精细服务，并开展评价。应当支持利用大数据开展监督，发挥信息公示、预警、引导作用，提高社会运行的预见性和精细化。[3]该办法作出以上规定是由于开放公共数据资源，实现全民共享，是服务型政府的努力目标和亲民的具体体现。数据的集中开放将有效降低数据交易成本，提高数据开放效率，更好地满足社会需求，从而让更多的公民、法人或者其他组织参与到数据的开发利用之中，丰富数据产品和服务。支持社会开发利用政务数据，不仅可以实现数据资产增值，而且还能培育福建省的大数据龙头企业，推动大数据产业发展。同时，为鼓励企业参与公平竞争，采取公开招标等竞争性方式确定授权开发对象或者合作开发对象。

2.《福建省大数据发展条例》(2022年2月1日施行)

(1) 公共数据采集、开放制度。在数据采集方面，该条例规定采集数据应当遵循合法、正当、必要的原则，向被采集者公开采集规则，明示采集目

---

[1]《福建省政务数据管理办法》(2016年10月15日施行) 第21、22条。
[2]《福建省政务数据管理办法》(2016年10月15日施行) 第24、25条。
[3]《福建省政务数据管理办法》(2016年10月15日施行) 第32、33条。

的、方式和范围,并经被采集者同意。凡是能通过共享获取的公共数据,政务部门不得重复采集。同时为解决部门间数据壁垒、共享不充分等问题,该条例明确公共数据以共享为原则、以不共享为例外,处分为无条件共享、有条件共享和暂不共享三种类型。凡列入暂不共享类公共数据的,应当有法律、行政法规或者国家政策作为依据。若政务部门为履行维护国家安全和公共安全职责,需要获取非公共数据,掌握非公共数据的公民、法人或者其他组织应当提供相关数据。在数据开放方面,公共数据开放应当遵循统一标准、分类分级、安全有序、便捷高效的原则。[1] 与民生密切相关、社会关注度和需求度高的数据应当优先开放,并对开放类型进行分类,属于普遍开放类的公共数据,可以直接从公共数据资源开放平台无条件免费获取;属于依申请开放类的公共数据,应当向公共数据资源开放平台申请,经大数据主管部门征求数据提供单位同意后获取。

(2) 公共数据共享平台制度。[2] 该条例规定,各级主管部门应当通过省公共数据汇聚共享平台汇聚、存储、管理公共数据资源,与目录管理资源相结合,以服务接口的方式提供共享服务。公共管理和服务机构应当将业务系统接入本级公共数据汇聚共享平台,按照本部门数据资源目录实时、全量汇聚,不得直接共享数据;依照法律、行政法规的规定,未能汇聚的数据应当经同级人民政府大数据主管部门确认,依托公共数据汇聚共享平台,以服务接口的方式提供共享服务。各级公共数据汇聚共享平台相互汇聚、及时共享,省公共数据汇聚共享平台汇聚的政务数据按照属地原则及时回流至设区的市公共数据汇聚共享平台。

(3) 公共数据资源分级开发制度。[3] 该条例实行数据资源分级开发制度。将开发主体分为一、二两个等级,全省一级开发主体由省人民政府设立,各地区一级开发主体由设区的市人民政府设立。一级开发主体需承担公共数据汇聚治理、安全保障、开放开发、服务管理等具体支撑工作。二级开发主体包括公民、法人或者其他组织,可基于具体应用场景,向相关主管部门申

---

[1] 《直击两会 | 福建省政协常委吴志雄受邀发言:加快数字经济发展,助力高质量发展超越》,载微信公众号:https://mp.weixin.qq.com/s/9QsyyW4Tf-nmy_ KewvGLyw, 2023年2月11日访问;《福建省大数据发展条例》(2022年2月1日施行)第11、14、15条。

[2] 《福建省大数据发展条例》(2022年2月1日施行)第12条。

[3] 《福建省大数据发展条例》(2022年2月1日施行)第16条。

请获取数据资源，并按照规定使用数据资源、汇报开发利用情况等。开发后，依法获取的各类数据经处理无法识别被采集者且不能复原的，可以交易、交换或者以其他方式开发利用。公民、法人或者其他组织按照有关规定开发利用公共数据资源获得的合法收益受法律保护。数据交易、交换应当遵守法律法规和社会公德，不得损害国家利益、社会公共利益和他人的合法权益。公共数据资源分级开发制度，有利于促进数据市场的健康发展。

（4）数字信息基础设施体系。该条例第三章是对福建省大数据发展基础设施建设的筹划布局，拟打造高速泛在、天地一体、云网融合、智能敏捷、绿色低碳、安全可控的数字信息基础设施体系，建设基础服务平台，构筑空海天一体化信息网络。[1]该条例强调在基础设施建设中应当遵循统筹布局、集约建设、资源共享、保障安全的原则。相关部门分级分责，各级大数据主管部门负责组织建设本级公共数据资源汇聚共享、统一开放、开发服务等基础平台，推动数据跨层级、跨地域、跨部门、跨行业创新应用。通信管理等有关部门负责统筹推进全省通信基础设施建设，提高城乡宽带、移动互联网覆盖率和接入能力，推进全省通信骨干网络扩容升级，构筑空天地海一体化信息网络。网信等有关部门负责构建全省统一的网络安全监测预警、应急处置平台，建立健全网络与信息安全标准体系，完善信息安全基础设施建设。

（5）公共数据信息发展与应用制度。该条例第四章指明了各级政府、政府部门在大数据发展过程中应当各自发挥的作用，要求以数字化转型驱动生活方式和治理方式创新，运用大数据推动经济发展，促进民生改善，完善社会治理，提升政府的服务和管理能力。其中，在人工智能、物联网、区块链、云计算、网络安全等新兴数字产业要运用大数据，推进通信设备、核心电子元器件等关键技术研发和产业化。在民生领域，政府有关部门需建立健全数字化社会治理和大数据辅助决策机制，在社会态势感知、综合分析、预警预测、公众参与等方面，加强大数据创新应用，提升政府科学决策和社会治理能力，提高宏观调控和风险防范水平。[2]该条例还特别要求推动数字技术在农业生产管理智能化过程中的应用，促进农村电子商务发展；还要求推进大

---

〔1〕《〈福建省大数据发展条例〉重点解读》，载微信公众号：https://mp.weixin.qq.com/s/uY-bZo2QKeTILjb OrSpV8zA，2023年2月11日访问。

〔2〕《接续推进数字福建建设 以信息化驱动现代化》，载福建省人民政府网：http://www.fujian.gov.cn/zwgk/ztzl/tjzfznzb/ggdt/202203/t20220307_5851021.htm，2023年2月11日访问。

型制造业企业和特色产业集群数字化转型。

（6）数据信息保护与安全。该条例第五章规定了各级政府在数据分类分级保护和安全审查中应当发挥的作用，也规定了有关单位和个人在从数据采集到数据使用全程各环节应当恪守的行为准则，包括对所采集的个人信息进行去标识化或者匿名化处理，以及数据脱敏、数据风险评估等规则。具体包括以下内容：第一，建立健全数据分类分级保护和安全审查制度。始终坚持数据安全和数据开发应用并重，建立数据安全工作协调机制，完善风险评估、监测预警以及应急处置机制，加强大数据环境下防攻击、防泄露、防窃取的监测、预警、控制和应急处置，容灾备份能力建设，保障数据采集汇聚、共享应用和开放开发等环节的数据安全。第二，建立健全数据资源使用的监管制度。有关主管部门对公民、法人或者其他组织未按照要求使用公共数据的行为应当责令改正，并暂停提供数据服务；拒不改正的，可以终止提供数据服务。第三，制定数据安全事故应急预案。防患于未然，对于数据的管理应当定期开展安全评测、风险评估和应急演练；一旦发现共享数据使用部门有违规、超范围使用数据等情况，应当向同级大数据主管部门通报，要求暂停或者终止为其提供数据服务。应当明确数据安全保护的工作责任，加强平台数据安全保护措施，防止数据丢失、毁损、泄露、篡改。

（7）公共数据信息保障与措施。该条例要求各级人民政府资金优先支持大数据核心技术攻关、大数据基础设施和公共平台建设、数字园区建设和龙头企业培育。产业园区建设、数据交易市场培育、人才培养、用电用地保障等领域也体现了大幅的政策倾斜。更为人性化的是，该条例全面考虑到了各类人群对数据时代的不同适应能力，要求政府大力推进信息无障碍建设，为运用智能技术困难的群体提供相应的智能化产品和服务。在教育方面，鼓励政府结合大数据发展应用重点领域，制订大数据人才发展计划，培养和引进领军人才、高层次人才和急需紧缺人才，在工程系列职称中增设大数据相关专业，为大数据人才开展教学科研和创业创新等活动创造条件。在经济方面，注重与各地经济发展差异相适应，统筹规划全省大数据产业发展，完善大数据产业链，充分发挥数据要素的作用，提升产业整体竞争力。鼓励建立数字园区，支持具有自主知识产权的大数据龙头企业和创新型中小微企业，这些都是为了促进大数据产业创新、聚集发展。

3. 《福建省公共数据资源开放开发管理办法（试行）》（2022年7月20日施行）

（1）建立公共数据资源开放机制。一是明确公共数据开放遵循应开放尽开放、便民便企原则，除明确规定不予开放的五种情形外，均应逐步纳入开放范围。二是明确了公共数据的两种开放类型和获取途径，普遍开放公共数据可直接从省统一开放平台无条件免费获取；依申请开放公共数据应通过省统一开放平台进行申请。[1]三是建立全省统一的公共数据资源开放支撑体系，要求各级政务部门不得新建公共数据资源开放平台，已建成的各级公共数据资源开放平台须被纳入省统一开放平台进行一体化管理。四是建立公共数据动态更新机制，要求公共管理和服务机构持续汇聚更新开放数据，并明确不得随意中断数据更新、撤销开放数据、调整数据开放类型。[2]

（2）建立公共数据资源开发机制。一是明确公共数据资源开发坚持"可用不可见"的原则，依托省、市开发服务平台，为数据使用主体提供"原始数据不出平台、结果数据不可逆算"的数据资源开发利用服务。二是公共数据资源实行场景式开发，分为实时查询和批量挖掘两种类型，数据使用主体须依具体应用场景按照开发类型申请使用公共数据。[3]三是明确开发申请流程，数据使用主体需提交具体开发方案，大数据主管部门按照"一模型一评估、一场景一授权"的原则，组织专家组进行数据安全风险评估，并综合数据提供单位意见审核后，签署数据使用和安全保障协议。

（3）建立公共数据资源开放开发安全保障机制。一是由公安部门会同大数据主管部门、数据提供单位建立公共数据资源开放开发安全保障体系，健全网络安全和数据安全监管机制，定期组织安全评估。二是成立公共数据资源开放开发专家组，开展公共数据资源开放开发风险研判、评估等工作。三是由平台运营单位对数据资源建立日志审计，确保数据汇聚、查询、下载、访问、使用和更新维护情况等所有操作可追溯、不可篡改。四是由大数据主

---

[1]《权威解读：坚定不移推进数字福建建设 高标准打造高效协同数字政府》，载百家号：https://baijiahao.baidu.com/s?id=1738217012107973633&wfr=spider&for=pc，2023年2月11日访问。

[2]《〈福建省公共数据资源开放开发管理办法（试行）〉解读》，载福建省人民政府网：http://fgw.fujian.gov.cn/jdhy/zcjd/bmzcwjjd/202207/t20220725_5960923.htm，2023年2月11日访问。

[3] 福建省人民政府发展研究中心课题组等：《推进福建大数据发展的对策思考》，载《发展研究》2015年第12期，第8~15页；《福建省公共数据资源开放开发管理办法（试行）》（2022年7月20日施行）第16、17条。

管部门和数据提供单位对数据资源开发利用情况进行跟踪管理，及时消除数据安全风险隐患，及时对不合法不合规、非正当必要的数据使用行为进行追溯处置。[1]

三、山东立法现状

(一) 立法概述

山东省以习近平新时代中国特色社会主义思想为指导，全面贯彻党的十九大和十九届二中、三中、四中、五中、六中全会精神，认真落实习近平总书记关于制造强国的重要论述和对山东工作的重要指示要求，紧紧围绕省委、省政府"七个走在前列""九个强省突破"总体部署，立足新发展阶段，完整、准确、全面贯彻新发展理念，主动服务和融入新发展格局，以推动数据价值化和大数据产业高质量发展为主线，加快建设数字基础设施，丰富数据产品供给，促进数据要素流通，深化数据融合应用，着力打造基础夯实、资源富集、场景丰富、链条完整、应用繁荣、产业集聚、安全有序的大数据产业体系，推动山东成为全国大数据产业发展样板区、数据要素市场化配置改革先行区、数字化转型创新引领区、数字基础设施建设示范区，为新时代数字强省建设提供有力支撑。

《山东省"十四五"大数据产业发展规划》提出，到2025年，数字强省建设实现重大突破，以数字化转型整体驱动生产方式、生活方式和治理方式变革取得显著成效，数字经济与实体经济深度融合发展，数字基础设施、数字政府、数字社会建设成效大幅提升，整体工作始终处在全国"第一方阵"。所以，山东省大数据立法工作紧密结合山东省大数据产业发展规划的定位与要求，不断稳步推进。山东省出台相关法规、规范性文件进一步规范了大数据的采集应用，培育壮大了大数据产业，促进了数字经济的健康发展。

2019年3月，山东省政府办公厅印发《山东省数字政府建设实施方案（2019—2022年）》，同年12月，又在之后的时间里颁布了《山东省电子政务和政务数据管理办法》，全省数据管理工作进入新阶段。2021年9月30日通过了《山东省大数据发展促进条例》，2022年1月17日通过了《山东省公共数据开放办法》，上述立法内容涉及"数据资源、基础设施、数字经济、数

---

[1] 《福建省公共数据资源开放开发管理办法（试行）》(2022年7月20日施行) 第32~34条。

据安全、保障措施和法律责任"等多个维度。

（二）立法定位及原则

1.《山东省电子政务和政务数据管理办法》（2020年2月1日施行）

电子政务和政务数据管理是优化营商环境、助推经济转型的重要举措，也是实现政府治理能力现代化的重要方式，山东省委、省政府先后出台了数字山东发展规划和数字政府建设实施方案等一系列政策文件，省政务信息整合共享工作取得了突破性进展，主要指标居全国前列，但在基础设施建设、政府部门职责分工、政务数据汇聚整合共享和开放服务利用、政务服务能力等方面，仍然存在一些突出问题，需要通过立法进行规范和解决。该办法的立法目的及定位为，规范电子政务建设与发展，推进政务数据共享与开放，提高政府服务与管理能力，优化营商环境。为实现上述目的，明确电子政务和政务数据管理应当遵循统筹规划、集约建设、整合共享、开放便民、保障安全的原则。[1]

2.《山东省大数据发展促进条例》（2022年1月1日起施行）

《山东省大数据发展条例》为山东省大数据领域第一部地方性立法。该条例确立了山东省大数据引领发展的战略地位，合理界定了公共数据和非公共数据的范围，统筹大数据应用于数据安全协调发展。该条例第1条明确了立法定位：全面实施国家大数据战略，运用大数据推动经济发展、完善社会治理、提升政府服务和管理能力，加快数字强省建设。总则规定促进大数据发展应当遵循政府引导、市场主导、开放包容、创新应用、保障安全的原则。[2] 数据收集方面应当遵循合法、正当、必要的原则，不得窃取或者以其他非法方式获取数据。[3] 数据安全责任方面按照"谁收集谁负责、谁持有谁负责、谁管理谁负责、谁使用谁负责"的原则确定。[4]

3.《山东省公共数据开放办法》（2022年4月1日施行）

《山东省公共数据开放办法》为山东省公共数据开放领域进一步拓展的关键一步，也是相关制度保障的重要完善措施。该办法积极探索问题解决路径，加快完善公共数据开放制度措施，促进和规范公共数据开放，发挥公共数据

---

[1]《山东省电子政务和政务数据管理办法》（2020年2月1日施行）第1、4条。
[2]《山东省大数据发展促进条例》（2022年1月1日起施行）第3条。
[3]《山东省大数据发展促进条例》（2022年1月1日起施行）第17条。
[4]《山东省大数据发展促进条例》（2022年1月1日起施行）第33条。

的价值,提高社会治理能力和公共服务水平。该办法第1条明确了立法定位:促进和规范公共数据开放,提高社会治理能力和公共服务水平,推动数字经济发展。该办法规定公共数据开放应当遵循需求导向、创新发展、安全有序的原则。[1]在开放的程度上,公共数据以开放为原则、以不开放为例外。除法律、法规和国家规定不予开放的之外,公共数据应当依法开放。[2]公民、法人和其他组织开发利用公共数据应当遵循合法、正当、必要的原则、以不得损害国家利益、公共利益和第三方合法权益。[3]

4.《济南市公共数据管理办法》(2020年11月1日施行)

《济南市公共数据管理办法》为山东省第一个关于公共数据管理的政府规章,对于加强数据管理使用、促进大数据行业健康发展具有重要意义。该办法规定了立法目的:加强公共数据管理,推动公共数据共享、开放和应用,提升政府治理能力和公共服务水平,服务经济社会发展。[4]该办法在总则中规定公共数据管理应当遵循统筹集约、依法采集、按需共享、有序开放、合规应用、安全可控的原则。[5]数据汇集方面规定各级政务部门和公共服务企事业单位应当遵循合法、必要、适度原则,[6]依照法定权限、程序和范围,向有关公民、法人和其他组织采集公共数据。各级政务部门和公共服务企事业单位应当按照一数一源、一源多用的原则,开展内部信息系统整合,规范本部门、本单位的公共数据维护程序。除法律、法规另有规定外,不得重复采集、多头采集可以通过共享方式获取的公共数据。[7]

(三)主要制度内容

1.《山东省公共数据开放办法》

(1)明确公共数据的适用范围。公共数据资源作为国家基础性战略资源,对于促进经济高质量发展、完善社会治理和提升政府服务能力具有重要意义。国务院办公厅印发的《公共数据资源开发利用试点方案》明确规定,公共数据资源是由政务部门和公共企事业单位在依法履职或生产活动中生成和管理,

---

[1]《山东省公共数据开放办法》(2022年4月1日施行)第3条。
[2]《山东省公共数据开放办法》(2022年4月1日施行)第8条。
[3]《山东省公共数据开放办法》(2022年4月1日施行)第15条。
[4]《济南市公共数据管理办法》(2020年11月1日施行)第1条。
[5]《济南市公共数据管理办法》(2020年11月1日施行)第4条。
[6]《济南市公共数据管理办法》(2020年11月1日施行)第15条第1款。
[7]《济南市公共数据管理办法》(2020年11月1日施行)第15条第2款。

以一定形式记录、存储和传输的文字、图像、音频、视频等各类可机器读取的数据。各省目前对公共数据产生的主体，一般规定为各级行政机关、履行公共管理和服务职能的事业单位。山东省按照《山东省大数据发展促进条例》的要求，进一步拓展了公共数据的适用范围，明确国家机关，法律法规授权的具有管理公共事务职能的组织，具有公共服务职能的企业事业单位、人民团体等在依法履行公共管理职责、提供公共服务过程中收集和产生的各类数据均属于公共数据，应纳入公共数据开放办法管理。[1]该办法与其他地方现有的公共数据开放立法相比，适用范围更全面。

（2）确立重点和优先开放数据规则。国家"十四五"规划纲要提出，扩大基础公共信息数据安全有序开放，探索将公共数据服务纳入公共服务体系，构建统一的国家公共数据开放平台和开发利用端口，优先推动卫生、交通、气象等高价值数据集向社会开放。2021年11月17日，国务院时任总理李克强主持召开国务院常务会议并提出，要推动政务数据按政务公开规则依法依规向社会开放，优先推动企业登记和监管、卫生、教育、交通、气象等数据开放。结合国家有关要求以及山东省实践，该办法有针对性地提出：重点和优先开放与数字经济、公共服务、公共安全、社会治理、民生保障等领域密切相关的市场监管、卫生健康、自然资源、生态环境、就业、教育、交通、气象等数据，以及行政许可、行政处罚、企业公共信用信息等数据。同时，该办法遵循"需求导向"原则，重点和优先开放的数据范围应当征求社会公众、行业组织、企业、行业主管部门的意见，切实满足公民、法人和其他组织开发利用公共数据的需求。[2]

（3）维护开发利用促进措施。中共中央、国务院《关于构建更加完善的要素市场化配置体制机制的意见》首次将数据与土地、劳动力、资本、技术等传统要素并列为要素之一，提出要加快培育数据要素市场。山东作为国家公共数据资源开发利用的试点省份，积极先行先试，加快推动公共数据资源的经济价值和社会价值释放。该办法规定了鼓励、支持公民、法人和其他组织利用开放的公共数据开展科学研究、咨询服务、应用开发、创新创业等活动，明确利用合法获取的公共数据开发的数据产品和数据服务，可以按照规

---

[1]《山东省公共数据开放办法》（2022年4月1日施行）第2条第2款。
[2]《山东省公共数据开放办法》（2022年4月1日施行）第9条

定进行交易,有关财产权益依法受保护,[1]从而为山东省推动数据要素市场化配置,建立完善的数据资源应用体系提供了基础保障和法律依据。

(4) 加强数据安全保护。数据安全是大数据发展应用的基础和保障。近年来,数据安全和隐私数据泄露事件频发,凸显了大数据发展面临的严峻挑战。数据安全、个人信息保护等问题已成为关系广大人民群众切身利益、关系国家安全和经济社会发展的重大问题。为此,该办法以《网络安全法》《数据安全法》等上位法为依据,结合实际作出规定:一是公共数据提供单位应当建立本单位公共数据安全保护制度,落实有关公共数据安全的法律、法规和国家标准以及网络安全等级保护制度,采取相应的技术措施和其他必要措施,保障公共数据安全;二是对公民、法人和其他组织开发利用公共数据作出规定,明确要采取必要的防护措施,保障公共数据安全。[2]

2.《山东省大数据发展促进条例》

该条例分为总则、基础设施、数据资源、发展应用、安全保护、促进措施、法律责任和附则,共8章52条。

(1) 明确调整对象和政府职责。该条例所称大数据,是指以容量大、类型多、存取速度快、应用价值高为主要特征的数据集合,以及对数据进行收集、存储和关联分析,发现新知识、创造新价值、提升新能力的新一代信息技术和服务业态。[3]县级以上人民政府应当加强对本行政区域内大数据发展工作的领导,建立大数据发展统筹协调机制,将大数据发展纳入国民经济和社会发展规划,加强促进大数据发展的工作力量,并将大数据发展资金作为财政支出重点领域予以优先保障。县级以上人民政府大数据工作主管部门负责统筹推动大数据发展以及相关活动,其他有关部门在各自职责范围内做好相关工作。[4]

(2) 加强基础设施建设。该条例明确了"云、网、端"等信息基础设施,以及交通、能源、水利、市政等融合基础设施建设要求,涵盖了算力基础设施、信息通信网络、物联网、工业物联网、大数据平台等建设内容,并

---

[1]《山东省公共数据开放办法》(2022年4月1日施行)第16、17条。

[2]《部门解读丨〈山东省公共数据开放办法〉》,载山东省人民政府网:http://bdb.shandong.gov.cn/art/2022/2/11/art_80268_117416.html,2022年8月20日访问。

[3]《山东省大数据发展促进条例》(2022年1月1日起施行)第2条。

[4]《山东省大数据发展促进条例》(2022年1月1日起施行)第4条。

强调加强农村地区数字基础设施建设。[1]

（3）明确数据资源的收集规则。该条例将数据资源划分为公共数据和非公共数据，明确公共数据、非公共数据的所属范围及各自管理要求。规定数据资源实行目录管理，对数据目录编制及数据的收集、汇聚、治理、共享和开放提出具体要求。对数据收集划出"禁区"，强调不得重复收集能够通过共享方式获取的公共数据，不得损害被收集人的合法权益。[2]

（4）促进大数据的发展应用。该条例对大数据在新旧动能转换、服务改善民生、完善社会治理等方面的创新应用作出具体规定，充分发挥大数据在数字经济、数字政府和数字社会建设中的作用。强调在政务服务中可以通过省一体化大数据平台获取的电子材料，不得要求另行提供纸质材料；电子证照和加盖电子印章的电子材料可以作为办理政务服务事项的依据。明确加快数字机关建设，提升机关运行效能和数字化水平；政务信息系统的开发、购买等实行统一管理。推进大数据与公共服务融合，提高公共服务智能化水平；提供智能化公共服务，应当充分考虑老年人、残疾人的需求。[3]

（5）增强安全保护，提高群众安全感。实行数据安全责任制，按照"谁采集谁负责、谁持有谁负责、谁管理谁负责、谁使用谁负责"的原则确定数据安全责任。明确国家安全领导机构、网信、公安、大数据等部门的监管职责和数据安全责任单位的保护责任。对自然人、法人和其他组织开展涉及个人信息的数据活动作出规定。强调数据跨境审查，数据安全责任单位向境外提供国家规定的重要数据，应当按照国家有关规定实行数据出境安全评估和国家安全审查。[4]

（6）规定了促进和激励措施。该条例从大数据规划编制、标准制定、自主创新、人才引进培养、数据资源市场化、资金支持、用地用电保障等方面规定相应的促进措施。明确利用合法获取的数据资源开发的数据产品和服务可以交易，有关财产权益依法受保护。[5]

---

[1]《山东省大数据发展促进条例》（2022年1月1日起施行）第7~14条。
[2]《山东省大数据发展促进条例》（2022年1月1日起施行）第17、18条。
[3]《山东省大数据发展促进条例》（2022年1月1日起施行）第23~32条。
[4]《山东省大数据发展促进条例》（2022年1月1日起施行）第32、35条。
[5]《一图读懂〈山东省大数据发展促进条例〉》，载山东省人民政府网：http://bdb.shandong.gov.cn/art/2021/10/9/art_ 80268_ 117157.html，2022年8月20日访问。

3.《济南市公共数据管理办法》

该办法共8章40条,分总则、数据目录、数据汇聚、数据共享、数据开放和应用、监督管理、法律责任、附则等八个部分。该办法有四大立法特色:

(1)明确公共数据概念内涵。我们在充分论证的基础上,依据国家、省最新文件要求,该办法将公共数据明确界定为"本市各级政务部门、公共服务企事业单位在履行职责、提供服务过程中采集、产生的各类数据资源",〔1〕首次将公共数据的管理范围从政务部门拓展到公共服务企事业单位,符合国家、省对公共数据共享开放的相关要求和工作实际,有利于发挥公共数据对提升政府治理能力和公共服务水平的重要作用。

(2)明确公共数据管理主体。该办法明确规定,市大数据主管部门负责统筹、组织、协调、指导和监督全市公共数据管理工作,负责组织建立公共数据资源管理制度,综合管理、调度和使用全市公共数据资源。各级政务部门和公共服务企事业单位按照本级统一规划,分别负责本部门、本单位公共数据管理工作。〔2〕特别明确"各级政务部门和公共服务企事业单位主要负责人是本部门单位公共数据资源的第一责任人",强化部门、企业及其主要负责人职责,符合公共数据管理实际,有利于该办法的贯彻实施,在国内同类立法中具有创新意义。这一规定主要是强化统一管理,突出部门职责,有利于确保该办法的贯彻实施。建设要求方面,规定了济南市公共数据建设要遵循统一基础设施、统一大数据平台、统一标准规范的"三统一"要求,有利于实现济南市公共数据统一运行管理,有利于打破"信息孤岛",实现互联互通。

(3)明确公共数据的管理规则。该办法将公共数据的采集、汇聚、共享、开放、应用等全链条进行规范,构建一体化平台,促进各级各部门形成工作合力,保障公共数据纳入统一的规范化管理。同时,规范公共数据的开发利用原则,完善数据安全保护措施,最大限度地实现维护公民个人合法权益和社会公共利益的有机统一,切实做到"让数据多跑路,让群众少跑腿"。〔3〕

(4)明确目录的编制要求。规定政务部门和公共服务企事业单位应当建

---

〔1〕《济南市公共数据管理办法》(2020年11月1日施行)第2条。
〔2〕《济南市公共数据管理办法》(2020年11月1日施行)第2条。
〔3〕《济南市公共数据管理办法》(2020年11月1日施行)第2条。

立公共数据资源目录动态调整机制，有关法律、法规作出修改或者职能发生变更的，应当在15个工作日内更新公共数据资源目录。[1]

（5）建立和加强监督管理机制。为强化信息系统管理，摸清全市数据现状，该办法规定了各级政务部门建设、使用和管理的政务信息系统，应当向本级大数据主管部门办理登记。为督促、帮助各部门找出数据管理中的问题，规定济南市将定期开展公共数据管理情况第三方评估。[2]

（6）明确相关法律责任。该办法明确各级政务部门和公共服务企事业单位及其工作人员在共享和应用中应当承担法律责任，同时明确了自然人、法人和其他组织在使用开放数据过程中应承担的法律责任。[3]规定彰显了"保护合法、打击非法"的法治精神，为做好公共数据管理工作提供了有力法治保障。

四、湖北立法现状

（一）立法概述

湖北省以数据为关键要素，推动数据立法进程，聚焦重点领域立法，加快推进数字产业化、数据价值化，其多方面、多维度的数据法规规章等规范性文件为建设数字强省提供了强有力的立法保障。2004年湖北省出台《湖北省政府信息公开规定》，[4]致力于推进了政务公开，增加了行政活动的透明度，保障了公民、法人和其他组织的知情权，有力监督行政机关依法行使职权。2009年出台《湖北省信息化条例》，[5]2021年进行修正，以加快信息化建设，规范信息化管理。2012年出台《湖北省农村统计数据管理办法》，规范使用农村统计数据，进一步提高农村统计调查数据质量，加强对农村统计调查数据生产过程的质量控制和管理，保障各农民的合法权益。2017年3月出台《湖北省社会信用信息管理条例》，规范了社会信用信息管理，有效建设社会信用体系，保障社会信用信息安全和信用主体合法权益。2018年出台《湖北省科学数据管理实施细则》，[6]为科学领域研究提供良好的数据管理和

---

[1]《济南市公共数据管理办法》（2020年11月1日施行）第11、12条。
[2]《济南市公共数据管理办法》（2020年11月1日施行）第32、33条。
[3]《济南市公共数据管理办法》（2020年11月1日施行）第36、37条。
[4]《湖北省政府信息公开规定》。
[5]《湖北省信息化条例（2021年修正）》。
[6]《湖北省科学数据管理实施细则》。

数据保护法律保障体系。2022年4月《湖北省政务数据资源应用与管理办法》，规范和促进政务数据资源应用与管理，加快培育发展数据要素市场，提高政府治理能力和公共服务水平。2022年10月出台《武汉市公共数据资源管理办法》，以完善数据管理制度，更好地指导智慧城市建设，实现公共数据资源的共享、开放和应用。2023年7月1日施行的《湖北省数字经济促进办法》，在数字基础设施建设、数字产业化、产业数字化、治理和服务数字化、数据利用和保护、保障和监督等方面作出了相应规定，促进数字经济高质量发展。

（二）立法定位及原则

1.《湖北省政务数据资源应用与管理办法》（2022年4月1日施行）

为了规范和促进政务数据资源应用与管理，加快培育发展数据要素市场，提高政府治理能力和公共服务水平，湖北省出台了《湖北省政务数据资源应用与管理办法》，[1]该办法的顺利出台能够解决政务数据的多种困境：第一，解决政务数据资源统筹协调的问题。明确由省人民政府统一领导全省政务数据资源应用与管理工作，并明确了各级政务部门的职责分工。第二，解决政务数据资源统一管理的问题，明确了政务数据主管部门和政务部门间关于数据应用和管理的统一机制，有效实现各领域政务数据共享利用。该办法以"政务数据应用与管理"为切入点，对政务数据归集、共享开放等数据资源应用管理行为遵循的原则进行规定。

（1）统筹协调、归集整合、共享开放、安全可控、依法依规原则。[2]政务数据资源应用与管理遵循统筹协调原则体现在各级政府数据管理部门对数据的管理和应用上的相互协调和领导部门对数据的统筹能力。在数据归集方面，政务数据资源实行统一目录管理，同时政务部门应当对本部门的政务数据资源目录及时进行更新，每年进行不少于一次的全面维护。各级部门机构共同构建共享开放平台，以实现数据的实时共享和依法开放。该办法第五章专章规定了政务数据的安全管理办法，为政务数据提供安全的立法保障。在政务数据共享和开放的全过程中，时刻体现着依法依规的原则。

（2）以共享为原则，不共享为例外。政务数据以共享为原则，不共享为

---

[1]《湖北省政务数据资源应用与管理办法》。
[2]《湖北省政务数据资源应用与管理办法》（2021年4月1日施行）第4条。

例外，按照共享属性分为无条件共享、有条件共享和不予共享三种类型。[1]可以提供给所有政务部门使用的政务数据资源属于无条件共享类；可以提供给相关政务部门或者仅能够部分提供给其他政务部门共享使用的政务数据属于有条件共享类；根据相关法律、法规或国家有关规定，不宜提供给其他政务部门使用的政务数据资源属于不予共享类。此外，政务数据共享应当在统一的政务数据共享平台上进行。[2]

（3）专事专用、最小够用、规范使用原则。政务数据使用部门应当以"专事专用、最小够用、规范使用"为原则，[3]从政务数据共享平台上获取所需的数据，并根据履行职责的需要、政务数据提供部门明确的范围和用途使用共享数据。无条件共享类政务数据通过政务数据共享平台直接获取使用；属于有条件共享类的政务数据，政务数据使用部门通过政务数据共享平台向政务数据提供部门提出申请。数据提供部门收到数据共享申请时，能够立即答复的，应当立即答复。不能立即答复的，应当在10个工作日内予以答复，不同意共享的，应当说明理由。逾期不处理的，视为同意，由政务数据共享平台自动授权；数据共享申请被拒绝的，政务数据使用部门可以提请本级政务数据主管部门协调解决。此外，政务部门应当充分利用共享数据，通过政务数据共享平台可以获取的，不得要求公民、法人和其他组织重复提交。

（4）需求导向、依法开放、安全高效原则。政务数据开放应当坚持需求导向、依法开放、安全高效的原则，实行分类管理，按照开放属性分为无条件开放、有条件开放和不予开放三种类型。[4]可以提供给所有自然人、法人或者非法人组织使用的政务数据属于无条件开放类；在特定条件下可以提供给自然人、法人或者非法人组织使用的政务数据属于有条件开放类；涉及国家秘密、商业秘密、个人隐私，或者法律、法规和国家有关规定不得开放的政务数据属于不予开放类。

政务部门还应当及时梳理可以开放的数据资源，编制政务数据资源开放

---

[1]《湖北省政务数据资源应用与管理办法》（2021年4月1日施行）第16条。
[2]《湖北省政务数据资源应用与管理办法》（2021年4月1日施行）第17条；《湖北出台政务数据资源应用与管理办法，政府部门共享数据不得要求公民重复提交》，载百家号：https://baijiahao.baidu.com/s?id=1692224454142245308&wfr=spider&for=pc，2023年2月15日访问。
[3]《湖北省政务数据资源应用与管理办法》（2021年4月1日施行）第20条。
[4]《湖北省政务数据资源应用与管理办法》（2021年4月1日施行）第25条。

清单，依托政务数据开放平台向社会开放数据。已主动公开的政务信息应当以数据集形式无条件开放。属于无条件开放类的政务数据，应当以可以被机器读取的格式在政务数据开放平台发布，以便自然人、法人或者非法人组织获取、利用。[1]

在政务数据安全方面，政务数据共享开放平台运行维护管理单位应当建立健全平台安全管理制度，采取数据加密、访问认证等安全防护措施，加强防攻击、防泄露、防窃取的监测、预警、控制和应急技术保障，完善日志留存和数据溯源等安全防护措施，保障平台安全可靠运行。[2]

2.《武汉市公共数据资源管理办法》（2021年11月15日施行）

在湖北省已出台《湖北省政务数据资源应用与管理办法》的立法背景之下，武汉市加快数据立法的地方步伐，在时隔6个月后，于2021年11月出台了《武汉市公共数据资源管理办法》，武汉市加紧数据立法的目的：一是加快推进智慧城市建设的需要。《国民经济和社会发展第十四个五年规划和2035年远景目标纲要》明确提出推进数据跨部门、跨层级、跨地区汇聚融合和深度利用。该办法的出台有助于完善数据管理制度，更好地指导智慧城市建设。二是加强公共数据资源统筹管理的需要。该办法明确了大数据主管部门对政务部门、公共企事业单位公共数据资源的统一管理，有效实现公共数据资源的共享、开放和应用。三是进一步优化营商环境的需要。该办法加强了公共数据资源的共享与开放，变"群众跑腿"为"数据跑路"，有利于进一步提高武汉市政务服务和城市治理效能，优化营商环境。该办法所体现的原则如下：

（1）统筹集约、依法采集、按需共享、有序开放、合规应用、安全可控原则。[3] 统筹集约原则体现在各级大数据主管部门负责统筹本辖区内公共数据资源管理工作，协调统筹数据安全和相关监管工作；依法采集原则体现在，政务部门和公共企事业单位应当遵循合法、正当、适度的原则，按照法定权限、程序和范围，向有关公民、法人和其他组织采集公共数据资源，并确保数据的真实性、完整性、时效性；按需共享原则体现在政务部门根据申请人

---

[1]《湖北省政务数据资源应用与管理办法》（2021年4月1日施行）第26条。
[2]《湖北省政务数据资源应用与管理办法》（2021年4月1日施行）第32条。
[3]《武汉市公共数据资源管理办法》（2021年11月15日施行）第4条。

的需要和服务范围，依法依规共享相关数据；有序开放原则体现在数据资源开放的过程当中，应当按照法律法规的规定，有序开放数据，如根据数据的类型开放数据、根据规定重点、优先开放部分公共数据资源等；合规应用原则体现在已经依法采集的政务数据应当按照法律法规的规定应用到相关领域中；安全可控原则体现在政务部门和公共企事业单位应当按照相关法律、法规和国家有关规定，建立健全本部门和本单位的公共数据资源安全管理制度和工作规范，保障公共数据资源安全。

（2）一数一源、一源多用原则。[1] 政务部门和公共企事业单位应当按照一数一源、一源多用的原则，规范本部门和本单位公共数据资源采集和维护流程。对于可以通过共享方式获取的公共数据资源，除法律、法规另有规定外，不得重复采集、多头采集。做到数据来自同一个源头，确保数据的准确性和可信度；并充分利用所采集的数据，将之应用到城市建设发展的各领域和全过程，以提高数据的利用率和效用性。

（3）多源校核、动态更新原则。[2] 政务部门应当按照多源校核、动态更新的原则对本部门公共数据资源进行治理，并按照公共数据资源目录中的更新周期对本部门公共数据资源进行更新，保障数据的完整性、准确性、可用性和时效性。

（4）谁采集谁负责、谁提供谁负责、谁流转谁负责、谁使用谁负责原则。[3] 该办法规定，公共数据资源安全管理遵循谁采集谁负责、谁提供谁负责、谁流转谁负责、谁使用谁负责的原则。网信部门按照有关法律、法规的规定统筹协调网络数据安全和相关监管工作。网信部门、大数据主管部门和公安机关应当会同其他相关部门建立本级公共数据资源网络安全管理制度，指导督促公共数据资源采集、汇聚、共享、开放和应用等全过程的网络安全保障、风险评估和监测预警等工作。政务部门和公共企事业单位应当按照相关法律、法规和国家有关规定，建立健全本部门和本单位的公共数据资源安全管理制度和工作规范，保障公共数据资源安全。

3.《湖北省数字经济促进办法》（2023年7月1日施行）

《湖北数字经济强省三年行动计划（2022-2024年）》指出："促进法律

---

[1]《武汉市公共数据资源管理办法》（2021年11月15日施行）第12条第2款。
[2]《武汉市公共数据资源管理办法》（2021年11月15日施行）第15条。
[3]《武汉市公共数据资源管理办法》（2021年11月15日施行）第27条。

法规体系化。加快数字经济立法,出台《湖北省数字经济促进办法》,为省数字经济健康发展保驾护航。"该办法的立法目的是实现"加快发展数字经济,推进数字产业化、产业数字化,推动数据要素资源高效流通使用,促进数字经济和实体经济深度融合,打造全国数字经济发展高地"的立法定位,明确发展数字经济应当坚持"数据赋能、突出优势、市场主导、包容审慎",以推动数字经济创新、协同、开放、安全发展。

(三) 主要制度内容

1. 《湖北省政务数据资源应用与管理办法》

(1)"全省统筹、上下联动、分级管理"三合管理机制。为了能够实现统筹集约,分级管理政务数据,湖北省实行了"全省统筹、上下联动、分级管理"三合管理机制。由省人民政府统一领导全省政务数据资源应用与管理工作,建立议事协调机制;统筹协调政务数据资源应用与管理工作中的重大事项。各市和县级人民政府负责本行政区域政务数据应用与管理工作,实现分级管理、上下联动。政务部门按照各自职责负责本部门政务数据资源的采集获取、目录编制、共享开放、使用授权、更新维护和安全管理等工作。省级政务部门应当对下属单位政务数据应用与管理工作进行监督指导,明确行业标准,督促做好数据资源归集、共享开放与应用等相关工作。政务数据主管部门负责数据的专项管理,县级以上政务数据主管部门负责本区域内政务数据共享开放的统筹管理和协调调度等工作,建立政务数据共享、开放、安全制度,指导、协调、监督政务部门的政务数据资源应用与管理工作。市级以上政务数据主管部门负责建设管理本级政务数据共享和开放平台,并负责与上一级平台对接。[1]

(2) 政务数据协同管理机制。[2]该办法规定人口、法人、自然资源和空间地理、社会信用和电子证照等基础政务数据,由政务数据主管部门会同相关政务部门归集、管理和维护。而围绕经济社会发展的同一主题领域,由多部门共同形成的卫生健康、社会救助、生态环保、气象水文、食品安全、应急管理、城乡建设等主题数据,由主要负责的政务部门会同相关政务部门归集、管理和维护。将政务数据分为基础和主题两大类别,设定不同的主要负

---

〔1〕《湖北省政务数据资源应用与管理办法》(2021年4月1日施行)第5、6、7条。
〔2〕《湖北省政务数据资源应用与管理办法》(2021年4月1日施行)第12条。

责部门协同相关政务部门进行归集、管理和维护。

（3）政务数据校核机制。[1]该办法规定校核机制的构建方案，首先由政务数据主管部门负责建立疑义、错误数据快速校核机制，指导、监督政务部门及时开展数据校核。再者，平台运维管理单位需建立政务数据资源质量管理机制，加强对平台所归集数据的管理，发现疑义或错误数据及时推送给政务数据提供部门进行校核，确保数据质量。最后，政务数据提供部门接到疑义或错误数据校核通知后，应当在3个工作日内反馈校核结果，对疑义或错误的数据进行释明或修复。

（4）政务数据集约管理制度。[2]该办法规定政务部门新建或者改扩建业务系统，应当同步规划、编制政务数据资源目录，系统建成后，对应数据通过本级政务数据共享平台予以共享。通过各级政务部门的统一共享，达到集约的实效。第15条第2款还规定，政务部门购买数据资源应当提前告知本级政务数据主管部门，不得重复购买可以通过政务数据共享平台共享的数据资源。政务部门购买数据资源后应当按要求编制政务数据资源目录，通过政务数据共享平台予以共享。其目的是减少政务数据资源开发成本，提高数据的利用率。

（5）政务数据共享规范制度。[3]该办法规定政务数据使用部门应当以"专事专用、最小够用、规范使用"为原则，从政务数据共享平台上获取所需的数据，并根据履行职责的需要、政务数据提供部门明确的范围和用途使用共享数据。根据数据的共享类型，按照不同的共享流程予以共享。无条件共享类政务数据通过政务数据共享平台直接获取使用。属于有条件共享类的政务数据，政务数据使用部门通过政务数据共享平台向政务数据提供部门提出申请。数据提供部门收到数据共享申请时，能够立即答复的，应当立即答复。不能立即答复的，应当在10个工作日内予以答复，不同意共享的，应当说明理由。逾期不处理的，视为同意，由政务数据共享平台自动授权。数据共享申请被拒绝的，政务数据使用部门可以提请本级政务数据主管部门协调解决。该共享规范制度的优点就在于实现省级垂管、数据可调度、统一平台整合共

---

[1]《湖北省政务数据资源应用与管理办法》（2021年4月1日施行）第13条。
[2]《湖北省政务数据资源应用与管理办法》（2021年4月1日施行）第15条。
[3]《湖北省政务数据资源应用与管理办法》（2021年4月1日施行）第20条。

享。省级垂直管理系统的数据由省级政务部门整合和治理后,统一通过省级平台共享,市可以按需申请数据回传。政务数据主管部门可以根据需要向本级政务数据提供部发出数据调度通知,数据提供部门应当配合,提供符合要求的数据。政务数据主管部门可以基于统一的共享平台进行,整合共享平台归集的数据资源,提供共享服务。

(6) 政务数据开放清单制度。[1] 政务数据按照数据的开放类型进行分流程开放,无条件开放的数据应当以可以被机器读取的格式在政务数据开放平台发布。有条件开放的数据,可通过政务数据开放平台向数据提供部门提出申请,说明数据用途、使用时限和安全保障措施等,获得授权后访问。必要时政务数据提供部门与申请人签署数据利用协议,申请人应当按照协议获取和使用数据。而若涉及国家秘密、商业秘密、个人隐私,或者法律、法规和国家有关规定不得开放的数据时,政务数据主管部门应当制定负面开放清单,对不予共享的政务数据资源采取负面清单管理,由政务数据主管部门审核,经本级人民政府批准后报上一级政务数据主管部门。当然,政务部门也应当及时梳理可以开放的数据资源。该办法第26条规定,政务部门需编制政务数据资源开放清单,依托政务数据开放平台向社会开放数据。已主动公开的政务信息应当以数据集形式无条件开放。

(7) 年度报告制度。[2] 为了对全省政务数据实行多级保障与监督,该办法规定,市(州)人民政府、省级政务部门应当于每年1月底前向省级政务数据主管部门提交上一年度政务数据资源归集、共享、开放、应用、安全等情况报告。省级政务数据主管部门应当于每年2月底前向省人民政府提交上一年度本省政务数据资源归集和共享应用情况年度报告。通过两层部门,层级上报,全面收集全省上一年度政务数据资源应用与管理情况。

2.《武汉市公共数据资源管理办法》

(1) 公共数据管理工作协调机制。该办法第5条对相关部门的职责以及部门之间的协调内容进行了规定。[3] 市、区人民政府应当加强对本辖区内公共数据资源管理工作的领导,建立健全工作协调机制,研究解决公共数据资

---

[1]《湖北省政务数据资源应用与管理办法》(2021年4月1日施行)第26、27、28条。
[2]《湖北省政务数据资源应用与管理办法》(2021年4月1日施行)第38条。
[3]《武汉市公共数据资源管理办法》。

源管理工作中的重大问题。市大数据主管部门负责统筹、组织、协调、指导和监督全市公共数据资源管理工作，组织建立公共数据资源管理制度，组织制定全市公共数据资源采集、汇聚、共享、开放和应用等方面的标准，推动公共数据资源在政府管理和社会治理领域的应用。区大数据主管部门负责统筹、组织、协调、指导和监督本辖区内公共数据资源管理工作。政务部门负责本部门公共数据资源的采集汇聚、目录编制、更新维护、共享开放和安全管理等工作，并根据行业管理职责推动开展行业公共数据资源管理工作。

(2) 公共数据资源目录制度。该办法规定，公共数据资源实行统一目录管理。市大数据主管部门应当按照国家政务信息资源目录编制指南和省政务数据资源目录编制规范的要求，结合本市实际，组织制定本市公共数据资源目录编制规范。政务部门依据公共数据资源目录编制规范，将本部门全部非涉密公共数据资源编制形成部门公共数据资源目录。再由市大数据主管部门对市级政务部门、区大数据主管部门和公共企事业单位编制的公共数据资源目录进行校核汇总，形成全市统一的公共数据资源目录。[1]

(3) 双数据库管理制度。该办法将公共数据分类至两个数据库，分别是基础数据库和主题数据库。第14条规定，市大数据主管部门负责组织相关部门建设基础数据库和主题数据库。[2]这两个数据库存在以下区别：基础数据库包括人口信息、法人单位信息、自然资源和空间地理信息等公共数据资源。市大数据主管部门组织具有行业管理职责的政务部门，通过市大数据平台对相关公共数据资源进行治理、融合，汇聚形成各类基础数据库。而主题数据库是围绕经济社会发展的同一主题领域，由一个或者多个部门建设形成的公共数据资源。市大数据主管部门组织牵头部门通过市大数据平台治理、融合基础数据库和其他公共数据资源汇聚形成若干主题数据库。通过双数据库的分类管理，能够较为高效地调用数据，以实现数据及时共享的目的。

(4) 数据资源分级分类开发制度。公共数据资源按照开放类型分为无条件开放、有条件开放、不予开放三种类型。可以提供给所有公民、法人或者其他组织使用的公共数据资源属于无条件开放类。在特定条件下可以提供给公民、法人或者其他组织使用的公共数据资源属于有条件开放类。涉及国家

---

[1]《武汉市公共数据资源管理办法》（2021年11月15日施行）第8、9条。
[2]《武汉市公共数据资源管理办法》（2021年11月15日施行）第14条。

秘密、商业秘密、个人隐私或者根据法律、法规和国家有关规定不得开放的公共数据资源属于不予开放类。[1]数据根据不同类别实施不同的开放程序,同时该办法第22条特别规定了重点和优先开放的公共数据资源,以保证适应社会的经济、民生等发展需要。

(5) 平台安全管理制度。[2]大数据平台运行维护机构应当建立健全平台安全管理制度,采取必要的安全防护措施,加强监测、预警、控制和应急技术保障,完善数据溯源措施,保障平台安全可靠运行。其中,公共数据资源安全管理遵循"谁采集谁负责、谁提供谁负责、谁流转谁负责、谁使用谁负责"的原则。政务部门和公共企事业单位应当严格按照法律、法规和国家有关规定,落实公共数据资源安全审查责任,依法提供公共数据资源。通过大数据平台获得公共数据资源的公民、法人或者其他组织应当按照法律、法规和国家有关规定使用数据,并采取必要的安全保障措施,保障数据安全。

3.《湖北省数字经济促进办法》(2023年7月1日实施)

(1) 明确数字经济的内涵。该办法第2条明确,数字经济是指以数据资源为关键要素,以现代信息网络为主要载体,以信息通信技术融合应用、全要素数字化转型为重要推动力,促进公平与效率更加统一的新经济形态。

(2) 建立数字基础设施建设制度。该办法规定省人民政府应当完善数字基础设施发展布局,统筹各级人民政府及其相关部门推动建设网络基础设施、算力基础设施、融合基础设施,推进传统基础设施的数字化改造,促进数字基础设施互联互通、共建共享、集约利用。[3]数字基础设施布局建设应当符合国土空间规划。市政、交通、电力、燃气、公共安全等相关基础设施规划应当适应数字经济发展需要,与数字基础设施相关规划相互协调和衔接。[4]县级以上人民政府及其有关部门应当加快网络基础设施建设,应当推进工业、农业、能源、水利、城建、医疗、教育、文旅等重点行业融合基础设施建设,对传统基础设施进行数字化、智能化改造,加快新型城市基础设施建设,增强数据感知、边缘计算和智能分析能力。[5]省人民政府及其发展改革、数据、

---

[1]《武汉市公共数据资源管理办法》(2021年11月15日施行)第20、21条。
[2]《武汉市公共数据资源管理办法》(2021年11月15日施行)第28条。
[3]《湖北省数字经济促进办法》(2023年7月1日实施)第9条。
[4]《湖北省数字经济促进办法》(2023年7月1日实施)第10条。
[5]《湖北省数字经济促进办法》(2023年7月1日实施)第11、13条。

科学技术、经济和信息化等主管部门以及通信管理部门应当按照全国一体化大数据中心总体布局推进算力基础设施建设，推动通用数据中心、超级计算中心、智能计算中心、边缘数据中心等合理布局，统筹推进人工智能、区块链、云计算等基础设施建设，支持建设底层技术平台、算法平台、开源平台等基础平台，建立通用技术能力支撑体系。[1]

（3）培育重点产业数字产业集群。该办法规定，县级以上人民政府及其有关部门根据全省数字经济发展规划，结合本地区实际，通过规划引导、政策支持、市场主体培育等方式，重点发展下列数字产业集群：①光电子信息；②集成电路；③新型显示；④智能终端；⑤信息通信；⑥软件信息服务；⑦数字算力及存储；⑧北斗系统；⑨信息安全；⑩其他重要数字产业集群。积极培育区块链、人工智能、信息技术应用创新等新兴数字产业，前瞻布局类脑智能、量子信息、下一代移动通信、元宇宙等未来产业。[2]

（4）构建促进工业、农业等传统产业数字化转型制度。该办法强调，县级以上人民政府及其有关部门应当组织利用数字技术加快推进工业、农业和服务业全方位、全角度、全链条的改造，加快生产模式变革，提高全要素生产率，促进工业、农业和服务业数字化转型发展。[3]第22条规定，省人民政府农业农村、乡村振兴等主管部门应当推进数字技术在农业生产各环节的推广应用，建立省级农业农村大数据平台，推动农业数据集成应用，建设农业基础数据资源体系。县级以上人民政府农业农村、商务、文化和旅游、乡村振兴等主管部门支持农业生产经营主体与互联网企业融合创新，推进农村电商专业化发展，加快农产品流通网络数字化改造，培育"产储运销"一体化发展的荆楚农优品销售模式，打造具有湖北特色的农产品区域公用品牌。鼓励发展创意农业、定制农业、共享农业、云农场、智慧乡村旅游等新业态。县级以上人民政府文化和旅游主管部门应当会同有关部门加强数字技术在文化、旅游产业的推广应用，推动数字技术与教育教学深度融合、创新应用，[4]全面推进传统产业的数字化改革创新。

（5）建立促进数据资源开发利用制度。该办法规定，县级以上人民政府

---

[1]《湖北省数字经济促进办法》（2023年7月1日实施）第12条。
[2]《湖北省数字经济促进办法》（2023年7月1日实施）第15条。
[3]《湖北省数字经济促进办法》（2023年7月1日实施）第19条。
[4]《湖北省数字经济促进办法》（2023年7月1日实施）第26、27条。

及其有关部门应当建立公共数据开放范围动态管理机制，对在依法履行职责、提供服务过程中产生或者获取的公共数据，按照国家和本省的有关规定进行分类分级目录制管理；县级以上人民政府数据、政务主管部门负责推进公共数据资源统筹管理、整合归集、共享利用，创新公共数据资源开发利用模式和运营机制，规范公共数据产品服务；县级以上人民政府及其发展改革、数据、经济和信息化、农业农村、商务、市场监督管理、政务等主管部门应当推广使用数据管理相关国家标准和行业标准，规范数据管理，提升数据质量，丰富数据资源；县级以上人民政府及其有关部门应当建立健全高效的公共数据共享协调机制，支持打造公共数据基础支撑平台，推进公共数据归集整合、有序流通和共享。数据收集主体应当按照法律、法规和国家、本省有关规定，采集、管理和维护公共数据、企业数据和个人数据，确保数据真实、准确。[1]该办法第33条明确了数据资源开发利用过程中省人民政府及其有关部门的要求：应当根据全国统一大市场建设要求，在保护个人隐私和确保数据安全的前提下，探索建立数据资源持有权、数据加工使用权、数据产品经营权等分置的产权运行机制，依法培育数据要素市场，推进数据交易平台建设，逐步建立数据资产评估、登记结算、交易撮合、争议仲裁等市场运营体系，推动数据要素开发利用，发掘数据要素应用场景，提高数据要素配置流通能力。

（6）建立数据资源安全保护制度。该办法第35条规定，数据的收集、存储、使用、加工、传输、提供、公开等处理活动，应当遵守法律、法规，履行数据安全保护义务，尊重社会公德和伦理，遵守商业道德和职业道德，诚实守信，承担社会责任。开展数据处理活动，不得危害国家安全、公共利益，不得损害个人、组织的合法权益。个人信息受法律保护。个人信息的收集、存储、使用、加工、传输、提供、公开等处理活动应当遵循合法、正当、必要原则，不得过度处理，并符合法律、法规规定的条件。

（7）建立数字经济发展保障监督制度。该办法规定，县级以上人民政府应当优化服务，在财政、金融、招标投标、人才、知识产权、土地供应、电力接引、能耗指标、设施保护等方面完善政策措施，为促进数字经济发展提

---

[1]《湖北省数字经济促进办法》（2023年7月1日实施）第31、32条。

供保障。[1]

五、吉林立法现状

（一）立法概述

大数据是信息化发展的新阶段，是国家的基础性战略资源，是构建现代化治理体系和经济体系的关键要素。吉林省委、省政府在2018年就提出了"以数字吉林建设为引领，加快新旧动能转换，推动高质量发展"的战略，把推进数字化发展，促进大数据应用作为推动吉林省转型发展的重要抓手，并将立法工作作为实施"数字吉林"战略的重要任务之一。2021年7月1日，吉林省政务服务和数字化建设管理局公布《吉林省数字政府建设"十四五"规划》，指出到2023年底前，基本建成纵向贯通、横向协同、上接国家、覆盖全省的"吉林祥云"云网一体化核心基础设施体系，全面推行"互联网+政务服务"和"互联网+监管"，全面实行政府权责清单制度，推进电子证照全覆盖，非涉密政务服务事项实现"全程网办""跨省通办"，80%以上事项实现"掌上办""指尖办"，高频政务服务事项网办发生率达到了85%以上，"一件事一次办"主题集成服务系统建设达到全国先进水平，政务服务"好差评"实现全覆盖，数字政府建设进入全国第一方阵。2025年底前，全省政务服务流程和模式持续优化，网上政务服务能力全面提升，高频政务服务事项网办发生率达到了90%以上，数字政府建设达到了全国先进水平。[2] 为贯彻落实习近平总书记关于数字中国、网络强国的重要论述和视察吉林重要讲话的指示精神，吉林省出台了一系列相关法规规章，进一步规范大数据的采集引用，培育壮大大数据产业，促进数字经济的健康发展。2019年1月通过《吉林省公共数据和一网通办管理办法（试行）》，2020年11月通过《吉林省促进大数据发展应用条例》，内容涵盖"数据资源、基础设施、数字经济、数据安全、保障措施和法律责任"等公共数据和数字经济发展的多维层面。

（二）立法定位及原则

1. 《吉林省促进大数据发展应用条例》（2021年1月1日施行）

该条例规范了公共数据采集、归集、应用、安全等全过程管理的内容，

---

[1] 《湖北省数字经济促进办法》（2023年7月1日实施）第七章。
[2] 吉林省政务服务和数字化建设管理局于2021年7月1日公布的《吉林省数字政府建设"十四五"规划》（吉政数综合［2021］8号）。

将促进大数据发展的有关工作通过立法的方式规范下来，彰显了吉林省推动促进大数据发展应用的决心和力度。该条例第 1 条明确立法定位：促进大数据发展应用，规范数据处理活动，保护公民、法人和其他组织的合法权益，推进数字吉林建设。

该条例首先在总则中对大数据发展提出了总的原则性规定，大数据发展应用应当坚持统筹规划、共享开放、创新发展、深化应用、依法管理、安全规范的原则。[1]在公共数据共享方面，遵循"以共享为原则，以不共享为例外"原则，即应共享必共享。[2]在公共数据开放问题上，省人民政府政务服务和数字化建设管理部门应当遵循"以需求为导向，遵循统一标准、便捷高效、安全可控"的原则，依法有序推进公共数据面向公民、法人和其他组织开放。[3]关于公共数据保护，要求网络服务提供者在业务活动中收集、使用个人信息应当遵循合法、正当、必要的原则。[4]

2. 《吉林省公共数据和一网通办管理办法（试行）》（2019 年 1 月 4 日施行）

为深入贯彻落实省委十一届三次、四次全会精神，加快推进"数字政府"建设，提升政府治理能力和公共服务水平，打破信息壁垒，促进吉林省公共数据资源整合，实现跨层级、跨地域、跨系统、跨部门、跨业务的数据共享，根据相关法律法规的规定，省政府出台了《吉林省公共数据和一网通办管理办法（试行）》。在立法宗旨和定位上，该办法在总则第 1 条开宗明义地提出：促进公共数据资源整合和共享应用，以加快推进"数字政府"建设为先导，提升政府治理能力和公共服务水平，推进"数字吉林"建设，根据相关法律、法规以及《国务院关于印发政务信息资源共享管理暂行办法的通知》（国发〔2016〕51 号）、《国务院办公厅关于印发政务信息系统整合共享实施方案的通知》（国办发〔2017〕39 号）的规定，结合本省实际，制定本办法。

该办法存在很多原则性规定，首先在总则中概括性地要求全省公共数据和"一网通办"工作应当遵循统筹规划、集约建设、汇集整合、共享开放、

---

[1]《吉林省促进大数据发展应用条例》（2021 年 1 月 1 日施行）第 3 条。
[2]《吉林省促进大数据发展应用条例》（2021 年 1 月 1 日施行）第 14 条。
[3]《吉林省促进大数据发展应用条例》（2021 年 1 月 1 日施行）第 18 条。
[4]《吉林省促进大数据发展应用条例》（2021 年 1 月 1 日施行）第 53 条。

有效应用、精准服务、保障安全的原则。[1]在公共数据采集和治理方面，要求公共管理和服务机构应当遵循合法、必要、适度原则，[2]按照省级责任部门的采集规范要求，在公共数据资源目录的范围内采集公共数据，并确保数据采集的准确性、完整性、时效性。另外，省级责任部门应当按照多源校核、动态更新的原则，[3]对本系统内的公共数据进行逐项校核、确认，并按照统一的标准和要求，开展本系统数据治理和整合，逐步向"吉林祥云"大数据平台归集。责任承担方面，公共数据质量管理遵循"谁采集、谁负责""谁校核、谁负责"的原则，由公共管理和服务机构、省级责任部门承担质量责任。[4]在公共数据共享和开放方面，规定公共管理和服务机构之间共享公共数据，应当以共享为原则，以不共享为例外，无偿共享公共数据。[5]省政务服务和数字化局应当以需求为导向，遵循统一标准、便捷高效、安全可控的原则，依托"吉林祥云"大数据平台，建设公共数据开放子平台，有序推进面向自然人、法人和非法人组织的公共数据开放。[6]

(三) 主要制度内容

1.《吉林省促进大数据发展应用条例》

该条例包括"总则""数据处理""发展应用""促进措施""数据安全与保护""法律责任"和"附则"共7章61条。

(1) 建立大数据全生命周期的管理制度。立足于对公共数据进行全生命周期的管理，明确了省政务服务和数字化局负责统筹协调、指导监督公共数据采集、归集、整合、共享、开放和应用管理工作，会同相关部门制定公共数据质量、安全、管理等标准，促进公共数据管理规范化；该条例要求行政机关以及具有公共事务管理职能的组织在其职责范围内，依法做好公共数据的采集归集、目录编制、互联共享、更新维护和安全管理等工作。[7]

(2) 强化省大数据平台的核心作用。该条例规定了省政务服务和数字化

---

[1]《吉林省公共数据和一网通办管理办法（试行）》（2019年1月4日施行）第4条。
[2]《吉林省公共数据和一网通办管理办法（试行）》（2019年1月4日施行）第16条。
[3]《吉林省公共数据和一网通办管理办法（试行）》（2019年1月4日施行）第20条第2款。
[4]《吉林省公共数据和一网通办管理办法（试行）》（2019年1月4日施行）第22条。
[5]《吉林省公共数据和一网通办管理办法（试行）》（2019年1月4日施行）第24条。
[6]《吉林省公共数据和一网通办管理办法（试行）》（2019年1月4日施行）第27条。
[7]《吉林省促进大数据发展应用条例》（2021年1月1日施行）第7条。

局负责建设、管理省大数据平台,本省公共数据应当通过省大数据平台予以归集、治理、共享和开放。并强调了各地、各部门已有的公共数据平台应当与省大数据平台实现有效对接,非涉及国家秘密的政务信息系统应当迁至省大数据平台,已有的公共数据应当向省大数据平台开放。规定了新建、扩建本地、本部门公共数据平台,应当符合全省数字化基础设施统筹规划和公共数据共享开放的要求,并与省大数据平台有效对接。[1]

(3) 建立健全公共数据目录编制制度。该条例规定了省政务服务和数字化局负责制定公共数据目录的编制规范并组织实施,各部门应当按照公共数据目录的编制规范编制和更新本部门、本系统公共数据目录。强调了行政机关和具有公共事务管理职能的组织应当按照一数一源、一源多用的要求,按公共数据目录采集公共数据,并将采集或者产生的公共数据向省大数据平台归集,实现公共数据集中存储。[2]

(4) 大力推进公共数据共享和开放。在数据共享方面,着眼于破除信息孤岛,明确以共享为原则,以不共享为例外,将公共数据的共享属性分为无条件共享、授权共享和非共享三类。在数据开放方面,明确数据开放属性分为无条件开放、有条件开放和非开放三类,与民生紧密相关、社会迫切需要的高价值数据应当优先开放。[3]

(5) 建立数据安全保护制度。该条例高度重视安全体系的建立,明确各不同主体对数据安全保障的责任义务,建立包括"数据安全管理、风险评估、安全监测预警和安全应急处置"等机制在内的数据安全保障体系。[4]

2. 《吉林省公共数据和一网通办管理办法(试行)》

(1) 建立数据平台统筹建设管理模式。按照统筹管理、集约建设的原则,建设"吉林祥云"大数据平台作为全省公共数据存储、整合、共享、开放等环节的统一管理平台。依托"吉林祥云"大数据平台,打造云网一体的平台体系,各类政务云平台应当与"吉林祥云"大数据平台对接,并将非涉密信息系统迁至"吉林祥云"大数据平台。各市(州)原则上不得新建、扩建本地政务云平台,并有义务将本地公共数据向"吉林祥云"大数据平台开放,

---

[1] 《吉林省促进大数据发展应用条例》(2021年1月1日施行)第8条。
[2] 《吉林省促进大数据发展应用条例》(2021年1月1日施行)第9条。
[3] 《吉林省促进大数据发展应用条例》(2021年1月1日施行)第14条。
[4] 《吉林省促进大数据发展应用条例》(2021年1月1日施行)第46~53条。

接受公共数据资源的统一管理。[1]

（2）建立健全公共数据的采集和治理制度。省政务服务和数字化局对公共数据实行全省统一目录管理。各省级责任部门负责编制本系统公共数据资源目录和采集规范，遵循"谁采集、谁负责""谁校核、谁负责"原则对数据进行采集、校验和更新，并承担质量责任。遵循"强制入库，按需使用"的原则，依托"吉林祥云"大数据平台，强制性推进数据的融通共享，打破信息壁垒和数据孤岛，实现数据的有效汇总，并形成六大基础资源库，推动公共数据的整合应用。[2]

（3）建立公共数据的共享和开放制度。着眼于破除信息孤岛，明确以共享为原则，以不共享为例外，将公共数据的共享属性分为无条件共享、授权共享和非共享三类。提出"应用场景授权"的制度设想，只要共享需求符合具体应用场景，就可以直接使用共享数据。在数据开放方面，明确数据开放属性分为无条件开放、有条件开放和非开放三类。同时，要求各单位制定数据开放清单，向社会公布；与民生紧密相关、社会迫切需要的高价值数据应当优先开放。[3]

（4）建立"一网通办"工作机制。"一网通办"是当前电子政务工作的主要任务，也是公共数据最主要的应用场景。该办法对"一网通办"涉及的核心要素作出明确。一是规范政务服务事项，通过编制政务服务事项清单和办事指南，确保线上与线下标准统一。二是推进业务流程再造，通过优化服务事项办理程序，实行一窗综合受理、多方协同办理，减少审批环节、审批时间、申请材料和申请人跑动次数。三是打造在线政务服务平台，将政务服务事项全部纳入在线平台办理，推进线上线下集成融合。四是明确电子签名、电子印章、电子证照、电子档案的法律地位。[4]

（5）建立健全数据安全保护制度。该办法明确了各部门的安全管理职责，确立灾难备份、应急管理和人员管理制度，提出了被采集人权益保护的原则和异议处理机制。[5]此外，为持续推进公共数据和"一网通办"工作，该办

---

[1]《吉林省公共数据和一网通办管理办法（试行）》（2019年1月4日施行）第17、19条。
[2]《吉林省公共数据和一网通办管理办法（试行）》（2019年1月4日施行）第15、22条。
[3]《吉林省公共数据和一网通办管理办法（试行）》（2019年1月4日施行）第25、28条。
[4]《吉林省公共数据和一网通办管理办法（试行）》（2019年1月4日施行）第34~36条。
[5]《吉林省公共数据和一网通办管理办法（试行）》（2019年1月4日施行）第41~44条。

法从日常监督、绩效考核、第三方评估、畅通社会评价与投诉渠道等方面对监督考核作了专门规定。[1]

六、安徽立法现状

（一）立法概述

数字信息时代，安徽省紧密结合部门实际，推动大数据立法建设各项任务落实、责任压实、效果抓实，取得了积极成效。2014年11月省人民政府通过《安徽省政府信息公开办法》，[2]规范政府信息公开工作，提高了政府工作透明度，保障公民、法人和其他组织依法获取政府信息。为加快信息化发展，促进信息化与各产业、各领域的深度融合；2016年6月22日出台《安徽省云计算大数据产业发展专项资金使用管理暂行办法》，以规范云计算大数据产业发展专项资金的使用和管理，切实保障资金使用科学合理和提高资金使用效益；2016年10月8日，安徽省人民代表大会常务委员会出台《安徽省信息化促进条例》，主动适应信息化发展的法治需求，推进互联网政务服务；2017年12月1日省政府颁布《安徽省互联网政务服务办法》，[3]力求创建优质政务服务环境。

大数据时代，安徽省数据立法进程逐步加快，立法呈现出多角度、宽领域的新景象，不断强化立法立规，构建数据资源法规规范体系。2021年4月16日安徽省数据资源管理局出台《安徽省电子政务外网管理办法（试行）》；[4]在政务数据方面，加强省级政务云规划、建设、管理和使用，保障政务云安全、稳定、高效运行；2020年12月30日省政府出台《安徽省政务数据资源管理办法》，于2021年3月1日开始实施，为安徽省政务数据资源科学化、规范化管理，提供了工作抓手和法律依据；2021年3月29日安徽省第十三届人民代表大会常务委员会第二十六次会议通过《安徽省大数据发展条例》2021年5月1日起施行，为安徽省发展数字经济，创新社会治理，保障数据安全，建

---

[1] 《〈吉林省公共数据和一网通办管理办法（试行）〉政策解读》，载吉林省人民政府网：http://xxgk.jl.gov.cn/szf/zcjd/201910/t20191010_6108205.html，2022年8月23日访问。

[2] 2014年11月7日省人民政府第三十七次常务会议通过了《安徽省政府信息公开办法》2015年1月1日实施，根据安徽省人民政府关于废止部分规章的决定（2022）废止，现已失效。

[3] 《安徽省互联网政务服务办法》。

[4] 2021年4月16日安徽省数据资源管理局出台《安徽省电子政务外网管理办法（试行）》（皖数资〔2021〕9号）。

设数字安徽,加快数字化发展提供了法治保障。2022年9月22日出台《安徽省省级政务云管理办法(试行)》(修订版),[1]进一步加强省电子政务外网管理,提升网络支撑能力,确保网络安全、可靠、高效和稳定运行;为规范大数据企业的发展,安徽省数据资源管理局印发《安徽省大数据企业培育认定实施细则(试行)》,[2]以培育省大数据领域有影响力的上市公司、单项冠军、专精特新企业,壮大省大数据产业。上述条例、办法、实施细则等规范的连续出台,构筑了比较完善的数据资源地方法规体系,使安徽省数据资源立法进入全国第一梯队。

(二)立法定位及原则

1.《安徽省大数据发展条例》(2021年5月1日施行)

《安徽省大数据发展条例》[3]着眼于大数据的特征及其对经济发展、社会治理、行政管理、人民生活等方面产生的影响,从数据资源的归集整合、开发应用、安全管理和促进大数据发展的相关措施等方面进行规范。安徽致力于构建江淮大数据中心平台,推动数字基础设施互联互通、工业互联网共建共用、大数据协同应用,共建高质量数字长三角。

(1)统筹规划、创新引领原则。在数据归集方面,各级数据主管部门坚持统筹规划,将数据统一起来。从高标准建设江淮大数据中心,打造全周期、全流程数据治理共享管理平台,到加快构建统一政务云,形成全省统一的云资源监控和云灾备服务体系,再到升级全省电子政务外网,筑牢一体化的网络安全防线。该条例对老年人等运用智能技术困难群体的服务保障作出规定,要求县级以上人民政府及其有关部门应当按照优化传统服务与创新数字服务并行的原则,制定和完善老年人等运用智能技术困难群体在出行、就医、消费、文娱、办事等方面的服务保障措施,保障和改善运用智能技术困难群体的基本服务需求和服务体验。该条例对保障、改善老年人基本服务需求、体验上作了专条规定,体现了该条例在人文关怀上的重视,对于其他省份大数据立法具有创新引领的作用。

(2)数据赋能、繁荣业态原则。该条例致力于将大数据应用到各领域各

---

[1]《安徽省省级政务云管理办法(试行)》。
[2] 安徽省数据资源管理局2022年3月2日印发《安徽省大数据企业培育认定实施细则(试行)》(皖数资[2022]7号)。
[3]《安徽省大数据发展条例》。

行业当中，推动经济发展。通过坚持市场化导向，加快培育数据要素市场，推进数字产业化、产业数字化，培育数字产业集群，支持市场主体利用大数据赋能新兴产业和传统产业，推动产业转型升级、服务改善民生、完善社会治理。为提高政府运用大数据水平，该条例规定，各级人民政府和有关部门应当按照有关规定，依托皖事通办平台，推进政务服务事项一网通办、全程网办，开发大数据应用场景，促进政务服务跨地区、跨部门、跨层级数据共享和业务协同。

为了支持市场主体利用大数据赋能新兴产业和传统产业，推动产业转型升级、服务改善民生、完善社会治理，该条例要求优化大数据发展应用环境，培育数字产业集群；支持新型基础设施与大数据产业发展集聚区、数字经济创新发展试验区、线上经济创新发展试验区和大数据重点实验室等技术创新平台建设；加快农业大数据关键技术研发和示范应用，推进智慧农业建设；推动大数据与制造业融合发展，建设数据驱动的智能车间、智能工厂，提升制造业数字化、网络化、智能化水平；推动大数据在服务业广泛应用，支持新一代信息技术产业发展，鼓励发展电子商务、共享经济、平台经济、在线金融、在线文娱、智慧物流、智慧旅游、智慧医疗、智慧养老、智慧教育等现代服务业；开发大数据应用场景，应用大数据赋能城市治理，推动放管服改革，优化营商环境，提升利用大数据等现代技术手段辅助治理能力。

(3) 互联互通、共享开放原则。数据能够得到最大效用在于能够互联互通，该条例着眼于长江三角洲区域一体化的发展战略，在第 6 条明确提出，推动数字基础设施互联互通，推动工业互联网共建共用，推动大数据协同应用，共建高质量数字长三角。[1]第 12 条提出了政府投资的政务，信息系统也应当实现互联互通。在第六章法律责任中也重点提出，未按照规定实现政务信息系统互联互通的，相关工作人员由有权机关依法给予处分。而共享开放原则则贯彻落实在该条例的全内容当中，单"共享"一词就出现了 18 次，可见数据共享在数据立法中的重要地位。其中，构建江淮大数据共享平台是共享的一大特色，该条例第 11 条规定，省、设区的市人民政府数据资源主管部门应当依托江淮大数据中心总平台或者子平台，统筹建设本行政区域公共数

---

〔1〕《〈安徽省大数据发展条例〉将于5月1日起实施》，载安徽省人民政府网：https://sjzyj.ah.gov.cn/public/7061/40423687.html，2023 年 3 月 18 日访问。

据共享交换平台、开放平台。各级人民政府和有关部门、单位应当按照国家和省有关规定，通过公共数据共享交换平台、开放平台，有序共享开放公共数据。在数据开放方面，该条例鼓励当事人依法共享开放和有效流动数据资源，鼓励非公共数据向江淮大数据中心平台汇聚，发挥数据资源效益。鼓励社会力量建设面向中小企业和教育、医疗、交通、能源、环境、金融等重点领域的行业数据共享开放平台，促进数据资源共享开放、有效流动。

（4）依法管理、保障安全原则。通过该条例规范数据资源的归集、共享和流通，依法管理数据信息。为了有效整合数据资源，提高数据资源使用效率，该条例在第二章中明确数据资源主管部门的职责，强调政府投资的政务信息系统依法应当实现互联互通；要求构建江淮大数据中心平台，并以此为依托筹建区域公共数据共享交换平台和开放平台；要求公共数据按照规定向江淮大数据中心平台归集，鼓励非公共数据向江淮大数据中心平台汇聚；支持非公共数据依法开放共享。[1]该条例注重对个人信息数据的保护，对于开展涉及个人信息的数据活动，应当遵守法律、法规，遵循合法、正当、必要原则，不得窃取或者以其他方式非法获取个人信息，不得泄露或者篡改其收集的个人信息，不得过度处理；未经被收集者同意，不得向他人非法提供其个人信息。为了强化数据安全保护，从根本上推动大数据健康发展，维护国家安全和公共利益，保护商业秘密、个人信息和隐私，该条例明确实行数据安全责任制，按照"谁所有谁负责、谁持有谁负责、谁管理谁负责、谁使用谁负责、谁采信谁负责"的原则，保障数据全生命周期安全；要求履行数据安全管理职责，加强全社会数据安全教育；明确了开展数据活动单位的5项具体数据安全保护义务。

2.《安徽省政务数据资源管理办法》（2021年3月1日施行）

政务数据资源管理是实施国家大数据战略，推进国家治理体系和治理能力现代化的重要内容。2017年12月8日，习近平总书记在主持中央政治局第二次集体学习时强调，实施国家大数据战略、加快建设数字中国，要统筹规划政务数据资源和社会数据资源，推行电子政务、建设智慧城市。安徽省贯

---

[1]《实行大数据安全责任制 明晰责任主体》，载安徽省人民政府网：https://sjzyj.ah.gov.cn/public/7061/40423727.html，2023年3月18日访问。

彻落实中央决策部署,并结合本省政务数据资源管理工作的现实需要,于2020年12月22日省人民政府第一百二十五次常务会议通过《安徽省政务数据资源管理办法》,自2021年3月1日起施行。[1]该办法致力于规范政务数据资源管理,推进政务信息系统互联互通和政务数据资源归集、共享、应用,建设数字政府,提升政府治理能力和公共服务水平。

该办法第3条明确规定了总体性原则,政务数据资源管理,应当遵循统一标准、统筹建设、共享开放、依法管理、保障安全的原则。第三章数据归集中提出采集政务数据应当遵循合法、必要、适度原则。第四章数据共享指出,共享政务数据应当以共享为常态、以不共享为例外。第五章数据应用与开放指出,政务数据开放遵循合法有序的原则。[2]法律、法规、规章和国家规定可以开放的,应当开放;未明确开放的,应当安全有序开放;禁止开放的,不得开放。第六章监督管理指出,数据提供部门应当按照谁主管、谁负责,谁提供、谁负责的原则,负责本部门数据采集、归集、存储、提供、共享、应用和开放等环节的安全管理。

(1)统一标准、统筹建设原则。统一标准原则体现在多方面,在数据归集方面,安徽省政务数据资源按照国家有关规定由省数据资源主管部门实行统一的目录管理。在数据共享方面,该办法第23条第2款规定,政务部门应当通过统一的共享交换平台与其他部门共享数据,逐步整合部门间直连的共享通道。即在数据共享上也采用统一的共享交换平台,实现政务数据畅通。在数字应用与开放方面,特别是在电子签章上,该办法第33条明确规定,政务部门应当采纳和认可符合法律规定的可靠的电子签名,使用国家统一的电子印章系统进行电子签章,使用符合国家标准、技术规范的电子证照系统发放电子证照。统筹建设原则是各级政务部门管理和应用政务数据所体现的原则。该办法第4条规定,县级以上人民政府应当加强对政务数据资源管理工作的组织领导,建立统筹协调工作机制,将政务数据资源开发建设纳入本行政区域国民经济和社会发展规划。加强经费保障,将政务数据资源整合共享相关项目建设资金纳入政府固定资产投资,政务数据资源整合共享相关工作

---

[1]《安徽省政务数据资源管理办法》。
[2]《〈安徽省政务数据资源管理办法〉政策解读》,载安徽省人民政府网:https://sjzyj.ah.gov.cn/public/7061/4039 3769.html,2023年3月20日访问。

经费纳入部门预算统筹安排。按照长江三角洲区域一体化发展战略的要求，推动平台融合贯通、数据资源共享、业务协同办理，深化政务数据资源管理工作的合作交流。各级数据资源主管部门负责统筹协调、指导督促本行政区域内政务数据资源管理工作；负责统筹本辖区江淮大数据中心子平台、政务云平台、电子政务外网等的建设和运行管理；负责统筹协调数据共享工作，建立数据使用部门提需求、数据提供部门作响应、数据资源主管部门统筹管理并提供技术支撑的数据共享机制。

（2）共享开放、依法管理原则。为了进一步打通"数据壁垒"，加强政务数据共享，该办法规定：一是政务部门应当按照共享为常态、不共享为例外的原则，依法有序及时共享政务数据。没有法律、行政法规或者党中央、国务院政策依据，不得拒绝其他部门提出的共享申请；二是明确政务数据资源的共享分类、共享方式。政务数据共享分为无条件共享、有条件共享、不予共享等类型，并在编制政务数据资源目录时确定其共享类型。无条件共享的数据，可以提供给所有政务部门使用；有条件共享的数据，可以按照规定提供给有关政务部门使用；不予共享的数据不宜提供给其他政务部门使用。政务部门将政务数据列为有条件共享、不予共享的，应当说明理由，并提供相应的法律、行政法规或者党中央、国务院政策依据；三是明确对有疑义或者有错误的政务数据进行复核的程序和处理方式。政务部门和其他组织、个人对政务数据有疑义或者发现有错误的，可以向数据提供部门或者通过江淮大数据中心平台申请复核。数据复核期间，自然人、法人和非法人组织申请办理相关审批或者服务事项，已经提供合法有效证明材料的，受理单位不得以复核数据为由拒绝、推诿，不得要求申请人办理数据更正手续。深化政务数据应用开放。为了推进政务数据应用，提升政务服务效能，该办法强调：一要依托江淮大数据中心平台和在线政务服务平台，建设"皖事通办"平台，推广各类便民应用产品和服务，推进"互联网+政务服务"。例如，第32条明确规定，政务部门应当利用政务数据资源，在政务服务和监管执法等应用场景推进免交证明、免带证照，推广使用安康码等便民应用场景；二要推进政务数据依法有序开放，明确开放的原则和属性。第34条规定了开放重点领域，各级人民政府应当根据经济社会发展需要，推进政务数据资源依法有序开放，将与民生紧密相关、社会迫切需要、行业增值潜力显著和产业战略意义重大的政务数据资源纳入开放重点；三要鼓励自然人、法人和非法人组织利用开放的政务数据,开展科研、产品开发等活动,发挥政务数据效益。通过依法管理,对政务数据进行依法、合理、及时的共享和开放。

(3) 保障安全、责任自负原则。保护政务数据安全是维护国家安全的重要内容。该办法:一是明确数据提供部门、使用部门和管理部门的安全管理责任,数据提供部门应当按照谁主管、谁负责,谁提供、谁负责的原则,负责本部门数据的采集、归集、存储、提供、共享、应用和开放等环节的安全管理;二是要求数据资源主管部门、政务部门健全大数据环境下的数据安全防护制度,采取数据脱敏、数据备份、加密认证等安全技术措施,防止政务数据丢失、毁损、泄露和篡改,保障政务数据安全。第39条规定,数据资源主管部门、政务部门应当依法建立健全大数据环境下的数据分类分级安全防护、数据安全风险测评等管理制度,定期开展安全评测、风险评估;落实网络和数据安全管理机构和责任人,加强对网络和数据管理人员的教育、培训和管理;采取数据脱敏、数据备份、加密认证等安全保护技术措施,防止政务数据资源丢失、毁损、泄露和篡改,保障政务数据资源安全。

(三) 主要制度内容

1.《安徽省大数据发展条例》(2021年5月1日施行)

(1) 数据资源统筹管理机制。该条例明确,县级以上政府数据资源主管部门应统筹协调、督促指导本行政区域内的数据资源管理工作,推动政务数据等公共数据归集,推进数据资源汇聚融合、共享开放、有效流动和开发应用。公共数据按规定向江淮大数据中心平台归集,实现公共数据资源的汇聚和集中存储。

(2) 构建江淮大数据中心平台。为了有效整合数据资源,提高数据资源使用效率,该条例强调政府投资的政务信息系统依法应当实现互联互通;要求构建江淮大数据中心平台,并以此为依托筹建区域公共数据共享交换平台和开放平台;要求公共数据按照规定向江淮大数据中心平台归集,鼓励非公共数据向江淮大数据中心平台汇聚;支持非公共数据依法开放共享。[1]按照要求,省人民政府数据资源主管部门建设和运行管理江淮大数据中心总平台。省有关部门、单位建设和运行管理江淮大数据中心分平台。设区的市人民政

---

[1]《大数据发展条例今起施行》,载安徽省人民政府网:https://sjzyj.ah.gov.cn/public/7061/40426356.html,2023年3月18日访问。

府数据资源主管部门统筹所辖县、市、区建设和运行管理江淮大数据中心子平台。省、设区的市人民政府数据资源主管部门应当依托江淮大数据中心总平台或者子平台，统筹建设本行政区域公共数据共享交换平台、开放平台。各级人民政府和有关部门、单位应当按照国家和省的有关规定，通过公共数据共享交换平台、开放平台，有序共享开放公共数据。

（3）大数据中心专项资金制度。该条例规定，省政府统筹财政资金，整合信息化、电子政务等专项资金，设立省大数据中心专项资金。[1]为了促进大数据创新发展，该条例要求，县级以上人民政府及其有关部门应加大政策引导、支持和保障力度，实施包容审慎的监管，培育大数据企业；要求省级人民政府设立大数据中心专项资金；对新增大数据发展应用项目建设用地，在当前新增建设用地计划中优先予以安排；明确对大数据发展的财税、金融、科技和耗能等奖补措施，完善人才引进、培育、评价、激励机制；推动建立大数据发展应用地方标准体系。要求规范大数据交易服务机构的设立和运营，搭建数据要素交易平台，培育交易市场，建立数据产权交易机制，推动建立行业自律机制。

（4）大数据安全管理制度。一是规定实行数据安全责任制，保障数据全生命周期安全。数据安全责任，按照"谁所有谁负责、谁持有谁负责、谁管理谁负责、谁使用谁负责、谁采集谁负责"的思路确定。数据基于复制、流通、交换等同时存在多个安全责任人的，分别承担各自的安全责任。二是明确各级人民政府和有关部门的数据安全职责。各级人民政府和有关部门应当按照规定建立健全全流程数据安全管理制度，采取相应的技术措施，保障数据安全。网信部门、公安部门、通信管理部门和其他有关部门在各自的职责范围内落实国家数据安全审查制度，建立健全数据安全保护体系，加强数据安全保护和监督管理工作。三是规定了开展数据活动的单位应当履行的安全保护义务。比如，建立健全数据安全防护管理制度；制定数据安全应急预案，定期开展安全评测、风险评估和应急演练；采取安全保护技术措施，防止数据丢失、毁损、泄露和篡改，保障数据安全；发生重大数据安全事件时，立即启动应急预案，及时采取补救措施，告知可能受到影响的用户，并按照规

---

[1]《〈安徽省大数据发展条例〉新闻发布会》，载安徽省人民政府网：https://sjzyj.ah.gov.cn/public/7061/40426 408.html，2023年3月18日访问。

定向有关主管部门报告。[1]四是强化个人信息保护。开展涉及个人信息的数据活动，应当遵守法律、法规，遵循合法、正当、必要原则，不得窃取或者以其他方式非法获取个人信息，不得泄露或者篡改其收集的个人信息，不得过度处理；未经被收集者同意，不得向他人非法提供其个人信息。

2.《安徽省政务数据资源管理办法》（2021年3月1日施行）

（1）政务数据管理统筹协调机制。该办法进一步明确了政务数据管理的职责分工。第4条规定，县级以上人民政府应当加强对政务数据资源管理工作的组织领导，建立统筹协调工作机制，将政务数据资源开发建设纳入本行政区域国民经济和社会发展规划。数据资源主管部门负责统筹协调、指导督促本行政区域内的政务数据资源管理工作。政务部门是政务数据的提供部门和使用部门，负责本部门本系统政务数据资源的目录编制、采集、归集、存储、提供、共享、应用和开放及其相关管理工作。按照长江三角洲区域一体化发展战略的要求，推动平台融合贯通、数据资源共享、业务协同办理，深化政务数据资源管理工作的合作交流。

（2）基础设施平台建设体系。该办法更加突出基础设施平台统筹建设。第7条明确指出，本省建设江淮大数据中心平台，共建共用数据基础设施，推进各类政务数据互联互通、归集汇聚、共享开放、开发应用。政务部门依托江淮大数据中心平台，推动各类政务数据统一目录编制、归集、存储、提供、共享、应用和开放。[2]省人民政府数据资源主管部门负责江淮大数据中心总平台以及省级政务云平台、电子政务外网、灾难备份中心的建设和运行管理。省政务部门负责江淮大数据中心分平台的建设和运行管理。设区的市人民政府数据资源主管部门负责统筹本辖区江淮大数据中心子平台、政务云平台、电子政务外网等的建设和运行管理。江淮大数据中心平台分为总平台、分平台和子平台，共同组成江淮大数据中心框架体系，共建共用数据基础设施，互联互通、归集汇聚、共享开放、开发应用各类政务数据。

（3）信息化项目源头审批管控机制。该办法第10条规定，政府投资的政务数据资源、政务信息化项目，在项目审批前应当报本级人民政府数据资源

---

[1]《图说〈安徽省大数据发展条例〉》，载安徽省人民政府网：https://sjzyj.ah.gov.cn/public/7061/40426421.html，2023年3月18日访问。

[2]《〈安徽省政务数据资源管理办法〉政策解读》，载安徽省人民政府网：https://sjzyj.ah.gov.cn/public/7061/40393770.html，2023年3月20日访问。

主管部门初审。市、县人民政府对项目审批程序另有规定的，从其规定。政务信息化项目立项申请前，应当预编形成项目数据资源目录，作为项目审批要件。除法律、法规、规章另有规定外，不能实现互联互通、数据共享、业务协同的非涉密政务信息系统，不得审批建设，不得安排运维经费。将审批程序前置，以确保信息化项目的相关数据在源头就能得到审查和及时管控。

（4）政务数据汇聚融合机制。该办法更加强调政务数据汇聚融合。该管理办法第13条明确规定，政务数据实行全省统一目录管理，省人民政府数据资源主管部门负责提出政务数据资源目录编制要求，组织协调省政务部门和设区的市开展目录编制，审核、汇总后形成省统一的政务数据资源目录。政务部门应当按照政务数据资源目录编制要求，梳理本部门本系统的政务数据资源，编制本部门政务数据资源目录。设区的市人民政府数据资源主管部门对未纳入省政务数据资源目录的本地区政务数据，经省人民政府数据资源主管部门同意，可以编制本地区的政务数据资源个性化目录。政务部门应当按照政务数据资源目录要求，及时向江淮大数据中心平台完整归集并更新政务数据资源，实现政务数据资源的集中存储，提升数据共享效率。

（5）健全政务数据管理各项制度。该办法明确了政务数据资源编目、采集、归集、共享、应用、开放、安全管理、监督考核考评、责任追究等各环节的具体工作要求。例如，在数据采集的过程当中，政务部门应当根据政务数据资源目录和数据采集规范要求，遵循合法、必要、适度的原则，采集政务数据。政务部门采集数据，应当按照一数一源、一源多用的要求，实现一次采集、共享使用，不得重复采集、多头采集。[1]可以通过共享方式获得政务数据的，不得通过其他方式重复采集。建立数据使用部门提需求、数据提供部门做响应、数据资源管理部门统筹管理并提供技术支撑的数据有序共享机制和工作流程。

七、海南立法现状

（一）立法概述

2020年7月，经推进海南全面深化改革开放领导小组同意，推进海南全面深化改革开放领导小组办公室印发《智慧海南总体方案（2020-2025年）》

---

[1]《我省出台政务数据资源管理办法》，载安徽省人民政府网：https://sjzyj.ah.gov.cn/public/7061/40397919.html，2023年3月20日访问。

(以下简称《智慧海南方案》)。《智慧海南方案》提出,深入贯彻习近平总书记在庆祝海南建省办经济特区 30 周年大会上的重要讲话精神,落实《中共中央、国务院关于支持海南全面深化改革开放的指导意见》《海南自由贸易港建设总体方案》的要求,以引领海南高质量发展、支撑高标准建设自由贸易试验区和中国特色自由贸易港为主要方向,对标国际先进水平,发挥政策、区位综合优势,锐意探索,大胆突破,强化创新驱动与智慧赋能,推动新一代信息技术与海南经济社会发展的全方位深度融合,着力增强国际化通信服务能力、健全智慧海南体系架构、提升社会智能化治理水平、创新国际一流高端服务体验、培育壮大外向型数字经济和现代服务业,不断优化"一盘棋"统筹协同治理机制,促进资源要素高效有序自由流通,促进产业创新升级,推进治理体系和治理能力现代化,支撑海南完成国家战略使命和目标。

至 2021 年底,智慧海南架构体系基本确立,关键基础设施和核心平台初步建成,以 5G、物联网为代表的新型基础设施和国际通信建设取得了初步突破,数字孪生城市覆盖重点区域,应用试点取得成效,虚实融合的治理模式启动探索,保障智慧海南建设运营的机制体制基本就绪。

至 2023 年底,智慧海南资源要素体系和机制体制基本完善,对自由贸易港的引领支撑作用进一步彰显,驱动经济质量、服务质量、生态质量不断提升。信息基础设施向高速、泛在、智能方向升级,便捷畅达的国际化通信环境基本确立。新一代信息技术全面赋能产业数字化和数字产业化提速。基于数字孪生城市的精细治理能力、海关监管能力和服务能力持续增强。

至 2025 年底,以"智慧赋能自由港""数字孪生第一省"为标志的智慧海南基本建成,国际信息通信开放试验区、精细智能社会治理样板区、国际旅游消费智能体验岛和开放型数字经济创新高地的战略目标基本实现。国际互联网业务开放和信息服务、国际医疗康养和旅游消费服务、数字孪生驱动的一体化智慧监管和治理模式、离岸创业创新以及数据跨境服务等特色领域综合能力领跑全国,初步将海南打造成为全球自由贸易港智慧标杆。[1]

海南省出台相关法规、规范性文件进一步规范大数据的采集引用,培育壮大大数据产业,促进数字经济的健康发展。其中,省一级的立法文件达到 5 件:2018 年的《海南省公共信息资源管理办法》,2019 的《海南省大数据开

---

〔1〕《智慧海南总体方案(2020-2025 年)》。

发应用条例》《海南省公共信息资源安全使用管理办法》，2021年的《海南省公共数据产品开发利用暂行管理办法》以及《海南省电子印章应用管理办法（试行）》，一步步走来，稳扎稳打，立法涉及公共数据和数字经济发展等多个维度，内容涵盖数据资源、基础设施、数字经济、数据安全、保障措施和法律责任等方面。

（二）立法定位及原则

1.《海南省公共信息资源管理办法》（2018年5月25日印发）

海南省人民政府于2018年5月25日印发《海南省公共信息资源管理办法》。该办法共8章44条，对公共信息资源从编目、采集、共享、应用、开放、信息安全和监督全过程进行规范管理，致力于有效打破"信息孤岛"和"数据烟囱"，提升信息共享开放的约束力，使信息共享开放工作进一步制度化、规范化和程序化，推动政务信息化建设向"集约整合、全面互联、开放共享、协同共治"方向发展。

在立法定位上，该办法第1条提出："为规范和促进公共信息资源共享，推动公共信息资源优化配置和有效利用，推进业务协同，提高行政效率，提升服务水平，充分发挥公共信息资源共享在深化改革、转变职能、创新管理中的重要作用。"

该办法在立法原则上采用总分方式。总则规定了公共信息资源由省公共信息资源管理机构统筹管理，遵循"统筹协调、统一标准、需求导向、无偿共享、保障安全、节约高效"的工作原则，强化部门协同配合，促进服务型政府建设，提高依法行政能力。第三章数据的采集与归集要求公共机构采集信息遵循"一数一源"的原则，不得多头采集；遵循"合法、必要、适度"原则，按照法定范围和程序，采集行政相对人的数据信息被采集对象应当配合。在数据共享应用的责任主体界定方面，规定了"谁主管，谁提供，谁负责"和"同步归集，实时更新"的原则，公共信息资源提供机构承担数据准确性、完整性、时效性、可用性责任，包括由此引起的衍生责任；按照"谁经手，谁使用，谁管理，谁负责"的原则，公共信息资源使用机构应根据履行职责需要依法依规使用共享信息，并加强共享信息使用全过程管理，明确共享信息的用途、知悉范围等，建立信息追溯体系。[1]

---

[1] 海南省人民政府于2018年5月25日印发《海南省公共信息资源管理办法》第四章。

2.《海南省公共信息资源安全使用管理办法》(2019年7月30日施行)

为进一步规范和促进海南省公共信息资源共享和开放，加强对公共信息资源在共享、开放全过程的安全管理，保障公共信息资源使用安全，更好地发挥数据价值，提升政府治理能力和公共服务水平，海南省政府于2019年7月22日印发了《海南省公共信息资源安全使用管理办法》[1]。该办法是海南省公共信息资源安全保障工作的创新尝试，为公共信息资源共享、开放安全使用管理提供了制度保障，对建设和完善公共信息资源共享和开放数据安全体系具有指导性和规范性作用，致力于推动省公共信息资源共享和开放工作。同时，作为全国首个公共信息资源安全使用管理制度文件，该办法也为国家相关部门研究制定政务信息资源共享和开放安全管理制度性文件提供了参考。

在立法定位上，该办法在总则第1条开宗明义地提出：为规范和促进海南省公共信息资源共享和开放，保障共享和开放安全有序，更好地发挥数据价值，提升政府治理能力和公共服务水平。

该办法在立法原则方面采用总分的方式。首先，总则对公共信息资源共享交换提出要求，公共机构在共享、开放和使用公共信息资源的过程中，应当遵循制度约束和技术支撑并重原则，将安全使用管理要求落到实处，建立并不断完善相应的长效机制，提高数据安全管理水平和技术能力。对敏感数据应当采取相应的措施进行保护。实施公共信息资源安全使用管理，应当遵循全覆盖原则，覆盖信息资源提供方、使用方、平台管理方和监管方等相关责任主体，覆盖公共信息资源提供、使用、共享、开放、召回等关键环节，覆盖公共机构共享、开放和使用的所有公共信息资源。

在第四章信息资源的使用上要求：数据使用应遵循"最小够用"的原则。使用方申请使用敏感数据时，应遵循最小化原则，仅申请使用本机构履职所需的必要数据。对敏感类数据的使用应经过二次授权，按照最小授权原则，严格限制敏感数据批量修改、复制、下载等重要操作权限，采用技术手段防止敏感数据在未授权的条件下通过下载、复制、截屏等方式实现数据输出。

最后，在附则中承担责任的规定上要求：违反本办法相关规定，在共享、开放工作中造成公共信息资源泄露特别是敏感数据泄露等安全事件的，监管

---

[1] 海南省政府于2019年7月22日印发的《海南省公共信息资源安全使用管理办法》(琼府办[2019] 18号)。

方依照数据追溯报告，按照"谁提供，谁负责""谁经手，谁使用，谁管理，谁负责"的原则定位具体的直接责任主体，以及关联责任主体。

3.《海南省大数据开发应用条例》（2019年11月1日施行）

2019年9月27日，海南省人民代表大会常务委员会审议通过《海南省大数据开发应用条例》，自2019年11月1日起施行。海南成了继贵州、天津之后全国第三个出台大数据地方性法规的省份。该条例在大数据共享、开放和安全保障的基础上，立足建设中国特色自由贸易港的时代要求，突出了大数据开发、应用和产业促进，特别是将区块链等新技术应用写入该条例，着力于打造安全可信的数据交易环境，为数据资产化奠定了坚实的法规基础。该条例的出台对优化海南大数据发展环境，规范大数据开发应用，促进大数据产业发展，服务海南自贸区、自贸港建设具有十分重要的战略意义和现实意义。

从立法定位上来看，该条例在总则中开宗明义地提出："为了推动大数据的开发应用，发挥大数据提升经济发展、社会治理和改善民生的作用，促进大数据产业的发展，培育壮大数字经济，服务中国（海南）自由贸易试验区和中国特色自由贸易港建设，根据有关法律法规，结合本省实际，制定本条例。"

该条例的总则规定大数据开发应用应当坚持全省统筹、依法管理、市场主导、创新引领、共享开放、保障安全的原则。在编制本省大数据开发应用总体规划方面，该条例规定省人民政府信息化主管部门应当会同大数据管理机构和有关部门，坚持适度超前、合理布局、绿色集约、资源共享的原则。在采集、开发和利用数据方面，该条例规定，任何单位或者个人采集、开发和利用数据都应当遵守法律法规的规定，遵循合法、正当、必要的原则，不得损害国家利益、社会公共利益和他人合法权益。在数据应用与产业促进方面，该条例规定数据交易应当遵循自愿、公平和诚实信用原则，遵守法律法规，尊重社会公德，不得损害国家利益、公共利益和他人合法权益。

4.《海南省电子印章应用管理办法（试行）》（2021年5月14日施行）

2021年5月14日，中共海南省委办公厅、海南省人民政府办公厅发布并施行《海南省电子印章应用管理办法（试行）》。该办法分为总则、电子印章申请、电子印章制作、电子印章使用、电子印章管理、信息安全和附则，共7章共28条，规范了全省电子印章管理，率先在全国范围内制定关于商事主体电子印章的生成、申领与发放管理规范，为进一步推动海南自由贸易港政府数字化转型、优化营商环境提供了重要的法制保障。

该办法在总则中明确立法目标及定位为：适应海南自由贸易港和数字政府建设，打造一流营商环境，规范海南省电子印章应用管理。该办法规定海南省统一电子印章系统提供电子印章制作、发放、查询、变更、注销、签章、验签和使用管理等功能，并与国家政务服务平台统一电子印章系统对接，实现电子印章数据共享、融合应用；与海南省特种行业治安综合管理信息系统印章子系统对接，实现电子印模、实物印模数据共享和电子印章备案。

5.《海南省公共数据产品开发利用暂行管理办法》（2021年9月15日施行）

2020年5月2日，国务院办公厅印发的《公共数据资源开发利用试点方案》明确，公共数据资源开发利用包括公共数据资源开放，以及利用公共数据资源面向社会提供数据产品和数据服务两部分内容。海南省已建成海南省政府数据统一开放平台，出台了《海南省大数据开发应用条例》《海南省公共信息资源安全使用管理办法》《海南省公共信息资源管理办法》，明确了公共数据资源归集、目录管理、共享管理、开放管理责任等方面的管理要求。但是在公共数据资源开发利用过程中，公共数据资源开放后，如何开发利用形成数据产品，以数据产品的形式面向社会提供服务并没有明确的管理要求。因此，2021年9月15日，海南省政府大数据推进工作领导小组办公室印发《海南省公共数据产品开发利用暂行管理办法》，[1]是全国首个公共数据产品开发利用管理制度性文件，为海南省公共数据资源开发利用管理提供了制度保障，对促进省数据资源优化配置、优化政府采购流程与营商环境，激发市场创新活力和数据产品的开发、交易以及数据要素市场的建立具有指导性和规范性作用。

该办法在总则中明确了立法定位：推进公共数据资源开发利用，创新数据产品的开发与数据服务方式，按照"需求导向、创新发展、安全可控"的原则，搭建公共数据产品开发利用平台，建立本省统一的数据产品超市，通过有序开放公共数据资源和电子政务平台能力资源，引进具有技术服务能力

---

〔1〕《2021年9月15日，海南省政府大数据推进工作领导小组办公室印发〈海南省公共数据产品开发利用暂行管理办法〉》，载海南省营商环境建设厅：http://db.hainan.gov.cn/xxgk/zcwj/sjgx_85054/202303/t20230327_3387364.html，2022年8月1日访问。

和研究分析能力的大数据企业和机构,进行公共数据产品开发与服务,满足海南省各级政务部门及企事业单位对数据产品日益增长的需求,服务海南自由贸易港建设。[1]第2条规定:"为了规范公共数据产品开发利用与数据产品交易行为,维护数据产品服务提供方和数据产品服务购买方的合法权益,建立合法、合规、互信、安全的数据资源与数据产品开发交易秩序。"

在立法原则上,该办法从不同的角度规定了公共数据产品开发利用的原则。在数据资源的公开方面,各公共机构应当遵循公正、公平、便民的原则,按照规定及时、准确地公开公共数据。[2]在数据产品开发方面,第五章数据产品安全开发管理规定了服务商应当依照法律、法规的规定和合同约定履行数据安全保护义务,进入公共数据产品开发利用平台进行数据产品开发应遵守"数据不离席、边界不可越"的开发原则,按照授权的期限、目的、方式、范围使用数据和规定的边界开发数据产品。在数据产品交易定价方面,第六章数据产品与服务购买机制规定了数据产品交易定价应以市场化为原则。服务商和购买方在进行数据产品交易时可协议定价、竞争定价或委托有相关资质的第三方价格评估机构对其交易价格进行评估。

(三)主要制度内容

1.《海南省公共信息资源管理办法》

该办法共8章44条,主要围绕公共信息资源的目录管理、采集与归集、共享应用、开放应用、管理与安全、监督与保障等方面进行规范。

(1)明确公共信息资源的内涵。该办法将"政务信息资源"的定义范围扩展至"公共信息资源",明确"公共信息资源"的定义为政务部门和公共企事业单位在依法履职或生产经营活动中制作或获取的,以一定形式记录、保存的非涉密文件、数据、图像、音频、视频等各类信息资源及其次生信息资源,将信息共享的适用范围从政务部门扩展到公共企事业单位,拓展了信息共享的范围,有利于发挥信息共享对提升政府治理和公共服务能力的效益,同时符合国家对公共信息资源共享开放的要求。

(2)完善公共信息资源共享开放体制机制。2017年海南省启动政务信息系统整合共享专项行动,按照全省政务信息化"数据、人员、资金、技术、

---

[1]《海南省公共数据产品开发利用暂行管理办法》第1条。
[2]《海南省公共数据产品开发利用暂行管理办法》第二章。

管理"五集中的要求推进全省政务信息资源共享开放，取得了较好的成效。为进一步明确省公共信息资源统筹管理、协调推进的总体原则和责任分工，管理办法围绕"五集中"的要求，明确了省信息化主管部门负责统筹管理、协调推进、审核评估全省公共信息资源管理和应用工作；省公共信息资源管理机构（省党政信息中心）负责全省大数据公共基础设施建设和运维，负责公共信息资源的管理和运营；市县人民政府负责本行政区域公共信息资源的统筹管理、开发应用。同时，鼓励社会机构积极开展公共信息资源的开发利用，推动建立一个主管职能机构抓总负责、一个部门管理运营、各部门各司其职，全社会共同努力的工作局面。

（3）公共信息资源实行目录管理和负面清单审核制度。为适应已建成全省统一的信息共享交换平台，解决因缺乏科学完善的信息资源目录、操作流程和标准规范，各部门不知道有哪些信息可以共享，应如何共享等问题：一是建立信息资源目录管理制度，明确信息资源编目的职责分工和工作要求，解决各政务部门在信息资源编目中职责不清的问题。二是为促进信息应共享尽共享，明确全省公共信息资源实行负面清单制度，由信息化主管部门会同保密部门、编制部门、法制部门负责政务信息资源负面清单审核工作，将依法不予共享和有条件共享的信息纳入负面清单，除列入负面清单的信息资源之外，各单位应无条件为其他单位提供共享信息，解决了部门由于担心数据安全问题而不敢将数据拿出来共享的问题。

（4）建立信息提供、使用及共享制度。由于对部门信息资源所有权、使用权和管理权以及信息共享的责任一直没有从制度层面予以明确，推进信息共享主要通过工作层面协调解决。有时涉及与多个部门进行信息共享，需要与每一个部门长时间协调才能解决。该办法理清了权责规范程序，规范了部门间共享应用的行为和程序，解决了制度缺位带来的不会共享、不敢共享的问题。一是规定信息提供按照"谁主管、谁提供、谁负责"的原则，信息提供方承担数据准确性、完整性、时效性、可用性责任。二是规定信息使用遵从"谁经手、谁使用、谁管理、谁负责"的原则，信息使用方严格按照数据使用约定，承担数据安全责任。三是对数据共享的途径、流程作出具体的、具有可操作性的规定，使信息资源共享使用的具体操作更加规范化、法制化和科学化。

（5）建立促进公共信息资源开放应用体制机制。数据开放是发展大数据产业的基础，为促进政府数据社会化利用：一是明确公共信息资源开放的原则为凡不涉及国家秘密、商业秘密和个人隐私以及法律法规规定不得开放的公共信息资源，都应当纳入开放范围，同时明确开放数据应进行脱敏处理，严格保障数据安全。二是规范公共信息资源管理机构开展公共信息资源增值利用的行为，充分发挥公共信息资源的效益。三是通过鼓励社会力量利用公共信息资源和鼓励公共机构购买大数据产品，有力促进大数据产业发展。

（6）强化公共信息资源安全保障制度。公共信息资源共享开放的同时面临信息安全的严峻形势，该办法通过明确安全责任分工，强化公共信息资源安全保障管理体系和应急处置机制，从制度建设上保障信息共享安全。

2.《海南省公共信息资源安全使用管理办法》

该办法包括总则、信息资源主体、信息资源提供、信息资源使用、信息资源平台管理、监督管理和附则，共7章34条内容。该办法主要明晰了涉及公共信息资源共享开放工作的各方权责，创新性地提出了数据分类分级标准及不同等级的数据需建立的安全防护策略，对公共信息资源共享开放全过程从数据提供、数据使用、数据共享开放平台管理、数据安全监管等方面的流程和要求作出较为明确、具体的规定。具体可归纳为：明确一个定义、建立一个体系、实现三大覆盖、强化三项管理、提出四项制度。

明确一个定义：公共信息资源安全使用管理是指公共信息资源共享、开放等活动中，为防范公共信息资源遭受攻击、泄露、窃取、篡改、毁损、非法使用等风险所采取的监测、防御、处置和监管等管理策略和技术措施。

建立一个体系：公共信息资源分级体系，按照数据泄露影响程度，将海南省公共信息资源分为1级~4级，并明确了相应的开放属性、共享属性和安全防护策略。

实现三大覆盖：一是覆盖信息资源提供方、使用方、平台管理方和监管方等相关责任主体；二是覆盖信息资源提供、使用、共享、开放、召回、监管等关键环节；三是覆盖公共机构共享、开放和使用的所有公共信息资源。做到数据流转可追溯，关键环节可监管，保障公共信息资源共享管理有理可依、有据可循。

强化三项管理：一是强化数据交换管理，即信息共享及开放原则上应通过共享平台和开放平台进行，擅自通过其他方式进行共享及开放，需承担相关责任；二是强化数据校核和召回管理，即使用方对获取的共享信息有疑义或发现有明显错误的，应及时向该信息直接提供方反馈，提供方应在一定时间内完成数据校核工作，同时，提供方对发现的问题数据应及时进行更新或召回；三是强化共享监管审查管理，即省政务信息资源共享数据安全监管工作实行全省统筹、各部门与各地区分工负责的体制，按照"谁提供、谁负责""谁经手、谁使用、谁管理、谁负责"的原则定位具体的直接责任主体，以及关联责任主体。

提出四项制度：一是目录管理制度，提供方应当制定公共信息资源共享和开放计划，实行目录管理制度，做好本部门公共信息资源共享和开放目录登记、审核、发布、更新等工作；二是数据发布注册制度，即提供方应将经审核确认的公共信息资源共享目录通过省电子政务信息共享交换平台进行发布注册，开放数据通过省政府数据开放平台进行发布注册；三是数据使用注册登记制度，使用方对公共信息资源的使用，须通过省电子政务信息共享交换平台和省政府数据开放平台进行注册登记，经平台管理方进行有效鉴别验证后方可申请使用公共信息资源；四是平台安全管理制度，平台管理方应完善平台安全管理制度和数据保护措施，完善数据管控、属性管理、身份识别、行为追溯、黑名单等管理措施，健全防篡改、防泄露、防攻击、防病毒、防越权存取等安全防护体系。

2019年，全国各省尚未出台公共信息资源安全使用管理方面的制度文件，海南省较早在公共信息资源安全使用管理方面探索制度创新，成了当时该方面立法的亮点。

（1）厘清共享和开放相关主体的权责关系。该办法梳理了公共信息资源涉及的四大责任主体，即信息资源提供方、信息资源使用方、平台管理方和监管方，明确了各方在信息资源共享和开放关键环节的数据安全保护要求，明晰了权责边界，有利于各方按责任分工加强数据安全履职并承担相应责任，当发生数据泄露或违规使用等安全事件时可以为监管方确责和追责提供支撑。

（2）明确了共享和开放的操作流程和制度规范。该办法首次围绕数据共享和开放关键环节明确了相应的流程规则设计，创新性地提出了目录管理制度、数据发布注册制度、数据使用注册登记制度和平台安全管理制度，规定了数据校核、数据召回和监管审查等操作流程和方式，确保了公共信息资源共享和开放工作的制度化、流程化和规范化。

（3）强化共享和开放数据的质量管理。该办法提出建立并落实数据质量控制机制，对共享和开放数据目录的编制、发布、更新等提出了完整性、一致性、规范性等要求；对发布注册的数据提出了准确性、完整性、时效性、可用性等要求；对问题数据或过期数据提出要及时进行数据更新、召回或销毁，并通过共享平台和开放平台发布相关通告，加强对数据的安全审计。

（4）建立公共信息资源分级分类体系。该办法根据公共信息资源的业务属性并考虑数据在被破坏、非法使用或泄露后对个人及企业权益、社会公共利益、国家安全可能造成的危害程度，提出了数据分级标准，界定了数据敏感属性，明确了不同安全级别的数据需建立的安全防护策略和必要措施，并按照数据安全级别进行分级分类管理。

（5）建立对敏感数据的管理和保护制度。该办法对敏感数据共享交换全流程提出了明确要求。提供方应在公共信息资源共享和开放前自行开展风险评估，对敏感数据进行加密存储保护，脱敏时应严格遵守脱敏规则和流程。使用方应将敏感数据分级分域存储；不能随意扩大敏感数据使用范围、改变敏感数据使用目的；控制敏感数据知悉范围，对敏感数据访问及使用过程进行安全审计；建立敏感数据销毁管理机制。平台管理方应做好敏感数据共享交换全过程日志管理；采用加密机制保证数据传输通道安全；共享交换完成后清除通道历史缓存数据。[1]

3.《海南省大数据开发应用条例》

该条例共 6 章 57 条，内容丰富，涵盖了整个社会大数据领域。一是体制机制创新。设立全国首个法定机构形式的省大数据管理机构；政务信息资源实行目录管理和负面清单审核制度，推进公共信息资源应共享尽共享；有序推进政务信息资源开放，促进政府数据社会化利用。二是坚持问题导向，做大做强大数据产业。鼓励公民、法人和其他组织利用国内外大数据资源创新大数据产品、技术和服务；鼓励资源丰富、技术先进的大数据企业开放大数据平台的数据、计算能力、开发环境等基础资源，推动大众创新创业；积极培育数据交易市场，规范交易行为。三是明晰各方责任，强化数据安全保护。坚持预防为主，突出个人信息保护。

（1）建立健全大数据管理体制机制。该条例在改革创新大数据管理体制

---

〔1〕《〈海南省公共信息资源安全使用管理办法〉及解读说明》，载海南省人民政府网：http://iitb.hainan.gov.cn/iitb/zxjd/201908/87bf81888f1b4a869062418ec1142480.shtml，2022 年 8 月 30 日访问。

机制方面构建了数据、人员、资金、管理、技术"五集中"体系。该条例授权省人民政府设立省大数据管理机构，作为实行企业化管理但不以营利为目的、履行相应行政管理和公共服务职责的法定机构，是全国第一个以法定机构形式设立的大数据管理机构。同时，该条例还为贯彻"全省一盘棋、全岛同城化"理念，统筹建设全省电子政务基础设施，打破信息化建设各自为政、碎片化建设奠定了法律基础。

(2) 建立大数据与区块链等信息技术融合机制。该条例推动大数据与区块链等信息技术的融合，促进数字经济创新发展。当前，区块链技术应用已延伸到数字金融、物联网、智能制造、供应链管理、数字资产交易等多个领域。该条例明确支持大数据与区块链等信息技术的融合发展。其为海南在上述领域利用区块链等技术与实体经济融合创新发展创造了条件。例如，数字资产交易，对于高水平对外开放的海南自贸区、自贸港建设就不可或缺，将为海南数字经济的创新发展开辟出一片"蓝海"。目前，海南省大数据管理局也正在积极推动区块链和实体经济深度融合，解决中小企业贷款融资难、银行风控难、部门监管难等问题。[1]

(3) 建立大数据交易体系化制度。该条例依法保障可信数据交易，培育数据交易市场。该条例较为系统性地从可以交易的数据类型、数据交易基本原则、数据交易市场相关规范、鼓励和引导数据交易主体在依法设立的大数据交易平台进行数据交易等方面作出规定，从而为数据交易提供了基本遵循，为将来形成新型的数据服务商、交易商奠定了基础。

(4) 建立数据交易安全制度。该条例规定，大数据交易平台建设单位应当建立安全可信、管理可控、全程可追溯的数据生产、共享、开放、交易和流转环境，保证数据交易安全可信。充分发挥区块链在促进数据共享、优化业务流程、降低运营成本、提升协同效率、建设可信体系等方面的作用。基于安全可信的交易平台，数字资产交易可以快速落地。[2]

4.《海南省电子印章应用管理办法（试行）》

(1) 建立全省电子印章标准技术体系。该办法明确了电子印章的法律效

---

〔1〕《〈海南省大数据开发应用条例〉解读》，载海南省人民政府网：http://dsj.hainan.gov.cn/zwgk/zcfg/zcjd/202005/t20200515_2789515.html，2022年8月30日访问。

〔2〕《〈海南省大数据开发应用条例〉解读》，载海南省人民政府网：http://dsj.hainan.gov.cn/zwgk/zcfg/zcjd/202005/t20200515_2789515.html，2022年8月30日访问。

力、电子印章类型、各部门责任分工、海南省统一电子印章系统建设规范等。主要包括：一是依托国家政务服务平台统一电子印章系统，建立规范、权威、可信的海南省统一电子印章系统，为实现电子印章在全国各地的融合应用打下坚实基础。二是通过海南省统一电子印章系统与各单位自建的电子印章系统对接，可实现电子印章跨系统、跨部门、跨网络平台的互信互验，进一步扩展了原有电子印章的应用范围。

（2）规范全省统一电子印章的申请与制发。一是细化了海南省统一电子印章的申请主体、申请条件、申请电子印章类别以及申请流程。二是明确了各单位、组织机构在依法取得实物印章后，通过海南省统一电子印章系统申领电子印章。三是明确了电子印章的制作要求以及生成规范，电子印章的图形化特征与实物印章的印模完全一致，按照国家安全电子印章要求使用密码技术、数字签名、区块链技术制作电子印章。

（3）规范全省统一电子印章的使用与管理。一是规范了电子使用范畴，统一电子印章系统对外服务的接口权限。二是明确了电子印章变更、注销的流程与规范，以及系统审计与系统信息安全保障。三是明确为了保证电子印章管理应用安全，电子印章持有人或者保管人应当妥善保管电子印章，并参照实物印章的有关规定加强管理。

（4）规范全省统一电子印章的信息安全。该办法明确了电子印章管理系统要建立完善的信息保密制度，提供服务过程中收集的信息必须严格保密，不得泄露、出售或者非法向他人提供，确保电子印章相关信息安全。[1]

5.《海南省公共数据产品开发利用暂行管理办法》

该办法共8章36条，重点规范数据产品开发过程中的核心环节，包括何种数据可以开发利用，数据资源如何申请、谁来授权、怎么定价，平台开发过程中的安全如何保障，形成产品后如何定价、如何购买等依据上位法都作出了明确具体的规定，使其更具有可操作性、可落地性。该办法提出了强化公共数据资源全生命周期管理，界定了公共数据资源的开发边界、开发过程、授权流程、交易过程等，使数据管理责任更清晰、数据产品开发行为更规范、数据运营有法可依、数据安全管控有章可循，确保开发形成的数据产品和数

---

[1]《〈海南省电子印章应用管理办法（试行）〉解读》，载海南省人民政府网：http://dsj.hainan.gov.cn/zwgk/zcfg/zcjd/202106/t20210609_2991478.html，2022年8月30日访问。

据服务安全可控。

该办法提出了建设全省统一的数据产品超市这个创新的业务模式。一是创新数据产品与数据服务的方式,通过原始数据的产品化和服务化,避开原始数据权属方面的争议,聚焦数据开发过程的合规和安全,使数据要素得到充分的开发利用,帮助解决目前公共数据资源开发利用破局难的问题。同时,通过制定规范,解决数据产品购买中存在的服务低水平、同质化、标准不一致等问题;二是通过数据产品超市平台激发数据市场活力,丰富数据产品和服务,并促进信息化采购方式从"先采购后建设"逐步向"先开发再试用后采购"转变,从单一的"项目采购"逐步向"服务采购"等方式转变,逐步改变传统项目采购是以开发商项目验收通过为目标的方式,驱动以信息化服务结果为导向,着力解决目前信息化项目建设中手续复杂、流程多、周期长、成本高、绩效差的堵点、痛点、难点,适应海南自由贸易港建设的需要。该办法的出台,为海南省公共数据资源共享开放、开发利用与数据要素市场的建立以及数据安全有序流动提供了有力的制度保障。[1]

八、山西立法现状

(一)立法概述

以习近平新时代中国特色社会主义思想为指导,全面贯彻党的十九大和十九届二中、三中、四中、五中全会精神,深入贯彻习近平总书记视察山西重要讲话重要指示,坚持新发展理念,围绕"双碳"目标实现,以"蹚出一条转型发展新路"为根本遵循,以"六新"突破为引领,以"数据驱动高质量发展"为主线,围绕夯实产业基础能力和构建稳定高效产业链,加快关键技术创新突破,推进数字基础设施创新部署,提升产业供给能力,推动数据链、产业链、价值链融合创新,逐步实现"攻关、强基、育产、融合、治理"互促共进。努力建设全国大数据产业基地、数据创新融合发展高地、数字基础设施建设先行区、数据要素高效流通先行区,将山西打造成数据驱动高质量发展的全国样板,通过"两地两区一样板"建设实现"弯道超车、换道领跑",为山西提升大数据发展应用能级、融入"双循环"新发展格局、实现高质量发展提供有力支撑。

---

[1]《〈海南省公共数据产品开发利用暂行管理办法〉解读》,载海南省人民政府网:http://dsj.hainan.gov.cn/zwgk/zcfg/zcjd/202110/t20211026_3080918.html,2022年8月30日访问。

实施大数据战略是山西贯彻落实习近平总书记视察山西重要讲话重要指示的重大部署,是高质量发展蹚新路的重要内容和动力引擎。在"碳达峰、碳中和"(以下简称"双碳")上升为国家战略的背景下,山西为全国唯一的全省域、全方位、系统性综合改革试验区,以大数据发展应用为引领,加快资源依赖型粗放式、低端化发展方式向数据驱动型、创新引领型、高端精细化发展方式转变,打造资源型地区转型"山西样板"。深入推进大数据发展应用,大力发展以大数据融合创新信息技术应用创新为代表的数字经济核心产业,推动数字技术与实体经济深度融合,激发数据要素价值潜能,充分释放大数据引领、撬动、赋能作用,是山西省推动高质量发展的必由之路。

到 2022 年,山西大数据发展应用进入高速成长期,数字经济核心产业增加值占比超过 4.3%,大数据创新生态雏形初显,数字基础设施快速布局,重点行业领域数字化转型进展明显,各类各层数据资源有效汇聚,数据要素跨部门、跨区域、跨层级流通与协同治理发展格局初步建立。[1]

到 2025 年,山西大数据发展应用进入繁荣兴盛期,数字经济核心产业占比达 5.4%。主体高效协同、要素顺畅流动、资源共享开放的大数据创新生态基本建立,数字技术创新能力显著提升;以网络基础先进泛在、算力算法资源富集、数据业务深度融合、绿色集约安全可靠为特征的新型基础设施体系基本建成,大型及以上数据中心 PUE 值降低到 1.3 以下;数字产业集群初步形成,大数据融合创新、信息技术应用创新产业支柱地位基本确立,具有较强竞争力、安全可靠的数字经济生态体系基本形成。数字技术与经济社会发展深度融合,数据要素价值进一步激发,在推动全省一流创新生态建设中发挥重要引擎作用,有力支撑资源型经济转型、治理能力现代化和城乡融合发展。[2]为此,必须要有充分的保障措施,深化组织机制变革,立法先行,为大数据发展应用领域的顶层设计、政策规划、技术方案等论证、指导和评估提供咨询支持,协助开展重大项目的立项评审、项目验收和绩效评估等工作,提升决策科学化水平。推动各地市围绕规划制定具体实施方案,确保各项任务

---

[1]《山西省"十四五"大数据发展应用规划》,载 360 文库:https://wenku.so.com/d/f8b21e5d67dd30ff030403a2d0698961,2022 年 9 月 3 日访问。

[2]《山西省"十四五"大数据发展应用规划》,载 360 文库:https://wenku.so.com/d/f8b21e5d67dd30ff030403a2d0698961,2022 年 9 月 3 日访问。

落实到位。[1]

山西省出台相关法规、规章等规范性文件进一步规范大数据的采集引用，培育壮大大数据产业，促进数字经济的健康发展，省一级的立法文件有两件：2020年的《山西省政务数据管理与应用办法》和《山西省大数据发展应用促进条例》，内容涵盖数据资源、基础设施、数字经济、数据安全、保障措施和法律责任等方面。

(二) 立法定位及原则

1.《山西省大数据发展应用促进条例》(2020年7月1日施行)

大数据是信息化发展的新阶段，是新型生产要素和重要的基础性战略资源，蕴藏着巨大价值。山西作为国家资源型经济转型综合配套改革试验区，实施大数据战略，对于发展新产业，培育新动能，推动经济发展的动力结构、产业结构、要素结构等转变意义重大。为了发挥数据生产要素的作用，培育壮大新兴产业，推动经济社会各领域的数字化、网络化、智能化发展，促进高质量转型发展，2020年5月15日，山西省第十三届人民代表大会常务委员会第十八次会议通过了《山西省大数据发展应用促进条例》。

在立法定位上，该条例在第1条开宗明义地指出："为了发挥数据生产要素的作用，培育壮大新兴产业，推动经济社会各领域的数字化、网络化、智能化发展，促进高质量转型发展，根据有关法律、行政法规，结合本省实际，制定本条例。"

在立法原则上，首先是总的原则性规定，大数据发展应用坚持政府引导、市场主导、应用驱动、创新引领、互联互通、共享开放、综合防范、保障安全的原则。接着从更具体的层面规定数据发展应用与监管方面应当遵循的原则：在数据交易方面，规定数据交易应当遵循自愿、公平和诚信原则，遵守法律法规，尊重社会公德，不得损害国家利益、公共利益和他人合法权益。在大数据的监管方面，规定对大数据领域的新技术、新产业、新业态、新模式，应当遵循鼓励创新、包容审慎的监管原则，在保障安全的前提下，创新监管模式，为发展预留空间，审慎出台市场准入政策。

2.《山西省政务数据管理与应用办法》(2021年1月1日施行)

2020年11月27日山西省第十三届人民代表大会常务委员会第二十一次

---

[1]《山西省"十四五"大数据发展应用规划》，载360文库，https://wenku.so.com/d/f8b21e5d67dd30ff030403a2d0698961，2022年9月3日访问。

会议通过《山西省政务数据管理与应用办法》，旨在促进政务数据共享开放、开发应用和提高数据要素配置效率，推进数字政府建设及提升政府宏观决策、社会治理和公共服务水平。[1]

在立法定位上，该办法第1条和第2条明确规定："为了促进政务数据共享开放、开发应用，提高数据要素配置效率，推进数字政府建设，提升政府宏观决策、社会治理和公共服务水平，根据有关法律、行政法规，结合本省实际，制定本办法。本省行政区域内从事政务数据的目录编制、采集汇聚、共享开放、开发应用、安全保障等活动，适用本办法。涉及国家秘密的政务数据管理与应用活动，按照有关法律、行政法规规定执行。"

该办法首先作出了总的概括性、原则性规定：政务数据的管理与应用，遵循统筹规划、集约建设，促进共享、鼓励开放，支持开发、服务社会，规范管理、保障安全的原则。后从政务数据管理与应用的各层面入手对具体原则作出规定：在数据共享方面，规定政务数据的共享应当遵循"以共享为常态、以不共享为例外"的原则。在数据资源使用方面，规定业务归属原则，即通过政务数据共享交换平台和政务数据开放平台获取的文书类、证照类、合同类政务数据，与纸质文书具有同等法律效力。符合法律规定的电子签名，与手写签名或者盖章具有同等法律效力。对于部门发生变更的，按照业务归属原则，证照的历史数据归集到现业务所属部门；因部门变更导致证照的历史数据无法加盖原部门电子印章的，加盖现证照归属部门的电子印章。

（三）主要制度内容

1.《山西省大数据发展应用促进条例》（2020年7月1日施行）

该条例从明确政府管理职责、制定促进发展优惠政策、提供服务保障措施等方面推动大数据产业发展，为大数据健康发展创造良好的法治环境。

（1）明确大数据发展应用各级政府及相关部门职责。该条例第4条规定县级以上人民政府负责本行政区域内的大数据发展应用工作，将大数据发展应用纳入国民经济和社会发展规划，确定大数据发展应用的重点领域，建立大数据统筹协调机制，研究解决大数据发展应用中的重大问题；第5条明确省人民政府工业和信息化主管部门负责全省大数据发展应用的统筹推进、指

---

[1] 2020年11月27日，山西省第十三届人民代表大会常务委员会第二十一次会议通过《山西省政务数据管理与应用办法》2021年1月1日施行。

导协调和监督管理工作，并要求市县人民政府确定主管部门，做好本行政区域大数据发展应用具体工作。

（2）建立促进大数据发展保障制度。一是大数据基础设施建设专项资金。该条例明确省政府将统筹下一代互联网、新一代移动通信技术、数据中心、工业互联网等新型基础设施建设工作，推动基础设施的共建共享和互联互通。省政府设立专项资金，对大数据基础设施建设给予补助，对符合条件的大数据市场主体根据经营情况或者对地方财政的贡献情况给予奖励，对行业大数据融合应用示范、大数据机构科技创新发展和人才培养给予奖励。[1]二是该条例规定了在基础设施、资金金融、土地、用电、财税、项目、人才等方面的支持保障措施。[2]

（3）建立推动数据资源共享开放制度。为解决大数据的应用仅停留在对数据的基本统计分析上、缺乏对数据特征的深入分析和深度挖掘、大量的政务数据没有真正发挥出价值等问题，该条例规定鼓励行业协会商会、联合会、学会等社会组织，医疗、教育、养老等社会服务机构，供水、供电、供气、通信、民航、铁路、道路客运等公共服务企业以及大数据生产经营单位依法收集、存储相关数据，实现数据资源共享，依法向政务数据共享交换平台和统一开放平台提供，发挥政务数据价值。[3]

（4）建立大数据交易制度。该条例从大数据交易原则、交易条件、交易方式及交易平台等方面建立大数据交易制度。数据交易应当遵循自愿、公平和诚信原则，遵守法律法规，尊重社会公德，不得损害国家利益、公共利益和他人合法权益。[4]依法获取的各类数据经过处理无法识别特定个人且不能复原的，或者经过特定数据提供者明确授权的，可以交易、交换或者以其他

---

[1] 山西省人民代表大会常务委员会于2020年5月15日公布的《山西省大数据发展应用促进条例》（2020年7月1日施行）第20条。

[2] 山西省人民代表大会常务委员会于2020年5月15日公布的《山西省大数据发展应用促进条例》（2020年7月1日施行）第21、22、24条。

[3] 山西省人民代表大会常务委员会于2020年5月15日公布的《山西省大数据发展应用促进条例》（2020年7月1日施行）第9条。

[4] 山西省人民代表大会常务委员会于2020年5月15日公布的《山西省大数据发展应用促进条例》（2020年7月1日施行）第11条第1款。

方式开发利用。[1]大数据的行业应用十分广泛,正加速渗透到经济社会的方方面面,支持培育大数据交易市场,鼓励数据交易主体在依法设立的大数据交易平台上进行数据交易。[2]

(5) 建立数据安全协调机制。该条例明确"省人民政府应当建立数据安全工作领导协调机制,研究解决数据安全工作的重大事项,加强对大数据技术、服务、应用安全的风险评估和管理"。[3]规定省网信部门负责统筹协调大数据安全和相关监督管理工作,保护数据安全。数据采集、存储、开发、应用、服务、管理等单位应当按照国家网络安全等级保护、关键信息基础设施保护制度的要求,落实相关安全保护制度、标准和技术措施等。[4]该条例规定:"省人民政府政务信息管理部门应当建立健全大数据共享机制和分享流程,明确数据安全责任制。对数据流失、泄露、损毁的单位和个人由有关部门依法追究责任。"[5]

(6) 推进建设大数据发展应用新业态。当前数字基础设施建设,是在以数据作为要素资源,配以数据的全生命周期运行、应用、安全和管理,从而对经济社会发展发挥数字化的赋能作用。该条例明确指出:"支持企业开展基于大数据的第三方数据分析发掘服务、技术外包服务和知识流程外包服务,培育大数据解决方案供应商;支持推动大数据与云计算、卫星导航、人工智能、区块链等信息技术的融合,培育大数据产业新技术和新业态。"政府部门应当围绕研发设计、终端制造、平台构建、应用服务等大数据产业链关键环节,制定优惠政策,培育、引进大数据企业,加快推进大数据产业集聚区建设。[6]

---

[1] 山西省人民代表大会常务委员会于2020年5月15日公布的《山西省大数据发展应用促进条例》(2020年7月1日施行)第11条第2款。

[2] 山西省人民代表大会常务委员会于2020年5月15日公布的《山西省大数据发展应用促进条例》(2020年7月1日施行)第11条第1款。

[3] 山西省人民代表大会常务委员会于2020年5月15日公布的《山西省大数据发展应用促进条例》(2020年7月1日施行)第31条。

[4] 山西省人民代表大会常务委员会于2020年5月15日公布的《山西省大数据发展应用促进条例》(2020年7月1日施行)第32条。

[5] 山西省人民代表大会常务委员会于2020年5月15日公布的《山西省大数据发展应用促进条例》(2020年7月1日施行)第10~13条。

[6] 山西省人民代表大会常务委员会于2020年5月15日公布的《山西省大数据发展应用促进条例》(2020年7月1日施行)第17条。

2.《山西省政务数据管理与应用办法》(2021年1月1日施行)

该办法共25条,致力于促进山西省政务数据共享开放、开发应用,提高数据要素配置效率,推进数字政府建设,提升政府宏观决策、社会治理和公共服务水平,该办法明确了相关机构部门在政务数据管理应用中的职责、数据共享开放原则和要求、政务服务便民化要求,以及对公民、法人、社会组织权利保护的内容。

(1)建设省级政务云平台。该办法提出,省人民政府政务信息管理部门应当会同有关部门制定政务数据资源管理总体规划,统筹推进政务云平台、数据共享交换平台、政务数据开放平台等基础支撑体系的建设、运行和标准制定等工作,建立政务信息效能考核评估机制。省人民政府建设集中统一、技术兼容、安全高效的省级政务云平台。设区的市人民政府应当整合本级政务云平台,并与省级政务云平台对接联通,形成省市两级架构、分域管理、互联互通的全省一体化政务云平台体系。省、设区的市政务服务实施机构的政务数据应当汇聚、存储在政务云平台。[1]

(2)建立全省一体化在线政务服务平台。为实现政务数据资源咨询、申请等全流程在线办理,该办法规定,省人民政府应当依托全省一体化在线政务服务平台,推动政务数据应用,加强业务协同,优化服务流程,提升"一网通办"服务效能。全省政务服务事项应当被全部纳入全省一体化在线政务服务平台,实现咨询、申请、受理、审查、决定、收费、证照制作等全流程在线办理。县级以上人民政府及其有关部门政务服务业务办理系统应当与全省一体化在线政务服务平台全面对接,并依托其支撑能力,实现系统间事项集中发布、服务集中提供、功能深度融合、业务协同办理。[2]

(3)建立全省政务数据资源库及目录编制制度。该办法提出,省人民政府政务信息管理部门应当依托省级政务云平台、省数据共享交换平台,整合全省政务数据,形成人口、法人单位、公共信用、宏观经济、空间地理和电子证照六大基础信息资源库,并会同有关部门编制基础信息资源目录。多部门围绕经济社会发展的同一主题共建的主题信息资源的目录,由主题信息资源牵头部门负责编制。政务服务实施机构采集自然人、法人和非法人组织的

---

[1]《山西省政务数据管理与应用办法》(2021年1月1日施行)第5、6条。
[2]《山西省政务数据管理与应用办法》(2021年1月1日施行)第7条。

数据信息，应当在其履行法定职责的范围内依照法律、行政法规规定的条件和程序进行。[1]

（4）强化国家秘密、商业秘密和公民个人信息保护制度。该办法规定，政务信息管理部门和政务服务实施机构应当加强国家秘密、商业秘密和公民个人信息的保护，防止被非法获取或者泄露。政务云服务提供方应当确保政务云数据安全。政务信息管理部门、政务服务实施机构擅自扩大数据采集范围或者重复采集数据的；因采集对象拒绝采集法律、行政法规未作规定的数据，而拒绝履行有关职责的；未按照规定共享开放政务数据的；以获取的政务信息实施危害国家安全、侵犯商业秘密或者个人合法权益的；未按照规定履行安全监管和安全保障职责的以及违反法律、法规规定的其他行为的，由同级人民政府责令限期改正，逾期不改正的，对单位给予通报批评，对负有责任的领导人员和直接责任人员依法给予处分，造成损失的，依法承担赔偿责任，构成犯罪的，依法追究刑事责任。[2]

九、黑龙江立法现状

（一）立法概述

建设数字中国是新时代国家信息化发展新战略。习近平总书记强调，加快数字中国建设，就是要适应我国发展新的历史方位，全面贯彻新发展理念，以信息化培育新动能，用新动能推动新发展，以新发展创造新辉煌。世界正在进入以信息产业为主导的经济发展新时期，敏锐抓住信息化发展的历史机遇，推动互联网、大数据、人工智能与经济社会各领域的深度融合，对深化供给侧结构性改革、拓展经济发展新空间、更好地满足人民日益增长的美好生活需要、提升社会治理能力现代化水平具有重要意义。[3]

为进一步加强和规范科学数据管理，保障科学数据安全，提高开放共享水平，更好地支撑国家科技创新、经济社会发展和国家安全，根据《科学技术进步法》《促进科技成果转化法》和《政务信息资源共享管理暂行办法》

---

[1]《山西省政务数据管理与应用办法》（2021年1月1日施行）第8、9、10条。
[2]《我省将大力推进数字政府建设——〈山西省政务数据管理与应用办法〉明年1月1日起实施》，载 https://www.changzhi.gov.cn/ztzl/yhyshj/yshjlm/202012/t20201222_2213636.shtml，2022年9月1日访问。
[3]《"数字龙江"发展规划（2019—2025年）》，载大兴安岭地区行政公署官网：http://www.dxal.gov.cn/publicity_zfxxgk/fdzdgknr/ghxx_xxgkghjh/11581，2023年3月25日访问。

的规定，2018年3月17日，国务院办公厅印发《科学数据管理办法》。[1]在国家出台相关规范的指引下，为进一步加强和规范全省科学数据管理，保障科学数据安全，2018年8月17日黑龙江省人民政府印发了《黑龙江省贯彻落实〈科学数据管理办法〉实施细则》，以进一步加强和规范全省科学数据管理，保障科学数据安全，提高开放共享水平，更好地支撑全省科技创新、经济社会发展和国家安全。[2]为科学应对网络安全事件，建立健全本省网络安全应急工作体制机制，提高应对网络安全事件能力，预防和减少网络安全事件造成的损失和危害，保护公众利益，维护国家安全、公共安全和社会秩序，黑龙江省人民政府办公厅2021年3月16日印发了《黑龙江省网络安全事件应急预案》。[3]

黑龙江省作为传统老工业基地和全国重要的粮食生产基地，推动数字化发展有资源、有基础、有平台、有应用场景，发展数字经济潜力巨大，前景广阔。加快数字经济发展有利于把握新一轮科技革命和产业变革新机遇，在新一轮竞争中赢得战略主动；有利于有效激发数据要素潜能，打通传统产业边界、破除时间空间限制，加快产业链、供应链、创新链、价值链、资金链、政策链的整合重组，加速融入现代经济体系，推动高质量发展；有利于加快贸易主体转型和贸易方式变革，营造良好的贸易数字化环境，主动融入和服务新发展格局。近年来，黑龙江省委、省政府高度重视大数据发展应用和立法工作，在《"数字龙江"发展规划（2019—2025年）》中指出将"加快推进'数字龙江'建设，作为推进质量变革、效率变革、动力变革实现高质量发展的重要路径"的战略部署，并推进落实一系列改革任务。黑龙江省政府于2022年3月22日印发《黑龙江省"十四五"数字经济发展规划》[4]，明确提出了推进数字经济发展的总体蓝图和行动指南，明确了黑龙江省的数字经济发展目标：到2025年，黑龙江省数字经济核心产业的增加值占GDP比重

---

[1] 2018年3月17日，国务院办公厅印发《科学数据管理办法》（国办发[2018]17号），2018年3月17日施行。

[2] 黑龙江省人民政府办公厅于2018年8月17日《黑龙江省贯彻落实〈科学数据管理办法〉实施细则》（黑政办规[2018]50号），2018年8月17日实施。

[3] 黑龙江省人民政府办公厅2021年3月16日印发《黑龙江省网络安全事件应急预案》（黑政办规[2021]5号）。

[4] 黑龙江省政府于2022年3月22日印发《黑龙江省"十四五"数字经济发展规划》。

达到10%，数字经济实现跨越式发展，成为东北地区数字经济发展新龙头。

为进一步推进"数字龙江"建设，依法规范大数据发展应用工作，推动实施国家大数据战略、加快省产业和经济结构优化升级，黑龙江省政府于2022年3月22日印发《黑龙江省支持数字经济加快发展若干政策措施》，[1]以推进《黑龙江省"十四五"数字经济发展规划》实施，加快数字产业化、产业数字化进程，做强做优做大数字经济，打造数字经济发展新优势。[2]为落实网络强国、数字中国、智慧社会等战略部署的具体举措，黑龙江省委、省政府提出加快推进"数字龙江"建设，于2022年5月13日出台《黑龙江省促进大数据发展应用条例》，[3]规范大数据发展应用，促进大数据产业发展，进一步推动实施国家大数据战略、加快黑龙江省产业和经济结构优化升级。

(二) 立法定位及原则

1.《黑龙江省贯彻落实〈科学数据管理办法〉实施细则》（2018年8月17日实施）

立法定位。《黑龙江省贯彻落实〈科学数据管理办法〉实施细则》第1条规定立法定位及目标为：为进一步加强和规范全省科学数据管理，保障科学数据安全，提高开放共享水平，更好地支撑全省科技创新、经济社会发展和国家安全，根据国务院《科学数据管理办法》《政务信息资源共享管理暂行办法》和《黑龙江省科学技术进步条例》《黑龙江省促进科技成果转化条例》等规定，结合黑龙江省实际，制定本实施细则。

立法原则。《黑龙江省贯彻落实〈科学数据管理办法〉实施细则》第四条明确科学数据管理遵循"分级管理、安全可控、充分利用"的原则，明确责任主体，加强能力建设，促进开放共享。

2.《黑龙江省促进大数据发展应用条例》（2022年7月1日施行）

为规范大数据发展应用，促进大数据产业发展，更好地服务推动黑龙江全面振兴，2022年5月13日，黑龙江省第十三届人民代表大会常务委员会第

---

[1] 黑龙江省政府于2022年3月22日印发《黑龙江省支持数字经济加快发展若干政策措施》（黑政办规〔2022〕12号）。

[2] 黑龙江省政府于2022年3月22日印发《黑龙江省支持数字经济加快发展若干政策措施》。

[3] 黑龙江省人民代表大会常务委员会于2022年5月13日出台《黑龙江省促进大数据发展应用条例》，2022年7月1日起施行。

三十三次会议通过了《黑龙江省促进大数据发展应用条例》。该条例是黑龙江省大数据领域的一部基础性地方法规，对运用法治方式贯彻落实国家大数据战略以及省委的相关决策部署、切实发挥数据作为生产要素的基础性资源作用和创新引擎功能具有重要意义。该条例共8章70条，紧贴黑龙江实际，保障数字化改革，深化数字龙江建设，推进黑龙江治理体系和治理能力现代化，重点在数据资源、培育数据要素市场、数据政策导向和促进措施等方面作出规定，形成一系列创新亮点。

在立法定位上，该条例第1条就明确规定了，为了发挥数据要素作用，加快大数据发展应用，推动数字经济发展，创新社会治理模式，保障数据安全，根据《网络安全法》《个人信息保护法》《数据安全法》等有关法律、行政法规，结合黑龙江省实际，制定本条例。强化一体化数据资源整合与共享。加快推进省级政务基础数据资源体系建设，统筹搭建人口、法人、地理空间、社会信用、电子证照等基础数据库，协调推进自然资源、交通运输、医疗卫生等重点领域主题数据库建设，强化政务大数据应用数据资源储备。

在立法原则上，该条例第3条规定了总体原则，黑龙江省大数据发展应用应当坚持规划引领、统筹衔接、共享开放、创新应用，政府引导、市场主导，依法管理、安全规范的原则。在数据目录管理上，该条例第13条规定，省政务数据主管部门应当按照"一数一源、多源校核、动态更新"的原则，建立本省统一的公共数据目录体系，公共数据目录编制标准、规范和动态更新机制。在数据共享方面，该条例第19条规定"公共数据应当以共享为原则、不共享为例外"。保障公共数据能够及时共享、广泛共享。在数据应用方面，该条例第47条第2款规定，县级以上人民政府及其有关部门应当按照优化传统服务与创新数字服务并行的原则，制定和完善老年人以及其他运用智能技术困难群体在出行、就医、消费、文娱、办事等方面的服务措施，保障运用智能技术困难群体的基本服务需求。通过传统与创新相结合原则，让数据更好地为人民民生领域方面提供便利。在数据安全方面，该条例第63条规定，自然人、法人和非法人组织从事与大数据发展相关的活动应当遵守法律、法规和社会公德、伦理，遵循合法、正当、必要、诚实守信原则，履行数据安全保护义务，承担社会责任，不得危害国家安全和公共利益，不得损害自然人、法人和非法人组织的合法权益。用诚实信用原则，告知数据参与人应当履行数据安全义务,承担数据安全社会责任。[1] 立法原则贯穿于该条例的各方面和全过程,对数据发展整个过程环节进行引领与规范。

(1) 坚持规划引领、统筹衔接原则。为实现全省科学统筹,该条例明确规定,省人民政府统一领导全省促进大数据发展应用工作,应当建立跨层级、跨地域、跨系统、跨部门、跨业务的大数据发展应用协同机制,统筹规划并加大推动全省数字基础设施建设。设区的市级和县级人民政府应当加强本行政区域内促进大数据发展应用工作的领导并组织实施。县级以上人民政府应当建立促进大数据发展应用联席会议制度。县级以上人民政府应当建立促进大数据发展应用联席会议制度,有关网络数据安全和相关监管工作的会议由网信部门负责召集,有关公共数据管理工作的会议由政务数据管理部门负责召集,有关大数据产业发展的会议由工业和信息化部门负责召集,有关促进大数据发展应用其他工作的会议由县级以上人民政府确定的部门负责召集。县级以上人民政府应当将促进大数据发展应用工作纳入国民经济和社会发展规划,制定促进大数据发展应用的政策措施,协调解决促进大数据发展应用的重大问题,所需工作经费纳入本级财政预算。省人民政府应当统筹规划,加快培育数据要素市场。省政务数据主管部门应当会同有关部门建立数据交易平台,引导依法交易数据,规范数据交易行为,加强数据交易监管,促进数据资源依法有序、高效流动与应用。[2]

(2) 坚持共享开放、创新应用原则。该条例第6条规定,鼓励自然人、法人和非法人组织在数据汇聚共享、开放开发、发展应用工作中依法先行先试、探索创新。将数据汇聚共享放至首要位置,全文也对数据如何共享开放、创新应用作了规定。在数据共享方面,各级政务数据主管部门共同搭建公共数据平台,实行统一的目录管理,将数据通过统一的方式进行归集以便共享,依托公共数据平台以服务接口的方式提供共享服务。并以共享为原则、不共享为例外,统筹规划公共数据共享工作。将数据按照共享的属性分为了无条件共享、有条件共享和不予共享数据三类,对数据进行分类管

---

[1] 《立法促进大数据发展应用》,载荆楚网:http://news.cnhubei.com/content/2022-07/04/content_ 14876562.html,2023年3月25日访问。

[2] 黑龙江省人民代表大会常务委员会于2022年5月13日出台的《黑龙江省促进大数据发展应用条例》第31条,2022年7月1日起施行。

理。[1]在创新应用方面，该条例在第四章作了发展应用的专章规定，通过大数据立法，促进大数据发展应用应当引进和培育优势企业、优质资源、优秀人才，促进数据资源向数据产业转化，发挥大数据政用、商用、民用价值，实现产业转型升级，服务于改善民生，完善社会治理体系，提升社会治理能力。将大数据与5G、云计算、人工智能、区块链等新技术的交叉融合，共建大数据产业发展集聚区、数字经济创新发展试验区、大数据重点实验室、大数据工程技术研究中心等技术创新平台，培育发展大数据技术、大数据应用领域的新产业、新模式和新业态。

（3）坚持政府引导、市场主导原则。该条例对政府部门应当如何构建大数据平台，以及在大数据管理工作中的职责范围作了详细的规定，目的是通过立法将政府部门的职责明晰，通过政府部门引领，建设大数据规范体系，将公共数据平台基础设施构建完善后再由市场主导，带动数字经济、数据产业的发展。该条例第34条明确规定了政府部门的引导作用，省和设区的市级人民政府应当引导市场主体通过数据交易平台交易数据。在市场主导方面，对市场主体如何规范活动也作出了细致规定。该条例第38条规定，市场主体开展数据处理活动，应当落实数据管理主体责任，对数据实施分类分级保护和管理，加强数据质量管理，确保数据的真实性、准确性、完整性、时效性。该条例规定，促进大数据发展应用应当引进和培育优势企业、优质资源、优秀人才，促进数据资源向数据产业转化，发挥大数据政用、商用、民用价值，实现产业转型升级，服务于改善民生，完善社会治理体系，提升社会治理能力。目的还是通过政府引导，优化大数据发展应用环境；让市场主导，推进数字产业化、产业数字化，培育数字产业集群，支持市场主体利用大数据赋能新兴产业和传统产业。

（4）坚持依法管理、安全规范原则。该条例完善了公共数据管理机制，对公共数据平台建设、公共数据目录管理、公共数据标准、公共数据的采集和汇聚、公共数据质量管控、公共数据开放等作出了规定，从法规层面强化了公共数据平台支撑能力，提高了公共数据质量，优化了公共数据要素资源配置。该条例明晰了安全管理责任，对大数据生命周期中涉及的各相关单位

---

[1] 黑龙江省人民代表大会常务委员会于2022年5月13日出台的《黑龙江省促进大数据发展应用条例》第19、20条，2022年7月1日起施行。

应当履行的安全职责进行了详细规定。该条例明确规定，县级以上网信部门负责组织有关部门加强大数据安全信息收集、分析和通报，按照规定统一发布大数据安全监测预警信息。县级以上政务数据主管部门负责指导、监督公共数据安全管理工作。县级以上公安机关、国家安全机关等依照相关法律、行政法规的规定，在各自职责范围内承担大数据安全监管职责。该条例对数据处理者应当履行的安全保护义务等作出了明确规定，强化了有关各方的安全管理主体责任。

(三) 主要制度内容

1. 《黑龙江省贯彻落实〈科学数据管理办法〉实施细则》(2018年8月17日实施)

(1) 明确科学数据的内涵。《黑龙江省贯彻落实〈科学数据管理办法〉实施细则》第2条规定："本实施细则所称科学数据主要包括在自然科学、工程技术科学等领域，通过基础研究、应用研究、试验开发等产生的数据，以及通过观测监测、考察调查、检验检测等方式取得并用于科学研究活动的原始数据及其衍生数据。"

(2) 建立科学数据汇交审核制度。该细则规定，科学数据主管部门应建立科学数据汇交制度，在国家和省统一政务网络和数据共享交换平台的基础上开展本部门（本地区）的科学数据汇交工作。[1]并且设计出分层级的数据汇交制度。法人单位负责将科学数据汇交到主管部门或项目下达部门委托的科学数据中心或科学数据网络管理系统。部门、地方和单位科学数据中心分别向省科学数据中心汇交数据。[2]政府预算资金资助的各级科技计划（专项、基金等）项目所形成的科学数据，应由项目牵头单位汇交到相关科学数据中心。[3]利用政府预算资金资助形成的科学数据撰写并在国外学术期刊发表论文时需对外提交相应科学数据的，论文作者应在论文发表前将科学数据上交

---

[1] 黑龙江省人民政府办公厅于2018年8月17日印发的《黑龙江省贯彻落实〈科学数据管理办法〉实施细则》(黑政办规 [2018] 50号，2018年8月17日实施) 第13条。

[2] 黑龙江省人民政府办公厅于2018年8月17日印发的《黑龙江省贯彻落实〈科学数据管理办法〉实施细则》(黑政办规 [2018] 50号，2018年8月17日实施) 第14条。

[3] 黑龙江省人民政府办公厅于2018年8月17日印发的《黑龙江省贯彻落实〈科学数据管理办法〉实施细则》(黑政办规 [2018] 50号，2018年8月17日实施) 第15条。

至所在单位统一管理。[1]规定科学数据生产者汇交数据的内容包括汇交清单及说明，最终成果数据及数据生产、加工、更新等方面的设计文档、工作方案、技术标准、检验报告等资料。[2]该细则同时对数据汇交的时间作出规定：各级科技计划（专项、基金等）管理部门应实行先汇交科学数据、再验收科技计划（专项、基金等）项目的制度，未完成科学数据汇交的项目不予验收。项目/课题验收后产生的科学数据也应进行汇交。[3]同时，与数据汇交制度相适应，该细则规定法人单位应对汇交的数据及文档资料是否齐全、数据格式、标准是否符合数据主管部门规定要求等进行审核。[4]

（3）建立科学数据分级分类制度。该细则第22条规定法人单位要对科学数据进行分级分类，明确科学数据的密级和保密期限、开放条件、开放对象和审核程序等。科学数据共享分为无条件共享、有条件共享、不予共享三类。原则上，政府预算资金资助形成的科学数据都应被列入无条件共享类，列入有条件共享类和不予共享类的科学数据，应当有法律法规或其他依据。

（4）建立健全科学数据保密与安全制度。该细则第五章规定了包括"国家秘密的科学数据管理与使用制度、科学数据全生命周期安全管理、数据网络安全保障制度、数据安全保密审查制度以及数据应急管理和容灾备份机制"等在内的数据保密与安全制度。[5]

2.《黑龙江省促进大数据发展应用条例》（2022年7月1日施行）

（1）建立数据权属登记制度。数据资源蕴含巨大的经济价值和战略价值，需要立法明确基于数据资源形成的财产权益，通过共享开放发挥数据作为基础战略资源和基本生产要素的作用。该条例明确了数据资源的一般权益，对依法加工、使用数据享有法定财产权益。该条例在第二章数据资源第一节一

---

[1] 黑龙江省人民政府办公厅于2018年8月17日印发的《黑龙江省贯彻落实〈科学数据管理办法〉实施细则》（黑政办规［2018］50号，2018年8月17日实施）第17条第2款。

[2] 黑龙江省人民政府办公厅于2018年8月17日印发的《黑龙江省贯彻落实〈科学数据管理办法〉实施细则》（黑政办规［2018］50号，2018年8月17日实施）第15条。

[3] 黑龙江省人民政府办公厅于2018年8月17日印发的《黑龙江省贯彻落实〈科学数据管理办法〉实施细则》（黑政办规［2018］50号，2018年8月17日实施）第16条。

[4] 黑龙江省人民政府办公厅于2018年8月17日印发的《黑龙江省贯彻落实〈科学数据管理办法〉实施细则》（黑政办规［2018］50号，2018年8月17日实施）第15条第3款。

[5] 黑龙江省人民政府办公厅于2018年8月17日印发的《黑龙江省贯彻落实〈科学数据管理办法〉实施细则》（黑政办规［2018］50号，2018年8月17日实施）第27~31条。

般权益中规定,鼓励探索建立数据权属登记制度,依法保护自然人、法人和非法人组织合法处理数据享有的财产权益,推动数据交易活动的开展。对建立数据权属登记制度,以及行使相关数据权益应当履行的义务等作出了规定,使相关主体的数据行为被约束在法定范围内,解决了数据活动中主体权利、义务以及责任边界不清晰的问题。[1]其他省的大数据立法对数据权属制度一般采取回避态度,比较少直接规定,这也凸显了黑龙江大数据立法的创新性与前瞻性。

(2)建立数据分级管理制度。该条例第一章总则部分对公共数据和非公共数据做了区分。该条例所称公共数据,是指国家机关和法律、法规授权的具有管理公共事务职能的组织以及供水、供电、供气、供热、通信、公共交通等公共服务运营单位(以下统称"公共管理和服务机构")在依法履职或者提供公共管理和服务过程中收集、产生的,以一定形式记录、保存的各类数据及其衍生数据,包含政务、公益事业单位数据和公用企业数据。该条例所称的非公共数据,是指公共管理和服务机构以外的自然人、法人和非法人组织依法开展活动所产生、获取或者加工处理的各类数据。数据资源章节对公共数据与非公共数据均设专节进行规定。非公共数据采集、开放和应用的主体与公共数据有所不同,自然人、法人和非法人组织可以依法采集、开放和应用非公共数据。对公共数据和非公共数据汇聚至全省一体化公共数据平台也采取不同做法,非公共数据是持"支持"的态度,而公共数据是采取"必须"的态度。公共数据相较于非公共数据有较多规定,包括实行统一的目录管理、构建公共数据标准体系、建立公共数据质量管理机制等。对于非公共数据的使用也做了限制。该条例第15条规定,国家机关和法律、法规授权的具有管理公共事务职能的组织(以下统称"政务部门")为履行维护国家安全和公共安全职责,依照法律、行政法规的规定,需要获取非公共数据时,掌握非公共数据的自然人、法人和非法人组织应当提供相关数据。该条例针对非公共数据,规定了推动公共数据与非公共数据的融合应用、利用公共数据进行产品和技术创新、建立多元化数据合作交流机制、采购非公共数据、鼓励开放非公共数据资源等内容。

---

[1]黑龙江省人民代表大会常务委员会于2022年5月13日出台的《黑龙江省促进大数据发展应用条例》(2022年7月1日起施行)第7、8、9、10条。

（3）建设公共数据一体化平台。该条例第12条规定，省和设区的市级人民政府应当按照国家及省有关标准规范建设本级公共数据平台。省人民政府应当依托各级公共数据平台和各地各部门数据资源构建全省一体化公共数据平台。公共数据应当被纳入全省一体化公共数据平台统一管理，实现对公共数据的汇聚、共享和开放。省和设区的市级政务数据主管部门负责本级公共数据平台的建设和管理，省政务数据主管部门负责全省一体化公共数据平台的规划和管理。在平台数据汇聚方面，该条例规定，省政务数据主管部门通过省级公共数据平台汇聚、存储、管理全省公共数据。设区的市级政务数据主管部门通过本级公共数据平台汇聚、存储、管理本地区公共数据，并接入省级公共数据平台。省和设区的市级行业主管部门应当按照公共数据管理层级归集本行业、本领域公共数据，并向同级公共数据平台汇聚。依照法律、行政法规的规定，未能汇聚的数据应当经同级政务数据主管部门确认，依托公共数据平台以服务接口的方式提供共享服务。根据公共数据共享目录，通过公共数据平台共享公共数据。[1]

（4）构建数据要素市场体系。为发挥数据资源的经济价值和社会效益，促进数据资源安全高效流通，推动数据要素市场的培育和建设，该条例对"数据要素市场"从建立数据交易平台、培育数据要素市场主体、促进数据高效流通、探索建立数据生产要素统计核算制度、数据质量评估认证、构建数据资产定价指标体系、数据管理主体责任以及公平竞争等八个方面作出明确规定。由省人民政府统筹规划，加快培育数据要素市场；培育数据要素市场主体，鼓励研发数据技术、推进数据应用，深度挖掘数据价值，通过实质性加工和创新性劳动形成数据产品和服务。省政务数据主管部门应当会同有关部门建立数据交易平台，引导依法交易数据，规范数据交易行为，加强数据交易监管，促进数据资源依法有序、高效流动与应用。在数据价值评估和定价模式上，该条例规定，省人民政府及其有关部门应当支持数据资源开发市场化发展，鼓励省内高等院校、科研机构及数据运营单位研究建立数据价值评估和定价模式。在数据生产要素统计核算制度方面，该条例第33条规定，省统计部门应当探索建立数据生产要素统计核算制度，明确统计范围、统计

---

[1] 黑龙江省人民代表大会常务委员会于2022年5月13日出台的《黑龙江省促进大数据发展应用条例》（2022年7月1日起施行）第16条。

指标和统计方法，准确反映数据生产要素的资产价值，推动将数据生产要素纳入国民经济核算体系。在市场主体行为方面做了规定，市场主体不得通过达成垄断协议、滥用在数据要素市场的支配地位、违法实施经营者集中等方式排除、限制竞争；不得通过算法歧视、流量造假等行为影响市场秩序和社会秩序。通过对数据要素市场进行专章规定，充分发挥数据作为生产要素的基础性资源作用和创新引擎功能，为培育壮大黑龙江省数据要素市场提供制度保障。

（5）建立大数据应用发展促进保障制度。该条例对大数据应用和发展的促进措施做了专章规定，目的是强化大数据发展与应用在各级、各领域的地位。强调县级以上人民政府应当围绕建设用地、企业用电、研发设计、平台构建、应用服务等大数据产业链关键环节，根据国家产业政策和本省产业转型升级的实际需要，制定具体优惠措施。重点支持数字政府建设、大数据发展应用研究和标准制定、大数据技术攻关、产业链构建、重大应用示范工程建设、创业孵化等。在金融方面，建立数字经济核心产业企业贷款担保风险补偿机制，鼓励金融机构加强和改进金融服务，支持大数据发展应用。鼓励社会资金通过风险投资、创业投资、股权投资等方式，参与大数据发展应用。对大数据人才培养重点规定，县级以上人民政府及其有关部门应当加强大数据人才队伍建设，制定大数据人才的培养、引进计划，完善人才激励机制，落实有关人才政策，为大数据人才提供服务保障。鼓励行业协会按照有关规定开展职业培训、职业技能等级认定、技能竞赛和技能人才奖励。鼓励高等学校、职业院校、科研机构开设大数据相关专业，培养大数据领域基础型、应用型人才。支持高等学校、职业院校、科研机构和企业开展合作，建立实训基地，定向培养大数据领域专业人才。放开团体标准的制定主体范围，支持学会、协会、商会、联合会、产业技术联盟等社会团体协调相关市场主体共同制定满足市场和创新需要的团体标准。鼓励大数据企业、高等学校、职业院校、科研机构、相关行业组织等参与国际标准、国家标准、行业标准、地方标准的研究制定。鼓励大数据企业制定企业标准。[1]

---

[1] 黑龙江省人民代表大会常务委员会于2022年5月13日出台的《黑龙江省促进大数据发展应用条例》（2022年7月1日起施行）第52~61条。

十、江西立法现状

（一）立法概述

以"习近平新时代中国特色社会主义思想"为指导，全面贯彻党的十九大和十九届历届全会精神，深入贯彻习近平总书记视察江西重要讲话精神，深刻把握数字中国建设的战略要求，立足新发展阶段，完整、准确、全面贯彻新发展理念，服务和融入新发展格局，统筹国内、国际两个大局、发展安全两件大事，以"推动数字经济高质量跨越式发展"为主题，以数据为关键要素，以数字技术与实体经济深度融合为主线，深入推进数字经济做优做强"一号发展工程"，着力推动数字技术创新应用，着力培育产业新赛道，着力赋能产业转型升级，着力加强数字基础设施建设，着力完善数字经济治理体系，努力建成全国数字经济发展新高地、中部地区的数字产业发展集聚区、产业数字化转型先行区、场景创新应用先导区、数字营商环境示范区，为全面建设社会主义现代化江西提供有力支撑。

到 2025 年，全省数字经济增加值增速持续快于全省经济增速、快于全国平均增速，努力实现规模倍增、占全省 GDP 比重达到 45%左右，数字化创新引领发展能力显著提升，数字技术与经济社会各领域融合的广度、深度显著增强，数字化公共服务能力、数字化治理水平显著提升，南昌"元宇宙"等聚集区蓬勃发展，力争数字经济整体发展水平进入全国先进行列。

为此，必须要强化政策支持。持续深化"放管服"改革，优化数字营商环境。加强有关财政专项资金的统筹，依法依规加大对数字经济发展重点领域、重大平台、重大项目及试点示范的支持力度。依托省现代产业发展引导基金，设立省数字经济发展子基金，鼓励引导社会资本设立市场化运作的数字经济细分领域基金。支持将符合条件的数字经济企业进入多层次资本市场进行融资，鼓励银行业金融机构创新产品和服务。支持符合单独选址要求的数字经济领域重大项目列入省重大项目清单，争取使用国家配置计划指标。鼓励符合条件的 5G 基站、数据中心用电参与电力市场化交易。加强数字技术技能类人才培养，深化数字经济领域新工科、新文科建设，支持企业与院校共建实训基地等，发展订单制、现代学徒制等多元化人才培养模式。鼓励将数字经济领域人才纳入各类人才计划的支持范围，积极探索高效灵活的人才引进、培养、评价及激励政策。[1]

　　围绕贯彻落实习近平总书记关于数字经济发展的重要论述和党中央、国务院决策部署，近年来，江西省陆续出台了《江西省政务信息资源共享和开放管理办法》。2021年12月29日，江西省人民政府第八十二次常务会议审议通过了《江西省公共数据管理办法》等规章和政策文件。2022年初，又进一步提出深入推进数字经济做优做强"一号发展工程"。2022年4月28日，江西省发展和改革委员会公布《江西省数据条例（征求意见稿）》向社会公开征求修改意见。2022年12月24日，省发展和改革委员会主任张和平在江西省第十三届人民代表大会常务委员会第四十二次会议上作了关于《江西省数据应用条例（草案）》的说明，指出加快推进各类数据应用，赋能经济社会数字化发展，是深化实施数字经济"一号发展工程"的必然要求。当前，江西省在数字经济发展中仍存在数据汇聚难、各类主体数据共享开放意愿不强、数据要素流通不畅等突出问题，这些问题成了制约数据应用的"瓶颈"。这就迫切需要加强数据全生命周期管理，建立健全多维数据标准体系，为最大限度地推进数据应用、促进江西省数字经济发展提供有力支撑。因此，以数据应用为立法切入口，有利于坚持问题导向、切中肯綮，加快促进数据资源转化为经济发展资源，对助推数字经济"一号发展工程"实施跑出加速度，具有重要意义。[2]

（二）立法定位及原则

1.《江西省公共数据管理办法》（2022年3月1日施行）

　　该办法对规范和促进本省公共数据开放、共享、利用与安全管理，提升政府治理能力和公共服务水平，推动数字经济高质量发展具有重要意义。[3]

　　该办法按照公共数据管理、开发、共享以及应用的不同分别进行基本原则的规定。第二章目录与平台管理规定了公共管理和服务机构采集公共数据应当遵循合法、正当和必要的原则，按照一项数据只有一个法定采集部门的要求，依照法定的权限、程序和标准规范采集，不得超出履行法定职责所必需

---

[1]《江西省人民政府关于印发江西省"十四五"数字经济发展规划的通知》。
[2]《关于〈江西省数据应用条例（草案）〉的说明——2022年11月24日在江西省第十三届人大常委会第四十二次会议上》，载微信公众号：https://mp.weixin.qq.com/s/geCIsVZaYpY9vv71k5tAPQ，2023年3月5日访问。
[3]《江西省公共数据管理办法》（2022年3月1日施行）第1条。

的范围和限度。第三章开放管理规定了公共数据开放应当遵循统筹部署、需求导向、统一标准、分类管理、安全可控的原则,规定了突发自然灾害、事故灾难、公共卫生事件和社会安全事件,造成或者可能造成严重社会危害、直接影响社会公众切身利益的,负责处置突发事件的各级人民政府及其有关部门应当依法按照必要、及时、准确的原则开放相关公共数据,并根据需要动态更新。第四章共享管理规定了共享的总原则,公共管理和服务机构之间共享公共数据应当以共享为原则,以不共享为例外。第五章公共数据的利用促进规定,自然人、法人和非法人组织等公共数据利用主体开发利用公共数据应当遵循合法、正当的原则,不得损害国家利益、社会公共利益和他人合法权益。第六章安全管理规定,公共数据安全管理遵循政府监管、责任主体负责、积极防御、综合防范的原则,保障公共数据全生命周期安全。

2.《江西省数据条例(征求意见稿)》(2022年4月28日发布)

立法定位。《江西省数据条例(征求意见稿)》第1条明确了立法定位及立法目标:为了规范数据处理活动,促进数据应用,推动数字经济发展,根据《网络安全法》《数据安全法》《个人信息保护法》等法律、行政法规,结合江西省实际,制定本条例。

立法原则。在草案的起草过程中,江西省发展和改革委员会坚持三个原则:一是坚持突出数据应用与统筹数据全生命周期管理相结合。以促进数据应用为立法主线,贯穿于数据收集、整合、共享、开放、治理、流通全生命周期管理体系,规范了各环节的数据管理活动。二是坚持突出鼓励数据应用与统筹数据安全相结合。将数据应用和数据安全看作一体之两翼、驱动之双轮,并对《数据安全法》《个人信息保护法》等上位法已经有明确规定的内容作了概括性、指引性规定,在满足安全要求的前提下,最大限度地促进数据流通应用。三是坚持突出制度探索创新与统筹基础性体系建设相结合。坚持问题导向,明确了有关部门的工作职责和相关平台的功能定位,探索性地提出建立公共数据授权运营机制、开展数据资产登记和凭证试点。[1]

---

〔1〕《关于〈江西省数据应用条例(草案)〉的说明——2022年11月24日在江西省第十三届人大常委会第四十二次会议上》,载微信公众号:https://mp.weixin.qq.com/s/geCIsVZaYpY9vv71k5tAPQ,2023年3月5日访问。

（三）主要制度内容

1.《江西省公共数据管理办法》（2022年3月1日施行）

该办法共9章46条，包括总则、目录与平台管理、开放管理、共享管理、利用促进、安全管理、监督保障、法律责任、附则等内容。

（1）明确公共数据、公共数据共享等基础概念。该办法所称之公共数据，是指各级行政机关以及具有公共管理和服务职能的事业单位在依法履行职责和提供公共服务过程中产生或者获取的任何以电子或者其他方式对信息的记录。该办法所称的公共数据开放，是指公共管理和服务机构面向社会提供具备原始性、可机器读取、可供社会化利用的数据集的公共服务。该办法所称的公共数据共享，是指公共管理和服务机构之间因履行职责和提供公共服务需要通过政务数据统一共享交换平台使用或者提供公共数据的行为。

（2）建立公共数据分级分类共享及开放制度。该办法规定："公共管理和服务机构应当根据本地区经济社会发展情况，通过公共数据平台重点和优先开放下列公共数据：（一）与经济发展、公共安全、公共卫生、社会治理、民生保障等密切相关的数据；（二）自然资源、生态环境、交通出行、气象等数据；（三）与数字经济发展密切相关的行政许可、企业公共信用信息等数据；（四）其他依法需要开放的数据。"[1]按照开放的属性分为三种类型，对涉及国家安全、商业秘密、保密商务信息、个人隐私、个人信息，或者法律、法规、规章规定不得开放的公共数据，列入不予开放类；对数据安全和处理能力要求较高、时效性较强或者需要持续获取的公共数据，列入有条件开放类；其他公共数据列入无条件开放类。[2]

（3）建立政府引导、市场主导的公共数据交易制度。该办法要求，县级以上人民政府应当推进数字政府建设，深化公共数据在经济调节、市场监管、社会管理、公共服务、生态环境保护等方面的开发利用，创新政府决策、监管及服务模式，推进政府治理体系和治理能力现代化。同时，应当将公共数据作为促进经济社会发展的重要生产要素，统一纳入数据要素市场化发展体系，推动建立数据交易平台，在确保安全的前提下，引导市场主体通过数据

---

[1]《江西省公共数据管理办法》（2022年3月1日施行）第15条。
[2]《江西省公共数据管理办法》（2022年3月1日施行）第17条。

交易平台进行数据交易，提高数据资源配置效率。[1]

（4）建立数据安全监管制度。建立公共数据安全第一责任人制度，该条例规定，公共管理和服务机构的主要负责人是本机构公共数据安全工作的第一责任人。公共管理和服务机构应当依法按照公共数据分类分级和网络安全等级保护的要求制定本单位公共数据安全管理制度，建立健全公共数据开放共享的安全审查以及风险预测预警、审计追踪、记录保存等日常安全管理机制，落实公共数据安全管理责任。关系国家安全、国民经济命脉、重要民生、重大公共利益等公共数据属于国家核心数据，实行更加严格的管理制度。[2]规定公共管理和服务机构应当建立以安全管理为核心的公共数据安全防护体系，以及重要系统和核心数据的容灾备份制度，对数据处理过程实施数据安全技术防护。[3]建立数据风险评估制度，公共管理和服务机构在使用和处理公共数据过程中，因数据汇聚、关联分析等原因，可能产生涉密、涉敏等重要数据的，应当定期进行风险评估，必要时可以征求专家委员会的意见，根据评估和征求意见情况采取相应的安全措施，并向有关主管部门报送风险评估报告。[4]建立公共数据安全事件应急预案制度，公共管理和服务机构应当制定公共数据安全事件应急预案，明确应急处置组织体系与职责、事件分级、响应程序、保障手段和处置措施。发生公共数据安全事件时，事发单位应当迅速启动应急预案，及时采取技术措施和其他必要措施防止危害扩大，按照规定及时告知用户并立即向网信、公安等有关主管部门报告。有关主管部门应当及时开展应急处置并公布与公众有关的警示信息，涉及国家安全的，应当及时向国家安全机关报告。[5]

2.《江西省数据条例（征求意见稿）》（2022年4月28日发布）

该征求意见稿共8章53条，分为：总则、数据资源、数据要素市场、发展应用、促进措施、安全保护、法律责任和附则，可归纳为"总则、数据应用、法律责任与附则"三部分内容。

（1）明确界定数据、公共数据、非公共数据、公共数据共享和公共数据

---

[1]《江西省公共数据管理办法》（2022年3月1日施行）第26、27条。
[2]《江西省公共数据管理办法》（2022年3月1日施行）第30条。
[3]《江西省公共数据管理办法》（2022年3月1日施行）第32条。
[4]《江西省公共数据管理办法》（2022年3月1日施行）第33条。
[5]《江西省公共数据管理办法》（2022年3月1日施行）第34条。

开放等基础概念的内涵。该征求意见稿规定的数据,是指任何以电子或者其他方式对信息的记录;公共数据包括政务数据和公共服务数据。政务数据是指国家机关和法律法规授权的具有管理公共事务职能的组织(以下统称"政务部门")为履行法定职责收集、产生的各类数据。公共服务数据是指供水、供电、供气、交通运输等提供公共服务的组织(以下统称"公共服务机构")在提供公共服务过程中收集、产生的涉及公共利益的各类数据;非公共数据是指政务部门和公共服务机构之外的自然人、法人和非法人组织依法开展活动所收集、产生或者加工处理的各类数据;公共数据共享,是指政务部门、公共服务机构之间因履行职责和提供公共服务需要而通过全省统一的数据共享交换平台使用或者提供公共数据的行为;公共数据开放,是指向自然人、法人或者非法人组织依法提供公共数据的公共服务行为。[1]

(2)建立全省一体化公共数据资源中心,对公共数据收集、整合、共享、开放、治理的管理体系作了进一步优化。该征求意见稿规定,省人民政府发展和改革主管部门推进网络、算力、存储、应用组件等数据基础设施集约管理,推动全省一体化公共数据资源中心建设。设区的市人民政府应当对本行政区域内已有的数据共享交换平台进行整合优化,并与全省统一的数据共享交换平台进行对接,实现公共数据跨层级、跨地域有序流通。原则上不再新建其他跨部门的数据共享交换平台。[2]

(3)创设公共数据授权运营机制。该征求意见稿立足于推进数据要素流通促进数据应用。一是深化数据要素市场化改革,建立资产评估、登记结算、交易撮合、争议解决等市场运营体系。二是规定被授权运营主体可以对授权运营的公共数据进行加工,形成数据产品和服务,引导市场主体参与数据要素市场建设,保护市场主体在数据处理活动中形成的法定或者约定的财产权益。三是探索建立反映数据生产要素的数字经济统计指标和数据资产评估指标体系,推动开展数据资产登记和凭证试点。四是推动建立全省统一的数据交易平台,规范数据交易活动,建立公平有序、安全可控的数据交易环境。[3]

---

〔1〕 2022年4月28日江西省发展和改革委员会公布的《江西省数据条例(征求意见稿)》第2条。
〔2〕 2022年4月28日江西省发展和改革委员会公布的《江西省数据条例(征求意见稿)》第8条。
〔3〕 2022年4月28日江西省发展和改革委员会公布的《江西省数据条例(征求意见稿)》第21、22、25、29条。

(4) 建立促进数据应用保护措施,该征求意见稿立足于营造"用数"的良好氛围促进数据应用。一是支持数字技术创新,培养数据领域基础型、应用型人才,提升公众数字素养和数字技能。二是加强多维数据标准体系建设,推动数字基础设施、数字技术等领域地方标准制定和实施。三是创新监管方式,对数据领域的新技术、新产业、新业态、新模式等实行包容审慎监管。四是加强区域协作,积极对接数字大湾区、数字长三角,推进长江中游三省协同发展。[1]

(5) 建立数据应用安全保护制度。该征求意见稿立足于强化数据安全保障护航数据应用。一是明确数据处理者的数据安全保护主体责任和数据处理活动原则。[2]二是加强网信部门、公安机关、国家安全机关和有关主管部门对数据处理活动的安全监管。[3]三是鼓励数据安全检测评估、认证等专业机构依法开展数据安全服务活动。[4]

十一、江苏立法现状

(一) 立法概述

江苏省全省上下深入贯彻新发展理念,持续深化"放管服"改革,积极创新体制机制,不断加强基础建设,大力推进数字化转型,"互联网+政务服务""互联网+监管"等走在全国前列,网上政务服务成了政府治理体系和治理能力的重要组成部分,企业群众获得感和满意度明显提升。通过数据立法,数据融合共享初见成效。建成全省一体化大数据共享交换体系,61家省级部门注册发布目录1391类,挂接资源1803类,设区市注册发布目录28 537类,挂接资源15 433类。[5]在全国首批对接国家数据共享交换平台中,获得12个国家部委数据接口整体授权。制定数据元等7类地方标准,建立数据归集、

---

[1] 2022年4月28日江西省发展和改革委员会公布的《江西省数据条例(征求意见稿)》第36~41条。

[2] 2022年4月28日江西省发展和改革委员会公布的《江西省数据条例(征求意见稿)》第46条。

[3] 2022年4月28日江西省发展和改革委员会公布的《江西省数据条例(征求意见稿)》第53条。

[4] 2022年4月28日江西省发展和改革委员会公布的《江西省数据条例(征求意见稿)》第54条。

[5] 《江苏省政府关于印发江苏省大数据发展行动计划的通知》。

治理、应用、安全管理机制，探索政务数据与社会数据融合应用，在城市管理、金融服务、市场监管、环境保护等领域形成了一批创新成果。

从"十三五"到"十四五"，江苏省政府始终把大数据立法放在数字经济发展的关键一环，相关规章制度的出台，为数字治理体系和能力现代化提供了强大动力和强劲支持。早在2011年，在国家层面没有出台信息化法律时，江苏为了确保信息化建设有法可依、依法推进，地方信息化立法工作进展迅速，于2011年9月23日通过了《江苏省信息化条例》，首创政府信息主管制度，大力推动三网融合工作，为后续信息化向数据化发展打下了坚实基础。[1]2021年8月底，《江苏省"十四五"数字政府建设规划》的发布，擘画了数字政府建设的蓝图。多份数据相关政策文件出台，包括《省政府关于加快统筹推进数字政府高质量建设的实施意见》《江苏省数字政府建设2022年工作要点》《江苏省关于深入推进数字经济发展的意见》等，2022年可被称为江苏省统筹推进现代数字政府建设的"元年"，[2]江苏省数字政府建设遵循"大平台共建、大系统共享、大数据共治"的原则。2022年5月31日，经省第十三届人民代表大会常务委员会第三十次会议通过《江苏省数字经济促进条例》，2022年8月1日起施行。该条例在数字技术创新、数字基础设施建设、数字产业化、产业数字化、治理和服务数字化、数据利用和保护、保障和监督等方面作出具体规定，为推动数字经济与实体经济融合发展、建设数字经济强省提供了有力的法治保障。

在政务数据方面，为深化政府信息化服务，推进服务型政府建设，2012年9月24日出台《江苏省政府信息化服务管理办法》，进一步细化了《江苏省信息化条例》的相关规定，解决政务信息资源共享实际需要。[3]于2016年2月2日印发了《江苏省人民政府办公厅关于促进电子政务协调发展的实施意见》，推动全省政府系统电子政务科学、可持续发展。政府办公厅又于2017年9月7日出台了《江苏省政务信息系统整合共享工作实施方案》，这是江苏省第一份关于政务信息资源共享的政策性文件，以最大限度地便企利民、让

---

〔1〕《解读〈江苏信息化条例〉》，载江苏省人民政府网：http://www.jiangsu.gov.cn/art/2011/10/20/art_ 32648_ 6133455.html，2023年4月1日访问。

〔2〕《江苏省数字政府建设2022年工作要点》，载江苏省人民政府网：http://www.jiangsu.gov.cn/art/2022/5/5/art_ 46144_ 10438289.htm，2023年4月1日访问。

〔3〕《江苏省政府信息化服务管理办法》。

企业和群众少跑腿、好办事、不添堵为目标，以数据集中和共享为途径，加快建设全省统一的"大平台、大数据、大系统"。为规范全省政务信息资源管理工作，于2017年10月26日出台了《江苏省政务信息资源共享管理暂行办法》，加快推动全省政务信息系统整合和政务信息资源共享应用，提升政务服务水平和行政效能。[1]2021年江苏省"十四五"规划纲要明确要消除地区和部门间的信息孤岛、打破数据壁垒、强化数据共享。《江苏省"十四五"数字政府建设规划》明确要求出台省级公共数据管理法规规章，进一步完善全省大数据管理工作体系，明确各方权利义务。《江苏省公共数据管理办法》也于2021年12月18日应运而生。

其他方面的数据立法也接踵而至，在科学数据方面，为了进一步加强和规范科学数据管理，2019年2月19日出台了《江苏省科学数据管理实施细则》，保障了科学数据安全、提高了开放共享水平。[2]在农业数据方面，2022年2月，江苏省委、省政府出台了《关于全面提升江苏数字经济发展水平的指导意见》，将农业数字化作为一项重要内容，明确了"路线图"和"任务表"。省政府办公厅于2022年4月28日印发《关于"十四五"深入推进农业数字化建设的实施方案》，大力提升农业数字化水平，创新发展智慧农业。[3]在统计数据方面，为客观、全面地反映全省数字经济发展情况，推动各地抢抓数字时代发展机遇，江苏省政府于2022年7月5日出台了《江苏省数字经济发展综合评价办法（试行）》，科学开展综合评价工作，全面反映各地发展成效，推动数字经济与实体经济深度融合，完善数字经济发展生态。在数字贸易方面，为探索构建数字贸易特色发展路径，推动全省数字贸易加快发展，江苏省政府于2022年9月3日出台了《江苏省推进数字贸易加快发展的若干措施》，以产业数字化和数字产业化为基础，以数字技术为核心驱动，推进数字贸易加快发展。

（二）立法定位及原则

1.《江苏省数字经济促进条例》（2022年8月1日施行）

数字政府和智慧城市建设是提升群众获得感、幸福感、安全感的重要保

---

[1]《江苏省人民政府关于印发〈江苏省政务信息资源共享管理暂行办法〉的通知》。
[2]《省政府办公厅关于印发江苏省科学数据管理实施细则的通知》。
[3]《省发展改革委：〈江苏省"十四五"数字经济发展规划〉——图读懂文字版》，载江苏省人民政府网：http://www.jiangsu.gov.cn/art/2021/9/6/art_32648_10001107.html，2023年4月1日访问。

障。《江苏省数字经济促进条例》于2022年5月31日发布，2022年8月1日起施行。该条例明确了遵循创新引领、融合发展、数据赋能、协同高效的原则，推进数字技术创新、数字基础设施建设、治理和服务数字化、数据利用和保护等方面的发展。制定条例的目的是进一步推动江苏省数字经济与实体经济深度融合，推进数据要素依法有序流动，保障数据安全，建设数字经济强省，促进经济高质量发展。江苏作为全国经济发展的重要"压舱石"，要把做强、做优、做大数字经济作为江苏转型发展的关键增量，通过数字经济促进地方立法助推省经济高质量发展。首先，制定该条例是贯彻落实习近平总书记重要指示精神和党中央重大决策部署的必然要求。党的十八大以来，习近平总书记就加快发展数字经济发表了一系列重要讲话。党的十九大报告提出，要建设网络强国、数字中国、智慧社会。江苏作为数字经济大省，地方立法工作要紧紧跟上，贯彻习近平总书记对数字经济发展重要指示要求，落实党中央、国务院对数字经济发展决策部署，为数字经济发展提供江苏经验。其次，制定该条例是促进江苏省数字经济创新发展的现实需求。省第十四次党代会指出："坚持把数字经济作为江苏转型发展的关键增量。"近年来，江苏省委、省政府认真贯彻落实中央关于发展数字经济的战略部署，高度重视数字经济发展，数字经济呈现良好的发展态势，也形成了一系列可复制、可推广的经验。因此，有必要将江苏省行之有效的经验做法总结提炼上升为法规制度。最后，制定该条例是破解数字经济发展痛点、难点问题的迫切需要。[1]江苏省数字经济在做强做优方面还存在诸多痛点、难点问题，尤其是在数字技术创新驱动、龙头企业培育壮大、数据资源开发利用等方面与北京、上海、广东、浙江等省市相比还存在一定差距，有必要通过立法加强数字经济制度供给，研究并力求解决数字经济发展中的痛点、难点问题，努力适应数字经济加速发展带来的机遇和挑战。

该条例第3条规定："数字经济发展应当遵循创新引领、融合发展，应用牵引、数据赋能，公平竞争、安全有序，系统推进、协同高效的原则。"该条对条例的原则作了总体性规定。在第三章数字基础设施建设方面，该条例第16条第2、3款规定："设区的市应当根据省数字基础设施发展规划，编制、

---

[1]《省发展改革委：〈关于深入推进数字经济发展的意见〉政策解读》，载江苏省人民政府网：http://www.jiangsu.gov.cn/art/2020/11/13/art_32648_9568063.html，2023年4月1日访问。

实施数字基础设施发展规划和数字基础设施建设专项规划应当遵循适度超前、合理布局、共建共享、互联互通的原则。"在第六章治理和服务数字化方面,该条例第56条规定:"县级以上地方人民政府以及有关部门应当按照优化传统服务与创新数字服务并行的原则,针对老年人等运用智能技术困难群体,制定完善相关措施,保障和改善其基本服务需求和服务体验。"在第七章数据利用和保护方面,该条例第57条规定:"县级以上地方人民政府以及有关部门应当遵循促进流通、合理使用、依法规范、保障安全的原则,发挥数据的基础资源作用和创新引擎作用,加强数据资源全生命周期管理,促进数据资源开发利用和健康发展。"

(1) 创新引领、融合发展原则。在创新引领方面,第二章专章规定了数字技术创新,加强数字技术基础研究、应用研究和技术成果转化,完善产业技术创新体系和共性基础技术供给体系。省人民政府以及有关部门应当建立数字经济关键核心技术攻关新型体制机制,支持企业、高等学校、科研机构聚焦传感器、量子信息、网络通信、集成电路、人工智能、区块链等重点领域,提高数字技术基础研发能力,突破高端芯片、工业软件、核心算法等关键核心技术。提高创新在大数据发展中的地位,围绕云计算、大数据、物联网、新一代移动通信、人工智能、区块链等领域,推动建设国家和省级实验室、产业创新中心、制造业创新中心、技术创新中心等创新平台。推动数字技术融合创新,强化企业创新主体地位,发挥企业在数字技术创新中的重要作用。在融合发展方面,大数据不能独立作战,需要与各种领域、各种产业相结合才能释放出更大的能量。数据基础设施建设上强调信息基础设施,建设物联网、车联网等融合基础设施;数字产业化强调云计算、大数据、区块链、人工智能等新兴数字产业,促进跨界融合和集成创新;治理和服务数字化上强调打造个性化、终身化的教育信息化公共服务体系,推进线上线下教育常态化融合发展新模式。

(2) 应用牵引、数据赋能原则。大数据的价值在于应用,需要带动数据应用,才能为数据赋能。数字产业化和产业数字化是该条例明确的促进数字经济发展的"两大焦点"。围绕加强各级各部门对数字经济的关注、引导和推动,该条例要求省政府根据全球数字经济的技术、产业发展趋势,结合江苏省数字产业发展水平和各地区的禀赋差异,统筹规划全省的数字产业发展;县级以上地方政府以及有关部门应按照全省数字产业发展要求,结合本地区实际,通过规划引导、政策支持等方式,在集成电路、物联网等特色优势领域,加快重大项目推进、产业链上下游对接配套、骨干龙头企业培育,打造具有国际竞争力的产业高地。[1]江苏省将组织新一轮创新型领军企业进行培育,遴选培育产业链主企业,壮大物联网、集成电路与新型信息通信等数字经济核心产业集群,通过推广服务型制造培育平台经济、无人经济、共享经济、微经济等新业态新模式。

(3) 公平竞争、安全有序原则。要营造一个公平竞争、安全有序的数字化治理社会,需要提升数字化治理能力,建立多元共治体系。为构建协同高效的政府数字化履职能力体系,提高事前预防、事中监管和事后处置能力,江苏省将推动数字技术在政府治理中的创新应用,推进政府治理数字化,发挥数字化在政府履行经济调节、市场监管、社会管理、公共服务、生态环境保护、突发事件应对等方面的支撑作用。[2]加强智慧养老体系建设,推进移动终端、可穿戴设备、服务机器人等智能设备在居家、社区、机构等养老场景集成应用,推广智慧养老服务平台,提供简便快捷的养老政务服务、公共服务、公益服务。按照优化传统服务与创新数字服务并行的原则,针对老年人等运用智能技术困难群体,制定完善相关措施,保障和改善其基本服务需求和服务体验,建立健全数据安全风险评估、报告、信息共享、监测预警、应急处置机制,推动建立政府监管、平台自治、行业自律、公众参与的多元共治体系,不断提升老年人的幸福感。[3]加快社会服务优化升级,推进文化教育、医疗健康等领域的公共服务资源数字化供给和网络化服务,强化养老等重点民生领域社会服务供需对接,提升服务资源配置效率和共享水平。[4]

(4) 系统推进、协同高效原则。该原则在数字基础建设方面体现得较为明显。江苏省围绕云计算、大数据、物联网、新一代移动通信、人工智能、区块链等领域,在适度超前、合理布局、共建共享、互联互通的原则下,重点推进高速泛在、天地一体、云网融合、智能敏捷、绿色低碳、安全可控的

---

[1]《省政府办公厅关于印发〈江苏省推进数字贸易加快发展的若干措施〉的通知》。
[2]《江苏省数字经济促进条例》(2022年8月1日施行) 第47条。
[3]《江苏省数字经济促进条例》(2022年8月1日施行) 第55、56条。
[4]《〈江苏省数字经济促进条例〉施行,明确数字经济发展重点》,载盛初网络:http://shengchuit.com/shichangxinwen/995.html,2023年4月1日访问。

数字基础设施建设。建设物联网、车联网等融合基础设施，创新布局基础设施，推动传统基础设施数字化升级，构建数字基础设施体系。同时，加快国家级和省级车联网先导区建设，扩大车联网覆盖范围，提高路侧单元与道路基础设施、智能管控设施的融合接入能力，推进道路基础设施、交通标志标识的数字化改造和建设。该条例明确统筹推进城乡建设、文化、自然资源、应急管理等领域的传统基础设施数字化、智能化改造，建立健全跨行业基础设施协同推进机制。通过完善数字基础设施，以系统性地推进数字化发展，协同各领域高效促进经济高质量发展。[1]

2.《江苏省公共数据管理办法》（2022年2月1日施行）

《江苏省"十四五"数字经济发展规划》明确指出，需完善法规标准，加快推动数字经济相关地方立法工作，推动出台《江苏省公共数据管理办法》。[2]探索研究数据确权、流通、交易、定价、保护等规则体系和地方立法，加快完善数字经济领域的地方技术标准体系，深化国家技术标准创新基地等技术标准服务平台建设。《江苏省公共数据管理办法》经江苏省政府第九十五次常务会议审议通过，自2022年2月1日起施行。该办法的出台对规范江苏省公共数据管理，保障公共数据安全，推动数字政府建设和数字经济发展，提升政府治理能力和公共服务水平具有重要意义。

该办法第1条即对立法定位做了阐述："为了规范公共数据管理，保障公共数据安全，推进数字化发展，加快建设数字政府，提升政府治理能力和公共服务水平，根据《中华人民共和国数据安全法》等法律、法规，结合本省实际，制定本办法。"立足规范公共数据管理的全流程、构建全域数字化发展的公共数据底座，它的实施是构建江苏省数字化发展制度框架的关键环节，将建立健全大数据管理与服务体系的制度保障。该办法覆盖公共数据供给、共享、开放、利用、安全保障的全生命周期。[3]该办法第3条规定"公共数据管理应当遵循政府统筹、应用牵引、便利服务、保障安全的原则"。

（1）政府统筹原则。由县级以上地方人民政府统一领导本行政区域公共数据管理工作，将公共数据管理工作纳入本行政区域国民经济和社会发展规

---

〔1〕《江苏省数字经济促进条例》（2022年8月1日施行）第三章。

〔2〕《江苏省公共数据管理办法》。

〔3〕《省政府关于加快统筹推进数字政府高质量建设的实施意见》，载江苏省人民政府网：http://www.jiangsu.gov.cn/art/2022/4/4/art_46143_10403577.html，2023年4月1日访问。

划，建立健全工作协调机制，统筹解决公共数据管理重大问题，落实数据安全责任，组织开展监督考核。网信部门依法负责统筹协调网络数据安全和相关监管工作。发展改革、教育、科技、工业和信息化、自然资源、交通运输、卫生健康、地方金融、通信等有关主管部门根据实际情况，制定本行业、本部门公共数据的建设和管理规范，负责公共数据相关管理工作，并承担监管职责。省公共数据运行管理机构负责统筹建设和管理省公共数据平台并按照规定与国家平台对接，设区的市按照全省统一标准建设和管理本行政区域的公共数据平台并与省公共数据平台对接，形成全省唯一的公共数据共享交换通道。[1]公共数据主管部门统筹监管公共数据管理工作，公共数据运行管理机构负责具体实施公共数据管理工作。通过政府统筹数字化发展和安全，建立健全数据安全治理体系，强化公共数据安全全流程保护，提高数据安全保障能力。

（2）应用牵引原则。该办法在第8条即明确规定了数据应用发展目标："按照长江三角洲区域一体化、长江经济带发展等国家战略开展区域合作交流，推动建立公共数据区域一体化标准体系，推进公共数据资源供需对接和共享应用，促进数据要素市场一体化发展，提升区域治理现代化水平。"[2]公共数据主管部门利用大数据、人工智能、区块链、物联网、云计算等现代信息技术，实现公共数据在各类服务场景中的智能化应用。公共管理和服务机构拓展公共数据应用服务场景，推进一网通办、跨省通办，推动建立跨部门、跨层级、跨地区的公共数据应用服务机制。在公共数据共享方面，公共管理和服务机构提出的共享需求应当明确应用场景。在公共数据安全方面，公共数据主管部门会同有关主管部门结合数据安全、个人信息保护和数据应用需求等因素，根据国家分类分级保护制度要求，推动制定本省公共数据分类分级具体规则。

（3）便利服务原则。早在出台该办法时，江苏省政府便制定下发了《关于建立健全政务数据共享运行机制加快推进数据有序共享的实施方案》，要求建设完善省市一体化大数据共享交换平台体系，不断加强数据汇聚和应用服

---

[1]《省司法厅：〈江苏省公共数据管理办法〉政策解读》，载江苏省人民政府网：http://www.jiangsu.gov.cn/art/2021/12/31/art_32648_10260820.html，2023年4月1日访问。

[2]《省政府办公厅关于印发江苏省政务信息系统整合共享工作实施方案的通知》，载江苏省人民政府网：http://www.js.gov.cn/art/2017/9/7/art_46143_5585040.html，2023年4月1日访问。

务，有力推动了数据共享开放和开发利用，将服务置于重要地位。该办法要求，公共管理和服务机构应当依照法律、法规和公共数据资源目录以及相关标准规范收集公共数据，收集涉及个人信息的公共数据应当限于实现处理目的的最小范围，不得过度收集；能够通过公共数据平台收集公共数据的，不得重复收集、多头收集。该办法还要求，本行业、本领域上级公共管理和服务机构收集、记录和存储下级公共管理和服务机构公共数据的，应当通过公共数据平台或者现有渠道满足下级公共管理和服务机构的数据需求。

（4）保障安全原则。在立法过程中，还注重恪守规章权限和安全边界，保障数据安全。该办法在第一章"总则"和第六章"公共数据安全"设置了专门条款，要求建立分类分级的数据保护制度，明确公共数据资源的全生命周期安全保护要求，在开展公共数据处理活动中涉及保密、个人信息等情形应当按照相关法律、法规的规定执行，切实保障数据安全。

（三）主要制度内容

1. 《江苏省数字经济促进条例》（2022年8月1日施行）

该条例共9章85条，包含总则、数字技术创新、数字基础设施建设、数字产业化、产业数字化、治理和服务数字化、数据利用和保护、保障和监督及附则。

（1）构建突破数字关键核心技术创新机制。该条例结合江苏省实际，对数字技术创新作了如下规定：一是明确重点方向，建立数字经济关键核心技术攻关新型体制机制，支持企业、高等学校、科研机构聚焦传感器、量子信息、网络通信等重点领域，提高数字技术基础研发能力，突破高端芯片、工业软件、核心算法等关键核心技术。[1]二是推动平台建设，围绕云计算、大数据、物联网、新一代移动通信、人工智能、区块链等领域，推动建设国家和省级实验室、产业创新中心、制造业创新中心、技术创新中心等创新平台。[2]三是完善创新机制，推进产业链核心企业带动上下游企业协同创新，提升产业链创新水平，推动数字技术融合创新，引导企业与高等学校、科研机构开展数字经济产学研合作，推动获取重大原创科技成果和自主知识产权。[3]四

---

[1]《江苏省数字经济促进条例》（2022年8月1日施行）第8条。

[2]《江苏省数字经济促进条例》（2022年8月1日施行）第9条。

[3]《江苏省数字经济促进条例》（2022年8月1日施行）第11、12条。

是强化制度保障，加强数字经济领域知识产权保护，推动知识产权转化运用，通过专项资金支持科技成果转化，采用发放科技创新券等方式购买科技服务，支持数字技术创新产品和服务的应用推广。将符合条件的数字技术产品和服务认定为首台（套）装备、首批次新材料、首版次软件，列入创新产品目录。〔1〕

（2）夯实数字基础设施建设。数字基础设施是新技术、新产业、新业态、新模式全面发展的必要物质基础和关键支撑。该条例要求坚持适度超前、合理布局、共建共享、互联互通的原则，部署数字基础设施建设，夯实数字经济发展基础。该条例第三章规定：一是明确省工业和信息化、通信部门会同省发展改革有关部门编制、实施全省数字基础设施发展规划。二是完善通信网络、算力等信息基础设施，推进城乡信息通信网络服务能力一体化，推动通信网络基础设施与铁路、城市轨道等基础设施以及相关配套设施共商、共建、共享、共维，推动数据中心规模化、集约高效、绿色低碳发展。三是鼓励有条件的地区建设放在互联、智能感知的物联网，推进基础设施、城乡治理等领域感知系统的建设应用、互联互通和数据共享；推动发展智能交通，加快国家级和省级车联网先导区建设，扩大车联网覆盖范围。四是在数字经济重点方向布局未来网络试验设施等创新基础设施，建设人工智能技术应用平台、自主安全可控的区块链底层平台和重点领域大数据训练平台等。五是统筹推进能源、城乡建设、物流、教育、医疗健康、文化等领域的传统基础设施数字化、智能化改造，建立健全跨行业基础设施协同推进机制。〔2〕

（3）推动重点领域数字产业化发展。数字产业的质量和规模，是数字经济核心竞争力的集中体现。为推动数字产业创新发展，打造具有国际竞争力的产业体系。该条例规定：一是省人民政府应当根据全球数字经济的技术、产业发展趋势，结合本省数字产业发展水平和各地区禀赋差异，统筹规划全省数字产业发展。〔3〕二是要求在集成电路、物联网等特色优势领域，加快重大项目推进、产业链上下游对接配套、骨干龙头企业培育，打造具有国际竞争力的产业高地。〔4〕三是统筹规划软件发展，提升自主可控关键软件和创新

---

〔1〕《江苏省数字经济促进条例》（2022年8月1日施行）第13、14条。
〔2〕《江苏省数字经济促进条例》（2022年8月1日施行）第三章。
〔3〕《江苏省数字经济促进条例》（2022年8月1日施行）第27条。
〔4〕《江苏省数字经济促进条例》（2022年8月1日施行）第28条。

应用软件供给能力，推动软件产业集群建设，培育软件名城和软件名园，构建安全可控、开放协同的现代软件产业体系。[1]四是鼓励企业平台化发展，支持和培育平台经济重点企业，发展数字文化产业。[2]五是培育多层次、递进式的数字产业企业梯队，形成大、中、小企业相互协同、优势互补的发展格局。鼓励第三方专业化服务机构为数字产业相关企业引进落地、融资增资、股改上市、平台化转型、并购和合作等提供服务。[3]

（4）深化传统产业数字化建设。制造业、服务业、农业等都是传统产业领域，为了使得数字化更广泛地遍布社会，使产业数字化成为江苏数字经济的主航道，该条例分别对各大传统产业数字化做了规定。在制造业方面，该条例结合江苏省制造业强省实际，针对实践中存在的转型慢、质量不高等问题，着重对制造业数字化作出规定：一是推动企业实施智能化改造，推广网络化协同、个性化定制、柔性化生产、共享制造等服务型制造新模式，实现工业生产模式变革；二是鼓励产业链龙头企业打造供应链数字化协作平台，实现产业链上下游的供需数据对接和协同生产，支持组建数字化转型联盟，推进工业互联网平台建设和应用；三是推进工业互联网平台建设和应用，支持企业上云、上平台，推动运用高适配、快部署、易运维的工业互联网解决方案，降低中小企业的工业互联网使用成本，普及应用工业互联网；四是强化硬件供给和软件支撑，支持装备制造企业研制高端数控机床、工业机器人等数字化装备，支持软件企业、智能装备制造企业围绕工业企业数字化转型需求，开展联合攻关；五是建立公共服务与市场化服务相结合、多要素支撑的数字化转型服务生态，围绕产业数字化转型提供诊断咨询、应用培训、测试评估等服务，支持建立数字化转型促进中心，重点面向中小企业提供数字化转型诊断和低成本、轻量化、模块化的数字化解决方案。在服务业方面，第一，提高生产性服务业智能化、专业化水平，推动数字技术与生活性服务业深度融合。推进研发设计、现代物流、检验检测、商务咨询、人力资源服务等生产性服务业数字化，提升生产性服务业智能化、网络化、专业化水平。推动数字技术与健康、养老、旅游、体育、文化、居民出行、住宿餐饮、教

---

[1]《江苏省数字经济促进条例》（2022年8月1日施行）第29条。
[2]《江苏省数字经济促进条例》（2022年8月1日施行）第31条。
[3]《江苏省数字经济促进条例》（2022年8月1日施行）第33条。

育培训等生活性服务业深度融合,发展体验式消费、个性需求定制服务等新业态,丰富数字服务产品供给。第二,在风险可控的前提下推动发展数字金融,优化移动支付应用。[1]该条例第43条规定:"在风险可控前提下推动发展数字金融,优化移动支付应用,按照国家有关规定推行数字人民币应用,推进数字金融与产业链、供应链融合。"第三,引导和支持电子商务发展,促进跨境电商综合试验区建设。制定相关政策,完善发展机制、监管模式,引导和支持电子商务发展,促进跨境电商综合试验区建设,支持数字化商贸平台建设,加快数字贸易发展,推广新零售,发展社交电商、直播电商等新业态新模式。在农业方面,第一,加快种植业、畜牧业、渔业、种业、农产品加工业等领域的数字技术应用。推广应用智能农机装备,加强农业农村大数据建设,强化益农信息服务,加大农村仓储、物流、冷链设施建设支持力度,提升农业生产、加工、销售、物流等各环节的数字化水平。第二,支持新型农业经营主体、加工流通企业与电商企业对接融合。发展直采直供、冷链配送、社区拼购等农产品销售服务新业态、新模式。推动数字产业化转型服务,建立公共服务与市场化服务相结合、多要素支撑的数字化转型服务生态。围绕产业数字化转型、提供诊断咨询、应用培训、测试评估等服务。重点面向中小企业提供数字化转型诊断和低成本、轻量化的数字化解决方案。[2]

(5) 建设治理和服务数字化制度。该条例规定:一是推进政府治理数字化,发挥数字化在政府履行经济调节、市场监管、社会管理、公共服务、生态环境保护、突发事件应对等方面职能的支撑作用,构建协同高效的政府数字化履职能力体系。二是推动政务信息化共建共用,加快推进政务服务标准化、规范化、便利化,全面推动政务服务一件事、社会治理一类事、政务运行一体事三大领域清单改革,实现利企便民高频服务"一网通办"。三是统筹推进智慧城市和数字乡村融合发展,开展智慧社区建设,加快基本公共服务向乡镇、村居延伸,打通治理和服务数字化"最后一公里",让百姓少跑腿、数据多跑路。四是加快社会服务优化升级,推进文化教育、医疗健康等领域公共服务资源数字化供给和网络化服务,强化养老等重点民生领域社会服务

---

[1]《江苏省数字经济促进条例》(2022年8月1日施行) 第五章。
[2]《一图读懂江苏省数字经济促进条例》,载江苏省人民政府网:http://fzggw.jiangsu.gov.cn/art/2022/6/27/art_ 283_ 10519833.html,2023年4月1日访问。

供需对接，提升服务资源配置效率和共享水平。五是关注老年人等运用智能技术困难群体，按照优化传统服务与创新数字服务并行的原则，制定、完善相关措施，保障和改善其基本服务需求和服务体验。〔1〕

（6）建立健全数据资源利用制度。一是加强数据资源统筹管理。加大公共数据资源供给，统筹建立公共数据开发范围动态调整机制，明确公共数据应当以共享为原则、以不共享为例外。采取产业政策引导、社会资本引入等多种方式，引导企业等组织、个人有序开放自有数据资源；对数据开展分级分类管理。二是促进数据资源开发利用。创新开发利用模式和运营机制，支持和推动公共数据资源在农业、工业、教育、安防、城市管理等多个领域的开发利用，鼓励和支持组织、个人依法开发利用公共数据资源，提供数据产品和服务；推行首席数据官制度，提升数据治理能力。三是加快培育数据要素市场。推动数据要素市场化建设，发展数据运营机构、数据经纪人，可依法设立数据交易场所，规范数据交易行为；支持社会化数据服务机构发展，培育壮大数据服务产业。〔2〕

（7）建立数据资源保护制度。该条例规定建立健全数据安全风险评估、报告、信息共享、监测预警、应急处置等机制，建立健全全流程数据安全管理制度，确定重要数据目录，进行重点保护，依法保护组织、个人与数据有关的合法权益。〔3〕

（8）建立适应数字经济发展的监管体系。该条例全文11次出现"监管"字样，意在通过监管体系来保障数字经济规范的有序发展。第一，依法查处违法行为。该条例第80条规定："市场监督管理部门应当依法查处滥用市场支配地位、达成并实施垄断协议以及从事不正当竞争等违法行为，保障数字经济市场主体的合法权益，营造公平竞争市场环境。"第二，建立数字经济统计监测机制。县级以上地方人民政府以及有关部门应当建立数字经济统计监测机制，开展数字经济统计、分析，依法向社会公布。〔4〕实施对数字经济发展的动态跟踪监测，有效加强了对部门和地方的督促引导，进一步形成工作

---

〔1〕《江苏省数字经济促进条例》（2022年8月1日施行）第六章。
〔2〕《江苏省数字经济促进条例》（2022年8月1日施行）第58、59、61条。
〔3〕《江苏省数字经济促进条例》（2022年8月1日施行）第62条。
〔4〕《〈江苏省数字经济促进条例〉解读》，载中共江苏省委新闻网：http://www.zgjssw.gov.cn/yaowen/202206/t20220621_7589155.shtml，2023年4月1日访问。

合力,为推进条例贯彻落实营造良好氛围。第三,建立数字经济创业容错机制。各级主管部门应当创新监管理念和方式,建立数字经济创新创业容错机制,对数字经济领域的新技术、新产业、新业态、新模式实行包容审慎监管,对在数字经济促进工作中出现失误、错误的有关部门及其工作人员,符合国家和省规定条件的可以不作负面评价。[1]依法组织对使用财政资金的数字经济项目进行审计监督,定期对本级数字经济发展情况进行评估。[2]

2.《江苏省公共数据管理办法》(2022年2月1日施行)

(1)明确了公共数据管理中的各方责任。该办法规定,县级以上地方人民政府统一领导本行政区域的公共数据管理工作,将公共数据管理工作纳入本行政区域国民经济和社会发展规划,建立健全工作协调机制,统筹解决公共数据管理重大问题,落实数据安全责任,组织开展监督考核。省政务服务管理办公室是省公共数据主管部门,负责组织、指导、协调、监督公共数据管理工作。省大数据管理中心是省公共数据运行管理机构,具体负责公共数据归口管理工作,建设和管理省公共数据平台。设区的市、县(市、区)人民政府应当确定本级公共数据主管部门和公共数据运行管理机构,并明确其职责。公共管理和服务机构应当确定本机构的公共数据管理具体责任单位及其负责人并明确其职责,做好本机构公共数据的收集获取、目录编制、共享开放、更新维护和安全保障等工作,依法提供、使用公共数据。[3]

(2)创新性设立失误免责减责制度。特别需要强调的是,该办法鼓励先行先试,在全国范围内首次将公共数据领域先行先试过程中失误的免责或减责提升到了"总则"位置,该办法规定鼓励和支持各地区、各部门结合实际情况,在法治框架内积极探索有利于公共数据共享开放和开发利用的创新举措;对探索中出现失误或者偏差,符合规定条件的,按照国家和省有关规定可以予以免责或者减轻责任,[4]在一定程度上为各级行政机关开展公共数据领域创新免除后顾之忧。

(3)规范公共数据供给制度。该办法规定,公共数据是重要生产要素,具有公共属性,由公共数据主管部门代表本级人民政府统一行使公共数据管

---

[1]《江苏省数字经济促进条例》(2022年8月1日施行)第82条。
[2]《江苏省数字经济促进条例》(2022年8月1日施行)第81、83条。
[3]《江苏省公共数据管理办法》(2022年2月1日施行)第4、5条。
[4]《江苏省公共数据管理办法》(2022年2月1日施行)第9条。

理职责。公共管理和服务机构负责提供符合质量标准的公共数据，有权申请使用公共数据，应当依照法律、法规和公共数据资源目录以及相关标准规范收集公共数据，收集涉及个人信息的公共数据应当限于实现处理目的的最小范围，不得过度收集；能够通过公共数据平台收集公共数据的，不得重复收集、多头收集。公共数据运行管理机构应当会同有关主管部门建设和管理本级自然人、法人、电子证照、社会信用、自然资源和空间地理等基础数据库，根据实际需要推进各领域主题数据库、专题数据库建设。自然人数据应当以身份证件号码作为标识，法人和其他组织数据应当以统一社会信用代码作为标识。〔1〕

（4）强化公共数据共享制度。该办法规定公共数据按照共享属性分为无条件共享、有条件共享和不予共享三种类型，公共管理和服务机构之间共享公共数据应当以共享为原则、以不共享为例外，无偿共享公共数据。公共管理和服务机构应当采用请求响应的调用服务方式使用共享的公共数据；需要拷贝公共数据的，应当征得公共数据主管部门和提供公共数据的公共管理和服务机构同意。同时，该办法对有条件共享的公共数据的申请、审核、督办，以及共享本省行政区域内跨层级、跨地区等本级公共数据平台不能直接获取的公共数据等程序做了明确规定。〔2〕

（5）建立推动公共数据开放制度。该办法规定，按照开放属性分为不予开放、有条件开放和无条件开放三种类型，在编制公共数据资源目录时确定其开放类型。公共数据开放应当以企业、群众需求为导向，依法、安全、有序地向公民、法人和其他组织开放。公民、法人和其他组织可以通过公共数据平台提出有条件开放类公共数据开放申请。公民、法人和其他组织可以通过公共数据平台查阅开放的公共数据、提出异议申请，认为开放的公共数据侵害其隐私、个人信息、商业秘密或者其他应当保密的信息等合法权益的，有权要求提供公共数据的公共管理和服务机构撤回数据、终止开放。〔3〕

（6）促进公共数据开发利用。该办法规定，县级以上地方人民政府应当运用公共数据发展和完善数据要素市场，支持和推动公共数据资源在农业、

---

〔1〕《省司法厅：〈江苏省公共数据管理办法〉政策解读》，载江苏省人民政府网：http://www.jiangsu.gov.cn/art/2021/12/31/art_32648_10260820.html，2023年4月1日访问。

〔2〕《江苏省公共数据管理办法》（2022年2月1日施行）第19、22、25、26条。

〔3〕《江苏省公共数据管理办法》（2022年2月1日施行）第28、29条。

工业、教育、安防、城市管理、交通运输、公共资源交易、市场监管、金融、体育等领域的开发利用，提升公共数据资源价值；通过政府资金扶持、企业高校智库共建等产学研用合作以及其他方式，支持和鼓励公民、法人和其他组织依法开发利用公共数据资源，提供数据产品和数据服务。公共管理和服务机构向符合条件的公共数据利用主体开放有条件开放类公共数据，应当签订公共数据利用协议。公共数据利用主体利用依法获取的公共数据形成数据产品和数据服务等权益受法律保护，但是不得滥用相关权益，不得损害国家利益、社会公共利益或者他人合法权益。[1]

（7）建立公共数据安全管理制度。该办法在统筹数字化发展和安全，建立健全数据安全治理体系，强化公共数据安全全流程保护，提高数据安全保障能力等方面提出了明确要求。公共数据依法实行分类分级保护，各地区、各部门对本地区、本部门工作中收集和产生的公共数据以及数据安全负责。公共管理和服务机构应当监督受委托提供相关信息系统建设、维护和公共数据存储、加工等服务的主体履行相应的数据安全义务。受委托提供服务的主体应当依照法律、法规规定和安全保密协议等合同约定履行数据安全义务。[2]

（8）建立公共数据管理保障和监督制度。公共数据提供按照"谁主管谁负责、谁提供谁负责"的原则，公共数据利用按照"谁使用谁负责、谁管理谁负责"的原则，实施公共数据全流程管理。公共数据主管部门建立健全公共数据资产登记管理制度和动态管理机制，汇总登记本级公共数据资产。公共管理和服务机构负责登记本机构公共数据资产，接受本级公共数据主管部门和国有资产监管等有关部门的指导。公共数据运行管理机构负责具体实施公共数据管理。[3]

十二、宁夏立法现状

（一）立法概述

数字经济是全球未来的发展方向，是拉动经济持续增长，推进产业转型升级，推动高质量发展的重要引擎。"十四五"是宁夏全面建成小康社会之

---

[1]《江苏省公共数据管理办法》（2022年2月1日施行）第34、35、36、40条。
[2]《江苏省公共数据管理办法》（2022年2月1日施行）第六章。
[3]《江苏省公共数据管理办法》（2022年2月1日施行）第七章。

后，开启全面建设社会主义现代化国家新征程的第一个五年，也是努力建设黄河流域生态保护和高质量发展先行区、继续建设经济繁荣、民族团结、环境优美、人民富裕的美丽新宁夏的关键性五年。顺应时代变革趋势，加快发展数字经济，释放数字经济潜力，全面建设数字宁夏，对推进供给侧结构性改革、培育壮大经济发展新动能、加快新旧动能接续转换具有重要意义。

宁夏以习近平新时代中国特色社会主义思想为指导，深入贯彻党的十九大和十九届二中、三中、四中、五中全会精神，全面贯彻落实习近平总书记视察宁夏重要讲话精神，立足新发展阶段，贯彻新发展理念，构建新发展格局，以推动高质量发展为主题，以供给侧结构性改革为主线，以改革创新为根本动力，全面实施数字经济战略，以建设全国一体化算力网络国家枢纽节点和赋能自治区九个重点产业高质量发展为重点，高水平建设数字宁夏，着力推进产业数字化和数字产业化，着力提升数字经济治理能力和水平，着力建设放在智能新型基础设施，着力推进数据要素高效配置与价值提升，以数字经济发展带动生产方式和生活方式的根本性改变，努力打造西部地区数字经济创新发展新高地，为建设黄河流域生态保护和高质量发展先行区，继续建设经济繁荣民族团结环境优美人民富裕的美丽新宁夏提供坚实的动力支撑。[1]

到2025年，数字基础设施基本完善，数字产业化体系初步形成，特色农业、新型材料、绿色食品、清洁能源、文化旅游等重要领域和重点行业数字化转型基本完成，数字经济发展生态体系基本形成，数据资源价值进一步释放，全力建设"西部数谷"，努力建设西部数字经济创新发展新高地。[2]为此必须深化数字经济领域"放管服"改革，推动跨区域审批改革、法规制度适应性变革，推进数字经济领域立法，确保数字经济相关监管职权法定，市场行为有法可依。提升招商引资力度，优化土地供应、租金优惠、用电成本、能耗指标等具体举措，优先保障数字经济重大平台、重大项目推进。优化企业引进培育奖补制度，实施云计算和大数据、软件企业培育计划，评选一批融合应用、企业上云试点示范，政策支持向创新产品研发、参与标准制定等方面倾斜。开展数字经济发展示范区、产业集聚区、创新平台认定，优先支

---

[1] 2022年9月29日宁夏回族自治区人民政府办公厅印发《宁夏回族自治区数字经济发展"十四五"规划》（宁政办发〔2021〕69号）。

[2] 2022年9月29日宁夏回族自治区人民政府办公厅印发《宁夏回族自治区数字经济发展"十四五"规划》（宁政办发〔2021〕69号）二、总体要求（三）发展目标。

持创建自治区产业创新中心、工程研究中心、企业技术中心等创新平台。[1]

宁夏回族自治区出台相关法规规章等规范性文件进一步规范大数据的采集引用，培育壮大大数据产业，促进数字经济的健康发展，于2018年出台了《宁夏回族自治区政务数据资源共享管理办法》。

（二）立法定位及原则

2018年8月31日，宁夏回族自治区人民政府常务会议审议通过了《宁夏回族自治区政务数据资源共享管理办法》，于2018年11月1日起正式实施。该办法的颁布实施，对推动宁夏回族自治区政务数据资源共享，提升行政效率和公共服务水平发挥了重要的法制保障作用。

政务数据资源是国家数据资源的重要组成。加快推动政务数据共享工作，是转变政府职能、创新社会管理的重要举措，有利于全面释放数据红利。近年来，国家先后出台了《纲要》《政务信息资源共享管理暂行办法》等一系列文件，全面推动政务数据共享工作，积极构建跨地区、跨部门的数据共享共用格局。宁夏回族自治区政务数据资源共享工作已经具备了一定基础：一是搭建了全区电子政务外网和公共云平台；二是基本建成了自治区政务数据共享交换平台；三是建成了全区统一的政府网站群和全区政务服务网，初步形成了统一的公共在线服务入口。但是，区政务数据资源共享工作还存在一些亟待解决的问题。一是制度建设缺位，政务数据共享缺乏法定依据，数据管理权限不明确，责任边界不明晰，共享工作协调难度大；二是缺乏激励约束机制，有的政务部门还存在"独有专享"的观念；三是自治区政务数据共享交换平台与设区的市级平台还未实现纵向贯通，政务数据管理流程和标准体系还不健全，影响了政务数据共享工作的深入开展。因此，为了加快推动宁夏政务数据共享工作，提升行政效率和公共服务水平，制定该办法十分必要。

在立法定位上，该办法在总则第1条开宗明义地规定，为了加强政务数据资源管理，推进政务数据资源共享，提高行政效率，提升公共服务水平，根据国家有关规定，制定本办法。

---

[1]《自治区人民政府办公厅关于印发宁夏回族自治区数字经济发展"十四五"规划的通知》，载宁夏回族自治区人民政府网：https://www.nx.gov.cn/zwgk/qzfwj/202201/t20220113_3282581.html，2022年9月20日访问。

该办法中有很多原则性规定，提出了纲领性要求。如在数据资源共享和目录的编制上，要求人口数据、法人单位数据、自然资源和空间地理数据、电子证照数据等基础数据资源的基础数据项是政务部门履行职责的共同需要，应当依据整合共建原则，通过集中建设或者接入共享平台实现基础数据统筹管理、及时更新，在部门间实现无条件共享。在第四章公共数据使用上提出了多个原则性规定，提供部门在向使用部门提供共享数据时，应当明确数据的共享范围和使用用途，原则上通过共享平台提供。并且，应该按照"谁主管，谁提供，谁负责"的原则，提供部门应当及时维护和更新数据，保障数据的完整性、准确性、时效性和可用性，确保所提供的共享数据与本部门所掌握数据的一致性；按照"谁经手，谁使用，谁管理，谁负责"的原则，使用部门应当根据履行职责需要依法依规使用共享数据，并加强共享数据使用全过程管理。

（三）主要制度内容

2018年出台的《宁夏回族自治区政务数据资源共享管理办法》，共6章25条，包括政务数据共享平台和资源目录、政务数据资源分类与共享要求、共享数据的提供与使用、数据共享工作的保障和监督等内容。

（1）明确政务数据内涵。该办法将政务数据资源的范围界定为"政务部门在履行职责过程中制作或者获取的，以电子形式记录、保存的各类数据资源，包括政务部门直接或者通过第三方依法采集的、依法授权管理的和因履行职责需要依托政务信息系统形成的数据资源等"。[1]

（2）建立政务数据管理体制机制。针对政务数据资源管理主体，该办法明确规定：一是由县级以上人民政府政务数据资源共享主管部门负责推进、指导、协调、监督本行政区域的政务数据资源共享工作；二是其他政务部门负责本部门政务数据的采集、更新、共享和目录编制等工作。在政务数据资源管理方式方面，宁夏目前已经建成政务数据共享交换平台，并制定了政务数据资源目录体系规范、共享交换系统技术规范，规范了政务数据资源目录编制和共享交换的技术要求。在此基础上，该办法明确要求对政务数据资源实行目录管理，明确了目录编制的职责分工和工作要求，明确了政务部门通

---

〔1〕《宁夏回族自治区政务数据资源共享管理办法》（2018年9月4日宁夏回族自治区人民政府令第100号公布，自2018年11月1日起施行）第2条。

过政务数据共享交换平台编制、维护本部门政务数据资源目录，并按照资源目录向政务数据共享交换平台提供共享数据，从平台获取并使用其他政务部门的共享数据。〔1〕

（3）完善政务数据资源共享程序。该办法对政务数据资源共享流程作出了具体的规定，明确政务数据资源共享属性分为无条件共享、有条件共享和不予共享三类。其中，属于无条件共享类的数据资源，使用部门在政务数据共享交换平台上直接获取；属于有条件共享类的数据资源，使用部门通过政务数据共享交换平台向提供部门提出申请，提供部门应当在10个工作日内予以答复，使用部门按照答复意见使用共享数据；对不予共享的，提供部门应当说明理由。〔2〕

（4）建立政务数据资源使用责任制度。该办法规定，政务数据提供部门按照"谁主管、谁提供、谁负责"的原则，承担数据的完整性、准确性、时效性和可用性责任，政务数据使用部门要遵从"谁经手、谁使用、谁管理、谁负责"的原则，根据履行职责需要依法依规使用共享数据，并加强共享数据使用全过程管理。〔3〕

（5）构建政务数据资源共享保障监督制度。为了加强政务数据资源共享的保障工作，强化政务部门数据资源共享的主动性，该办法规定：一是加强工作评价，规定自治区数据共享主管部门会同相关部门每年对政务部门提供和使用共享数据的情况进行评价和督促检查，增强各部门共享数据的积极性；二是强化监督问责，对于未按要求编制更新政务数据资源目录、未向政务数据共享交换平台及时提供共享数据等违反办法规定的行为，对相关部门工作人员依法给予处分；三是建立约束机制，自治区发展和改革、经济和信息化、财政、数据共享、网信等主管部门建立政务信息化项目建设投资和运维经费协商机制，不符合政务数据资源共享要求的，不予审批建设项目，不予安排运维经费，并将编制政务数据资源目录和接入政务数据共享交换平台，作为

---

〔1〕《宁夏回族自治区政务数据资源共享管理办法》（2018年9月4日宁夏回族自治区人民政府令第100号公布，自2018年11月1日起施行）第4、5、8条。

〔2〕《宁夏回族自治区政务数据资源共享管理办法》（2018年9月4日宁夏回族自治区人民政府令第100号公布，自2018年11月1日起施行）第9、10条。

〔3〕《宁夏回族自治区政务数据资源共享管理办法》（2018年9月4日宁夏回族自治区人民政府令第100号公布，自2018年11月1日起施行）第13、14条。

政务信息化项目立项审批和验收的要求。[1]

本章小结

（一）所列名省市总体情况、共性特点与特色立法

1. 数据立法总体情况

当前，全球已进入数字经济时代，我国高度重视数字经济发展。2021年年初通过的"中华人民共和国国民经济和社会发展第十四个五年规划和2035年远景目标纲要"对于大数据的发展作出了重要部署，大数据从一个新兴的技术产业，正在成为融入经济社会发展各领域的要素、资源、动力、观念。[2]中共中央、国务院于2020年印发的《关于构建更加完善的要素市场化配置体制机制的意见》，明确将数据列为与土地、劳动力、资本、技术相并列的生产要素。数据作为一种新型生产要素，已经深度融入经济价值创造过程，成了推动经济高质量发展的新动能。[3]2021年以来，全球各国大数据战略持续推进，聚焦数据价值释放，而国内围绕数据要素的各个方面正在加速布局和创新发展。政策方面，我国大数据战略进一步深化，激活数据要素潜能、加快数据要素市场化建设成为核心议题；法律方面，从基本法律、行业行政法规到地方立法，我国数据法律体系架构初步搭建完成；技术方面，大数据技术体系以提升效率、赋能业务、加强安全、促进流通为目标加速向各领域扩散，已形成支撑数据要素发展的整套工具体系；管理方面，数据资产管理实践加速落地，并正在从提升数据资产质量向数据资产价值运营加速升级；流通方面，数据流通的基础制度与市场规则仍在起步探索阶段，但各界力量正在从新模式、新技术、新规则等多角度加速探索变革思路；安全方面，随着监管力度和企业意识的强化，数据安全治理初见成效，数据安全的体系化建设逐步提升。

除了国家大数据综合试验区在大数据立法工作上主动先行之外，其他地区大数据立法也呈现出加速发展态势。其他地区本书共统计了12个省份，共

---

[1]《宁夏回族自治区政务数据资源共享管理办法》（2018年9月4日宁夏回族自治区人民政府令第100号公布，自2018年11月1日起施行）第五章。

[2]《大数据白皮书2022年》，载中国信息通信研究院：http://www.caict.ac.cn/kxyj/qwfb/bps/202301/P020230104388100740258.pdf，2023年5月2日访问。

[3]《多地推进大数据立法专家期待加速国家立法》，载微信公众号：https://mp.weixin.qq.com/s/eN292DGMpRYxHmm6AMA9_w，2023年5月2日访问。

出台大数据地方性法规约33件，其中地方数字经济立法约13件，政务数据管理立法约20件。随着数据合规立法进入深水区，地方立法充分发挥优势，探索数据确权、数据估值和数据流通等关键难题的解决之道。地方立法的先行先试将有助于推动地区数字经济发展，为国家制度创新积累经验，加速推送大数据的立法进程。

在华北地区，除国家大数据综合试验区外，2020年山西省出台了两个省级文件：《山西省政务数据管理与应用办法》和《山西省大数据发展应用促进条例》进一步规范大数据的采集引用，促进数字经济的健康发展。华中地区，除国家大数据综合试验区外，湖北省在大数据立法工作上先从政务数据出发，于2021年出台了《湖北省政务数据资源应用与管理办法》《武汉市公共数据资源管理办法》，以规范和促进政务数据资源应用与管理。在数字经济立法上，2023年5月10日，湖北省出台了《湖北省数字经济促进办法》，于2023年7月1日实施。华南地区，除国家大数据综合试验区外，海南省作为首个自由贸易试验区，在大数据立法工作上节节开花，省一级的立法文件达到5件：《海南省公共数据产品开发利用暂行管理办法》《海南省电子印章应用管理办法（试行）》《海南省大数据开发应用条例》《海南省公共信息资源安全使用管理办法》《海南省公共信息资源管理办法》，培育壮大大数据产业，促进数字经济的健康发展，将海南打造成为全球自由贸易港智慧标杆。[1]

在西北地区，除国家大数据综合试验区外，宁夏全力建设"西部数谷"，努力建设西部数字经济创新发展新高地，于2018年出台《宁夏回族自治区政务数据资源共享管理办法》，规范大数据的采集引用。

在东北地区，黑龙江于2022年出台了《黑龙江省促进大数据发展应用条例》，规范大数据发展应用，促进大数据产业发展，更好地服务、推动黑龙江全面振兴、全方位振兴。吉林省出台的省一级的立法文件有2019年的《吉林省公共数据和一网通办管理办法（试行）》与2020年的《吉林省促进大数据发展应用条例》，推进业务协同集成和数据资源共享，全面推动数字化技术在政务服务领域的应用。

---

〔1〕《前沿 | 当下地方数据立法热潮应当秉持的四维意识——基于地方数据立法基本特征和面临问题的思考》，载微信公众号：https://mp.weixin.qq.com/s/Y-8Q-ty7FG_ 9YKsBmnAXDg，2023年5月2日访问。

在华东地区，除国家大数据综合试验区外，浙江省作为数字经济大省，于2017年至今先后出台了《浙江省公共数据条例》《浙江省数字经济条例》《浙江省公共数据和电子政务管理办法》《浙江省公共数据开放与安全管理暂行办法》等省一级立法文件，为全面进入繁荣成熟的数字经济时代，数字赋能产业发展，全面形成以数字经济为核心的现代化经济体系提供了强有力支撑。[1]同样位于沿海地区的福建省，大数据立法工作积极与数字福建相融合，把数字福建建设作为基础性先导性工程，相继出台了2016年《福建省政务数据管理办法》、2021年《福建省大数据发展条例》、2022年《福建省公共数据资源开放开发管理办法（试行）》，全力加快大数据信息化发展。

作为华北地区大省，山东省为了加速发展大数据经济，于2019年出台了《山东省电子政务和政务数据管理办法》，于2021年出台了《山东省大数据发展促进条例》，于2022年出台了《山东省公共数据开放办法》相关法规规章等规范性文件进一步规范大数据的采集引用，培育壮大大数据产业，促进数字经济的健康发展。

江苏省出台了省一级立法文件：2017年的《江苏省政务信息资源共享管理暂行办法》、2021年的《江苏省公共数据管理办法》、2022年的《江苏省数字经济促进条例》等，为推动数字经济与实体经济融合发展、建设数字经济强省提供了有力的法治保障。

江西省出台的省一级的立法文件有：2021年的《江西省公共数据管理办法》，2022年4月28日的《江西省数据条例（征求意见稿）》。从整体上看，江西省出台的相关立法文件较少，但是全省强化政策支持，着力完善数字经济治理体系，为全面建设社会主义现代化江西提供了有力支撑。

安徽省出台的省一级立法文件有：2022年的《安徽省省级政务云管理办法（试行）》（修订版）、2021年的《安徽省电子政务外网管理办法（试行）》、2021年的《安徽省政务数据资源管理办法》、2021年的《安徽省大数据发展条例》，构筑起了比较完善的数据资源地方法规体系，使安徽省数据资源立法进入了全国第一梯队。

2. 数据立法共性特点

通过对上述12个省份大数据立法情况的梳理，可总结出上述数据立法存

---

[1]《地方数据立法如何创新？法学专家高绍林建议要小而精、专题式》，载微信公众号：https://mp.weixin.qq.com/s/H8HeTk-mrs7EkOZ2mV5lbg，2023年5月2日访问。

在很多共性。

(1) 数据立法都有政策强有力的推动支持。无论是华北、华南地区的省份，还是东北、西北地区的省份，共性在于自身强有力的政策定位及相关政策辅佐，同时有丰富的优势产业可供依托。大部分的省份都是先出台了数据经济规划、政府数据管理要点等政策性文件，明确数据在当今时代发展的重要性，划分相关立法工作职责，推出支持数据产业措施，保障数据立法工作的畅通。从信息化、政务数据到大数据、数字经济，地方数据立法始终以贯彻落实国家政策、法律规定为导向。2016年，国务院先后印发《政务信息资源共享管理暂行办法》《〈关于全面推进政务公开工作的意见〉实施细则》，推动地方大数据、政务数据立法高潮。"十四五"规划强调加快数字化发展，发展数字经济，推进数字产业化和产业数字化；2021年，《数据安全法》《个人信息保护法》先后通过，我国数据治理法律体系日臻完善；《浙江省数字经济促进条例》《深圳经济特区数据条例》《广东省数字经济促进条例》《上海市数据条例》相继发布，综合体现上述政策、法律内容要求。

(2) 都重视数据安全责任保障制度。大数据经济作为新兴产业，其安全规制还不到位，现实中已经出现了安全技术落后、防控能力不足、信息泄露、数据交易安全第三方监督缺位等问题。所有省份的大数据立法基本上都制定了相应的数据安全责任制度保障大数据的安全。明确政务数据开放与安全管理体制，将责任落实到具体的部门和人。[1]在浙江省，《浙江省公共数据开放与安全管理暂行办法》规定了容错免责制度，明确具备相关条件的，对有关单位和个人不作负面评价，依法不承担或者免予承担相关责任。

(3) 均重视个人信息保护。在数据立法领域，讨论最多的当属个人信息权益问题。宏大的数据信息由无数个人信息所构成，如何在保护个人信息的同时促进数据经济的发展，形成富有动力的数据发展社会成了地方立法都关注的问题。在《个人信息保护法》出台后，各地的大数据立法也结合《个人信息保护法》的原则，从数据出发，对个人信息保护进行细化。如浙江省的《浙江省公共数据开放与安全管理暂行办法》强调个人信息保护原则，数据开放中的个人信息保护有待强化。福建省的《福建省大数据发展条例》对所采

---

[1] 刘莹莹、史江峰：《大数据领域国内外立法及中国国家标准推进情况综述》，载《专利代理》2022年第2期，第83~87页。

集的个人信息进行去标识化或者匿名化处理，建立了数据脱敏、数据风险评估等规则，以强化对个人信息的保护。吉林省的《吉林省促进大数据发展应用条例》通过不得收集与其提供的服务无关的个人信息，不得违反法律法规的规定和双方的约定收集、使用个人信息，来反向限制数据归集制度，进而保护个人信息。

（4）均坚持公共数据开放先行。《国家信息化发展战略纲要》指出：推进公共信息资源开放共享，是开放信息资源、增强信息化发展能力的重要内容。同时，根据"十四五"规划，扩大基础公共信息数据有序开放是加快数字化发展的重要举措。[1]我国公共数据开放领域的地方立法数量呈现逐年增长趋势，并且在大数据立法中，呈现出了公共数据开放先行趋势。2016年仅有《贵州省大数据发展应用促进条例》和《福建省政务数据管理办法》2部地方立法，2017年新增2部、2018年新增4部、2019年新增5部、2020年新增15部，2021年多个省市将公共数据开放的相关立法纳入立法计划。涉及公共数据开放的地方立法数量快速增长，顺应了大数据时代的立法潮流，符合我国安全有序开放公共数据的发展目标。[2]目前，每个省份均有关于公共数据开放地方立法，然其他领域的大数据立法还未能够满足该条件。[3]

（5）都重视建立数据跨省互通机制。数据是当今时代各大城市都争相收集的基础性战略资源，为了能够广泛获得该战略收益，各个城市都极力推动数据的流动，也出现了数据跨省流动的各种问题。数据跨省流动背后是安全监管和个人隐私保护等诸多限制因素，如何在强化地方数据与网络安全的同时放开数据跨省流动准则是地方立法数据发展的突破性关口。《中华人民共和国国民经济和社会发展第十四个五年规划和2035年远景目标纲要》明确提出，推进数据跨部门、跨层级、跨地区汇聚融合和深度利用。大部分省份都构建了数据开放平台，推动数据跨层级、跨地域、跨部门、跨行业创新应用。吉林省也率先推出了"跨省通办"工作要求，力争服务系统建设达到全国先

---

[1] 宗珊珊：《我国地方数据立法的特征、挑战与展望》，载《信息通信技术与政策》2022年第8期，第65~69页。

[2] 程斌：《我国公共数据开放的地方立法研究》，载《荆楚学刊》2021年第6期，第55~61页和第96页。

[3] 宗珊珊：《我国地方数据立法的特征、挑战与展望》，载《信息通信技术与政策》2022年第8期，第65~69页。

进水平,山东省和海南省对数据跨境也做了进一步规定,《山东省大数据发展促进条例》强调数据跨境审查,数据安全责任单位向境外提供国家规定的重要数据,应当按照国家有关规定实行数据出境安全评估和国家安全审查。海南省作为全国首个自由贸易港,数据跨境服务等特色领域综合能力领跑全国,如电子印章跨系统、跨部门、跨网络平台的互信互验,进一步扩展了原有电子印章的应用范围。

(6) 立法程度与数字经济发展水平相关。立法活动与经济活动互相影响、彼此促进。经济发展中的实际问题往往可以推动法律法规的制定,而完善的法律制度又能定分止争,促进经济发展。总体来看,我国地方数据立法程度与数字经济发展水平呈正相关。在上述数据立法活跃的省/市中,江苏、山东、浙江、福建、湖北、安徽等地 2020 年数字经济规模均超过 1 万亿元,贵州、福建的数字经济增速位居全国前列;浙江、江苏、山东、湖北、福建等地在国家互联网信息办公室发布的《数字中国发展报告(2020 年)》中被评为信息化发展水平第一梯队,创新引领能力持续增强,相应的,这些地方的数据相关立法更加活跃。

3. 数据立法的各自特色

地方立法的目的是解决当地需要通过地方性法规规章才能解决的具体问题,提高立法精细化水平,立符合实际的法、有效管用的法、百姓拥护的法,以良法促进发展、保障善治。实践中,大数据地方立法切实将立法视为中国特色社会主义法治建设的有机组成部分,制定出能够发挥实施性、补充性、探索性作用的地方性法规规章,更好地适应现代化进程中地方治理的需要[1],其中一些特色立法将地方立法与实际发展结合起来,体现了创新性、前瞻性,进一步提高数据发展能力和运行效率。

(1) 创新性设计数据权属制度。随着数字经济的发展,数字权属问题越来越成为大众所关注的焦点,但是在目前国家层面的数据信息立法中,有关的数据权属问题尚处于空白地带。这也使得在数据快速发展的时代,司法和执法无法依法作出准确判断,进而导致在数据产权保护上的缺失。但在地方立法上,社会需求带动立法先行先试,部分省份已经对争议颇多的数据权属

---

[1] 毛雨:《设区的市地方立法工作分析与完善》,载《中国法律评论》2018 年第 5 期,第 187~202 页。

问题作出了回应。例如，福建省的《福建省政务数据管理办法》明确政务数据资源属于国家所有，纳入国有资产管理。又如，黑龙江省的《黑龙江省促进大数据发展应用条例》规定，鼓励探索建立数据权属登记制度，依法保护自然人、法人和非法人组织合法处理数据享有的财产权益，推动数据交易活动的开展。地方性立法的创举为国家层面相关立法及制度设计积累了实践经验和制度建设的经验。

（2）构建数据定价模式。数据交易复杂多元，数据产权集中，数据定价并不存在公平、均衡的价格体系。由于数据需求方是定制的，数据要素对需求方效用不同，所以不同的数据需求方会有不同的定价。而另一方面数据的供给端存在数据权利集中现象，他们在市场交易中有优势，但推动数据流通的意愿不高。数据定价要防止"价格敲诈"，防止数据拥有者利用数据支配地位进行不正当竞争。对此问题，部分省份也构建了别样的数据定价模式，释放了数据活力。如黑龙江省的《黑龙江省促进大数据发展应用条例》在数据价值评估和定价模式上规定，鼓励省内高等院校、科研机构及数据运营单位研究建立数据价值评估和定价模式，这为构建数据资产定价指标体系做出了新尝试。江苏省的《江苏省公共数据管理办法》也在数据定价模式上做出了探索，在政府数据开放领域可以采取固定定价和拉姆齐定价的模式释放数据活力。[1]

（3）创设失误免责减责制度。为鼓励数据开放、共享、开发应用，鼓励各部分单位积极探索，先行先试，在全国范围内首次将公共数据领域先行先试过程中失误的免责或减责提升到"总则"位置，鼓励先行先试，《江苏省公共数据管理办法》（2022年2月1日施行）在全国范围内首次在总则中规定了"失误免责减责制度"，明确公共数据领域先行先试过程中的失误根据实际给予的免责或减轻责任，在很大程度上为各级行政机关开展公共数据开发共享与开发应用领域创新实践免除了后顾之忧，激发了数据相关主体开展数据处理行为的热情。

---

[1]《观点｜数据交易仍存三大困境，我国需要一部数据交易专门立法》，载微信公众号：https://mp.weixin.qq.com/s?__biz=MzI5Nzc5MTI3MQ==&mid=2247515487&idx=2&sn=68bc1cb12b92855479e10cde07adbadd&chksm=ecad4717dbdace0172e7419fdd7f6eae2107d236c821938b94482a0005e110179eb91a85d942&scene=27，2023年5月2日访问。

第三章　其他地区大数据立法现状及主要内容

(二) 未列举的其他地区数据及信息立法概括性总结

广西壮族自治区在数字经济和信息发展上坚持以习近平新时代中国特色社会主义思想为指导，深入贯彻党的十九大和十九届历次全会精神，深入贯彻国家关于网络强国、数字中国等重大战略部署，贯彻落实习近平总书记对广西工作系列重要指示精神，把握新发展阶段、贯彻新发展理念、构建新发展格局，以推动高质量发展为主题，以创新引领、数据驱动为核心，夯实数字发展基础，提升数字经济动能，激发数据要素活力，创新数字政府模式，完善数字社会体系，深化数字开放合作，筑牢数字安全防线，以数字化转型驱动生产方式、生活方式和治理方式变革，全面深入推动数字广西建设迈向新发展阶段，为扎实推进新时代中国特色社会主义壮美广西建设提供强有力支撑。对数字经济和信息发展提出五项基本原则：创新引领，数据驱动；政府统筹，各方参与；集约发展，共建共享；开放合作，互利共赢；夯实基础，安全可控。在把握这五项基本发展原则的情况下搭建战略定位和发展目标，加强改革和信息立法，用法律保障和促进发展。在政府政策上，广西壮族自治区出台《数字广西发展"十四五"规划》《广西数字经济发展三年行动计划（2021—2023年）》。在地方性立法上，于2020年8月出台《广西公共数据开放管理办法》，进一步规范自治区公共数据开放和应用，提升政府治理能力和公共服务水平，推动数字经济发展。2022年11月25日，广西壮族自治区第十三届人民代表大会常务委员会第三十四次会议通过《广西壮族自治区大数据发展条例》，自2023年1月1日起施行。正在积极征求意见阶段，相信在不远的将来，数字广西将会实现繁荣式发展，该条例致力于全面实施国家大数据战略，规范数据市场，保障数据安全，发挥数据要素作用，推动大数据发展应用，促进数字经济和实体经济深度融合，提升治理能力和水平，加快数字广西建设，[1]明确大数据发展应当坚持统筹规划、创新引领、互联互通、共享开放、数据赋能、融合发展、安全规范的原则。[2]

西藏自治区地理位置特殊，在数字经济发展上稍落后于其他省份，因此更加注重特色发展，"十四五"期间，西藏信息通信业将坚持推进安全与发

[1] 2022年11月25日，广西壮族自治区第十三届人民代表大会常务委员会第三十四次会议通过《广西壮族自治区大数据发展条例》（2023年1月1日施行）第1条。
[2] 2022年11月25日，广西壮族自治区第十三届人民代表大会常务委员会第三十四次会议通过《广西壮族自治区大数据发展条例》（2023年1月1日施行）第4条。

展，推动网络和数据安全保障体系建设，提升网络安全技术保障能力，积极构建网络安全新格局，为西藏的长治久安和高质量发展提供强有力的安全保障。在数据信息立法方面，西藏自治区出台《西藏自治区人民政府关于推动云计算应用大数据发展培育经济发展新动力的意见》和《西藏自治区"十四五"信息通信业发展规划》。其中，《西藏自治区"十四五"信息通信业发展规划》，在明确"十四五"期间推进西藏信息通信行业发展的总体思路，即落实网络强国、数字中国战略部署，统筹发展与安全，加快部署新型数字基础设施，持续提升行业管理能力和服务质量，全面加强网络安全保障能力，实现行业高质量发展，赋能千行百业。

  湖南省以习近平新时代中国特色社会主义思想为指引，坚定不移贯彻新发展理念，按照"一条主线、双轮驱动、三个坚持、四个着力"总体思路，紧扣"促进数字经济和实体经济融合发展，加快新旧发展动能接续转换"这一主线，依托数字产业化和产业数字化双轮驱动，坚持统筹推进与重点突破相结合，坚持自主创新与开放合作相结合，坚持政府引导和市场机制相结合，着力突破关键核心技术，着力加强基础设施建设，着力提升产业链水平，着力打造产业生态，推动数字经济高质量发展，为构建现代化经济体系，建设富饶、美丽、幸福新湖南贡献力量。争取在"十四五"规划期内实现全省数字经济实力显著增强，数字产业化和产业数字化水平进入全国先进行列，数字经济基础设施能力全面提升，数字治理体系初步完善，湖南成为全国数字经济创新引领区、产业聚集区和应用先导区。为保障数字经济和数据信息的快速发展，立法先行，湖南省出台众多政策性文件和地方立法文件。《湖南省数字经济发展规划（2020-2025年）》提出了保障数字经济发展的六项措施和十项重点工程。同时，配套的还有《湖南省新型数字基础设施建设"十四五"规划》，数字经济发展离不开数字"新基建"的有力支撑。在地方立法性文件上，2020年11月28日，湖南省人民政府印发了《湖南省政务信息资源共享管理办法》，该办法包括总则、政务信息资源管理、政务信息资源利用、安全保障与监督管理、附则等五个方面内容，进一步提高全省政务部门对依法做好政务信息资源共享工作的认识，规范完善政务信息资源共享工作的设施建设、信息采集标准、共享使用程序、运维管理职责，提升安全防护和责任追究力度，确保全省政务信息资源共享工作规范有序、高效协同，为"数字政府"建设提供基础支撑,助推政府治理体系和治理能力现代化。[1]2021年12月3日,湖南省通过了《湖南省网络安全和信息化条例》,于2022年1月1日施行,该条例是我国第一部同时规范网络安全和信息化工作的省级地方性法规,为湖南省更好地解决网络安全问题、推动信息化发展提供了有力的法制保障,对于推进湖南省治理体系和治理能力现代化、建设数字新湖南具有重要意义。[2]

云南省以习近平新时代中国特色社会主义思想为指导,全面贯彻党的十九大和十九届历次全会精神,深入贯彻落实习近平总书记关于网络强国、数字中国的重要论述和考察云南重要讲话精神,以创新引领、数据驱动为核心,夯实数字基础设施,深化数字开放合作,以数字化转型驱动生产方式、生活方式和治理方式变革,为云南高质量跨越式发展和建设面向南亚东南亚辐射中心提供强大支撑。在近年来,云南省委、省政府以高度的历史使命感谋划"数字云南"建设,数字基础设施建设不断夯实,数字政府治理能力持续提升,数字经济发展进入"快车道",数字社会建设加快推进,面向南亚东南亚辐射中心数字枢纽建设稳步推进,打造了一批在全国叫得响的"单项冠军",数字化发展成了推动云南高质量发展的重要引擎。[3]云南省出台了《"十四五"数字云南规划》《云南省数字经济发展三年行动方案(2022—2024年)》,该行动方案对未来三年的云南省数字经济发展提供了精细十足的发展计划。在地方性立法文件上,云南省人民政府出台了《云南省科学数据管理实施细则》,保驾护航云南省数据信息发展,促进数据共享利用和监督等。同时为进一步消除"信息孤岛"和"数据烟囱",加快推动政务信息系统互联和政务数据资源共享开放,加快政务数据汇聚、融通、应用,培育发展数据要素市场,提升政府治理能力和公共服务水平。2021年5月18日,云南省人民政府公布《云南省政务数据共享开放管理暂行办法(征求意见稿)》,征求广大

---

[1]《湖南省政务管理服务局解读〈湖南省政务信息资源共享管理办法〉》,载湖南省人民政府网:http://www.hunan.gov.cn/hnszf/xxgk/jd/bmjd/202012/t20201204_13976009.html,2022年9月30日访问。

[2]《湖南省人大常委会召开新闻发布会解读〈湖南省网络安全和信息化条例〉》,载中央网络安全和信息化委员会办公室网站:http://www.cac.gov.cn/2021-12/13/c_1640994881768844.htm?from=groupmessage,2022年9月30日访问。

[3]《〈云南省人民政府关于印发"十四五"数字云南规划的通知〉政策解读》,载云南省人民政府网:http://www.yn.gov.cn/zwgk/zcjd/bmjd/202205/t20220517_242157.html,2022年9月30日访问。

公民和专家意见，助力云南省数字经济建设和数据信息发展。

近年来，陕西在发展数字基础设施、数字产业体系、数字生态环境、数字惠民服务、数字丝绸之路等方面取得了初步成效，数字经济新业态和经济社会数字化转型步伐加快，呈现出加速推进、蓬勃发展、生态优化的良好态势。"十四五"期间，致力于把陕西打造成西部数字经济引领区、国家数字经济创新发展试验区、数字丝绸之路示范区，谱写陕西高质量发展新篇章。为实现目标，陕西省出台了《陕西省"十四五"数字经济发展规划》《陕西省加快推进数字经济产业发展实施方案（2021—2025年）》。在立法方面，陕西省人民政府出台了《陕西省科学数据管理实施细则》，构建由不同部门、不同地区、不同学科领域科学数据组成的全省科学数据网络共享服务系统，实现跨部门、跨地区、跨学科的科学数据网络共享。

甘肃省在数字经济发展上提出了紧扣打造东西部算力资源调度先导区、全域经济数字化转型样板区、社会治理创新应用示范区的目标，按照"创新引领、融合发展、惠民便民、开放合作、安全可靠"的原则，以推动数字产业化、产业数字化和全要素数字化为主线，促进数字化技术与实体经济特别是制造业深度融合，夯实数字经济发展基础，推动平台经济规范健康持续发展，着力推进数字政府、数字产业、数字社会、"数字丝绸之路"建设，促进治理方式现代化。在政府政策文件上，除了《甘肃省"十四五"数字经济创新发展规划》之外，还有《甘肃省数据信息产业发展专项行动计划》，详细分配各方责任和任务，加快数据信息产业发展。在地方性立法文件上，为进一步加强和规范科学数据管理，保障科学数据安全，提高开放共享水平，支撑科技创新和经济社会发展，甘肃省人民政府于2018年8月底出台了《甘肃省科学数据管理实施细则》。

青海省在政府政策性文件上没有出台专门的数字经济发展规划，但是也同样重视数字经济和数据信息的发展，将布局数字新型基础设施、推动数字经济与实体经济深度融合纳入《青海省"十四五"新型基础设施建设规划》，提出重点支持项目和扶持政策清单，编制《青海省加快融入"东数西算"国家布局工作方案》《青海省支持大数据产业发展政策措施》，为大数据产业高质量发展提供政策保障，另外为推进建设数字政府，将49个重点信息化建设项目纳入《2022年度省级政务信息化项目建设计划》。青海省人民政府还提出了《2022年青海省促进数字经济发展工作要点》，大力推进青海省数字信息建设，为青海省数字经济发展提供了优势空间。在地方性立法文件上，2021年3月，青海省通过了《青海省公共信用信息条例》，规范青海省的公共信用信息管理。为规范涉企信息的归集、共享和应用，加强涉企信息管理，于2022年1月出台《青海省涉企信息统一归集管理办法》。

　　数据信息时代，数字经济发展是大势所趋，势在必行，是新时代经济实现高质量发展的重大机遇，各省都希望能够搭上这辆"快车"，从而促进本省经济、政治和社会的发展。各省纷纷出台数字政府建设规划、数字经济发展规划等专门的方案。但不可否认的是，广西、云南、甘肃、青海等这些省份由于经济发展水平、地理环境差异等原因，在数字经济建设、数据产业发展、数据基础设施建设等方面与前述其他省份相比存在一些劣势，反映在数据信息地方性立法方面，呈现出了立法数量相对偏少、立法调整范围过窄等问题，主要集中在政府数据信息管理上，在促进数字经济发展方面的信息立法有所欠缺。然而，值得关注的是，有些省份，如广西壮族自治区第十三届人民代表大会常务委员会第三十四次会议于2022年11月25日通过了《广西壮族自治区大数据发展条例》，自2023年1月1日起施行。该条例致力于全面实施国家大数据战略，规范数据市场，保障数据安全，发挥数据要素作用，推动大数据发展应用，促进数字经济和实体经济深度融合，提升治理能力和水平，加快数字广西建设。又如，湖南省出台的《湖南省网络安全和信息化条例》，[1]共5章59条，为保障网络安全，促进信息化发展，提高数字化水平，推进湖南省经济社会高质量发展。从全国来看，相较于其他省份将网络安全与信息化发展分别立法的惯常做法，该条例将网络安全保障和信息化促进两方面融合立法，成了湖南省的一大特色，成了全国数据信息立法方面的一大亮点。"十四五"期间，这些省份更加紧紧依托自身特色，不断完善相关促进数字经济的法规规章，实现区域数字经济和信息化的繁荣发展。

---

〔1〕 2021年12月3日，湖南省第十三届人民代表大会常务委员会第二十七次会议通过《湖南省网络安全和信息化条例》，自2022年1月1日起施行。

第四编

数据立法成效、问题及完善

第一章

我国数据立法成效及存在问题

一、数据立法建设的成效

随着数字技术的快速发展，数字经济成了全球经济发展的新引擎。作为数字化的基础，数据已成为重要的生产要素。从2014年大数据首次写入政府工作报告，到2015年正式上升至国家战略层面；从十九大报告提出要推动大数据与实体经济的深度融合，到"十四五"规划中，大数据标准体系的完善成为发展重点，我国大数据产业已经逐渐进入高速发展时期。近年来，随着国家层面《网络安全法》《数据安全法》《个人信息保护法》的出台，各地也紧跟数字信息技术的发展，纷纷出台了数据信息方面的法规规章等规范性文件，国家与地方呈现出相辅相成、相因相生的数据立法态势，共同推动国家数据的开放共享与开发应用，共同推动数字经济发展。

（一）数据法制度更加健全

1. 国家层面

（1）基本形成数据信息安全法律体系。数据在发展中发挥着举足轻重的作用，数据安全是其发展的前提和保障。数据安全是一个非常宽泛的概念，既包含政治、军事等传统安全，也包括非传统安全。[1]近年来，数据安全事故频发，从"大数据杀熟"到滴滴公司数据泄露，从各大银行违法处理数据到刷单、炒信。随着数据深入生活的方方面面，建立健全相关数据保护的法

---

〔1〕 支振锋：《贡献数据安全立法的中国方案》，载《信息安全与通信保密》2020年第8期，第2~8页。

律制度已经刻不容缓。

在数据安全的立法方面，我国取得了较为瞩目的进展。2021年备受关注的《数据安全法》和《个人信息保护法》先后落地实施，与《网络安全法》《密码法》共同构建了保障数据安全的法律框架。在此基础上，重点行业、新兴技术的规定和司法解释陆续出台，为国家数据信息网络安全提供了有力制度保障，为产业、技术的发展提供了清晰的合规指引，也为人民权益的维护提供了更全面的保障。具体见表3。

表3 国家层面关于数据安全的规定

时间	制定主体	名称
2016年11月	全国人民代表大会常务委员会	《网络安全法》
2018年7月	国家卫生健康委员会	《国家健康医疗大数据标准、安全和服务管理办法（试行）》
2019年5月	国家互联网信息办公室	《数据安全管理办法》
2019年6月	工业和信息化部	《电信和互联网行业提升网络数据安全保护能力专项行动方案》
2019年10月	全国人民代表大会常务委员会	《密码法》
2020年2月	工业和信息化部	《工业数据分类分级指南（试行）》
2020年5月28日	全国人民代表大会及其常务委员会	《民法典》
2020年9月	中央政府	《全球数据安全倡议》
2020年9月	中国银保监会	《监管数据安全管理办法（试行）》
2020年9月	中国人民银行	《金融数据安全 数据安全分级指南》
2020年12月	工业和信息化部	《电信和互联网行业数据安全标准体系建设指南》
2021年4月	国务院	《关键信息基础设施安全保护条例》
2021年6月	全国人民代表大会常务委员会	《数据安全法》
2021年7月	工业和信息化部	《网络安全产业高质量发展三年行动计划（2021-2023年）》

续表

时间	制定主体	名称
2021年8月	国家互联网信息办公室	《汽车数据安全管理若干规定（试行）》
2021年8月	全国人民代表大会常务委员会	《个人信息保护法》
2022年2月	工业和信息化部	《车联网网络安全和数据安全标准体系建设指南》

长期以来，中国对数据安全的保障主要依附于对计算机信息系统安全或商业秘密、著作权等权益的保护。"数据安全"作为一种独立的权益并没有得到立法的充分重视。随着信息技术及数据经济的快速发展，数据作为一种新型的、独立的保护对象逐渐获得立法上的认可。2015年《国家安全法》第25条明确提出："实现网络和信息核心技术、关键基础设施和重要领域信息系统及数据的安全可控。"直接将数据安全上升到国家安全的高度。[1]

2017年《网络安全法》是我国首部在网络安全方面的专门法律，网络安全等级保护制度、关键信息基础设施保护制度、个人信息保护制度等为数据安全的落实提供了重要的制度支撑。作为统领我国网络安全的基础性法律，《网络安全法》集中反映了多年来我国在网络安全领域的政策法律研究和制度建设的最新成果，对于保障网络安全、维护网络空间主权和国家安全、社会公共利益，保护公民、法人和其他组织的合法权益，促进经济社会信息化健康发展影响深远。[2]

《数据安全法》聚焦数据安全领域的突出问题，是我国首部有关数据安全的全面系统性立法，其亮点在于确立了数据分类分级管理制度，建立数据安全风险评估、监测预警、应急处置，数据安全审查等基本制度，并明确了相关主体的数据安全保护义务。[3]《网络安全法》《数据安全法》均有关于个人（数据）信息的保护，但是对个人信息进行全面、系统保护的为2021年11月

---

[1]《国家安全法》第25条。

[2] 孙佑海:《网络安全法：保障网络安全的根本举措——学习贯彻〈中华人民共和国网络安全法〉》，载《中国信息安全》2016年第12期，第30~33页。

[3] 王春晖:《〈中华人民共和国数据安全法〉十大法律问题解析》，载《保密科学技术》2021年第9期，第3~8页。

1日起实施的《个人信息保护法》。该法以个人信息内涵的界定为逻辑起点，进行个人信息及敏感个人信息的分类，规定不同类别个人信息的处理规则，对个人在个人信息处理活动中的权利，以及国家机关及个人信息处理者在个人信息处理活动中的义务与要求等都作了明确、具体且系统化的规定，即对于个人信息处理机构提出了很高的法律遵从要求。[1]同时，对个人信息跨境提供的规则进行明确，从而实现"保护个人信息权益，规范个人信息处理活动，促进个人信息合理利用"的多向度的立法价值追求。

《网络安全法》《数据安全法》《个人信息保护法》分别从网络空间安全、数据要素安全、个人隐私信息保护不同的层面，共同搭建起了中国数据信息安全的基本法律体系框架。三部法律各有侧重，但相互依存、相互支撑，遵循保护与发展并重的原则，既保护了数据及个人信息的安全，又追求数据资源价值的释放，包括非敏感个人信息资源价值的实现。在上述三部数据信息基本法律的引领下，各行业关于数据安全的管理规定陆续出台。例如，2018年7月国家卫生健康委员会制定的《国家健康医疗大数据标准、安全和服务管理办法（试行）》，2019年5月国家互联网信息办公室发布的《数据安全管理办法》，2020年9月中国银行保险监督管理委员会发布的《监管数据安全管理办法（试行）》等。2020年《民法典》也从民事权益角度明确了对"个人信息""数据""虚拟财产"的保护，为数据的民事保护提供了基础法律依据。随着网络空间与现实世界深度交融，建立符合实际的国际网络安全制度、达成全球数据安全的共识愈发迫在眉睫。[2]在中国内部数字安全机制逐步完善的同时，中国国务委员兼外交部长王毅2020年9月8日在"抓住数字机遇，共谋合作发展"国际研讨会高级别会议上提出了《全球数据安全倡议》。[3]这一倡议受到了国际社会的广泛重视，被称赞为"正确""务实""有吸引力""反映了各国共同关切"。此举可谓践行了真正的多边主义，为建设世界数据安全保护体系提供了中国方案。

---

[1] 高玉宝：《〈中华人民共和国个人信息保护法〉背景下的大数据发展》，载《图书馆理论与实践》2022年第4期，第4~11页。

[2] 嵇叶楠、胡正坤、郭丰：《从〈全球数据安全倡议〉看中国在全球数据安全与治理领域的立场和举措》，载《中国信息安全》2021年第5期，第30~33页。

[3] 《综述：正确·务实·有吸引力——国际社会点赞中国〈全球数据安全倡议〉》，载中国政府网：http://www.gov.cn/xinwen/2020-09/10/content_5542394.htm，2022年8月18日访问。

第一章　我国数据立法成效及存在问题

至此，以《民法典》《网络安全法》《密码法》《数据安全法》《个人信息保护法》为基本法律，以包括《数据安全管理办法》《关键信息基础设施安全保护条例》《监管数据安全管理办法（试行）》行政法规规章等规范性文件在内的国家层面数据信息安全法律体系已经基本形成。

（2）大数据融合应用已形成规模。大数据所带来的信息风暴正在变革我们的生活、工作和思维。一方面，数字技术的发展，在一切皆可数字化的社会背景下，加速了社会资源的数据化进程；另一方面，数据资源价值的释放必然催生数字产业化发展，同时大数据、互联网信息技术与云计算与物联网等的融合发展，以及数据在医疗、农业、金融、政府、工业等多领域的应用，[1]相关的政策等规范性文件不断出台，对数字产业化以及产业数字化进行鼓励、引领和保驾护航，这些必然会带来数字政府、数字社会、数字经济等的繁荣与蓬勃发展。具体见表4。

表4　国家层面关于数据融合应用的政策、立法

时间	制定主体	名称
2015年8月	国务院	《促进大数据发展行动纲要》
2016年3月	原环境保护部	《生态环境大数据建设总体方案》
2016年10月	农业部	《农业农村大数据试点方案》
2017年6月	中国人民银行	《中国金融业信息技术"十三五"发展规划》
2018年3月	国务院办公厅	《科学数据管理办法》
2018年8月	工业和信息化部	《扩大和升级信息消费三年行动计划（2018—2020年）》
2018年7月	国家卫生健康委员会	《国家健康医疗大数据标准、安全和服务管理办法》
2019年8月	中国人民银行	《金融科技（FinTech）发展规划（2019-2021年）》

---

〔1〕《重磅！2021年中国大数据行业国家层面政策汇总及解读（全）大数据安全与产业融合发展成为行业政策建设重点》，载东方财富网：https://baijiahao.baidu.com/s？id=17144761233589563778&wfr=spider&for=pc，2022年8月20日访问。

续表

时　间	制定主体	名　称
2019年11月	生态环境部	《生活垃圾焚烧发电厂自动监测数据应用管理规定》
2020年2月	生态环境部	《地表水环境质量监测数据统计技术规定（试行）》
2021年3月	全国人民代表大会	《国民经济和社会发展第十四个五年规划和2035年远景目标纲要》
2021年11月	工业和信息化部	《"十四五"大数据产业发展规划》

数据具有天然的共享性特征，因此，在确保数据信息安全的条件下，应充分发挥数据共享的优越性，推动数字经济发展。2015年，国务院发布《纲要》，表明我国信息化发展的核心已从前期分散化的网络和应用系统建设，聚焦到充分发挥数据资源的核心价值，从而提升国家信息化发展的质量和水平。大数据成了国家信息化深化发展的核心主题，发展大数据已成为构建数据强国、推动大数据治国的必然选择。[1]大数据逐渐成为各级政府关注的热点，政府数据开放共享、数据流通与交易、利用大数据保障和改善民生等概念深入人心。此后，国家相关部门，如环境保护部、农业部、中国人民银行、工业和信息化部、国家卫生健康委员会等出台了一系列政策文件，在各自的领域内推动数据融合、产业发展。

《2022中国大数据产业发展白皮书》指出，随着大数据产业的深入发展，数据已被广泛应用于民生服务、产业变革、经济发展，且发挥了重要作用，并作为新的生产要素参与价值分配。进一步激活并释放数据要素价值成了大数据产业高质量发展的关键，以大数据为重点的数字产业迎来了新的发展阶段和机遇。[2]2021年，工业和信息化部发布《"十四五"大数据产业发展规划》提出，到2025年，我国大数据产业测算规模突破3万亿元，创新力强、

---

[1]《〈促进大数据发展行动纲要〉解读》，载国家信息中心网：http://www.sic.gov.cn/News/609/9713.htm，2022年10月6日访问。

[2]《大数据白皮书（2022年）》，载贵州省大数据发展管理局网：https://dsj.guizhou.gov.cn/xwzx/gnyw/202301/t20230104_77814089.html，2023年4月6日访问。

第一章 我国数据立法成效及存在问题

附加值高、自主可控的现代化大数据产业体系基本形成。[1]

2. 地方层面

为贯彻落实国务院《纲要》，2015年9月，贵州启动了全国首个大数据综合试验区建设工作。2016年10月，第二批获批建设国家级大数据综试区的省份名单发布，包括2个跨区域类综试区（京津冀、珠江三角洲），4个区域示范类综试区（上海、河南、重庆、沈阳），一个大数据基础设施统筹发展类综试区（内蒙古）。地方性立法成果丰硕，具体见表5。

表5 地方层面关于大数据的立法

地 区	时 间	名 称
贵州省	2016年1月	《贵州省大数据发展应用促进条例》
	2017年4月	《贵阳市政府数据共享开放条例》
	2018年1月	《贵阳市政府数据共享开放实施办法》
	2018年8月	《贵阳市大数据安全管理条例》
	2018年10月	《贵阳市健康医疗大数据应用发展条例》
	2019年8月	《贵州省大数据安全保障条例》
	2020年9月	《贵州省政府数据共享开放条例》
	2021年5月	《贵州省政务服务条例》
上海	2018年9月	《上海市公共数据和一网通办管理办法》
	2019年8月	《上海市公共数据开放暂行办法》
	2021年11月	《上海市数据条例》
河南	2021年12月	《河南省数字经济促进条例》
	2021年12月	《河南省审计厅审计业务电子数据管理办法（试行）》
	2022年3月	《河南省数据条例（草案）》

[1]《〈"十四五"大数据产业发展规划〉解读》，载中国政府网：http://www.gov.cn/zhengce/2021-12/01/content_5655197.htm，2022年10月6日访问。

续表

地 区	时 间	名　称
重庆	2018年5月	《重庆市政务信息资源共享开放管理办法》
	2019年7月	《重庆市政务数据资源管理暂行办法》
	2020年9月	《重庆市公共数据开放管理暂行办法》
	2022年3月	《重庆市数据条例》
沈阳	2020年8月	《沈阳市政务数据资源共享开放条例》
内蒙古	2021年9月	《内蒙古自治区政务数据资源管理办法》
	2022年8月	《内蒙古自治区数字经济促进条例（草案）》
京津冀	2016年9月	《石家庄市政务数据资源管理规定》
	2018年12月	《天津市促进大数据发展应用条例》
	2019年6月	《天津市数据安全管理办法（暂行）》
	2020年7月	《天津市公共数据资源开放管理暂行办法》
	2021年1月	《北京市公共数据管理办法》
	2021年9月	《天津市促进智能制造发展条例》
	2022年1月	《天津市数据交易管理暂行办法》
	2022年11月	《北京市数字经济促进条例》
	2023年5月	《北京市数据知识产权登记管理办法（试行）》
珠三角	2020年5月	《中山市政务数据管理办法》
	2020年8月	《东莞市政务数据资源共享管理办法（试行）》
	2021年7月	《深圳经济特区数据条例》
	2021年7月	《广东省数字经济促进条例》
	2021年10月	《广东省公共数据管理办法》
	2022年4月	《广州市数字经济促进条例》
	2022年9月	《深圳经济特区人工智能产业促进条例》
	2022年9月	《深圳经济特区数字经济产业促进条例》

作为全国首个国家大数据综合试验区，贵州省大数据产业得到了快速的发展。五年来，贵州省先后制定《贵州省大数据发展应用促进条例》《贵州省

大数据安全保障条例》《贵州省政府数据共享开放条例》《贵阳市政府数据共享开放条例》《贵阳市大数据安全管理条例》《贵阳市健康医疗大数据应用发展条例》《贵州省政务服务管理条例》等地方性法规。大数据立法数量位居全国前列，基本上形成了以大数据发展应用为核心，以数据共享开放和大数据安全保障为两翼的大数据地方法规体系，为全国大数据发展体制机制创新和法律制度建立，积累了实践经验、提供了有益参考。[1]数据时代，"融合"是关键。2018数博会期间，贵州面向全球发布了电子信息产业、大数据融合工业等100个重点招商引资项目，项目聚焦大数据与实体经济融合，总投资达1688.66亿元。通过近几年的发展，贵州大数据产业已走在全国前列，成了一张靓丽的新名片。[2]

《2021全球重要城市开放数据指数》显示：上海市连续两年在全球30个城市中排名第一。[3]这得益于上海市对数据立法及相关工作的重视。2018年，上海成立大数据中心，同时出台《上海市公共数据和一网通办管理办法》，于2019年8月颁布了中国第一部专门针对公共数据开放的地方政府规章——《上海市公共数据开放暂行办法》。2021年《上海市数据条例》出台，这既是对上位法和中央政策的贯彻落实，也是加快实现超大城市治理体系和治理能力现代化的有力举措，标志着上海迈入了数据驱动创新发展的新阶段，驶向了全面推进城市数字化转型的快车道。[4]

作为第二批建设国家级大数据综试区的省份，河南省于2021年颁布了《河南省数字经济促进条例》，同年开展了《河南省数据条例（草案）》立法调研。调研组到杭州智慧大脑、广州智慧城管、贵州国家大数据综合试验区、贵阳市大数据交易所等外省，实地调研数据收集、归集、开放、应用、交易

---

[1]《坚持立法先行以法治方式助推贵州大数据战略跨越发展》，载贵州人大网：http://www.gzrd.gov.cn/xwzx/rdjj/36899.shtml，2022年8月29日访问。

[2] 中共中央政治局委员、全国人民代表大会常务委员会副委员长王晨在2018中国国际大数据产业博览会开幕式上发言。

[3]《城市开放数据指数上海第一正积极推动数据立法力争年内正式出台地方条例》，载上海市人民政府网：https://www.shanghai.gov.cn/nw4411/20210712/e2fffa070db9440cad357c3d69d4bd3f.html，2022年8月29日访问。

[4]《市政府新闻发布会介绍〈上海市数据条例〉配套政策措施相关情况》，载上海市人民政府网：https://www.shanghai.gov.cn/nw12344/20220112/82097de51a4a4b1b8a3e3eb82e67921c.html，2022年8月30日访问。

与安全等方面的基本情况与特色做法。[1]同时,也对漯河市、平顶山市等本地的实际状况进行了考察,总结梳理了数据保护、数据开放共享与开发应用中的实践经验,明确了立法的重点及亟待解决的难点问题,保证了立法的科学性、民主性与可操作性。

2022年3月,《重庆市数据条例》出台,这是全国第三部专门在"数据"领域出台的综合性地方法规。对重庆市数据资源开发利用,加快数字化发展起到了积极的推动作用。在此之前,重庆市也先后出台了《重庆市政务信息资源共享开放管理办法》《重庆市政务数据资源管理暂行办法》《重庆市公共数据开放管理暂行办法》等地方性法规,从而搭建起了重庆市的数据立法框架。

实践证明,国家级大数据综合试验区的创设显著促进了区域数字经济发展,并且所产生的政策效应与区域发达程度密切相关。基于大数据综合试验区的设立对数字经济发展的积极推动作用,各区域应当继续全面实施大数据发展战略,进一步强化数字经济带给产业转型升级的促进作用。对于数字经济发展较为快速的区域,应当保持大数据战略发展方向,加紧相关法律法规的建设完善,引导和进一步巩固区域经济发展新动力;对于发展相对较为缓慢的区域,需结合自身实际条件,包括经济发展水平、资源集聚能力和制度环境差异等因素部署大数据战略规划,探索本区域经济增长新模式,以试验区为引擎推动本区域的数字经济协同发展。[2]

除上述国家划定为大数据综合试验区的省市地区外,浙江、福建、山东、湖北、吉林、安徽、山西、黑龙江、江西、江苏、宁夏等非大数据试验区也积极回应数字信息技术的发展,出台了推动数字经济发展、保障数据安全的政策,包括政务数据资源管理、公共数据开放共享以及大数据发展条例等综合性地方性立法。这些地区的立法与大数据综合试验区立法各具特色、相互呼应,形成合力,共同推动了我国的数字产业化与产业数字化建设,推进了我国数字经济发展。

---

[1]《省司法厅与省行政审批政务信息管理局赴外省开展〈河南省数据条例〉立法调研》,载河南省人民政府:https://www.henan.gov.cn/2022/07-01/2479538.html,2022年8月30日访问。

[2] 李桥兴、杜可:《国家级大数据综合试验区设立对区域数字经济发展影响效应评估》,载《科技管理研究》2021年第16期,第81~89页。

(二) 贵州大数据综合试验区制度建设对于其他地区的示范效应

8个国家大数据综合试验区自设立以来，纷纷探索大数据发展之路，建立健全相关法律制度，搭建起中国大数据立法与发展实践的"立体骨架"。在政策及相关立法的推动引导下，各试验区的数字经济建设愈发成熟。其中，贵州作为全国首个启动大数据综合试验区的省份，具备发展超大规模云计算基地所需要的气候、水资源、电力条件，发展大数据得天独厚。因此，贵州也成了京津冀区域、长三角地区、珠三角地区、中西部地区四个集聚区域发展格局中最闪亮的一翼。除此之外，贵州省在数据发展方面的辐射带动效应也十分突出，示范引领作用显著。在设立大数据标准化技术委员会、开展公共大数据关键共性标准、建立大数据市场交易标准体系、采用"云长制"等方面均有突出体现。

1. 开展公共大数据关键共性标准研究

"标准"是国家质量技术的"四大基础"之一，更是助推大数据产业聚合发展的战略引擎。[1] 为了助推贵州省大数据标准体系的构建，2017年2月，我国第一个大数据标准化技术委员会——贵州省大数据标准化技术委员会——在贵阳正式成立。这是由45名省内外大数据知名专家组建的标准化技术委员会，其主要职责之一便是分析大数据专业领域标准化的需求，研究提出贵州省大数据专业领域的标准发展规划、标准体系、标准制修订计划项目。[2] 该委员会审定了《贵州省大数据公共数据标准体系框架》《贵州省大数据市场交易标准体系框架》。贵州省大数据标准化技术委员会是制定大数据标准、实施大数据技术标准战略、占领市场的重要平台，将共同推进安全可信、统一规范、便捷高效的大数据标准体系建设，服务贵州乃至全国大数据产业发展。

2021年10月19日，在国家技术标准创新基地（贵州大数据）举办的"实施技术标准战略·提升质量竞争力"标准培训暨第52届世界标准日主题活动上，贵州省"一云一网一平台"标准体系成果正式发布。研制发布"一云一网一平台"标准体系，是贵州省深入贯彻《国家标准化发展纲要》和

---

[1]《贵州省大数据标准化技术委员会成立大会举行》，载贵州省人民政府网：https://www.guizhou.gov.cn/home/gzyw/202109/t20210913_70356181.html，2022年9月2日访问。

[2]《贵州省大数据标准化技术委员会成立大会举行》，载贵州省人民政府网：https://www.guizhou.gov.cn/home/gzyw/202109/t20210913_70356181.html，2022年9月2日访问。

扎实推动国家大数据（贵州）综合试验区建设的重要实践，是对贵州省"一云一网一平台"建设相关标准规范进行实践提炼、平台验证的标准化成果。[1]

贵州省的积极探索为其他地区带来了示范效应，广东省、四川省、河南省、重庆市等地区的大数据标准化技术委员会陆续成立，对全国大数据标准的完善发挥了有力的助推作用。2018年，重庆市相继出台《重庆市政务数据资源管理暂行办法》《重庆市公共数据开放管理暂行办法》，对政务数据和公共数据采集、汇聚、共享开放等进行全面规范。为了更好地推动全市大数据标准化工作，积极贯彻落实党中央国务院工作部署，2020年，重庆市印发实施《重庆市大数据标准化建设实施方案（2020-2022年）》。该方案具有全市统筹、重点突出、兼顾各方、适度超前等特点，提出到2022年重庆市将参与国家大数据共享开放标准、数据安全标准研制3项以上，参与示范应用5项以上，推动研制大数据标准规范20项以上。[2]重庆市成了国内首个出台大数据标准化工作方案的省市，重庆市对大数据标准化建设的重视程度可见一斑。其他的省市也纷纷出台了相关工作方案与规划，包括《贵州省大数据标准化体系建设规划（2020-2022年）》《山东省关于促进标准化大数据发展的指导意见》等。

2. 出台促进大数据发展省级综合性法规

贵州是国内第一个省级层面对大数据进行立法的省份，先后制定出台了《贵州省大数据安全保障条例》《贵州省大数据发展应用促进条例》等法规，通过立法的方式规范数据相关方的法律关系，全面开展大数据安全治理与发展应用实践。《贵州省大数据发展应用促进条例》作为我国首部大数据地方法规，紧扣贵州省大数据发展应用的现实需求和趋势，对数据采集、数据共享开发、数据权属、数据交易、数据安全以及"云上贵州"等基本问题作出了宣示性、原则性、概括性和指引性规定，把贵州省在以大数据兴业、惠民、优政等领域的创新做法以地方法规的形式确立下来，填补了大数据的立法空

---

[1]《我省发布"一云一网一平台"标准体系成果》，载贵州大数据发展管理局网：http://dsj.guizhou.gov.cn/zfxxgk/fdxxgk/zdjsxm_5619964/202110/t20211027_71282102.html，2022年9月4日访问。

[2]《重庆启动大数据标准化体系建设成国内首个出台大数据标准化工作方案省市围绕10个方面提21项重点任务》，载重庆市人民政府网：http://www.cq.gov.cn/ywdt/jrcq/202101/t20210111_8830851.html，2022年9月4日访问。

白,将大数据产业发展纳入了法治轨道。[1]在贵州省的先试先行下,其他省份也开始陆续制定大数据相关条例。于2019年施行的有《天津市促进大数据发展应用条例》《海南省大数据开发应用条例》;于2021年施行的有《吉林省促进大数据发展应用条例》《安徽省大数据发展条例》;于2022年施行的条例数量最多,有《深圳经济特区数据条例》《上海市数据条例》《山东省大数据发展促进条例》《福建省大数据发展条例》《浙江省公共数据条例》《重庆市数据条例》《黑龙江省促进大数据发展应用条例》《辽宁省大数据发展条例》。

3. 建立"数据交易中心+数据交易所+规则规范"大数据市场交易体系

我国于2014年开始探索类似于证券交易所的数据交易机构。2015年,贵阳大数据交易所正式挂牌运营,这是全国第一家大数据交易所,在全国率先探索数据流通交易,为国家开展数据流通交易积累了经验。2021年10月,贵州新的大数据交易中心正式"开所"运行,新的交易中心通过组建一个公益一类事业单位——贵州省数据流通交易服务中心,完成了贵阳大数据交易所有限责任公司的投资重整,形成了"贵州省数据流通交易服务中心+贵阳大数据交易所有限责任公司"的贵阳大数据交易新体系架构。[2]除了对交易所自身体系构架的完善外,政府还加快了对规则体系的规范。2021年8月,贵州印发《推进数据要素流通交易工作方案》。2022年5月,贵阳大数据交易所流通交易规则体系发布,贵州成了全国第一个发布数据交易规则体系的省份。规则体系针对当前贵阳大数据交易所在运行过程中面临的数据确权难、定价难,市场交易主体互信难、入场难、监管难等一系列痛点难点问题,制定了《数据要素流通交易规则(试行)》《数据产品成本评估指引1.0》《数据交易合规性审查指南》《贵州省数据流通平台运营管理办法》等八部规则、指南、办法,一系列规则体系的出台不仅激活了数据要素价值,营造了流通交易产业生态,还进一步规范了贵阳大数据交易所的运行机制。[3]2022年6月,贵州省大数据局、省地方金融监管局联合印发《贵阳大数据交易所优化

---

[1] 《18省市公布〈数据条例〉》,载贵州省大数据发展管理局网:https://dsj.guizhou.gov.cn/xwzx/gnyw/202206/t20220602_74591935.html,2022年9月15日访问。

[2] 《贵州全国首发数据交易规则体系》,载贵州省人民政府网:https://www.guizhou.gov.cn/home/gzyw/202205/t20220529_74403217.html,2022年9月18日访问。

[3] 《贵州全国首发数据交易规则体系》,载贵州省人民政府网:https://www.guizhou.gov.cn/home/gzyw/202205/t20220529_74403217.html,2022年9月18日访问。

提升方案》，以促进数据流通交易。政府相关部门的支持促使贵阳大数据交易所交易额节节攀升，截至2022年8月，累计交易额已突破亿元大关，入驻数据商282家，上架产品347个。[1]

贵阳数据交易所成立以来相关成绩的取得激励了各地关注数据交易平台的建立与规范的出台。北京、上海、深圳、广州等地均纷纷筹建数据交易中心或抛出相关规划。截至2022年11月，各地成立数据交易机构48家，仍有8家在筹备建设中，总体看来，早年成立的数据交易机构大都未找到成功的商业模式，多数机构已经停止运营或转变经营方向，发展情况未达预期。但近两年来，随着党中央国务院多项重要政策的出台，各地新建了一批数据交易机构，如北京国际大数据交易所、上海数据交易所、深圳数据交易所、广州数据交易所等正积极探索消除供需双方信息差的方式，推动形成合理的市场化价格机制与可复制的交易制度和规则。[2]

4. 开创性设立云长制

2014年，中国共产党贵州省第十二次代表大会首次提出"云长负责制"。随后，贵州成为第一个实行"云长制"的省份，由各地市以及省各职能部门的主要负责人任本级政府、本部门的"云长"，同时还设立了市级云长制办公室，具体承办协调、调度、稽查考核、信息报送等日常工作。该制度是对河长制、湖长制治理、管理河湖成功经验的移植、复制，也是顺应大数据发展趋势，破解当前政府治理中的大数据发展痛点、提升数据管理应用水平的举措。2018年，贵州省大数据局围绕国家发展和改革委员会印发的《"十三五"国家政务信息化工程建设规划》，认真总结前期探索"云长制"形成的工作经验，结合工作实际，制定了《关于全面推行云长制的通知》，进一步强化了"云长制"的组织体系、管理机制以及监督问效的工作机制。[3]在该制度推动下，贵州大数据工作取得了有目共睹的进展。2022年，贵州省数据共享交换平台黔东南专区建成，该地区全面推行了"云长制"，有力地推动了各级各

---

[1]《贵州省数据流通交易平台交易额破亿元》，载贵州省人民政府网：https://www.guizhou.gov.cn/home/gzyw/202208/t20220806_75984121.html，2022年9月18日访问。

[2]《中国信通院-科研能力-权威发布-白皮书〈数据要素白皮书-2022〉》，载中国信息通信研究院：http://www.caict.ac.cn/kxyj/qwfb/bps/202301/t20230107_413788.htm，2023年5月20日访问。

[3]《关于〈省人民政府办公厅关于全面推行云长制的通知〉解读》，载贵州省大数据人才云：http://www.gzsdata.com/zczxlist/index/newdetail/id/633/typeid/14.html，2022年9月15日访问。

部门政务数据资源共享开放和深度融合应用，数据服务能力得到提升。[1]在贵州省的带动下，其他省市也开始了对"云长制"的积极探索。2019年，重庆发布《重庆市全面推行"云长制"实施方案》，同年广西壮族自治区自然资源厅也决定建立自然资源"云长制"，不断提高自然资源政务数据"聚通用"水平。

（三）数字经济建设实效显著

1. 数字经济效益

党的十八大以来，我国深入实施网络强国战略、大数据战略、数字经济发展战略，印发《"十四五"数字经济发展规划》，有关部门认真落实各项部署，加快推进数字产业化和产业数字化，推动数字经济蓬勃发展。2023年4月，中国信息通信研究院发布《中国数字经济发展研究报告（2023年）》。报告显示：2022年，我国数字经济规模达到50.2万亿元，同比名义增长10.3%，已连续11年显著高于同期GDP名义增速，数字经济占GDP比重达到41.5%，这一比重相当于第二产业占国民经济的比重。[2]从区域发展来看，近年来，各地区对发展数字经济的重要性、必要性和紧迫性认识不断深化，纷纷出台相关政策措施，抢抓数字经济发展机遇。到2023年初，31个省区市政府相继发布对应的年度政府工作报告以及经济运行"成绩单"。从各地政府工作报告和经济运行情况来看，数字经济发展引擎地位巩固，各具特色的数字化应用加速落地，彰显出了逆势而上的发展韧性，已成为各地扩大投资、提振消费的重要力量。

进入"十四五"阶段，贵州省抢占数字经济发展先机，围绕"四新"主攻"四化"，深入实施大数据战略行动。2021年，贵州省数字经济增加值占GDP的比重为35.2%，规模同比增长20.6%、高于全国平均4.4%，增速连续7年位居全国第一。同时，有数据显示：2021年贵州数字经济增加值占地区生产总值比重为35.2%，较上年提升3%，快于"十三五"时期每年2%左右的增幅。其中，数字产业化占GDP比重达3.5%，产业数字化占GDP比重达31.8%，占数字经济比重超90%，大数据与实体经济深度融合已成为全省数

---

[1]《黔东南州大数据产业发展成效显著》，载贵州省人民政府：https://www.guizhou.gov.cn/home/sxdt/202208/t20220818_76118545.html，2022年9月4日访问。

[2]《中国数字经济发展研究报告（2023年）》，载中国信通院网：http://www.caict.ac.cn/kxyj/qwfb/bps/202304/t20230427_419051.htm，2023年4月28日访问。

字经济主导和支柱。[1]截至2022年底，贵阳大数据科创城累计完成注册企业409家，其中已入驻企业36家，拟入驻企业128家，聚集大数据及相关人才超万人。按税务统计口径：2022年1月至11月，贵阳大数据科创城已实现年营业收入69.04亿元，缴纳税金7.92亿元。数字经济增速连续7年全国第一、全省软件和信息技术服务业收入增速连续15个月位居全国第一等的成绩，充分彰显贵州数字经济发展的韧劲和活力。[2]

对北京市来说，数字经济同样是拉动经济增长的"核引擎"。近年来，北京数字经济规模持续攀升，产业基础扎实、韧性更强，全市数字经济增加值由2015年的8719亿元提高至2021年的1.6万亿元。特别是2022年上半年，数字经济占全市GDP的比重已经达到43.3%。[3]这样高速的发展得益于北京市对数字经济的支持：一方面，加快布局北京市智慧城市建设，夯实新型数字基础设施；另一方面，加速培育北京市数字经济新业态，引进数字经济人才。

上海数字经济相关指标仍保持持续增长。市统计局发布的经济半年报显示：信息传输、软件和信息技术服务业增加值同比增长5.3%，拉动上海全市经济增长0.4%。2022年1月至5月，上海全市规模以上信息传输、软件和信息技术服务业营业收入比去年同期增长8.0%，增速高于上海全市规模以上服务业营业收入9.3%。[4]2022年7月发布的《上海市数字经济发展"十四五"规划》提出：到2025年底，上海数字经济发展水平稳居全国前列，增加值力争达到3万亿元，占全市GDP比重大于60%。[5]

数字山东建设实力雄厚，条件坚实。2022年，山东全省数字经济总量突破3.9万亿元，占GDP比重超过45%，数字经济已经成为山东高质量发展的

---

[1]《我省数字经济增速连续七年居全国第一》，载贵州省人民政府网：https://www.guizhou.gov.cn/zwgk/zdlygk/jjgzlfz/szjj/cyrhgl/202207/t20220710_75471446.html，2022年9月6日访问。

[2]《贵州加快建设数字经济发展创新区》，载贵州省人民政府网：http://www.guizhou.gov.cn/home/gzyw/202301/t20230110_77888255.html，2023年4月6日访问。

[3]《2022年上半年数字经济占全市GDP比重达43.3%》，载北京市人民政府门户网：http://www.beijing.gov.cn/ywdt/gzdt/202207/t20220728_2780718.html，2022年9月6日访问。

[4]《2022年上半年上海市国民经济运行情况》，载上海市统计局网：https://tjj.sh.gov.cn/tjxw/20220718/8ad3705c4fc240dbbea336c74f3d62f4.html，2022年9月6日访问。

[5]《上海市人民政府办公厅关于印发〈上海市数字经济发展"十四五"规划〉的通知》，载上海市人民政府网：https://www.shanghai.gov.cn/hfbf2022/20220712/d3f5206dec5f4010a6065b4aa2c1ccce.html，2022年9月6日访问。

重要动力源。其中,数字基建跨越发展,累计开通 5G 基站 16 万个;"开放数林"指数居全国首位。数字山东建设引擎强劲,2022 年山东信息技术产业营业收入超过 1.6 万亿元,软件业营业收入突破万亿元大关,大数据产业业务收入占全国比重达到 1/8,数字山东建设成绩斐然,亮点纷呈。[1]

2. 数字社会效益

《"十四五"规划和 2035 年远景目标纲》在总结经验、瞄准社会需求的基础上,对加快数字社会建设步伐进行了全面的战略部署,提出"加快数字社会建设步伐""适应数字技术全面融入社会交往和日常生活新趋势,促进公共服务和社会运行方式创新,构筑全民畅享的数字生活",描绘了未来我国数字社会建设的图景。提出从三个方面推进数字社会的建设:

第一,提供智慧便捷的公共服务。公共服务与人民群众生产工作生活密切相关,直接关系人民群众切身利益,是社会建设的重要内容。信息化、智能化、数字化有助于创新公共服务供给方式、提升公共服务品质。国家大数据综合试验区省市以及其他省市地区着重从教育、医疗、养老、抚幼、就业、文体等民生重点领域推动数字化服务普惠应用。推进学校、医院、养老院等公共服务机构资源数字化,提升配套数据信息开放共享和应用力度。推进线上线下公共服务共同发展、深度融合,积极发展在线课堂、互联网医院、智慧图书馆等,加强智慧法院建设。[2]

第二,推进智慧城市建设。以数字化助推城乡发展和治理模式创新,全面提高运行效率和宜居度。分级分类推进新型智慧城市建设,将物联网感知设施、通信系统等纳入公共基础设施统一规划建设,推进市政公用设施、建筑等物联网应用和智能化改造;完善城市信息模型平台和运行管理服务平台,构建城市数据资源体系,推进城市数据大脑建设;[3]数字孪生城市建设取得成效,"数字孪生城市"自提出以来已经有五个年头,在政产学研用的合力推动下,在政策的全面有力支持下,数字孪生城市建设呈现出技术体系逐渐清

---

[1] 《群英荟萃共话数字政府建设!第十七届中国电子政务论坛在济南举行-时政要闻-舜网新闻》,载舜网信息中心:http://news.e23.cn/jnnews/2023-04-09/2023040900058.html,2023 年 5 月 9 日访问。

[2] 龚维斌:《加快数字社会建设步伐》,载中共中央党校:https://www.ccps.gov.cn/dxsy/202110/t20211022_150953.shtml,2023 年 7 月 1 日访问。

[3] 龚维斌:《加快数字社会建设步伐》,载中共中央党校:https://www.ccps.gov.cn/dxsy/202110/t20211022_150953.shtml,2023 年 7 月 1 日访问。

晰、市场项目持续增长、企业供给能力持续深化、产业服务全面扩展、技术产品加快融合、应用门槛逐步降低、学术研究较为活跃、行业领域标准发力等发展态势,城市转型进入孪生城市建设发展新阶段。[1]

第三,推进数字乡村建设。数字乡村是伴随网络化、信息化和数字化在农业农村经济社会发展中的应用,以及农民现代信息技能的提高而内生的农业农村现代化发展和转型进程,既是乡村振兴的战略方向,也是建设数字中国的重要内容。2019年5月,中共中央办公厅、国务院办公厅印发了《数字乡村发展战略纲要》。2020年5月,广东省委办公厅和广东省政府办公厅印发了《广东省贯彻落实〈数字乡村发展战略纲要〉的实施意见》,提出到2025年,20户以上自然村光网实现深度覆盖,5G网络实现农村重点区域普遍覆盖,乡村产业数字信息化得到应用,城乡"数字鸿沟"明显缩小。2020年,中国数字乡村建设加快推进,发布了《数字农业农村发展规划(2019-2025年)》《2020年数字乡村发展工作要点》,浙江、河北、江苏、山东、湖南、广东等22个省份相继出台了数字乡村发展政策文件,政策体系更加完善,统筹协调、整体推进的工作格局初步形成。中央网络安全和信息化委员会办公室会同农业农村部等7部门联合印发《关于开展国家数字乡村试点工作的通知》,确定117个县(市、区)为国家数字乡村试点地区。2022年4月,中央网络安全和信息化委员会办公室、农业农村部、国家发展和改革委员会、工业和信息化部、国家乡村振兴局联合印发《2022年数字乡村发展工作要点》。在国家及地方相关政策文件的推动下,农业信息化应用场景日趋丰富,传统的农业、牧业、林业、渔业等诸多传统农林领域与数字信息技术深度融合,电子商务在农村不断发展,农村数字化治理水平和能力程度不断提高。

第四,构筑数字化生活新场景。运用数字技术提供数字化新场景,以满足人民日益增长的美好生活需要。一是推进消费购物、居家生活、休闲旅游、交通出行等各类场景数字化,打造智慧共享、和睦共治的新型数字生活。二是推进智慧社区建设,通过线上线下相结合的社区服务机构,建设便民惠民智慧服务圈,更好地为人民提供社区生活服务、社区治理及公共服务。完善

---

[1]《中国信通院-科研能力-权威发布-白皮书"数字孪生城市白皮书-2022"》,载中国信息通信研究院:http://www.caict.ac.cn/kxyj/qwfb/bps/202301/t20230111_414086.htm,2023年1月2日访问。

城乡网格化治理，积极探索未来社区建设新模式。三是建设智能小区，发展数字家庭，丰富数字生活体验。同时，在与人民群众密切相关的交通管理、环境保护、市容整治、食品安全、治安维稳等诸多方面，深化数字化、智能化技术应用。[1]

第五，为推动中小企业数字化发展。工业和信息化部印发《工业和信息化部办公厅关于开展2020年中小企业公共服务体系助力复工复产重点服务活动的通知》，提出要推动实施《中小企业数字化赋能专项行动》，聚焦线上办公、远程协作等方面，引导数字化服务商提供解决方案、工具包、工业APP等数字化服务产品。强化智能制造服务，帮助企业加快数字化改造，支持中小企业设备上云和业务系统向云端迁移。[2] 同时，在疫情防控期间，国务院办公厅依托全国一体化的政务信息平台，快速开发了一套专门为2600万小微企业和8500万个体工商户服务的专门通道，对促进复工复产起到了重要作用。从整体上看，数字社会治理在应对新冠疫情方面扮演了非常重要的角色，发挥了巨大的作用。

3. 数字司法效益

在数字时代，司法体制在不断改革和完善自身的同时，也吸纳了科技发展的成果，运用先进的技术和手段以提升和改善司法效能，并促进数字司法建设取得进展和成效。[3] 各省司法机关主动拥抱现代科技，运用大数据、云计算等技术手段，全面提升新时代司法工作信息化、智能化、现代化水平，实现看得见的公平正义，"智慧司法"触手可及。

推动司法体制改革与科技变革深度融合是贵州省的一大亮点。早在2016年，贵州就成立了全国首个司法智能辅助办案系统——贵州法院管理系统，为法官裁判提供智慧支持，谱写了"数字政法""智慧司法""政法平安云"等新篇章，形成了大数据办案系统、大数据辅助决策管理、大数据司法服务系统、"云盾工程"、"数据铁笼"、智能笔录云平台、电子换押等一大批典型

---

[1] 龚维斌：《加快数字社会建设步伐》，载中共中央党校，https://www.ccps.gov.cn/dxsy/202110/t20211022_150953.shtml，2023年7月1日访问。

[2] 《工业和信息化部办公厅关于开展2020年中小企业公共服务体系助力复工复产重点服务活动的通知》，载中国人民政府网，http://www.gov.cn/zhengce/zhengceku/2020-04/10/content_5500951.htm，2022年9月15日访问。

[3] 卞建林：《立足数字正义要求，深化数字司法建设》，载《北京航空航天大学学报（社会科学版）》2022年第2期，第23~25页。

经验。[1]大数据应用与司法工作的深度融合使得法院办案效率同比提升32.7%，检察院批捕、起诉案件办案周期分别缩短了20.16%和27.05%，全省检察院办案时间平均缩短8.69天，办案效率提升19.8%。[2]

在大数据时代，广州法院大力推进前沿技术与司法深度融合，推动智慧法院率先建设、迭代升级、争当标杆，走出了一条智慧法院建设的"广州路径"。2021年，广东省广州市中级人民法院举办了广州5G智慧法院实验室启用暨2021年成果发布活动，首次发布了5G智传笔、5G随身云盒、5G庭审本和5G-LIM系统（法律信息建模）等创新成果。该创新成果将5G技术与法院审判业务深度融合，助力审判执行工作提质增效。[3]2022年，广州各级法院通过智慧法院建设，借助5G消息能力，成功送达文书287万份，以及线上办理智慧诉服中心各类诉讼事项20余万次，显著提升了案件办理效率。同时，通过打造5G智慧法院实验室，形成了"法官+技术人员"组成攻关小组的工作模式，广州法院正在持续孵化5G智慧法院成果。

2017年8月，我国首家互联网法院在浙江省杭州市成立。利用科技法庭的远程庭审、提讯、证据交换与质证，同步录音录像，实现了网上跨时空诉讼，将区块链、5G信息技术融入其中，开创了全新的网络空间司法应用场景。[4]5年来，杭州互联网法院共审结各类案件6.7万余件，执结1.4万余件，1案入选最高人民法院指导性案例，6案写入最高人民法院全国两会工作报告，70余案次被评为全国典型案例，在国家级刊物上发表调研成果70余篇。[5]这是互联网时代司法高效化、快捷化与便利化的重要举措，也是智慧司法实践的又一成果展现。该举措也起到了较好的带动作用，2018年7月中央全面深化改革委员会第三次会议审议通过《关于增设北京互联网法院、广州互联网法院的方案》。至此，我国成立了北京、广州、杭州三地的互联网法院。

---

〔1〕《贵州：谱写"数字政法""智慧司法"新篇章》，载中共武威市委政法委员会网：http://gswwpeace.gov.cn/other1/9866.html，2022年9月7日访问。

〔2〕《贵州：大数据跑出智慧司法"加速度"》，载贵州省人民政府网：https://www.guizhou.gov.cn/ztzl/zggjdsjcyblh2018/yw_10972/201805/t20180523_71004333.html，2022年9月7日访问。

〔3〕《广州5G智慧法院实验室发布首批创新成果》，载中国国家互联网信息办公室：http://www.cac.gov.cn/2021-04/09/c_1619548503740790.htm，2022年10月6日访问。

〔4〕石颖：《智慧司法的实践与探索》，载《山东警察学院学报》2020年第1期，第40~50页。

〔5〕《盈车嘉穗，五周年！杭州互联网法院改革创新成果一览》，载杭州互联网法院网：https://www.netcourt.gov.cn/?spm=a1z8s.8020632.0.0.2bc943183aCd，2023年4月6日访问。

4. 数字安全效益

IBM 发布的《2022 年数据泄露成本报告》显示：2021 年 3 月至 2022 年 3 月期间，全球数据泄露事件平均成本为 435 万美元，比 2020 年报告数据增长 12.7%，创历史新高。[1] 面对日益严峻的数据安全形势，国家、行业、地方相继出台了多项数据安全法律法规。《网络安全法》《数据安全法》《个人信息保护法》《关键信息基础设施安全保护条例》等法律法规相继出台。中央网络安全和信息化委员会办公室印发的《"十四五"国家信息化规划》明确了关键信息基础设施安全、网络安全和数据安全的重点工程和重大任务，强化了对数据安全保障能力建设的要求。

数据安全建设本身不能产生直接效益，而多是以辅助形式对组织内业务及责任等进行保障，所以在效益分析中，用词更多是助力、保障、促进等。中国信息通信研究院发布的《2021 年大数据白皮书》提到，数据安全治理能力是衡量企业数据安全建设情况的重要指标，因此中国信通院开展了国内首个数据安全治理能力评估工作，并针对《数据安全法》强调的建立数据安全管理责任体系、对数据实施分类分级保护、定期开展数据安全风险评估等内容进行调研。调查结果显示：32.3% 的参评企业设置了专门的数据安全治理工作委员会，45.2% 的参评企业选择沿用网络与信息安全领导小组作为数据安全工作牵头组织，并设置数据安全管理团队。这表明，近八成的企业已形成数据安全管理的责任体系，为落实法律法规要求打下了良好基础。在数据分级分类工作方面，有 90.3% 的参评企业已制定数据分类分级管理办法，这为不同类别和级别数据在全生命周期流转过程中的精细化防控打下了基础。有 80.7% 的参评企业已在全部或部分业务线定期开展数据安全风险评估工作，有效改善面临的潜在数据安全隐患。[2]

数据安全是数据经济产业的基石，在数字安全建设的保驾护航下，因数据破坏造成的经济损害得到了有效减少，从而提升了组织数字竞争力，拓展了数字经济空间潜力。《数据安全法》坚持安全与发展并重的原则：一方面，国家鼓励数据依法合理使用，支持数据依法有序流动，将数字经济纳入发展规划；

---

[1]《IBM 数据泄露成本报告发布，数据泄露创历史新高》，载 51CTO 网：https://www.51cto.com/article/715093.html，2022 年 10 月 6 日访问。

[2]《大数据白皮书》，载中国信息通信研究院：http://www.caict.ac.cn/kxyj/qwfb/bps/202112/t20211220_394300.htm，2022 年 10 月 6 日访问。

另一方面，数据流动提出了基本的安全框架要求。从而促进数字经济有序发展。目前，数据安全领域常用的数据安全防护措施包括安装安全容器、文档加密、云桌面、数据库安全、数据防泄漏 DLP、加密与文档管理等产品，以及数据安全治理、个人隐私保护等服务。[1]随着数据安全与企业生产经营的关系愈发紧密，同步催生了下游用户对数据安全产品和解决方案的需求，因此数据安全的要求是贯穿数据产生、收集开始，包括存储、使用、加工、传输、提供、公开等所有环节流程的，是对数据传输过程中所经历的多元数据主体的必然要求。

5. 数字政府建设

2022年6月，国务院《关于加强数字政府建设的指导意见》[2]对数字政府建设的指导思想、遵循的原则、加强党对数字政府建设工作的领导作出了指示与要求，从"数字政府建设的数字化履职能力、安全保障能力、制度规则建设、开放共享数据资源体系建设、智能集约的平台支撑体系"等方面对数字政府建设进行了全面的规划与布局。2023年2月，中共中央、国务院印发的《数字中国建设整体布局规划》指出，建设数字中国是数字时代推进中国式现代化的重要引擎，是构筑国家竞争新优势的有力支撑。加快数字中国建设，对全面建设社会主义现代化国家、全面推进中华民族伟大复兴具有重要意义和深远影响。数字政府是数字中国战略的核心枢纽，《数字中国建设整体布局规划》明确要求发展高效协同的数字政务。加快制度规则创新，完善与数字政务建设相适应的规章制度。强化数字化能力建设，促进信息系统网络互联互通、数据按需共享、业务高效协同。提升数字化服务水平，加快推进"一件事一次办"，推进线上线下融合，加强和规范政务移动互联网应用程序管理。

放眼全国，近年来，随着相关政策法律法规的出台，我国数字政府建设成效显著。根据《2020联合国电子政务调查报告》，我国电子政务发展指数国际排名从2018年的第65位上升到了2020年的第45位。全国一体化政务服务平台基本建成，已联通31个省（区、市）及新疆生产建设兵团和46个国务院部门，实名用户已超过4亿人。[3]更有数据表明，从2012年到2022年的

---

[1] 《大数据时代数据安全保障的举措分析》，载中共中央网络安全和信息化委员会办公室：http://www.cac.gov.cn/2015-06/03/c_1115494301.htm，2022年10月6日访问。

[2] 2022年6月，国务院发布《关于加强数字政府建设的指导意见》（国发〔2022〕14号）。

[3] 《国家互联网信息办公室发布〈数字中国发展报告（2020年）〉》，载中国政府网：http://www.gov.cn/xinwen/2021-07/03/content_5622668.htm，2022年9月8日访问。

十年间，我国电子政务国际排名从 78 位上升到 43 位，是上升最快的国家之一；在线服务指数排名从 62 位上升到 15 位，近两年稳定在世界第一梯队。截至 2022 年底，全国一体化政务服务平台用户超过 10 亿人，总使用量超过 850 亿人次。90%以上的政务服务实现网上可办，户籍证明、社保转接等 200 多项群众经常办理事项实现跨省通办。[1]

贵州省按照全省"一盘棋"思路，不断深化数字政府建设。尤其是在政府数据资源"聚通用"上下足功夫、持续攻坚，初步实现了跨地区、跨部门、跨层级的数据共享和业务协同，率先建立数据共享交换平台。这对提高政府决策科学化水平和管理服务效率、催生经济社会发展新动能起到了促进作用。[2]2022 年以来，贵阳综合保税区政务服务中心以"一窗通办'2+2'"改革为契机，积极推动梳理综保区"一窗通办"事项清单，截至 2023 年 2 月政务服务事项共计 178 项，纳入"一窗通办"178 项，一窗事项占比 100%，行政许可事项时限压缩率达 90%，并在政务服务网"一窗通办"专区集中对外展示。同时，结合实际建立了《政务大厅服务现场管理规范》等相关配套制度，每天明确专人巡查，及时记录大综窗工作人员到岗及在大厅发生的重要情况，形成周通报，截至目前已编印 12 期。[3]同时，贵州省也加快了数字政府标准体系建设，推动了大数据发展创新成果的标准化和转化应用。研究梳理形成 105 项数字政府建设标准体系，其中 25 项为新研制地方标准，为加快构建全省一体化数字政府奠定了基础保障。[4]贵州的数字政府是在建设大数据试验区基础上的乘势而为，其发展路径更多地强调信息平台的建设和大数据的场景化应用，注重打造包容新环境，推动产业发展先行。

2018 年 10 月广东省发布《广东省"数字政府"建设总体规划（2018—2020 年）》，对数字政府的定义、实施重点和实施步骤进行了具体的安排。

---

[1] 2023 年 4 月 8 日，第十七届中国电子政务论坛在济南举行暨数字变革创新峰会在济南举行，中央网络安全和信息化委员会办公室副主任、国家互联网信息办公室副主任曹淑敏开幕式讲话。

[2] 《贵州数字政府建设盘活数据资源》，载贵州省人民政府网：http://www.guizhou.gov.cn/home/gzyw/202207/t20220704_ 75377935.html? isMobile＝false，2022 年 9 月 8 日访问。

[3] 《贵阳综保区政务服务中心全面推进"一窗通办'1+2+3'"模式》，载贵阳市人民政府网：https://www.guiyang.gov.cn/ztzl/rdzt/ztzlfgfgg/ztzlfgfgggzdt/202302/t20230209_78176750.html，2023 年 4 月 6 日访问。

[4] 《贵州积极以标准化助力数字政府建设规范化》，载贵州省人民政府：https://www.guizhou.gov.cn/home/gzyw/202208/t20220803_ 75930829.html，2022 年 9 月 8 日访问。

作为国内第一个提出数字政府建设的省份,广东省近年来也在加快打造数字政府改革建设的"广东样本"。首创"政企合作、管运分离"的建设机制,并且在国家组织的省级政府一体化政务服务能力评估中实现了"三连冠"。在提升行政效能方面,广东通过建设粤政易移动办公平台。电子公文交换系统覆盖到镇村一级,日均交换文件超4万份,公文处理时长缩短40%,有效助力了基层减负。[1] 在优化政务服务方面,深圳市在全国率先推出无人工干预智能审批服务,实现"秒报"事项539项,"秒批"事项350项,"秒报秒批一体化"事项165项;推广"一件事一次办"服务达2085个,推动政务应用向移动化、智能化、精细化转型,群众办事便利度大幅提升。[2] 相较于其他省份,广东省从整体性层面进行考量,自上而下统筹建设,借助系统性思维从管理、业务和技术三个层面对数字政府的构建进行顶层设计,从全方位对政府数字化改革进行保障。

从山东数字政府建设情况看,山东在全国率先开展了"无证明之省"建设。目前,全省推行直接取消和告知承诺事项1098项,使用电子证照5.1亿余次,开展数据共享290亿余次,高频政务服务事项和常见社会生活场景基本实现了"无证明"。自2019年起,累计减少证明材料2955万份。在分类推进"无证明"过程中,山东用电子证照替代实体证照,实现"一部手机办完事"。目前,身份证、社保卡、营业执照等550余类电子证照接入"爱山东"电子卡包,实现手机"亮证"。在服务个人方面,实现入学报名"零证明提交",全省80%的县区实现义务教育"零证明入学",惠及260余万个学生家庭。通过共享交通、体检、就医、殡葬等数据,90%以上的人群实现社保待遇无感"静默认证"、高龄津贴"精准发放"。在服务企业方面,企业开办时间由20天压缩至1天。作为服务总门户之一,"爱山东"注册用户数已突破1亿人,平均日活数超过500万,在第二届中国政务服务掌办综合指数评级中获评"A"级,位居全国第三。智慧城市县级覆盖率达72%,累计建成1200余个智慧社区,山东12市入选数字城市百强,数量居全国第一。全省政务服务事项网上可办率达到90%以上,全程可网办率达到80%以上,一体化政务

---

[1]《我省推出多项政府数字化创举加快打造数字政府改革建设"广东样本"》,载广东省人民政府网:http://www.gd.gov.cn/gdywdt/bmdt/content/post_3923415.html,2022年9月8日访问。

[2]《广东省数字政府综合改革试点任务全面完成》,载广东省人民政府网:http://www.gd.gov.cn/zwgk/zdlyxxgkzl/xzsp/content/post_3925101.html,2022年9月8日访问。

服务能力迈进全国第一梯队。〔1〕

从近几年北京、河北、吉林、上海、浙江等省（市）出台的政策及立法情况来看，加快数字政府建设已成为各省市的共识，截至2023年5月底，全国已有21个省级地区公开发布27项数字政府专项政策文件。〔2〕

表6 "十四五"以来各地公开发布的数字政府现行有效政策〔3〕

序号	政策名称	发布地区	印发日期
1	宁夏回族自治区数字政府建设行动计划（2021年-2023年）	宁夏回族自治区	2021年3月1日
2	浙江省数字政府建设"十四五"规划	浙江省	2021年6月4日
3	吉林省数字政府建设"十四五"规划	吉林省	2021年6月30日
4	广东省数字政府改革建设"十四五"规划	广东省	2021年6月30日
5	江苏省"十四五"数字政府建设规划	江苏省	2021年8月31日
6	四川省"十四五"数字政府建设规划	四川省	2021年9月27日
7	甘肃省人民政府关于加强数字政府建设的意见	甘肃省	2021年9月29日
8	辽宁省"十四五"数字政府发展规划	辽宁省	2021年10月16日
9	陕西省数字政府建设"十四五"规划	陕西省	2021年10月27日
10	甘肃省数字政府建设总体规划（2021—2025）	甘肃省	2021年12月22日
11	黑龙江省"十四五"数字政府建设规划	黑龙江省	2021年12月30日

---

〔1〕《群英荟萃共话数字政府建设！第十七届中国电子政务论坛在济南举行 - 时政要闻 - 舜网新闻》，载舜网新闻中心网：http://news.e23.cn/jnnews/2023-04-09/2023040900058.html，2023年5月9日访问。

〔2〕《中国信通院-科研能力-权威发布-专题报告〈数字政府建设蓝皮报告-2023〉（202307出版）》，载中国信息通信研究院：http://www.caict.ac.cn/kxyj/qwfb/ztbg/202307/t20230719_457577.htm，2023年8月1日访问。

〔3〕《表格来源：中国信通院-科研能力-权威发布-专题报告〈数字政府建设蓝皮报告-2023〉（202307出版）》，载中国信息通信研究院：http://www.caict.ac.cn/kxyj/qwfb/ztbg/202307/t20230719_457577.htm，2023年8月1日访问。

12	湖南省"十四五"数字政府建设实施方案	湖南省	2022年3月23日
13	江苏省政府关于加快统筹推进数字政府高质量建设的实施意见	江苏省	2022年4月4日
14	江西省数字政府建设三年行动计划（2022-2024年）	江西省	2022年5月27日
15	海南省政府数字化转型总体方案(2022—2025)	海南省	2022年7月15日
16	浙江省人民政府关于深化数字政府建设的实施意见	浙江省	2022年7月30日
17	自治区数字政府改革建设方案	新疆维吾尔自治区	2022年9月17日
18	黑龙江省人民政府关于加强数字政府建设的实施意见	黑龙江省	2022年9月28日
19	广西壮族自治区人民政府关于加强数字政府建设的实施意见	广西壮族自治区	2022年11月30日
20	福建省数字政府改革和建设总体方案	福建省	2022年12月26日
21	山东省数字政府建设实施方案	山东省	2023年1月29日
22	云南省数字政府建设总体方案	云南省	2023年3月2日
23	河北省人民政府关于加强数字政府建设的实施意见	河北省	2023年4月12日
24	西藏自治区加强数字政府建设方案(2023-2025年)	西藏自治区	2023年4月16日
25	河南省加强数字政府建设实施方案（2023—2025年）	河南省	2023年4月26日
26	江苏省数字政府建设2023年工作要点	江苏省	2023年4月27日
27	宁夏回族自治区人民政府关于加强数字政府建设的实施意见	宁夏回族自治区	2023年5月16日

在上述数字政府建设相关政策的推动下，各地数字建设成效卓著，"一网通办""一网统管""一网协同"等一体化综合场景建设成效显著，成为近两年数字政府建设的焦点。

二、存在的问题

（一）数据立法顶层设计不够明朗

长期以来，"数据"治理问题涉及多层次、多维度，引发了人权法、民法、竞争法、行政法、刑法等各领域学者的关注。人权法学者主要从伦理、自由角度出发，研究数字时代新的人权需求和人权危机。民法学者从数据权属、人格保护角度出发研究数据权益分配及个人信息保护问题。竞争法学者主要从反不正当竞争、反垄断法等角度出发研究数据流通的市场秩序问题。行政法、刑法学者则主要从公法角度研究对于数据的各类监管问题。但当前普遍存在着将数据安全与数据治理等问题混为一谈的现象，导致数据安全问题泛化或重点偏失。例如，2019年发布的《数据安全管理办法（征求意见稿）》将人工智能合成信息、数据歧视等问题纳入了规范范畴；2021年《数据安全法》将推动政务数据开放利用纳入了规范范畴。[1]数据治理关注数据本身的组织、使用和传输等场景下的质量、规范、流程与制度等，其主要输出是制度、管理规章、规范等。而数据安全治理则关注数据在整个生命周期可用性、完整性与机密性的安全保护，输出包括数据的分级分类，安全使用规范，数据的可视化、监控和发现要求等，以及最终如何采用技术手段推动人和流程的落地。如我国的《数据安全法》，该法在规范数据活动的同时，对支持促进数据安全与发展的措施、推进政务数据开放利用等作出了相应规定，提出了诸多促进数字经济发展的措施，包括实施大数据战略、制定数字经济发展规划、支持开发利用数据提供智能化公共服务、支持数据相关技术研发和商业创新等。事实上，安全保障类立法对于发展的促进作用应当体现于合理、科学的安全制度设计在产业发展中产生的间接推动，不宜在立法中直接规定过多促进发展的条款。[2]这就导致了《数据安全法》与数据发展法定位不清的问题。

近年来，随着数据立法的不断完善，数据执法的持续跟进，数据法治化程度不断提升，但有关数据交易方面的立法仍然不够完善。《数据安全法》的制定体现了我国推动数据交易合法合规进行的决心。然而，目前关于数据交易中交易主体的确定，数据价值评估、交易场景以及交易流程等还未能探索出行之有效以及大家都认可的方案。《数据安全法》中有3条规定涉及数据交易。第19条规定，"国家建立健全数据交易管理制度，规范数据交易行为，

---

〔1〕 黄道丽、胡文华：《中国数据安全立法形势、困境与对策——兼评〈数据安全法（草案）〉》，载《北京航空航天大学学报（社会科学版）》2020年第6期，第9~17页。

〔2〕 黄道丽、胡文华：《中国数据安全立法形势、困境与对策——兼评〈数据安全法（草案）〉》，载《北京航空航天大学学报（社会科学版）》2020年第6期，第9~17页。

培育数据交易市场";第33条规定,"从事数据交易中介服务的机构提供服务,应当要求数据提供方说明数据来源,审核交易双方的身份,并留存审核、交易记录";第47条则是对违反第33条后的处罚规定。

《中共中央、国务院关于构建数据基础制度更好发挥数据要素作用的意见》明确提出,建立数据要素流通全流程合规与监管体系。数据要素要实现安全高效流通,需要通过一系列规则设计和技术手段,建立起数据要素流通全流程合规与监管体系。数据流通既要满足全流程安全与隐私保护的制度要求,也要满足市场流通全流程业务效率的要求,因此有必要在流通规则中建立数据要素全流程合规与监管体系。该体系包括流通市场的基础保障、参与者的安全合规要求、数据产品用的安全合规要求、数据产品流通的效率要求以及数据流通全流程的监管要求等。〔1〕目前,我国尚未出台专门的数据交易法,有关数据交易的法律规范主要依赖司法解释与地方数据立法,因无直接上位法的指引,相关数据交易立法中的交易条款规定得比较模糊与抽象,灵活性有余然而操作性与实效性不强。

总体来看,我国缺乏关于数据立法的顶层设计,更多是根据政策和数字社会发展需要进行立法。因此,在面临数据安全与发展并重的情况下,数据安全的立法中就会出现数据交易与促进数字经济发展的内容,也会出现上述数据安全与数字治理因概念的界定不清,导致数据相关立法规范内容的不清晰问题。另外,我国数据立法无论从国家层面还是地方立法层面都呈现出数据安全方面的立法比较完善,而数据交易流通方面的立法较少的情况。

(二) 数据权属界定不清晰

数字经济时代,数据资源价值的释放最关键的是促进数据多种途径、多方式交易流通。然而,数据资源交易流通的前提除了我们重视的保障数据安全之外,还有一个更为根本的问题,即数据权属界定。根据《数据安全法》的界定,"数据处理"覆盖了数据的全生命周期,包括数据收集、存储、使用、加工、传输、提供、公开等环节,然而这所有环节的前提是清晰的数据权属认定。事实证明,数据权属不仅仅是数据权益归属谁所有的问题,其亦

---

〔1〕《建立数据要素流通全流程合规与监管体系,是实现安全高效流通的基本要求》,载株洲市发展和改革委员会网: http://fgw.zhuzhou.gov.cn/c14788/20221221/i1982965.html,2023年4月6日访问。

是数字时代解决诸多问题的源头,关系到个人隐私保护、数据要素市场培育、国家主权安全等方面的问题。

当前,数据法律性质、数据权属等基础理论问题尚未解决,使得企事业、国家在数据安全及交易等问题上的介入机制、权责机制难以划定,这既不利于数据发挥其关键生产要素的巨大价值,也无法满足数据要素市场相关主体的共同诉求。正如科斯(Sonald H. Coase)在其文《社会成本问题》中表示:"一旦考虑到市场运行的成本,……合法权利的初始界定就会对经济制度的运行效率产生影响。"因此,若想通过市场配置数据,数据产权不清晰状态以及不恰当的权属关系都将会对市场的运行产生影响。[1]因此,数据确权有待通过立法进行科学的产权界定与安排。

(三)地方立法权限不清晰

在数据立法领域,地方立法的必要性之一在于对中央数据立法的贯彻细化。我国区域间发展不平衡,中央立法无法考虑到各省市的独特因素,地方立法在不抵触的原则下,可以对中央立法进行细化。以《数据安全法》为例,该法指出各地区应当确定本地区以及相关行业、领域的重要数据具体目录,对列入目录的数据进行重点保护,对地方提出了贯彻细化的立法要求。地方数据立法的必要性之二在于成功改革经验的固化。地方立法具有自主性,当地方在某一领域有了先进改革举措并取得成效时,可以将具有长期价值的政策举措固化在当地法律文件中,为中央立法提供宝贵经验。[2]目前,我国地方在制定数据有关条例上,遇到的最大问题就是立法权限,即地方数据立法的边界出现了模糊的问题。

法律保留事项并不明确。《立法法》第8条所列事项中的民事基本制度并未进行列举性规定,导致多数属于民商法领域的地方数据立法在涉及诸如数据权属、数据交易、数据流转等创制性立法上趋于保守。[3]2021年7月6日,《深圳经济特区数据条例》正式出台,成为我国内地首部涵盖了个人数据、公

---

[1] Marciano A. Ronald Coase, "The Problem of Social Cost' and The Coase Theorem: An anniversary celebration", *European Journal of Law & Economics*, 2011, 31(1): 1~9.

[2] 白牧蓉、李其贺:《地方数据立法的现状与进路》,载《人大研究》2022年第4期,第40~47页。

[3] 白牧蓉、李其贺:《地方数据立法的现状与进路》,载《人大研究》2022年第4期,第40~47页。

共数据、数据要素市场、数据安全等数据安全领域的综合性地方立法。该条例的一审稿第 4 条规定，自然人、法人和非法人组织依据法律、法规和本条例的规定享有数据权，任何组织或者个人不得侵犯。数据权是权利人依法对特定数据的自主决定、控制、处理、收益、利益损害受偿的权利。此外，数据要素市场主体对其合法收集的数据和自身生成的数据享有数据权，任何组织或者个人不得侵犯。[1]该规定使该条例成了首次在正式法规层面确立"数据权"的地方条例。有专家认为，这使深圳在个人数据、公共数据属性、数据交易等方面做出了突破性尝试，但同时也引起了学界的关注与争议。有专家认为，《立法法》第 8 条特别谈到民事基本制度属于法律保留的项目，个人、企业及国家的数据权利显然属于《立法法》意义上的民事基本制度，深圳对数据权进行规定实际上违反了《立法法》。值得注意的是，《深圳经济特区数据条例》在二审稿中删除了个人享有数据权等相关内容。

（四）地方数据立法基本概念不统一

近年来，各发达省市将数据立法作为促进数字化发展的重要抓手，以促进数据利用和产业发展为基本定位，最大限度地促进数据流通和开发利用，进一步激发市场主体活力，促进数字经济和社会发展，但是在各地的数据立法的核心概念存在一定的差异，立法基本概念界定的差异及数据领域称谓的随意性使得相关的研究与立法无法在相同范围层面进行思考对话及进行立法规范，无疑会极大地消解地方数据立法的效力，给数据法、数据权基础理论研究及数据基本制度构建带来阻碍。

1. "政务数据"的内涵界定不清晰

比如，对"政务数据"的界定。《数据安全法》第五章"政务数据安全与开放"以 7 个条文对政务数据作出了专门规定，这为解决政务数据权属争议、划定政务数据公开界限提供了明确的法律依据，有利于加强对政务数据的保护，对确立政务数据所有权和明确政务数据共享与开放的界限具有重要意义。对于何为"政务数据"，《数据安全法》第 3 条进行了界定，但未明确"政务数据"概念。在现有的法律规范体系中，政务数据、政务信息、政府信息概念皆有出现，几个概念内涵也有交叉重合，均有行政机关在履行职责过

---

[1]《重磅全文 |〈深圳经济特区数据条例〉官方版公布》，载互联网金融法律研究院网：http://ifls.cupl.edu.cn/info/1041/1661.htm，2022 年 10 月 5 日访问。

程中制作或获取的信息之意。从政务数据的制作主体和服务对象来看，政务数据是行政机关在履职过程中所制作、保存的信息，且其履职过程就是行政机关进行社会管理、提供公共服务的过程。因此，政务数据是"取之于民，用之于民"。[1]

政务数据是地方数据立法的重点领域，但对这一核心概念的界定并未达成一致。数据主体来源从较为局限的"政府部门和行政执法机构"到较为广泛的"国家机关、事业单位、社会团体或者其他依法经授权、受委托的具有公共管理职能的组织和公共服务企业"。例如，在《福建省政务数据管理办法》中，政务数据是指国家机关、事业单位、社会团体或者其他依法经授权、受委托的具有公共管理职能的组织和公共服务企业在履行职责过程中采集和获取的或者通过特许经营、购买服务等方式开展信息化建设和应用所产生的数据。而在《安徽省政务数据资源管理办法》中，政务数据是指政府部门及法律、法规授权具有行政职能的组织（以下称"政务部门"）在履行职责过程中制作或者获取的，以电子或者非电子形式记录、保存的文字、数字、图表、图像、音频、视频等，包括政务部门直接或者通过第三方依法采集的、依法授权管理的和基于履行职责需要依托政务信息系统形成的数据等。[2]即使在主体来源范围基本一致的情况下，也存在细微差别。例如，《浙江省公共数据条例》中具有管理公共事务职能的组织为"法律法规规章授权"，而《广东省数字经济促进条例》则为"法律、法规授权"。各地有关数据来源主体的规范差异，导致政务数据范围缺乏一致性，将成为数据跨区域归集、流动的障碍。[3]

2. "公共数据"内涵范围不一致

数据开放是公共数据社会价值、资产价值彰显的必经之路。近年来，我国高度重视公共数据开放共享与开发应用，国务院及有关部门先后颁布了《纲要》《公共信息资源开放试点工作方案》等多部规范性文件，全面推进我

---

[1]《政务数据共享开放的原则与界限》，载民主与法制网：http://www.mzyfz.com/cms/rendalifa/lifajujiao/xinfasudi/html/1160/2021-06-30/content-1494110.html，2022年10月4日访问。

[2]《安徽省政务数据资源管理办法》（安徽省人民政府政府令第299号），载合肥市公共资源交易监督管理局网：http://ggj.hefei.gov.cn/zcfg/ahszcfg/18273887.html，2022年10月4日访问。

[3] 宗珊珊：《我国地方数据立法的特征、挑战与展望》，载《信息通信技术与政策》2022年第8期，第65~69页。

国公共数据的开放和应用。在地方层面，2018年印发的《公共信息资源开放试点工作方案》确定在北京、上海、浙江、福建、贵州开展公共数据开放试点，在公共数据开放领域没有国家层面立法的情况下，地方人民代表大会和政府进行积极探索，相继颁布了一批地方性法规和地方政府规章制度，于2019年8月通过《上海市公共数据开放管理办法》，[1]于2020年9月通过了《贵阳市政府数据共享开放条例》[2]等法规规章，其他地区在借鉴试点地区经验的基础上，陆续进行公共数据开放的相关立法。

而对于公共数据的内涵，国家层面的立法并没有进行明确的界定，《网络安全法》和《电子商务法》提到了公共数据，但未对其进行界定，只是强调共享和开放，而在《数据安全法》中使用的概念主要涵盖政务数据。[3]立法者起初建立的数据共享开放体系更多以政府数据、政务数据为核心，前期的"政务信息""政府数据""政务数据"等概念，也成了之后划定"公共数据"内涵与外延的重要参考。[4]

2017年以后，地方公共数据立法对公共数据的界定呈现不断拓展的趋势。2017年出台的《浙江省公共数据和电子政务管理办法》第2条规定，本办法所称公共数据是指各级行政机关以及具有公共管理和服务职能的事业单位（以下统称"公共管理和服务机构"），在依法履行职责过程中获得的各类数据资源，并在附则中明确了水务、电力、燃气、通信、公共交通、民航、铁路等公用企业在提供公共服务过程中获得的公共数据的归集、共享和开放管理"适用"本办法。[5]2021年11月实施的《广东省公共数据管理办法》第3条规定：公共数据，是指公共管理和服务机构依法履行职责、提供公共服务过程中制作或者获取的，以电子或者非电子形式对信息的记录；2022年1月

---

[1]《上海市公共数据开放暂行办法》2019年8月16日经市政府第六十一次常务会议通过，自2019年10月1日起施行。

[2]《贵州省政府数据共享开放条例》2020年9月25日经贵州省第十三届人民代表大会常务委员会第十九次会议通过，自2020年12月1日起施行。

[3]《琶洲数智论坛聚焦"地方数据立法"，北上广5位专家详解难点与突破》，载21经济网：http://www.21jingji.com/article/20210913/herald/0da4b518e6a91ca41954c11585c1d039.html，2022年9月26日访问。

[4] 郑春燕、唐俊麒：《论公共数据的规范含义》，载《法治研究》2021年第6期，第67~79页。

[5]《浙江省公共数据和电子政务管理办法》，载浙江省人民政府网：https://www.zj.gov.cn/art/2018/8/21/art_1229514438_59098068.html，2022年9月26日访问。该条例已因2022年3月1日实施的《浙江省公共数据条例》而废止。

通过的《浙江省公共数据条例》第 3 条规定：本条例所称公共数据，是指本省国家机关、法律法规规章授权的具有管理公共事务职能的组织以及供水、供电、供气、公共交通等公共服务运营单位（以下统称"公共管理和服务机构"），在依法履行职责或者提供公共服务过程中收集、产生的数据。2021 年 12 月通过的《福建省大数据发展条例》第 49 条第 2 款规定：公共数据，是指公共管理和服务机构在依法履职或者提供公共管理和服务过程中收集、产生的，以一定形式记录、保存的各类数据及其衍生数据，包含政务、公益事业单位数据和公用企业数据。2022 年 7 月通过的《福建省公共数据资源开放开发管理办法（试行）》第 2 条对公共数据内涵范围作了与《福建省大数据条例》基本相同的规定：公共数据，是指政务部门、公益事业单位以及供水、供电、供气、公共交通等公用企业（以下统称"公共管理和服务机构"），在依法履行职责或者提供公共服务过程中收集、产生的各类数据及其衍生数据。这时，我们看到的公共数据，除了包括最初的政府数据、政务数据外，还包括公共服务机构、政务、公益事业单位数据和公用企业数据，到福建省公共数据相关立法中将公共数据的范围从上述范围又拓展到了上述数据的衍生数据。

综上可见，在地方数据立法中，关于公共数据范围的界定，呈现日益宽泛的趋势。但公共数据概念内涵的泛化，将存在一定程度的隐忧：会增大具体规则清晰构建的难度；"一刀切"扩大公共数据的范围可能违反比例原则；需要更高的监管能力也带来更大的监管责任；可能模糊政府与市场的边界，反而不利于数据价值的发挥。公共数据的外延泛化趋势带来了规范精准化、法律保留、比例原则、数据治理能力、社会激励等方面的潜在挑战。

（五）差异化的试验区模式与趋同化的制度成果之间的矛盾

1. 差异化的试验区模式

贵州、京津冀、珠江三角洲、上海、河南、重庆、沈阳及内蒙古八个国家大数据综合试验区彼此间基础条件差异较大，发展定位与路径不尽相同。

试验区		类型	总体定位	目标	
				总体目标	具体目标
第一批	贵州		围绕数字经济融合创新、数字政府治理创新、数字社会服务创新、数据要素市场培育、新型数字基础设施、大数据制度创新、大数据交流合作、大数据安全保障试验等八大主要任务开展系统性试验，通过不断总结可借鉴、可复制、可推广的实践经验，最终形成试验区的辐射带动和示范引领效应。	"三区一枢纽"建设目标：（1）围绕深入探索政策制度优化、体制机制创新和服务模式创新，建成大数据制度创新引领区。（2）建成大数据产业发展先行区。（3）围绕完善数字化社会治理体系和数字化民生服务体系，建成大数据融合应用标杆区。（4）探索建立跨区域数据流通、算力协同机制，建成全国算力网战略枢纽。	到 2025 年，实现以下目标：（1）数字经济增加值实现倍增，占地区生产总值比重达到 50% 左右。（2）全省服务事项 100% 网上可办、政务事项 100% 全省通办、高频事项 100% 跨省通办。（3）全省数据中心规划安装服务器 400 万台以上，建成 P 级算力中心。
第二批	京津冀	跨区域类	围绕落实国家区域发展战略，更加注重数据要素流通，以数据流引领技术流、物质流、资金流、人才流，支撑跨区域公共服务、社会治理、和产业转移，促进区域一体化发展。	（1）到 2017 年底，三地数据开放、产业对接框架基本形成，数据开放共享机制体制初步建立，环保、交通、旅游等民生重点领域试点示范率先启动。（2）到 2018 年底，三地初步形成集群特色鲜明、协同效应显著、资源配置优化的发展格局。（3）到 2020 年底，以人为本、惠及民生的大数据服务新体系初步建立，大数据红利充分释放，成为提升政府治理能力的重要支撑和经济社会发展的重要驱动力量。	
	珠江三角洲			到 2020 年，力争在三个方向实现突破：（1）大数据资源方面，汇聚海量数据资源并高度共享开放，数据基础设施高度集约，打造大数据产业发展集聚区。（2）大数据应用方面，打造大数据综合应用引领区，推进政务和民生与大数据的融合；（3）大数据产业方面，推动基于大数据的创业创新，进一步健全大数据产业链，打造大数据创业创新生态区。	

续表

试验区	类型	总体定位	目标
上海	区域示范类	区域示范类综合试验区定位是，积极引领东部、中部、西部、东北等"四大板块"发展，更加注重数据资源统筹，加强大数据产业集聚，发挥辐射带动作用，促进区域协同发展，实现经济提质增效。	到2025年底，上海数字经济发展水平稳居全国前列，增加值力争达到3万亿元，占全市生产总值比重大于60%，产业集聚度和显示度明显提高，高潜力数字新兴企业加快成长，高水平数字消费能级不断跃升，若干高价值数字产业新赛道布局基本形成，国际数字之都形成基本框架体系。
河南			到2025年，大数据产业规模突破2000亿元，年均增长率超过25%，建成10个以上全国领先的大数据产业示范园区，培育10家以上国内影响力强、具有一定生态主导力的领军企业，打造100个以上创新性强、应用范围广、业态模式新、推广价值大的大数据融合应用典型案例，数据要素市场基本形成，数据资源体系和价值体系初步建立，产业发展迈上新台阶，基本建成全国领先、中部领跑的数据要素高效配置先导区、大数据产业创新发展区、大数据融合应用示范区。
重庆			到2025年，城市大数据资源中心全面建成，重庆市数据图谱与城市信息模型基本建成；数据汇聚率不低于90%；政务数据共享数量不少于20 000个，公共数据开放数量不少于5000个；数据的准确性、时效性、可用性持续提升，数据共享开放水平走在全国前列。
沈阳			到2025年： (1) 建成具有较强辐射带动作用的云计算和大数据产业集聚地。培育形成20家具备较强实力、国内领先的工业互联网平台，工业企业上云20 000家，数字化工业企业实现产值6500亿元。 (2) 力争培育软件业务收入100亿元以上企业1户、10亿元以上企业2户~4户，软件和信息技术服务产业实现业务收入2000亿元，建设全国重要的软件产业自主研发基地。 (3) 5G商用步伐走在全国前列，中德产业园和浑南区成为5G产业核心引领区和应用示范区，5G相关产业规模达到500亿元。 (4) 实现基础设施、中枢平台、行业应用各

· 401 ·

续表

试验区	类型	总体定位	目标
			项指标达到全国前列，政府履职数字化、智能化水平显著提升，数字政府有力引领数字经济、数字社会、数字生态发展，成为全国数字政府建设领先城市。
内蒙古	基础设施统筹发展类	在充分发挥区域能源、气候、地质等条件基础上，加大资源整合力度，强化绿色集约发展，加强与东、中部产业、人才、应用优势地区合作，实现跨越发展。	到 2025 年： （1）数字技术融合创新及信息产业支撑能力显著增强，产业数字化进入全面扩张期，基本建成全国数字产业化发展新兴区、产业数字化转型示范区。 （2）数字基础设施完善。实现骨干网与全国重要城市直接联通，算力网络国家枢纽节点建设初见成效；5G 基站数量达 4.5 万个，万物互联、人机交互、天地一体的网络基本形成，数据中心规模、技术水平和服务能力达到国内一流，建成支撑全国、辐射亚欧的数字基础设施基地。 （3）数字经济快速发展。重要领域数字化、网络化、智能化水平不断提升；关键核心数字技术研发与创新应用取得重大进展，数字经济核心产业增加值占 GDP 比重达 2.5% 左右。 （3）数字开放合作深化。与东北亚以及丝绸之路沿线国家或地区、东部沿海发达省（区、市）的数字化合作范围不断扩大。 （4）数字生态初步构建。公共服务平台布局合理，配套关联设施有效配置，逐步形成促进自治区数字经济健康发展的创新、开放、健康、安全的良好生态。

《国家大数据（贵州）综合试验区"十四五"建设规划》提出，在"十四五"期间，贵州省将从数字经济融合创新、数字政府治理创新、数字社会服务创新、数据要素市场培育、新型数字基础设施、大数据制度创新、大数据交流合作、大数据安全保障试验等八大主要任务开展系统性试验。[1]在实

---

[1] 《〈国家大数据（贵州）综合试验区"十四五"建设规划〉解读》，载贵州省大数据发展管理局网：http://dsj.guizhou.gov.cn/jdhy/zcjd/wzjd/202112/t20211230_72169445.html，2022 年 10 月 4 日访问。

践中，贵州把综合试验区建设与大数据战略行动统筹推进，开展了大量创新试验任务，最终取得了可借鉴、可复制、可推广的实践经验，形成了试验区的辐射带动和示范引领效应，为国家大数据战略贡献了"贵州智慧"和"贵州方案"。

作为跨区域类试验区的京津冀与珠江三角洲主要从区域一体化角度，更注重数据要素的流通，实现跨区域公共服务、社会治理和产业转移。京津冀地区启动建设了七个大数据应用示范区：北京大数据核心示范区、天津大数据综合示范区、张家口大数据新能源示范区、廊坊物流金融遥感大数据示范区、承德旅游大数据示范区、秦皇岛健康大数据示范区、石家庄大数据应用示范区。京津冀试验区以政府数据开放为切入点，以北京市数据开放平台为依托，打造统一的公共数据共享和开放平台，即京津冀统一数据开放平台。2017年起，三地政府便以教育、环保、交通、健康、旅游、通信等领域先迁平台为示范，吸引三地企事业单位等将自身拥有的数据迁上平台，尝试实现数据的互联互通。同时，《长江三角洲区域一体化发展规划纲要》也明确提出"加快长三角政务数据资源共享共用，提高政府公共服务水平"，"共同推进数字政府建设，强化公共数据交换共享"。〔1〕此外，《长三角生态绿色一体化发展示范区总体方案》进一步明确"不破行政隶属，打破行政边界"，"建设一体化示范区智慧大脑，推进跨区域数据信息共享"，"推进信息资源互联共享，探索建立跨行政区域、跨部门的政府数据资源统筹管理制度"。〔2〕

区域示范类试验区上海、河南、重庆和沈阳更注重数据资源统筹，加强大数据产业聚集，辐射引领东部、中部、西部、东北"四大板块"发展。在第二批大数据综合实验区设立之初所发布的各项指导文件，如《河南省推进国家大数据综合试验区建设实施方案》《上海市大数据发展实施意见》《沈阳市促进大数据发展三年行动计划（2016-2018年）》等，均强调了要突出数据资源整合，通过建设彻底改变信息孤岛现状，提升数据采集汇聚能力，推动信息汇聚、共享开放，矢志建设大数据融合企业应用，加强数据安全防护，

---

〔1〕《中共中央、国务院印发〈长江三角洲区域一体化发展规划纲要〉》，载中国政府网：http://www.gov.cn/zhengce/2019-12/01/content_ 5457442.htm，2022年10月5日访问。

〔2〕《国家发展改革委关于印发长三角生态绿色一体化发展示范区总体方案的通知》，载国家发展和改革委员会：https://www.ndrc.gov.cn/xxgk/zcfb/tz/201911/t20191113_ 1203848.html?code=&state=123，2022年10月5日访问。

提高安全保障能力。

基础设施统筹发展类仅有内蒙古一个试验区。在2016年10月获批建立国家大数据综试区的7个省市中，内蒙古也是首个进入国家大数据综合试验区范畴的少数民族自治区，该省承担着国家大数据发展体制创新、管理创新、技术创新、业态创新、模式创新等方面的重要任务，从而实现绿色集约式的发展。[1]但相比其他的大数据试验区，内蒙古的数字化发展基础相对薄弱，数字经济占GDP比重在全国相对滞后。但是，内蒙古作为京津冀、环渤海地区的经济腹地，是中国北方和"丝绸之路经济带"信息连通的重要支点，拥有16个对外开放口岸，开放优势明显。近年来，内蒙古充分发挥自身优势，在基础设施、数字产业化、产业数字化、金融科技、人才等领域，深度融入数字丝绸之路、中蒙俄经济走廊、京津冀一体化等建设与发展。

在总体定位方面，八个国家大数据综合实验区各不相同，促进了具有地方特色的产业集聚。贵州大数据综合试验区作为第一个试验区，承担着制度创新、先行先试、示范带动的重任；京津冀和珠三角跨区综合试验区，注重数据要素流通；上海、重庆、河南和沈阳试验区，注重数据资源统筹和产业集聚；而最具地方特色的内蒙古注重基础设施统筹发展，充分发挥能源、气候等条件，加快实现大数据跨越发展。

从目标来看，八大试验区的建设几乎都强调了建成试验区内大数据产业的规模与集聚度，大数据在政府、民生等领域的应用，以及试验区的辐射带动作用。但除此之外，各试验区也有自己不同的侧重点。贵州强调大数据体制机制建设，积极推进大数据领域标准制定和实践应用，持续提高大数据标准供给能力，推动大数据创新成果转化应用，以开放创新、先行先试的实绩带动中国大数据的高质量发展。京津冀试验区强调的是三地的特色、协同效应以及资源的优化配置。其中，北京强化创新和引导，天津强化带动和支撑，河北强化承接和转化，打造协同发展功能格局。在珠江三角洲试验区内，河南强调引领中部且特色鲜明，重庆强调将大数据产业打造成经济发展的增长极，沈阳则从传统产业角度，强调智能制造、智慧产业以及智慧城市群。内

---

[1]《通辽市人民政府办公室关于印发通辽市"十四五"数字经济发展规划的通知》，载通辽市政府网：https://www.tongliao.gov.cn/tlzfwz150500/szfbkttehbk/2022-04/24/content_224c8ee16198415aa80dad978d56186e.shtml，2022年10月5日访问。

蒙古强调了自身条件优势以建设大数据中心与数据港，打造世界级大数据产业基地。

在总体发展趋势方面，我国大数据产业呈现出东、中、西部全面发力，辐射带动全国大数据快速发展的局面。东、中、西部地区大数据发展各有侧重。东部地区将侧重于大数据关键技术的突破，大数据核心产品的研发以及商业数据的交易与流通；中部侧重于数据的汇聚交互和产业的集聚；西部地区侧重于数据在民生及精准扶贫等领域的大数据应用、大数据在制度领域的突破以及大数据产业生态体系的构建。[1]

2. 趋同化的制度成果

八大国家大数据综合试验区的设立初衷是开展系统性、整体性、协同性大数据综合试验探索，充分发挥各地区数据资源丰富和应用市场巨大的优势，推动数据资源开放共享和创新应用，形成试点示范和辐射带动效应。国家针对每个试验区的特色，因地制宜地制定总体定位、发展目标、发展路线等规划。然而，随着大数据热潮的来临，各试验区的制度设计却出现了趋同化，其中最为突出的数据交易所的设立。

比如，大量数据交易机构的涌现。数据要素市场化配置的关键在于通过数据流通，通过交易释放数据要素的价值。近年来，中央及各地政府探索数据要素市场建设过程中，数据交易机构成了促进数据流通的重要抓手，进而在全国各地掀起了一波建设数据交易机构的热潮。

2014年2月，中关村大数据交易产业联盟承建的中关村数海大数据交易平台启动，这是我国首个大数据交易平台；2015年4月，经贵州省政府批准成立的贵阳大数据交易所正式挂牌运营，这是全国第一家以大数据命名的交易所。此后，全国各地纷纷建立大数据交易机构。根据中国信息通信研究院发布的《大数据白皮书（2021）》所统计的数据，2014年至2017年间，国内先后成立了23家由地方政府发起、指导或批准的数据交易机构。其中，在大数据综合试验区设立的包括：贵阳大数据交易所、重庆大数据交易所、河北京津冀大数据交易所、上海数据交易中心、广州大数据交易平台、深圳南方大数据交易、河南平原大数据交易中心、北京国际大数据交易所、上海数据

---

〔1〕《回眸"十三五"展望"十四五"我国大数据产业蓬勃发展潜力巨大》，载中国经济网：http://www.ce.cn/cysc/tech/gd2012/202201/25/t20220125_37287111.shtml，2022年10月5日访问。

交易所等。[1]其中，八个国家大数据综合试验区几乎都设立了大数据交易平台/大数据交易中心/大数据交易所。但是，经过7年多时间的探索，各地数据交易机构运营发展却始终未达到预期效果。一是从机构数量来看，绝大多数交易机构已停止运营或转变经营方向，持续运营的数据交易机构非常有限。二是从业务模式来看，落地业务基本局限于中介撮合，各机构成立之初设想的确权估值、交付清算、数据资产管理和金融服务等一系列增值服务并未能落地。三是从经营业绩来看，各交易机构整体上数据成交量低迷，市场能力不足。[2]

目前，各试验区内的数据交易所大多数可被归类为整合型数据交易场所，然而要避免重复建设、过度投资，应当要与地方传统产业的转型升级相结合，与当地的产业基础和数据资源优势相结合，打造具有地方特色的数据交易场所。在这方面，青岛海洋数据交易平台提供了示范，青岛的特色行业是海洋行业，其中海洋及相关产业门类中的20个行业在青岛都有布局，且产值过千亿元的行业有6个，过百亿元的有8个，尤其是在海洋设备制造、海洋交通运输、海水淡化等方面居于全国领先水平。[3]2021年，青岛国实科技集团有限公司依托大数据存储、超算资源和科研优势，建成全国首个海洋数据交易平台，为"数字青岛"建设贡献了"国实"力量。该平台面向各类海洋科研机构以及相关企业，开展海洋地质、地形地貌、水文气象、遥感影像等海洋数据交易。目前，已制定了一套数据确权、数据质量评估、数据资产化、数据定价方法，通过联盟链进行数据确权，实现数据所有权和使用权分离，交易过程全程追溯。[4]正如大数据交易场所的设立一样，各大数据综合实验区的制度设置除了坚持顶层设计、总体规划外，也要考虑本地实际情况，充分发挥本地优势，努力形成内容科学、系统完备、有效管用的制度体系。

（六）数据立法不完善造成数据资源地方割据倾向

数据共享是数据要素市场中的核心环节，也是数字经济发展的重要基础。

---

[1]《大数据白皮书》，载中国信息通信研究院：http://www.caict.ac.cn/kxyj/qwfb/bps/202112/t2021 1220_ 394300. htm，2022年10月5日访问。

[2]《我国数据交易市场发展回顾与发展动态（一）》，载数据交易网：https://zhuanlan.zhihu.com/p/509406027，2022年10月6日访问。

[3] 陈戈：《建数据交易所切勿"一哄而上"》，载《中国信息界》2022年第2期，第32~35页。

[4]《山东青岛建成全国首个海洋数据交易平台》，载中国科技网：http://www.stdaily.com/index/kejixinwen/202208/d8ad70b3820b4c2fbc664a56288c3156. shtml，2022年10月6日访问。

一方面，数据共享是数据市场的前置环节之一，其使大量数据流入市场，增强数据供给能力，降低数据采集成本；另一方面，数据共享是数据利用方式之一，数据在共享中实现二次开发与重复利用，最大限度地释放数据红利。从政府的角度来看，当前各级各类政府部门及公共机构掌握的政务数据是数量最庞大、价值密度最高的数据资源，对于推动经济发展、完善社会治理、提升政府服务和监管能力具有重要价值。"十四五"规划纲要明确要求"加强数字社会、数字政府建设，提升公共服务、社会治理等数字化智能化水平。扩大基础公共信息数据有序开放，建设国家数据统一共享开放平台"。但是，目前我国对数据的相关立法尚不完善，在政务信息共享方面所导致的一系列问题，例如数据共享权责不清、数据采集分类管理标准不一等，导致地方层面的"数据割据""数据孤岛"现象愈加明显。

现阶段我国从中央到地方均出台了关于数据共享的相关政策文件与法规条例。例如，2016年国务院印发的《政务信息资源共享管理暂行办法》，主要从编制、维护信息资源目录、政务信息资源分类与共享要求、共享信息的提供与使用、信息共享工作的监督和保障等四方面作了规定。[1]2022年1月，国务院印发《要素市场化配置综合改革试点总体方案》，将完善公共数据开放共享机制列为探索数据要素市场化配置的关键环节。[2]地方层面也陆续出台了，如《贵阳市政府数据共享开放条例》《政府数据共享开放（贵阳）总体解决方案》《上海市公共数据和一网通办管理办法》等办法、条例。但目前我国对数据共享缺乏针对性的立法，且中央的很多文件内容比较笼统，不同地方、不同部门的解读也不尽相同，而地方政府出台的与政务数据开放相关的法规政策存在效力不高、针对性不强等问题，这就造成了共享数据的分类、共享数据的类别、共享数据的程度、共享数据的方式以及共享数据权责并没有以明确的纸制文件固化下来。[3]

同时，部门众多也加重了数据共享权责不清的问题。政务数据共享开放

---

[1]《国务院关于印发政务信息资源共享管理暂行办法的通知》，载中国政府网：http://www.gov.cn/zhengce/content/2016-09/19/content_5109486.htm，2022年10月6日访问。

[2]《国务院办公厅关于印发要素市场化配置综合改革试点总体方案的通知》，载中国政府网：http://www.gov.cn/zhengce/content/2022-01/06/content_5666681.htm，2022年10月6日访问。

[3] 许鹿、黄未：《资产专用性：政府跨部门数据共享困境的形成缘由》，载《东岳论丛》2021年第8期，第126~135页。

涉及多个业务部门，数据共享开放的管理部门，可能既是建设者又是管理者，机构部门定位不清晰，各部门对数据共享开放后的数据存储、数据安全、数据确权等权责问题的界定模糊不清，影响着政务数据共享开放工作的推进。[1]为了加快政务数据资源的开放进程、保障数据开放的规范性、减少数据开放地方分散立法的弊端，有必要在国家层面进行统一的政府数据开放立法，明确政务数据的归属权，界定数据产生部门、数据使用部门、数据共享管理部门等各方面的具体权利和职责，解决各部门的后顾之忧，避免政务数据产权归属"部门私有化"行为。[2]

我国在建成一体化政务平台之前，就已有不少的政务系统，这些系统分散独立，彼此之间缺乏连接，由于我国没有关于数据共享的专项立法，没有统一的数据采集和分类管理标准，缺乏对共享数据应用场景的明确梳理，造成不同部门收集数据、使用数据及存储数据标准不一致，抑制了部门参与数据共享的主观能动性。一方面，在政务一体化改革推进的过程中，这些原有的政务系统并未被完全整合，部分还在投入使用，物理上的标准差异导致了数据共享的艰难，需要的数据与能够使用的数据存在差异；另一方面，因数据共享缺乏统一的共享标准，不同部门政务流程还是按照原有的体系进行，未生成业务协同的工作流程，也未有新的业务标准，导致在数据共享中部门互相推诿避责、防范不必要的风险。[3]即使各部门间积极主动共享，也仍然存在政务数据共享供需总体"信息不对称"，部分数据"拿不到""拿不全"，共享数据使用"限制多"等诸问题。

在政务数据共享立法相对宽泛、立法安排相对滞后、制度有效供给不足的大背景下，大力推动政务数据共享标准化建设，有助于填补行政立法空白、修复政务数据共享体系漏洞、补充细化政策措施，促进政务数据共享交换体系更加科学高效。首先，应针对政务数据共享供需主体进行标准化管理，将地方能够共享的信息进行标准化梳理，分类归纳地方政务服务急需的数据和

---

[1] 董超等：《基于区块链技术的政务数据共享开放模式研究》，载《中国经贸导刊》（中）2020年第3期，第4~5页。

[2] 《第八十四期：政务数据不愿共享的成因及对策－优化营商环境工作动态》，载榆林市政策研究督查办公室：http://prs.yl.gov.cn/index.php? m=content&c=index&a=show&catid=113&id=4276，2022年10月5日访问。

[3] 许鹿、黄未：《资产专用性：政府跨部门数据共享困境的形成缘由》，载《东岳论丛》2021年第8期，第126~135页。

其他类型数据。其次，应当使各地的政务信息系统根据统一标准建设，推动构建标准统一、互联互通、数据共享、业务协同的政务服务平台。

本章小结

在当前世界经济运行的不稳定性与不确定性因素持续增加的背景下，相比商品和资本全球流动受阻，数字化驱动的新一轮全球化仍保持高速增长，推动以数据为基础的战略转型成为各个国家和地区抢占全球竞争制高点的重要战略选择。就我国而言，党中央、国务院高度重视大数据产业发展，推动实施国家大数据战略。习近平总书记就推动大数据和数字经济相关战略部署、发展大数据产业多次做出重要指示。我国的大数据发展历程可以分为以下三个部分：从2014年至2015年的酝酿阶段，到2016年至2019年的落地阶段（"十三五"期间），再到2020年至今的深化阶段。

法律制度是数据要素市场化建设的重要保障。我国自2014年大数据被首次写入政府工作报告起，不断出台大数据相关政策，在鼓励大数据共享与应用的同时，也为数据安全保驾护航。2021年我国数据立法取得突飞猛进的进展，备受关注的《数据安全法》和《个人信息保护法》先后出台，与《网络安全法》共同形成了数据合规领域的"三驾马车"，标志着数据合规的法律架构已初步搭建完成。在此基础上，重点行业、新兴技术的法律和司法解释在这一年密集出台，地方性立法成果丰硕，为国家安全提供了有力的支撑，为产业、技术的发展提供了清晰的合规指引，也为人民提供了更全面的权益保障。但是，无论是国家层面还是地方的数据立法，都或多或少地存在着一些缺陷和盲区，例如数据的权属问题、公共数据的内涵、数据交易与流通等方面的法律规制有待补充或完善。

同时，我国还设立了8个国家大数据综合试验区，这是国家实施大数据战略的前瞻性、全局性部署，搭建形成我国特有的大数据发展骨架，带动西部落后地区，让每个地区都享受到数据红利。但在先试先行的道路上，不可避免地会遇到一些难题，例如差异化的试验区模式与趋同化的制度成果之间的矛盾等。

第二章

我国数据立法完善建议

一、科学引领：加强数据立法顶层规划设计

（一）运用大数据在线思维创新数据立法规划

综合分析我国在面对信息化高速发展的近十年间，对与信息化思维和大数据在线思维相关的政策制定、立法定位进行梳理分析后可以发现，虽然自2015年起便稳步保守推进大数据综合试验区以及相应数据立法探索工作，我国政策制定机关与立法机关在面对疫情后的情势巨变，结合各大数据综合试验区在数据立法的现有成果，调整顶层立法导向以应对新常态下数据运用管理的要求。在顶层政策制定，更加要求地方立法机关积极响应上层方针政策的要求和变化，改变立法底层思维，同时，结合自身地方特色，对上位法进行具体落实和细化，进一步构建数据法领域自上而下高效运行的数据法制度体系。

1. 前疫情时期（2019年末以前）：信息化管理底层思维仍占主流

在"十二五"时期，特别是在党的十八大以后，我国信息化取得显著成就。基于世界形势的变化以及我国已取得的信息化建设成果，2014年3月5日，李克强总理在第十二届全国人民代表大会第二次会议所作的政府工作报告中首次将"大数据"纳入了政府工作报告，作为未来产业结构调整工作中"赶超先进"的新兴产业之一。[1] 2015年9月，国务院印发《纲要》，指出数

---

〔1〕《政府工作报告——2014年3月5日在第十二届全国人民代表大会第二次会议上》，载全国人民代表大会：http://www.npc.gov.cn/zgrdw/npc/xinwen/2014-03/15/content_1855927.htm，2022年9月6日访问。

据已成为国家基础性战略资源,并部署了"加快政府数据开放共享""推动产业创新发展""强化安全保障"三方面的主要任务,[1]已然对大数据发展应用的重要性有了一定的认识。2016年3月,《中华人民共和国国民经济和社会发展第十三个五年规划纲》进一步将"信息化"明确为未来我国建设的重点领域及新的发展理念。同年7月,中共中央办公厅、国务院办公厅印发《国家信息化发展战略纲要》。[2]其中明确指出,要围绕"五位一体"总体布局和"四个全面"战略布局,将信息化思维全面融入未来10年我国发展的战略制定、增强发展、产业培育、环境优化等一系列国家建设工作。最终目标为,到21世纪中叶确立我国在全球范围的网络强国地位,并在引领全球信息化发展方面有更大作为。2016年12月,国务院印发《"十三五"国家信息化规划》,[3]细化落实《"十三五"规划纲要》和《国家信息化发展战略纲要》体现的对于"十三五"时期我国各个地区以及各个部门推进信息化工作的要求。因此,在这一时期,虽然数据化已经成了政策制定和政府工作的重点关注领域,同时推进一系列大数据综合试验区工作,但在立法顶层的规划设计上,重心仍然聚焦于进一步推动信息化建设,对于大数据在线思维的重视仍未能在顶层立法规划上得到体现。

从全国人民代表大会及其常务委员会每年公布的立法工作计划来看,2019年以前审议通过的《网络安全法》《电子商务法》关于信息数据收集的规则在适用的对象、范围等方面都具有较多限制性规定,从其中的相关条款也可以看出此时顶层立法的基础思维和底层逻辑仍然以信息数据管理保护为主,并未将数据应用甚至数据产业发展可能涉及的条款纳入。

2. 疫情及后疫情时期(2019年末以后):转信息化思维为大数据在线思维

到了2019年末、2020年初,新型冠状病毒疫情在我国暴发,倒逼各行各业迅速以数字化、科技化手段应对突如其来的资源匮乏、人力紧缺、经济停滞等问题。2020年4月,习近平总书记在浙江考察时指出通过大数据、云计

---

〔1〕《国务院印发〈促进大数据发展行动纲要〉》,载中国人民政府网:http://www.gov.cn/xinwen/2015-09/05/content_ 2925284.htm,2022年9月6日访问。

〔2〕《中共中央办公厅、国务院办公厅印发〈国家信息化发展战略纲要〉》,载中国人民政府网:http://www.gov.cn/xinwen/2016-07/27/content_ 5095297.htm,2022年9月6日访问。

〔3〕《国务院印发〈"十三五"国家信息化规划〉》,载中国人民政府网:http://www.gov.cn/xinwen/2016-12/27/content_ 5153558.htm,2022年9月6日访问。

算、区块链等前沿技术,推动城市治理体系和治理能力现代化,并强调"危和机总是同生并存的,克服了危即是机",要善于抓住产业数字化这一重要机遇,形成发展新动能。[1]2020年5月,国家发展和改革委员会在官网发布了"数字化转型伙伴行动"倡议。[2]该倡议明确将经济数字化转型称为现今世界经济发展的大势所趋,特别指出了数字化转型是世界范围内新冠肺炎疫情危机期间的重大机遇,并将推行普惠性"上云用数赋智"服务作为重要手段之一。2020年10月通过的《中共中央关于制定国民经济和社会发展第十四个五年规划和二〇三五年远景目标的建议》更是直接提出,要"建立数据资源产权、交易流通、跨境传输和安全保护等基础制度和标准规范,推动数据资源开发利用"。[3]数字化转型、大数据在线思维转疫情危机为发展契机,成了新形势下开展各项工作不可忽视的重要思维。

2016年获批的贵州省大数据综合试验区、2016年获批的第二批七个大数据综合试验区的制度试验工作也已经取得了一定的成效,将上述立法制度试验中取得的经验进行总结提炼上升至顶层立法,既是疫情时期下的现实需要,也是制度试验工作的必然结果。2019年12月,全国人民代表大会常务委员会通过2020年度立法工作计划通过,其中《个人信息保护法》作为"围绕构建依法行政的政府治理体系,推进国家机构职能优化协调高效"立法工作的一部分,《数据安全法》作为"围绕健全国家安全法律制度体系,提高防范抵御风险能力"立法工作的一部分,均被纳入其中。[4]在数据产业的优势与重要性不断凸显后,在于2020年11月通过的全国人民代表大会常务委员会2021年度立法工作计划中,《个人信息保护法》《数据安全法》双双被作为"围绕创新驱动发展,加快发展现代产业体系"立法工作的一部分被列入该年度的

---

[1]《习近平在浙江考察时强调 统筹推进疫情防控和经济社会发展工作 奋力实现今年经济社会发展目标任务》,载新华网:http://www.news.cn/politics/leaders/2020-04/01/c_1125799612.htm,2022年9月6日访问。

[2]《数字化转型伙伴行动倡议》,载中华人民共和国国家发展和改革委员会:https://www.ndrc.gov.cn/xwdt/ztzl/szhzxhbxd/xdcy/202005/t20200513_1227930.html?code=&state=123,2022年9月6日访问。

[3]《中共中央关于制定国民经济和社会发展第十四个五年规划和二〇三五年远景目标的建议》,载中国人民政府网:http://www.gov.cn/zhengce/2020-11/03/content_5556991.htm?trs=1,2022年9月6日访问。

[4]《全国人大常委会2020年度立法工作计划》,载全国人大代表大会:http://www.npc.gov.cn/npc/c30834/202006/b46fd4cbdbbb4b8faa9487da9e76e5f6.shtml,2022年9月6日访问。

工作计划,并强调要加强数字经济、大数据等新技术新应用涉及的相关立法工作。[1]《个人信息保护法》《数据安全法》在 2021 年立法规划中的立法定位相对于 2021 年进行的调整,直接反映了全国人民代表大会常务委员会及其常务委员会在后疫情时期的新形势下迅速作出的立法顶层设计调整,提出了更加顺应数据时代要求的数据立法规划。

3. 地方立法规划应积极响应数据立法顶层设计

在国家层面的政策制定、立法设计调整后,各地各级人民代表大会立法机关也迅速响应,出台了多部条例、规定、办法等进行细化落实。地方数据立法针对各地情况及实际需要,在立法形式、条文内容方面体现出了各自的特点。2016 年 3 月,贵州省出台了全国首部大数据地方法规《贵州省大数据发展应用促进条例》,其后分别出台了《贵州省政府数据共享开放条例》《贵州省大数据安全保障条例》。2022 年 1 月《深圳经济特区数据条例》颁布实施,作为首部基础性、综合性数据地方立法,内容包括个人数据、公共数据、数据要素市场、数据安全等数据保护运用等章节。2020 年 12 月,浙江省出台了《浙江省数字经济促进条例》。该条例设有"数据资源"专章;2021 年 7月,广东省出台《广东省数字经济促进条例》,明确规定了对数据资源的开发利用保护,2021 年 11 月,《上海市数据条例》根据数据交易产业发展需要,在"数据要素市场""浦东新区数据改革"章节中明确数据要素市场培育制度框架等实质性举措。同时,不少非大数据综合试验区的地方积极进行数据立法的探索与实践,制定出台了一系列有关数据领域的条例规章,如《福建省大数据发展条例》《浙江省公共数据条例》《浙江省数字经济条例》《山东省大数据发展促进条例》《吉林省促进大数据发展应用条例》《安徽省大数据发展条例》《湖北省数字经济促进办法》等。

2022 年 1 月 12 日,国务院印发《"十四五"数字经济发展规划》提出"数据要素市场体系初步建立"的目标要求。2022 年 9 月 14 日,国家网络安全和信息化委员会办公室发布《关于修改〈中华人民共和国网络安全法〉的决定(征求意见稿)》,其中涉及网络安全方面的一系列修改。国家层面政策的出台、立法的修订,要求地方通过不断完善地方数据立法,以推动"数据

---

[1]《全国人大常委会 2021 年度立法工作计划》,载全国人大代表大会:http://www.npc.gov.cn/npc/c30834/202104/1968af4c85c246069ef3e8ab36f58d0c.shtml,2022 年 9 月 6 日访问。

要素市场体系初步建立"等数据产业长远发展为目标，结合本区域数字化工作重点需要、产业特色等，制定科学的立体规划，在综合性或者专门性数据立法形式选择方面，在数据立法的条文设计上对上位数据立法进行细化、补充、落实，增强地方数据立法的前瞻性、创造性及可操作性。

（二）明确数据立法遵循的原则

数据立法应当遵循的原则分为两个层面：一个是立法中应当遵循的总体原则；一个是立法中制度设计应当遵循的基本原则。

1. 总体原则

数据立法应当遵循两个总体原则：一个是坚持科学立法、民主立法、依法立法原则；一个是落实人民代表大会主导立法机制。

（1）科学立法、民主立法、依法立法。科学立法和民主立法是在所有立法的推进过程中必须遵守的总体原则。2000年通过的《立法法》第4条、第5条、第6条明确规定立法工作必须"科学立法、民主立法、依法立法"。[1] 自2020年11月召开的中央全面依法治国工作会议将习近平法治思想明确为全面依法治国的指导思想后，我国的立法工作更是进一步确立了上述立法基本原则。

科学立法，是要求立法在国家治理层面符合法治精神，不但体现人民意志，还要维护人民权益，更能做到约束国家权利；要求立法在法律体系层面上维护法律体系间的统一性、完善性；要求立法在法律内容层面符合所规范对象无论是内在本质，还是外在联系，以及事物发展的客观规律。比如，在数据立法工作中，制度设计应当以尊重市场规律为主，辅以适度的政府干预，才能达到立法有成效、可行性高，科学激发数据产业活力，最终促使数据产业规范高速发展。民主立法，要求在立法过程中坚定以人民为本开展一系列立法工作，时刻铭记立法核心是为了人民、依靠人民，不仅立法机关从人民中产生，同时在立法过程中更要尽量广泛、全面地听取各方面意见建议。比如，在数据立法工作中，通畅各方建言献策途径、组织听证会或引用辩论制度、积极听取相关领域专家以及从业者意见等。依法立法更是构建我国法制

---

[1] 2000年3月15日，第九届全国人民代表大会第三次会议通过《立法法》，第31号主席令公布，自2000年7月1日起施行。2015年3月15日，《立法法》进行了首次修订。2023年3月13日，《立法法》进行了第二次修订。

体系的基本前提之一。在数据立法工作中，充分论证立法权来源、确定上位法及立法权限为地方立法的首要工作，从而保证立法的合法性。

科学立法、民主立法、依法立法三者之间相互关联、相互作用、相辅相成。依法立法作为基本前提，保障立法工作在宪法、立法法等规定的法定程序、法定范围内开展，保障不断更新的法制体系有序运转；民主立法则要求将以人民为本作为核心思想，融入立法指导方针确定、立法程序环节设计、立法内容取舍确定三个方面，提高立法实效；科学立法则是从方法论与价值层面对立法具体内容提出要求，是提高立法质量的重要手段，也是衡量立法质量的重要标尺。因此，科学立法、民主立法、依法立法是数据立法所要遵循的首要总体原则。

（2）落实人大主导立法机制。落实人大立法主导这一总体原则。发挥人大在立法中的主导作用，要求全国人民代表大会专门委员会、常务委员会工作机构在国家层面数据立法的过程中进行主导，与国务院等相关方面充分沟通，开展法律案起草等工作。也要求各级人民代表大会在上联下达的同时，与同级政府机关进行沟通协调，做好法律草案审议准备工作。立法颁布初期，同步推进法律实施的配套工作，充分发挥人民代表大会的法律监督作用、加强法律解释工作，以国家层面立法为准则与核心，通过后续制定的行政法规、地方性法规、部门规章等共同构建多层级的数据法体系，同时做好法律询问答复，保证法律的有效实施；立法颁布后期，应不间断跟进追踪立法实施具体成效，对实施过程中的各方反馈进行有序收集整理，适时针对行业现状和实效开展立法修订等工作。

2. 基本原则

数据立法规范内容设置和确定过程中应当遵循的基本原则主要有合规性原则、合理性原则、平衡原则，三项基本原则为数据立法应当坚持的基本原则，同时也是数据法具体制度设计及法律适用过程中应当遵循的准则。

（1）合规性原则。

合规性原则是指，在参与数据产生、收集、存储、使用、加工、传输、提供、公开、删除（以下简称"数据处理利用"）等过程中，数据主体、数据控制者、数据处理者各方主体不仅要遵守法律、法规、规章及监管政策，而且也要遵守相关国家行业标准、合同等自治形式的约定，以及社会及行业所公认的有效治理原则和伦理准则。因此，合规性原则的一大前提和基本内涵是合法性，基于数据法特殊规范对象和适用行业领域，又进一步延伸出了遵守非法律形式规范的要求，相结合后构成了更具体的合规性原则的内涵。

综合现行数据立法情况，无论是国家层面的《网络安全法》《数据安全法》《个人信息保护法》等数据立法，还是各地出台的地方性数据立法法规，大都将数据相关的一系列行为的合法性作为最首要的基本原则规定。[1]数据立法的合规性原则主要结合数据处理利用过程中可能涉及的各方权益边界，明确应当遵循"授权原则、公开透明原则、目的限制原则、准确性原则、存储限制原则、完整性和保密性原则、可追责原则"七个原则。[2]

授权原则是指，对数据的处理具有清晰的权利来源，既包括数据主体作为授权来源，同意其个人数据为一个或多个特定目的而处理，也包括基于履行合同义务、法定义务、数据主体及第三方重要利益的需要、公共利益之需要，以受私法层面上已达成合意的约束或公法上公权力行使的必要而作为权利来源，从而有权对数据进行处理。该原则是数据控制者、数据处理者对数据主体个人数据进行处理的合法性基础，应当将可能涉及的授权形式和违反授权的情况进行尽可能的明确。在我国的数据立法语境下，授权原则还包含有诚信原则的内涵，诚信原则作为我国民法基本原则，在《个人信息保护法》和《数据安全法》中均有明确规定，体现为在民法领域的数据收集处理过程中，权利来源是基于诚信行为而产生的。同时，数据收集处理的目的和方式，也应当遵守双方的合意。

公开透明原则，是指数据控制者和数据处理者在对数据主体的个人数据进行处理时，应当采取合法、公开、透明的方式。该原则要求在立法过程中应当对数据控制者和数据处理者的数据处理规则设置公开要求，并且应当以合适的方式对数据主体进行提示，要求数据主体予以注意后再确认是否进行授权。

目的限制原则，是指数据控制者和数据处理者基于特定、明确、合法的目的收集数据主体的个人数据，且不能以与最初收集目的相违背的方式对收集的个人数据进行处理，但为公共利益、科学、历史研究或统计目的而进行

---

[1] 如《网络安全法》第9~12条、《数据安全法》第8条、《个人信息保护法》第5条、《深圳经济特区数据条例》第5条、《上海市数据条例》第17条、《福建省大数据发展条例》第11条等。

[2] 上述分原则系结合我国现行数据立法领域的各部门立法GDPR第6条进行归纳。

的处理，不视为违反初始目的。这一原则与公开透明原则同样要求立法时数据控制者和数据处理者以合适的方式提请数据主体进行注意后获得明确授权，且对于目的的列举和陈述应当尽量完整、详细。

准确性原则。数据控制者和数据处理者应当对收集、处理数据的准确性负责，且有必要采取相应措施保证不准确的个人数据可以被及时处理、删除或修正。基于数据所可能具有的时效性，该原则既是基于数据主体对个人数据被收集后的控制权限考量，也是基于数据交易流程中的买方需求考量，要求在立法过程中数据控制者、数据处理者对数据的准确性及时进行跟踪，同时也要向数据主体开放纠正其个人数据的渠道。

存储限制原则，是指个人数据由数据控制者和数据处理者存储的时间不得超过其处理个人数据所必需的时间，仅有基于实现公共利益、科学、历史研究或统计目的而处理的个人数据能保存超出上述限制的时间。这一原则的作用是进一步防止个人数据的收集和利用违反上述目的限制原则等分原则，更加严格地通过立法保障数据主体的权利和自由。在有条件的情况下，相关国家标准、行业规定等可以基于该原则要求，对适用范围内的时间限制、例外情形进行细化。

完整性和保密性原则，是指数据控制者和数据处理者应当采取足够措施保障其取得个人数据的安全，防止任意外部主体对其取得的个人数据进行未经授权、非法的处理，防止数据的意外遗失、灭失或损毁。该原则是根据权利与义务对等的基本原则，要求数据控制者、数据处理者经授权取得个人数据后，应当对数据主体承担相匹配的类"保管"责任。该原则要求，在对数据控制者、数据处理者的取得个人数据的方式、处理个人数据的权限进行相应规定时，同样需要对其类保管义务进行较为详细的规定，防止由于数据控制者、数据处理者的不谨慎导致数据主体的权益受到损害，促进数据产业规范、安全发展。

可追责原则，是指数据控制者和数据处理者应对其数据处理利用行为符合各项原则负责，所有个人数据的数据处理利用行为都应当由相应的责任人负责，并对引起故意或过失行为导致的相应损害承担相应法律责任。该原则要求数据控制者和数据处理者以合适的方式向数据主体明确提供权利受侵害时的救济途径，并对救济机制进行解释。

（2）合理性原则。

合理性原则中的"合理"，在数据法领域的内涵其实是从公共利益总体而言，个人数据利用的"失"与"得"之间的比例是否合理。如上所述，由于数据法所规定的对象的特殊性、与政策导向之间的强烈联系、对公共利益所产生的重大影响，其蕴含有较强烈的公法性质。而且从公私法角度而言，数据法作为一个带有复合性质的立法领域，涉及的主体类型广泛，上文的合规性原则也将私法领域主体自主达成的约定作为"规"的一层含义，因此无论公私主体的行为，都应当受到合理性原则的约束。

如果说私法领域的"帝王条款"是诚实信用原则，那么公法领域的"帝王条款"则应当是"比例原则"。在符合合法性原则、保障公共利益总体的基本前提下，从各角度评价以该手段处理个人数据中隐含的个人数据泄露风险、处理结果可能对数据主体带来的不良影响、对公共利益和道德准则可能带来的损害，与处理个人数据所需要达到的目的及有利后果相比，"失"与"得"二者之间的比例是否合理。

从合理性原则制定目的和出发点来看，应当从"初步评估、适当性评估、必要性评估、比例衡量评估"四个层面多维度评价某一项数据处理利用行为。首先，通过初步评估对该项数据处理利用行为的手段与目的进行初步调查，这一步需要参照的是上文所述的合规性原则，包括授权原则、公开透明原则等分原则；其次，对数据处理利用行为的手段与目的间的适当性进行评估，包括数据处理目的是否具体确定切实可行，处理手段是否适当，处理手段与可能给数据主体造成的损害相比在比例上是否合适；再次，进行必要性评估，不仅包括为达成该目的采取该手段是不是必须且必要，还包括该手段对数据主体造成的损害和影响是否控制在必要的最小范围内；最后，进行比例衡量评估，是综合上述原则对手段和目的之间的比例进行最终衡量评估并得出结论的环节。合理性原则要求，在立法过程中要对数据进行一定分级，并对各级数据的处理手段进行区分规定，对特定数据予以与之重要程度、影响程度相符的处理手段和处理目的限制，以最大限度地符合合理性原则的要求。

（3）平衡原则。

平衡原则是在无形产权立法领域非常常见及根本的原则之一。无形产权诞生较晚，从相关立法的制定渊源上看，较多无形产权的相关立法是因政策导向需要而逐渐构建并缓慢发展，并不像传统有形产权那样脱胎于长久的实践，因此近代以来的无形产权立法，尤其是知识产权相关立法，经常随着政策导向需要而进行一系列调整。而知识产权立法与数据立法在立法的出发点中有一点是十分相似的，那就是需要平衡个人利益与公众利益，既要促进某一领域社会整体利益和财富的增加和发展，又要避免"公地悲剧"的发生。

如上文所述，我国对数据立法的定位已经转变，顺应数据时代而以大数据在线思维为立法导向，单纯以一味保护个人数据或一味放纵无规范的数据处理利用行为作为立法的极端做法是不可行的，必须在个人数据权利与民众利益或福利之间进行平衡。因为在符合合规性原则、合理性原则的前提下，运用好个人数据，适当、规范、有序地开放个人数据相应授权处理权限，将会有利于公共安全、社会稳定、经济发展、国际安全等整体利益，而个人数据利益又同样包含在民众利益或福利之中，因此不得一味地为了整体利益而牺牲个人数据利益。平衡原则要求，在立法设计上必须在平衡原则的要求下对立法宽严程度进行评估，最终实现两者平衡。

（三）加强理论研究，强化数据立法理论引领

全国人民代表大会常务委员会2022年度立法工作计划明确提出，要加强新时代立法理论研究，其中对立法理论引领工作提出了5点要求，[1]几乎都与数据立法息息相关。因此，在进行数据立法过程中，有必要通过与学会、科研院所、高端智库保持沟通顺畅，建立信息意见交流工作机制，加强研究成果的开放共享，以进一步在多领域强化理论研究，最终完善立法技术规范，提高立法质量。

1. 加强数据法基础理论研究

域内大数据立法学术研究起步较晚，国家层面直接涉及数据问题的立法起于2016年实施的《网络安全法》，如上文所言仍有部分概念不统一、内涵界定不科学、制度成果趋同化等问题，有待进一步研究和探索。

加强数据法基础理论研究工作，从立法实施层面而言，理论研究为数据社会构建过程中对相关立法规范形成、宣传和阐释提供必要基础；从立法监督层面而言，充分的理论储备有利于预防和迅速解决立法监督过程中出现的法律冲突和立法适用问题；从立法前瞻性角度而言，对未来可能出现的立法

---

〔1〕《全国人大常委会2022年度立法工作计划》，载全国人大代表大会：http://www.npc.gov.cn/npc/c30834/202205/40310d18f30042d98e004c7a1916c16f.shtml，2022年9月6日访问。

需要进行预测并准备预案,能够尽量减少立法滞后可能为数据产业发展和群众利益带来的损害。

2. 推进数据法区域协同立法等问题的研究

2022年3月,第十三届全国人民代表大会第五次会议审议通过的《关于修改〈中华人民共和国地方各级人民代表大会和地方各级人民政府组织法〉的决定》第10条、第29条、第80条,均已明确区域协同立法、区域发展合作机制在国家法治体系中的地位,省级、市级行政区划之内或之间进行跨行政区划的协同立法。上述决定充分肯定了区域协同立法在适应我国地域辽阔、区域间发展不平衡不充分、区域内发展相互依赖等现状方面具有的显著优势。

基于数据广域流通的需求和行业现状,探索区域协同立法、共同立法等有关问题,对我国数据地方性立法具有重要作用。我国的数据地方性立法呈现的态势是,不仅存在较为传统的以省级行政区域划分的地方性立法,还有区域示范类综合试验区立法、跨区域类综合试验区立法共三种。而从目前数据立法的发展情况来看,国家层面以新的立法导向为引领进行立法的时间尚短,地方层面数据立法更是仍处于起步阶段。但考虑到国内数据产业的变化、数据立法深远的影响、数据产业在我国各区域间发展的基础和侧重点均有较大差异,采取区域协同立法、共同立法的方式,有助于进一步激活数据产业活力,集思广益的立法机制也将更有利于打磨出更符合区域发展的数据区域性立法。

当前,数据法区域协同立法研究的重心主要在以下两个方面:一是完善区域协同立法工作机制,包括作为工作开展基础的区域协商机制、保障协同立法与上层立法保持导向与步调一致的上级指导机制、协同立法过程中最为重要的纠纷协调机制;二是理顺区域协同立法配套机制,进一步保障协同立法的实效性,不只在立法层面加强区域协作,在执法、司法、监督等各环节的协作机制也均应作为区域协同立法实施的重要环节进行互联互通。

3. 深化涉外数据立法研究

纵观目前全球数据跨境流动机制的构建和运作情况,有三个较为主流的国家间数据跨境流动机制:以WTO为核心的多边机制、美国主导的以TPP模式为基础的"数据跨境流动生态圈"及欧盟的GDPR规范下严格的个人数据运用框架。由于数据跨境流动与履行国际义务、维护国家安全和网络空间主权、执行外交政策息息相关,美国和欧盟都在利用其本国已构建的数据跨境流动机制寻求全球范围内数据治理领域更大的话语权。其中，外商投资安全审查、技术数据出口管制、数据出境保护措施、数据入境本地化要求、执法合作要求等都是数据跨境流动过程中的重点规范领域，而对于数据进行分级也是进行数据跨境流动的基本前提。

在全球化背景下，数据广域流通需求不仅存在于域内数据流通领域，更存在于跨境数据流通领域。作为快速崛起的数字经济大国，根据G20大阪峰会上习近平总书记的发言，我国对于跨境数据流动的主张是，应建立公平、公正、无歧视的市场环境，不应进行人为干预，共同完善数据治理规则，确保数据的安全有序利用，弥合数字经济鸿沟。我国作为数字经济大国，愿意积极参与国际合作，保持市场开放，实现互利共赢。《个人信息保护法》第12条明确规定，将积极参与个人信息保护国际规则的制定，推动跨境个人信息保护规则、标准等互认。

跨境数据自由流通与否、规定的保守与开放程度，对于我国现阶段高速发展但尚未成熟的数据产业而言，其中尺度把握需要慎之又慎。因此，由于目前较为主流的三种数据跨境流动机制在底层逻辑、适用环境、基础规范体系上存在着较大的差异，如何在维护我国数据安全、数据产业发展的情况下稳步扩大国际数据流通规模，进而参与跨境数据流通规则制定，仍需要大量的理论研究，针对每一步举措进行审慎评估论证。

（四）提炼司法经验，夯实数据立法实践基础

数据法作为典型的领域法，需要研究、规范的问题并不局限于某一传统法学部门领域。因此，围绕"数据"治理、数据立法问题进行研究的有民法、刑法、行政法等各个法学部门领域的学者，而需要研究各部门法在数据领域衍生出的新问题、新挑战，与实践具有更紧密的联系，这导致对数据立法进行研究，需要"秉持实定法规范和实定法秩序的实用主义研究立场，主张打破部门法桎梏，以问题意识为关怀起点，以经验研究为理论来源，综合借鉴与运用其他社会科学的成熟方法进行研究"。[1]因此，向一线法律工作从业者、专家学者、各相关从业人员等广泛收集反馈意见和实践经验，有助于进一步完善立法、提升立法质量。立法完善除了加强立法理论研究外，从司法经验

---

〔1〕 刘剑文：《论领域法学：一种立足新兴交叉领域的法学研究范式》，载《政法论丛》2016年第5期，第14页。

中提炼痛点、难点问题进而有针对性地解决也是立法完善的重要环节。司法案例往往是暴露既有立法规范缺失的第一窗口。我国有大量法律规范起源于实践，经过裁判规则、司法解释、相关条例或实施细则，上升为法律明文规定这样自下而上的路径，反哺助力制度创新。故提炼司法经验，夯实数据立法实践基础，是完善数据立法制度，保持司法公平、公正、良性循环的关键。

在"庞某鹏诉东航、去哪儿案"中，[1]二审法院认为庞某鹏遭到泄露的信息属于隐私信息，由于作为数据主体的自然人根本不具备对数据收集者、数据处理者的公司内部管理是否存在漏洞等情况进行举证的能力，因此不宜严格要求庞某鹏进一步举证东航、去哪儿公司确实存在泄露其隐私信息的情况。在排除了其他泄露隐私信息可能性的前提下，结合该案证据认定上述两公司存在过错。二审法院的判决就此确定了在此类案件中受侵害数据主体举证需满足的"高度盖然性"的举证责任标准，进而在《个人信息保护法》第69条第1款[2]明确将类似侵权事件的过错原则明确为推定过错原则，要求在面对类似纠纷时，个人信息处理者（数据处理者）应当承担起证明其不存在过错的举证责任。

二、完善制度保障

遵循数据立法总原则及基本原则，立足于充分的理论研究，总结司法实践经验，完善国家层面及地方层面的数据立法，形成层级分明、体系化、协调性的数字法治体系。

（一）充分运用备案监督审查制度，维护国家法治统一

在进行数据立法的过程中，必须坚持实行备案监督审查制度，这是实现数字法治体系系统化、整体化的核心。在数据立法规划层面，需要从上至下、从里之外，自国家立法层延伸至地方立法层面及各配套立法层面，保持立法定位规划上的一致性。基于数据立法领域的重要性及变化快等一特性，对数据立法的立法技术、立法时效性、立法成效等方面提出了较高要求。2023年

---

〔1〕 参见北京市第一中级人民法院［2017］京01民终509号民事判决。

〔2〕《个人信息保护法》第69条第1款规定："处理个人信息侵害个人信息权益造成损害，个人信息处理者不能证明自己没有过错的，应当承担损害赔偿等侵权责任。"

年《立法法》修改、[1]2022年《地方各级人民代表大会和地方各级人民政府组织法》修改，呈现出地方立法主体大幅增加、对地方立法审查备案的任务大幅加重的态势。为了实现最终构建适应数据时代的、符合我国国情的、结构完整、内容和谐统一的数字法治体系，应当通过法规规章备案监督审查制度，保证立法工作在从规划层面落实到具体立法当中时不偏离党中央改革方向、不偏离立法机关决策部署的立法规划、不违背上位法律法规的规定、不落后于现实需要。"有件必备、有备必审、有错必纠"是我国备案监督审查制度应当具备的运作态势。

1. 建立健全备案审查制度和工作机制

建立健全备案审查制度和工作机制是充分运用备案监督审查制度的基础和前提，只有制度健全完善，才能保障备案审查制度工作的顺利开展。目前，我国的备案审查制度建设已经具备了较为完善的流程体系，运作也渐趋成熟。

但从数据立法领域的备案审查制度和工作机制的应有状态来看，由于数据法作为领域法，牵涉部门众多，且并未有起统领作用的数据法出现，而是以《网络安全法》《数据安全法》《个人信息保护法》三部法作为主要立法，从不同角度进行相关权利、相关行为和相关行业的规范保护，且立法发展历程短，进行评估审查的需要将会随着法律的实施、配套法规的制定而不断加大，因此在涉及数据立法备案审查时，需加强与制定机关之间的沟通协商，同时加强同其他机关备案审查工作机构的联络联动机制，保障衔接顺畅，促进数据立法备案审查工作的规范化、高效化，加强备案审查工作情况的报告制度，时刻保持上联下达，信息交流通畅，不断健全数据立法备案审查制度和工作机制。

2. 紧扣党中央及立法机关最新立法规划定位

数据立法中各项规则的宽严尺度、适用领域、规制范围均与中共中央、国务院有关数据安全保障、数据产业建设等一系列领域的战略决策、工作部署息息相关。

---

[1]《立法法》2000年3月15日第九届全国人民代表大会第三次会议通过，根据2015年3月15日第十二届全国人民代表大会第三次会议《关于修改〈中华人民共和国立法法〉的决定》第一次修正，根据2023年3月13日第十四届全国人民代表大会第一次会议《关于修改〈中华人民共和国立法法〉的决定》第二次修正。

在备案审查监督的过程中，首先应当结合目前的立法规划，审查报审法规是否在立法目的、立法原则、定义内涵外延等根本问题上，是否对党中央的决策、部署、精神在理解上存在偏差，导致存在与现行立法定位规划不相一致、不同步调的内容，甚至存在违背立法规划和政策初衷的内容。确立这一规则，要求在备案监督审查的实际工作中，一方面要加强研究，对最新立法定位规划以及备审法规进行准确理解和判断，另一方面要保证党中央令行禁止，杜绝故意"放水"、降低标准，必要时督促开展地方和部门法规专项审查和清理工作。只有牢牢把握最新立法定位规划的要求，才能确保党中央及立法机关制定的数据立法落实落地，实现数据立法助力数据行业有序、高效发展，发挥服务于党和国家大局的应有作用。

3. 坚持"以人为本"的法规审查理念

坚持"以人为本"的法规审查理念，是我国人民代表大会制度的本质特征使然。这要求在备案监督审查制度的构架和运行中，始终将保障公民权利、广泛听取群众呼声、及时回馈群众来件作为工作准则。

首先，继续保持群众来件渠道的通畅，并要求各地各部门严格依照《法规、司法解释备案审查工作办法》《全国人大常委会法制工作委员会法规、司法解释备案审查工作规程（试行）》对审查建议进行接收、登记、移交、审查、研究、处理、反馈。其次，在对备审法规进行审查评估时，对可能过度侵犯公民权利的规定，尤其是群众反映强烈、呼声较大、社会影响广泛的规定进行审慎考察，这一点在数据立法领域尤为重要。数据立法的关键是维护隐私数据安全和数据产业发展之间的合理平衡，需要通过立法慎重划定双方权利的边界，因此必须要在数据立法领域的法规备案审查过程中坚持"以人为本"的法规审查理念，防止二者失衡，进而造成系统性、社会性影响和损失。故在审查时，应当注意备审法规是否符合数据立法中的目的限制原则、准确性原则、存储限制原则、完整性和保密性原则、可追责原则。

4. 把握合法性、合理性的审查标准

确立合法性标准，既是数据立法体系内部统一自洽、顺畅运行的需要，也是数据立法体系融入我国整体立法体系的需要；确立合理性标准则是数据立法体系实现立法水平、立法时效性、立法可行性、立法实效性等多维度提升的必然要求，也是基于数据法领域的特殊性所提出的必然要求，与数据立法应当遵循的基本原则息息相关。

数据立法合法性、合理性的实现，要求在审查备案工作开展的过程中，不孤立、机械地进行字面审查，而是要探究法规的实质内容、联系法的实施效果来进行具体的、科学的评估衡量。要求负责备案审查工作的部门加强自身能力建设，准确把握数据立法的定位规划、立法原则以及备查法规在数字法治建设体系中的位阶、权限边界等一系列问题，并能科学地对"合理性"这一抽象的审查标准作出合适判断。在这一过程中，备案审查工作部门同时可以利用信息化、数据化的工具和研究方法，对立法效果等问题进行量化研究，还可以通过收集司法实践经验或司法意见、吸收科研机构研究成果、向数据安全保障责任部门等各方征求意见等方式，完善丰富理论依据，以最终作出符合合法性、合理性标准的备案审查意见。

（二）坚持地方立法权限与数据法制度创新相结合

中共十八届四中全会审议通过的《中共中央关于全面推进依法治国若干重大问题的决定》指出：明确立法权力边界，从体制机制和工作程序上有效防止部门利益和地方保护主义法律化，明确地方立法权限和范围。[1]立法权限是地方立法应首先明确的前提，是立法实施过程中针对适用冲突问题拟定解决途径的重要考量，关乎立法监督过程中采取的审查标准。明晰地方立法权限，是不断完善数据立法，构建协调、统一的数字法治体系之必需。目前，数据立法处于不断完善阶段，各地方在进行数据立法过程中：其一，遵守《立法法》关于地方立法权限的规定；其二，地方立法理念与制度设计过程中，部门权力和地方保护主义问题值得关注；其三，应当为数据综合试验区立法进行制度探索留出一定空间。

1. 科学合理限制部门权力和地方保护主义

明确数据法领域地方立法权限，既要求防止地方各级人民代表大会进行地方立法时，基于地方保护主义，对行政区域内和跨行政区域的数据交易、数据流通等行为进行隐秘的区别性对待，也要防止各部门主导的金融数据、健康医疗数据、消费者数据、就业数据、儿童数据、公共数据、政务数据等各领域数据的处理、流通、使用等一系列环节的法规在制定过程中，有意识地基于部门利益或行政管控上便利的"一刀切"式懒政，导致规定部门职权职责的法规产生冲突或出现真空的"三不管"地带，违背数据市场平等、公

---

[1]《中共中央关于全面推进依法治国若干重大问题的决定》。

平竞争的理念,甚至消解国家层面的立法实效。

2. 通过授权立法与区域协同立法促进数据制度创新

差异化的试验区模式与趋同化的制度成果之间矛盾的成因既有产业基础薄弱,也包括立法权限限制上的创新空间不足、立法体例上的滞后等。要改善这一问题,需要坚持立法权限设定的原则性与灵活性相结合,即地方立法权限的划分要科学、合理、明确,同时保证一定的立法创新空间。尤其是针对大数据综合试验区建设中的立法尝试,通过授权立法的方式开放一部分制度创设权限,有利于数字法治体系建设的探索,也可避免全国范围内一律放开给立法带来不确定性及对现有法律体系造成冲击。

从数据立法制度创新角度而言,在跨区域类大数据综合试验区中体现出的区域性数据一体化发展的试验、区域协同立法带来的理念碰撞,也引发了数据立法进行协同制度创新的客观需求。长三角示范区内三地医保数据互通、京津冀大数据协同处理中心发挥的重要作用都体现出了数据共通共享是活用数据进而产生效益的正确途径,故明确综合试验区立法权限,尤其可以从区域协同立法的立法权限入手进行适当调整,鼓励进一步的制度创新。

3. 引入第三方完善立法流程

数据立法的起草环节,长期以来的做法是在立项后由行政部门牵头起草,而这些具体的行政部门往往会更加顾忌自身利益、实施便利,且并不具有足够的立法知识和技术水平。部门作为草案牵头起草单位会给科学限制地方立法权限造成障碍,不利于提升地方立法水平,反而可能引发行政权力寻租、规避职责、地方保护主义的法律化等问题。尤其是数据法属于区域法,牵涉部门广,需多方权责协调,以构建数据法新体制。因此,在法案立项后,在由司法行政部门负责综合协调、业务指导和督促评价工作的前提下,不宜交由相关部门牵头起草,而是应委托具有足够知识储备和立法技术水平的中立单位开展草案起草工作,如科研机构或高等院校的专家学者组建的课题组等,重要的草案甚至可以直接由司法行政部门牵头起草。相应行政部门可以提出意见,也可以组织数据行业从业者或行业协会代表积极建言献策,但不可过度干预法案的起草。在初步拟定草案送审稿后,司法行政部门应当比照备案审查制度的相应标准和要求,结合现有立法体系和部门权责分工进行综合性考量,避免出现权责范围冲突或权责空白的领域。立法机关队伍的建设也十分重要,扩充吸纳经济法律领域专家委员(尤其是专职委员)以保证其参与地方立法工作的时间和精力。还可以进一步组织各方专家、委员、协会、其他相关部门对草案发表意见，向社会大众吸纳意见和建议，甚至可以引入辩论制度，加强地方立法机制的科学性、民主性。

4. 加强数据立法评估

数据立法后评估是对数据立法实施后的成效进行客观评估，评估结果是决定采取立法修订、行政改良、执法强化等措施的重要依据。数据地方立法层面，制度更加细化，实施成效的好坏也更加具体，得到的群众反馈、行业意见、司法经验也更加具有针对性，这对于立法监督和后续对策的制定更具现实基础和实际意义。因此，在地方数据立法实施后，除通过国家层面的备案审查制度进行立法监督评估外，也应由相应数据主管部门定期组织专家、委员、协会、其他相关部门，从数据立法的制度设计、运行情况、实施效果、边际影响等角度进行科学、量化的调查评估，也可要求人民法院、人民检察院等一线司法部门就重案、难案、新案总结立法意见和建议，通畅群众意见反映渠道。同时，还应当结合自查自纠、实地考察等方式进行执法检查工作，形成反馈意见，不断完善地方数据立法。

(三) 探索具有试验区特色的数据法治管理体制

提炼八个大数据综合试验区主要制度：大数据管理主要制度、大数据监管主要制度、大数据安全保障主要制度、大数据应用发展四大主要制度进行分类比较。[1]

表7 大数据管理主要制度对比表

大数据管理主要制度对比表	大数据综合试验区 制度名称	贵州省	上海市	河南省	重庆市	沈阳市	京津冀	珠三角	内蒙古自治区
	加快数字基础设施建设			√					
	建立基础数据库和主题数据库	√	√	√		√	√		

[1] 说明：表中单独罗列的主要制度，是已经在各个省、市级地方性法规中被具体化规定、已经或正在落实的具体制度，以及各个试验区具有创新性和特色性的制度。

续表

大数据综合试验区 制度名称	贵州省	上海市	河南省	重庆市	沈阳市	京津冀	珠三角	内蒙古自治区
统一的大数据共享平台和开放平台制度	√					√	√	√
大数据目录管理和清单管理制度	√	√	√	√	√	√	√	
规范实行数据分类分级制度	√	√	√	√	√	√		√
建立大数据标准化体系	√	√					√	
建立议事协调机制	√(联席会议制度)		√	√("云长制")		√	√(联席会议制度)	
组建数据专家委员会		√						
建立大数据使用全生命周期的标准化流程机制	√							
建立健全数字知识产权保护制度						√		
建立大数据交易平台、建立健全交易管理制度	√	√	√			√	√	
建立数据资产价值评估机制和数据资产定价指标体系							√	

表8 大数据监管主要制度对比表

	制度名称 大数据综合试验区	贵州省	上海市	河南省	重庆市	沈阳市	京津冀	珠三角	内蒙古自治区
大数据监管主要制度对比表	建立数据接触、访问审查制度	√	√	√	√（包容审慎监管制度）	√（数据使用许可制度）	√（包容审慎监管制度）	√	√（包容审慎监管制度）
	建立大数据安全管理诚信档案制度	√							
	建立数据安全监督检查协作机制	√			√	√		√	
	建立大数据动态管理制度	√	√		√		√		√
	建立数据工作考评、考核机制		√				√		
	建立健全异议核实和处理机制	√	√		√		√		
	实行争议协调处理制度					√			

表9 大数据安全保障主要制度对比表

	制度名称 大数据综合试验区	贵州省	上海市	河南省	重庆市	沈阳市	京津冀	珠三角	内蒙古自治区
大数据安全保障主要制度对比表	建立大数据安全保障体系机制	√（建立大数据风险、	√（建立大数据风险、	√	√（建设数据资源安全	√（建设政务数据资源	√（安全风险联防联控		

	制度名称 大数据综合试验区	贵州省	上海市	河南省	重庆市	沈阳市	京津冀	珠三角	内蒙古自治区
大数据安全保障主要制度对比表		安全评估制度）	安全评估制度）		管理体系）	安全管理体系）	机制、安全信息备案制度）	√	√
	建立数据处理责任监督追溯机制	√（建立大数据安全审计制度）		√	√（实施数据处理、数据保密制度，数据安全责任制）		√	√	
	建立大数据安全事件预警通报和应急预案制度	√	√	√	√	√	√	√	√
	建立统一的安全监测预警、监管平台	√	√			√	√	√	√
	建立大数据安全投诉、举报制度	√			√				
	实行个人信息安全评估制度				√				
	推行试行首席数据官制度					√			
	建立多元化资金投入和保障机制							√	

第二章 我国数据立法完善建议

表10 大数据应用发展主要制度对比表

	制度名称 大数据综合试验区	贵州省	上海市	河南省	重庆市	沈阳市	京津冀	珠三角	内蒙古自治区
大数据运用发展主要制度对比表	建立大数据人才队伍培养制度	√	√	√	√（出台人才标准目录、培养技能人才）	√	√（建立健全引进人才机制、完善发展培养人才机制）	√	√
	建立数据交流合作机制			√					
	加强宣传力度					√			
	建立健全弱势群体保障制度						√		
	开展和推动社会治理大数据应用								√	
	建立公共服务大数据应用体系							√	
	大数据与各传统产业之间的融合发展制度								√
	推动企业之间的协同发展制度								√

1. 总体建议

针对大数据综合试验区的现有制度建设成果，以下几点是对所有大数据综合试验区提出的制度探索建议。

（1）继续深化推进数字文明基础制度建设。

综合我国目前的数字文明建设进程，数字文明基础制度的建设目前已完成了初步信息化、数字化工作，但深化推进数字文明基础制度建设仍是制度探索工作的重中之重，在构建体系完整、运作流畅的数据强国基础制度方面，仍有较大的提升空间。

第一，以大数据管理制度为代表的基础制度在数量上仍占多数。在大数据管理制度中，针对数字文明建设基础的制度仍然占绝大多数，无论是硬件上的数字基础设施建设，还是软件上的资料库的建设和完善，数据共享、开放、交易平台的建立，以及数据管理方面的目录制度、清单制度、分级分类管理制度，统筹协调层面的议事协调机制、联席会议制度，都是数字文明建设过程中起基础作用的制度。主要制度的分布情况和数量也可说明，目前各综合试验区的制度建设重心仍然是基础制度的构建和细化。

第二，基础制度在建设难度上低于数据监管、安全保障等制度，同时更能体现制度建设成效。上述制度是后续工作的基础，是与行政治理体系关系最为接近、最能融入现有行政体系的制度，是与群众生活结合最为紧密的制度，是最能体现建设实效的制度。从技术层面考虑，数据共享、开放平台的建设，数据管理体系的建立，在现有技术基础上具有较高的可实现性，难度也明显低于后续安全保障体系的建设。

从目前各综合试验区的建设现状来看，大数据管理主要制度的设计和建设有不足，同时也形成了一些具有较高可参考性和可借鉴性的特色制度。不足在于：第一，制度各环节较为割裂，衔接机制未得到完善。第二，数据要素市场构建的各项基础制度仍然处于摸索阶段。比如，对于大数据交易平台的建设和管理规定仍然较为流于形式，平台建设未能充分结合实际需求和地方特色，导致各数据平台建设成效不尽如人意。第三，在大部分综合试验区的制度建设中，第三方参与决策、纠纷协调的机制仍不够完善，立法、决策的"科学性"保障不够充分。

针对上述不足：首先，可以借鉴贵州省大数据综合试验区提出的"大数据使用全生命周期的标准化流程机制"，以系统性视角串联各项管理制度，在提高数据管理效率的同时，加强制度衔接，明确数据责任者，进而确保责任追溯制度的顺畅实施。其次，对于交易平台与地方特色结合问题，既可以参考上文提到的青岛海洋数据交易平台，探索具有地方特色和优势的数据交易平台，也可以参考珠三角综合试验区提出的建立数据资产价值评估机制和数据资产定价指标体系，降低数据平台交易门槛。最后，在建立议事协调机制的同时，可以参考上海市大数据综合试验区的做法，组建数据专家委员会，将第三方专家引入数字文明基础制度建设，参与数字文明基础制度的制度设计、细化落实、权责划分、纠纷协调等一系列事务，提高制度设计的科学性、民主性。

2020年7月，贵州省大数据发展管理局、省市场监督管理局印发《贵州省大数据标准化体系建设规划（2020-2022年）》，规划从"标准支撑创新，取得显著成效"和"标准赋能产业，形成带动效应"两个方面提出了主要任务。该规划开展大数据领域国际、国家标准试验验证与应用推广。鼓励贵州省大数据企业、机构参与研制大数据领域国际标准、国家标准和行业标准，结合大数据标准化体系框架，初步建立涵盖基础共性、重点领域应用等标准研制，提升数据资源质量、数据软硬件产品开发质量，规范大数据全生命周期的软件、硬件、服务水平要求，明确大数据与各行各业融合应用的业务流程标准，建立完善技术、应用、管理标准化体系。以采用国家标准、行业标准为重点，围绕数据的生产、采集、存储、加工、分析、服务，推广应用国家标准，为国家标准提供试验验证、检验检测、认证认可、试点示范基地，为国家大数据标准化体系提供应用反馈，增强贵州省大数据标准化创新示范和服务能力。[1]因此，各省在数据目录管理制度、清单管理制度、分类分级制度、标准化体系的建立方面可以参考贵州省的做法，利用区域协同立法工作机制，在数据综合试验区的范围内先实现上述数据管理制度和标准体系的规范统一，后续实现综合试验区制度试验成果辐射全国、促进国内数据流通。

（2）继续推进数据管理机构、数据监管机关职权的集中强化。

数据管理机构是指负责制定数据发展政策、进行数据管理与分析、维护数据安全等数据治理工作的行政单位或事业单位，具体包括大数据管理中心、大数据管理局等各类机构。数据监管机关则是指对数据处理主体的数据处理活动进行监督的行政主体。2023年3月，国家大数据局成立，[2]以国家大数

---

〔1〕 2020年7月，贵州省大数据发展管理局、省市场监督管理局印发《贵州省大数据标准化体系建设规划（2020-2022年）》。

〔2〕 2023年3月，中共中央、国务院印发《党和国家机构改革方案》，明确表示我国将组建国家数据局。

据局成立为标志，我国的大数据管理与监督工作呈现出阶段性的特征。

第一阶段：2023年3月之前，大数据管理机关由国家发展和改革委员会、工业和信息化部、中央网络安全和信息化委员会办公室等部门共同承担。依据《网络安全法》《数据安全法》《个人信息保护法》等法律及行政法规，国家层面大数据采集、管理职责主要集中在国家发展和改革委员会、工业和信息化部、中央网络安全和信息化委员会办公室等部委，并无一个专门机构统筹大数据的管理和应用。而起统领作用的数据监管机关则为国家网络安全和信息化委员会办公室，再通过其统领其他有关部门开展工作。并且，我国数据监管机关的设置情况在形成现有的"专门机关统筹协调+行业分散监管"模式之前，曾实行过"行业分散监管"模式。〔1〕数据安全、数据开放共享、公共数据治理等数据监管机关、数据监管对象、数据监管职能各不相同，呈现出了不同领域各自立法的情况，数据监管权力也相应分散到了互联网信息办公室、工业和信息化部门、公安机关市场监督管理部门，形成了管辖范围交叉但不重叠的态势。有报道指出，目前大概有15个政府部门拥有数据管理权限，"九龙治水"的现象较为突出，管理手段不适应，如何实施数据分级分类管理也存在不少问题。〔2〕加之在我国行政部门协作机制的实际运作中，由于各自部门利益保护的需要，权责让步协调的过程往往存在较多困难和争议，不仅协调进展缓慢，而且甚至可能出现搁置不前的情况。因此，如果没有维系共同意志的有力手段，众多管理机构、监管机关的设立势必使利益综合与协调陷入困境，难以实现分散化治理目标。〔3〕因此，在大数据综合试验区的数字法治制度体系下，对数据管理机构、数据监管机关职权集中强化进行探索有着更加重要的意义。基于我国现有的数据管理机构、数据监管机关构造，各综合试验区在确立数据管理机构、解决部门协调的问题上，都作出了许多制度探索，比如地方大数据管理机构的设立、数据管理协调议事机制的建设等。

第一，探索数据管理机构职权集中强化初见成效。在大数据管理机构的设立上，各综合试验区均在省级或综合试验区范围内设立了统一数据管理机构。

---

〔1〕 黄志雄等：《数据治理的法律逻辑》，武汉大学出版社2021年版，第189页。

〔2〕 《解读新部门：国家数据局（附18家省级大数据管理部门）_数字_建设_发展》，载搜狐网：https://www.sohu.com/a/651516574_152615，2023年7月20日访问。

〔3〕 江必新：《论行政规制基本理论问题》，载《法学》2012年第12期，第27页。

表11 国家大数据综合试验区数据管理机构设置情况对比表

国家大数据综合试验区 数据管理机构设置情况对比表			
大数据 综合试验区	机构名称	是否单独设立	单位性质
贵州省	贵州省大数据发展管理局	是	省政府直属机构
上海市	上海大数据中心	是	市政府办公厅所属事业单位
河南省	河南省行政审批和政务信息管理局	是	省政府办公厅管理部门
重庆市	重庆市大数据应用发展管理局	是 (部门职能整合成立)	市政府直属机构
沈阳市	沈阳市大数据管理局	是	市政府下设职能部门
京津冀	北京市大数据管理局	否 (北京市经济和信息化局加挂牌子设立)	市政府组成部门
	天津市大数据管理中心	是	市委网信办管理事业单位
珠三角	广东省政务服务数据管理局	是	省政府经信局内设管理机构
内蒙古 自治区	内蒙古自治区大数据中心	是	自治区政府直属事业单位

此外，将各数据管理机构的具体职责进行对比后可以发现，职能设定精细化、明确化的同时，各数据管理机构的职责划定、管理手段上也并不完全重合，但重点统一都落在了统筹功能的建设上，这主要是由于在综合试验区建设的过程中，分领域数据收集、建构数据库等工作已经有了一定成果，为提高数据利用效率，消除信息孤岛，最终实现跨部门、跨区域数据共享，数据统筹管理职能的加强也是制度建设的必然要求。而且，从职能设置上可以发现，通过统一数据管理机构的设置，可以整合涉及数据领域的政府职能，有效解决政务数据管理和应用能力不足的困境，也可以牵头制定以及督促落

实数据发展战略规划，保障工作的有序进行。但具体职能设置、权责划分、协调机制的建设，仍然有待于各大数据综合试验区的后续探索，比如贵州省大数据综合试验区、重庆市大数据综合试验区的"云长制"、贵州省大数据综合试验区和珠三角大数据综合试验区实行的联席会议制度等，都是较具有代表性的探索成果。但从上表中可以看出，数据管理机构在行政层级上处于较为尴尬的位置，部分为部门内设管理机构，也存在以事业单位进行设立的情况，这就使得协调能力大大受限，可能会遭遇"小马难拉大车"困境。

第二，探索数据监管机关职权集中强化仍需加强。在大数据综合试验区的现行体系下，数据监管机关的职权目前仍主要沿用国家层面的"专门机关统筹协调+行业分散监管"模式，比如《贵州省大数据安全保障条例》第7条第1款第1项、第2项、第4项至第6项规定，网信部门负责统筹协调、检查指导和相关监督管理等工作，公安机关负责安全保护和管理、风险评估、监测预警、应急处置和违法行为查处等监督管理工作，通信管理部门、保密行政管理部门、密码管理部门分别负责各自部门内部的监督管理等工作。监督管理工作按流程进行划分的同时，又进一步对特殊领域部门的监督管理工作进行了特别规定，无疑是将监管工作进行了数次拆解。如上所述，行政职权的拆分，尤其是监管权力的拆分，对于监管、执法力度的加强无疑是不利的。在对河南省大数据综合试验区的大数据监管主要制度的梳理中，笔者甚至发现河南省的现行法规在大数据监管制度的细化建设上存在着较大空白，这一问题无疑亟待解决。解决进路主要有两个：一是坚持目前的模式，但是加强协作；二是探索建立统一的数据监管机关。本书认为，就目前的部门架构和职权划分基础而言，第一种进路自然是最为稳妥且看起来最容易实现的，但实施效果的上限也必然较低，监管执法工作开展的效率和力度也难以提高，因此应当在实施的同时保持对第二种进路的研究，并且积极利用综合试验区制度先行先试的优越性，探索第二种进路的实现方式及架构等具体制度。

第三，重视责任追溯机制的建设。保障数据收集、处理、利用行为的可追责性是数据管理、监管、安全保障工作中的重要一环，尤其是在政务数据领域，大数据使用全生命周期中的任意一环出现疏漏，都将带来无法估量的损失，因此有必要在上述数据管理、安全及监管三大制度中加入责任追溯制度，并同样形成串联机制。在管理制度中，对于数据的采集、清洗、脱敏、传输等一系列收集处理行为均规定了清晰的流程和负责主体。在监管制度中，对数据接触、访问者进行登记审查，并妥善保管相应记录；建立数据工作考评、考核机制并落实到位，防止监管工作"报喜不报忧"。在安全保障制度中，确保形成责任追溯机制对大数据使用生命周期的完整包裹，同时建立健全大数据安全投诉、举报制度。目前，较为具有综合试验区特色的有贵州省大数据综合试验区建立的大数据安全审计制度、重庆市大数据综合试验区的数据安全责任制，珠三角大数据综合试验区和内蒙古自治区大数据综合试验区的数据处理责任监督追溯机制。但如上文所述，负责落实责任追溯机制、进行监管执法的数据监管机关职权存在着分散的态势，故责任追溯机制在不同环节、不同部门领域的落实情况，具体操作流程制度，与执法工作的衔接机制，都需要进一步探索。

第二阶段：2023年3月成立国家成立大数据局。[1]

2023年3月10日，第十四届全国人民代表大会第一次会议通过了国务院机构改革方案，提出组建国家数据局。国家数据局的职责为协调推进数据基础制度建设，统筹数据资源整合共享和开发利用，统筹推进数字中国、数字经济、数字社会规划和建设等，由国家发展和改革委员会管理。将中央网络安全和信息化委员会办公室承担的研究拟订数字中国建设方案、协调推动公共服务和社会治理信息化、协调促进智慧城市建设、协调国家重要信息资源开发利用与共享、推动信息资源跨行业跨部门互联互通等职责，国家发展和改革委员会承担的统筹推进数字经济发展、组织实施国家大数据战略、推进数据要素基础制度建设、推进数字基础设施布局建设等职责划入国家数据局。[2] 建立国家数据局的背后，是数字中国建设的整体与深化推进。2023年2月28日，中共中央、国务院印发《数字中国建设整体布局规划》，明确数字中国建设按照"2522"的整体框架进行布局，即夯实数字基础设施和数据资源体系"两大基础"，推进数字技术与经济、政治、文化、社会、生态文明建设"五位一体"深度融合，强化数字技术创新体系和数字安全屏障"两大能力"，优化数字化发展国内国际"两个环境"，叠加2023年3月10日国家数据局的设

---

〔1〕《解读新部门：国家数据局（附18家省级大数据管理部门）_数字_建设_发展》，载搜狐网：https://www.sohu.com/a/651516574_152615，2023年7月20日访问。

〔2〕《国务院机构改革方案——新闻报道，第十四届全国人民代表大会第一次会议关于国务院机构改革方案的决定》，载中国共产党新闻网：http://cpc.people.com.cn/n1/2023/0311/c64387-32641751.html，2023年3月10日访问。

立,将对数据确权、交易、流转等数据要素市场的快速发展起到助力作用,未来数字中国建设和数据要素产业化节奏有望加速。[1]

近年来,各地高度重视大数据在推进经济社会发展中的地位和作用。如上所述,八大数据综合试验区以及部分省市前期已经成立了大数据局,承担地方大数据建设、管理和服务等职责。目前,各地成立的省级大数据管理部门有18家,在国家大数据局的引领、带动与指导下,进一步激励数据采集和开发利用,加快完善数据基础制度,健全规制政策,完善协同监管机制。

表12　18家省级大数据管理部门

机构名称	成立时间	隶属机构	级别	主要职责
贵州省大数据发展管理局	2015年10月	贵州省人民政府	正厅级	1. 负责起草相关地方性法规、规章草案; 2. 负责统筹政务数据采集汇聚、登记管理; 3. 负责统筹协调全省政务信息化、电子政务建设; 4. 负责研究拟订全省信息化建设、信息基础建设、大数据发展规划、政策措施和评价体系并组织实施; 5. 负责统筹推进信息化发展和大数据融合应用; 6. 负责数据中心规划建设与集约利用; 7. 负责全省大数据相关产业发展和行业管理,推进数字经济产业化、产业数字化发展; 8. 负责提出大数据、信息化领域投资规模及方向; 9. 承担大数据、信息化领域对外交流合作; 10. 承担大数据、信息化人才队伍建设工作。
江西省大数据中心	2018年1月	江西省发展改革委员会	副厅级	1. 参与编制全省政务信息化发展规划; 2. 承担全省电子政务外网、政务云、全省跨部门重大业务应用平台和省人民政府门户网站等重要门户网站的建设、管理与运维; 3. 承担全省宏观经济监测、预测和景气分析,负责政务信息资源开发利用;

[1]《解读新部门:国家数据局(附18家省级大数据管理部门)_数字_建设_发展》,载搜狐网:https://www.sohu.com/a/651516574_152615,2023年7月20日访问。

续表

机构名称	成立时间	隶属机构	级别	主要职责
				4. 承担全省公共信用信息的归集、整合、应用和服务； 5. 承担全省公共数据汇集、共享和开放等工作。
上海市大数据中心	2018年4月	上海市人民政府	正厅级	1. 贯彻执行国家大数据发展的方针政策； 2. 承担政务数据、行业数据、社会数据等各方数据归集和应用融合工作； 3. 研究数据采集、传输、存储、挖掘、展现等技术； 4. 承担本市政务信息系统整合相关工作； 5. 承担上海政务"一网通办"总门户、政务云、政务外网、大数据平台、电子政务灾难备份中心等建设和运维管理； 6. 承担市委、市政府和市政府办公厅交办的其他工作。
山东省大数据局	2018年10月	山东省人民政府	正厅级	1. 牵头实施大数据战略，推进数字山东建设； 2. 负责实施省电子政务外网、电子政务云平台的建设和运维管理工作； 3. 负责实施省级政务服务、业务协同等综合业务平台的建设和运维管理工作； 4. 负责实施省级政务信息资源共享交换公共数据资源开放、大数据管理等平台及相关信息资源库。
浙江省大数据发展管理局	2018年10月	浙江省人民政府	正厅级	1. 组织、指导、协调公共数据和政府系统电子政务发展管理工作； 2. 落实支撑改革相关的信息系统建设任务； 3. 负责省政府门户网站建设与管理，指导各级政府门户网站建设管理； 4. 组织协调公共数据资源整合、归集、应用、共享、开放； 5. 统筹推进政府系统电子政务基础设施建设管理； 6. 统筹协调政府系统电子政务网络、电子政务云平台等重大基础设施建设管理工作； 7. 负责局自建系统、公共应用基础支撑平台和归集数据的安全管理工作； 8. 完成省委、省政府交办的其他任务。

续表

机构名称	成立时间	隶属机构	级别	主要职责
广东省政务服务数据管理局	2018年10月	广东省人民政府办公厅	正处级	1. 组织起草全省政务服务和政务信息化相关政策和地方性法规、规章草案并组织实施； 2. 拟订建设规划和年度建设计划并组织实施，负责"数字政府"平台建设运维资金管理工作； 3. 负责对省级政务信息化项目建设实施集约化管理； 4. 负责全省行政审批制度改革、审批服务便民化相关工作； 5. 统筹协调省级部门业务应用系统建设； 6. 负责政务服务、电子政务标准体系建设和相关标准规范的制定； 7. 统筹政务数据资源的采集、分类、管理、分析和应用工作； 8. 统筹全省电子政务基础设施、信息系统、数据资源等安全保障工作； 9. 负责公共资源交易平台管理相关工作； 10. 统筹推进全省政务服务体系建设； 11. 完成省委、省政府和国务院办公厅交办的其他任务。
吉林省政务服务和数字化建设管理局	2018年10月	吉林省人民政府	正厅级	1. 负责全省政务服务和数字化建设管理工作； 2. 负责省级行政审批事项集中受理办理及公共资源交易监督管理工作； 3. 组织协调和指导监督全省政务公开工作； 4. 负责统筹推进全省数字化发展工作； 5. 负责统筹大数据资源建设、管理； 6. 负责提出大数据、信息化领域固定资产投资方向及规模（含利用外资和境外投资）； 7. 负责全省软环境建设工作； 8. 承担"数字吉林"建设领导小组及其办公室日常工作； 9. 承担全省"放管服"和职能转变协调指导职责； 10. 完成省委、省政府交办的其他任务。

续表

机构名称	成立时间	隶属机构	级别	主要职责
北京市大数据中心	2018年12月	北京市经济和信息化局	正局级	1. 负责研究提出本市大数据管理规范和技术标准建议； 2. 负责本市政务数据和相关社会数据的汇聚、管理、共享、开放和评估； 3. 负责市级政务云、大数据管理平台等数据基础设施的建设、运维和应用支撑； 4. 负责社会信用数据应用服务；承担社会信用体系建设辅助性、事务性工作； 5. 负责"互联网+政务服务"信息化基础支撑平台的建设、运维和保障； 6. 承担政府投资信息化项目技术性审核的支撑服务工作； 7. 承担组织重大信息化项目技术论证和评估验收的支撑服务工作。
重庆市大数据应用发展管理局	2018年12月	重庆市人民政府	正厅级	1. 组织起草全市大数据、人工智能、信息化相关地方性法规、规章草案； 2. 研究拟订全市大数据、人工智能、信息化发展战略； 3. 负责全市数据资源建设、管理，促进大数据政用、商用、民用。负责推进全市政府数据采集汇聚、登记管理、共享开放； 4. 负责全市大数据应用发展管理； 5. 负责推进全市信息化应用工作； 6. 负责协调全市信息基础设施建设； 7. 负责推动大数据、人工智能、信息化领域对外交流合作； 8. 完成市委和市政府交办的其他任务。
福建省大数据管理局	2018年12月	福建省发展和改革委员会	副厅级	1. 贯彻落实国家有关信息化的政策和法律法规； 2. 具体统筹福建省信息化工作，推进重点领域信息化应用； 3. 统筹规划和协调推进重大信息化基础设施和公共平台建设； 4. 负责福建省公共信息资源综合管理和开发利用； 5. 组织编制数字福建建设投资计划，负责相关项目管理；

续表

机构名称	成立时间	隶属机构	级别	主要职责
				6. 负责福建省互联网经济牵头抓总、宏观指导、统筹协调和组织推进相关工作； 7. 承担省数字福建建设领导小组和省互联网经济联席会议日常工作。
广西壮族自治区大数据发展局	2018年12月	广西壮族自治区人民政府	正厅级	1. 负责统筹推进全区信息化、数字化发展工作； 2. 拟订相关行业技术标准规范、管理办法和考核评估办法并组织实施； 3. 负责组织拟订并推动实施大数据发展、数字广西发展战略规划； 4. 负责拟订自治区本级信息化、数字化领域的财政性资金（专项资金）年度投资计划并组织实施； 5. 负责统筹协调推进数字设施建设，配合做好网络安全工作； 6. 负责统筹全区数据资源建设、管理、应用，政务数据的汇聚、共享； 7. 负责统筹数字政府建设； 8. 负责统筹数字经济发展； 9. 负责统筹数字社会建设； 10. 负责中国—东盟信息港建设管理； 11. 负责统筹推进全区行政审批制度改革； 12. 负责对进驻自治区政务服务平台的政务服务事项的组织协调和监督管理； 13. 负责统筹大数据领域人才队伍建设； 14. 完成自治区党委、自治区人民政府交办的其他任务。
河南省大数据管理局	2018年12月	河南省政府办公厅	副厅级	1. 组织起草全省政务服务和政务信息化相关政策、地方性法规、规章草案并组织实施； 2. 统筹推进全省"数字政府"建设； 4. 统筹省级政务信息系统建设规划，提出项目建设具体意见； 5. 统筹管理政务云平台、政务服务平台、金融服务共享平台和电子政务网络等； 6. 统筹推进全省政务服务和数据管理体系建设，指导各地各部门政务服务和数据管理

续表

机构名称	成立时间	隶属机构	级别	主要职责
				机构开展工作； 7. 组织协调全省政务服务环境优化和评价工作，负责省级政务服务质量的监督管理； 8. 负责全省行政审批改革、审批服务便民化相关工作； 9. 统筹全省数据资源管理和建设工作； 10. 统筹全省电子政务基础设施、信息系统、数据资源等安全保障工作； 11. 完成省委、省政府和省政府办公厅交办的其他任务。
安徽省数据资源管理局	2019年5月	安徽省人民政府	正厅级	1. 贯彻执行国家数据资源和政务服务管理工作法律法规规章； 2. 负责起草相关地方性法规规章草案； 3. 统筹全省数据资源，推进数据资源管理体系建设； 4. 统筹指导全省数据资源基础设施规划建设； 5. 统筹推进全省数据资源安全保障体系建设； 6. 负责政务服务体系建设，指导协调全省政务服务工作； 7. 统筹推进"数字江淮"建设，承担省加快建设"数字江淮"工作领导小组办公室日常工作； 8. 完成省委、省政府交办的其他任务。
海南省大数据管理局	2019年5月	海南省人民政府	正厅级	1. 负责使用省本级财政性资金、中央财政补助资金的信息化工程项目的管理； 2. 负责推进社会经济、民生保障各领域大数据开发应用； 3. 负责统筹全省政务信息网络系统、政务数据中心信息化项目的建设和管理； 4. 负责统筹政府数据采集汇聚、登记管理、共享开放； 5. 负责政府数据资产的登记、管理和运营，推动大数据产业发展； 6. 负责承担大数据、信息化领域对外交流合作； 7. 负责大数据、信息化人才队伍建设工作。

续表

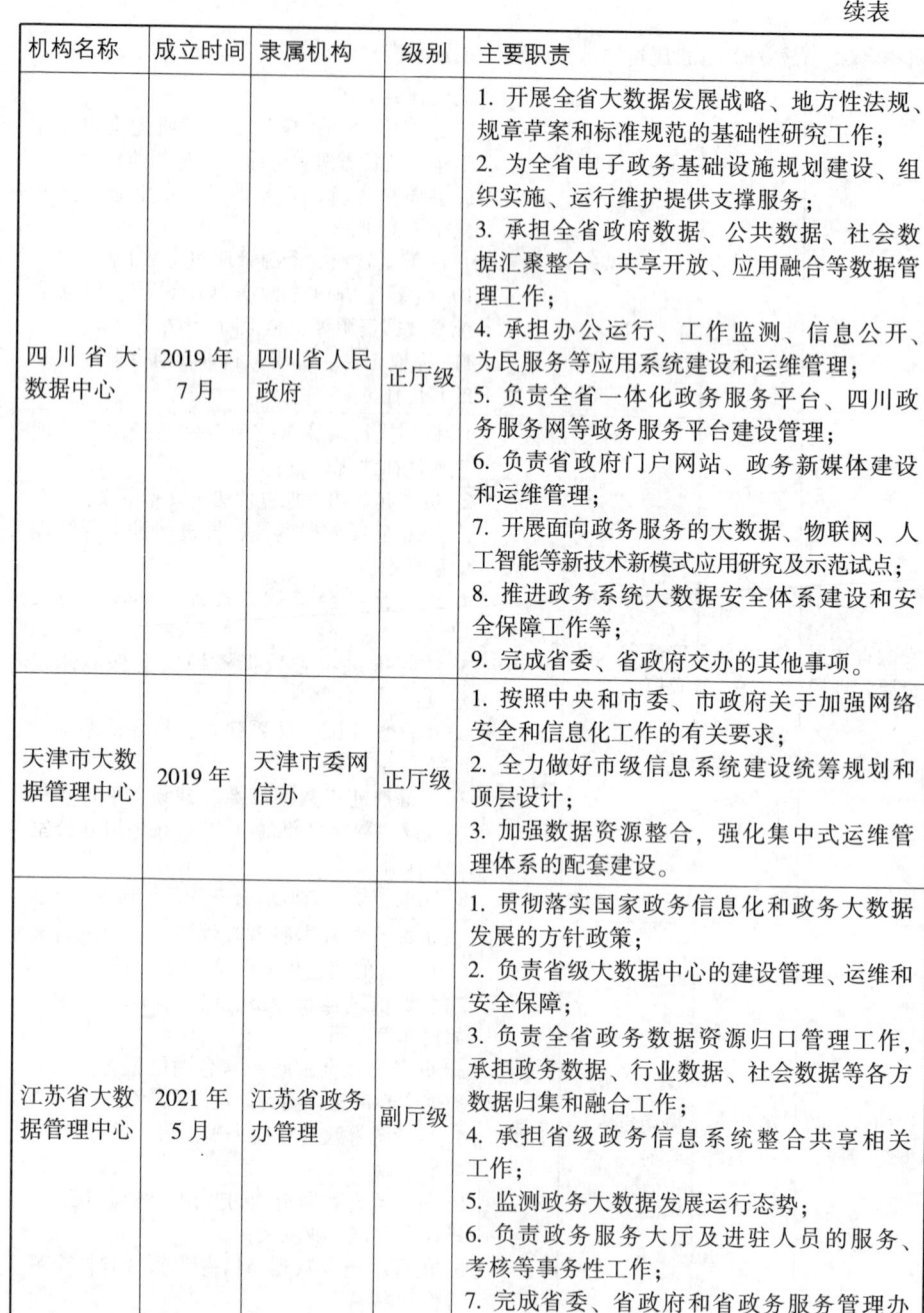

机构名称	成立时间	隶属机构	级别	主要职责
四川省大数据中心	2019年7月	四川省人民政府	正厅级	1. 开展全省大数据发展战略、地方性法规、规章草案和标准规范的基础性研究工作； 2. 为全省电子政务基础设施规划建设、组织实施、运行维护提供支撑服务； 3. 承担全省政府数据、公共数据、社会数据汇聚整合、共享开放、应用融合等数据管理工作； 4. 承担办公运行、工作监测、信息公开、为民服务等应用系统建设和运维管理； 5. 负责全省一体化政务服务平台、四川政务服务网等政务服务平台建设管理； 6. 负责省政府门户网站、政务新媒体建设和运维管理； 7. 开展面向政务服务的大数据、物联网、人工智能等新技术新模式应用研究及示范试点； 8. 推进政务系统大数据安全体系建设和安全保障工作等； 9. 完成省委、省政府交办的其他事项。
天津市大数据管理中心	2019年	天津市委网信办	正厅级	1. 按照中央和市委、市政府关于加强网络安全和信息化工作的有关要求； 2. 全力做好市级信息系统建设统筹规划和顶层设计； 3. 加强数据资源整合，强化集中式运维管理体系的配套建设。
江苏省大数据管理中心	2021年5月	江苏省政务办管理	副厅级	1. 贯彻落实国家政务信息化和政务大数据发展的方针政策； 2. 负责省级大数据中心的建设管理、运维和安全保障； 3. 负责全省政务数据资源归口管理工作，承担政务数据、行业数据、社会数据等各方数据归集和融合工作； 4. 承担省级政务信息系统整合共享相关工作； 5. 监测政务大数据发展运行态势； 6. 负责政务服务大厅及进驻人员的服务、考核等事务性工作； 7. 完成省委、省政府和省政务服务管理办公室交办的其他任务。

续表

机构名称	成立时间	隶属机构	级别	主要职责
黑龙江省政务大数据中心	2021年5月	黑龙江省营商环境建设监督局	副厅级	1. 为省营商环境建设监督局统筹推进全省电子政务、一体化政务服务平台建设工作； 2. 统筹推进全省政务大数据建设，推动政务数据资源融合共享、分析应用、安全保障等工作提供技术服务； 3. 完成省营商环境建设监督局交办的其他工作任务。

2. 关于大数据综合试验区制度建设的针对性建议

在对所有大数据综合试验区提出制度探索建议之外，针对部分大数据综合试验区提出的特色制度，也有针对性地提出了探索建议的必要。

(1) 河南省大数据综合试验区：完善需求导向的大数据应用项目探索机制。河南省大数据综合试验区定位中较为特殊的一点是，探索能落地推广、激发中小企业活力的大数据发展应用项目。《河南省推进国家大数据综合试验区建设实施方案》明确提出，大数据发展应当坚持以需求为牵引，以大数据示范应用为突破口，推动数据资源汇聚和共享开放，探索大数据发展的有效途径。同时，《河南省数字经济促进条例》明确，农业、工业、服务业数字化转型，以及鼓励中小微企业平台、产业互联网平台、产业数字化转型服务机构与中小微企业建立对接机制，针对不同行业的中小微企业需求场景提供数字化解决方案，加强对产业数字化转型的技术、资金支撑保障，均是立足本省实践，对大数据综合试验区制度建设需求导向作出的回应。就此，河南省政府于2017年2月批复了龙子湖智慧岛建设总体方案，以作为河南国家大数据综合试验区的先导区和核心区。龙子湖智慧岛在引进大批大数据产业领域企业入驻的同时，吸引了多家投资基金进驻该区域，其意图显然是以引进投资企业、便利资本进入本省大数据企业的方式，吸引更多的大数据企业进驻，同时借这一东风加速发展本省的大数据产业。这一做法与其他大数据综合试验区内的产业园主要引进大数据产业领域企业，或为探索大数据与传统企业的结合，将传统企业引进技术园区的做法不同，极具特色。但应当注意的是，资本流向大数据企业只是大数据发展应用项目探索机制的第一步，扩大产业规模、投入资金得到一定保障后，应当坚持需求导向：一方面，建立健全企业间的大数据应用项目需求方与开发技术供应方的对接机制；另一方面，筛选甄别政府主导的大数据公共服务应用项目，对待立项的大数据公共服务应用项目进行筛选甄别，包括立项前对必要性、可行性、适用性等一系列需求相关指标的审慎评估。

（2）沈阳市大数据综合试验区："产学研"结合带动传统制造业转型升级。根据《沈阳市2017年建设国家大数据综合试验区实施方案》，发展中国工程院知识中心东北创新创业平台是大数据的发展目标之一。《沈阳市人民政府关于印发沈阳市国民经济和社会发展第十四个五年规划和二〇三五年远景目标纲要的通知》第五章"建设创新沈阳"第一节"创建综合性国家科学中心"指出，要加快"一城两中心"建设，"两中心"分别为加快材料科学研究中心和智能制造研究中心，足见创新与当地传统制造业结合是该综合试验区从始至终的战略方针。目前，沈阳市铁西区于2016年研究建立了中国装备制造业大数据中心、2018年由沈阳东网科技有限公司投资建立的东北工业大数据中心项目开工建设。此外，沈阳市还成立了全国首家政府主导、市场化运作的沈阳大数据运营有限公司，组建了沈阳东大智慧城市研究院和沈阳（中兴）大数据研究院。之后，中国科学院沈阳自动化所"工业软件定义网络基础标准与试验验证项目"和"工业互联网边缘计算测试床项目"获国家专项资金支持，其"软件定义的可重构制造平台"获2019年度中国工业互联网重大成果奖。沈阳市作为装备制造业基地，作为传统产业的重工业产值体量大，直接导致产业转型升级缓慢，依靠大数量的力量融合传统产业是完成产业转型升级的重要突破点。但同时，由于重工业体量的需求较大，通过"产学研"结合的方式，积极引进组建专业对口的大数据研究院是快速实现数字经济发展需求的必然要求。结合现实需求与科研条件，将来该综合试验区可在促进"产学研"结合机制方面进行深入探索，加速带动传统制造业转型升级，建设以创新融合为主线的智慧产业发展路径。

（3）内蒙古自治区大数据综合试验区：发挥行业自律作用。根据《内蒙古国家大数据综合试验区建设实施方案》，内蒙古大数据综合试验区是唯一一个基础设施统筹发展类大数据综合试验区，该综合试验区的目标定位中较为特别的是统筹推进新一代信息基础设施建设。该综合试验区大数据产业发展的重心非常突出，那就是利用自然环境优势和地理环境优势，发展5G网络基础设施建设以具备大量数据存储的硬件条件，进而通过面向"丝绸之路"沿线国家提供数据清洗、翻译等服务，与沿线国家展开大数据领域的技术交流合作，打造为丝绸之路数据港。从该综合试验区目前的制度建设成果来看，在数字基础设施建设方面和数字经济发展方面取得了十分可观的成效。在数字基础设施建设方面，该综合试验区制定出台了加快推进5G网络建设若干政策和促进数据中心及相关产业高质量发展的指导意见。在上述政策和指导意见的引领下，呼和浩特国家互联网骨干直联点建成试运行，建成5G基站超过1万座，全区大型数据中心服务器装机能力超过120万台，国家电子政务云数据中心北方节点、国家北斗导航位置服务数据中心内蒙古分中心等重点项目建设也在加快推进当中。

在数字经济发展方面，制定出台了大数据与产业深度融合行动计划，在取得了一系列产业发展成果的同时，兴建的和林格尔新区大数据产业核心区、鄂尔多斯高新区、乌兰察布察哈尔园区、赤峰蒙东云计算园区也初具规模。同时，内蒙古自治区在大数据运用发展制度上也强调大数据与各传统产业之间的融合发展、推动企业之间的协同发展。结合目前高速成形的基础设施条件、大量布局产业园区的政策、产业融合企业协同的制度，引导综合试验区内各企业组成行业自治组织，发挥行业自律作用，将会极大地提升产业发展的规范程度。同时，以行业自治组织的形式系统性收集企业需求，不仅可以向上联通主管部门，也有助于改善工作机制体制，还可以内部促进各产业、各企业的融合及协同发展。

三、补齐短板：健全数字法治制度体系

我国的数字法治制度体系建设从《网络安全法》《数据安全法》《个人信息保护法》的陆续出台，以及随着大数据综合试验区建设中数据法治的探索与实践，制度体系建设不断完善，但从我国数字经济不断发展对法治需求的考量来看，数据法治建设无论从国家层面抑或地方层面，都存在很大的进步空间，从多维度健全数字法治制度体系势在必行。

（一）从全系统视角审查和弥补现行制度体系中的重要规范缺失

我国数字法治制度建设工作，从关键部门领域数据监管、数据安全、数据保护出发，进行点式分散立法以及点式分散监管。因此，数字法治制度体系的建立健全，首先需要跳出区域、部门、领域的限缩，上升至全系统视角，

对数据法治建设进行顶层设计。同时，针对现行制度体系缺失的重要规范进行审查和弥补。

1. 紧扣《纲要》提出的数字法治体系建设目标，针对薄弱环节完善数据法治

国务院于 2015 年《纲要》中明确提出，要在《纲要》发布后的 5 年～10 年推动大数据发展和应用实现 5 项主要目标、期间需要完成三大层面主要任务、政策机制的完善。工业和信息化部于 2021 年发布的《"十四五"大数据产业发展规划》部署了"十四五"期间大数据产业的发展目标、主要任务等一系列内容。上述纲要、规划提出的目标和任务对数字法治制度体系应有的重要规范领域作出了十分全面、详尽的规划，包括政府数据的安全有序开放、个人信息保护立法、信息网络安全保护立法、数据资源权益相关立法工作等。因此，在对现行制度体系进行审视的过程中，应当回到上述纲要及规划检视工作的完成情况。

目前，随着大数据综合试验区的推行，在各地地方数据立法百花齐放的态势下，形成地方立法与国家层面立法之间的"制度初步探索—上升至上位法—制度进一步探索—进一步上升至上位法"的高效良性循环反馈，是形成国家与地方数据立法耦合的关键，国家数据政策规定及立法为地方数据立法指明了方向与立法原则，各个地方的数据立法与实践在为地方数据产业发展保驾护航的同时，为国家层面数据法制度的完善积累经验，国家层面数据立法的不断完善又能更好地指导与推进地方数据立法的发展。

为实现上述的国家与地方数据立法的良性循环，掌握数字法治建设中制度落实情况最为重要。为全面了解数据发展中各项工作任务完成质量与进度，评估立法时效情况，需要建立立法效果或者立法后评估制度，需要在制定各层级工作计划之后，确定负责部门，必要时组建工作小组，负责推进本层级任务的开展。该层级政府应及时跟踪及审查工作成果，将立法成效或者立法后评估工作作为常规工作。比如，2021 年 8 月，江苏省信息化领导小组大数据发展办公室、江苏省工业和信息化厅根据《江苏省强化大数据引领推动融合发展专项行动计划》，组织开展江苏省区域大数据开放共享与应用评估工作，要求各单位进行成果评估申报。通过上述制度跟踪审查规划任务完成情况，明确数据立法薄弱环节，更好地开展针对性立法，填补数据立法的空白，更高效地完善数据法体系。

2. 围绕立法重点领域加快法治化建设

综合国家层面和各地方层面的数据立法情况，目前国家层面已经完成个人信息立法、信息网络安全保护立法，但比对《纲要》《"十四五"大数据产业发展规划》的要求，在政府数据的安全有序开放、数据资源权益、数据监管制度建设方面，相关"系统性立法、配套立法、标准规范体系"等制度建设未达到足以支撑实现大数据发展目标的程度。尤其是在标准规范体系建设方面，由于数字技术与数据经济的快速发展，数据立法本身带有滞后于数字技术发展的特征，因此需要通过配套立法和标准规范体系来进行制度的"微调"，以在一定程度上克服数据立法与数字技术发展的不同步，使得数据立法能够符合制度建设和行业发展需要。而相比于配套立法所带有的行政色彩，数据分类分级指引、数据目录、标准规范体系等类型的配套规范性文件更能够与数字技术发展实时因应，更符合数据立法快速响应数据应用技术新发展的需要，对数据产业领域的相关企业也具有更具体的指引规范作用。

目前，在政务数据、公共数据、数据资源权益领域的地方立法，都先于国家层面立法进行了探索，但地方在制度探索当中，将许多精力用在了数据交易机构的设立和对数据产业的扶持上，在政务数据开放、公共数据利用与再利用、数据滥用、算法合谋垄断行为等知识产权法、竞争法相关行为的规制等方面的制度探索在总体情况上进展仍较为缓慢，且呈现出了较为趋同的态势。究其原因，既有制度庞大体量所必需的建设周期，缺乏上位法明确的指引，亦有地方立法权限的有限性。但通过立法对政府数据、公共数据的收集、流通、利用进行规定，构建数据要素市场的基本制度，确保数据安全高效地为人民群众提供更精准、切实的公共服务，维护规范有序的营商环境，从而实现数据立法在构建数字服务型社会中的制度推动与保障功能。因此，针对政务数据、公共数据开放共享、数据资源权益保护、数据安全等重点领域，在保证立法科学性、民主性的前提下，不仅地方要围绕相应目标进行积极探索，国家层面也应当积极展开调研，同时关注地方立法经验吸收归纳总结，将地方数据立法经验总结提炼上升至国家层面的立法。

（二）加快数字文明教育机制建设、提升全民数字素养和技能

经济数字化转型的加速、数字技术的飞速发展，给人类思维方式、生产

生活的方方面面带来了日新月异的变化，但同时数字鸿沟不断加大，也存在数字道德规范意识需要增强、公民数字素养需要提升等一系列问题。国家及地方投入了大量精力扶持数据产业发展，尤其是通过设立数据交易机构来助力数据产业建设。然而，事实证明，上述机构发挥的作用十分有限。究其原因，除了相关的数据交易原则、具体场景设置，交易权利义务，交易风险防范等制度规范的不健全外，目前数字文明理念尚未形成也是原因之一。在数字文明理念未形成共识以及公民的数字素养还不高的社会环境下，作为数据主体的个人将依然把与个人隐私息息相关的个人信息与经处理后的数据混淆，对将数据进行利用与再利用的行为怀有抵触；还存在大量的数据收集者对数据的开发应用感觉迟钝，不能及时察觉某些数据利用与再利用的可能性，从而忽略对某些数据的挖掘。或者因数字文明意识的缺失，收集数据后未能对数据进行正确分类和脱敏而直接使用，导致数据流失、泄露等，不仅为数据来源主体带来损害，同时为数据资源的持有主体也造成损失。同时，防范数据处理者则可能出现两种数据处理极端：一种是因对数据利用认识不够，未能充分利用所获得的数据；一种是以违反公平诚信的方式利用其获得的数据，以牟取不当利益。

1. 建立健全数据人才培养机制，营造浓厚的数字文明建设社会氛围

《数据安全法》第9条规定："国家支持开展数据安全宣传普及，……形成全社会共同维护数据安全和促进发展的良好环境。"2022年3月，中央网络安全和信息化委员会办公室、教育部、工业和信息化部、人力资源社会保障部联合印发《2022年提升全民数字素养与技能工作要点》，提出立足新时代世情国情民情，要把提升全民数字素养与技能作为建设网络强国、数字中国的一项基础性、战略性、先导性工作，该文件部署了8方面共29项重点任务，从多个方面为后续工作给出了一系列指引；2022年7月，2022年全民数字素养与技能提升月正式启动。上述部署和行动显示出了国家对于相应工作的重视。因此，在数字法治制度体系的完善和健全中，同样有必要将数字文明教育机制建设、提升全民数字素养和技能作为制度设计考量的重要因素，尤其是为制度落地服务的地方立法，有必要在该领域针对数据主体、数据收集者、数据处理者的数字素养和技能提升进行具体分项规定。

大数据综合试验区立法对数据人才培养机制建设已经进行了探索与实践。

《贵州省大数据发展应用促进条例》对大数据人才培养进行整体规划,第9条规定"县级以上人民政府应当结合本行政区域大数据发展应用重点领域,制定大数据人才引进培养计划,积极引进领军人才和高层次人才,加强本土人才培养,并为大数据人才开展教学科研和创业创新等活动创造条件",[1]《贵州省大数据安全保障条例》对数据安全监管人才的培养作出专门规定,第45条明确"县级以上人民政府应当加强大数据安全监督管理人才队伍建设,鼓励和支持大数据安全及相关领域专业人才的培养、引进。支持高等院校、科研机构大数据安全学科、专业等建设,开设大数据安全相关课程;创新教育培养模式,开展校企合作办学,实行订单式培养,为大数据安全提供人才支撑"。[2]《贵阳市大数据安全管理条例》第20条规定"鼓励企业、科研机构、高等院校、职业学校和相关行业组织建立教育实践和培训基地,开设相关专业课程,加强人才交流,多形式培养、引进和使用大数据安全人才";《上海市数据条例》第9条对数据人才培养制度进行的规定,还要求有关政府部门加强数据领域相关知识和技术的宣传、教育、培训,提升公众数字素养和数字技能;珠江三角洲国家大数据综合试验区《广东省数字经济促进条例》第62条规定:县级以上人民政府及教育、人力资源社会保障等有关部门应当鼓励企事业单位、社会组织等培养创新型、应用型、技能型、融合型人才,支持高等学校、中等职业学校与企业开展合作办学,培养数字经济专业人才。县级以上人民政府及人力资源社会保障主管部门应当将数字经济领域引进的高层次、高技能以及紧缺人才纳入政府人才支持政策范围,按照规定享受入户、住房、子女教育等优惠待遇。探索建立适应数字经济新业态发展需要的人才评价机制。《广州市数字经济促进条例》第79条从数据人才引进、数据人才自主培养机制建立、数据人才评价机制及奖励支持、数据资源人才建设规划四个方面做了更全面的规定,该规定既有人才培养与引进中"入户、住房、医疗、子女教育"等方面细节的规定,也有数据人才培养整体的规划布局,操作性与前瞻性兼备。同时《深圳经济特区数字经济产业促进条例》第66条、《深圳经济特区人工智能产业促进条例》第51、52、53、54条共同建

---

[1]《贵州省大数据发展应用促进条例》第9条第2款。
[2]《贵州省大数据安全保障条例》第45条。

立起广东省大数据领域人才培养机制。[1]

上述相关立法对数据人才体制机制的建立进行积极探索，当相对于"一切皆可数据化，一切皆会数据化"的大数据时代，数字经济发展对数据人才的需求是全方位的，具体而言，包括数据技术人才、数据管理人才、数据安全人才、数据分析人才、数据政策人才、数据开放人才和数据科学家这七种类型。[2]数据（处理）技术人才是指主要从统计学、信息技术、软件工程领域诞生，即数据的获取、存储、清洗、加工、建模、传输和诠释，数据架构师、数据工程师都属于数据技术人才。数据管理人才，主要从计算机科学、管理学、经济学领域，主要负责对数据的保存、管理、维护和运营。数据安全人才，主要从政策科学、计算机科学、社会学、伦理学领域诞生，主要负责对数据安全（包括数据本身和数据防护安全）的维护和保障，包括维护数据隐私，防止数据盗用和滥用、保护加密数据、阻止黑客攻击，建立数据安全防护体系等。数据分析人才，主要从统计学、计算机科学、人工智能可视化、信息经济学、网络科学、哲学社会科学、决策科学领域诞生，主要负责对大数据进行价值挖掘，包括对数据统计结果的甄别与分析，对数据分析结果的评估与展示，对用户数据需求的判断与反馈。[3]数据政策人才，主要负责数据相关的政策、法律及制度的研究，一般从政策科学、公共管理学、社会学、伦理学、新闻传播学、法学等领域诞生。数据开放人才，主要负责数据开放共享的相关事宜。数据科学家是指具备上述数据技术、数据管理、数据安全、

---

[1]《深圳经济特区人工智能产业促进条例》2022年11月1日施行（2022年8月30日深圳市第七届人民代表大会常务委员会第十一次会议通过）第51条规定，支持本地高等院校开设人工智能相关学科和交叉学科，鼓励企业创办研究机构，与学校联合建设实验室，建立产学研合作复合型人才培养模式。推动开展人工智能基础教育和应用型职业技能教育。第52条规定，市人才工作部门应当制订、实施与国际接轨的人才政策，吸引国际高端人才，建立海外人才储备库。以重大项目聚集国内外人工智能顶尖人才以及高水平团队。第53条规定，建立以创新价值、能力、贡献为导向的科技人才评价体系，将科技成果转化创造的经济效益和社会效益作为人工智能人才职称评审的重要评价因素。建立健全以用人单位人才评价为主导的人工智能创新人才评定机制。鼓励企业通过竞赛、实训等方式，健全人工智能人才评定工具及机制。第54条规定，人工智能企业引进的人才，在企业设立、项目申报和出入境、住房、外汇管理、医疗保障、子女就学等方面，按照有关规定享受本市人才政策待遇。

[2] 马海群、蒲攀：《大数据视阈下我国数据人才培养的思考》，载《数字图书馆论坛》2016年第1期，第2页。

[3] 马海群、蒲攀：《大数据视阈下我国数据人才培养的思考》，载《数字图书馆论坛》2016年第1期，第3~4页。

数据分析、数据开放两项以上技能的数据人才。

数据人才已经成为当前最热门、需求最高的高素质人才之一，各地都从政策及法律层面探索构建数据人才培养体制机制的建设，但从整体上看，目前我国大数据人才缺口仍然较大，各地立法规定进行大数据人才的引进，但在目前整体数据人才紧缺的现状下，引进人才不能解决根本问题，治本之策还是要靠本地培养。大数据人才的培养应当从三个方面努力：一是制定出台数据人才培养的顶层制度设计。从国家层面做好数据人才培养类型、政策引导、资金支持等方面的规划，各地按照国家相关规划制度出台省级数据人才培养的具体方案。二是改革高校人才培育体制，将数据人才培养纳入国家高等教育体系。2023年2月，教育部等五部门印发《普通高等教育学科专业设置调整优化改革方案》（以下简称《改革方案》），《改革方案》提出，到2025年，优化调整高校20%左右学科专业布点，新设一批适应新技术、新产业、新业态、新模式的学科专业，淘汰不适应经济社会发展的学科专业；建设一批未来技术学院、现代产业学院、高水平公共卫生学院、卓越工程师学院，建成一批专业特色学院，人才自主培养能力显著提升。高等教育部门应当以学科专业设置调整优化改革为契机，科学研究与制定大数据相关专业及学院设置方案，加强开设数据科学相关专业师资力量及办学条件，提升开设数据科学相关专业高校的层级，以产出为导向进行相关专业的设置与培养方案的制定，构建立体、多元的大数据人才培养体制机制。三是加强产学研用相结合，加强数据人才培养实训基地的建设。数据科学是具有很强的实践性科学，大数据人才的培养需要现实的数据场景，因此，通过高校与大数据企业等联合办学，通过在企业设置大数据人才实习实训基地、聘请企业大数据专家兼职导师等方式，从企业的数据人才实际需求出发，为高校学生提供学校没有的数据环境与实战机会，实现理论学习与实习实践的无缝衔接，实现数字强国建设中需要的既具有数据科学理论，又具有实务及实战经验的数据人才培养目标。

2. 发挥行业自律、多元规则的作用

充分发挥行业自律、多元规则作用，也是提升全民数字素养和技能的重要方面。在数据立法工作中，立法科学性要求制度设计一定要尊重市场的发展规律，积极听取数据产业从业者意见，因为作为数据收集者、数据处理者的数据产业从业者，不仅是我国数据产业的建设者，更是我国数字文明建设进程中重要的参与者。数据产业从业者在数据安全、数据资源利用等环节扮演着重要角色，考虑到数据行业技术的进步速度，单靠政府依法监管难以解决全部问题，因此，调动行业自律、发挥多元规则的作用，对于提升整体数据安全、优化营商环境有着不可替代的作用。比如2019年，中国互联网协会在工业和信息化部信息通信管理局的指导下，联合业界专家共同制定的《用户个人信息收集使用自律公约》、2020年发布的《电信和互联网行业网络数据安全自律公约》，签署企业包括中国电信、中国移动、中国联通、阿里、腾讯、百度、京东、爱奇艺等在内的133家基础电信企业和重点互联网企业。公约根据合规性、效率性、客观性、可操作性、可读性五大原则，在兼顾互联网行业发展的同时，对企业数据安全管理提出了更高、更细且兼具可操作性的标准和要求，明晰了企业自我约束的细节，明示了其所应具有的责任及义务，重点突出了管理标准、行业规范、自我承诺、社会监督、畅通沟通协作等行业共性要求，该公约的签署引导企业不断提高安全风险防范和应急处置能力，形成行业自律合力，推动数据安全自律工作进入新阶段。〔1〕

（三）完善数据处理违法违规中行政职责追究制度

《纲要》《"十四五"大数据产业发展规划》中同时强调运用大数据提升国家治理现代化水平，强化数字社会建设行政职责追究制度，是健全数字法治制度体系的重要环节与内容。原因有三：其一，政府机关部门在数据处理过程中有着不同于一般数据收集者、数据处理者的特殊地位，其所接触、掌握的数据无论是体量、范围、还是敏感性都远超一般数据收集者、数据处理者，因此，政府部门在履行数据处理职责时，履职不当将产生的影响和损失必然更为严重；其二数据立法的基本原则中包含有着授权原则、可追责性原则。按照授权原则，要求数据处理者对数据的收集、流通、利用均需有明确的权利来源。按照可追责性原则要求，数据主体或任意一方因数据的违法违规利用行为受到损害时可以得到救济，可以追究违规数据处理者的法律责任。而政府机关作为数据处理者，基于其特殊地位，在数据的追责方面需要有更严格的规范及要求；其三，基于权利义务的一致性原则，数据时代的政府部门基于数据的管理治理有了新的职权之后，应当有更具体明确、更严格的追

---

〔1〕《58家企业签署〈电信和互联网行业网络数据安全自律公约〉》，载百家号：https://baijiahao.baidu.com/s?id=1673172190779884409&wfr=spider&for=pc，2023年7月20日访问。

责制度及程序相配套。

目前，我国国家层面的立法如《网络安全法》《数据安全法》《个人信息保护法》等对数据安全、个人信息保护的职权进行了规定，但对政府部门承担法律责任的情形（行政追责情形）、法律责任的后果往往采用"依法处理"转致性规定，[1]但相对于数据处理行为及相关后果更多是近几年发生的，因此，相关的法律比如《刑法》《行政处罚法》《治安管理处罚法》在修订时应当关注数据处理的违法违规行为的法律责任，进行相应的规定，或者出台相应配套的规范性文件。尤其是针对政府职能部门数据违法违规处理行为的行政追责，作为行政职责追究制度的核心制度，根据各级地方政府及各部门对于政务数据、公共数据开放共享与开发应用，以及针对个人信息保护中职责职权情况，进行法律责任有针对性的规定。在这方面，地方立法进行了积极探索，如《上海市公共数据开放暂行办法》《上海市数据条例》等地方立法及配套规定中，分别针对公共数据资源体系、数据交易管理制度、数据安全风险评估检测和应急处置机制等具体制度进行了责任主体、职责内容、追责情形、法律衔接内容进行详细规定，并在《2022年上海市公共数据开放重点工作安排》中继续将公共数据开放实施细则的制定列为重点任务之一，同时规定将当年度评估结果纳入市公共数据和一网通办管理考核。依据《上海市公共数据和一网通办管理办法》第50条的规定，一网通办管理考核结果将被纳入各级领导班子和领导干部绩效考核。可总结梳理地方立法经验，开展广泛的研究，将行之有效的经验上升为立法，完善行政机关数据处理行为的责任落实机制，引导各级党政机关和领导干部树立数字政绩观。

四、消解矛盾：既保持共识又避免趋同

地方数据立法是对国家层面立法的细化实施，要求与国家立法在基本原则、基础制度方面保持共识的同时，结合地方需求、地方特色制定具有强可行性、强执行性的制度。我国大数据综合试验区立法的目标，是通过不断总结可借鉴、可复制、可推广的实践经验，最终形成试验区的辐射带动和示范引领效应，既引导其他地方进行数据地方立法工作，也为国家层面的数据立法提供立法实践经验。目前大数据综合试验区及各地方的数据立法中呈现的

---

[1]《网络安全法》第72、73、74条，《数据安全法》第49~52条，《个人信息保护法》第68~71条。

定义内涵不统一、制度趋同化倾向应当引起警觉，在各地数据立法及制度运行过程中，既要注意对具有共性和广泛适用的原则性、基础性的思想观念、政策导向、制度框架及基本概念界定方面形成共识，也要注意针对地方特色进行制度创新，避免在特色制度探索上照搬照抄导致地方数据立法趋同化。在国家立法层面，在构建我国特色数字法治制度体系的同时，思考构架全球数据治理体系需要的基础性制度设计。

（一）基本概念及数据标准体系建设等核心制度上达成共识

根据《纲要》《关于同意在部分区域推进国家大数据综合试验区建设的函》等文件的要求和部署，各大数据综合试验区主要任务有二：一是各地方基于自身定位、地方产业特色、发展需求，进行有侧重点的立法及制度探索。二是通过实践探索建设数据文明最为核心的大数据立法基本原则、基本制度、运行机制，尤其是针对政务数据公开、公共数据公开、数据要素市场构建、数据跨境流通、数据安全等领域，通过多种方式手段、多方实践总结提炼最适合国情、科学的数据立法经验，形成依托中国实际的数据规则。三是，积极参与全球数字治理活动，在构建全球数字法律体系，探索全球数字治理活动之争取话语权，发出中国声音。因此，为构建我国科学化、一体化的数字法治制度体系，应当完成两个基本任务：

第一，数据立法基本概念达成共识。大数据综合试验区地方立法首先应在政务数据、公共数据、数据处理者、数据匿名化处理、自动化决策等基本概念方面达成基本共识。基本概念不仅是数据法理论研究的逻辑起点，更是数据立法中最基本的单元，立法的基本原则、制度设计及权利义务的配置都要需要建立基本概念之上，没有基本概念的共识，会导致各地制度设计很难进行交流与借鉴，更严重的是形成地方立法的各自为政的局面。因此为实现各地数据立法之间的交流融合，形成数据地方立法合力，推动数据全国市场的流通与交易，数据立法中基本概念达成共识是基本前提。通过达成共识，统一数字文明建设行动，凝聚成引领全国范围内数字法治制度体系建设的统一力量，为国家大数据战略的实施发挥更大的推动作用。

第二，加强数据统一标准体系的建设。统一标准体系的构建是数字法治制度体系构建中的重要一环，数据体制运作、行业发展、监督规范过程中语言标准的统一，是立法语言转化为技术标准的必然要求，是数字文明建设的基础和前提。贵州省作为全国首个大数据综合试验区，通过试验区建设总结经验，扩散延伸到数据各项标准的制定当中，甚至在国际标准制定中作出一定贡献，累计主导、参与研制大数据国际标准、国家标准、地方标准达237项。数据标准探索方面取得的成效，助力推动贵州省大数据制度创新引领区、大数据产业发展先导区、大数据融合应用示范区及全国算力网战略枢纽"三区一枢纽"的建设，贵州省不仅在全国率先实现省市县政务信息系统互联互通，打造服务全省的"一云一网一平台"数字政府核心基础设施，实现"一云统揽""一网通办""一平台服务"，建设全国首个"大数据安全综合靶场""大数据及网络安全示范试点城市"，初步形成大数据安全产业体系，这些成就的取得都要以数据基本标准的确立为前提。同时在相应领域的立法及制度创新层面，贵州省率先颁布全国首部大数据地方性法规，首部大数据安全、政府数据共享开放条例，大数据领域立法数量全国第一。贵州省在构建数字法治制度体系的核心制度以及进一步参与跨境数据流动治理方面发挥着"先头部队"的作用。因此，坚持在数据法基本概念及数据标准等核心制度层面凝聚共识，才能构建可复制推广、行之有效的"试验区模式"，在开启我国地方数字文明建设综合立法新征程的同时，为国家层面统一的数据法及数据标注体系建设积累实践经验和理论积淀。

(二) 把握协同，避免趋同

核心制度上达成共识，是进行地区之间协同的基础和前提。"协同"的本意在于合作主义意识形态的探寻，[1]强调把握协同，是为了避免国家立法、地方立法、配套立法多轨并行过程中，因作为立法基础的基本概念内涵的分歧消解立法的权威性与立法实效。为实现立法协同，通过基本概念称谓与内涵的共识，同时统一数据标准体系建设实现大数据平台之间的对接与一体化，通过地方数据立法及地方与国家数据立法的体系协同，实现数字法治制度体系内部自地方之间至地方与国家层面的法律制度的耦合，实现数字法治体系内部协同运作，实现数字法治制度与其他法律体系的协同运作。

目前大数据综合试验区的立法成果呈现的趋同化趋势，究其原因，一是未能切实分析当地发展基础及地方特色，未能发掘自身"长处"，也未能正视自身"短处"；二是不敢尝试创新，奉行笼统的"拿来"主义；三是立法制

---

〔1〕 杨华锋：《协同治理的话语结构谱系与创新路径探析》，载《学习论坛》2013年第5期，第52页。

度不健全，未能落实立法科学性、民主性要求，立法评估、法律监督环节也未能发挥作用。大数据综合试验区的定位设置，已经体现了对各地区域资源差异的考量、发展路径的设想，因此各综合试验区在制度设计过程中应当走特色、优势、错位的协同发展的道路，而不是盲目照搬、一概而论的趋同化的路子。大数据综合试验区的立法建设应遵循：避免照搬其他地区样板、试验区探索，利用现有信息化、数字化基础，继承国内外数字文明建设相关的成熟经验与制度，健全数字治理基本法律规范的基础上，结合自身特色为地区发展着力点、重难点量身打造特色制度，同时坚持发展与规范并重，以规则促治理、以治理促发展，遵循数据立法平衡原则要求，最终以具有适度超前性、差异性的制度成果取代千篇一律、毫无特色的治理制度，由此推动数字文明建设走向成熟。

在进行数据立法内部体系完善的同时，要时刻注意不能不切实际地"一刀切"，更不能九龙治水、单兵突进，而是要在数字文明建设的大格局中，做到从整体上全面系统把握协同共进，以"把握协同、避免趋同"为遵循和指引，把数字文明建设的指导思想和制度设计融入经济、政治、文化和社会建设全过程和各方面，最终构建内外部协同运作、和谐一致的社会主义数字法治体系。

（三）突出地方特色，各有侧重、坚持多元创新

我国目前设立的两批共八个国家大数据综合试验区具有相区别于彼此的发展基础和试验定位。贵州省大数据综合试验区作为最早设立的综合试验区，其数字产业的发展开始较早，定位是在数据资源管理与共享开放、数据中心整合、数据资源应用等方面开展系统性试验，已推进"云上贵州"等一系列项目的开展；京津冀大数据综合试验区地理位置相近，有着长期人口互相流通的历史，同时三地又有各自的特色和比较优势，因此将公共基础信息共享作为主要试验定位，实验任务的设置上，三地各有侧重又需协同应用；珠三角大数据综合试验区具有良好的信息化、数字化产业基础，因此要求以具国际竞争力的大数据综合试验区为目标，在建设过程中注重数据要素流通、信息共享；上海市大数据综合试验区则在科创中心和自贸区建设基础之上，重点在技术创新和数据开放，注重数据资源统筹和大数据产业集聚；重庆市大数据综合试验区则是数据、人才、金融等领域制度创新，解决制约数字经济创新发展的关键问题进行集中试验；河南省大数据综合试验区的设置目标，

主要为探索云计算、大数据等信息技术与传统产业结合发展新型商业应用的产业升级探索；沈阳市大数据综合试验区，除智慧城市建设这一目标外，也有传统产业升级转型，依托的是东北工业区的基础建设和制造业等传统工业；内蒙古自治区大数据试验区的优势则体现在了气候地质条件稳定的自然条件、中西部城市连接桥头堡的区位优势、风力发电的丰富能源供应优势、完善的产业园区配套等基础设施优势，定位是依托各大技术工业园区撑起"巨无霸"大数据中心的建设。可见，数字文明建设的工作任务和目标经由横向分解后，把更多试点试验、制度创新、先行一步的机会，赋予了试验区，需要开展一批具有地方特色的制度试验，更要求各大综合试验区结合自身定位，自行开展相应改革试验、制定建设工作方案。比如，贵州省作为首个大数据综合试验区，在设立大数据标准化技术委员会等大数据标准订立工作上，"云长制"等大数据立法制度探索上，均起到了先行先试、推广辐射的引领作用；京津冀大数据综合试验区在2019年成功实现了北京市六里桥市级政务云、天津市统一数据共享交换平台、"云上河北"建设的投入使用，实现了三地政务资源的共享整合，高速智能的数据分析服务为政府治理现代化、便利化起到有目共睹的提升作用；珠三角大数据综合试验区中，广东省人大常委会公布的《广东省数字经济促进条例》直接将数字产业化和产业数字化上升至地方立法，深圳经济特区在立法形式上创新性采取了综合性地方数据立法的方式，出台《深圳经济特区数据条例》，此后出台的《深圳经济特区人工智能产业促进条例》首次明确了人工智能概念和产业边界，在立法内容、立法形式上都有着相应突破；上海市大数据综合试验区同时作为国家首批公共信息资源开放试点省市之一，持续提升公共数据开放质量和水平，制定公共数据开放分级分类指南，在开放数据精细化分类管理制度上取得了重要成果；河南省大数据综合试验区则将中小微企业扶持的对接机制建立、不同场景需求的数字化解决方案探索等内容纳入《河南省数字经济促进条例》，并强调了产业转型的技术资金支持；重庆市大数据综合试验区专门成立了重庆市大数据应用发展管理局，大力推进大数据智能化产业发展；沈阳市大数据综合试验区则是为推动产业转型，引入中国工业互联网研究院辽宁分院、国家工业互联网大数据中心辽宁分中心落户，通过"产学研"结合培育当地数字产业和龙头企业，建成国家级工业大数据示范区；内蒙古自治区大数据综合试验区在政务数据资源的统筹管理领域，制定发布了《政务数据全生命周期管理规范》、

《内蒙古自治区贯彻〈关于推进公共信息资源开放的若干意见〉实施意见》，对政务数据立法制度创新进行了积极探索。

如果试验区缺少本地特色，地方立法就失去了存在价值，因此，为进一步加快我国数字文明建设和数字法治制度体系建设，亟需调动和发挥地方主动性和改革首创精神，必须突出地方立法特色。要制定具有鲜明个性和地方特色突出的立法规范，首先，要在立项源头上把好关，紧密结合本试验区重大发展战略和重大决策实施，把着力点放在有效解决本地数字法治制度和数字文明建设的特殊矛盾和问题上，突出地方鲜明特色、反映本省实际。其次，要针对经济发展和社会建设中出现的新情况、新问题加强立法，把有限的立法资源用在创制性立法、自主性立法攻关上，先行先试，避免盲目照搬照抄，做到明确具体、切实管用，通过目标导向思维，不仅着眼于目标，还要结合实际需求、实施可行性，形成可在全国复制推广的重大制度成果。再次，要做细做实实施性地方立法，着重对上位法未作出规定的进行补充，对原则性规定进行细化，制定出台能解决实际问题的法规规章。最后，按照本综合试验区的战略定位、建设目标和主要任务，在发挥各利益相关方的合力、确保各项目标实现、各项措施落地的过程中突出侧重点、以区域特色为基础大胆探索多元创新，当好改革"试验田"，在制度创新的道路上"先行快跑"，在国家使命中展现"试验区担当"。建设国家大数据综合试验区，是党中央、国务院赋予的重大使命，也是各大综合试验区创新发展、数字崛起的重大机遇，是我国走出一条数字文明建设新路子的必然抉择。

（四）参与跨境数据治理坚持"保持共识避免趋同"

积极参与跨境数据治理是我国作为数字经济大国保护数据主权的必然要求。新经济形式下，全球范围内互联网公司的新业态、新模式是以跨国形式存在，全球数据流通的态势也将是未来发展的趋势。我国作为数字经济大国，跨境数据流动中的数据主权风险及治理需求、国际合作模式及协调需求，都是在数字法治制度体系构建时应当提前考量的问题。目前国家层面的三部主要数据领域立法中，均针对数据的跨境流通、个人信息的涉外保护等问题进行了规定，但上述规定还较为原则，相应的配套规定、指南清单等制度还有待进一步完善。

由于历史因素、法律系统、政策倾向等方面的差异，各国跨境数据流动规制制度以及区域性国际数据流动协定的内容存在较大差异。我国参与构建的跨境数据治理体系,应当兼顾我国及合作国家数据主权安全与数据跨境流动需求。现行各国相互割裂的跨境数据治理机制现状与形成统一的、高效的跨境数据治理全球治理机制体系的需求之间的矛盾,准确呈现我国参与甚至主导跨境数据治理存在过程中面临的困境与机遇。在这种情况下,我国进行跨境数据治理的过程中,同样需要坚持"达成共识避免趋同"的理念及原则。

在"取得共识"层面,围绕"数据主权应当建立于对群体的数据权保护之上"这一理念原则推进各国数据治理共识。在"避免趋同"层面,根据2020年9月,我国在"抓住数字机遇,共谋合作发展"国际研讨会上发布的倡议文件《全球数据安全倡议》中,[1]仍将数据安全的重要性置于首位,在此基础之上维护开放、公正、非歧视性的营商环境,齐心协力促进数据安全。其中强调了国家权力要以地域为限,尊重他国主权、司法管辖权和对数据的安全管理权。我国在跨境数据治理过程中坚持的态度,是在国内数据产业发展、数字法治制度体系不断完善的同时,以对群体的数据权保护为前提,不迎合、照搬他国数据治理体系,从我国自身外交立场和国家治理需要出发,提出自身观点和主张,逐步寻求建立开放、公正、非歧视性的营商环境,推动实现全球数据市场的互利共赢、共同发展。

本章小结

本章综合前文对我国大数据立法现状、大数据综合试验区立法探索成果、大数据立法要求等研究的基础上,针对数据立法探索中存在的问题,提出完善建议。

首先,应当从四个层面加强数据立法的顶层规划设计,明确立法价值导向,为地方立法提供可予以细化落实的顶层立法体系及制度建设指引。第一,顶层政策制定、立法设计的底层思维应适时转变,转信息化思维为大数据在线思维、制定符合数据时代需求的数据立法规划;第二,明确数据立法应当遵循的总体原则与基本原则,遵循统一的立法原则是实现地方立法之间的协同以及地方立法与国家层面立法的遵守与协同的前提;第三,强化数据法基础理论研究,通过数据立法的理论引领,推进数据立法区域协同,保证立法

---

[1]《全球数据安全倡议(全文)》,载新华网:https://baijiahao.baidu.com/s?id=1677245647178378600&wfr=spider&for=pc,2022年10月10日访问。

的科学性与前瞻性；第四，提炼司法经验，夯实数据立法实践基础，实现科学立法推进司法公平，司法实践提升科学立法水平的良性循环。

其次，完善数据立法制度设计，实现在数据立法顶层设计的引领下，后续及地方性立法的体系性、协调性，构建层级分明、各司其职的数字法治体系。第一，充分运用备案监督审查制度，维护国家法治统一。建立健全备案审查制度和工作机制，审查中紧扣党中央及立法机关数据立法定位，坚持"以人为本"的法规审查理念，把握合法性、合理性的审查标准；第二，在制度上进一步明确地方立法权限，科学合理限制部门权力和地方保护主义，保证地方立法创新空间的同时明确综合试验区立法权限，多途径、多环节完善地方立法体制机制；第三，继续探索具有试验区特色的数字法治管理制度。各综合试验区应继续深化推进数字文明基础制度建设，探索数据管理机构、数据监管机关职权集中强化，重视责任追溯机制的建设。

再次，健全数字法治制度体系，补齐制度短板，多维度健全数字法治制度体系。第一，从全系统视角审查和弥补现行制度体系中的重要规范缺失，紧扣数字法治制度体系建设目标，围绕规范缺失的立法重点领域加快建设；第二，加快数字文明教育机制建设、提升全民数字素养和技能，不仅要建立健全数据人才培养机制，还要发挥行业自律、多元规则的作用；第三，改进数字社会建设行政职责追究制度，形成党内法规和行政法规性文件于一体的"联合法规"，完善各考核评价体系的衔接、结果运用、责任落实机制，引导各级党政机关和领导干部树立数字政绩观。

最后，数据立法保持共识又避免趋同。为实现数据立法一方面为其他省市立法提供可借鉴、可复制、可推广实践经验目标，另一方面又能按照各大数据试验区资源禀赋与特色进行特色立法的双重目标，数据立法应当遵循既保持共识又避免趋同的理念与原则。第一，各综合试验区在进行制度探索时，应当在基本概念、思想观念、政策导向、制度框架的基础制度上达成共识，便于最终构建起全国统一的数字法治制度体系；第二，在制度的整体构建上把握协同，既确保数字法治体系内部自地方至国家层面的体系内部协同运作，也确保数字法治体系作为整体中国特色社会主义法治体系的一部分，与其他部门立法体系的协同运作，但同时应当结合自身特色量身打造数据立法的特色制度；第三，坚持突出地方特色，坚持多元创新。按照大数据综合试验区的战略定位、建设目标和主要任务大胆探索多元创新，当好改革"试验田"；

第四，在参与跨境数据治理应同样坚持"保持共识避免趋同"，坚持数据主权应当建立在对群体的数据权保护这一理念上，同时，基于我国外交立场和治理需要提出自身观点和主张，寻求建立开放、公正、非歧视性的全球数据市场营商环境。

参考文献

一、著作类

[1] [美] 亚伦·普赞诺斯基、[美] 杰森·舒尔茨:《所有权的终结:数字时代的财产保护》,赵精武译,北京大学出版社 2022 年版。

[2] [英] 维克托·迈尔-舍恩伯格、[英] 肯尼思·库克耶:《大数据时代:生活、工作与思维的大变革》,盛杨燕、周涛译,浙江人民出版社 2013 年版。

[3] [美] R. 科斯等:《财产权利与制度变迁——产权学派与新制度学派译文集》,刘守英译,格致出版社、上海三联书店、上海人民出版社 1991 年版。

[4] [美] 劳伦斯·莱斯格:《代码 2.0:网络空间中的法律》,李旭、沈伟伟译,清华大学出版社 2018 年版。

[5] 齐爱民:《数据法原理》,高等教育出版社 2022 年版。

[6] 马长山:《迈向数字社会的法律》,法律出版社 2021 年版。

[7] 连玉明主编:《中国大数据发展报告 NO.5-6》,中国社会科学文献出版社 2021 年版、2022 年版。

[8] 高富平、张英、汤奇峰:《数据保护、利用与安全——大数据产业的制度需求及供给》,法律出版社 2020 年版。

[9] 何渊:《数据法学》,北京大学出版社 2020 年版。

[10] 刘新宇主编:《数字保护——合规指引与规则分析》,中国法制出版社 2020 年版。

[11] 中国信息通信研究院互联网法律研究中心、京东法律研究院:《欧盟数据保护法规汇编》,中国法制出版社 2019 年版。

[12] 李爱君、苏桂梅:《国际数据保护规则要览》,法律出版社 2018 年版。

[13] 张莉主编:《数据治理与数据安全》,中国工信出版集团 2020 年版。

[14] 吴晓波等:《云上的中国:激荡的数智化未来》,中信出版社 2020 年版。

[15] 王坚:《在线:数据改变商业本质,技术重塑经济未来》,中信出版社 2018 年版。

[16] 王利明主编：《民法学》，高等教育出版社 2019 年版。

[17] 张文显主编：《法理学》（第 5 版），高等教育出版社 2018 年版。

[18] 刘红：《大数据时代数据保护法律研究》，中国政法大学出版社 2018 年版。

[19] 个人信息保护课题组：《个人信息保护国际比较研究》（第 2 版），中国金融出版社 2021 年版。

[20] [英] 约翰·洛克：《政府论译注》（下篇），杨宇冠、李立译，中国政法大学出版社 2018 年版。

[21] 黄志雄、袁康等：《数据治理的法律逻辑》，武汉大学出版社 2021 年版。

[22] 吴长海：《数据法学》，法律出版社 2022 年版。

[23] 何渊：《数据法学》，北京大学出版社 2020 年版。

二、期刊类

[1] 白牧蓉、李其贺：《地方数据立法的现状与进路》，载《人大研究》2022 年第 4 期。

[2] 陈美、梁乙凯：《加拿大隐私影响评估政策：历程、内容、分析与启示》，载《图书情报工作》2021 年第 17 期。

[3] 丁春燕：《大数据时代法学研究的新趋势》，载《政法学刊》2015 年第 6 期。

[4] 丁晓东：《什么是数据权利？——从欧洲〈一般数据保护条例〉看数据隐私的保护》，载《华东政法大学学报》2018 年第 4 期。

[5] 冯晓青：《数据财产化及其法律规制的理论阐释与构建》，载《政法论丛》2021 年第 4 期。

[6] 高志明：《侵害个人信息权的法律责任：法理融贯与立法比较》，载《大连理工大学学报（社会科学版）》2019 年第 1 期。

[7] 高志明：《域外个人信息保护立法进路分析》，载《西安电子科技大学学报（社会科学版）》2016 年第 2 期。

[8] 高国梁：《大数据信息安全立法应秉持哪些原则》，载《人民论坛》2018 年第 34 期。

[9] 高荣伟：《海外个人信息保护机制》，载《检察风云》2020 年第 18 期。

[10] 韩伟：《安全与自由的平衡——数据安全立法宗旨探析》，载《科技与法律》2019 年第 6 期。

[11] 韩波：《论加拿大〈统一电子证据法〉的立法价值》，载《政治与法律》2001 年第 5 期。

[12] 李薇：《功利概念之辨：休谟与边沁》，载《学术研究》2019 年第 3 期。

[13] 李扬、李晓宇：《大数据时代企业数据边界的界定与澄清——兼谈不同类型数据之间的分野与勾连》，载《福建论坛·人文社会科学版》2019 年第 11 期。

[14] 刘鹤玲、陈净：《利他主义的科学诠释与文化传承》，载《江汉论坛》2008 年第

6期。

[15] 龙荣远、杨官华：《数权、数权制度与数权法研究》，载《科技与法律》2018年第5期。

[16] 刘影、眭纪刚：《日本大数据立法增设"限定提供数据"条款及其对我国的启示》，载《知识产权》2019年第4期。

[17] 雷紫雯：《日本个人信息保护与合理使用探索及启示》，载《青年记者》2021年第13期。

[18] 李昱、程德安：《加拿大个人信息保护法对网络信息的保护及启示》，载《今传媒》2019年第9期。

[19] 梁志文：《论个人数据保护之法律原则》，载《电子知识产权》2005年第3期。

[20] 彭辉：《数据权属的逻辑结构与赋权边界——基于"公地悲剧"和"反公地悲剧"的视角》，载《比较法研究》2022年第1期。

[21] 孙国华：《论法与利益之关系》，载《中国法学》1994年第4期。

[22] 苏青：《数据犯罪的规制困境及其对策完善——基于非法获取计算机信息系统数据罪的展开》，载《法学》2022年第7期。

[23] 温昱：《大数据的法律属性及分类意义》，载《甘肃社会科学》2018年第6期。

[24] 吴才毓：《大数据公共安全治理的法治化路径：算法伦理、数据隐私及大数据证据规则》，载《政法学刊》2020年第5期。

[25] 王英：《网络知识产权正当性问题研究——以激励论和利益平衡论为视角》，载《情报理论与实践》2010年第11期。

[26] 项焱、陈曦：《大数据时代欧盟个人数据保护权初探》，载《华东理工大学学报（社会科学版）》2019年第2期。

[27] 杨琴：《数字经济时代数据流通利用的数权激励》，载《政治与法律》2021年第12期。

[28] 杨震、徐雷：《大数据时代我国个人信息保护立法研究》，载《南京邮电大学学报（自然科学版）》2016年第2期。

[29] 郑琳：《美国〈澄清海外合法使用数据法〉及其影响与启示》，载《现代情报》2021年第1期。

[30] 李文军、李玮：《我国大数据产业和数据要素市场发展的问题与对策》，载《企业经济》2023年第3期。

[31] 刘芮伶：《大数据如何影响政府治理能力——基于贵州的实证研究》，载《理论月刊》2023年第3期。

[32] 郭红军、童晗：《国家生态文明试验区建设的贵州靓点及其经验——基于石漠化治理的考察》，载《福建师范大学学报（哲学社会科学版）》2020年第3期。

[33] 李成刚：《大数据发展助推实体经济提升实证研究——基于2013-2018年省级面板数据》，载《贵州社会科学》2020年第1期。

[34] 尚虎平、刘俊腾：《欠发达地区的政策创新真的促进了"弯道超车"吗？——一个面向贵阳市大数据发展政策的合成控制检验》，载《公共管理学报》2021年第4期。

[35] 纪哲：《2021中国国际大数据产业博览会"数字政府建设与治理现代化"论坛在贵阳举行》，载《中国行政管理》2021年第6期。

[36] 谢小芹、林丹妮：《超越与重塑：大数据驱动的新型治贫模式——基于首个国家级（贵州）大数据综合试验区的个案研究》，载《农业经济问题》2022年第12期。

[37] 石庆波、黄其松：《我国政府数据聚通用的难点与优化路径——以贵阳市为例》，载《电子政务》2022年第3期。

[38] 宋卿清、曲婉、冯海红：《基于制度分析与发展（IAD）框架的先行先试政策推广评估理论研究——以国家大数据（贵州）综合试验区为例》，载《科技管理研究》2022年第2期。

[39] 丁煌、马小成：《数据要素驱动数字经济发展的治理逻辑与创新进路——以贵州省大数据综合试验区建设为例》，载《理论与改革》2021年第6期。

[40] 杨庐峰、张会平：《数字经济与实体经济深度融合发展的着力向度与治理创新——以贵州省的融合发展实践为例》，载《理论与改革》2021年第6期。

[41] 刘德林、周冬：《大数据产业发展与地方经济增长》，载《统计与决策》2021年第19期。

[42] 王少泉：《大数据发展水平的影响因素与我国区域差异化发展》，载《东南学术》2020年第6期。

[43] 梁海萌、申丹虹：《数字经济发展战略对产业结构升级的政策效应——基于国家级大数据综合试验区的准自然实验》，载《现代管理科学》2023年第1期。

[44] 李桥兴、杜可：《国家级大数据综合试验区设立对区域数字经济发展影响效应评估》，载《科技管理研究》2021年第16期。

[45] 邱子迅、周亚虹：《数字经济发展与地区全要素生产率——基于国家级大数据综合试验区的分析》，载《财经研究》2021年第7期。

[46] 郭炳南、王宇、张浩：《数字经济发展改善了城市空气质量吗——基于国家级大数据综合试验区的准自然实验》，载《广东财经大学学报》2022年第1期。

[47] 雷玄：《打造大数据产融生态圈——郑东新区智慧岛国家大数据综合试验区侧记》，载《中国质量万里行》2020年第9期。

[48] 袁永波：《大数据产业发展趋势和河南省发展对策研究》，载《智慧中国》2020年第7期。

[49] 袁超、邹喆：《河南省国家大数据综合试验区发展研究》，载《汽车实用技术》2020

年第 4 期。

[50] 徐延军、王真真：《河南省大数据综合试验区发展调研报告》，载《市场研究》2019 年第 2 期。

[51] 李冰、武珺：《浅析河南国家大数据综合试验区建设与开封大数据产业创新发展》，载《财经界》2018 年第 36 期。

[52] 陈加友：《国家大数据（贵州）综合试验区发展研究》，载《贵州社会科学》2017 年第 12 期。

[53] 闫夏秋、孙瑜：《开放平台数据共享的制度困境与法律应对》，载《西南金融》2023 年第 3 期。

[54] 邢会强：《政务数据共享与个人信息保护》，载《行政法学研究》2023 年第 2 期。

[55] 孔祥俊：《论反不正当竞争法'商业数据专条'的建构——落实中央关于数据产权制度顶层设计的一种方案》，载《东方法学》2022 年第 5 期。

[56] 刘宇：《〈民法典〉视野下的大数据交易：过程控制、性质认定与法律适用》，载《甘肃政法大学学报》2022 年第 3 期。

[57] 王利明、丁晓东：《论〈个人信息保护法〉的亮点、特色与适用》，载《法学家》2021 年第 6 期。

[58] 陈兵：《互联网新型不正当竞争行为法律适用疑难问题及完善》，载《法治研究》2021 年第 6 期。

[59] 龙卫球：《〈个人信息保护法〉的基本法定位与保护功能——基于新法体系形成及其展开的分析》，载《现代法学》2021 年第 5 期。

[60] 程啸：《论我国个人信息保护法的基本原则》，载《国家检察官学院学报》2021 年第 5 期。

[61] 王潺：《"大数据杀熟"该如何规制？——以新制度经济学和博弈论为视角的分析》，载《社会科学文摘》2021 年第 8 期。

[62] 马忠法、胡玲：《论我国数据安全保护法律制度的完善》，载《科技与法律（中英文）》2021 年第 2 期，第 1~7 页。

[63] 杨东、臧俊恒：《数字平台的反垄断规制》，载《武汉大学学报（哲学社会科学版）》2021 年第 2 期。

[64] 许可：《自由与安全：数据跨境流动的中国方案》，载《环球法律评论》2021 年第 1 期。

[65] 王洪亮：《〈民法典〉与信息社会——以个人信息为例》，载《政法论丛》2020 年第 4 期。

[66] 邢会强：《大数据交易背景下个人信息财产权的分配与实现机制》，载《法学评论》2019 年第 6 期。

［67］袁泉：《电子商务法视野下的个人信息保护》，载《人民司法》2019年第1期。

［68］谢永江：《论网络安全法的基本原则》，载《暨南学报（哲学社会科学版）》2018年第6期。

［69］杨一帆：《立法推进数字福建建设——〈福建省大数据发展条例〉解读》，载《人民政坛》2021年第12期。

［70］毛雨：《设区的市地方立法工作分析与完善》，载《中国法律评论》2018年第5期。

［71］福建省人民政府发展研究中心课题组：《推进福建大数据发展的对策思考》，载《发展研究》2015年第12期。

［72］陈绍林：《推动大数据在数字政府建设中的应用——以数字福建建设为例》，载《海峡科学》2021年第10期。

［73］董凌峰、李永忠：《基于云计算的政务数据信息共享平台构建研究——以"数字福建"为例》，载《现代情报》2015年第10期。

［74］宗珊珊：《我国地方数据立法的特征、挑战与展望》，载《信息通信技术与政策》2022年第8期。

［75］程斌：《我国公共数据开放的地方立法研究》，载《荆楚学刊》2021年第6期。

［76］刘莹莹、史江峰：《大数据领域国内外立法及中国国家标准推进情况综述》，载《专利代理》2022年第2期。

［77］陈鹏宇：《从创新探索到立法规范——浙江公共数据发展实践解析》，载《中国信息化》2022年第4期。

［78］《从浙江数字经济实践洞见立法探索》，载《信息化建设》2021年第4期。

［79］唐韬：《"十四五"规划指引数字经济发展——以浙江省数字经济促进条例为例》，载《中国市场》2022年第12期。

［80］《全国首部！浙江省为公共数据立法》，载《中国建设信息化》2022年第5期。

［81］支振锋：《贡献数据安全立法的中国方案》，载《信息安全与通信保密》2020年第8期。

［82］孙佑海：《网络安全法：保障网络安全的根本举措——学习贯彻〈中华人民共和国网络安全法〉》，载《中国信息安全》2016年第12期。

［83］王春晖：《〈中华人民共和国数据安全法〉十大法律问题解析》，载《保密科学技术》2021年第9期。

［84］高玉宝：《〈中华人民共和国个人信息保护法〉背景下的大数据发展》，载《图书馆理论与实践》2022年第4期。

［85］吴家睿：《寻找生命健康大数据在安全保护与开放共享之间的平衡——对〈中华人民共和国个人信息保护法〉的思考》，载《生命科学》2022年第1期。

［86］嵇叶楠、胡正坤、郭丰：《从〈全球数据安全倡议〉看中国在全球数据安全与治理领

域的立场和举措》，载《中国信息安全》2021 年第 5 期。

[87] 本刊综合：《"云上贵州"：抓住中国大数据产业发展新机遇》，载《中国民族》2019 年第 2 期。

[88] 李桥兴、杜可：《国家级大数据综合试验区设立对区域数字经济发展影响效应评估》，载《科技管理研究》2021 年第 16 期。

[89] 汪玉凯：《数字社会治理在应对新冠疫情中的分析与比较》，载《中国信息安全》2020 年第 4 期。

[90] 卞建林：《立足数字正义要求，深化数字司法建设》，载《北京航空航天大学学报（社会科学版）》2022 年第 2 期。

[91] 石颖：《智慧司法的实践与探索》，载《山东警察学院学报》2020 年第 1 期。

[92] 李广乾：《全面开创数字政府建设新局面》，载《经济》2022 年第 9 期。

[93] 黄道丽、胡文华：《中国数据安全立法形势、困境与对策——兼评〈数据安全法（草案）〉》，载《北京航空航天大学学报（社会科学版）》2020 年第 6 期。

[94] 赵鑫：《数据要素市场面临的数据确权困境及其化解方案》，载《上海金融》2022 年第 4 期。

[95] 梅夏英：《在分享和控制之间 数据保护的私法局限和公共秩序构建》，载《中外法学》2019 年第 4 期。

[96] 宗翔珊：《我国地方数据立法的特征、挑战与展望》，载《信息通信技术与政策》2022 年第 8 期。

[97] 程斌：《我国公共数据开放的地方立法研究》，载《荆楚学刊》2021 年第 6 期。

[98] 郑春燕、唐俊麒：《论公共数据的规范含义》，载《法治研究》2021 年第 6 期。

[99] 李少波：《公共大数据的内涵及其数据要素外延》，载《当代贵州》2020 年第 44 期。

[100] 陈戈：《建数据交易所切勿'一哄而上'》，载《中国信息界》2022 年第 2 期，第 32~35 页。

[101] 许鹿、黄未：《资产专用性：政府跨部门数据共享困境的形成缘由》，载《东岳论丛》2021 年第 8 期。

[102] 董超等：《基于区块链技术的政务数据共享开放模式研究》，载《中国经贸导刊》2020 年第 3 期。

[103] 李爱君：《国家〈大数据法〉立法体系建构》，载《金融创新法律评论》2016 年第 9 期。

[104] 刘剑文：《论领域法学：一种立足新兴交叉领域的法学研究范式》，载《政法论丛》2016 年第 5 期。

[105] 江必新：《论行政规制基本理论问题》，载《法学》2012 年第 12 期。

[106] 杨华锋：《协同治理的话语结构谱系与创新路径探析》，载《学习论坛》2013 年第

5 期。

三、外文文献

［1］ Alec Wheatley, "Do-It-Yourself Privacy: The Need for Comprehensive Federal Privacy Legislation With A Private Right Of Action", *Golden Gate University Law Review*, 2015, (45).

［2］ Craig McAllister, "What About Small Businesses? The Gdprand Its Consequences for Small, U. S. -Based Companies", *Brooklyn Journal of Corporate, Financial & Commercial Law*, 2017, (12).

［3］ Daniel J. Solove, Woodrow Hartzog, "The Ftc and the New Common Law of Privacy", *Columbia Law Review*, 2014, (114).

［4］ Jana N. Sloane, "Raising Data Privacy Standards: The United States´ Need for A Uniform Data Protection Regulation", *John Marshall Law Journal*, 2018-2019, (12).

［5］ Ryan Moshell, "And Then There Was One: The Outlook for A Self-Regulatory United States Amidst A Global Trend Toward Comprehensive Data Protection", *Texas Tech Law Review*, 2005, (37).

［6］ See Garrett Hardin, "The Tragedy of the Commons", *Science*, 1968, (162).

［7］ Hotca et al., "Discussions Regarding the Conditions of the Criminal Responsibility of the Legal Person in the Regulation of the New Criminal Code", Lex ET Scientia, Juridical Series, 2010, 2.

［8］ Purtova, "Do Property Rights in Personal Data Make Sense after the Big Data Turn: Individual Control and Transparency", *Journal of Law and Economic Regulation*, 2017, 10 (2).

［9］ Francesco Banterle, "Data ownership in the data economy: a European dilemma", *SSRN Electronic Journa*, 2018, 2.

［10］ Marciano A. Ronald Coase, "The Problem of Social Cost' and The Coase Theorem: An Anniversary Celebration", *European Journal of Law & Economics*, 2011, 31 (1).

四、报纸、会议论文

［1］ 朱登芳：《大数据赋能网络货运构建智慧物流新生态》，载《贵州日报》2022 年 11 月 27 日。

［2］ 向定杰：《贵州数字政府建设盘活数据资源》，载《经济参考报》2022 年 6 月 30 日。

［3］ 鲍静、王家梁：《贵州贵阳：应用大数据打造基层社会治理新格局》，载《法治日报》2022 年 6 月 6 日。

［4］ 宋子月、刘辉：《大数据正赋予时代新内涵》，载《贵阳日报》2022 年 5 月 27 日。

［5］陈芳芸、兰霞、何星辉：《2022 数博会：激活数据资源价值 推动数字经济高质量发展》，载《科技日报》2022 年 5 月 27 日。

［6］王淑宜：《打通"数"动脉"算"出新机遇》，载《贵州日报》2022 年 5 月 23 日。

［7］曾帅：《来一场"无中生有"到"有中生新"的数据发展大提速》，载《贵州日报》2022 年 4 月 1 日。

［8］袁航：《为贵州高质量发展提供坚强科技支撑》，载《贵州日报》2022 年 3 月 31 日。

［9］张鹏、冉婷林、杨婷：《抢抓重大发展机遇 做大数字经济产业》，载《贵阳日报》2022 年 3 月 15 日。

［10］何星辉：《贵州数字经济增速连续 6 年全国第一》，载《科技日报》2022 年 1 月 25 日。

［11］曾帅：《贵州新一代算力网络枢纽建设加速》，载《贵州日报》2022 年 1 月 7 日。

［12］何星辉：《贵州数字经济人才规模超 36 万人》，载《科技日报》2021 年 12 月 9 日。

［13］宋兰、韦迪：《"5G+工业互联网"为贵州经济发展注入新动能》，载《贵州民族报》2021 年 9 月 29 日。

［14］罗曼、田牧：《理想很丰满现实很骨感 贵阳大数据交易所这六年》，载《证券时报》2021 年 7 月 12 日。

［15］金毛毛等：《推动数字经济升级突破 提高科技创新能力》，载《贵阳日报》2021 年 2 月 26 日。

［16］连玉明：《贵阳的大数据告诉世界什么》，载《贵阳日报》2020 年 5 月 26 日。

［17］段倩倩：《贵州大数据中心崛起：不仅仅是天时地利人和》，载《第一财经日报》2018 年 9 月 25 日。

［18］彭波：《贵州：大数据点亮"智慧检务"》，载《人民日报》2017 年 5 月 31 日。

［19］谢江林：《融合式发展是贵阳大数据金融产业的方向》，载《贵阳日报》2016 年 8 月 22 日。

［20］何博：《落实贵州大数据战略创新凝智"十三五"规划》，载《贵州政协报》2016 年 4 月 7 日。

［21］赵克：《大数据健康产业趋热贵州大有可为》，载《贵阳日报》2015 年 3 月 11 日。

［22］万秀斌等：《大数据产业发展的贵州路径》，载《人民日报》2015 年 3 月 5 日。

［23］谢江林：《大数据产业的商业价值在哪里》，载《贵阳日报》2014 年 12 月 8 日。

［24］谢江林、路榕：《"智慧"大数据助力旅游转型升级》，载《贵阳日报》2014 年 8 月 17 日。

［25］干江东、张元斌：《推介贵州大数据产业发展优势和前景》，载《贵州日报》2014 年 3 月 2 日。

［26］朱琳：《用大数据地方立法推动国家层面立法》，载《法制日报》2017 年 11 月

14日。

五、电子文献

[1] 《中央全面深化改革委员会第二十六次会议审议通过〈关于构建数据基础制度更好发挥数据要素作用的意见〉》，载中国政府网：http://www.gov.cn/xinwen/2022-06/22/content_5697155.htm，2022年10月30日访问。

[2] 《2021年11月18日，人力资源社会保障部批复同意我市建立"智能+技能"数字技能人才培养试验区，重庆挺立在"数智时代"的潮头浪尖》，载 https://mp.weixin.qq.com/s/dgX_SbhydGp_eIMam6Qlxg，2022年9月6日访问。

[3] 《2020年承德旅游文化"十件大事"》，载 https://mp.weixin.qq.com/s/LDGGPJxo8szqMl7dgoWHZA，2022年9月20日访问。

[4] 《省级支持再添干货！28条政策措施全面助推示范区加快发展》，载 https://mp.weixin.qq.com/s/Addm137lyIPx277_3fyZEQ，2022年9月20日访问。

[5] 《数据作为生产要素的作用和价值》，载 https://mp.weixin.qq.com/s/E6wnsXBCm2GKpcDEdQUY9g，2022年9月16日访问。

[6] 《内蒙古自治区大数据中心关于印发〈内蒙古自治区大数据安全标准化白皮书〉的通知》，载 https://mp.weixin.qq.com/s/ky_aj1ZMowwr3HlecA7qow，2022年10月22日访问。

[7] 《云上北疆大数据云平台运行平稳》，载 https://mp.weixin.qq.com/s/bUTszPwanGsRYWB-RZ9ryQ，2022年9月27日访问。

[8] 《内蒙古法院大数据平台今日上线运行》，载 https://mp.weixin.qq.com/s/Ud7kr1hdLDfYASh_fmOoqg，2022年9月27日访问。

[9] 《重庆市人民政府于2017年8月15日印发〈重庆市"十三五"信息化规划〉》，载 http://www.cq.gov.cn/zwgk/zfxxgkml/szfwj/qtgw/201708/t20170820_8614061.html，2022年9月8日访问。

[10] 《重庆市人民政府令第320号》，载 http://www.cq.gov.cn/zwgk/zfxxgkml/szfwj/fzhsxgz/fzhsxzfgz/201805/t20180510_8836605.html，2022年9月8日访问。

[11] 《国内首部数字规则蓝皮书在渝发布 首次提出数字规则的概念内涵》，载 http://www.cq.gov.cn/ywdt/jrcq/202110/t20211026_9888797.html，2022年9月8日访问。

[12] 《今年7月1日起〈重庆市数据条例〉施行》，载 http://dsjj.cq.gov.cn/sy_533/mtbd/202204/t20220402_10585237.html，2022年9月8日访问。

[13] 《建设国家大数据综合试验区 打造世界级大数据产业基地》，载 http://inews.nmgnews.com.cn/system/2016/11/08/012180878.shtml，2022年9月8日访问。

[14] 《国家互联网信息办公室秘书局、工业和信息化部办公厅、公安部办公厅、国家市场

监督管理总局办公厅联合制定了〈常见类型移动互联网应用程序必要个人信息范围规定〉》,载 http://www.cac.gov.cn/2021-03/22/c_1617990997054277.htm,2022年9月4日访问。

[15]《〈重庆市数据条例〉今日起正式实施,我市已率先建成三级数据共享交换体系》,载 https://baijiahao.baidu.com/s?id=1737135322994873970&wfr=spider&for=pc,2022年9月5日访问。

[16]《巫山县加快推进数字化发展有办法》,载 http://dsjj.cq.gov.cn/sy_533/bmdt/qx/202202/t20220210_10381452.html,2022年9月6日访问。

[17]《"云长制"管"云"显成效 重庆政务信息系统上云率达99%》,载 http://www.cq.gov.cn/ywdt/jrcq/202108/t20210819_9597199.html,2022年9月6日访问。

[18]《重庆市人民政府办公厅关于贯彻落实科学数据管理办法的通知》,载 http://www.cq.gov.cn/zwgk/zfxxgkml/szfwj/qtgw/201901/t20190107_8614156.html,2022年9月8日访问。

[19]《重庆市沙坪坝区统计局统计数据质量监控办法》,载 http://www.cqspb.gov.cn/bm/qtjj_64050/zwgk_64054/fdzdgknr_64056/lzyj0909/zcwj0909/202012/t20201224_8691770.html,2022年9月8日访问。

[20]《江津区统计局印发〈重庆市江津区统计局统计数据质量监控办法〉》,载 http://www.jiangjin.gov.cn/bm/qtjj_69023/zwgk_81474/zfxxgkml/zcwj/qtgw/202008/t20200810_8709132.html,2022年9月8日访问。

[21]《李克强详解为何对新业态实施"包容审慎"监管?》,载 http://www.gov.cn/premier/2018-09/12/content_5321209.htm,2022年9月8日访问。

[22]《重庆开州:强化数据溯源管理 提升精准扶贫质效》,载 http://fpb.cq.gov.cn/zxgz_231/xxfp/202101/t20210112_8757186.html,2022年9月6日访问。

[23]《重庆市第六次卫生服务调查数据清洗工作基本完成》,载 http://www.cqyxzz.com/Html/1/fzyjcg/2019-01-25/9069.html,2022年9月6日访问。

[24]《政务大数据安全保密管理研究》,载 http://www.gjbmj.gov.cn/n1/2020/0115/c411145-31550135.html,2022年9月7日访问。

[25]《立足川渝,面向全国,国内首个大数据应用人才职业技能标准出台》,载 http://www.cq.gov.cn/zjcq/yshj/ycjz/202010/t20201019_8653132.html,2022年9月6日访问。

[26]《摸需求、理思路,大数据智能化人才建设专题座谈会成功举办》,载 http://cqjlp.gov.cn/bmjz/qzfbm_97119/qkjj_97714/zwxx_97121/dt/202108/t20210809_9561666.html,2022年9月6日访问。

[27]《关于〈中共沈阳市委关于制定沈阳市国民经济和社会发展第十四个五年规划和二

〇三五年远景目标的建议〉的说明》，载 http：//www. shenyang. gov. cn/zwgk/zwyw/202201/t20220122_ 2576300. html，2022 年 9 月 25 日访问。

[28]《2019 工业互联网全球峰会突出"沈阳元素"》，载 http：//www. shenyang. gov. cn/zwgk/zwdt/bmdt/202112/t20211202_ 1785111. html，2022 年 9 月 25 日访问。

[29]《关于加快"城市大脑-城市操作系统"建设的提案（第 302 号）的答复》，载 http：//dsjj. shenyang. gov. cn/zwgk/fdzdgknr/jyta/202208/t20220822_ 4066179. html，2022 年 9 月 25 日访问。

[30]《省人大常委会调研组来沈开展立法调研》，载 http：//www. shenyang. gov. cn/zwgk/zwdt/zwyw/202201/t20220123_ 2654534. html，2022 年 9 月 25 日访问。

[31]《皇姑区纪委监委巧用大数据实现"政策找人"，"高龄补贴"让老人应享尽享》，载 http：//www. shenyang. gov. cn/dwgk/gzdt/202201/t20220122_ 2569204. html，2022 年 9 月 25 日访问。

[32]《政务数据共享开放，助力数字沈阳建设》，载 http：//www. shenyang. gov. cn/zwgk/zwdt/bmdt/202112/t20211201_ 1705808. html，2022 年 9 月 25 日访问。

[33]《东北工业大数据中心项目加速建设"研究院、数据中心、工业云平台"三驾马车服务沈阳工业企业》，载 http：//www. shenyang. gov. cn/zwgk/zwdt/qxdt/202112/t20211202_ 1846848. html，2022 年 9 月 22 日访问。

[34]《深化政务数据资源建设为基层减负提效赋能，市大数据局为社会治理装上高标准"数字引擎"》，载 http：//www. shenyang. gov. cn/zwgk/zwdt/bmdt/202112/t20211201_ 1766000. html，2022 年 9 月 23 日访问。

[35]《沈阳将设新职位——首席数据官！首批选取 28 家试点单位》，载 http：//www. shenyang. gov. cn/zwgk/zwdt/bmdt/202206/t20220602_ 3063944. html，2022 年 9 月 24 日访问。

[36]《京津冀大数据综合试验区建设正式启动，共创协同发展美好未来》，载 http：//jxj. beijing. gov. cn/jxdt/zwyw/201911/t20191113_ 504267. html，2022 年 9 月 18 日访问。

[37]《加速推进大数据产业协同发展：2017 京津冀大数据创新应用论坛举行》，载 http：//jxj. beijing. gov. cn/jxdt/tpxw/201912/t20191216_ 1238869. html，2022 年 9 月 18 日访问。

[38]《全国首家大数据教育区块链试验区落户廊坊》，载 http：//www. lf. gov. cn/Item/83057. aspx，2022 年 9 月 19 日访问。

[39]《张家口市工业和信息化局发布对〈中国数坝·张家口市大数据产业发展规划（2019-2025 年）〉政策解读》，载 https：//www. zjk. gov. cn/zjkgxj/xxgk/content. thtml？contentId＝52129，2022 年 9 月 19 日访问。

[40]《市互联网信息办公室印发〈天津市数据安全管理办法（暂行）〉，为"数字天津"筑牢数据安全护城河》，载 https：//www. tj. gov. cn/sy/tjxw/202005/t20200520_ 2556856. html，2022 年 9 月 19 日访问。

[41]《北京市经济和信息化局会同市金融监管局在研究借鉴上海、天津等省市先进经验做法的基础上,结合本市实际情况,组织起草了〈北京市金融公共数据专区管理办法(征求意见稿)〉》,载 http://jxj.beijing.gov.cn/jxdt/tzgg/202003/t20200324_1731518.html,2022年9月19日访问。

[42]《大数据助力河北秦皇岛构建防贫机制》,载 http://www.qhd.gov.cn/front_pcthi.do?uuid=235617D1F46C0198A1BE7805E26F0E8C,2022年9月19日访问。

[43]《〈张家口市数字经济发展规划(2020-2025年)〉政策解读》,载 https://www.zjk.gov.cn/content/zcjd/52108.html,2022年9月19日访问。

[44]《2021年11月26日,天津市政府新闻办举行〈天津市促进智能制造发展条例〉新闻发布会》,载 https://www.tj.gov.cn/sy/xwfbh/xwfbh_210907/202111/t20211128_5735073.html,2022年9月19日访问。

[45]《张家口市推进大数据全产业链发展情况新闻发布会图文实录》,载 https://www.zjk.gov.cn/content/tzgg/151942.html,2022年9月19日访问。

[46]《2022年6月22日,承德市人民政府印发了〈承德市养老服务体系建设"十四五"规划〉》,载 https://www.chengde.gov.cn/art/2022/6/30/art_10609_861485.html,2022年9月19日访问。

[47]《2022年5月27日,承德市人民政府印发了〈承德市生态环境保护"十四五"规划〉》,载 https://www.chengde.gov.cn/art/2022/5/30/art_10609_861480.html,2022年9月19日访问。

[48]《双滦区:科技感满满,大贵口村建设全市首个数字乡村》,载 https://www.chengde.gov.cn/art/2022/4/22/art_9944_853170.html,2022年9月19日访问。

[49]《北京市经济和信息化局于2022年5月7日发布了关于对〈北京市数字经济促进条例(征求意见稿)〉公开征集意见的公告》,载 http://www.beijing.gov.cn/hudong/yonghu/static/jxj/zhengji/detail.html?id=62762f1bff77be78169b5906,2022年9月19日访问。

[50]《张工赴西青区调研,发挥综合禀赋优势,打造重要战略支点》,载 https://www.tj.gov.cn/sy/tjxw/202207/t20220705_5925662.html,2022年9月20日访问。

[51]《调整优化全区发展空间布局,武清区主动融入京津冀城市群》,载 https://www.tj.gov.cn/sy/xwfbh/202005/t20200519_2385975.html,2022年9月20日访问。

[52]《布局数字经济绘就发展蓝图———〈张家口市数字经济发展规划(2020—2025年)〉解读》,载 https://www.zjk.gov.cn/content/gzbs/26866.html,2022年9月20日访问。

[53]《追风逐日,向"氢"而行,张家口可再生能源示范区建设创国际国内13项第一》,载 http://www.zjknews.com/news/2022/08/378358.html,2022年9月20日访问。

[54]《廊坊市发改委发布〈廊坊市物流业发展"十四五"规划〉》，载 http://www.lf.gov.cn/Item/117538.aspx，2022年9月20日访问。

[55]《2021年11月24日，廊坊市旅游和文化广电局对人大承德市第十四届人大六次会议建议的答复中提及全市旅游大数据中心或旅游应急指挥平台3个》，载 https://www.chengde.gov.cn/art/2021/11/24/art_9949_836803.html，2022年9月20日访问。

[56]《藁城区教育局召开统一数据管理工作暨培训会》，载 http://www.sjz.gov.cn/col/1490232969635/2020/09/28/1601253434631.html，2022年9月20日访问。

[57]《加快通关效率降低企业成本中国（石家庄）跨境电子商务综合公共服务平台上线》，载 http://www.sjz.gov.cn/col/1577843045360/2020/08/14/1597367557916.html，2022年9月20日访问。

[58]《京津冀携手挖掘大数据红利》，载 http://fgw.beijing.gov.cn/gzdt/fgzs/mtbdx/bzwlxw/201912/t20191221_1393736.htm，2022年9月17日访问。

[59]《促进林业数据协同共享构筑京津冀生态共同体》，载 http://yllhj.beijing.gov.cn/sdlh/jjjlylhxtfz/201610/t20161028_531521.shtml，2022年9月17日访问。

[60]《京津冀三地将搭建环保数据共享平台》，载 https://www.tj.gov.cn/sy/ztzl/ztlbtwo/jjjyth/yw/202005/t20200520_2454224.html，2022年9月14日访问。

[61]《"瓣瓣同心"向阳开——习近平总书记谋划推动京津冀协同发展谱写新篇章》，载 http://www.beijing.gov.cn/ywdt/yaowen/202110/t20211020_2516120.html，2022年9月14日访问。

[62]《1场主论坛，6场平行分论坛，2022数据安全技术大会在经开区举行》，载 http://kfqgw.beijing.gov.cn/zwgkkfq/yzxwkfq/202209/t20220908_2811058.html，2022年9月17日访问。

[63]《本市创新实施农民工工资支付数据共享精准监管机制》，载 http://www.beijing.gov.cn/ywdt/gzdt/202206/t20220608_2732295.html，2022年9月14日访问。

[64]《京津冀推动治超数据共享共用》，载 http://hebei.hebnews.cn/2018-12/27/content_7159166.htm，2022年9月17日访问。

[65]《京津冀联合打造全国首个基于互联网的涉企信用信息征信链平台》，载 http://gzw.beijing.gov.cn/yggq/qydt/202107/t20210709_2433320.html，2022年9月17日访问。

[66]《天津市委网信办、天津市大数据管理中心印发〈天津市加快公共数据资源开放利用实施方案〉》，载 https://tjdsj.tjcac.gov.cn/YWGZ0/SJKF137465/202109/t20210923_5608945.html，2022年9月14日访问。

[67]《释放公共数据价值助力数字天津发展》，载 https://tjdsj.tjcac.gov.cn/YWGZ0/SJKF137465/202201/t20220105_5771484.html，2022年9月14日访问。

[68]《北京大数据交易服务平台正式发布上线》，载 http://jxj.beijing.gov.cn/jxdt/zwyw/

201911/t20191113_ 504076.html，2022 年 9 月 15 日访问。

[69]《京津冀"十三五"：河北大数据交易中心在北京成立》，载 https://finance.china.com.cn/roll/20151203/3477165.shtml，2022 年 9 月 15 日访问。

[70]《我市投资项目在线审批监管平台获国家好评》，载 https://www.tj.gov.cn/sy/zwdt/bmdt/202202/t20220228_ 5815322.html，2022 年 9 月 13 日访问。

[71]《信息安全等级保护备案系统材料》，载 https://zyk.bjhd.gov.cn/zwdt/xxgk/tzgg/202011/t20201112_ 4433229.shtml，2022 年 9 月 13 日访问。

[72]《和平区多措并举助力全市诚信建设工作》，载 https://www.tj.gov.cn/sy/zwdt/gqdt/202006/t20200624_ 2721980.html，2022 年 9 月 13 日访问。

[73]《通州区应急管理局进一步加强危险化学品企业从业人员安全生产培训教育工作》，载 http://yjglj.beijing.gov.cn/art/2021/8/27/art_ 4566_ 682874.html，2022 年 9 月 13 日访问。

[74]《关于〈北京市数字经济全产业链开放发展行动方案〉的政策解读》，载 http://www.beijing.gov.cn/zhengce/zcjd/202205/t20220531_ 2724838.html，2022 年 9 月 14 日访问。

[75]《重服务、优监管、副中心率先实施"包容审慎"监管》，载 http://www.beijing.gov.cn/fuwu/lqfw/gggs/202011/t20201120_ 2140786.html，2022 年 9 月 14 日访问。

[76]《2022 年上半年数字经济占全市 GDP 比重达 43.3%》，http://www.beijing.gov.cn/ywdt/gzdt/202207/t20220728_ 2780718.html，2022 年 9 月 12 日访问。

[77]《朝阳区打造数字经济人才培养基地》，载 http://www.beijing.gov.cn/ywdt/gqrd/202109/t20210926_ 2502108.html，2022 年 9 月 12 日访问。

[78]《推进完善京津冀知识产权公共服务》，载 https://www.tj.gov.cn/sy/tjxw/202005/t20200520_ 2553248.html，2022 年 9 月 12 日访问。

[79]《京津冀知识产权协同发展高层论坛在京成功举办》，载 https://zscq.tj.gov.cn/zwxx/gzdt/202011/t20201106_ 4041245.html，2022 年 9 月 12 日访问。

[80]《国务院关于深化北京市新一轮服务业扩大开放综合试点建设国家服务业扩大开放综合示范区工作方案的批复》，载 http://www.beijing.gov.cn/zhengce/zhengcefagui/202009/t20200908_ 1999520.html，2022 年 9 月 12 日访问。

[81]《国务院关于印发北京、湖南、安徽自由贸易试验区总体方案及浙江自由贸易试验区扩展区域方案的通知》，载 http://www.beijing.gov.cn/zhengce/zhengcefagui/202009/t20200921_ 2074433.html，2022 年 9 月 12 日访问。

[82]《中国新闻网：北京将多措完善知识产权保护机制加强前沿科技保护》，载 http://zscqj.beijing.gov.cn/zscqj/sjd/mtfb21/21224933/index.html，2022 年 9 月 12 日访问。

[83]《〈数字经济知识产权保护指南〉正式出版》，载 http://zscqj.beijing.gov.cn/zscqj/zt-

zl/zscqggfwzl/twxx/11189246/index. html，2022 年 9 月 12 日访问。

[84] 《通辽市税务局运用大数据推进办税服务精准管理》，载 https://www. tongliao. gov. cn/tlzfwz150500/ssgl/2021 – 08/20/content_ 391373012cf843abb56d19fa312801e4. shtml，2022 年 9 月 27 日访问。

[85] 《突泉县精准扶贫大数据平台让精准脱贫更精准》，载 http://www. xam. gov. cn/xam/tgxx/2876396/index. html，2022 年 9 月 26 日访问。

[86] 《李伟谈数据治理之"道"：依法合规 用而不存 一数一源》，载 https://finance. sina. com. cn/money/bank/yhpl/2019-12-03/doc-iihnzhfz3269951. shtml，2022 年 9 月 27 日访问。

[87] 《内蒙古自治区大数据发展管理局内蒙古公共数据开放平台建设项目中标（成交）公告》，载 http://www. ccgp. gov. cn/cggg/dfgg/zbgg/202006/t20200612_ 14462909. htm，2022 年 9 月 27 日访问。

[88] 《内蒙古自治区人民政府关于推进数字经济发展的意见》，载 https://www. nmg. gov. cn/zwgk/zfxxgk/zfxxgkml/gzxzgfxwj/xzgfxwj/202012/t20201208_ 313696. html，2022 年 10 月 22 日访问。

[89] 《乌兰察布市大数据局多措并举助力营商环境提质增效》，载 https://www. nmg. gov. cn/ztzl/yhyshj/jcsj/202109/t20210906_ 1875156. html，2022 年 9 月 27 日访问。

[90] 《浙江省数字经济发展领导小组办公室关于印发〈浙江省高质量推进数字经济发展2022 年工作要点〉的通知》，载 http://jxt. zj. gov. cn/art/2022/4/24/art_ 1657975_ 58928496. html，2022 年 7 月 15 日访问。

[91] 《〈浙江省数字经济促进条例〉有关情况介绍》，载 https://jxt. zj. gov. cn/art/2020/12/25/art_ 1657975_ 58925625. html，2022 年 7 月 19 日访问。

[92] 《〈浙江省公共数据开放与安全管理暂行办法〉政策解读》，载 https://www. zj. gov. cn/art/2020/6/18/art_ 1229019366_ 691797. html，2022 年 7 月 19 日访问。

[93] 《〈浙江省公共数据和电子政务管理办法〉政策解读》，载 http://www. huzhou. gov. cn/hzgov/front/s38/xxgk/zcwj/bmwj/20181129/i1260234. html，2022 年 7 月 19 日访问。

[94] 《部门解读 | 〈山东省公共数据开放办法〉》，载 http://bdb. shandong. gov. cn/art/2022/2/11/art_ 80268_ 117416. html，2022 年 8 月 20 日访问。

[95] 《一图读懂〈山东省大数据发展促进条例〉》，载 http://bdb. shandong. gov. cn/art/2021/10/9/art_ 80268_ 117157. html，2022 年 8 月 20 日访问。

[96] 《速览 | 〈济南市公共数据管理办法〉八个篇章都说了啥》，载 https://baijiahao. baidu. com/s? id=1680601514574807649&wfr=spider&for=pc，2022 年 8 月 20 日访问。

[97] 《〈吉林省促进大数据发展应用条例〉政策解读新闻发布会》，载 http://www. jl. gov. cn/szfzt/xwfb/xwfbh/xwfbh2021/jlsdssjrmdbdhdychy_ 295475/，2022 年 8 月 23 日

访问。

[98]《〈吉林省公共数据和一网通办管理办法(试行)〉政策解读》,载 http://xxgk.jl.gov.cn/szf/zcjd/201910/t20191010_6108205.html,2022年8月23日访问。

[99]《〈海南省公共数据产品开发利用暂行管理办法〉解读》,载 http://dsj.hainan.gov.cn/zwgk/zcfg/zcjd/202110/t20211026_3080918.html,2022年8月30日访问。

[100]《〈海南省电子印章应用管理办法(试行)〉解读》,载 http://dsj.hainan.gov.cn/zwgk/zcfg/zcjd/202106/t20210609_2991478.html,2022年8月30日访问。

[101]《〈海南省大数据开发应用条例〉解读》,载 http://dsj.hainan.gov.cn/zwgk/zcfg/zcjd/202005/t20200515_2789515.html,2022年8月30日访问。

[102]《〈海南省公共信息资源安全使用管理办法〉及解读说明》,载 http://iitb.hainan.gov.cn/iitb/zxjd/201908/87bf81888f1b4a869062418ec1142480.shtml,2022年8月30日访问。

[103]《〈海南省公共信息资源管理办法〉解读》,载 https://www.hainan.gov.cn/hainan/zxjd/201806/f8e3838f363143ecbd4f563c5b99adb3.shtml,2022年8月30日访问。

[104]《我省将大力推进数字政府建设——〈山西省政务数据管理与应用办法〉明年1月1日起实施》,载 https://www.changzhi.gov.cn/ztzl/yhyshj/yshjlm/202012/t20201222_2213636.shtml,2022年9月1日访问。

[105]《7月1日实行!全面解读〈山西省大数据发展应用促进条例〉》,载 https://baijiahao.baidu.com/s?id=1669990846156851136&wfr=spider&for=pc,2022年9月1日访问。

[106]《江西省人民政府关于印发江西省"十四五"数字经济发展规划的通知》,载 http://www.jiangxi.gov.cn/art/2022/6/20/art_5474_4000010.html,2022年9月7日访问。

[107]《自治区人民政府办公厅关于印发宁夏回族自治区数字经济发展"十四五"规划的通知》,载 https://www.nx.gov.cn/zwgk/qzfwj/202201/t20220113_3282581.html,2022年9月20日访问。

[108]《多地推进大数据立法专家期待加速国家立法》,载人民代表报:https://mp.weixin.qq.com/s/eN292DGMpRYxHmm6AMA9w,2022年9月30日访问。

[109]《湖南省政务管理服务局解读〈湖南省政务信息资源共享管理办法〉》,载 http://www.hunan.gov.cn/hnszf/xxgk/jd/bmjd/202012/t20201204_13976009.html,2022年9月30日访问。

[110]《湖南省人大常委会召开新闻发布会解读〈湖南省网络安全和信息化条例〉》,载 http://www.cac.gov.cn/2021-12/13/c_1640994881768844.htm?from=groupmessage,2022年9月30日访问。

[111]《〈云南省人民政府关于印发"十四五"数字云南规划的通知〉政策解读》,载 ht-

tp://www.yn.gov.cn/zwgk/zcjd/bmjd/202205/t20220517_242157.html，2022年9月30日访问。

[112]《依法及时准确公开 着力提升政府公信力——〈福建省政府信息公开办法〉解读》，载http://www.fuding.gov.cn/bmzfxxgk/sfj/zfxxgkgd/201503/t20150324_644088.htm，2023年2月10日访问。

[113]《〈福建省大数据发展条例〉即将施行，密切关系你我》，载https://mp.weixin.qq.com/s/07n5TLb5IkRiVJIxvqnPhw，2023年2月12日访问。

[114]《福建拟出台法规进一步规范大数据采集应用》，载https://mp.weixin.qq.com/s/jozrxf4BVe6wuG8L3j3IdQ，2023年2月11日访问。

[115]《〈福建省政务数据管理办法〉解读》，载http://rfb.fujian.gov.cn/xxgk/zcjd/szfzcwjjd/201611/t20161101_479418.htm，2023年2月12日访问。

[116]《直击两会｜福建省政协常委吴志雄受邀发言：加快数字经济发展，助力高质量发展超越》，载https://mp.weixin.qq.com/s/9QsyyW4Tf-nmy_KewvGLyw，2023年2月11日访问。

[117]《〈福建省大数据发展条例〉重点解读》，载https://mp.weixin.qq.com/s/uYbZo2QKeTILjbOrSpV8zA，2023年2月11日访问。

[118]《接续推进数字福建建设以信息化驱动现代化》，载http://www.fujian.gov.cn/zwgk/ztzl/tjfznzb/ggdt/202203/t20220307_5851021.htm，2023年2月11日访问。

[119]《权威解读：坚定不移推进数字福建建设 高标准打造高效协同数字政府》，载https://baijiahao.baidu.com/s?id=1738217012107973633&wfr=spider&for=pc，2023年2月11日访问。

[120]《〈福建省公共数据资源开放开发管理办法（试行）〉解读》，载http://fgw.fujian.gov.cn/jdhy/zcjd/bmzcwjjd/202207/t20220725_5960923.htm，2023年2月11日访问。

[121]《图解：〈湖北省政务数据资源应用与管理办法〉》，载http://www.hubei.gov.cn/xxgk/hbzcjd/zcjdjgh/202102/t20210223_3357186.shtml，2023年2月15日访问。

[122]《湖北出台政务数据资源应用与管理办法，政府部门共享数据不得要求公民重复提交》，载https://baijiahao.baidu.com/s?id=1692224454142245308&wfr=spider&for=pc，2023年2月15日访问。

[123]《湖北省数字经济促进办法（草案征求意见稿）》，载https://fgw.hubei.gov.cn/fbjd/xxgkml/qtzdgknr/jcygk/jcca/jcca/202204/t20220401_4065062.shtml，2023年2月15日访问。

[124]《〈安徽省大数据发展条例〉将于5月1日起实施》，载https://sjzyj.ah.gov.cn/public/7061/40423687.html，2023年3月18日访问。

[125]《〈安徽省大数据发展条例〉新闻发布会》，载 https://sjzyj. ah. gov. cn/public/7061/40426408. html，2023 年 3 月 18 日访问。

[126]《图说〈安徽省大数据发展条例〉》，载 https://sjzyj. ah. gov. cn/public/7061/40426421. html，2023 年 3 月 18 日访问。

[127]《大数据发展条例今起施行》，载 https://sjzyj. ah. gov. cn/public/7061/40426356. html，2023 年 3 月 18 日访问。

[128]《〈安徽省政务数据资源管理办法〉政策解读》，载 https://sjzyj. ah. gov. cn/public/7061/40393769. html，2023 年 3 月 20 日访问。

[129]《〈安徽省政务数据资源管理办法〉政策解读》，载 https://sjzyj. ah. gov. cn/public/7061/40393770. html，2023 年 3 月 20 日访问。

[130]《我省出台政务数据资源管理办法》，载 https://sjzyj. ah. gov. cn/public/7061/40397919. html，2023 年 3 月 20 日访问。

[131]《立法促进大数据发展应用》，载 http://news. cnhubei. com/content/2022-07-04/content_14876562. html，2023 年 3 月 25 日访问。

[132]《黑龙江省支持数字经济加快发展若干政策措施》，载 https://www. hlj. gov. cn/n200/2022/0805/c668-11038977. html，2023 年 3 月 25 日访问。

[133]《省司法厅：〈江苏省公共数据管理办法〉政策解读》，载 http://www. jiangsu. gov. cn/art/2021/12/31/art_ 32648_ 10260820. html，2023 年 4 月 1 日访问。

[134]《省政府办公厅关于印发江苏省科学数据管理实施细则的通知》，载 http://www. jiangsu. gov. cn/art/2019/2/20/art_ 46144_ 8125521. html，2023 年 4 月 1 日访问。

[135]《省发展改革委：〈关于深入推进数字经济发展的意见〉政策解读》，载 http://www. jiangsu. gov. cn/art/2020/11/13/art_ 32648_ 9568063. html，2023 年 4 月 1 日访问。

[136]《江苏省推进数字贸易加快发展的若干措施》，载 http://www. jiangsu. gov. cn/art/2022/9/14/art_ 46144_ 10604628. html，2023 年 4 月 1 日访问。

[137]《一图读懂江苏省数字经济促进条例》，载 http://fzggw. jiangsu. gov. cn/art/2022/6/27/art_ 283_ 10519833. html，2023 年 4 月 1 日访问。

[138]《观点｜数据交易仍存三大困境，我国需要一部数据交易专门立法》，载 https://mp. weixin. qq. com/s?__biz=MzI5Nzc5MTI3MQ==&mid=2247515487&idx=2&sn=68bc1cb12b92855479e10cde07adbadd&chksm=ecad4717dbdace0172e7419fdd7f6eae2107d236c821938b94482a0005e110179eb91a85d942&scene=27，2023 年 5 月 2 日访问。

[139]《前沿｜当下地方数据立法热潮应当秉持的四维意识——基于地方数据立法基本特征和面临问题的思考》，载 https://mp. weixin. qq. com/s/Y-8Q-ty7FG_ 9YKsBmnAXDg，2023 年 5 月 2 日访问。

[140]《地方数据立法如何创新？法学专家高绍林建议要小而精、专题式》，载 https://

mp. weixin. qq. com/s/H8HeTk-mrs7EkOZ2mV5lbg,2023 年 5 月 2 日访问。

［141］《大数据白皮书 2022 年》，载 http://www.caict.ac.cn/kxyj/qwfb/bps/202301/P020230104388100740258.pdf,2023 年 5 月 2 日访问。

［142］《多地推进大数据立法 专家期待加速国家立法》，载 https://mp.weixin.qq.com/s/eN292DGMpRYxHmm6AMA9_w,2023 年 5 月 2 日访问。

六、法律法规类

［1］《中华人民共和国民法典》。

［2］《中华人民共和国刑法修正案（十一）》。

［3］《中华人民共和国数据安全法》。

［4］《中华人民共和国网络安全法》。

［5］《中华人民共和国个人信息保护法》。

［6］《中华人民共和国电子商务法》。

［7］《中华人民共和国消费者权益保护法》。

［8］《数据出境安全评估办法》。

［9］《中共中央、国务院关于构建数据基础制度更好发挥数据要素作用的意见》。

［10］经济合作与发展组织《隐私保护与个人数据资料跨境流通指导原则》。

［11］《欧盟通用数据保护条例》（GDPR）。

［12］《欧盟欧洲人权公约》。

［13］《欧盟第 108 号个人数据自动化处理之个人保护公约》。

［14］《欧盟关于涉及个人数据处理的个人保护以及此类数据自由流动的指令（95/46/EC）》。

［15］《欧盟欧洲联盟基本权利宪章》。

［16］《美国加利福尼亚州消费者隐私法案》（CCPA）。

［17］《美国澄清海外合法使用数据法》。

［18］《美国宪法第四修正案》。

［19］《美国信息自由法》。

［20］《美国隐私法》。

［21］《加拿大个人信息保护和电子文档法案》（PIPEDA）。

［22］《加拿大隐私法》。

［23］《加拿大统一电子证据法》。

［24］《日本个人信息保护法》。

［25］《日本反不正当竞争法》。

［26］《韩国个人信息保护法》。

［27］《韩国信用信息使用及保护法》。

[28]《韩国公共数据法》。

[29]《韩国数据产业基本法》。

[30]《新加坡个人数据法》。

七、判例类

[1] 浙江省杭州市中级人民法院［2018］浙01民终7312号民事判决书。

[2] 北京知识产权法院［2016］京73民终588号民事判决书。

[3] 北京市海淀区人民法院［2019］京0108民初35902号民事判决书。

[4] 北京知识产权法院［2019］京73民终3789号民事判决书。

[5] 杭州铁路运输法院［2021］浙8601民初309号民事判决书。

[6] 浙江省杭州市余杭区人民法院［2021］浙0110民初2914号民事判决书。

[7] 浙江省杭州市中级人民法院［2021］浙01民终11274号民事判决书。